中国社会科学年鉴

中国宗教研究年鉴 2016

YEARBOOK OF RELIGIOUS STUDIES IN CHINA

曹中建 主编
郑筱筠 执行主编

中国社会科学出版社

图书在版编目（CIP）数据

中国宗教研究年鉴．2016／曹中建主编．—北京：中国社会科学出版社，2019.10

ISBN 978－7－5203－5668－8

Ⅰ．①中…　Ⅱ．①曹…　Ⅲ．①宗教—研究—中国—2016—年鉴
Ⅳ．①B928.2－54

中国版本图书馆 CIP 数据核字(2019)第 259117 号

出 版 人　赵剑英
责任编辑　张靖晗　姜阿平
责任校对　林福国
责任印制　张雪娇

出　　版　中国社会科学出版社
社　　址　北京鼓楼西大街甲 158 号
邮　　编　100720
网　　址　http://www.csspw.cn
发 行 部　010－84083685
门 市 部　010－84029450
经　　销　新华书店及其他书店

印刷装订　三河市东方印刷有限公司
版　　次　2019 年 10 月第 1 版
印　　次　2019 年 10 月第 1 次印刷

开　　本　787×1092　1/16
印　　张　39
插　　页　2
字　　数　998 千字
定　　价　328.00 元

目　录

第一篇　政策法规

第二篇　研究综述

第三篇　年度论文

第四篇　年度推荐论文

第五篇　年度著作

第六篇　年度人物

第七篇　年度新闻

第八篇　年度会议

第九篇　年度研究数据

第十篇　论文索引

第十一篇　年度信息

第十二篇 附　　录

CONTENTS

Part One Policies and Regulations

Part Two Research Overview

Part Three Annual Papers

Part Four Annual Recommended Papers

Part Five Annual Writings

Part Six　People of the Year

Part Seven　Annual News

Part Eight　Annual Meetings

Part Nine　Annual Research Data

Part Ten Article Index

Part Eleven Annual Information

Part Twelve The Appendix

第一篇

政策法规

农业部办公厅、国家宗教事务局办公室关于进一步规范宗教界水生生物放生（增殖放流）活动的通知

各省、自治区、直辖市渔业厅（局）、宗教局（民宗委、厅、局），新疆生产建设兵团水利（水产局）、民宗局：

水生生物增殖放流是修复天然水生生物资源，改善水域生态环境的一项有效措施，也是宗教放生活动的一种重要形式。近年来，随着宗教放生活动逐渐增多，宗教界水生生物放生（增殖放流）规模越来越大，对弘扬关爱生命、爱护自然、保护生态的理念发挥了积极作用。但一些放生活动不科学、不规范，不仅没有起到正面作用，反而对自然生态系统造成一定负面影响。为进一步规范宗教界水生生物放生（增殖放流）活动，现就有关事项通知如下。

一　进一步增强法制意识，依法依规放生

各级宗教事务部门要深入贯彻国家生态文明建设有关要求，指导协调宗教界在开展水生生物放生（增殖放流）活动时，严格遵守《水生生物增殖放流管理规定》等有关规定，主动向渔业部门报告放生（增殖放流）的种类、数量、规格、时间和地点等事项，并接受监督检查；用于放生（增殖放流）的水生生物苗种，应当来自有资质的生产单位，并依法经检验检疫合格。渔业部门应加强对宗教界放生（增殖放流）活动的指导、协调和监督。

二　进一步宣传科学生态理念，科学合理放生

水生生物增殖放流关乎生物多样性保护和水域生态安全。各级宗教事务部门要指导协调宗教界按照渔业部门制定的水生生物增殖放流相关规划，科学合理地确定放生（增殖放流）的水域、物种、规模、时间等；用于放生（增殖放流）的亲体、苗种等水生生物应当是本地种，禁止使用杂交种、选育种、外来种及其他不符合生态要求的水生生物物种进行放生（增殖放流），防止对生物多样性和水域生态系统造成危害。

三　进一步规范放流行为，慈悲文明放生

要树立保护和关爱水生生物的慈悲理念，采用文明方式进行放流活动。各级宗教事务部门要指导协调宗教界按照渔业部门制定的水生生物增殖放流技术规范，采取适当的放生方式，防止或者减轻对放生水生生物的损害。放生要贴近水面放流，有条件的应采用滑道

等设施，减缓苗种受水体冲击，减少机械性损伤，杜绝抛洒或“高空”倾倒的放生方式，确保放生效果。要简化放生（增殖放流）活动程序和现场布置，及时做好放流活动时塑料袋、泡沫箱等废弃物的收集清理工作，维护好放生（增殖放流）水域和周边环境。

四 加强部门间协调配合

各级渔业、宗教事务部门要建立水生生物放生（增殖放流）协调配合机制。渔业部门要加强对宗教界水生生物放生（增殖放流）活动的业务指导，推动宗教界放生（增殖放流）活动规范开展；要加强对宗教界水生生物放生（增殖放流）水域的渔政执法监管，严厉打击非法捕捞行为，保护好放生（增殖放流）的水生生物。宗教界在开展水生生物放生（增殖放流）活动时，要自觉接受渔业部门的指导和监督。

五 做好放生（增殖放流）宣传引导

渔业、宗教事务部门要充分发挥宗教界在宣传引导方面的重要作用，积极开展科普宣传活动，增强群众生态环境保护意识。宗教界在开展水生生物放生（增殖放流）活动时，可以通过设置展板、多媒体演示、现场水生生物标本和实物展示，发放科普宣传手册，安排专业人员进行讲解等多种形式，普及放生（增殖放流）知识，倡导依法放生、科学放生、合理放生理念，同时，可以依据宗教教义做出适应时代精神的阐释，引导信众慈悲护生、合理放生，进一步扩大水生生物资源养护的社会影响。

六 加强放生（增殖放流）知识培训

水生生物增殖放流是一项专业性和技术性很强的工作。各级渔业、宗教事务部门要加强对宗教界放生（增殖放流）工作的培训力度，充分利用宗教界寺观宣传栏、内部资料、佛事活动、讲经交流活动，组织开展水生生物放生（增殖放流）专题培训，制定专门面向宗教界的培训材料，使宗教界人士和广大信众全面了解和掌握水生生物放生（增殖放流）的法律法规和基础知识，进一步提高宗教界水生生物放生（增殖放流）的规范性和科学合理性。

农业部办公厅　国家宗教事务局办公室

2016 年 5 月 17 日

国家宗教事务局政策性文件清理结果

根据国务院办公厅下发的《关于做好行政法规部门规章和文件清理工作有关事项的通知》（国办函〔2016〕12 号）要求，我局对截至 2016 年 7 月底现行有效的政策性文件进行了全面清理，清理结果已经我局局务会审议通过。

附件：1. 继续有效的政策性文件目录
　　　2. 废止的政策性文件目录

国家宗教事务局
2016 年 8 月 31 日

附件 1

继续有效的政策性文件目录

序号	文号	标题	公布机关	公布日期
1	宗发（82）第 324 号	关于不作为宗教活动场所的佛道教寺观不得收取布施、出售宗教用品的通知	国务院宗教事务局　文化部　城乡建设环境保护部	1982. 08. 14
2	（83）宗发字 457 号	复长沙市关于宗教房产院墙内土地使用权问题	国务院宗教事务局	1983. 09. 17
3	宗发字〔1984〕310 号	复沈阳市人民政府办公厅有关宗教团体房屋产权问题	国务院宗教事务局	1984. 08. 04
4	国宗发〔1993〕21 号	关于城市建设中拆迁教堂、寺庙等房屋问题处理意见的通知	国务院宗教事务局　建设部	1993. 01. 20
5	国宗发〔1995〕005 号	关于自费朝觐若干规定的通知	国务院宗教事务局　国家外汇管理局　公安部　外交部　中国银行　中国民航总局　海关总署	1995. 01. 28
6	国宗函〔1995〕059 号	关于对列入公房进行出售问题给上海市宗教局的复函	国务院宗教事务局	1995. 03. 24

续表

序号	文号	标题	公布机关	公布日期
7	国宗发〔1998〕052号	关于印发《宗教院校聘用外籍专业人员办法》的通知	国家宗教事务局 国家外国专家局 公安部	1998.11.19
8	国宗发〔2004〕43号	关于印发《关于〈宗教事务条例〉若干问题的说明》的通知	国家宗教事务局	2004.12.15
9	国宗发〔2005〕34号	关于印发《中国穆斯林出国朝觐报名排队办法（试行）》的通知	国家宗教事务局	2005.06.16
10	国宗函〔2005〕168号	关于制发《宗教活动场所登记证》和有关表格的通知	国家宗教事务局	2005.07.08
11	国宗发〔2006〕27号	关于组织开展副朝活动若干规定的通知	国家宗教事务局 外交部　公安部	2006.08.18
12	国宗发〔2006〕52号	关于印发《宗教事务方面部分行政许可项目实施细则》的通知	国家宗教事务局	2006.12.27
13	国宗发〔2007〕30号	关于贯彻实施《宗教院校设立办法》有关问题的通知	国家宗教事务局	2007.08.06
14	国宗发〔2008〕52号	关于加强宗教活动场所建设安全监管工作的通知	国家宗教事务局	2008.12.22
15	国宗发〔2010〕8号	关于妥善解决宗教教职人员社会保障问题的意见	国家宗教事务局	2010.02.10
16	国宗发〔2010〕23号	关于印发《中国穆斯林出国朝觐网上报名排队办法（试行）》的通知	国家宗教事务局	2010.07.02
17	宗机发〔2011〕249号	关于妥善解决宗教教职人员认定备案有关问题的通知	国家宗教事务局	2011.11.01
18	国宗办函〔2011〕466号	关于异地任职伊斯兰教教职人员认定问题的答复意见	国家宗教事务局	2011.12.13
19	国宗发〔2012〕6号	关于鼓励和规范宗教界从事公益慈善活动的意见	国家宗教事务局 中央统战部　国家发展和改革委员会　民政部 财政部　国家税务总局	2012.02.16
20	国宗发〔2012〕25号	关于印发《中国天主教主教备案办法（试行）》的通知	国家宗教事务局	2012.06.05

续表

序号	文号	标题	公布机关	公布日期
21	国宗办函〔2012〕402 号	关于进一步解决宗教教职人员认定备案有关问题的意见	国家宗教事务局	2012.08.31
22	国宗发〔2012〕41 号	关于处理涉及佛教寺庙、道教宫观管理有关问题的意见	国家宗教事务局　中央统战部　国家发展和改革委员会　公安部　住房和城乡建设部　文化部　国家工商行政管理总局　国家旅游局　中国证券监督管理委员会　国家文物局	2012.10.15
23	国宗发〔2012〕45 号	关于贯彻实施《宗教院校教师资格认定和职称评审聘任办法（试行）》和《宗教院校学位授予办法（试行）》的通知	国家宗教事务局	2012.11.14
24	国宗函〔2013〕62 号	关于推进解决散居正一派道士认定备案有关问题的意见	国家宗教事务局	2013.04.23
25	国宗发〔2013〕30 号	关于印发《全国创建和谐寺观教堂先进集体和先进个人评比表彰办法》的通知	国家宗教事务局	2013.05.20
26	国宗函〔2013〕214 号	关于基督教传道员认定备案有关问题的意见	国家宗教事务局	2013.09.02
27	国宗办函〔2013〕489 号	关于推进《宗教院校教师资格认定和职称评审聘任办法（试行）》和《宗教院校学位授予办法（试行）》贯彻实施有关事项的通知	国家宗教事务局	2013.11.19
28	国宗办函〔2014〕9 号	关于进一步推动文明敬香、建设生态寺观工作的通知	国家宗教事务局	2014.01.09
29	国宗函〔2014〕27 号	关于宗教活动场所主要教职任职备案有关问题的意见	国家宗教事务局	2014.01.29
30	国宗发〔2014〕21 号	关于宗教教职人员认定备案工作和宗教活动场所财务监督管理工作常态化管理的意见	国家宗教事务局	2014.03.18

续表

序号	文号	标题	公布机关	公布日期
31	国宗发〔2014〕33号	印发《关于修改朝觐人员体检项目和诊断标准，做好今年朝觐体检工作的通知》	国家宗教事务局 国家质检总局	2014.06.03
32	宗机发〔2014〕72号	关于开展佛教道教活动场所基本信息公告和网上查询及挂牌工作的通知	国家宗教事务局	2014.06.10
33	国宗函〔2014〕231号	关于开展佛教道教活动场所悬挂标识牌工作的通知	国家宗教事务局	2014.09.22
34	国宗函〔2015〕89号	关于贯彻落实《关于开展整治违法违规设立功德箱等借教敛财问题专项工作的通知》的意见	国家宗教事务局	2015.04.01
35	国宗函〔2015〕97号	关于进一步解决宗教活动场所主要教职任职备案有关问题的意见	国家宗教事务局	2015.04.13
36	国宗发〔2015〕52号	关于进一步明确申请宗教活动场所登记应提交有关消防证明的通知	国家宗教事务局 公安部	2015.04.23
37	国宗发〔2015〕43号	关于贯彻实施《藏传佛教学衔授予办法（试行）》的通知	中央统战部 国家宗教事务局	2015.05.07
38	国宗发〔2015〕46号	关于加强宗教工作法治建设的意见	国家宗教事务局	2015.05.21
39	国宗发〔2015〕50号	关于印发《伊斯兰教朝觐费用收取和使用管理办法》的通知	国家宗教事务局	2015.05.26
40	国宗办发〔2015〕11号	宗教领域通过法定途径处理的信访投诉请求清单	国家宗教事务局	2015.11.20
41	国宗发〔2015〕32号	关于开展整治违法违规设立功德箱等借教敛财问题专项工作的通知	国家宗教事务局　中央统战部　公安部　住房和城乡建设部　国家旅游局　国家文物局	2015.12.28
42	国宗发〔2016〕11号	关于宗教活动场所主要教职任职备案工作常态化管理的意见	国家宗教事务局	2016.02.03
43	国宗发〔2016〕035号	关于在宗教界深入开展培育和践行社会主义核心价值观活动的意见	国家宗教事务局	2016.04.13
44	国宗发〔2016〕48号	关于印发《全国宗教工作系统法治宣传教育第七个五年规划》的通知	国家宗教事务局	2016.05.20

附件2

废止的政策性文件目录

序号	文号	标题	公布机关	公布日期
1	(87) 宗发字293号	关于切实搞好寺观教堂安全保护工作的通知	国务院宗教事务局	1987.07.09
2	国宗发〔1993〕78号	关于帮助中国天主教教会积极稳妥地推进礼仪改革的通知	中央统战部 国务院宗教事务局	1993.03.12
3	国宗发〔1993〕214号	关于接受境外宗教组织和个人捐赠审批权限问题的通知	国务院宗教事务局	1993.07.30
4	国宗发〔1996〕040号	关于加强和改进宗教院校工作的意见	国务院宗教事务局办公室	1996.07.02
5	国宗发〔1999〕024号	关于贯彻《中华人民共和国国旗法》在各宗教院校普遍施行升降国旗制度的通知	国家宗教事务局	1999.09.01
6	国宗发〔2001〕019号	关于要求各宗教院校在重要场合奏唱国歌的通知	国家宗教事务局	2001.06.25
7	国宗发〔2004〕37号	关于宗教院校新学期开设思想政治理论课有关事项的通知	国家宗教事务局	2004.10.09
8	国宗函〔2005〕92号	关于加强宗教院校形势与政策教育的通知	国家宗教事务局	2005.04.20
9	国宗发〔2009〕30号	关于认真落实中央要求在宗教院校中开展爱国主义教育系列活动的通知	国家宗教事务局	2009.06.04
10	国宗发〔2014〕65号	关于宗教活动场所和宗教院校申领组织机构代码证的通知	国家宗教事务局 国家质检总局	2014.08.12

第二篇

研究综述

2016年度马克思主义宗教观研究学科发展综述

黄　奎

2016年4月，中央召开全国宗教工作会议，习近平总书记发表重要讲话。以讲话精神为指导，《宗教事务条例修订草案（送审稿）》于9月发布并广泛征求社会各界意见；《关于新形势下党内政治生活的若干准则》于11月发布。

习近平总书记在2016年全国宗教工作会议上的讲话强调："积极引导宗教与社会主义社会相适应，一个重要的任务就是支持我国宗教坚持中国化方向。""要坚决抵御境外利用宗教进行渗透，防范宗教极端思想侵害。要高度重视互联网宗教问题，在互联网上大力宣传党的宗教理论和方针政策，传播正面声音。""统战部门要负起牵头协调责任，宗教工作部门要担负起依法管理责任，各有关部门及工会、共青团、妇联、科协等人民团体要齐抓共管，共同做好宗教工作。""共产党员要做坚定的马克思主义无神论者，严守党章规定，坚定理想信念，牢记党的宗旨，绝不能在宗教中寻找自己的价值和信念。要加强对青少年的科学世界观宣传教育，引导他们相信科学、学习科学、传播科学，树立正确的世界观、人生观、价值观。"

《宗教事务条例修订草案（送审稿）》规定："任何组织或者个人不得利用宗教进行危害国家安全，破坏社会秩序，损害公民身体健康，妨碍国家教育制度，以及其他损害国家利益、社会公共利益和公民合法权益的活动。任何组织或者个人不得在不同宗教之间、同一宗教内部以及信教公民与不信教公民之间制造矛盾与冲突，不得宣扬宗教极端主义，不得利用宗教破坏民族团结、分裂国家和进行恐怖活动。""各宗教坚持独立自主自办的原则，宗教团体、宗教院校、宗教活动场所和宗教事务不受外国势力的支配。宗教团体、宗教院校、宗教活动场所、宗教教职人员在友好、平等的基础上开展对外交往；其他组织或者个人在对外经济、文化等合作、交流活动中不得接受附加的宗教条件。""禁止在国民教育学校传教、举行宗教活动、成立宗教组织、设立宗教活动场所。"

《关于新形势下党内政治生活的若干准则》强调："党员不准搞封建迷信，不准信仰宗教，不准参与邪教，不准纵容和支持宗教极端势力、民族分裂势力、暴力恐怖势力及其活动。"

从党和国家2016年推出的上述重要文献不难看出，宗教因素在党和国家工作大局，尤其是国内外意识形态博弈较量中的分量越来越重，重要性越来越突出。马克思主义宗教观研究学科在2016年度的突出表现，主要是政界、学界围绕深入学习领会习近平总书记关于宗教问题重要讲话精神发表了一些影响较大的文章。现择要综述如下：

一　关于如何做好新形势下宗教工作

中共中央政治局委员、中央统战部部长孙春兰指出，宗教将在我国社会主义社会长期存在，宗教的最终消亡是一个漫长的历史过程，甚至比阶级、国家的消亡还要久远。宗教作为一种复杂的社会现象，既有积极作用，也有消极作用，积极性与消极性共生共存。坚持“导”，必须做到“导”之有方、“导”之有力、“导”之有效。“不审势即宽严皆误。”宗教的本土化，是世界各宗教生存和发展的普遍规律。中国化是我国宗教的优良传统，我国佛教、伊斯兰教、天主教、基督教都是从外部传入，经历了长期的、主动的本土化，与中国政治、经济、文化和社会逐步相适应。提高宗教工作法治化水平，宗教界人士和信教群众要提高法治意识，正确认识和处理国法与教规的关系，自觉维护宪法和法律权威，增强国家意识、法律意识、公民意识，在法律法规允许范围内开展宗教活动。要团结好信教群众，首先要正确看待信教群众。我国信教群众已近2亿，信教群众和不信教群众在政治上经济上的根本利益是一致的，信仰上的差异并不构成政治上的分野、群众间的对立。要尊重信教群众的基本信仰，满足其正常需求，而绝不能企图人为取缔宗教，这不仅做不到，反而可能适得其反。①

中共中央委员、国家宗教局局长王作安认为，一段时间以来，社会上对宗教问题存在不同态度，大致可以归纳为三种。一种主张“放”，认为宗教信仰是个人的事情，有信仰总比没有信仰要好，况且宗教对社会有些好处，党和政府没有必要去管。一种主张“收”，认为宗教是迷信，信教是愚昧，宗教同我们党争夺群众，必须予以压制和取缔。一种主张“导”，认为要坚持实事求是精神，把握宗教和宗教工作规律，全面贯彻党的宗教工作基本方针，引导宗教与社会主义社会相适应。“放”“收”“导”三种态度相比较，“导”无疑是正确的。以积极引导宗教与社会主义社会相适应为指向，坚持我国宗教中国化方向是一个渐进的历史过程，既要积极，也要稳妥，因地因时因教制宜，注重实效，行稳致远。特别要注意调动宗教界的积极性，使他们自觉推进宗教中国化。党和政府要善于引导，不能用强制的方式，不能搞运动，不能瞎折腾。任何国家机关、社会团体和个人不得强制公民信仰宗教或者不信仰宗教，不得歧视信仰宗教或者不信仰宗教的公民，不能因为信仰宗教或者不信仰宗教而出现权利和义务上的不平等现象。要划清宗教问题与其他问题的界限，是什么性质就按什么性质处理，不能把宗教问题泛化。要抓紧完善宗教事务法律法规，宗教领域涉及的其他社会事务，也要尽量纳入相关法律法规调节。各级党政机关和领导干部要带头依法行政，防止和纠正违规干涉宗教内部事务的现象。要在宗教界深入开展法制宣传，教育广大信教群众正确认识和处理国法与教规的关系，提高法治观念，明白什么事能做、什么事不能做，不允许有法外之地、法外之人、法外之教。②

中共中央委员、全国政协文史和学习委员会副主任、国家宗教局原局长叶小文认为，着眼宗教问题的“关键是群众性”，就要制定并认真贯彻执行宗教信仰自由政策。一方面，共产党员是无神论者，不得信仰宗教；另一方面，要按照宗教发展的客观规律认识和处理宗教问题。要尊重信教群众的基本信仰，团结好信教群众，把能不能将广大信教群众团结在党和政府周围作为评价宗教工作成效的根本标准。着眼宗教问题“特殊的复杂性”，要坚持依法管理宗教事务，提高宗教工作法治化水平。着眼宗教问题“根本是长期

① 孙春兰：《深入学习贯彻习近平总书记重要讲话精神　扎实做好新形势下宗教工作》，《求是》2016年第15期。

② 王作安：《宗教工作关键在“导”——学习习近平总书记在全国宗教工作会议上的讲话精神》，《学习时报》2016年8月8日。

性”，要坚持我国宗教中国化方向，积极引导宗教与社会主义社会相适应。[①] 不能用简单的方法去处理复杂的宗教问题，自找苦吃。而如何始终保持马克思主义无神论作为主流意识形态在人民群众思想中占据主导地位，如何减低宗教信众增加速度，如何抵御宗教对群众的精神诱惑和思想渗透，也是我们必须面对的重大课题，需要深入思考。[②] 我们一方面要如党的十七大、十八大报告所反复强调的“发挥宗教人士和信教群众在促进经济社会发展中的积极作用”，一方面要突出这次宗教工作会强调的两个“化”——宗教工作法治化，我国宗教中国化。我们的政权要巩固，我们的社会要太平，对宗教就要管得住、管得好，把宗教治理纳入国家治理体系，确保任何组织和个人不得利用宗教进行破坏社会秩序、损害公民身心健康和损害国家利益、社会公共利益、公民合法权益的活动。[③]

全国人大常委、中国社科院学部委员、中国社会科学院世界宗教研究所所长卓新平认为，中国的宗教姓“中”、姓“社”，必须与社会主义相适应，融入社会主义社会之中，坚定不移地走爱党爱国爱教的发展道路。中国特色社会主义宗教理论体系建设要支持我国宗教坚持中国化方向，要看到中国宗教中所蕴含的中国文化要素及其对世界文明积极因素的融合，努力把宗教教义同中华文化相结合，对之做出符合中华优秀传统文化的阐释，并促成宗教在参与今天中国文化建设中自我革新、完善和升华。运用历史唯物主义来分析宗教与中国社会文化发展的关系，必须立足于历史现实而不可搞历史虚无主义的臆测。中国文化的起源及发展没有也不可能彻底脱离宗教，那种“中国无宗教”之说缺少历史依据。我们今天文化发展也不可能完全与过去的传统剥离开来。所以，尊重历史、尊重文化，同样也必须正视和尊重作为其有机构成的宗教。如果既根本否定宗教、又彻底否定中国文化的过去，那么让我国宗教坚持中国化方向则会步履维艰、困难重重、没有可能。中国特色社会主义宗教理论体系建设要辩证地、积极地评价宗教，使宗教能够不断增加正能量，最大限度发挥积极作用、克服消极因素，不断革新、与时俱进。其实这一点在今天中国社会现实中是最困难的，人们往往容易对宗教的积极评价只是虚晃一枪而马上会有对宗教的实质否定和消极对待，其结果只能是让宗教界人士因得不到真正理解、客观评价而失望消沉，与我们主流社会及主流意识渐行渐远，自觉或不自觉地不得不退入“隔都”而最终成为另类、异类。[④]

二 关于宗教信徒能否入党问题暨无神论宣传教育问题

卓新平认为，在党建方面，从政治组织的团体纪律和严格管理上而言，我们应该坚持“共产党员不能信教”。但同时我们共产党作为中国执政党在一个开放的社会也必须思考如下问题：当前仍有共产党员甚至党员干部（因工作需要）在纯宗教团体任（宗教领袖之）职问题在理论和实践上应该怎样解决？至于“信徒能不能入党”的问题，我们则应该从马克思主义经典作家的相关论述和我党在统战工作中的成功实践来重新思考和制定策略。当前我们党和政府对宗教领袖和宗教团体负责人实际管理的现状该如何说明？当前我

① 叶小文：《坚持和发展中国特色社会主义宗教理论》，《求是》2016 年第 16 期。

② 叶小文：《中国特色社会主义宗教理论的内涵和外延》，《世界宗教研究》2016 年第 3 期。

③ 叶小文：《关于中国特色社会主义宗教理论的几个问题》，《世界宗教研究》2016 年第 4 期。

④ 卓新平：《认真领会习近平总书记在全国宗教工作会议重要讲话的意义》，《世界宗教研究》2016 年第 3 期。

们政府对宗教团体和宗教负责人政治安排和经济援助的实情是否需要改变及如何改变？在此我们应该如何坚持“政教分离”？其实，如果可将政治信仰与宗教信仰相区分，允许一部分宗教界的领袖人物和精英分子入党，实际上会有助于我们党和政府加强对宗教在政治上和社会上的管理。有些人担心宗教人士入党会改变党的性质、让宗教掌控了党的组织领导，这种说法也太轻看了我们党的执政能力、把我们党想得太脆弱了，在此我们完全有必要展示我们党的道路自信、理论自信和组织自信。在现实工作中，我们党和政府对宗教的有效管理能力是不言而喻的。我们这种政治、社会意义上对宗教的关怀和包容，实质上会积极促进我国宗教界的爱党爱国情怀，不至于使其爱心和向心变成“苦恋”，防止其希望变为失望。这种以理服人、以情动人是我党统战工作的精髓之一，更是我们今天在复杂的国内外社会环境中所特别需要的。①

全国政协民族和宗教委员会主任、中央统战部原常务副部长朱维群指出，始终保持马克思主义无神论作为主流意识形态在人民群众思想中占据主导地位，是我们党运用中国特色社会主义宗教理论对我国社会宗教现象进行科学分析的结果，也是由党领导的人民革命和社会主义建设伟大实践得出的必然结论。坚持马克思主义无神论是做好宗教工作的前提性条件。党的宗教工作是无神论者做有神论者的工作，这就有了一个统一战线谁领导谁、谁影响谁的问题。如果任凭有神论在我国意识形态领域迅速扩大甚至成为主流意识形态，如果任凭有些势力搞宗教“去中国化”“极端化”，最终会对我们党的指导思想、执政基础产生什么样的影响，不能不引起我们的思索。坚持和宣传无神论，其意义和紧迫性已经远远超出宗教工作范围。共产党员不能信教是政治纪律。始终保持马克思主义无神论作为主流意识形态在人民群众中占据主导地位，关键在于党的正确理论导向和政策实施，也在于党对党员世界观上的要求。我们党建党至今，始终坚持并公开申明自己的无神论世界观，对党员进行无神论教育，并实行党员不能信教的原则。一个时期以来，有些党员以为市场开放了，党员不能信教的原则也可以“开禁”了，一些党的组织对党员世界观纯洁性的要求也降低了，宗教的影响渗透进一些党员的头脑。这些年宗教领域种种消极现象，与一些党员特别是领导干部在世界观上向宗教屈膝，向宗教寻求自己的价值和信念、填补精神空虚是分不开的。需要特别指出的是，有些学者利用自己的地位和影响，以各种方式开具党员可以信教的种种理由。最近还有人为了绕过中央多次强调的“党员不能信教”原则，“巧妙”提出“信教可以入党”的主张。此中逻辑，就如同“室内不许吸烟，吸烟可以入内”一样奇怪。如果对党员信教“开禁”，将从根本上瓦解党的世界观统一性基础，将使党成为内部宗教派别林立的松散组织，将使党的宗教工作至少一部分成为宗教徒对宗教徒的工作。在党的思想教育工作中，无神论的教育和党员不能信教的政治纪律要求，不仅不应被忽视，而且应当是一项硬任务。②

朱维群指出，将“信徒可以入党”和“党员不能信教”二者同时施行于中国共产党，在逻辑上是无法说通的，在工作上是无法操作的。因为在吸收宗教信徒加入党组织的那一刻，问题就变成了党内允许宗教信徒合法存在，变成了党员可以信教，“党员不能信教”原则已遭否定。如果一定要说，“信徒可以入党”同“党员可以信教”二者有所区别，那么也仅仅在于具体的人是先入教还是先入党。作为政策，二者的结果完全一样，那就是宗

① 卓新平：《论积极引导宗教的现实意义》，《世界宗教研究》2016年第1期。

② 朱维群：《旗帜鲜明地坚持和宣传无神论》，《环球时报》2016年5月4日。

教合法进入党内，唯心主义世界观、有神论在党内合法存在，由此必然导致辩证唯物主义作为党的指导思想的哲学基础的地位丧失，党在组织上高度集中统一的优势动摇，党的宗教工作从无神论者对有神论者的工作，至少一部分变成有神论者之间的事情。这些年来，一些地方由于治党不严，一些党员转向宗教寻求精神慰藉和支撑，甚至成为事实上的宗教徒，以上消极现象已经不同程度发生，极大削弱了党组织的凝聚力和战斗力。今年4月全国宗教工作会议再一次严肃批评“党员可以信教”的错误观点，并郑重明确指出，共产党员绝不能在宗教中寻找自己的价值和信念，并特别强调共产党员不能信教是政治纪律。毫无疑问，这里的“绝不能”既是针对党员信仰宗教的，也是针对宗教信徒入党的，因为后者“在宗教中寻找自己的价值和信念”这一点上，同前者没有任何区别。党的这一纪律，不可能只对一部分党员有效，而对另一部分党员无效。广大宗教界人士寄希望于执政党的是不断提高理论和工作水平，把国家搞好，更好地实行宗教信仰自由政策，并不是希望共产党里多一些同他们一样的宗教信徒。如果党的世界观统一性被瓦解，不仅真有可能出现“宗教团体异化、失控或被敌对势力掌控的严重后果”，更严重的是可能产生党被逐渐宗教化的危险。这才是我们党和爱国宗教界需要共同警惕与防范的。①

叶小文认为，社会主义中国如何始终保持马克思主义无神论作为主流意识形态在人民群众思想中占据主导地位，也是我们必须面对的重大课题，需要深入思考。之所以强调“深入思考”，就因为并非只靠立场鲜明、辩才无碍的几篇雄文大论，就可以说服人，就可以解决问题。尤其在信教群众面前大谈共产党员不得信教，宗教信徒不可入党，道理当然是对的，政策当然是硬的。但就像跑到宗教场所谈无神论一样，会引出一些不必要的歧义和疑虑，如“原来你们还是把宗教看成是个坏东西”，“非我族类其心必异，非我信仰其友不真”等等，恐怕就有违初衷了。谈宗教问题，“左不得，右不得，难的是左不得。”②

朱维群再次撰文指出，当前有关“党员可以不可以信教”及怎样看待无神论宣传的争论，并不是发生在宗教界与党政之间，而是发生在党政及宗教学界内部。如果查其起因，也不是由主张加强无神论宣传一方人为挑起来的，而是因为一个时期以来，由于社会生活急剧变化和宗教领域种种新情况新问题的发生，使得如何始终保持马克思主义无神论作为主流意识形态在人民群众中的主导地位，已经成为党必须面对的重大现实社会课题；也是因为现实生活中一些党员背离党的辩证唯物主义世界观，转而用宗教来填补精神空虚，甚至成为事实上的宗教徒；特别是因为不断有人散布、鼓吹“党员可以信教”，近期又提出“宗教徒可以入党”，使得是不是还要坚持以辩证唯物主义作为统一全党指导思想的哲学基础，也成了一个问题。③

叶小文也再次撰文回应：必须坚持共产党员不能信教。这是个党内教育和党的纪律问题，应该在党的有关纪律规定中去重申和强调，在党的思想建设中去宣传和落实，似乎不必“在信教群众面前大谈共产党员不得信教”。这样说并不是“强加于人的一种假设”。例如，在《环球时报》这样发行量很大、海内外影响也很大，面对广大群众当然也包括广大信教群众的报纸上，“一位长期在宗教领域从事领导工作的同志”，用较大的版面去

① 朱维群：《为什么宗教信徒入党行不通》，《环球时报》2016年6月21日。

② 叶小文：《关于中国特色社会主义宗教理论的几个问题》，《世界宗教研究》2016年第4期。

③ 朱维群：《无神论宣传过头了吗》，《环球时报》2016年9月8日。

争论“党政与宗教学学者内部”的有关“宗教信徒不可入党”的问题，是否有那么一点“过头”之嫌？现在有些党员精神空虚、信仰动摇，“不念苍生信鬼神”是其中的表现之一，且大都是迷信、乱信，是迷心逐物、心为物役所致，是“病急乱投医”的表现。特别是党内那些腐败变质分子，“双开”就开到群众里来？群众也不要；迷信就混到宗教里来？信教也不够格。无神论宣传，急不得，松不得，主要是松不得；左不得，右不得，难的是左不得。①

中国无神论学会理事长、中国藏学研究中心原党组书记朱晓明指出，2016 年 4 月召开的全国宗教工作会议对坚持马克思主义无神论做了深刻阐述，提出如何始终保持马克思主义无神论作为主流意识形态在人民群众思想中占据主导地位，是我们必须面对的重大问题。马克思主义无神论是中国特色社会主义宗教理论的世界观基础。中国特色社会主义宗教理论对宗教基本问题的阐述，贯穿和体现了无神论的原则立场。党和国家的宗教工作有两个载入宪法的基本原则：一是要实行宗教信仰自由政策，即《宪法》第三十六条规定：“中华人民共和国公民有宗教信仰自由”；一是要坚持无神论，即《宪法》第二十四条规定：国家在人民中“进行辩证唯物主义和历史唯物主义的教育”。这两个基本原则相辅相成，政治行动上结成统一战线是执行宗教政策，思想信仰上不赞同唯心论、有神论是坚持无神论。坚持党在统一战线中的领导权，是党的光荣传统和成功经验。在意识形态领域，必须始终坚持马克思主义无神论的主流话语权和主导地位。加强无神论宣传教育，重点对象是党员领导干部和青少年。前者关系到执政的权力和资源如何使用，后者关系到中国人精神世界的未来面貌。不能因为不以宗教界和信教群众为对象宣传无神论，就放弃在面向社会的大众传媒和宣传教育中开展有理有力有效的无神论宣传教育。同时，宗教界人士和信教群众了解面向社会进行的马克思主义宣传教育的一些基本道理，也有助于他们摆正宗教信仰、宗教活动与国家法律、政府管理、国民教育、社会共同利益的关系。②

卓新平认为，在马克思主义看来，社会政治需要是首选，为此就必须积极引导宗教，团结广大信教群众在社会政治上参与社会主义事业，而尽量搁置在思想认识上的分歧，求同存异，团结合作。正是出于这种考虑，列宁专门论及了共产党与宗教徒的关系问题，并在一百多年前提出“宗教徒可以入党”之说，周恩来总理半个多世纪前也对此肯定过。中国共产党的文件和相关理论文章明确宣称，共产党员不能信教，必须与宗教在思想意识上划清界限。有人认为“党员信教”与“宗教信徒入党”是“同一回事”，其实二者是不可等同的，因为“党员信教”是走向宗教世界观，而“宗教徒入党”却是走向共产主义世界观，二者方向不同、理想迥异。我们应该学习革命导师和老一辈无产阶级革命家的睿智，对具有 2 亿人数这一巨大信教群体不能绝对关闭党的大门，而需做积极引导和转化工作。注意在实践中如何最大化地团结群众、最有利于共产党当下之首要任务的顺利完成。③

浙江大学哲学系教授陈村富认为，教徒能否入党实质上是党与信教群众的关系问题，是党领导教徒群众与非信徒群众一起参与社会主义社会建设的伟大事业问题，也是党联系教徒群众、引领教徒群众进步的问题。“党员不许信教”可以说是个“死的命令”，是个

① 叶小文：《答〈无神论宣传过头了吗〉》，《环球时报》2016 年 9 月 9 日。

② 朱晓明：《对无神论，既要坚持更要积极宣传》，《环球时报》2016 年 9 月 12 日。

③ 卓新平：《科学宣传无神论，团结更多信教群众》，《环球时报》2016 年 10 月 9 日。

康德式的“绝对命令”，而“信徒可以入党”意味着共产党既代表非教徒广大群众的根本利益，也代表教徒的根本利益，共产党的大门是一样敞开的。有同志把它比做“室内不许吸烟，吸烟者可以入内”，这是逻辑上非等值的两个判断。前者属党的纪律，规定不许“吸烟”却偏要“吸烟”，属严重违纪；后者是吸烟者承诺室内不“吸烟”，甚至进一步“戒烟”，这是常识。不能因为你是吸烟者，就不让你乘飞机，坐高铁，还以此为由贴出公告不许吸烟者进会场，入影院。“信徒不许入党”等于公开申明把2亿多人拒之门外。①

教育部高等学校社会科学发展研究中心原主任田心铭指出，共产党员不得信仰宗教，宗教信徒不能加入党组织，这是同一件事情的两个方面。允许党员信教，或允许宗教信徒入党，都意味着党内可以有信仰宗教有神论、背离党的马克思主义世界观的成员，这都是同党章的规定相违背的。要求党组织以吸收宗教信徒入党来“体现政治上、社会意义上对宗教的关怀和包容”，颠倒了社会主义社会与宗教的关系、党与宗教的关系，不是引导宗教与社会主义社会相适应，而是企图让社会主义社会去适应宗教。其结果，不是加强党和政府对宗教在政治上和社会上的管理，而是让宗教影响和改变党的政策和性质，干预国家政治事务和社会事务。②

综上所述，2016年度的涉教话语空间争论激烈。当代中国的一切问题，关键在党，宗教问题也不例外。在习近平总书记明确要求“共产党员要做坚定的马克思主义无神论者”，主流话语对党员能否信教问题的回答从2011年“不能”、2015年“不得”到2016年“不准”③，措辞日趋严厉的大背景下，相信不久的将来主流意识形态对于宗教问题会有更完善、更准确的表述和阐释。同时我们有理由期待，以往的种种理论分歧在实践的检验机制和纠错机制的不断作用下，随着时间的推移将会渐趋缩小直至消失，而如何始终保持马克思主义无神论作为主流意识形态在人民群众思想中占据主导地位、如何减低宗教信众增加速度、如何抵御宗教对群众的精神诱惑和思想渗透的时代难题将在中国特色社会主义事业的伟大实践中平稳有序破解、最终获得重大突破。

---

① 陈村富：《简论马克思主义与宗教：兼议宣传无神论与信徒能否入党的两场争论》，《世界宗教研究》2016年第5期。

② 田心铭：《严明“共产党员不得信仰宗教”的政治纪律》，《红旗文稿》2016年第14期。

③ 中共中央的机关刊物《求是》杂志2011年第24期发表朱维群《共产党员不能信仰宗教》；2015年发布的《中国共产党统一战线工作条例（试行）》规定共产党员“不得信仰宗教”；2016年中共第十八届六中全会通过的《关于新形势下党内政治生活的若干准则》规定共产党员“不准信仰宗教”。

2016年度宗教学理论综述*

赵广明　周　齐　张晓梅　李华伟　梁恒豪　李金花

一　宗教哲学

（一）《宗教与哲学》

2016年国内宗教哲学研究的重要成果，是第五届宗教哲学论坛的召开和《宗教与哲学》第五辑的出版（金泽、赵广明主编，社会科学文献出版社2016年1月版）。

2016年8月26—29日，由中国社会科学院世界宗教研究所、中国宗教学会与山东大学哲学与社会发展学院联合举办的第五届宗教哲学论坛在青岛举行，论坛分“刘笑敢教授学术思想研讨及道家思想研究”“伊斯兰哲学研究”“傅永军教授《绝对视域中的康德宗教哲学》研讨及康德宗教哲学研究”三个专场，相关领域的海内外著名学者20多人参会，并提交了最新权威研究成果。

《宗教与哲学》第5辑收录了国内宗教哲学研究方面的最新代表性成果，其中包括：

1.《神性探索的新模式——麦奎利的辩证有神论》，作者何光沪。宗教哲学的一大主题是，宇宙有没有一个终极之源或创始者，其是否为历史的主人和人生的主宰。传统有神论的宗教哲学回答这一问题的模式即“绝对有神论”在现代遭到了严重的挑战。针对这一情况，当代神学家兼宗教哲学家麦奎利（John Macquarrie）从考察两千年的神学和哲学史出发，重新思考这一问题，提出代表性的“辩证有神论”，为宗教哲学贡献了一种探索神性的新模式。

2.《从两篇对话看外来宗教与儒家文化的关系》，作者李存山。外来宗教传入中国，其大者一为两汉之际传入中国的佛教，一为明中期以后传入中国的基督教。此两教传入中国之初，有两篇对话体的文献值得重视，其一为牟子的《理惑论》，其二为利玛窦的《天主实义》。该文从这两篇对话，略谈外来宗教与儒家文化的关系，而重点在于讨论《天主实义》中的“补儒易佛”。

3.《“随方设教”义疏》，作者卢国龙。“随方设教”渊源于《易·象传》的“省方设教”，是因应地域文化以确立教化模式的一项原则，也是中国文化多元一体的生成机制。该文梳理其源流，阐述儒家关于教化合理性的思考，并以夷夏之争的个案，分析随方设教原则下的宗教传播问题。

---

* 本文为中国社会科学院创新工程项目“宗教学理论创新”的阶段性成果。

（二）关于"无"的宗教哲学研究有所进展。

1. 赵广明发表了《论"无"的先验性》[①]，旨在于德国哲学和老子哲学的对观中，反思无在两种传统中的出现方式及其哲学证成，澄显无之为无的先验性。无的追问，关乎哲学和宗教哲学的核心问题，无意味着对自然整体的否定性敞开，以及基于自由对人生世界的肯定与创造。无与自由根本上是同时一体澄显的世界的终极可能性和秩序性。

2. 爱留根那的宗教哲学研究有新成果。刘素民翻译了 D. 莫兰的《一个论及"无"的西方思想家：约翰·司格脱·爱留根那》[②] 一文，并发表了研究论文《"无中生有"与"有无相生"——从爱留根那之"无"看"存有"的绝对性与非限定性》[③]，该文认为，爱留根那将上帝的神性视为超越所有"存有"与"非存有"的纯粹与绝对之"无"。无的本性是"无中生有"，即超越的无以存有的方式自我显现，作为宇宙的本原，无是对所有的本质或实体的否定，甚至是对所有受造物的否定。

（三）宗教历史与原典研究

在宗教历史与原典研究领域，国外学界 2016 年面世的几部重量级学术著作，不约而同地将关注焦点投给了犹太教与基督教之间深刻而复杂的解释学关系。

1. 伊利诺斯大学的 Dov Weiss 博士的新作《虔诚的不敬》[④]，是对犹太教中"反抗神"传统的历史溯源和深入解读：与基督教和伊斯兰教不同，犹太教为人对神的不敬和违抗提供了辩护空间；人与神之间的这种特殊关系不仅深植于希伯来圣经，更可以回溯到更早的拉比传统。早期拉比传统并未将神视作道德和行为完美无缺、意志不容违逆的权威形象，人的对抗甚至可以导致神对错误决定的悔过与改正。

2. 芝加哥大学华裔学者 Joseph Lam 博士的《希伯来圣经中"罪"的模式：比喻，文化与宗教概念的创造》[⑤] 一书，详细探考西方一神论宗教中"罪"这样一个关键的宗教和神学概念，如何从古代以色列人日常生活经验中发生，又如何通过宗教经典的呈现模式而成为重要的文化和心理要素。

3. 赢得美国宗教学会（AAR）2016 年度最佳宗教研究（原典研究类）书籍奖的《"忏悔"入典：犹太教，基督教与圣经解释》[⑥]，是北卡罗来纳大学宗教学系 David Lambert 教授的新作。作者探索"忏悔"概念在西方宗教的起源，主张它是被后人"读进"圣经的，而在古代以色列的宗教中，人们通过各种仪式（斋戒、祈祷、告解等）来达到缓解心理压力的目的。实际上，今人据以理解圣经的解释学框架，更多揭示的是现代读者

---

① 赵广明：《论"无"的先验性》，《哲学研究》2016 年第 11 期。

② ［爱尔兰］D. 莫兰：《一个论及"无"的西方思想家：约翰·司格脱·爱留根那》，刘素民译，《世界哲学》2016 年第 6 期。

③ 刘素民：《"无中生有"与"有无相生"——从爱留根那之"无"看"存有"的绝对性与非限定性》，《哲学研究》2016 年第 4 期。

④ Dov Weiss, *Pious Irreverence: Confronting God in Rabbinic Judaism*, University of Pennsylvania Press, 2016.

⑤ Joseph Lam, *Patterns of Sin in the Hebrew Bible: Metaphor, Culture, and the Making of a Religious Concept*, Oxford University Press, 2016.

⑥ David Lambert, *How Repentance Became Biblical: Judaism, Christianity, and the Interpretation of Scripture*, Oxford University Press, 2016.

的文化心理，也就是对内化的、自律的道德理想的追求。

4. 前杜克神学院院长、著名新约研究学者 Richard B. Hays 教授的最新专著《福音书中的圣经回响》①，是其早期名著《保罗书信中的圣经回响》② 的姊妹篇，深入探讨了犹太教与基督教关系当中最核心的主题：基督教圣经对希伯来圣经的移用。作者站在基督教信仰的立场详细梳理了四位福音书作者各自对希伯来圣经的使用和理解模式，有较强烈的辩护色彩，但书中探讨的“借喻解读”方法，为今天的读者和研究者审视宗教原典和创新的互动关系提供了新的视角，有一定的借鉴意义。

宗教经典之间的“互文”是比较宗教学研究中至为根本的问题，宗教学者们对这一主题的不懈探索和发掘，并不只是一种纯智识的兴趣使然，也反映了他们对今天国际社会中文化交流和冲突问题的本源性思考。

（四）佛教哲学

1. 2016 年佛教哲学研究领域，比较研究是突出的特点。

佛教哲学与西方哲学的比较研究，如借助胡塞尔现象学进行佛教哲学中相关问题的研究。在胡塞尔看来，对认识可能性的反思、对理性的批判正是哲学的任务，“通过对认识本质的研究来解决有关认识、认识意义、认识客体的相互关系问题。”傅新毅的《认识如何可能？——从有部到经部的佛教认识论思想考察》③ 即由此问题发意，对同属印欧语系的印度佛教哲学中源远流长地推动了古印度佛教哲学发展的认识论传统、认识论问题进行了论述。该文认为，由认识论的角度对“唯识前史”考察梳理后可见，有部在认识论上采取的是“实在论”的“符合论”立场，认为凡认知的对象都是实有，以证成“三世实有”说。分别说系与譬喻师则认为“识可缘无”，过去与未来的认知都属“缘无之识”，由此反对“三世实有”而立“过未无体”。经部提出“带相”说，不仅“缘无之识”根本不需要外部对象，而且“缘有之识”之生起虽以外部极微作用力为前提，而被认知物的形成更在于心识主动统合，外界极微本身不被认知。印度佛教由类似“批判实在论”的立场推进，引发出后来唯心论（唯识学）的转向。

肖德生的《佛教时间观嬗变的现象学式发微——基于龙树、僧肇和法藏》④ 是基于“胡塞尔时间意识现象学研究”对于佛教相关问题的研究。文章指出，胡塞尔承继奥古斯丁、康德、柏格森的主观时间学说，接受亚里士多德时间与意识关系的观点，阐发了其时间意识现象学。佛教思想中也有一条探究时间现象问题的理论线索，它从龙树开始，经由僧肇、玄奘、法藏，下至道元，将时间展示为一个由未来、当下和过去组成的错综复杂的结构，把时间的来源归之于“心念”。此文对龙树、僧肇和法藏的时间观进行了现象学式的解读和诠释，认为从不同向度辨明佛教时间观嬗变的义理，有利于理解把握佛教的时间观，并以此作为一种西方时间观和佛教时间观的比较。

2. 佛教传播中义理诠释，历来颇有异议，却是佛教哲学研究的重要内容。杨维中的

---

① Richard B. Hays, *Echoes of Scripture in the Gospels*, Baylor University Press, 2016.

② Richard B. Hays, *Echoes of Scripture in the Letters of Paul*, Yale University Press, 1993.

③ 傅新毅：《认识如何可能？——从有部到经部的佛教认识论思想考察》，《南京大学学报》2016 年第 1 期。

④ 肖德生：《佛教时间观嬗变的现象学式发微——基于龙树、僧肇和法藏》，《中山大学学报》2016 年第 3 期。

《大乘“三系判教”与如来藏系经典的地位新论》[①]《〈四十二章经〉新考》[②]，都是对佛教在中国传播中义理争议问题的探讨。前文是对近现代佛教中一则不同判教观点的探讨。支那内学院主张将如来藏经典别自独立，以空、有二宗为可信者；太虚大师则力倡“大乘佛教三系”说，为如来藏思想及其在中土的传承与发展建立合法化理由。印顺法师则既赞同“三系”说，又以“性空论”为义。该文认为，如来藏经典、如来藏思想并非可与中观学、唯识学并立的独立系统。若为受如来藏思想深厚影响的心性论辩护，也不一定非以“三系”立论。如来藏思想是在中观思想日益成熟的情况下，将小乘“心性本净”说与大乘佛陀观相结合而形成的。在瑜伽行派出现以后，如来藏思想便逐渐被唯识学所吸收，失去了独立的地位。《四十二章经》是在中国佛教的早期传播中的重要经典，而现存《四十二章经》的版本有不少大乘思想，更有禅宗特色语句。杨文认为既不能依此来论说早期版本面目，也不能依此得出此经乃中土摘编的结论。该文对此问题做了观点阐述。以上两篇文章都是作者“佛典汉译史的诠释学研究”的阶段性成果，值得持续关注。

3. 缘起理论，是佛教的基础理论，但其理论脉络却未必都理解得清楚，大乘佛教的要典《中论》与记述大量早期佛教思想文献的阿含类经典中都对缘起思想有各自的论述。姚卫群《〈中论〉与阿含类经典中“缘起观”的联系和差别》[③]，对这两个重要方面的缘起观进行了深入论述，对认识佛教从小乘到大乘的理论转变以及不同时期佛教思想的重要特点有积极意义。另外，姚卫群还发表了《佛教思想与婆罗门教思想的联系与差别》[④]，该文认为，佛教与婆罗门教是古印度宗教中的两大主要派别，二者构成了印度古代文化中的主要成分，在东方思想史上占有重要地位。佛教理论体系中的不少内容是在批判、借鉴、改造婆罗门教思想的基础上形成的。认识两教的形成、关联及差别，对于明了印度文化的特色及对中国文化的影响状况有积极的意义。

4. 中国佛教哲学与儒道理论的比较研究，2016 年也有多篇内容丰富深刻的文章。圣凯的《魏晋佛教对老庄“自然”说的理解与运用》（《清华大学学报》2016 年第 4 期），对佛教受中国哲学的影响进行了研究。文章认为“自然”在肯定方面来说，与“般若波罗蜜”“空”“无所得”“实相”“本性”等同义；否定义则主要是印度外道的“自然无因论”。“自然”在僧肇、道生的思想中都具有形而上的特点；但在慧远的思想中是用来论证因果报应的必然性，“自然”具有“自然而然”的意义。

5. 孙尚勇的《感生、异表和胁生——由纬书及相关文献看西汉时期佛教对中土的影响》（《宗教学研究》2016 年第 1 期），通过概念比较，认为汉代纬书及相关文献所见以孔子为代表的感生神话之因梦感生、出生预言、神女沐浴等情节，在先秦文献所载感生神话中均未曾出现，推论是接受了佛教关于释迦诞生神话的影响。而渊源于汉代纬书的孔子四十九种异表的记述，则是借鉴了佛教所传释迦的形象。上博简《子羔》中所记述的禹和契的胁生神话属于将感生、瑞征式胁生和“生而能言”三者密切结合的文本，与佛教释迦感生神话的模式完全相同，而与西汉及稍前文献所见胁生神话之事实叙述和凶兆叙述

---

① 杨维中：《大乘“三系判教”与如来藏系经典的地位新论》，《华东师范大学学报》2016 年第 2 期。

② 杨维中：《〈四十二章经〉新考》，《宗教学研究》2016 年第 2 期。

③ 姚卫群：《〈中论〉与阿含类经典中“缘起观”的联系和差别》，《华东师范大学学报》2016 年第 2 期。

④ 姚卫群：《佛教思想与婆罗门教思想的联系与差别》，载金泽、赵广明主编《宗教与哲学》第 5 辑，社会科学文献出版社 2016 年 1 月版。

大不相同，极可能是受到纬书与印度佛教思想影响而写定的文本。该文认为，这些事实证明，早在西汉中后期，佛教思想已经开始对中土产生局部的影响。纬书及相关文献对佛教思想资源的借用，其目的是服务于汉代的神学政治。虽然西汉时期已有如此甚深的佛学影响的结论，尚有待更多资料充分论证，不过该文仍然值得重视。

6. 易学与佛学的交互影响是中国传统哲学重要的内容，但也是研究相对薄弱的领域。周齐发表了《易学图型与佛学圆相在中国哲学发展中的逻辑演进及其意义之管窥》①，把以“圆相”为基础图型的佛学阐释和易学图型“太极图”及其学说作为研究对象，对中国哲学发展进程中哲学范畴的图型表达问题，从佛学与易学关系的视角进行了探讨。该文通过述说太极图所出渊源之历史疑问，引出相关图型演进问题，进而述说佛学圆相法的运用，以两相陈述相关学说具体发展脉络的方式，尝试对传统哲学图型法的逻辑演进做个初步论述，并联系康德哲学图型法的阐释，论述了所涉图型演进问题的意义。

二　宗教社会学年度综述

承接前几年宗教社会学研究的基础，2016 年的宗教社会学继续在理论研究、经验研究方面取得了可喜的成果。为总结经验，更好地服务于宗教社会学学科的发展，兹列述宗教社会学 2016 年学科发展最新动态、重要理论观点与方法、热点问题、代表性学者及代表作，以及学界重要学术活动。

（一）经典理论研究

经典理论著作《宗教美国，世俗欧洲？——主题与变奏》②（*Religious America, Secular Europe? A Theme and Variations*）翻译出版之后，其学术影响在 2016 年持续发酵。2016 年，卢云峰发表了关于欧洲、美国宗教现象的比较及其宗教社会学理论蕴涵的文章③，也是由该书译本引发的思考和评论。

《宗教社会学：大卫·马丁读本》④《宗教社会学：罗德尼·斯达克读本》的英文版⑤和《宗教社会学：贝格尔读本》⑥ 中文版出版发行，这是魏德东和钟智锋主持编选的宗教社会学大师读本系列在国内外同步出版的第一批著作。

宗教社会学理论越来越得到社会学界的重视，由苏国勋主编的“社会学名著译丛”系列纳入了宗教社会学家贝拉的《背弃圣约》（*The Broken Covenant*）⑦，并于 2016 年由商务印书馆出版，该书的出版为提升国内的贝拉研究水准奠定了基础。

除了译介国外宗教社会学专著之外，国内学者还积极对西方宗教社会学理论“辨章

---

① 周齐：《易学图型与佛学圆相在中国哲学发展中的逻辑演进及其意义之管窥》，《周易研究》2016 年第 4 期。

② ［美］彼得·伯格、［英］格瑞斯·戴维、［英］埃菲·霍卡斯，《宗教美国，世俗欧洲？——主题与变奏》，曹义昆译，商务印书馆 2015 年版。

③ 卢云峰：《为何是“宗教美国，世俗欧洲”?》，《读书》2016 年第 3 期。

④ David Martin, *Sociology of Religion: A David Martin Reader*, Baylor University Press, 2015.

⑤ Rodney Stark, *Sociology of Religion: A Rodney Stark Reader*, Baylor University Press, 2015.

⑥ ［美］彼得·贝格尔：《宗教社会学：贝格尔读本》，谢夏珩译，中国社会科学出版社 2015 年版。

⑦ ［美］罗伯特·贝拉：《背弃圣约：处于考验中的美国公民宗教》，郑莉译，商务印书馆 2016 年版。

学术、考镜源流”。其代表性著作为李向平等人撰写的《当代美国宗教社会学理论研究》[①]（中西书局2015年版）。该书讨论了帕森斯、贝拉、赵文词、伍斯诺、罗伯逊、伯格、艾纳孔、斯达克等人的宗教社会学理论，系国内第一本对当代美国宗教社会学理论进行梳理和诠释的著作。

此外，华裔美国社会学家杨庆堃教授的《中国社会中的宗教》一书的中文译本修订版问世。[②] 该书被称为“研究中国宗教的‘圣经’”，在国内外的宗教研究界有着持久的影响。

（二）经验研究

与前几年的研究趋势一致，关于中国宗教的经验研究成果一直较多。2016年度，随着社会学问题意识进入宗教研究领域，对宗教与社会结构的研究越来越多，研究水准越来越高。2016年，关于宗教的经验研究，主要集中在宗教与移民、宗教与族群、宗教与阶层、宗教与全球化等方面，兹详述如下：

1. 宗教与移民

宗教与移民的研究成果，在2016年较为突出，反映出这一问题在都市化进程中日益凸显。延续了近年来关于宗教与移民问题的深入研究，[③] 范丽珠、陈纳分别发表了关于宗教与移民的译文和田野调查报告。范丽珠的译文是Rebecca Y. Kim的《宗教与族群：理论关联的综述》[④]。《宗教与族群：理论关联的综述》一文指出，世俗化理论和族群同化理论等经典理论模式对美国宗教与移民、族群关系解释力有限。陈纳则通过对上海基督教某教堂基层团契的个案，探讨移民的困境与城市基督教会在促进新移民社会融入方面的功能和补偿作用。[⑤] 聂家昕呈现了一个由朝鲜族教士带领的朝、汉混搭基督教会跨越族界发展的过程。[⑥]

2. 宗教与族群

宗教与族群方面的研究也在2016年度颇为充分。2016年第1期的《世界宗教文化》设置了专栏对此进行讨论，2016年第11期的《国学与西学》将“中国的少数民族与基督教”作为该期的主题。

2016年第1期的《世界宗教文化》的专栏由三篇文章组成，分别为何其敏的《归类与整合之间的宗教认同》、黑颖和杨莉的《傈僳族基督教信仰的本土化与民族身份认同》、蔡江帆和张可佳的《宗教信仰结构与民族文化认同》，此三篇文章均为国家社会科学基金重点项目“宗教认同研究”的阶段性成果。《归类与整合之间的宗教认同》一文是后两篇文章的导论和理论升华。该文认为，“围绕认同的讨论不仅涉及社会、群体、个体的身份

---

① 李向平等：《当代美国宗教社会学理论研究》，中西书局2015年版。

② ［美］杨庆堃：《中国社会中的宗教》（修订版），范丽珠译，四川人民出版社2016年版。

③ 范丽珠、陈纳：《宗教信仰与城市新移民（乡—城）刍议》，《世界宗教文化》2014年第2期；黄剑波：《都市里的乡村教会》，道风书社2012年版；张士江主编：《信德学刊6》，信德文化研究所2014年版，该书汇集了段琦、李向平、袁浩等人关于都市化与城市移民关系的探讨。

④ ［美］丽贝卡·基姆：《宗教与族群：理论关联的综述》，范丽珠译，《世界宗教文化》2016年第5期。

⑤ 陈纳：《移民的困境与宗教的补偿作用》，《世界宗教文化》2016年第5期。

⑥ 聂家昕：《城市个体化新移民与一个跨界教会的宗教实践》，《青海民族研究》2016年第2期。

边界的建构，更涉及社会认可的身份内涵与个体认同的主观选择之间的张力"[①]。

2016年第11期的《国学与西学》将“中国的少数民族与基督教”作为该期的主题，从历史、神学、现状等层面，全方位考察中国的族群与基督教的关系，涵盖西北、西南、内蒙古等地区的案例，内容颇为丰富。[②]

3. 宗教与阶层

宗教与阶层的关系，近来逐渐受到学界关注。企业家的宗教信仰与经营活动之间的关系、大学生的宗教信仰尤其成为受关注的热点问题。周怡、胡安宁的《有信仰的资本——温州民营企业主慈善捐赠行为研究》[③] 与甘满堂的《传统宗教与基督宗教对企业家精神影响的差异探析——以福建沿海调查为例》[④] 两文均为探讨这一问题的典范之作。

关于大学生宗教信仰的问题一直受到关注。黄海波通过数据分析得出结论：“宗教兴趣”和“宗教评价”对大学生未来信教自我预期有关键性的影响。[⑤] 李丁则利用以往的研究数据分析指出，大学生面对传教比较谨慎，基督教在大学生中间大规模发展的可能性较小。[⑥]

4. 宗教与公共空间、公民社会

宗教的公共性，乃至宗教与公共空间、公民社会的关系一直是各界关注的重点，但以往的研究多局限于理论层面，极少深入实践层面。2016年度，对宗教与公共空间、公民社会关系的探讨集中于《田野归来》一书中，该书至少有以下数篇文章讨论这一议题：刑福增、袁浩、刘绍麟的《建构中的“公民共同体”——北京基督教会个案研究》，郝志东、陈慎庆等的《天主教及其公共参与》，童韻评的《基督教与公民社会》，钟智锋、李泉、杨江华的《基督教的兴起、公民社会的发展与中国的民主化?》，李峰的《关于宗教组织信任的实证研究》，王莹的《宗教信仰与公民文化构建》等。[⑦]

5. 宗教与全球化

宗教与全球化，尤其是颇为前沿的中国公民在海外实践、传播基督教的问题，在近年得到关注，其成果在2016年得以陆续问世。这方面的研究，以曹南来的成果为多。通过对旅法温州商业移民的跨国基督教网络的民族志个案研究，曹南来发现，旅法温州商业移民家庭网络与基督教网络之间存在叠合现象。通过研究，曹南来试图“反思北美移民宗教研究中的‘同化’范式”。[⑧] 曹南来与此相关的论文还有两篇[⑨]，立体多维度地展示了对这一问题的思考。

---

① 何其敏：《归类与整合之间的宗教认同》，《世界宗教文化》2016年第1期。

② 黄保罗、祁进玉：《卷首语：中国的少数民族与基督教》，《国学与西学：国际学刊》2016年第11期。

③ 周怡、胡安宁：《有信仰的资本——温州民营企业主慈善捐赠行为研究》，载高师宁、李向平等主编《田野归来：中国宗教与社会研究》（下），台湾基督教文艺出版社2016年版。

④ 甘满堂：《传统宗教与基督宗教对企业家精神影响的差异探析——以福建沿海调查为例》，载高师宁、李向平等主编《田野归来：中国宗教与社会研究》（下），台湾基督教文艺出版社2016年版。

⑤ 黄海波：《大学生信教自我预期的影响因素研究》，《当代青年研究》2015年第3期。

⑥ 李丁：《基督教在中国高校的发展状况及大学生的态度》，《世界宗教文化》2016年第1期。

⑦ 高师宁、李向平等主编：《田野归来：中国宗教与社会研究》（上中下），台湾基督教文艺出版社2015—2016年版。

⑧ 曹南来：《旅法华人移民基督教：叠合网络与社群委身》，《社会学研究》2016年第3期。

⑨ 曹南来：《从农村到巴黎：跨国村落中的神圣与日常》，《读书》2016年第2期；曹南来：《流离与凝聚：巴黎温州人的基督徒生活》，《文化纵横》2016年第2期，第72—79页。

6. 基督教研究

宗教社会学关于基督教的研究一直是个热点，这与基督教自20世纪80年代的快速发展有关。但是，直到目前为止，学界对中国到底有多少基督徒却一直众说纷纭，对中国基督徒人数的估计差异极大。[①] 2010年，由中国社会科学院世界宗教研究所发布的调查数据显示，中国基督徒有2305万人[②]。基督徒到底有多少，成为一个重要的学术与政治问题。卢云峰、张春泥利用CGSS和CFPS数据，试图寻找“隐藏”的基督徒，并根据两个全国性数据进行比对和跟踪分析，用五种方法对2010年全国基督徒的人数进行估计，发现2010年全国基督徒的总人数为2568万—2936万。除了人数之外，该文分析了基督徒的分布格局、社会分层特征以及社会心态。[③]

在2016年度，关于基督教的社会学研究，有一部专著、两部论文集（学术资料）值得关注。李向平将以往关于基督教的社会学研究成果汇集为《基督教中国化的社会学研究》，并于2016年出版，该书为我们探讨基督教与其他宗教的关系提供了理论视野和研究范例[④]。两本论文集即《从田野归来》和《三十年来中国基督教现状研究论著选》。李华伟编选的《三十年来中国基督教现状研究论著选》选编了三十年来学界关于基督教现状研究的代表性成果，[⑤] 可作为后来研究者入门的工具书。

7. 儒教复兴的社会学研究

随着大陆儒教复兴及其社会影响日益凸显，宗教社会学界对此进行的分析和研究日益深入。张晓艺、李向平认为，基于“制度形态—目标指向”的类型学划分方法，可将当前儒教复兴实践路径划分为：指向政治建设的儒教制度化实践（政治实践型）、指向社会生活的儒教制度化实践（传统教化型）、指向政治建设的非制度化儒教（公民宗教型）、指向社会生活的非制度化儒教（生活教化型）。[⑥]

8. 关于民间信仰的社会学研究

关于民间信仰的社会科学研究，一直是各种理论的竞技场和输出、输入地。受James Watson提出的“神灵的标准化”的概念启发，范正义发现闽南的企业家担负起了传统“士绅”的角色，在民间信仰的规范化和向主流意识形态靠拢方面起到了“标准化”民间信仰的作用，[⑦] 这是对域外概念内涵的丰富和积极拓展。

基于津、闽、粤三地妈祖信仰的个案比较，张晓艺、李向平将妈祖信仰分为官方主导、官民共建和民间自治三种类型，分析了其信仰关系和实践特征。[⑧] 同样基于津、闽、

---

① 邱永辉：《“中国基督教研究的再研究”报告》，载金泽、邱永辉主编《中国宗教报告（2009）》，社会科学文献出版社2009年版。

② 中国社会科学院世界宗教研究所课题组：《中国基督教入户问卷调查报告》，载金泽、邱永辉主编《中国宗教报告（2010）》，社会科学文献出版社2010年版。该文又收入李华伟编《三十年来中国基督教现状研究论著选》，社会科学文献出版社2016年版。

③ 卢云峰、张春泥：《当代中国基督教现状管窥》，《世界宗教文化》2016年第1期。

④ 李向平：《基督教中国化的社会学研究》，宗教文化出版社2016年版。

⑤ 李华伟编：《三十年来中国基督教现状研究论著选》，社会科学文献出版社2016年版。

⑥ 张晓艺、李向平：《当代中国的儒教复兴：实践类型与内在逻辑》，《齐鲁学刊》2016年第5期。

⑦ 范正义：《企业家与民间信仰的“标准化”》，《世界宗教研究》2016年第5期。

⑧ 张晓艺、李向平：《民间信仰的当代建构与信仰实践——基于津、闽、粤三地妈祖信仰的比较研究》，《河北学刊》2016年第3期。

粤三地妈祖信仰的比较研究，张晓艺、李向平提出了“信仰认同半径”的概念，“用以呈现信仰认同的逻辑机制，特别是信仰认同及其认同要素的内在关联”。①

（三）针对中国宗教现象的理论思考与治理探索

1. 互联网宗教的规律与治理

针对互联网的新发展带来的互联网宗教这一新生事物，学界进行了初步的探索，《世界宗教文化》编辑部组织了专题对此进行讨论，其他刊物也刊发多篇论文进行探索。有学者提出要加大对互联网宗教的研究，② 亦有学者讨论了互联网宗教对传统宗教传播方式和内容上的改变，讨论了互联网宗教对治理带来的挑战。③ 宗教管理部门的研究者和学界同仁讨论了互联网宗教管理问题，④ 石丽提出了对互联网宗教进行社会治理和分类化治理的对策建议。⑤ 有学者及时梳理了国外宗教与网络研究概况，⑥ 分析了互联网时代宗教的形态、种类及其博弈格局，⑦ 亦有学者论述了互联网宗教对宗教组织形态、宗教权威的构成因素和宗教本身的冲击和重构。⑧

2. 宗教财产管理新探索

随着宗教管理条例修订的启动，法学界对宗教组织可能涉及或已有司法案例的相关问题进行探讨，主要集中在宗教财产和宗教场所的法人地位上。在详细分析我国现行宗教财产政策和法律保护制度的实践及存在问题的基础上，冯玉军提出，“当前以修订《宗教事务条例》为契机，借以厘清宗教团体和宗教活动场所的关系十分重要，并提出如下建言：依法确定宗教团体和宗教活动场所的法人资格、认定程序和条件，建立宗教财产监察人制度，强化对宗教财产归属和使用的监督”⑨。亦有学者根据司法案例，分析了司法机关审判宗教财产纠纷的法律依据，指出“有关宗教财产的纠纷，司法机关以区分是否属于宗教团体内部事务管理作为是否介入的判断标准，在该标准的认定中核心要素是审查被告是否具有与宗教团体或者宗教财产管理有紧密关联的身份和资格”⑩。

此外，还有学者梳理了学界关于宗教组织与社会互动关系的理论研究；⑪ 分析了宗教慈善的内涵，对宗教与慈善之间的张力关系进行了探索。⑫

---

① 张晓艺、李向平：《信仰认同及其“认同半径”的建构——基于津、闽、粤三地妈祖信仰的比较研究》，《东南学术》2016 年第 6 期。

② 郑筱筠：《全方位开展互联网宗教研究》，《中国宗教》2016 年第 7 期，第 38—39 页。

③ 李华伟：《互联网宗教的特点和传播规律》，《中国社会科学报》2016 年 6 月 7 日；王娜娜：《当前我国网络宗教发展态势及对策研究》，《中央社会主义学院学报》2016 年第 3 期。

④ 董栋：《关于我国网络宗教事务管理问题的思考》，《世界宗教文化》2016 年第 5 期。

⑤ 石丽：《网络宗教、网络社会与社会治理研究》，《世界宗教文化》2016 年第 5 期。

⑥ 吴越：《网络的宗教使用和宗教的网络复兴》，《世界宗教文化》2016 年第 5 期。

⑦ 张华、张志鹏：《互联网$^{+}$时代的宗教新形态》，《世界宗教文化》2016 年第 4 期。

⑧ 李华伟：《互联网宗教的特点和传播规律》，《中国社会科学报》2016 年 6 月 7 日。

⑨ 冯玉军：《宗教财产归属与宗教法人资格问题的法律思考》，《苏州大学学报（法学版）》2016 年第 1 期。

⑩ 张建文：《宗教财产法律地位的裁判逻辑与司法立场》，《苏州大学学报（法学版）》2016 年第 1 期。

⑪ 李华伟：《认真探索宗教组织与社会互动的规律》，《中国民族报》2016 年 7 月 5 日。

⑫ 李华伟：《宗教慈善所遇张力及挑战》，《中国民族报》2016 年 8 月 9 日。

（四）学科建设与重要学术活动

作为一门年轻的学科，宗教社会学的学科平台建设依然是学者和研究机构致力发展的方向。中国社会科学院世界宗教研究所主编的《宗教社会学》（第四辑）① 如期出版，保持了辑刊和学科平台的连续性。中国社会科学院世界宗教研究所、中国人民大学、中国社会学学会宗教社会学分论坛（筹）分别召开了宗教社会学会议，宗教社会学界的这三大论坛为学科平台的搭建做出了贡献。中国社会科学院世界宗教研究所主办的社会学论坛（2016）的主题为"宗教组织的社会学研究"，探讨了当代基督教、儒教、伊斯兰教组织与社会、宗教权威研究、本土宗教组织研究、基督教组织的现实与历史、宗教领袖的培养及研究等论题。中国社会学学会年会"宗教社会学分论坛"则集中于以下数个问题：宗教事务管理中的公私问题，互联网中的宗教信仰方式，民间信仰的变与不变，青年群体的宗教信仰方式，基督教的社会影响等。② 由中国人民大学主办的第十三届宗教社会科学年会的主题为"宗教与公共生活"。与会学者探讨了宗教的公共性、全球华人宗教研究、民族与宗教、宗教与国家、宗教与法治、宗教与哲学、宗教与精神健康等问题。③

此外，经过三年的努力，"中国社会学学会宗教社会学专业委员会"被中国社会学学会批准成立。自此，宗教社会学有了专门的学科委员会，为学科未来的发展提供了制度性的保障。

三　宗教心理学

2016 年，宗教心理学学科继续平稳向前发展，成绩显著。学科发展理论和实践并重，理论层面上开始宗教文化心理学探索，研究方法取向丰富多样，宗教心理学研究的学者队伍多元包容，包括宗教学界、心理学界和宗教和心理工作者，研究人数持续增加，从理论和实践层面进行整合研究的效果显著，共同为推动探索中国的宗教心理学而努力。

（一）学科建设：宗教心理学论坛和《宗教心理学》辑刊

中国社会科学院世界宗教研究所在持续推进中国宗教心理学的学科建设，为此宗教学理论研究室克服种种困难，做出了持续不懈的努力，致力于每年举办一次"宗教心理学论坛"和出版《宗教心理学》辑刊，为中国宗教心理学研究的学者提供学术交流平台，并为其研究成果的出版提供一定的支持。

2016 年 6 月 23—24 日，由中国社会科学院世界宗教研究所主办，山西太原龙泉寺合办的"宗教心理学论坛（2016）"在太原龙泉寺召开。参加此次论坛的有中国社会科学院世界宗教研究所、中国科学院心理研究所、复旦大学、浙江大学、中国人民大学、北京师范大学、中央民族大学、北京市社会科学院、北京林业大学、上海宗教文化研究中心、南京师范大学、天津外国语大学、西南民族大学、江西佛学院、江西师范大学、太原医科大

① 金泽、李华伟主编：《宗教社会学》（第四辑），社会科学文献出版社 2016 年版。

② 黄海波：《破解当代中国宗教信仰方式的秘密——2016 年中国社会学年会"宗教社会学分论坛"综述》，http：//www. weixinla. com/document/32155228. html。

③ http：//www. fjnet. com/jjdt/jjdtnr/201607/t20160716_ 241060. htm.

学、四川省民族研究所、浙江师范大学、广州大学、浙江丽水学院、山西医科大学、曲阜师范大学、内蒙古师范大学、中国道教学院、苏州西园寺、广东省佛教协会等高校和科研院所的专家学者，共计50人。

在“宗教与心理健康”的问题上，与会学者形成了一定的共识，大家一致认为，在“健康中国”的理念呼之欲出之际，探讨宗教和心理健康的关系正逢其时。当前中国社会经济飞速发展，人民物质生活日益改善，与之相伴的是生活节奏的加快，压力倍增，人们的精神生活需求日益提升，明显的表现就是某些宗教快速发展并成为人们精神生活的重要组成部分，这一现象已经引起了政界、学界和社会各界的普遍关注，值得学术界进行深入探究。

在习近平总书记提出的宗教工作“四个必须”方针的基础上，与会学者提出“必须辩证看待宗教的社会作用”，在宗教和心理健康的关系问题上，要求我们辩证看待宗教对广大信众和人民群众的心理健康的影响，既要看到宗教劝人向善、抚慰人心的积极意义，又要看到某些宗教、派别对信众的精神控制，造成其信仰挣扎的消极层面。“必须坚持宗教的中国化方向”，这既是对宗教界的要求，也是对宗教学术界的要求。由于中国宗教心理学的发展是比较晚的，探讨宗教和心理健康关系的研究也是比较少的。相比较而言，西方宗教心理学界的研究已经有100多年的历史，已经形成相对比较完善的学科体系，这对我们的学科建设具有一定的借鉴意义，其理论、方法和研究假设对于我们将来的研究都具有一定的参考价值。与会学者提出，宗教心理学界要“不断丰富和发展中国特色社会主义宗教理论”。作为在中国发展比较晚的交叉学科，宗教心理学一定要重视中国宗教文化的处境，关注中国各大宗教的现状，理论、实践相结合，逐步发展出具有中国特色的宗教心理学学科体系。

有学者比较了国内宗教心理学研究的两条路径：从心理学的角度来研究宗教心理学和从宗教学的角度研究宗教心理学。虽然两条路径不一样，但宗教心理学是宗教学和心理学的交叉学科，这两条路径的合流是宗教心理学界共同的心愿。宗教与心理健康的主题非常好，每一个人都是一个有精神需求的存在。世界卫生组织在20年前就已经把道德作为健康的一个维度，伦理和精神层面的需求和超越存在的关系是每一个个体的人认知的一个前提，是民族和国家不能回避的现实，而这个现实反映在21世纪的中国，21世纪的世界，就尤其不可回避。

在为期两天的论坛研讨中，学术报告的主题涉及宗教和心理健康的理论研究，传统文化和心理健康、佛教与心理健康，基督教与心理健康、精神性和心理健康、宗教与大学生的心理健康以及相关的比较研究，研究涉及的宗教包括佛教、道教、基督宗教、伊斯兰教、儒教和民间信仰等与心理健康相关的内容，研究方法有理论研究、问卷调查和实验研究等实证研究，还有以访谈为基础的个案研究，内容翔实，形式多样，交流深入。与会专家学者围绕宗教心理学学科建设和未来发展、《宗教心理学》辑刊建设和宗教心理学论坛相关的问题畅所欲言，提出了很多建设性的意见和建议。总之，此次宗教心理学论坛汇聚了来自全国各地的专家学者，针对“宗教和心理健康”的主题凝聚了共识，为宗教心理学未来的发展和学科建设，丰富和发展中国特色社会主义宗教理论做出了积极的贡献。

2016年12月，《宗教心理学》第三辑得以出版，该辑刊延续了前两辑的风格，内容包括理论流派的历史展望，着眼西方的域外视野，关注理论方法进展，致力于不同宗教对话的思想交谈，强调测量实验的实证研究，还有画龙点睛的学术述评等板块。该辑刊包括如下高质量的论文和译文：陈彪的《精神分析与宗教》，周普元的《论弗洛伊德群体宗教心理思想的Y模型》，梁恒豪翻译的《定义宗教和精神性》，张鹏翻译的《宗教暴力、恐怖主义与和平：一项意义系统分析》，谢中垚等翻译的《宗教的文化心理学：灵性信仰改变》，张海滨的《荣格分析心理学与佛教唯识学的比较研究》，曹娟的《英美宗教心理测量背后的三种思路分析》，李燕的《正念疗法——传统与现代、东方与西方的共构》，廖乐根的《"信"的三要素——浅析佛教的"信心所"》，张淼的《新疆南疆地区维吾尔族穆斯林人格特征研究》，陈心洁等的《探索彝族原生性宗教对苦难经历和应对的影响：一项在四川凉山地区的调查研究》，张弛、杨莉萍的《基督徒传教过程中的人际交互作用研究》，高智敏、陈青萍等的《膜拜成员自我和谐、人际信任特征与健康关系的循证研究》，王立君等的《穆斯林儿童真主认知的发展：对人类和超自然者心理的理解》，陈永胜、尚艳娜的《宗教性概念及其测量工具的初探》。该辑刊旨在为宗教心理学学科建设搭建一个学术交流的平台，期待未来继续为宗教心理学领域的学者服务。

（二）有关著述

1. 专著：《宗教形态的心理学——宗教传统和研究的心理学智慧》①

该书是吉林大学哲学社会学院心理学系葛鲁嘉教授撰写的一部系统阐述宗教传统和研究中的心理学智慧的理论著作。全书由十二章构成，具体为"宗教心理学的界定""两种形态的宗教心理学""宗教心理学的探索""宗教的宗教心理学""宗教传统的心理学意蕴""本土传统的心理学资源""科学的宗教心理学""宗教心理学的历史""宗教心理学的考察""宗教心理的心理学探讨""宗教形态心理学的定位"和"宗教形态心理学的未来"。该著作是"心理学形态研究系列"之一，该系列是作者二十年来系统研究和探索中国本土心理学的理论成果，具有系统性、原创性和学术性等特点。

2. 译著：《和平心理学》②

该著作研究的领域是如何在心理学治疗中运用信念，这是国外的一个新的领域。人活在这个世界上，总要相信点什么，否则无法生存和与人交往，西方心理学中称之为信念（Belief）。信念的一种发展路径可能是信仰，研究信仰的心理学后来发展为西方的宗教心理学。自从特洛尔奇提出基督信仰应该吸收现代社会科学研究成果以来，心理学领域的学者开始将信念引入心理治疗。《和平心理学》正是这种结合的有益尝试，着重探讨不同文化传统中的人其心理信念在达到心理和谐和社会和谐中的作用。

3. 论文：

（1）理论研究

传统的理论流派研究持续得到关注，荣格相关的研究相对比较多。周普元根据埃里克森的生命周期理论，对在安娜·弗洛伊德的自我防御机制、哈特曼的自我适应性和皮亚杰平衡概念的基础上构建的自我同一性理论的ψ模型进行分析发现，在个体生命周期中"自我与本我、超我"和"自我与环境"两组关系内，个体生命阶段与宗教之间具有相关性。在儿童期，自我逐渐从本我中剥离，并强化了超我的形成。儿童的自我概念逐渐形成，儿童宗教意识的"泛灵论、目的论、拟人论"由强渐弱。青春期及青年期，自我与

① 葛鲁嘉：《宗教形态的心理学——宗教传统和研究的心理学智慧》，上海教育出版社2016年版。

② ［美］杜艾文、［美］凯文·赖默：《和平心理学》，黄晓楠译，中国社会科学出版社2016年版。

环境的危机呈现，自我同一性成为最大需求。中年期，自我成熟并形成稳定的人格，对道德的渴望加剧。老年期内在心理系统的不平衡成为主要方面，老年人希望通过宗教实现自我超越。此外，对个体生命周期中人类宗教心理不同特征的研究对起步中的宗教心理学学科建设有所裨益。① 在对荣格的宗教心理观进行述评的基础上，刘佳佑认为，著名心理学家荣格在其晚年的研究生涯中将其研究重心转移至宗教、精神领域，其研究成果是宗教心理学理论的重要组成部分。以荣格原著为研究依据，在熟悉荣格分析心理学理论的基础上，系统、深入地阐释了荣格的宗教心理观，修正了以往研究的有待商榷之处，并对荣格早期、晚期思想进行了贯通，从整体上梳理、总结了荣格的宗教心理观。② 崔诚亮认为，宗教思想是荣格分析心理学的一个重要方面。在分析心理学理论体系形成和发展过程中，荣格对心理学与宗教的关系、无意识中存在着宗教功能的心理事实，以及无意识心理过程中的宗教象征作了深刻的阐述，从而厘清了长期以来人们对精神分析和宗教关系的模糊认识，并明确阐述了宗教象征主义在心理分析中所起的作用，为宗教心理学的进一步发展奠定了坚实的理论基础。③ 崔诚亮也分析了"女性意象"在荣格分析心理学理论体系中的重要价值，认为荣格的女性意象概念是和男性意象相关联的，从宗教和深层心理学层面对荣格的女性意象进行了梳理，从而为女性主义文化的研究搭建了一座重要的平台。④ 董琳认为，心理分析运动自始就与宗教信仰关系密切，大概与心理分析将人的心理和意识看作具有独立性的现象来进行研究有关。他指出，荣格心理学中的"情结"和"原型"概念深刻揭示了人类个体和整体的心理结构和意象表现，认为原型属于宗教的范畴，而且情结的诸多特性与宗教信仰、宗教经验和皈依有密切关系，换言之，在某种程度上可以说，情结支配了皈依和宗教经验的表现。⑤

精神性成为宗教心理学领域关注的新主题。徐凯认为，精神性是宗教与心理的终极追寻方式。精神性是超越日常生活，涉及生命意义、生死参悟和个人整合等主题，具有终极关怀性质的个人心理建构。精神性的兴起并非偶然现象，而是终极追寻方式个体化的反映。这一终极追寻方式根本影响着构成精神性的两个主体性学科宗教和心理学的学术走向，研究者应清晰把握这一整体演化态势并将其应用于实践研究中。⑥

宗教经验、皈依、敬畏感、信仰挣扎等宗教心理学的核心概念仍然是中国宗教心理学界关注的热点。韩汪慧认为，敬畏感作为一类复杂的情绪情感在原始社会就已经出现了，随着人类社会的变迁，敬畏感的含义也在不断变化着，并且因文化的不同敬畏感的性质也有所不同，该文对伦理学、宗教学及心理学中有关敬畏感的研究进行了阐释，通过对不同领域敬畏感内涵的分析，进一步在心理学领域开展敬畏感的实证研究并探索其在教育等领域的应用。⑦ 梁恒豪从所有人都会面对死亡和苦难引入信仰的挣扎的话题出发，论述了研究信仰挣扎的必要性，利用荣格的原型理论探讨了信仰挣扎的原型和表现，并且对信仰挣扎进行操作性定义和类型分析，结合个案的剖析和管窥分析了信仰挣扎的起因和影响。他

---

① 周普元：《青年宗教心理发展的模型研究》，《当代青年研究》2016 年第 2 期。

② 刘佳佑：《荣格宗教心理观述评》，《宗教学研究》2016 年第 2 期。

③ 崔诚亮：《荣格分析心理学的宗教象征主义分析》，《甘肃理论学刊》2016 年第 2 期。

④ 崔诚亮：《荣格宗教视域下的女性意象》，《沈阳大学学报（社会科学版）》2016 年第 2 期。

⑤ 董琳：《"情结"在皈依与宗教经验中的作用》，《改革与开放》2016 年第 16 期。

⑥ 徐凯：《精神性：宗教与心理的终极追寻方式》，《贵州民族大学学报（哲学社会科学版）》2016 年第 3 期。

⑦ 韩汪慧：《不同学科视角下的敬畏感》，《赤峰学院学报（自然科学版）》2016 年第 16 期。

认为信仰挣扎是宗教心理学研究的重点和关键，充分了解信仰挣扎是正确面对并最终解决信仰挣扎的关键。[①]

与具体宗教关系比较紧密的正念、修行等概念开始进入中国宗教心理学界的视野。何元庆、花叶琳认为，“正念”源自佛教，最近十几年在西方心理学界较为流行，并逐渐被我国心理学家所重视。现在所说的正念技术源于四念处的修行，已没有宗教的色彩。在心理学中，正念已被描述为一种特殊状态的意识，其特征是由精致的注意力技能与对内部和外部事件的非评价态度。正念作为根植于东方文化的一种禅修，对于我国心理健康调节技术的发展具有现实意义。[②]

与中国文化密切相关的宗教心理学研究也开始出现，本土宗教文化心理学的视野越来越成为学界共识。陈静认为，民间信仰与儒释道三家关系密切，在民间信仰仪式的展示中更是儒、释、道神灵互相渗透，难以区分。她尝试从心理学的角度，溯本追源地探求人类举行宗教仪式的根本需求，剥离仪式的表现形式，挖掘人类参与仪式的精神内涵，洞察宗教仪式参与者背后的潜意识动机。[③] 杨儒宾探讨了《中庸》的形而上学、体验思想与神话思维之间的对应关系，从宗教心理学和宗教史的角度，分析了《中庸》生生思想的形成。《中庸》主张天道性命相贯通，其生生哲学的主要根源固然是儒家心性论的传统，但另一方面也无疑地继承了原始农业文明天地一体的洞见，认为宇宙是个大生命。不过它将这样的洞见奠定在一种新的人格向度上，人格的确定与深化强化了宇宙生生不息、大家同是一家人的信念。[④] 梁恒豪认为，要对“修行”进行严谨的学术研究，首先要对“修行”一词进行学术话语的统一，以便大家在同一领域内进行思考和争论。通过对修行的心理学定义和意涵的论述后，他指出，修行是个人或群体以实现超越和神圣为旨归而主动进行的观念、经验和行为层面的一系列自我约束和改造。他从社会处境的角度出发论述修行的心理学意义，以正念为例，从“心”“身”关系的角度探索修行的进路，并结合西方的研究来探讨如何对修行进行心理学的研究，最后结合中国处境对修行主题进行了反思和展望。[⑤]

（2）方法论层面

中国宗教心理学界近年来非常重视方法论的探讨、培训和学习，指出对宗教心理学的研究要定量、定性并重，进行多样化、整合性的运用。2016 年 12 月，美国富勒心理学院与厦门大学合作举办宗教文化心理学研究方法工作坊，邀请来自美国的学者结合具体的研究项目和案例，培训宗教心理学界的研究者如何运用定量和定性的研究方法进行研究，与会学者在方法论及运用方面有了新的不同程度的提高。

（3）应用层面

宗教心理学的学者关注宗教与大学生心理健康的关系。尹江霞认为，大学生出现宗教倾向甚至信教人数越来越多，其原因也是多方面的。《心理学视域下大学生宗教倾向分析与教育探索》从分析大学生的心理特点入手，分析大学生“信教”“望教”的心理学原

---

① 梁恒豪：《信仰挣扎的心理学研究》，载许志伟主编《基督教思想评论》（第 21 辑），宗教文化出版社 2016 年版。

② 何元庆、花叶琳：《心理学视角下的正念技术》，《芜湖职业技术学院学报》2016 年第 1 期。

③ 陈静：《民间信仰仪式中的社会心理建构》，《海峡教育研究》2016 年第 3 期。

④ 杨儒宾：《〈中庸〉的“参赞”工夫论》，《湖南大学学报（社会科学版）》2016 年第 1 期。

⑤ 梁恒豪：《修行的心理学研究探微》，《宗教人类学》（第七辑），社会科学文献出版社 2016 年版。

因。该文认为，要帮助大学生树立科学的马克思主义信仰，既要细致把握大学生的心理需求，又要加强大学生科学精神的培育，充分挖掘和宣传马克思主义信仰的人文关怀。①

海丽其姑丽·亚森、吾甫尔·艾买提江认为，进入21世纪以来，少数民族的大学生信仰宗教已经成为了社会研究热点问题之一。高职院校的少数民族大学生大多数是农村来的，他们的宗教意识与成长环境、家庭教育、社会交往都有着比较密切的关系。他们成长于本民族的社会文化环境当中，经过不断的耳濡目染，潜移默化地接受了本民族比较固有的宗教信仰、行为准则，等等，并且由此产生了各种情感类的体验，追求与本民族的文化、习俗、信仰相符的道德感、美感、理性已经成为相对固定的心态。其研究是选取1239名少数民族大学生，采用了问卷法调查研究，运用了回归分析、结构方程建模等统计的方法，分析了少数民族大学生宗教心理导致的相关的心理问题。②

李晶晶、肖玉杰追溯了正念的起源、国内外相关研究现状，从维护心理健康角度阐述了正念的含义、功能、心理机制。分析了大学生的心理特质和心理挑战，总结了正念技术在提升大学生注意力水平、改善负面情绪、增强主观幸福感等方面的应用成果，并就如何在校内推广正念应用提出建议。③

总之，宗教心理学在过去的一年得以持续平稳的发展，宗教心理学学科建设取得了进一步的成果。宗教心理学的研究队伍不断扩大，研究的理论和方法关切逐步深化，开始对宗教进行文化心理学的研究，与此同时重视方法论的提升，并开始探讨宗教对人们心理健康的影响。

四 宗教人类学

在跨学科研究愈见兴盛的今天，宗教人类学在国内这些年也得到迅猛发展。在这一大形势下，2016年宗教人类学学科总的来说是热闹非凡。无论是在实现跨学科的融合还是在研究理论的创新上，都有着不俗的表现。

（一）重要学术活动

2016年9月24—25日，由金坛茅山乾元观、中国社科院世界宗教研究所、南京大学人类学研究所和华东师范大学人类学研究所四家单位联合主办的“修行人类学视野下的宗教与社会暨第二届宗教人类学工作坊”在江苏茅山乾元观顺利召开。“修行人类学”由陈进国、黄剑波和杨德睿等宗教人类学学者共同倡导，自2013年提出以来，得到了越来越多同行们的关注，相关讨论也日益深入，讨论成果也将结集出版，该研讨会是国内宗教人类学界首次以某一主题为核心开展的系列研讨工作，旨在重新探讨宗教人类学研究的某种内在主体转向的可能性，具有很好的理论创新意义。10月9日“人类学视野中的民族与宗教”学术研讨会在内蒙古自治区呼和浩特市举行。此次研讨

① 尹江霞：《心理学视域下大学生宗教倾向分析与教育探索》，《亚太教育》2016年第1期。

② 海丽其姑丽·亚森、吾甫尔·艾买提江：《浅谈高职院校少数民族大学生宗教心理导致的心理问题》，《山东农业工程学院学报》2016年第12期。

③ 李晶晶、肖玉杰：《心理学视角下的正念探析及对维护大学生心理健康的启示》，《科学导报》2016年11月29日。

会由内蒙古师范大学、中国人类学民族学研究会宗教人类学专业委员会共同主办。国内70余位专家学者参与此次会议。会议从宗教人类学角度，探讨了如何发挥民族地区宗教积极的社会功能和作用。可以说，这是一次充分结合宗教学、人类学、民族学三大学科的宗教人类学会议，民族与宗教这两大议题同时纳入到此次会议的主题，体现了宗教人类学研究与现时问题的紧密关切性。以上两次会议充分体现了当前中国宗教人类学的两个主要特征：一方面，越来越多的宗教人类学学者开始意识到专题性研究的重要性，开始了该方面的尝试，希望在宗教人类学学理方面有所开创；另一方面，宗教作为一大门类，日益得到学者的关注，这种关注与当前宗教对政治、社会影响力的提高有关，宗教人类学研究的应用性价值在日渐提高。

（二）重要学术著作

由中国社会科学院民族学与人类学研究所学者主编的《宗教信仰与民族文化》第8、9辑由社会科学文献出版社出版，该辑刊主要汇编了民族学、人类学方面的宗教信仰研究，具有典型的民族学特征。此外，由著名人类学家拉帕波特所著的《献给祖先的猪——新几内亚人生态中的仪式》在中国翻译出版，该书一直是人类学界经典著作，将宗教仪式与生态环境结合起来开展研究，对于时下兴盛的宗教与生态关系问题的研究具有重要借鉴作用。同时，由王铭铭主编的社会人类学丛刊系列出版了罗阳有关柬埔寨吴哥窟的研究，《他邦的文明——柬埔寨吴哥的知识王权与宗教生活》作为当前中国海外人类学研究的重要内容之一，回到宗教与王权关系的思考，是对宗教人类学中经典话题开展研究的重要尝试。此外，由陈进国主编的《宗教人类学》辑刊第7辑出版，该辑刊物聚焦于修行研究，收集了19篇修行人类学研究文章，是近两年开展修行研究的主要成果。一个重要消息是，基于《宗教人类学》的影响力，该辑刊荣获社会科学文献出版社2016年度优秀集刊三等奖。在宗教人类学著作方面，2016年度还有金梦瑶所著的《人类学角度——殷墟卜辞中祖先崇拜研究》显具特色。该书运用跨学科研究的方法，将人类学、历史学、宗教学等多学科融合，分析甲骨卜辞，解读中国宗教，涉及论商代祖先崇拜、论“帝”等内容，是宗教人类学研究领域的新尝试。

（三）研究主题、理论与观点

从学术论文纵观2016年度的宗教人类学研究，大致可以分为几类较有影响力的研究成果：

1. 宗教人类学中的基督宗教研究

近年来，宗教人类学中的基督宗教研究成为国内宗教人类学研究中较大的热点，出现了如黄剑波、曹南来等一批有名的年轻学者。2016年度钟鹭艺的《近三十年来西方人类学的基督宗教研究综述》① 就是对西方相关动态的一个综述。曹南来、林黎君的《经济全球化背景下的华人移民基督教：欧洲的案例》② 则着眼于华人移民与皈信基督教这一普遍在西方流行的现象结合起来，以欧洲作为研究对象开展研究。赵斯羽的《嵌入与再生

① 钟鹭艺：《近三十年来西方人类学的基督宗教研究综述》，《世界宗教研究》2016年第2期。

② 曹南来、林黎君：《经济全球化背景下的华人移民基督教：欧洲的案例》，《世界宗教研究》2016年第4期。

产——一个华北村落基督教信仰的民间逻辑》[①] 则代表了对国内基督教信仰普遍流行现实的学术思考。蒲涛的《信仰的阶序建构——一个“黑苗”群体的基督教归信与宇宙观重建》[②] 一文将基督宗教信仰、民族宗教问题这两大时下流行的研究热点结合起来，对西南苗族皈信基督教与宇宙观的重建之间的关系加以阐释。

2. 宗教人类学中的神圣王权问题

2016 年度宗教人类学研究当中一个较为显著的特点是出现了对西方传统研究主题的回归，神圣王权问题是西方古典人类学家思考的一个主题，而国内研究者很少。2016 年度出现了几篇与此相关的作品：王文澜、张亚辉的《拱心石与神王——施鲁克人的 nyikang 神与神圣王权的研究》[③]，国曦今的《太阳王与社会的神圣来源——霍卡的王权研究及其理论启发》[④]，汤芸、张原的《在“弗雷泽讲座”中误解弗雷泽——神圣王权中的“弑君之俗”及其人类学讨论》[⑤] 等几篇文章都是聚焦于神圣王权这一主题，与古典人类学家弗雷泽、霍卡等人开展重新解读和对话。这一主题对于我们思考宗教与政治的问题具有特别重要的意义。

3. 民族宗教研究

基于中国民族学与人类学两学科的特殊渊源，在宗教人类学的研究当中，民族宗教研究一直是一大不可忽略的主题，其特点是聚焦于中国各地少数民族的宗教与信仰，开展各类研究。巫达的《凉山彝族的宗教世俗化》[⑥]，伦玉敏的《花山女神信仰的复苏与变迁——湖南江永县花山庙的人类学考察报告》[⑦]，袁学敏、胥刚的《金沙江流域彝族文化的宗教人类学解读》[⑧]，依丽米古丽·阿不力孜的《从维吾尔族原始宗教遗留看泰勒“文化遗留物说”》[⑨]，杨海东的《德昂族烧白柴仪式的象征人类学阐释》[⑩]，李祥林的《人类学视野中的羌族圣树崇拜与族群生活》[⑪]，田清旺的《改土归流与少数民族民间信仰的嬗变——以土家族为例》[⑫]，陈锦均的《世俗与神圣：仙回瑶族度戒祭品解读与深描》[⑬]，张悦、张泽洪的《瑶族游梅山书的宗教叙事与族群记忆》[⑭]，张晗、马居里的《云南德宏广

① 赵斯羽：《嵌入与再生产——一个华北村落基督教信仰的民间逻辑》，《民俗研究》2016 年第 5 期。

② 蒲涛：《信仰的阶序建构——一个“黑苗”群体的基督教归信与宇宙观重建》，《北方民族大学学报（哲学社会科学版）》2016 年第 2 期。

③ 王文澜、张亚辉：《拱心石与神王——施鲁克人的 nyikang 神与神圣王权的研究》，《民族学刊》2016 年第 3 期。

④ 国曦今：《太阳王与社会的神圣来源——霍卡的王权研究及其理论启发》，《民族学刊》2016 年第 2 期。

⑤ 汤芸、张原：《在“弗雷泽讲座”中误解弗雷泽——神圣王权中的“弑君之俗”及其人类学讨论》，《西南民族大学学报（人文社会科学版）》2016 年第 12 期。

⑥ 巫达：《凉山彝族的宗教世俗化》，《北方民族大学学报（哲学社会科学版）》2016 年第 5 期。

⑦ 伦玉敏：《花山女神信仰的复苏与变迁——湖南江永县花山庙的人类学考察报告》，《地方文化研究》2016 年第 3 期。

⑧ 袁学敏、胥刚：《金沙江流域彝族文化的宗教人类学解读》，《黑龙江民族丛刊》2016 年第 3 期。

⑨ 依丽米古丽·阿不力孜：《从维吾尔族原始宗教遗留看泰勒“文化遗留物说”》，《内蒙古社会科学（汉文版）》2016 年第 5 期。

⑩ 杨海东：《德昂族烧白柴仪式的象征人类学阐释》，《民族宗教研究》2016 年第 3 期。

⑪ 李祥林：《人类学视野中的羌族圣树崇拜与族群生活》，《宗教学研究》2016 年第 2 期。

⑫ 田清旺：《改土归流与少数民族民间信仰的嬗变——以土家族为例》，《青海民族研究》2016 年第 3 期。

⑬ 陈锦均：《世俗与神圣：仙回瑶族度戒祭品解读与深描》，《广西民族师范学院学报》2016 年第 4 期。

⑭ 张悦、张泽洪：《瑶族游梅山书的宗教叙事与族群记忆》，《世界宗教研究》2016 年第 1 期。

山：从学校到村落——一个文化认同事项的宗教人类学分析》①，祁进玉的《文化与宗教的多元认同——以土族民间信仰的萨满教遗俗“孛”为例》②，覃娜娜的《湘西咱河土家族村“生死过渡”仪式中的“佛教道士”探析》③，梁艳的《安多藏区宗教职业者与其原生家庭互动关系的人类学个案研究》④ 等作品都是此方面的代表。

4，民间信仰研究

叶远飘的《兄弟的“圣洁”与姐妹的“危险”：南方一个村庄清明圣餐的宗教人类学研究》⑤，台文泽的《从“身体有恙”到“礼物流动”：作为交往话语生产的治疗实践——西汉水流域猫鬼神信仰的人类学研究》⑥ 与《地方感、民间信仰与村落整合——西汉水流域“犯丧”信仰的人类学研究》⑦，邓启耀的《谁的祠堂？何为遗产？——古村落保护和开发中的问题与思考》⑧ 等文章将民间信仰研究纳入仪式、医疗、社会组织、文化遗产保护等议题中，使得宗教人类学的研究更加丰富多彩。

5，宗教人类学中的仪式研究

仪式研究的主题自20世纪六七十年代在英国兴起一直到如今仍然兴盛不衰。当期国内宗教研究者也很喜欢从仪式角度入手开展自己的研究。刘朦的《神山、家屋与寺院：藏族仪式象征空间的原型同构性》⑨，侯兴华的《腾冲胆扎傈僳族丧葬仪式钴蓬的人类学解读》⑩，许喃奇、陈锦均的《仪式场域中女性元素的人类学考察——以广西宁明县海渊茶场瑶寨的度戒仪式为例》⑪ 等文章都是从仪式出发来对某一宗教或信仰开展研究。近年来仪式研究尽管研究者甚众，但有关理论方面的突破几乎为零，理论方面的关注越来越少，而经验研究越来越多，因此相对而言刘涛的《神圣与世俗：人类学仪式与社会研究》⑫ 在理论方面的总结对学者颇有借鉴意义。

此外，陈志明的《伊斯兰人类学、中国穆斯林与海外中国人研究》⑬ 则处理的是近年

---

① 张晗、马居里：《云南德宏广山：从学校到村落——一个文化认同事项的宗教人类学分析》，《世界宗教文化》2016年第4期。

② 祁进玉：《文化与宗教的多元认同——以土族民间信仰的萨满教遗俗“孛”为例》，《世界宗教文化》2016年第3期。

③ 覃娜娜：《湘西咱河土家族村“生死过渡”仪式中的“佛教道士”探析》，《宗教学研究》2016年第1期。

④ 梁艳：《安多藏区宗教职业者与其原生家庭互动关系的人类学个案研究》，《西藏研究》2016年第1期。

⑤ 叶远飘：《兄弟的“圣洁”与姐妹的“危险”：南方一个村庄清明圣餐的宗教人类学研究》，《青海民族大学学报（社会科学版）》2016年第3期。

⑥ 台文泽：《从“身体有恙”到“礼物流动”：作为交往话语生产的治疗实践——西汉水流域猫鬼神信仰的人类学研究》，《中南民族大学学报（人文社会科学版）》2016年第2期。

⑦ 台文泽：《地方感、民间信仰与村落整合——西汉水流域“犯丧”信仰的人类学研究》，《中国农业大学学报（社会科学版）》2016年第1期。

⑧ 邓启耀：《谁的祠堂？何为遗产？——古村落保护和开发中的问题与思考》，《云南师范大学学报（哲学社会科学版）》2016年第1期。

⑨ 刘朦：《神山、家屋与寺院：藏族仪式象征空间的原型同构性》，《民族论坛》2016年第5期。

⑩ 侯兴华：《腾冲胆扎傈僳族丧葬仪式钴蓬的人类学解读》，《宗教学研究》2016年第2期。

⑪ 许喃奇、陈锦均：《仪式场域中女性元素的人类学考察——以广西宁明县海渊茶场瑶寨的度戒仪式为例》，《青海民族研究》2016年第1期。

⑫ 刘涛：《神圣与世俗：人类学仪式与社会研究》，《青海民族研究》2016年第3期。

⑬ 陈志明：《伊斯兰人类学、中国穆斯林与海外中国人研究》，《北方民族大学学报（哲学社会科学版）》2016年第1期。

来日渐为学者所关注的伊斯兰人类学研究，作者提出要从海外华人研究的视角结合伊斯兰人类学的研究理论和方法，研究中国穆斯林及海外回族华人穆斯林，开拓了伊斯兰人类学研究的视角。

潘天舒的《文化全球化与多元信仰实践——美国“新时代运动”的人类学解读》① 与《后工业化美国社会宗教生活的多元化——美国“新时代运动”的人类学解读》②，郑文的《古老文化的新形象，萨满教在当代西方——以核心萨满教为中心的考察》③ 等文将视角转向国外新兴宗教的研究，对于中国宗教人类学来说具有重要的意义。

总的说来，2016 年度的宗教人类学研究相较于前几年，在研究对象和主题方面有了很大的突破，如修行人类学专题会议的召开，代表了国内宗教人类学学者在宗教研究方面试图开启的一种新的研究思潮，如神圣王权研究将国外传统主题重新拾起，试图在其内寻找到对理解中国历史和当代有一定借鉴作用的理论资源。此类的研究对于中国宗教人类学的发展来说有着极大的促进作用。同时，走出去研究海外宗教人类学的作品也日渐增多，代表中国学科在迈向世界舞台的目标下已经逐步开始了脚下之旅。相信，中国宗教人类学在今后的研究中将随着越来越多研究者的参与有更好的突破。

---

① 潘天舒：《文化全球化与多元信仰实践——美国“新时代运动”的人类学解读》，《思想战线》2016 年第 2 期。

② 潘天舒：《后工业化美国社会宗教生活的多元化——美国“新时代运动”的人类学解读》，《文化纵横》2016 年第 3 期。

③ 郑文：《古老文化的新形象，萨满教在当代西方——以核心萨满教为中心的考察》，《西北民族大学学报（哲学社会科学版）》2016 年第 4 期。

2016年度佛教研究综述

周广荣

2016年度佛教研究依然保持着近年来的有利条件与活跃态势，佛教研究者在佛教研究的各个分支学科，诸如佛教历史、佛教教义、佛教哲学、佛教戒律、佛教文献、佛教人物、佛教科仪、佛教艺术等，运用历史学、社会学、民族学、文化学、文献学、考古学、图像学、艺术学等不同学科的研究方法与理论，对佛教进行全方位、多角度的研究，不断取得可喜的科研成果。从研究内容来看，佛教文献的整理与研究、佛教历史与思想研究、佛教与中国文化传统，依旧是佛教研究的重点。与此同时，2016年度的佛学研究也涌现出诸多新的热点，比如"一带一路"倡议下的南传佛教研究、佛教考古与艺术研究、佛教科仪研究等。这些内容丰富、形式多样的研究成果为佛教的未来发展提供有益的鉴示，引发佛教研究界的进一步思考，成为佛教发展与佛教研究进一步深入的强劲助力。现将2016年度佛学研究的基本概况、发展态势，以及代表性成果略述如下，以见其大略。

一　佛教文献整理与研究不断取得新的成果与重要突破

佛教文献的收集与整理是佛学研究的基础，长期受到佛学研究者的普遍重视，2016年度的汉、藏、西夏、梵等语种的佛教文献整理与研究取得不少新的突破，出现数种重要的科研成果，同时佛教文献的数字化收集、保存与整理也成为2016年度的一大亮点。

在汉文佛教文献的整理方面，方广锠主编的《国家图书馆藏敦煌遗书》于2016年全部出版。这套书以中国国家图书馆收藏的16000多件敦煌遗书为底本影印出版，是迄今为止披露该馆敦煌遗书藏品最大最全的一部大型图录。整套书分为146册，其内容分为四个部分：（一）目录，依编号次序列于册首。（二）图版，上下两栏，黑白影印，这是全书的主体，每幅图版下标明馆藏编号、文献名称、图版序号。（三）条记目录，对该册所收内容逐号详细解说。（四）对照号，对馆藏历史上使用过的各种编号与"北敦号"（全称"北京图书馆藏敦煌遗书编号"，汉语拼音简称"BD"）互检对照。其中佛教遗书占了近90%的篇幅，为今后的佛教研究打下了坚实的基础，甚便于研究者利用。与之同步，方广锠主持的国家社科基金重大项目"中国国家图书馆藏敦煌遗书总目录"历时近30年时间得以完成。该项目总篇幅约达2000万字，共分四卷，包括《馆藏目录卷》《分类解说卷》《索引卷》和《新旧编号对照卷》，甚便于读者利用。[①]

在佛教文献的收集与整理方面，另一项值得关注的工作即是《中华大藏经（汉文部分）·续编》的启动与实施。11月29日，由《中华大藏经（汉文部分）·续编》编委

---

① 方广锠主编：《国家图书馆藏敦煌遗书》，中国人民大学出版社2016年版。

会、中华书局主办，东方哲学与宗教文化研究中心承办的“大藏经编纂的文化意义与时代价值”学术座谈会在南京大学哲学系召开。《中华大藏经（汉文部分）·续编》常务副主编杜继文介绍了编纂大藏经对于保存和研究中华传统文化、保持文化自信的重要作用，并结合自己长期研究心得，阐述了佛教哲学在中国思想文化史上无可替代的地位。编委会的张新鹰向与会学者介绍了《中华大藏经》正、续编的编撰历程，指出续编主要收录正编未能完全收入的各版大藏经中无千字文编号的汉文佛教典籍，以及其他藏外文献。

在汉传佛经文献的研究方面，方广锠主编的《佛教文献研究》第一、二辑由广西师范大学出版社于2016年6月出版。内中收录的文章是由主编者所在的上海师范大学敦煌学研究所承办的“首届佛教疑伪经国际学术研讨会”的22篇会议论文。作者来自日本创价大学、法国远东学院、美国耶鲁大学、加拿大英属哥伦比亚大学、中国社会科学院、北京大学、台湾佛光大学、复旦大学、浙江大学、上海师范大学等单位，代表了当前佛教疑伪经研究的最新成果。

在藏文佛教文献的整理与研究方面，西北民族大学才让的《菩提遗珠——敦煌藏文佛教文献的整理与解读》堪为2016年度代表性成果。敦煌藏文文献现分藏于中国、法国、英国等国，尚未全部公布。从已问世的敦煌藏文文献的目录和有关介绍看，其中占绝大多数的是佛教文献。除日本学者对以禅宗为主的部分藏文佛教文献的研究，及国内学者在佛教祈愿文书、抄经题记方面的研究外，其余的研究成果较为零散，大量的敦煌藏文佛教文献长期以来曾处在无人问津的地步。该书是作者在其编纂的《法国国家图书馆藏敦煌藏文文献》《英藏敦煌西域藏文文献》基础上，对其中的敦煌藏文佛教经典进行的系统整理与研究，涉及的多半佛教文献目前尚未被学界所触及。全书分为前言、五辑十七个章节，各辑（编）内容依次为密宗经典、显宗经论、祈愿类文献、史传类文献以及疑伪经、超度仪轨及伦理类文献。各章均以流通最广、最典型的佛教文献为入手点，例如P. T. 99《正说圣妙吉祥名》《白伞盖经》、P. T. 449《心经》等章节，对于文献现存版本卷子进行整理比较，并将其全文全部录文汉译，呈现藏文原文、转写、汉译完整的语文学研究成果。此外，作者又进一步对于各文献的内容、性质、版本源流、译者、流通情况以及其反映的藏族历史与人物、藏传佛教信仰、社会生活等领域的内容进行深度解读。①

在西夏佛教文献的整理与研究方面，中国社会科学院民族所聂鸿音编著的《西夏佛经序跋译注》颇具价值。该书从存世的西夏文献里搜集佛经的序跋并加以翻译和注释，意在为佛教史研究者和中国文学史研究者提供一份完整的基础资料。书中所说的“西夏佛经序跋”指的是西夏时代（1038—1227）帝后臣民在编印或散施佛经时写下的短文，包括“序”“跋”“后序”“愿文”“题记”等，一般附在相关佛经的卷首或卷尾一并刊行。这些作品或者用西夏文写成，或者用汉文写成。该书选取了37篇西夏文序跋，逐一解说、校勘、注释与翻译，并以此作为本书的主体部分，用汉文写成的22篇作品置于书末作为“附录”，以方便读者从总体上体会西夏文的文体风格。该书收录的序跋都是附于西夏流传甚广的佛典前后，诸如《圣观自在大悲心总持并胜相顶尊总持》后序愿文，《佛说父母恩重经》发愿文，《佛说阿弥陀经》后序愿文，《圣佛母般若波罗蜜多心经》御制后序，《一切如来百字要门》发愿文，《圣佛母般若心经并持诵要门施经》题记，《等持集品译经》题记，《仁王护国般若波罗蜜多经》校译跋等，由此可以看出当时佛教经典在西

① 才让：《菩提遗珠——敦煌藏文佛教文献的整理与解读》，上海古籍出版社2016年版。

夏社会生活中所发挥的作用及流布情况。[①]

除此之外，西夏佛教文献的整理与研究方面尚有不少值得关注的成果。如袁志伟在《西夏大手印法与禅宗关系考——以〈大乘要道密集〉为中心》指出，以大手印法为重要内容的西夏藏传佛教，在本质上是一种融合汉藏佛学传统的佛教体系，并在很大程度上开启了元明清时代汉藏佛教的融合，以及党项、吐蕃和汉民族之间的宗教文化认同。[②] 李政阳的《俄藏黑水城文献 TK75〈文殊菩萨修行仪轨〉考释——兼论文殊信仰在西夏的流传》指出俄藏黑水城文献 TK75 内含四种经文及一份“六十花甲”口诀，是一部以藏传佛教文殊信仰为主体内容的经文汇编，认为文殊信仰特别是“六字文殊”的传播超越了民族和地域的界限，从一个侧面佐证了西夏文殊信仰所具有的“汉、藏并传”“形式多样”“即世而离俗”等特点。[③]

孙颖新的《西夏文〈诸法一心定慧圆满不可思议要门〉考释》指出西夏文《诸法一心定慧圆满不可思议要门》译自汉文本，但是在存世藏经中尚未找到相应的汉文原著。文章依据西夏语法和散存于不同汉文佛教文献中的段落、章句甚至是零星词语，尝试最大限度地复原夏译所据汉文底本，同时指出原作者“沙门释子”有可能是元代杭州灵隐寺普就禅师。[④]

在梵巴佛教研究方面，黄宝生译注的《梵汉对勘阿弥陀经无量寿经》值得关注。该书运用梵、汉两种语文传本，对在汉地流传甚广的《阿弥陀经》与《无量寿经》两部佛经作对勘、新译与注释，即依据多个梵语文本和汉译本，校勘梵文，又依据梵语文本，对古代译本的疑难和特点做出精要的注解，甚便于佛教研究者与普通读者。[⑤] 蒲成中的《汉语巴利语〈四大天王经〉对比研究》以《四大天王经》为研究对象，利用与其密切相关的多种佛教文献，对比考察此经在古汉语和巴利语中的版本，揭示它在不同佛教传统里呈现出不同的编排结构和行文内容，也对于造成这些不同的原因做出讨论。[⑥]

数字佛教文献的收集、整理与研究是 2016 年度的一大亮点，其标志为浙江大学于今年 3 月份成立的佛教资源与研究中心，以及该中心着力打造的佛教通用数字档案馆。

“佛教通用数字档案馆”（Buddhist Universal Digital Archive，简称“BUDA”）将结合浙江大学的佛教学术研究、综合学科优势与国际文献保护基金会以及哈佛大学多位教授三十多年来保存、编目的大量数据与丰富经验，建设百科全书式的佛教电子图书馆，致力于保存和共享承载佛教思想与文化的多语种文献、多形态文物。其工作主要有将佛教典籍与文物数字化以长久保存，将数字资料编目并整理为现代电子图书馆模式，建构佛教文献与文物的全方位互通检索，研发数字资源的综合运用，积极找寻稀有典籍与文物，通过网络分享与硬盘拷贝，让世界各地的人们都能够便捷地使用各种佛教资料。

10 月 22—23 日，由浙江大学佛教资源与研究中心、哈佛大学内亚与阿尔泰研究系、

---

① 聂鸿音：《西夏佛经序跋译注》，上海古籍出版社 2016 年版。

② 袁志伟：《西夏大手印法与禅宗关系考——以〈大乘要道密集〉为中心》，《陕西师范大学学报》2016 年第 6 期。

③ 李政阳：《俄藏黑水城文献 TK75〈文殊菩萨修行仪轨〉考释——兼论文殊信仰在西夏的流传》，《五台山研究》2016 年第 35 期。

④ 孙颖新：《西夏文〈诸法一心定慧圆满不可思议要门〉考释》，《宁夏社会科学》2016 年第 5 期。

⑤ 黄宝生译注：《梵汉对勘阿弥陀经无量寿经》，中国社会科学出版社 2016 年版。

⑥ 蒲成中：《汉语巴利语〈四大天王经〉对比研究》，《宗教学研究》2016 年第 2 期。

哈佛大学南亚学系和哈佛燕京学社联合主办的“佛教研究新趋势国际学术研讨会”在杭州举行。日本国际佛教学大学院大学校长落合俊典、中国台湾法鼓文理学院校长惠敏法师、哈佛大学南亚系系主任 Parimal Patil、莱顿大学佛教研究中心主任司空竺、汉堡大学佛教研究中心主任多吉旺秋等，来自 10 余个国家和地区的 30 余位学者出席了此次会议。浙江大学佛教资源与研究中心主任何欢欢在会议总结中表示，佛教研究要与时代相结合，不但要在思想理论层面进行，更需要在研究方式上进行创新，这次会议不仅使各国学者看到佛教研究新趋势的前景，更增加了学者们国际化合作的信心。

二　佛教哲学与思想史研究稳步前进，不断取得新的成果

中国社会科学院世界宗教研究所佛教学科是该所乃至社科院的传统优势学科，自成立以来该学科佛学研究、人才培养、对外交流等方面始终处于不可替代的领军地位，魏道儒主编的《世界佛教通史》自 2015 年出版以来受到佛教研究者与佛教界的普遍关注与广泛好评，《世界宗教文化》在 2016 年第 5 期集中刊发了班班多杰、姚卫群、张风雷、董群、俞学明对这套书的评论，从多个角度探讨这套书的学术价值与意义，以及需要进一步完善之处。

继此之后，魏道儒又带领宗教所同仁开启了《中华封建社会宗教思想通史》的研究与编纂工作。这一课题是中国社会科学院近年启动的《中华思想通史》项目的分支课题，在课题负责人带领下，课题组成员 2016 年度除了完成数百万字的资料长编样稿之外，还结合自己负责的研究领域，推出一些阶段性的成果，这些成果多是基于长时段的思考，以及扎实的史料基础，所得结论大多是学界未发覆。比如魏道儒的《文殊信仰发展的主脉——从印度佛教到中国佛教》以文殊信仰作为佛教中国化的特例，认为文殊信仰在中印佛教中均具有牵一发而动全身之势，是中印佛教文化交流互鉴的重要成果。文章指出，从佛弟子到被奉为诸佛之师，从代表般若智慧到代表整体佛教智慧，是印度佛教中文殊信仰发展的两条主脉。从争论文殊与普贤排名到提出“三圣圆融”学说，从确立五台山为文殊根本道场到建成佛教朝拜、修行、研究和弘法圣地，是文殊信仰中国化发展的两条主脉。①

夏德美的《论中印佛教戒律学的哲学转型》②《梁武帝变革佛教戒律新探》③《智顗与菩萨戒义疏关系考辩》④ 重点梳理、探讨中、印佛教戒律学，尤其是汉传佛教中菩萨戒思想的哲学转型、变革与本土化的重要节点，发掘出诸多前人未曾揭示的历史细节与重要史实。如其《论中印佛教戒律学的哲学转型》从“戒体”最初含义与印度戒律学哲学特征、“戒体”范畴与中国戒律学的思维方式转型、“戒体”范畴的地位与中国戒律学体系三个方面探讨了戒律学中国化的历程。从印度戒律学向中国戒律学的转变，本质上是从因果业报戒律学体系向体用戒律学体系的转变。“戒四科”在戒体与戒法、戒行、戒相三者之间

---

① 魏道儒：《文殊信仰发展的主脉——从印度佛教到中国佛教》，《世界宗教文化》2016 年第 5 期。

② 夏德美：《论中印佛教戒律学的哲学转型》，《世界宗教研究》2016 年第 1 期。

③ 夏德美：《梁武帝变革佛教戒律新探》，《世界宗教文化》2016 年第 3 期。

④ 夏德美：《智顗与菩萨戒义疏关系考辩》，载中国宗教协会、中华宗教文化交流协会主编《汉传佛教祖庭文化国际学术研讨会文集》，宗教文化出版社 2016 年版。

建立了本体与作用、功能、属性，本质与现象，知与行的多重关系，由此构建了有中国特色的佛教戒律学体系。中国哲学的体用思维方式是实现从印度戒律学到中国戒律学转变的理论通道，由此赋予了佛教戒律新的神圣性、权威性和真理性。周广荣的《不空罥索密法探源》指出不空罥索密法是公元六七世纪兴起于南印度的佛教秘密行法，它以《不空罥索神变真言经》为经典，以不空罥索观自在菩萨为本尊，通过真言、密印、曼拏罗、像法、护摩、瑜伽观行等不同行法的修习，获得种种成就的修习法门。从其称名来看，不空罥索密法在很大程度上受到印度教中的湿婆悉昙多教派的影响，其中的药法展转借鉴中国道教的长生术，尤其是炼丹术，发展出具有中、印两种宗教文化底蕴的秘密行法，是佛教文化汇流的典型案例。① 纪华传的《中国近代佛教的主要内容及其时代特色》对晚清民国时期的社会剧变与佛教危机、近代佛教的僧团制度、佛教组织、佛教教育等新内容与时代特色，近代佛教所面临的新旧之争、僧俗之争等问题以及佛教与中国近代社会进行全面论述，由此厘清中国佛教在历史发展过程中的某些规律。②

尕藏加的《藏传佛教密续学述略——以布顿·仁钦珠〈续部总论〉为例》以藏传佛教高僧布顿·仁钦珠及其《续部总论》为实例，对藏传佛教密续学的建构、内涵及特质做出考述。③ 其《宗喀巴大师生平事迹略考》对宗喀巴大师的生平事迹做了较为全面系统的考证和论述。认为宗喀巴大师自青少年起，广拜高僧良师，博通佛教显密义理；之后，宗喀巴大师著书立说和讲经传法，构建显密相融之佛学体系，确立中观应成派之思想权威；最后宗喀巴大师以噶当派教义为立宗之本，中观应成派为本宗之思想观见，并综合藏传佛教各派学说之长，以亲自修行实践为证验，建立了新的宗派，即格鲁派（善规派）。④ 王鹰的《基督徒与佛教的“罪”与“救赎”——明清天主教徒的“和儒易佛”与艾香德的“以佛释耶”》试图通过梳理明清天主教徒和艾香德（Karl Ludvig Reichelt）对佛教“罪”与“救赎”教义的不同观感，探究当基督宗教与佛教相遇之时，“和儒易佛”和“以佛释耶”所形成的不同宗教对话效果。并尝试在相关探讨中，对耶佛两教的罪与救赎进行比较。⑤ 杨健的《韩国九山禅师向西方人的传法及其禅宗思想》对最早向西方人传播韩国禅的九山禅师弘法事迹及其禅学思想作研究考证，认为中国禅宗的丰富资源、韩国曹溪宗的传统，以及西方弟子的文化背景是构建其禅学思想与实践的基石。⑥

除上述论著之外，2016 年度还有不少佛教哲学思想研究的论文值得关注，如叶少勇的《龙树中观哲学中的自性》基于龙树的《中论颂》等著作考察其所批判的自性的含义，进而明确无自性而空的意义。认为龙树以认识论怀疑主义为前提，进而指出一切概念都同时含示着固定不变的存在主体及其必须参与的变化和观待，从而导致自相矛盾而不能有所指向。其语境中的自性就是概念的预设指示对象。由此龙树主张众生的一切概念皆无所指对象，也就是一切唯是空名而无自性，这一意义的空即是所知世界的彻底不存在，与后世

① 周广荣：《不空罥索密法探源》，《世界宗教研究》2016 年第 2 期。

② 纪华传：《中国近代佛教的主要内容及其时代特色》，《西南民族大学学报》2016 年第 3 期。

③ 尕藏加：《藏传佛教密续学述略——以布顿·仁钦珠〈续部总论〉为例》，《世界宗教研究》2016 年第 5 期。

④ 尕藏加：《宗喀巴大师生平事迹略考》，《中国藏学》2015 年第 4 期。

⑤ 王鹰：《基督徒与佛教的“罪”与“救赎”——明清天主教徒的“和儒易佛”与艾香德的“以佛释耶”》，《基督宗教研究》2016 年第 2 期。

⑥ 杨健：《韩国九山禅师向西方人的传法及其禅宗思想》，《世界宗教文化》2016 年第 3 期。

论师所主张的“缘起有自性空”有方向性的差别。[①] 傅新毅的《认识如何可能？——从有部到经部的佛教认识论思想考察》一文从认识论的角度对“唯识前史”进行考察可以发现：有部在认识论上取“实在论”的“符合论”立场，认为凡认知的对象都是实有的，并以此来证成其“三世实有”说。分别说系与譬喻师（经部师）则认为“识可缘无”，过去与未来的认知都属“缘无之识”，由此反对“三世实有”而立“过未无体”。经部进一步提出“带相”说，认为不仅“缘无之识”根本就不需要有外部对象，而且“缘有之识”的生起虽以外界极微的作用力为前提，然而被认知物的形成更在于心识的主动统合，外界极微本身不能被认知。印度佛教从这种类似“批判实在论”的立场进一步推展，便可引发出其后来的唯心论（唯识学）转向。[②]

三 以南传佛教为代表的域外佛教研究渐受重视

伴随着国家“一带一路”经济与文化战略的提出与实施，东南亚与南亚各国的宗教尤其是南传佛教也受到越来越多的关注，发挥南传佛教的独特优势，增进中国与南亚、东南亚的文化交流合作，助推“一带一路”建设，也就成了2016年度南传佛教研究中的重要议题。2月18日，由中国社会科学院世界宗教研究所、云南省佛教协会主办，西双版纳傣族自治州民族宗教事务委员会、西双版纳傣族自治州佛教协会、西双版纳总佛寺承办的“首届南传佛教高峰论坛”在云南西双版纳傣族自治州举行。论坛以“慈悲济世，和平共荣”为主题，来自中国、泰国、缅甸、斯里兰卡、美国、德国、澳大利亚等国家的僧侣与专家学者围绕南传佛教发展与文化交流、南传佛教与社会发展、南传佛教理论研究和南传佛教传播与教育等议题展开讨论。与会人士一致认为，应积极探讨开展中国与南亚、东南亚佛教文化合作途径，通过文化合作来深化经济合作，发挥好南传佛教所具有的“民间外交功能”，促进中国与南亚、东南亚国家的合作与和谐发展。

继此之后，《世界宗教文化》第2期发表了一组南传佛教的研究文章，集中探讨南传佛教的历史地位、现实意义与社会功能。宋立道的《南传佛教的历史地位与现实社会意义》主要讨论南传佛教在佛教史上的重要理论与实践价值、南传佛教的社会政治功能，以及南传佛教对现代化潮流的适应等三个方面的内容。黄夏年在其《重视云南南传佛教工作，更好地为我国经济文化发展服务》中指出，南传佛教是中国佛教重要的组成部分，与东南亚泰国、缅甸的佛教有着相同的法脉关联。让云南南传佛教背靠世界佛教中心的中国佛教，最终形成北传佛教与南传佛教两条黄金纽带，将亚洲佛教南北打通，为中国经济与文化发展做好现实的服务，实现中国佛教崛起的理想。郑筱筠在《理论南传佛教的区位优势及其战略支点作用》一文中提出，在亚洲命运共同体的建构中，南传佛教具有鲜明的区位优势。在与“一带一路”沿线各国的交往过程中，要发挥南传佛教的宗教正能量，发挥南传佛教的文化战略支点作用，依托南传佛教的宗教网络组织，以世界文明之间的平等、宽容理解和交流互鉴为文化合作机制的前提，在世界文明交流对话的平台上，打造南传佛教的文化软实力，建立深层次的世界文化交流合作机制，形成平等包容的国际对话模式。同时，努力以宗教力的区位优势来持续打造文化区位优势，补充经济区位动力的

---

① 叶少勇：《龙树中观哲学中的自性》，《世界哲学》2016年第2期。

② 傅新毅：《认识如何可能？——从有部到经部的佛教认识论思想考察》，《南京大学学报》2016年第1期。

不足，形成文化与经济区位优势互补的交流机制。

2016年11月5日，由中国社会科学院世界宗教研究所、中国宗教学会和中国社会科学院邪教问题研究中心主办的第五届“东南亚宗教研究高端论坛”在北京开幕，此次会议主题为“‘一带一路’与东南亚宗教”，来自海内外的专家学者围绕会议主题展开深入研讨。随着“21世纪海上丝绸之路”重大设想的深化与落实，构建和平稳定周边环境，拓展经济发展空间，促进沿线国家共同繁荣，成为东南亚宗教研究的重要时代背景。与此同时，东南亚作为海上丝绸之路的咽喉孔道，它的社会历史发展与海上丝绸之路的兴衰有着密切联系。为此，中国社科院世界宗教研究所特举办此次论坛，探讨如何发挥东南亚宗教区位优势，分享东南亚宗教研究成果，促进东南亚宗教研究，助力“21世纪海上丝绸之路”建设。与会专家学者围绕“东南亚宗教文化交流与对话”“东南亚宗教热点问题”“跨境民族宗教研究”“海上丝绸之路与东南亚宗教文化”“东南亚宗教与国际关系研究”“宗教与东南亚社会发展”等分议题展开深入的学术研讨。

除上述所列之外，还有不少研究者着眼于更为广阔的视野，探求域外的佛教历史与现状。如郝唯民的《无畏山寺学派与海上丝路佛教文化传播》主要讨论畏山寺学派在海上丝路佛教文化传播中所起到的重要作用，文章认为斯里兰卡的无畏山寺学派是当时接受和弘扬大乘思想的根据地，它建立了海上丝路的佛教教义和文化传播中继站，成为了国际上佛教高僧交往和佛教文化交流的主要桥梁。① 王玖玖的《佛教在西班牙——“基督禅”视角下对佛教本土化的思考》将“佛教在西班牙”视为一个“外来少数宗教立足并融入当地主体社会”的文化现象，在细致考察佛教与西班牙的历史渊源、梳理佛教在西班牙发展现状的基础上，以“基督禅”为切入点对佛教在西班牙的本土化进程进行考察，为我们介绍了佛教在西班牙的发展历程，并对佛教未来所面临的挑战做出了分析。② 黄云静的《海外藏人移居美国与藏传佛教在美国的传播和发展》着眼于海外藏人与藏传佛教在美国的历史，集中探讨了藏人移居美国的详细过程、藏传佛教在美国传播和发展的动力等问题。③

四 作为慈悲化身的观音与弥勒信仰与文化倍受关注

观世音（观自在）菩萨是佛教史上最具影响力的神灵，自大乘佛教兴起以后，他就逐渐成为佛教万神殿中最受欢迎的佛教神尊，其影响力依次超越了释迦牟尼佛、阿弥陀佛、大日如来佛、弥勒菩萨、文殊菩萨、普贤菩萨等佛、菩萨的影响力，成为最具影响力与亲和力的佛教神尊，这一点在中国佛教史上有非常真切的体现，比如宋元以来中国佛教信仰中就形成“家家弥陀，户户观音”的情形，河南平顶山宝丰县的香山寺、浙江舟山的普陀寺、西藏拉萨的布达拉宫分别成为闻名中外的观音本山或道场，与南印度的普陀洛迦山遥相呼应，其香火之盛与生命力则又远过于印度本土的观自在道场。2016年度观世音信仰与观音文化研究持续得到学界关注，由地方政府与佛教协会主办、国内高校与科研机构参与的两次观音文化学术研究会，集中对观音文化中的历史发展、思想蕴含与现代价值作了充分研究与讨论。

---

① 郝唯民：《无畏山寺学派与海上丝路佛教文化传播》，《法音》2016年第7期。

② 王玖玖：《佛教在西班牙——“基督禅”视角下对佛教本土化的思考》，《法音》2016年第4期。

③ 黄云静：《海外藏人移居美国与藏传佛教在美国的传播和发展》，《世界宗教研究》2016年第3期。

2016 年 7 月 21—22 日，“普陀山观音文化学术研讨会”在中国佛学院普陀山学院国际会议中心召开。此次学术研讨会由普陀山佛教协会主办，中国佛学院普陀山学院承办，华东师范大学中国佛学院普陀山学院教研实践基地、华东师范大学宗教文化研究中心、中国佛学院普陀山学院国际观音文化研究中心协办，国内外近 30 名高校的专家学者参与，内容涉及观音文化的现代诠释，观音信仰方式与观音学体系，民间观音信仰及其在文学艺术中的表现，观音信仰的民族化与地域化，域外的观世音信仰等。

2016 年 12 月 13—14 日，“观音文化：从信仰到生活——第四届中国观音文化”研讨会在河南平顶山召开，会议由中国观音文化研究中心、政协平顶山市委员会主办，河南省宗教文化交流协会、河南省佛教协会协办，河南盛润控股集团平顶山大香山文化旅游有限公司、平顶山学院伏牛山文化圈研究中心、平顶山市民间文艺家协会承办。来自中国社会科学院、北京大学、中央民族大学、郑州大学、武汉大学、河南省社会科学院、中国民间文艺家协会、河南省民间文艺家协会、河南省宗教文化交流协会、河南省佛教协会等高校及机构的专家、学者和嘉宾 200 余人参加了会议，共收到论文近百篇。此次会议分为三个方面的议题：一、“观音信仰的历史与思想”，内容主要包括观音信仰的感应与传说；观音信仰与平顶山文化及旅游开发；观音信仰的特点与演变；观音信仰的研究角度与方法；观音信仰的价值与现实意义。二、“观音文化题材的文学与艺术”，内容主要包括对观音文化的研究与宣传；千手观音的文化定位，如善、孝、爱、仁等；观音题材的文学与创作；观音文化的代沟与传承。三、“观音文化的保护与利用”，内容主要涉及观音文化旅游产业化、平顶山观音文化的价值、观音文化与和谐社会、香山寺观音文化等，主要突出观音文化的保护与旅游开发价值，发言内容有较强的地域性与指导性。

中国社会科学院世界宗教研究所主办的《世界宗教文化》第 6 期集中刊发了五篇研究观世音信仰文化的文章，其中庞亚辉的《女性主义视角下对观音本生与显化传说的再审视》，朱光森的《观音形象在汉地女身化的途径与原由》、李欣的《中土观音女性化成因别释》三篇文章，分别从不同视角讨论汉传佛教中观音女性化成因与途径，邢莉《四川遂宁当代观音信仰的复兴与地方文化建设》《善念、善生、善行天下——遂宁观音文化史研究》则对四川遂宁地区的观音信仰历史与现状予以讨论。此外，《宗教学研究》2016 年第 3 期刊发刘正刚的《宋元以来珠三角地区观音信仰研究》，主要探讨宋元以来珠三角地区观音信仰的发展过程、观音庙宇分布，以及围绕观音祭拜而形成的观音借库、吃生菜会等民俗活动。大慈大悲是佛教尤其是大乘佛教的根本理念，弥勒与观音则是这两种宗教理念的化身，他们伴随大乘佛教的兴起与发展，逐渐成为最受广大佛教信众崇信、亲近的未来佛与首座菩萨。2016 年度弥勒信仰与文化研究也受到学界进一步关注，出现可喜的研究成果。

2016 年 9 月，王雪梅所著《弥勒信仰研究》由上海古籍出版社出版，系国内首部研究弥勒信仰的专著，该书主要从汉译佛教文献入手，结合弥勒图像及其历史遗迹，同时借鉴民间传说资料，通过分析、比较、归纳，探讨弥勒信仰的形成、发展与演变，既有对弥勒信仰形态的纵向发展分析，也有对弥勒信仰特质的探讨以及与佛教其他思想信仰关系的横向比较研究。通过弥勒信仰在本土的变迁历程来解读弥勒信仰的内涵与特征，为理解弥勒信仰的中国化历程及当代弥勒信仰的流行提供了一个广阔的背景。①

① 王雪梅：《弥勒信仰研究》，上海古籍出版社 2016 年版。

2016 年 12 月 10—11 日"2016 义乌双林佛教文化论坛"在浙江省义乌市举行，来自中国社会科学院世界宗教研究所、清华大学、中央美术学院、浙江师范大学等院所的 20 余名专家学者共同探讨义乌弥勒信仰的源流演变和现代意义，尤其是对作为弥勒"化身"的义乌籍佛教居士——傅大士的思想内涵、佛学成就与价值作了多方面探讨，如魏道儒对华严经典与华严宗中的弥勒信仰作了深入而清晰的阐发，纪华传对傅大士与儒、释、道三教关系逐一论列，颇具启发性。此次会议的论文将由作者在吸收研讨成果的基础上进一步修改后结集出版。

五　汉藏佛教研究兴起成为藏传佛教研究的一大亮点

近年来，中国的藏传佛教研究发展迅速，不但在藏文佛教文献的整理、出版方面，而且在藏传佛教哲学思想的探讨和藏传佛教现代价值的发掘和弘扬方面都取得了可喜的成绩。然而，中国的佛学研究成果与声音至今尚未在国际藏传佛教研究领域中发挥主导作用，欧美诸国印藏佛学研究的强势和中西佛教研究在学术方法上的差异为主要原因。这种局面的改变需要中国佛教研究者做长期的和多方面的努力，而沈卫荣所倡导的汉藏佛学比较研究，以及他数年来取得的汉藏佛学研究成果值得称赞。早在数年前，沈卫荣联合数位志趣相投的学者，编辑、整理、出版汉藏佛学研究丛书，对唐宋以来的汉藏佛学历史、人物、典籍、制度作多方面的研究，取得令人瞩目的成果。他在 2016 年度与侯浩然合作完成的《文本与历史：藏传佛教历史叙事的形成和汉藏佛学研究的建构》是其汉藏佛学研究的最新成果。

《文本与历史：藏传佛教历史叙事的形成和汉藏佛学研究的建构》从对藏文文献的介绍和研究入手，通过对各种类型的藏传佛教文献分别在不同时期的出现、形成和发展的描述，来讨论藏传佛教各种历史叙事的内容，及其建构和变化的过程，从而说明藏传佛教文本的形成与藏传佛教历史的建构之间的紧密关系。同时从对源自西夏、元、明时代的汉译藏传密教文本的研究出发，运用通过多语种佛教文本的对勘和分析来构建历史的学术方法，成功地构建了藏传密教于西夏、元、明三代传播的历史，并为汉藏佛学研究这一新学科的建构建立了一个可以效仿的榜样。此外，该书还对国际藏学界于近二三十年来对藏文文献和藏传佛教历史的研究及其成果，做了全面的介绍和评论，可以为相关从事藏学研究的学者开展研究提供一个翔实的参考和明确的起点。①

2016 年 12 月 3 日，元代北京汉藏佛教研究学术研讨会在北京什刹海书院召开，是 2016 年度汉藏佛学研究一大盛事。元朝在文化和宗教上采取多元开放的政策，佛教得到新的发展。朝廷设置"帝师"，主掌"宣政院"，负责全国佛教和西藏军政事务；同时任用汉族高僧管理佛教事务，参与政制和文教建设；中日、中韩佛教文化交流得以进一步发展。北京是元朝的国都，称大都，既是政治、经济、文化中心，也是东亚佛教文化中心，许多著名汉藏佛教高僧和居士在这里活动。元代佛教界的著名人物，如八思巴、胆巴、万松行秀、海云印简、雪庭福裕、耶律楚材、刘秉忠等，或为朝廷所尊信，或居政府的要职，对于当时汉藏佛教文化的交流和发展，起到了重要的推动作用。元大都北京汉藏佛教

① 沈卫荣、侯浩然：《文本与历史：藏传佛教历史叙事的形成和汉藏佛学研究的建构》，中国藏学出版社、北京大学出版社 2016 年版。

的传播和交流为国家统一、民族融合与文化繁荣做出了重大贡献。鉴于当前元代北京汉藏佛教的研究较为薄弱，为推动佛教学术的创新和发展，深入研讨元代汉藏佛教在北京的传播、交流情况和特色，代表人物及其事迹、撰述、贡献等，北京佛教文化研究所、北京雍和宫、清华大学道德与宗教研究院、《佛学研究》年刊社联合举办了此次研讨会。此次研讨会分四个主题，依次为元大都汉藏佛教人物、元大都汉藏佛教综论、元大都汉藏佛教仪轨、元大都汉藏佛教文献与艺术。

六　佛教考古与艺术研究成为2016年度佛学研究的重要议题

伴随着近年来国内博物馆事业突飞猛进，以及佛教文化旅游产业的快速发展，佛教考古、建筑、造像、绘画、书法、文学等造型与表现艺术逐渐为社会公众所关注，对相关研究领域的发展也形成明显的助推力，因此2016年度佛教考古、建筑、造型、文学等也取得斐然可观的成绩，其中最典型的表现即各种类型的国际学术会议与学术论坛的召开，透过这些学术国际会议与学术论坛，可以看出国内佛教艺术研究的新成果、新方法、新视野。

2016年11月5日，由浙江大学、中国社会科学院世界宗教研究所、中国宗教学会主办，浙江大学汉藏佛教艺术研究中心承办的“图像学与风格史：亚洲宗教美术研究方法论”学术研讨会在浙江杭州举行。来自中国社会科学院、北京大学、清华大学、中央美术学院、中国人民大学、复旦大学、浙江大学等单位的40余名专家、学者参加了此次会议。来自宗教学、考古学、艺术学的研究者分别就中国汉传佛教美术研究、藏传佛教艺术研究、高丽及东亚佛教艺术研究与西域文史及图本研究几个主题展开讨论。

几乎与之同时，由浙江大学佛教文化研究中心、径山万寿禅寺承办的第四届“佛教文献与文学国际学术研讨会”，于11月4—7日在杭州华北饭店、余杭陆羽山庄召开。“佛教文献与文学国际学术研讨会”是由日本、中国台湾、中国大陆联合发起举办的国际性、专题性、连续性的学术会议。自2007年举办首次会议以来，已分别在日本、中国台湾、中国大陆召开了三次会议。此次会议共收到论文66篇，到会日本学者7人，中国台湾学者11人，美国学者3人，中国大陆学者39人。会议论文内容涉及日本古写经、域外佛教文献、佛教目录、佛教版本、佛教文学、佛道教经典的交涉影响等方面，堪为2016年佛教语言文学艺术研究的集中呈现。

2016年11月26—27日，由中国社会科学院考古研究所、北京大学考古文博学院和佛教考古学会（Society for Buddhist Art and Archaeology，简称SBAA）联合主办的“中国与南亚佛教考古国际学术研讨会”在中国社会科学院考古研究所和北京大学考古文博学院隆重举行。参会学者来自印度、巴基斯坦、斯里兰卡、日本、美国等国家，以及我国内地与港澳地区的科研院所和相关高校，参会代表共计50余人。此次会议共收到学术论文59篇，内容包括中国与南亚佛教考古和佛教艺术诸多方面，会议发言的主题分别为“佛教考古新发现”“伽蓝与石窟”“经典与形象”“模式与交流”等四个方面，发言的学者中，不仅有在这一领域富有国际声誉的知名学者，还有崭露头角的青年新秀。这些都体现出中国与南亚佛教考古研究的良好态势。

除了学术会议之外，该领域也出版了不少可圈可点的研究成果。在佛教考古与艺术研究方面，王贵祥的《中国汉传佛教建筑史：佛寺的建造、分布与寺院格局、建筑类型及其变迁》是2016年度的一项重要成果。[①] 该书全面介绍中国汉传佛教建筑——佛寺的建造、分布与寺院格局、建筑类型及其变迁，意在展示中土汉传佛教建筑建造与演变的历史过程。书分三卷，共10章，总字数为350万字，内有插图1196幅，主要是测绘典型寺院存留情况的平面图及主要建筑的平、立、剖面图。上卷为初传与鼎盛时期，重点介绍自东汉初至唐末期间佛寺的建造与存留情况、流传与分布及寺院格局初步形成的基本特征。中卷为重创与复兴时期，重点展示唐末五代至辽金、两宋时期佛寺的建造与存留情况，趋于多样化的寺院性质，趋于定型化的寺院格局，寺院中建筑类型与空间特征的变迁。下卷为衰落与复兴时期，重点介绍宋末元初与元末明初、明末清初，因战争造成的寺院及建筑一再衰落与其后的一再复兴，重点是对元代、明初与清中叶一些佛教重镇地区佛寺的建造与存留情况，以及寺院建筑配置渐趋规整、建筑布局渐趋简化的基本特征的分析研究，着重展示寺院空间与建筑布局随历史演变的过程。

在佛教造像艺术方面，金延林的《肖像画影响下的九连菩萨像》从观音造型艺术角度论述明代兴盛肖像画的背景下观音造像所受到的影响。作者认为明代画家相较于前代画家更多地根据民间信仰及观音灵验故事选题创作，形成了多种造像范式。文人画家的参与使得这时期的观音造像大异于前，而文人肖像画的流行无疑对明代的观音像创作提供了新的表现形式，九莲观音画像的创作，最为典型地体现了文人肖像画影响下的观音题材创作。[②] 王文嘉、高明的《笈多马图拉湿衣佛像与长安北周五佛比较》认为，笈多时期是印度佛教的鼎盛时期，这个时期的佛像对中国佛像的艺术设计造成了一定程度的影响。北周五佛的出土对认识北周佛像提供了宝贵的资料，尤其是一尊印有“大象二年”的佛像已成为北周佛像的断代标准。一些学者分析、推断出笈多马图拉湿衣佛像与北周五佛存在一定关系。从直观的方式看，这两个时期的佛像在发髻、面相、身材、服饰衣纹以及手势上具有相似之处。种种证据表明北周五佛的艺术形式中借鉴了笈多马图拉湿衣佛像的艺术手法。[③]

在佛教音乐艺术方面，中国宗教文化出版社出版的《中国梵呗传承法要》值得注意，该书是中国首部完整记录佛教中国化梵呗文化体系的传承保护教程，由著名鱼山梵呗国家级非物质文化遗产代表性传承人、梵呗寺开山沙门永悟禅师创作。该书根据国家级非物质文化遗产保护和传承的要求，记录保存了梵呗从起源到盛行、流失到复兴的点点滴滴和传承人技艺技能传承活动的历程。分别从梵呗概念的确立、历史概述、基本要素、九大特征、传承保护与活动、鱼山梵呗代表作、梵呗功德妙用及社会价值、梵呗仪轨与念佛法器、传承梵呗声闻与壁观禅定禅净双修的“太极禅”禅修理念及复兴梵呗大事记八个方面总分八大章，对影响了佛教两千年的中国梵呗文化科学发展观体系进行了详尽的梳理与归纳总结。[④]

在佛教文学方面，陈明的《佛教譬喻故事“略要本”在西域和敦煌的流传——以敦研256号写卷为例》提出，敦研256号残卷是一种佛教譬喻故事的“略要本”，乃供佛教

① 王贵祥：《中国汉传佛教建筑史：佛寺的建造、分布与寺院格局、建筑类型及其变迁》，清华大学出版社2016年版。

② 金延林：《肖像画影响下的九连菩萨像》，《世界宗教文化》2016年第5期。

③ 王文嘉、高明：《笈多马图拉湿衣佛像与长安北周五佛比较》，《西北民族大学学报》2016年第3期。

④ 永悟禅师：《中国梵呗传承法要》，宗教文化出版社2016年版。

司讲唱的僧侣讲说譬喻故事时所用。敦研256号的形成既与印度和西域的胡语佛教譬喻故事的传写有关，也与敦煌所传汉语佛教故事纲要本的形式相关，应该是印度佛教文学与中土文化混融的产物，对该类型文本的分析有助于进一步认识印度佛教文学的流传及其对中土的影响。①

七 祖庭文化研究成为发掘汉传佛教传统与特色的重要切入点

2016年11月18日，汉传佛教祖庭文化国际学术研讨会在陕西省西安市召开，此次会议是中国佛教界的一大盛事，也是2016年度佛教研究的一大亮点。汉传佛教的祖庭文化是佛教中国化历程的产物，是佛教从印度传播至中国的法脉承续，更是佛教在中国汉地衍生出的八大宗派及其承载各自创立发展之历史使命的寺院。祖庭文化在亚洲乃至世界其他有汉传佛教传承的地区都产生了深刻的影响。到中国认祖归宗、朝拜祖庭、续接法谊成为许多国家汉传佛教宗派、寺院和相关团体重要的文化交流活动。

此次研讨会由中国佛教协会和中华宗教文化交流协会主办、陕西省组委会承办、北京大学和陕西师范大学协办，来自17个国家和地区的佛教界代表、知名学者两百多人与会，会议期间有80余位学者围绕汉传佛教祖庭文化发表了学术论文，主要内容包含祖庭佛教的形成，祖庭寺院，以及天台宗、华严宗、三论宗、律宗、唯识宗、禅宗、净土宗、密宗等宗派的研究，从多个角度梳理出祖庭寺院的历史脉络，探究各大宗派的思想特质，发掘祖庭佛教的实践价值与现代意义。

与会研究者指出，佛教中国化的最重要成果是宗派的建立，其建立因缘需要经典依据、制度化组织和宗风的创立，祖统法脉的建立是宗风传承的关键，祖庭是集宗风、文化、组织体系于一体的寺院。在组织制度层面，中国佛教形成了南山律宗主导的戒律体系、禅宗创制的清规体系和国家的佛教管理法规体系。除了对天台宗、三论宗、净土宗、唯识宗、华严宗、禅宗、律宗、密宗等八宗的祖庭历史与传承，宗派教义，组织体系作多方探求之外，更对印度佛教圣地、中国儒家祠堂与中国佛教祖庭的相互影响予以探讨。在此次会议上，30位青年法师参与论文发表，彰显出佛教界人才的成长，以及祖庭佛教后继有人的可喜景象。

在会议召开的前后，西北大学李利安主编的《中国汉传佛教八大宗派及其祖庭丛书》适时由西安电子科技大学出版社出版，与在西安召开的这次祖庭文化国际研讨会相映成趣。该丛书由8册组成，每册约15万字，共计约120万字，分别从域外渊源、传入与初期流播、创宗立派、历代传承、祖庭历史沿革、祖庭现状与当代价值等六个方面展开论述，既注重历史与现实的统一，也照顾时间和空间的不同维度，形成内涵饱满、客观准确、图文并茂、通俗有趣、富含哲理的宗派及其祖庭丛书。丛书的作者多为西北大学佛教研究所的在校博士生或研究生毕业未久的年轻学子，其作者与书名依次为黄凯：《不二法门：三论宗及其祖庭》，谢志斌：《花开见佛：净土宗及其祖庭》，李心苑、李永斌：《金胎合曼：密宗及其祖庭》，曹兴中、田鹏：《万法唯识：唯识宗及其祖庭》，李继武：《以戒为师：律宗及其祖庭》，王宏涛：《月印万川：华严宗及其祖庭》，白冰：《拈花微笑：

① 陈明：《佛教譬喻故事“略要本”在西域和敦煌的流传——以敦研256号写卷为例》，《文史》2016年第4期。

禅宗及其祖庭》，李媛：《一念三千：天台宗及其祖庭》。①

八　科仪佛教受到越来越多的关注

科仪佛教，或称仪式佛教、斋供佛教，在2016年度受到较多关注，并不断取得新的进展与新的成果。上海师范大学侯冲在科仪佛教的研究中取得斐然可观的成绩，2016年度他将先前发表的研究佛教科仪的文章结集出版，书名为《汉传佛教、宗教仪式与经典文献之研究：侯冲自选集》，集中展示他近年来在这一领域所做的工作与取得的成绩。②文集收录了12篇文章，内容涉及经典轨迹、佛教仪式、宗教实践，以及对相关经典与人物的考证。2016年度，侯冲又新发表了三篇研究水陆仪轨的文章，其一为《眉山水陆考》，文章指出，《眉山水陆》又称《龙华水陆仪》，是指南宋绍兴年间张兴运、宝月禅师等人编辑，以杨锷《水陆仪》、祖觉《水陆斋仪》为基础，将苏轼《水陆法像赞》纳入到中、下时仪文中的水陆仪。③其《水陆斋意研究——以所见斋意文为中心》提出，水陆法会与斋僧有相同的基本结构，因此，可以将水陆法会纳入佛教斋供仪式的范畴，放在斋僧的平台上予以讨论。与斋僧相同，斋意与斋主、应赴僧人同为水陆法会的核心元素，是水陆法会研究不可或缺的研究对象。表述斋意的文字，就是斋意文。文章披揭十余种新见水陆斋意文，利用水陆斋意文探讨水陆法会和水陆斋意，深化和细化了对水陆法会及其仪式程序的了解。④第三篇题为《回归佛教仪式旧有时空——三论大足宝顶为佛教水陆道场》，文章重新整理大足石壁寺《众户竖立石竭水陆三碑》，回归到古代的佛教仪式旧有时空，判定《众户竖立石竭水陆三碑》是众姓水陆文移碑，赵智凤在宝顶山“刻石追孝”（举行水陆法会），系独姓水陆道场，且宝顶山石刻造像与水陆画一样是剸云化城，造像间石头上还有水陆法会中授菩提心戒才有的偈句，足证大足宝顶山为赵智凤所建水陆道场。⑤《佛教科仪与疑伪经三题》指出佛教科仪中的疑伪经有三种形式，第一种是作为科仪编撰基础的疑伪经，第二种是与科仪配合，包含在佛教科仪中的经，第三种是单独抄写或行持的经。它们都是中国僧人出于佛教宗教活动正统性的需要而编纂的。⑥

伍小劼在其《何谓逆修？——从其在佛经中的最早出处看》中指出，逆修是斋供仪式的一种，探究逆修的内涵应该放置到他的最早出处《十方净土经》中进行研究。逆修与死后修福在本质上相同，都是提倡修福，目的是劝人发施心，只有通晓佛法且能践行的人才实行逆修，逆修在后来的《十王经》中有了新的表达。⑦曹凌在其《〈净住子净行法门〉的仪式研究——以道宣〈统略法门〉为中心》一文指出，萧子良所作的《净住子净

---

① 李利安主编：《中国汉传佛教八大宗派及其祖庭丛书》，西安电子科技大学出版社2016年版。

② 侯冲：《汉传佛教、宗教仪式与经典文献之研究：侯冲自选集》，台北：博扬文化事业有限公司2016年版。

③ 侯冲：《眉山水陆考》，《华东师范大学学报（人文社会科学版）》2016年第1期。

④ 侯冲：《水陆斋意研究——以所见斋意文为中心》，载《以法相会：宝宁寺、毗卢寺、明、清代水陆画展暨学术研讨会论文集》，佛光出版社2016年版。

⑤ 侯冲：《回归佛教仪式旧有时空——三论大足宝顶为佛教水陆道场》，《大足学刊》（第一辑），重庆出版社2016年版。

⑥ 侯冲：《佛教科仪与疑伪经三题》，载方广锠主编《佛教文献研究》（第二辑），广西师范大学出版社2016年版。

⑦ 伍小劼：《何谓逆修？——从其在佛经中的最早出处看》，《华东师范大学学报》2016年第1期。

行法门》是南北朝时期佛教仪式研究的重要资料。在先行研究的基础上，通过对《净住子净行法门》的仪式内容和结构重新加以探讨，可以考研出《净住子》三十一门并不存在仪式内容与非仪式内容的区别，而是首尾一贯地与仪式直接联系。《净住子》对应的仪式性质为忏仪，其格式为五悔。其中五悔固有的忏悔仪节被改造为围绕忏悔的一系列仪节，大大加强了仪式的劝善作用。这种做法对于《慈悲道场忏法》的仪式安排产生了重要影响。此外，通过比较《净住子》与《十住毗婆沙论》的仪式思想，还可看出萧子良对其所做的发展。①

党措的《〈真实摄经〉之三种汉译本所记金刚界大曼荼罗比较研究》对瑜伽密教的根本经典《金刚顶经》之第一会《真实摄经》三个汉译本进行了比较研究，梳理出金刚界大曼荼罗中三十七尊在位置、名称等方面存在的差异，结合大乘佛教晚期密教思想发展的趋势，深入分析了存在这种差异的原因。②

总的来看，随着国家与地方政府对佛教研究的重视程度与资金投入不断加大，2016年度的佛学研究发展的步伐逐渐加快，出现了诸多值得首肯的新气象，比如佛学研究队伍不断扩大，从业人员的学术素养不断提高。据不完全统计，截至2016年，国内（包括港澳台）约有52所大学（含二级学院）设有宗教研究所（中心），其中大部分研究机构都有从事佛教研究的专职人员。研究方法不断更新，跨学科、跨宗教的对话、交流与整合不断加深。佛学研究资料的获取更为便利，研究资料的获取益发便捷。研究领域不断拓展、深入，传统优势学科继续发展，新兴的研究领域也如火如荼地展开。在未来的岁月中，佛学研究将会为佛教的健康发展，为传统思想文化资料的发掘、为开展对外友好交流，发挥更为积极的作用。

① 曹凌：《〈净住子净行法门〉的仪式研究——以道宣〈统略法门〉为中心》，《华东师范大学学报》2016年第1期。

② 党措：《〈真实摄经〉之三种汉译本所记金刚界大曼荼罗比较研究》，《宗教学研究》2016年第2期。

2016年度道教与中国民间宗教研究综述

张永宏

元人马端临说："道教之术杂而多端。"究其原因，乃是因为道教是中国土生土长的固有宗教，伴随了中国历史的始终，至今仍然方兴未艾，表现活跃，发挥重要的社会作用和文化功能。从某种意义上说，道教乃是典型的中国人关于宇宙、社会与人生之理解的宗教表达，是中国文化高度凝结的产物。从道教的形成过程及其发展历史可知，道教与中国各种民间信仰、民间宗教保持密切联系。道教研究暨中国民间信仰民间宗教研究的实质乃是中国思维方式、社会理解、人生追求、信仰诉求、道德期许与宗教模式的综合考察。2016年度道教与中国民间宗教研究取得可喜成绩，举办了数十场较高规格的学术会议，发表出版了较高学术质量的论著，获得重要进展。其中，《中国本土宗教研究》创刊标志着中国本土宗教研究文化本位主义的确立，在回应西方宗教的理论挑战方面迈出重要一步。

一　2016年度道教与中国民间宗教研究主要学术活动

2016年1月2日，中南大学道学国际传播研究院与马来西亚道教学院、马来西亚华人协会联合主办的"道学与科学国际学术研讨会"于马来西亚槟城召开。来自马来西亚、中国、德国、新加坡等地的学者和道教界人士近百人出席了研讨会。与会学者们就道学中的科学精神、道教医学、马来西亚道教与社会生活等论题进行了深入的探讨。此次研讨会在道学与科学精神的融通方面暨道教与中国宗教研究的国际合作方面，均取得重要进展。

2016年3月25—27日，华中师范大学道家道教研究中心与香港青松观全真道研究中心联合主办的"第三届全真道与老庄学国际学术研讨会"于湖北武汉召开。来自美国、日本、比利时、马来西亚、墨西哥、韩国、中国港台地区以及中国大陆的120余位专家、学者、道长与会。会议共收到论文100余篇，围绕全真道研究、老庄学研究、全真道与老庄学关系研究等三个方面主题展开了热烈讨论。此次研讨会对于深化道家道教学术研究和弘扬中华优秀传统文化都有十分重要的意义。

2016年4月20日，中国社会科学院世界宗教研究所、四川大学老子研究院、四川大学国际儒学研究院、玉蟾宫南宗道教研究中心联合主办的"首届中华敬天法祖信仰高峰论坛"于海南定安文笔峰举行。来自中国大陆、港澳台地区及东南亚国家近百余名专家学者和道教界人士与会。此次高峰论坛以"中华敬天法祖信仰"为主旨，就中国文化敬天法祖信仰暨道教南宗、儒道互补、祭祀文化等展开讨论，取得重要成就。

2016年5月4—5日，中国社会科学院世界宗教研究所曹中建书记带队赴河南登封市中岳庙考察道教文化。世界宗教研究所道教与中国民间宗教研究室主任汪桂平研究员、李志鸿副研究员参与考察。河南省道教协会会长、中岳庙民主管理委员会主任黄至杰道长接待了考察团。双方就今后的学术合作达成意向，进一步加深和扩大了学界与教界的合作。

2016 年 7 月 16 日，江苏省民族宗教研究会、江苏省道教协会主办，常州白龙观承办的“第三届横山道教论坛”于江苏常州横山桥举行。来自国内高校和科研单位专家学者暨道教界人士百余人参会。此次论坛共收到 34 篇论文，以“道教发展与当代课题”为主题，就道教发展如何与中国特色社会主义社会发展相适应、如何与中国特色社会主义文化相适应、如何与践行核心价值观相适应等三个方面展开研讨。

2016 年 7 月 29—31 日，中国人民大学和美国罗格斯大学联合主办，湖南省岳阳市天岳幕阜山旅游开发有限公司协办，岳阳市道教协会承办的“首届国际道教文化前沿论坛”于湖南平江天岳幕阜山举行。来自中国人民大学、中国社会科学院、北京大学、四川大学、南京大学暨中国道教协会道教文化研究所等国内高校和科研机构，以及美国、日本、法国和我国港澳台地区的道教领域专家学者，以及道教界代表等共 200 余人参加论坛，就传承和弘扬道教优秀文化等话题进行热烈讨论，取得重要成果。

2016 年 8 月 6 日，中国道教协会、浙江省道教协会指导，温州市道教协会、“道教之音”网站主办，温州天然道观承办的“2016 中国（温州）新媒体和道教文化发展高峰论坛”于浙江温州东蒙山举行。来自国内高校与科研单位、道教界、媒体界等 200 余人出席论坛。此次论坛以“融合 · 传承 · 创新”为主旨，围绕道教传播的问题和对策研究、微博微信时代道教传播、中国道教的互联网建设、道教文化在新媒体下的传承以及道教文化在“一带一路”背景下的发展、在新媒体视域下道教传统文化的新思路、如何塑造更美的声音来宣传道教文化等问题进行深入探讨，为互联网平台新媒体工具传播道教文化建言献策，取得重要成就。

2016 年 9 月 23—25 日，中国社会科学院世界宗教研究所、中国宗教学会、中国社会科学院道家与道教文化研究中心主办，中国道教协会、河南省道教协会、河南省社会科学院历史与考古所协办，中岳庙、河南省嵩山管理委员会承办的“首届嵩山道教文化论坛”于河南登封召开。来自中国社会科学院、北京大学、北京师范大学、四川大学、山东大学、厦门大学、云南大学、郑州大学等百余位专家学者暨道教界人士出席会议并进行了热烈讨论。此次论坛围绕中岳嵩山道教的历史渊源，汉魏时期嵩山道教，北魏王朝与嵩山道教，寇谦之与嵩山道教，隋唐时期嵩山道教，国家祭祀与中岳庙，中岳庙建筑、壁画、碑刻研究，中岳庙在中国道教史上的历史地位，轩辕黄帝与中岳庙，道教全真派与中岳庙，中岳庙发展的设想和建议等议题展开研讨，取得圆满成功。

2016 年 10 月 10—21 日，中国社会科学院长城学者、中国社会科学院道家与道教研究中心主任、世界宗教研究所王卡研究员带队调研福建道教文化与民间信仰现状，世界宗教研究所道教与民间宗教研究室汪桂平、谭德贵、赵敏、于光、李志鸿、林巧薇等研究人员参与考察。王卡研究员一行先后考察了福州乌山、武夷山桃源洞、莆田三一教、泉州老君岩、柘荣马仙信俗、福鼎太姥山等福建道教名山宫观和重要民间信仰场所，经过实地考察，深入了解了福建道教文化与民间信仰的历史与现状，为中国本土宗教研究积累了较为翔实的田野资料。

2016 年 10 月 18 日，中国道教协会和《中国宗教》杂志社指导，安徽省道教协会、怀宁县政协联合举办的“陈撄宁道教思想与养生文化论坛”于安徽怀宁召开，来自全国各地高校与社科机构专家学者暨道教界人士与会。论坛就陈撄宁道教思想与养生文化展开热烈讨论，对陈撄宁道教思想及其历史影响予以反思和重新定位，对道教养生文化在促进当代社会健康发展方面予以探究与展望。

2016 年 10 月 21—23 日，中国道教协会指导，山东省齐鲁文化研究院、香港道教学院全真道研究中心主办，山东省道教协会协办，威海市道教协会、威海市文登区道教协会和陕西德芳文化传播有限公司承办的“全真道与齐鲁地方社会国际学术研讨会暨《丘祖西行》大型纪录片审评会”于山东文登召开，来自全国的道教界代表、国内外知名专家学者出席了会议。与会学者就全真道的创立及在昆嵛山地区的传播、丘处机西行暨中国“一带一路”建设等话题展开研讨，获得圆满成功。

2016 年 11 月 5—6 日，老子道学文化研究会、南京大学道学与东方文化研究中心主办，上海江村市隐文化专修学院协办的“第二届昆仑高峰论坛暨老子道学文化研究会 2016 年年会”于陕西周至楼观台举行。来自中国社会科学院、北京大学、南京大学、四川大学、宗教文化出版社等单位的专家学者暨道教界人士共 70 余人与会。会议就新时期如何创建道家道教研究的“中国学派”进行热烈讨论，对未来道学研究予以展望。

2016 年 11 月 6 日，中国社会科学院长城学者、中国社会科学院道家与道教文化研究中心主任王卡研究员带队调研北京房山玉虚宫。中国社会科学院世界宗教研究所道教与民间宗教研究室汪桂平、赵敏、林巧薇等研究人员及部分研究生参与考察。王卡研究员一行考察了玉虚宫现存古建、古树、古碑等文物古迹，认为玉虚宫的文化遗存对于京西地区的道教文化以及清末太监道士这一特殊群体有着较高的研究价值。

2016 年 12 月 4—6 日，中国道教协会指导，浙江省道教协会主办，上海市道教协会、江苏省道教协会协办，杭州市道教协会承办的“第六届长三角地区道教论坛”于浙江杭州举办。论坛主题是“道教教义体系的现代建构——道教文化的传承与弘扬”。来自国内高校与社科单位专家学者暨道教界人士 200 余人与会，就道教文化的传承保护与弘扬发展展开交流和探讨，取得重要成就。

2016 年 12 月 9—11 日，华夏老子学研究联合会、中国道教协会、北京大学道教研究中心等机构联合主办的“理解与运用：老子及道家和道教的生活之道”学术研讨会暨“华夏老子学研究联合会”成立大会于北京召开。来自国内外的道家道教研究专家、道教界人士暨社会各界贤达参会。会议选举北京大学哲学系王中江教授为华夏老子学研究联合会首任会长，该会将通过联合学界、教界与社会各界贤达以推动老子学暨道家道教研究与传播为己任，探索中国传统思想复兴的新进路。

2016 年 12 月 15—18 日，云南省民族宗教委员会、云南省社科院、云南省道教协会主办，昆明市紫云青鸟・云南文化创意博览园、《民族时报》社协办，云南省民族宗教委宗教业务四处、云南省社科院宗教研究所、云南省道教文化传播中心、云南大学历史与档案学院承办的“首届云南道教文化（国际）学术研讨会”于云南昆明举行。会议主题为“道法自然，德化天下”。来自中国、法国、德国、美国、韩国、越南、马来西亚等国家暨我国港澳台地区的 160 余位知名高校、科研院所专家学者、道教界人士暨民族宗教部门工作人员与会，就道教与东南亚、南亚的文化交流，道教在云南的历史传承，道教文化的当代价值，道教与生态文明建设，养生与玉石文化，道教与养生文化等专题展开热烈研讨，取得重要成就。

2016 年 12 月 24 日，中国社会科学院道家与道教文化研究中心、中国社会科学院世界宗教研究所、中国宗教学会联合主办的“首届中国本土宗教研究论坛”于北京赵家楼饭店举行。来自全国各地高校与社科研究机构学者50余人与会。会议着重探讨了中国本土宗教研究的新问题与新方法，并就《中国本土宗教研究》创刊举行座谈会。此次论坛在五四运动发源地赵家楼饭店召开，意味着中国本土宗教的思想和文化正面临着觉醒的好时机，也意味着中国宗教研究文化本位主义的崛起，中国本土文化的现代化发展和继承将迎来崭新的面貌。

2016年12月25日，山东师范大学全真道研究中心主办，济南市道教协会、济南市传统文化研究会协办的“全真道研究中心”成立仪式暨“态度与方法——道教研究反思与展望高端学术论坛”于山东济南举行。来自北京大学、中国人民大学、北京师范大学、山东大学、山东师范大学、山东省委党校、青岛大学、齐鲁工业大学等高校社科机构专家学者暨道教界人士50余人出席成立仪式并参与论坛讨论。论坛就中国道教研究自身话语权的建构、中国宗教研究的本位主义、道教研究的中国化暨道教研究的态度与方法等议题展开热烈讨论，取得重要成就。

二 2016年度道教与中国民间宗教研究重要学术成果

（一）道教经典与文献整理及其研究

2016年3月16日闭幕的全国人大十二届第四次会议表决通过的《国民经济和社会发展第十三个五年计划纲要》第十六篇“加强社会主义精神文明建设”专栏25“文化重大工程”（六）“中华典籍整理”中列有“《中华续道藏》编纂工程”。该工程由中国道教协会组织实施，拟在今后十到十五年内联袂国内外高校科研机构专家学者共同参与，分工合作，全面收集、整理道教典籍，抢救、保护道教文化遗产，以此推动道教文献建设和学术研究，弘扬和发展道教文化，繁荣中华文化，建设文化强国。

由于文献阙如，早期道教的研究颇具难度。2016年3月，中国社会科学出版社出版了中国社会科学院哲学研究所姜守诚副研究员所著《出土文献与早期道教》。该书立足于秦汉至南北朝时期出土简帛、版画或新发现文书等考古新材料，结合有关传世文献，在前人研究成果基础上，通过翔实的文献梳理和考证，就早期道教与民间信仰、方术及丧葬礼俗的关系等议题加以论述，提出若干新见解，丰富和发展了早期道教史的理论建构，对出土文献研究亦有积极意义，做出重要学术贡献。

《无上秘要》是目前所知较早的道教类书，由崇尚道教的北周武帝宇文邕敕旨编纂，原典共一百卷二百九十二品，《正统道藏》所收残本计六十七卷。《无上秘要》征引了许多北周前问世的散佚作品，是研究魏晋南北朝道教和道经不可或缺的参考资料，也是校勘早期道书的重要依据，具有重要的思想史意义和文献学价值。2016年9月，中华书局“道教典籍选刊”出版了由西南民族大学文学与新闻传播学院周作明副教授点校的《无上秘要》（全三册），就全书进行了彻底的爬梳剔抉，参校其他文献予以核对，出校记四千多条，以供学界参考引用。

敦煌道经自问世以来即受到海内外道教学专家学者的重视，日本道教学者大渊忍尔在敦煌道经的整理和研究方面颇有成就。2016年10月，作为“道教学译丛”之一种，齐鲁书社出版发行由清华大学外文系隽雪艳教授和赵蓉合译的《敦煌道经目录篇》（上、下册）。该书是大渊忍尔的代表性著作，作者根据世界各大图书馆敦煌道经资料，对《正统道藏》相关文献进行了认真校勘，做了详细说明和校记，对于了解、研究、利用敦煌道经大有助益。

元代上清派宗师刘大彬编纂《茅山志》十五卷，较为全面地搜罗了茅山诏旨诰敕、神仙谱系、人物传记、山水形胜、经箓目录、金石诗文，是研究上清派的重要史料。明嘉靖间，茅山玉晨观重刻此志，邑人江永年增补明代茅山道教懿典、金石、诗文三卷。2016年8月，上海古籍出版社出版了由美国佛罗里达大学语言文学文化系王岗（Richard G. Wang）副教授整理的《茅山志》（全二册），以明嘉靖间玉晨观刊本《茅山志》为底本，参校以元刊本残卷、永乐本、《道藏》本、成化本等，具有重要的学术意义和文献价值。

北宋道士陈景元在继承以老庄学、黄老学、魏晋玄学为主要脉络的道家哲学基础上，吸收了唐宋重玄学、陈抟和张无梦的道教哲学，使晋唐道教重玄学在宋朝得以传承光大，陈氏所纂《道德真经藏室纂微篇》为此后历代注释《老子》者所引用，产生深远的影响。2016年7月，华夏出版社出版了由天津社会科学院哲学研究所张永路副研究员校注的《道德真经藏室纂微篇》，以《正统道藏》本为底本，参照了《中华道藏》本与蒙文通《校理陈景元〈老子注〉》，对于研究陈景元思想具有一定学术价值。该书为“中国传统：经典与解释”丛书之“老子历代注疏”系列的一种。

此外，2016年4月，宗教文化出版社出版了由华中师范大学历史文化学院刘固盛教授所著《〈道德真经三解〉通解》，全面注释元代全真教道士邓锜《道德真经三解》一书，阐发其玄旨奥义，是元代老学研究的一部重要著作。同年6月和10月，齐鲁书社出版了分别由云南大学历史与档案学院郭武教授和原上海社会科学院吴亚魁副研究员编著的《王重阳学案》和《吕洞宾学案》，考证了全真道重要人物吕洞宾和王重阳的生平，评述其思想，并择选其重要文献予以考订和汇编，是近年来全真道研究的重要学术成果和参考资料。华夏出版社6月出版的由高诚先生点校的《道门精要——道教黄元吉内丹修炼典籍》与宗教文化出版社10月出版的由滕树军、张胜珍两位先生点校的《易道阐真——道教龙门派刘一明修道文集之三》（上、下册）是研究清代道教的重要文献，具有一定学术意义和参考价值。社会科学文献出版社6月出版了由中国社会科学院哲学研究所胡孚琛研究员整理的张义尚先生的《丹道薪传（修订版）》和《武功薪传（修订版）》，是当代武术、气功和丹道学重要资料，具有一定的文献价值和学术意义。

在期刊论文方面，中国社会科学院世界宗教研究所道教与民间宗教研究室汪桂平研究员的《〈齐云山志〉版本考》[①] 通过对各种版本《齐云山志》的搜集、整理与研究，结合现存石刻、方志等资料，基本厘清各版本志书的作者、刊刻时间、增补情形等，订正了前人记载之误；咸阳中五台道观住持贺信萍道长的《内府修道秘本〈御制全真群仙集〉》[②] 主要考察了《道藏》未收、明代彩绘孤本《御制全真群仙集》的内容与特色；云南大学历史与档案学院郭武教授《从“三教一贯”到“仙佛判决”——〈扬善半月刊〉的风格转变及其原因》[③] 考察了20世纪30年代陈撄宁主编的《扬善半月刊》宗旨从“三教一贯，五教平等”、经“仙佛判决”至“专门仙学杂志”的变化历程，并分析其办刊宗旨发

① 汪桂平：《〈齐云山志〉版本考》，《世界宗教研究》2016年第3期。

② 贺信萍：《内府修道秘本〈御制全真群仙集〉》，《中国道教》2016年第1期。

③ 郭武：《从“三教一贯”到“仙佛判决”——〈扬善半月刊〉的风格转变及其原因》，《宗教学研究》2016年第4期。

生变化的原因；均具有重要学术意义。

（二）道教思想与哲学研究

在早期道教思想研究方面，王谋寅的《〈太平经〉法哲学思想研究》[①]、崔佩姮的《〈太平经〉荒政思想研究》[②]、张丽霞的《〈太平经〉“善—美”思想刍议》[③]、张晓立的《孝以长生——论〈太平经〉中孝思想的发展》[④]、孙国柱的《〈太平经〉“共生”思想的现代意义》集中探讨了《太平经》的法哲学思想、荒政思想、善—美思想、孝思想和共生思想，加深和延展了《太平经》的思想内蕴；程乐松的《〈真诰·阐幽微〉的冥界观》[⑤] 探讨了陶弘景《真诰》的冥界思想，张泽洪的《道教学视野中的酆都》[⑥] 考察了酆都的原型、演变及其与道教的关系，均具有一定学术意义。

在隋唐重玄学研究方面，强昱的《老庄学的时代精神：从〈节解〉到〈道德经义疏〉的道教思想》[⑦]《成玄英的自然观：从〈道德经义疏〉到〈庄子疏〉的发展》[⑧] 两文集中探讨了成玄英的道教哲学思想，突出强调了重玄学对老庄学的创新和超越；李鹤亭的《李荣〈道德真经注〉中的庄学精神》[⑨]、王川的《本体论视域中的重玄之道——以李荣的〈道德经〉诠释为中心》[⑩] 则集中探讨了李荣《道德真经注》的重玄意蕴，一方面考察李荣道教哲学思想对庄学的继承，另一方面讨论李荣思想对重玄学的贡献；孙亦平的《清静与清净：论唐代道教心性论的两个致思向度——以杜光庭思想为视角》[⑪] 从道教心性学角度来谈论杜光庭的重玄思想；均做出重要学术贡献。

詹石窗主编的《老子学刊》集中发表一组考察道教南宗思想的论文，如杨燕的《南宗教理教义及修道场所、家室诸问题考论》[⑫]、曾勇的《略论南宗道教与正一道之异同——以白玉蟾与张继先修道思想为中心》[⑬]、于国庆的《略论白玉蟾〈道法九要〉的思想要义》[⑭]、方宝璋的《略论白玉蟾的道教思想》[⑮] 等论文，从不同角度阐发道教南宗思想（尤其是白玉蟾道教思想），扩展和深化了道教南宗之学术研究。

---

① 王谋寅：《〈太平经〉法哲学思想研究》，《社会科学研究》2016 年第 6 期。

② 崔佩姮：《〈太平经〉荒政思想研究》，《新余学院学报》2016 年第 2 期。

③ 张丽霞：《〈太平经〉“善—美”思想刍议》，《世界宗教研究》2016 年第 2 期。

④ 张晓立：《孝以长生——论〈太平经〉中孝思想的发展》，《湖北工程学院学报》2016 年第 5 期。

⑤ 程乐松：《〈真诰·阐幽微〉的冥界观》，《宗教学研究》2016 年第 3 期。

⑥ 张泽洪：《道教学视野中的酆都》，《湖南大学学报（社会科学版）》2016 年第 3 期。

⑦ 强昱：《老庄学的时代精神：从〈节解〉到〈道德经义疏〉的道教思想》，《中国哲学史》2016 年第 2 期。

⑧ 强昱：《成玄英的自然观：从〈道德经义疏〉到〈庄子疏〉的发展》，《自然辩证法研究》2016 年第 10 期。

⑨ 李鹤亭：《李荣〈道德真经注〉中的庄学精神》，《宗教学研究》2016 年第 4 期。

⑩ 王川：《本体论视域中的重玄之道——以李荣的〈道德经〉诠释为中心》，《武汉理工大学学报（社会科学版）》2016 年第 5 期。

⑪ 孙亦平：《清静与清净：论唐代道教心性论的两个致思向度——以杜光庭思想为视角》，《哲学研究》2016 年第 9 期。

⑫ 杨燕：《南宗教理教义及修道场所、家室诸问题考论》，《老子学刊》2016 年第 2 期。

⑬ 曾勇：《略论南宗道教与正一道之异同——以白玉蟾与张继先修道思想为中心》，《老子学刊》2016 年第 2 期。

⑭ 于国庆：《略论白玉蟾〈道法九要〉的思想要义》，《老子学刊》2016 年第 2 期。

⑮ 方宝璋：《略论白玉蟾的道教思想》，《老子学刊》2016 年第 2 期。

（三）道教史、道教宗派及区域道教研究

在道教史研究方面，熊铁基的《略论道教的“杂而多端”——道教史新思考之一》① 从道教起源、道教派别以及道教与民间信仰的关系等三个角度探讨了道教“杂而多端”的特色，认为这是由道教文化的包容性所造成的。王丽萍的《日僧成寻入宋巡礼途中所见道教》② 描述了日本游学僧成寻所见南宋时期的道教面貌，对于了解南宋时期道教场所、神明信仰、道士生活等具有一定参考价值。卿希泰、由申合撰的《乾隆朝的道教事务管理》③ 一文则集中描述了清代乾隆时期加强对道教管控的故实，认为乾隆帝本人对道教的态度以及清政府对道教的管控导致了上层道教在清代中后期的衰落。李远国的《南宗道教历史与传戒授箓的考辨》④ 和尹志华的《民国时期的全真道传戒活动考述》⑤ 两篇论文，对于我们了解道教南宗和民国全真道传戒活动具有重要参考价值。

在道教宗派研究方面，赵建勇的《金元大道教史续考——从一宗著名公案说起》⑥ 从著名公案“至元辩伪”切入，讨论了新派全真道与旧派大道教的复杂关系，考察了真大道教“天宝宫系”字辈，认为该派至迟于明代弘治年间转为全真华山派。张方的《许昌天宝宫与明代全真华山派》⑦ 也大致认同赵文的观点，确证全真华山派起源于真大道教。张崇富的《龙虎山法脉考》以道院为线索，考察了龙虎山法脉紫微派、虚靖派、灵阳派的创始人、创始时间和法脉传承，对于研究宋元明时期龙虎山法脉传承具有重要意义。

在区域道教研究方面，詹石窗、顾宗正合撰的《涡阳县及天静宫沿革考实》⑧ 一文考证了涡阳县天静宫为老子母亲“感星孕圣”之所，对于我们重新认识老子生平及天静宫的历史地位具有重要参考意义；郭胜利的《民国时期新疆道教文化特征与地域特点》⑨、王宗明的《绥远道教的发展与传承》⑩ 两文对于我们了解新疆道教与绥远道教具有一定学术价值。

在论著出版方面，2016 年 5 月，科学出版社出版了四川大学历史文化学院姜生教授的《汉帝国的遗产——汉鬼考》一书，通过多学科交叉研究方法考察了众多汉代墓葬考古资料，基于地下资料与通行文献的互相印证，探讨了道教创教时期人们的宇宙理解、神仙信仰和“太阴炼形”法术，解决了学界长期困惑的不少问题，填补了空白，对中国古代思想史研究、宗教史研究及宗教考古学研究都具有非常重要的意义。3 月，宁夏人民出版社出版宁夏大学政法学院刘莉副教授的《道教天心派北极驱邪院研究》一书，具体探讨了天心派北极驱邪院的产生、神灵系统、职能、符法、信奉道士及社会影响，对于我们了解天心派暨宋代道教的面貌具有重要参考价值，是近年来道教宗派史研究方面的重要学

---

① 熊铁基：《略论道教的“杂而多端”——道教史新思考之一》，《学术界》2016 年第 6 期。
② 王丽萍：《日僧成寻入宋巡礼途中所见道教》，《宗教学研究》2016 年第 2 期。
③ 卿希泰、由申：《乾隆朝的道教事务管理》，《湖南大学学报（社会科学版）》2016 年第 2 期。
④ 李远国：《南宗道教历史与传戒授箓的考辨》，《老子学刊》2016 年第 2 期。
⑤ 尹志华：《民国时期的全真道传戒活动考述》，《中国道教》2016 年第 5 期。
⑥ 赵建勇：《金元大道教史续考——从一宗著名公案说起》，《世界宗教研究》2016 年第 1 期。
⑦ 张方：《许昌天宝宫与明代全真华山派》，《世界宗教研究》2016 年第 4 期。
⑧ 詹石窗、顾宗正：《涡阳县及天静宫沿革考实》，《老子学刊》2016 年第 1 期。
⑨ 郭胜利：《民国时期新疆道教文化特征与地域特点》，《中国边疆史地研究》2016 年第 3 期。
⑩ 王宗明：《绥远道教的发展与传承》，《中国道教》2016 年第 4 期。

术著作，具有重要学术意义。此外，2016 年 1 月，江西人民出版社出版段文华先生所著《废墟秘境——探秘道教北帝派发源地相山》，对于我们了解北帝派发源地相山的地理地貌、道教传统、民间传说等具有一定参考价值。

（四）道教人物与神明信仰研究

在道教人物研究方面，朱越利的《解读司马承祯传记》① 依据史书和相关文献记载重新考证唐代高道司马承祯的生平行状，对于了解司马承祯生平事迹以及唐朝道教历史具有重要参考价值。詹石窗的《南宗道教祖师白玉蟾行踪与文化贡献考论》②、萧登福的《南宗白玉蟾与龙虎山正一道派之关系——兼论白玉蟾之生卒年岁》③ 两文对于白玉蟾生平事迹及其文化贡献予以考察，在考证白玉蟾行状以及南宋道教历史方面具有重要学术意义。此外，丁放的《玉真公主、李白与盛唐道教关系考论》④、伍成泉的《唐代邵州道士申泰芝考略》⑤、赵建勇的《隐没的先真：北宋高道于元隐行迹略考》⑥、蔡副全的《张三丰、胡濙陇南踪迹考》、闵靖阳的《笪重光生卒年和晚年身份之辨析》⑦、黄新华的《清初苏州道士李朴其人其事》⑧ 等论文对于了解相关道教人物生平事迹均做出一定贡献。

在道教神明信仰研究方面，丁培仁的《玄帝信仰历史概要》⑨ 纲要性地梳理了玄武信仰的起源及其自先秦至明清的信仰演变史，考察其在不同时代所具有的信仰特征，赵芃的《玄帝信仰在山东民间的传播与发展——以山东东平、平阴玄帝庙碑为例》⑩ 则主要基于碑刻文献个案性地揭示了玄帝信仰在山东传播具有神圣性、普世性与区域性的特点，均具有重要学术价值。周中梁的《从唐朝忠臣到护佑北京——宋元明时期二徐真人信仰的发展历程》⑪ 考证了二徐真人信仰历宋元明由地方性神明跃升为国家神明的具体过程，赵晓寰的《元代城隍信仰：以〈全元文〉为中心的考察》⑫ 主要基于《全元文》52 篇《城隍文》而考察其作者、写作背景、城隍庙时空分布、神性神职、城隍庙维护资金、官府与民众的崇拜行为等事项，全方位地勾勒了元代城隍信仰的风貌，填补了唐宋至明清时期城隍信仰研究的学术空白，做出重要学术贡献。

此外，2016 年 8 月，海南出版社出版北京大学儒学院干春松教授的《仙与道：神仙信仰与道家修养》一书，系统解读了中国神仙信仰心理结构及其文化构成，通过介绍道教的神仙谱系及其修道方法，探讨其在抚慰心灵和人性提升方面的现代意义，具有重要学

---

① 朱越利：《解读司马承祯传记（上）》，《中国道教》2016 年第 4 期；朱越利：《解读司马承祯传记（下）》，《中国道教》2016 年第 5 期。

② 詹石窗：《南宗道教祖师白玉蟾行踪与文化贡献考论》，《老子学刊》2016 年第 2 期。

③ 萧登福：《南宗白玉蟾与龙虎山正一道派之关系——兼论白玉蟾之生卒年岁》，《老子学刊》2016 年第 2 期。

④ 丁放：《玉真公主、李白与盛唐道教关系考论》，《复旦学报（社会科学版）》2016 年第 4 期。

⑤ 伍成泉：《唐代邵州道士申泰芝考略》，《宗教学研究》2016 年第 1 期。

⑥ 赵建勇：《隐没的先真：北宋高道于元隐行迹略考》，《宗教学研究》2016 年第 3 期。

⑦ 闵靖阳：《笪重光生卒年和晚年身份之辨析》，《中国道教》2016 年第 4 期。

⑧ 黄新华：《清初苏州道士李朴其人其事》，《中国道教》2016 年第 1 期。

⑨ 丁培仁：《玄帝信仰历史概要》，《中国道教》2016 年第 5 期。

⑩ 赵芃：《玄帝信仰在山东民间的传播与发展——以山东东平、平阴玄帝庙碑为例》，《弘道》2016 年第 3 期。

⑪ 周中梁：《从唐朝忠臣到护佑北京——宋元明时期二徐真人信仰的发展历程》，《北京社会科学》2016 年第 10 期。

⑫ 赵晓寰：《元代城隍信仰：以〈全元文〉为中心的考察》，《世界宗教研究》2016 年第 4 期。

术价值。

（五）道教与科技暨丹道与养生文化研究

在外丹研究方面，雷志华、高策的《〈黄帝九鼎神丹经〉炼制单质砷的初步模拟实验研究》[①] 通过野外模拟实验检测《黄帝九鼎神丹经》炼制单质砷的过程，检测其产物确实为单质砷，确证这可能是目前所知世界上最早炼制单质砷的记载，具有重要学术意义。

在内丹研究方面，姜生的《汉墓龙虎交媾图考——〈参同契〉和丹田说在汉代的形成》[②] 通过汉墓壁画与通行道经的比较研究，确定了《参同契》原本与丹田之说形成于东汉时期。张钦、张涛的《张伯端的内丹修炼思想及其贡献》[③]、蒋门马的《道教南宗修炼的"先命后性"考》[④] 则集中探讨了道教南宗的内修学术及其影响。朱越利的《明清道教双修内丹术的时代背景》[⑤] 考察了明清道教男女双修术的大致面貌，认为其时的社会风气有利于双修内丹术的发展，但是正统思想则妨碍了房中术的传播。陈云的《闵一得的女丹思想》[⑥] 探讨了闵一得的女丹思想，充分肯定其实践价值。丁常春的《试析魏尧与赵避尘的内丹性命论》[⑦] 则分析了魏尧和赵避尘通过融摄儒释道三教内修思想以回应西方文化挑战的努力，认为两人的内丹性命思想对道教文化的现代阐释具有重要启发意义。章伟文的《内丹"水火"、"龙虎"、"铅汞"之意蕴发微——以〈钟吕传道集〉为视角》[⑧] 基于《钟吕传道集》而细致考察"水火""龙虎""铅汞"概念在内丹修炼中所具有的意蕴；戈国龙的《道教内丹学论"生命的演化"》[⑨] 则基于道教内丹实践而上升为理论性哲学性的道教内丹学，认为其关于"生命的演化"理论与道的演化理论是密切相关的统一体系。这些研究成果均推动了内丹研究的发展，具有重要学术价值。

在道医研究方面，彭贵珍、左志坚的《张陵与江西道教医学萌芽考》[⑩] 考证了张陵的生平事迹，认为其在江西以医传道、治病救人、追求长生、炼丹修行的活动开启了江西道教医学。程志立、顾漫、国华、程志强的《孙思邈与炼丹术和丹药服食养生及思考》[⑪] 认为孙思邈实现了丹药从成仙到医疗、从金石到草木的转型，对后世炼丹术和丹药服食学产生深远影响，中医药的重要源泉即炼丹术与丹药服食。金权的《唐代医家王冰与道教关系再研究》[⑫] 在前人研究基础上，经过细致的文献梳理和分析，认为王冰不但有深厚的道

---

① 雷志华、高策：《〈黄帝九鼎神丹经〉炼制单质砷的初步模拟实验研究》，《自然辩证法通讯》2016 年第 6 期。

② 姜生：《汉墓龙虎交媾图考——〈参同契〉和丹田说在汉代的形成》，《历史研究》2016 年第 4 期。

③ 张钦、张涛：《张伯端的内丹修炼思想及其贡献》，《老子学刊》2016 年第 2 期。

④ 蒋门马：《道教南宗修炼的"先命后性"考》，《老子学刊》2016 年第 2 期。

⑤ 朱越利：《明清道教双修内丹术的时代背景》，《弘道》2016 年第 2 期。

⑥ 陈云：《闵一得的女丹思想》，《中国道教》2016 年第 2 期。

⑦ 丁常春：《试析魏尧与赵避尘的内丹性命论》，《宗教学研究》2016 年第 3 期。

⑧ 章伟文：《内丹"水火"、"龙虎"、"铅汞"之意蕴发微——以〈钟吕传道集〉为视角》，《弘道》2016 年第 3 期。

⑨ 戈国龙：《道教内丹学论"生命的演化"》，《世界宗教研究》2016 年第 1 期。

⑩ 彭贵珍、左志坚：《张陵与江西道教医学萌芽考》，《江西中医药》2016 年第 8 期。

⑪ 程志立、顾漫、国华、程志强：《孙思邈与炼丹术和丹药服食养生及思考》，《中华中医药杂志》2016 年第 3 期。

⑫ 金权：《唐代医家王冰与道教关系再研究》，《宗教学研究》2016 年第 1 期。

教思想素养，而且其本人很可能就是一位道士。霍克功的《金丹与中医比较研究》[①] 通过文献梳理和概念辨析认为包括内丹和外丹在内的金丹与中医分享共同的阴阳五行理论，外丹与中医多有重叠之处，而内丹则与中医药不同，内丹的丹田理论与中医的腧穴理论也有异同。这些论文从不同角度考察道教医学的历史、内容、影响等，均做出一定学术贡献。

此外，贾来生、盖建民的《老子生育思想探微》[②] 与贾来生的《〈文昌延嗣经〉生育思想初探》[③] 两文考察了道教生育观，也具有一定学术价值。

在学术专著出版方面，2016 年 1 月，中国社会科学出版社出版了山东理工大学马克思主义学院刘芳博士的《道教与唐代科技》，该书较为全面地梳理了道教与唐代科技的有关文献，在前贤研究基础上，较为系统地考察了唐代化学、医药学、矿物学、天文学、物理学、生物学以及农学等成就及其与道教的关系，具有一定的开创意义。2 月，人民出版社发行出版玉林师范学院袁名泽教授的《道教农学思想史纲要》一书，探讨了从太平道和五斗米道以来至明清时期的道教农学思想，考察了各个时期道教农学思想的理论特色，留意其产生的社会背景及其与社会的互动，具有重要学术价值。同年 3 月，巴蜀书社出版了杨洋的《道教医世思想溯源》，该书以道教医世思想的酝酿、形成、发展与转型为线索，探讨了其身国关系、医学观、政治观、整体观等方面的理论内容，阐发了其“修仙以医世”的思想主张。4 月，宗教文化出版社出版了王政书、霍克功、封德平合著的《内丹东派祖师陆西星思想研究》一书，该书较为系统全面地考察陆西星生平事迹与修道思想，着重探讨其内丹修炼思想，做出重要贡献。同年 10 月，作为“道教学译丛”之一，齐鲁书社出版了由山东大学历史文化学院韩吉绍教授翻译的意大利汉学家玄英所著的《太清：中国中古代早期的道教和炼丹术》一书，该书从道教人类学角度切入，集中考察“丹”概念和太清文献所述炼丹过程的仪式特征，试图说明太清教义及其仪式面貌与中古早期道教的关系，并审视太清文献炼丹思想的历史影响，在道教外丹实践及其文化意蕴的研究领域做出突出贡献，具有重要学术价值。

（六）道教祭祀礼仪与艺术研究

在道教斋醮科仪与祭祀礼仪研究方面，王承文的《从斋戒规范论古代国家祭祀对汉晋道教的影响——兼对吕鹏志博士一系列论著的商榷》[④]《古代国家祭祀与汉唐道教“八节斋”渊源论考（上）——兼对吕鹏志博士一系列质疑的答复》[⑤] 两文针对吕鹏志先生系列论著观点提出商榷，认为东晋末以来道教“八关斋”等斋醮科仪更多受到先秦秦汉国家祭祀制度的影响，早期道教定期斋醮制度与印度佛教“布萨”制度存在根本区别，中国本土佛教定期斋戒制度的确立乃是印度佛教“中国化”的表现形式之一。姜守诚、

---

① 霍克功：《金丹与中医比较研究》，《世界宗教文化》2016 年第 1 期。

② 贾来生、盖建民：《老子生育思想探微》，《宗教学研究》2016 年第 3 期。

③ 贾来生：《〈文昌延嗣经〉生育思想初探》，《天水师范学院学报》2016 年第 2 期。

④ 王承文：《从斋戒规范论古代国家祭祀对汉晋道教的影响——兼对吕鹏志博士一系列论著的商榷》，《中山大学学报（社会科学版）》2016 年第 2 期。

⑤ 王承文：《古代国家祭祀与汉唐道教“八节斋”渊源论考（上）——兼对吕鹏志博士一系列质疑的答复》，《宗教学研究》2016 年第 2 期；王承文：《古代国家祭祀与汉唐道教“八节斋”渊源论考（下）——兼对吕鹏志博士一系列质疑的答复》，《宗教学研究》2016 年第 3 期。

李海龙合撰的《台湾地区南部灵宝道派的引魂过桥仪式》[①] 与姜守诚的《台南灵宝道派的开通冥路科仪》[②] 两文结合田野调查和科仪文献资料，分析了台湾南部阴魂过桥仪式和开通冥路科仪的仪式过程与象征意义，认为台湾南部科仪文本具有悠久历史，发挥了较为重要的文化作用，产生了较大社会影响。姜生的《汉代天厨贻食信仰与道教施食炼度科仪之起源》[③] 通过分析汉墓庖厨题材画像，认为其寓意在于“去饥饱食”，与后世道教施食炼度科仪具有渊源关系。忻丽丽的《道教“抟颊”仪式考证》[④] 则考证了“抟颊”原意为“用手按摩脸颊”，乃是早期道教的一种礼拜仪式，但是后来被误认为是涂炭斋的自虐行为。这几篇论文大致考察了早期道教斋醮仪式、三教祭祀制度的相互关系及当代台湾民间斋醮科仪等方面的内容，均做出重要学术贡献。

在道教文学研究方面，苟波的《对“游历仙境”神话和早期仙传故事的“神话—原型批评”研究》[⑤] 通过古代神话与早期仙传故事的比较研究，认为早期神话“梦游神界”与早期仙传故事“游历仙境”都由“仪式性死亡”的原型演变而来，其源头可追溯至原始信仰和巫术仪式。罗争鸣的《关于早期全真道诗词研究的若干问题》[⑥] 认为不能从“纯文学”角度研究早期全真道诗词，而应当结合全真道修行观念，从真功、真行两个角度切入予以分析。金元南宋以来，丹道诗歌才突破固有格式，走向世俗化。此外，刘方的《柳永游仙词与北宋真宗时期道教文化》[⑦] 与刘晓梅的《论赵佶词与道教文化之关系》[⑧] 两文分别讨论了柳永与赵佶词作与道教文化的关系，余康的《〈孔雀东南飞〉中的道教因素》[⑨] 与张丽荣的《〈红楼梦〉中的道教文化内涵》[⑩] 两文分别考察了《孔雀东南飞》与《红楼梦》中的道教意蕴；均具有一定学术价值。

在道教音乐研究方面，韩伟的《〈太平经〉乐论思想疏考》[⑪] 认为《太平经》构建了相对完整的以“太平气”为本源的音乐本体论框架，确立了以世俗“喜乐”为旨归的价值论系统，同时将乐论思想与文论思想结合统一起来，具有重要美学价值。张培锋、曹磊合撰的《梵呗起源于道教考论》[⑫] 提出“梵呗”完全起源于中国、与道教关系密切的观点，具有一定的学术突破性。蒲亨强、陈文安合撰的《唐五代的道教仪式音乐》[⑬] 与蒲亨强的《南宋〈无上黄箓大斋立成仪〉音乐资料研究》[⑭] 认为唐五代道教仪式音乐开始进入社会，与世俗音乐交叉影响，但以继承传统道乐为主，南宋以来斋仪音乐在较好保留古法基础上，更加注重世俗性的人情味、信仰说服力和观赏性，反映了道教仪式音乐的因成

---

① 姜守诚、李海龙：《台湾地区南部灵宝道派的引魂过桥仪式》，《世界宗教文化》2016 年第 2 期。
② 姜守诚：《台南灵宝道派的开通冥路科仪》，《宗教学研究》2016 年第 3 期。
③ 姜生：《汉代天厨贻食信仰与道教施食炼度科仪之起源》，《中国道教》2016 年第 1 期。
④ 忻丽丽：《道教“抟颊”仪式考证》，《宗教学研究》2016 年第 3 期。
⑤ 苟波：《对“游历仙境”神话和早期仙传故事的“神话—原型批评”研究》，《宗教学研究》2016 年第 4 期。
⑥ 罗争鸣：《关于早期全真道诗词研究的若干问题》，《宗教学研究》2016 年第 1 期。
⑦ 刘方：《柳永游仙词与北宋真宗时期道教文化》，《宗教学研究》2016 年第 2 期。
⑧ 刘晓梅：《论赵佶词与道教文化之关系》，《绥化学院学报》2016 年第 11 期。
⑨ 余康：《〈孔雀东南飞〉中的道教因素》，《史林》2016 年第 2 期。
⑩ 张丽荣：《〈红楼梦〉中的道教文化内涵》，《哈尔滨师范大学社会科学学报》2016 年第 3 期。
⑪ 韩伟：《〈太平经〉乐论思想疏考》，《宗教学研究》2016 年第 4 期。
⑫ 张培锋、曹磊：《梵呗起源于道教考论》，《宗教学研究》2016 年第 3 期。
⑬ 蒲亨强、陈文安：《唐五代的道教仪式音乐》，《艺术百家》2016 年第 4 期。
⑭ 蒲亨强：《南宋〈无上黄箓大斋立成仪〉音乐资料研究》，《音乐探索》2016 年第 3 期。

变化。此外，徐文静、纳光舜合撰的《道教对贵州傩坛戏的影响》① 与王佳的《道情戏——道教与民间艺术的完美融合》② 两文分别考察了道教对贵州傩戏的影响及道情戏的艺术特征，高菲菲的《泰州道乐的文化特征》③ 讨论了泰州道乐的文化特征，均做出一定学术贡献。

与此同时，申喜萍的《赵孟頫“道教人物画”述略》④、沈路的《至道与至美：魏晋“清玄”书风与道教美学实践》⑤、李黎鹤的《水陆画中的雷神研究》⑥、林超慧的《澳门道教建筑：多元化的审美特征》⑦、许宜兰的《道教服饰的文化内涵》⑧、周作明的《早期道教日月崇拜的用语表达》⑨ 等论文从道教绘画、道教书法、道教建筑、道教服食、道教语用等角度来分析道教艺术文化，丰富和深化了道教艺术文化之研究，具有一定学术意义。

在学术著作出版方面，2016 年 1 月，光明日报出版社出版了江西宜春学院音乐舞蹈学院黄剑敏博士的《明清以来江西道教与地方音乐文化研究：以宜春、南昌、鹰潭为中心》一书，该书主要从弋阳腔、青阳腔、目连戏、赣剧、民间舞蹈、民间器乐、民歌和说唱音乐等多个方面考察了江西道教与地方音乐文化的关系，认为明中后期以后，官方道教式微，民间道教空前发展，民间音乐文化也兴盛起来，江西道教与地方音乐文化之间具有相互融合和相互影响的关系。7 月，四川教育出版社出版了四川师范大学美术学院李俊涛副教授的《道教图像艺术的意象与思想研究》一书，采用西方所盛行的图像学、符号学、心理学等方法，主要考察了道教符箓图像、咒语图像、灵图、法印图像、神真图像等图像艺术内容，以图建立现代道教图像学理论，认为道教是将图像应用于宗教实践的集大成者，其运用独特图像符号系统，将存神、内炼功法和传统医学养生方式紧密结合，集中反映了先秦老庄思想的生命哲学，具有重要的人文价值和现代意义。同年 12 月，社会科学文献出版社出版了中国社会科学院世界宗教研究所王卡研究员与汪桂平研究员合编的《洞经乐仪与神马图像》，主要探讨了洞经与神马的含义、来源及现状等云南民间俗祀现象，从宗教社会学的视角考察这两项民俗文化在当代中国民众生活和礼仪中的实际作用，从宗教文献学的视角探索民间仪式所用经书抄本和音像的历史渊源，并与现存道教典籍中的经书、科仪进行了比较分析，是近年来中国民间道教暨村社信仰仪式活动的田野调查与学术研究的重要成果，做出重要学术贡献。

（七）道教与社会关系研究

在道教与社会之间的关系之研究方面，杨玉辉的《道教文化在当代社会的基本价

① 徐文静、纳光舜：《道教对贵州傩坛戏的影响》，《中国道教》2016 年第 1 期。
② 王佳：《道情戏——道教与民间艺术的完美融合》，《中国宗教》2016 年第 2 期。
③ 高菲菲：《泰州道乐的文化特征》，《中国道教》2016 年第 4 期。
④ 申喜萍：《赵孟頫“道教人物画”述略》，《宗教学研究》2016 年第 1 期。
⑤ 沈路：《至道与至美：魏晋“清玄”书风与道教美学实践》，《宗教学研究》2016 年第 4 期。
⑥ 李黎鹤：《水陆画中的雷神研究》，《中华文化论坛》2016 年第 9 期。
⑦ 林超慧：《澳门道教建筑：多元化的审美特征》，《中国宗教》2016 年第 9 期。
⑧ 许宜兰：《道教服饰的文化内涵》，《中国宗教》2016 年第 8 期。
⑨ 周作明：《早期道教日月崇拜的用语表达》，《中国道教》2016 年第 4 期。

值》[①] 认为作为中国唯一的本土宗教，道教的哲学智慧、文化传承、精神充实、生死安顿、养生保健、环境保护等方面的价值在21世纪的今天仍有其意义和价值。汤云飞的《道家生态伦理观对现代企业的启示》[②]、胡泽恒的《道教的经济观及其现实意义》[③] 两文分析了道家道教在当今社会经济领域的启发意义，谢清果的《道教的当代传播问题及其对策》[④]、姜子策的《道教界的“互联互通”——转型中的道教互联网建设与新媒体发展》[⑤] 两文从传播学角度考察了道教在当今社会的弘道传教问题；均在相关研究领域做出一定贡献。此外，当代学者型道士更为关注道教在当代社会的弘扬与发展，如丁常云的《道教践行社会主义核心价值观的责任与使命》[⑥]、陆文荣的《“以天下观天下”：守望“玄同”世界的到来》[⑦]、孟至岭的《道教“少私寡欲”理念的现代启示》[⑧]、张诚达的《全真精髓与时代精神》[⑨] 等文章从不同角度谈论道教在当代社会的作用和价值，均具有一定学术价值。

在专著出版方面，2016年3月，巴蜀书社出版了中国人民大学历史学院寇凤凯博士的《明代道教文化与社会生活》一书，该书主要考察了明代道教文化与统治阶层、士人阶层、社会民众的社会生活之间的关系，认为明代道教发展的真实状况是道教的生活化，明代道教是一种生活道教。该著在明代道教研究方面做出重要贡献。5月，宗教文化出版社出版了温州大学人文学院韩雷副教授的《道教与节日》一书，该书主要从民俗学视角考察道教节日在民间社会的演变，尤其关注作为非物质文化遗产的道教色彩民俗节日在当今社会所具有的文化作用和社会功能，具有一定学术意义。

（八）道教与少数民族宗教关系研究

在道教与少数民族宗教的关系研究方面，聂森的《“瑶传道教”的仪式功能及其象征意义——基于贵州东南部过山瑶村寨的田野调查》[⑩] 基于黔东南田野调查资料，通过“瑶传道教”的仪式功能及其象征意义之考察以审视瑶族乡民在社会变迁和文化调适中的角色演变和心理期望；张悦、张泽洪合撰的《瑶族游梅山书的宗教叙事与族群记忆》[⑪] 基于九种游梅山文书的比较研究以解读瑶族游梅山书宗教叙事与族群记忆的文化内涵，两文在瑶传道教的研究方面做出一定贡献。周建新、侯曙光合撰的《土家族地区的民间巫术道

---

① 杨玉辉：《道教文化在当代社会的基本价值》，《中国宗教》2016年第9期。

② 汤云飞：《道家生态伦理观对现代企业的启示》，《中国道教》2016年第3期。

③ 胡泽恒：《道教的经济观及其现实意义》，《中国宗教》2016年第3期。

④ 谢清果：《道教的当代传播问题及其对策》，《中国道教》2016年第5期。

⑤ 姜子策：《道教界的“互联互通”——转型中的道教互联网建设与新媒体发展》，《中国道教》2016年第5期。

⑥ 丁常云：《道教践行社会主义核心价值观的责任与使命》，《中国道教》2016年第1期。

⑦ 陆文荣：《“以天下观天下”：守望“玄同”世界的到来》，《中国道教》2016年第5期。

⑧ 孟至岭：《道教“少私寡欲”理念的现代启示》，《中国宗教》2016年第7期。

⑨ 张诚达：《全真精髓与时代精神》，《中国宗教》2016年第12期。

⑩ 聂森：《“瑶传道教”的仪式功能及其象征意义——基于贵州东南部过山瑶村寨的田野调查》，《宗教学研究》2016年第4期。

⑪ 张悦、张泽洪：《瑶族游梅山书的宗教叙事与族群记忆》，《世界宗教研究》2016年第1期。

教化研究——以湖北恩施东桩村为例》[①] 基于鄂西土家族地区的田野考察，通过土家族民间巫术吸收道教仪式的现象讨论了社会经济发展进程中民族间的文化交流与融合。此外，张剑波、萧霁虹合撰的《昆明关上撒梅人财神信仰》[②]、王天鹏的《道教闾山派与客家祖先崇拜亦畲亦汉混融特质》[③]、梅莉的《清代中晚期满族精英日常生活与道教——以顾太清、奕绘夫妇为中心》[④] 三文从不同角度分别考察了彝族、畲族与满族宗教信仰与道教的关系，在相关领域做出一定学术贡献。

（九）海外道教研究

在道教与日本的关系研究方面，孙亦平的《论日本神道教对道教的借鉴与吸收——以吉田神道为例》[⑤] 主要从本体论、生命观、斋醮符咒等角度考察日本吉田神道教对中国道教的借鉴与吸收；孙亦平的《“日本的道教”抑或“道教在日本”——百年来有关道教在日本研究的回顾与反思》[⑥] 通过梳理魏晋唐宋时期道教在日本的传播，反观近百年来日本学者关于道教在日本的研究成果，提出用“道教在日本”的概念来描述和指称道教在日本的传播，推动了日本与道教研究的深入。此外，梁桂熟、杨乔君合撰的《试论中国道教对现代日本社会的影响——以星辰信仰为中心》[⑦] 通过道教星辰信仰中的六曜信仰、本命星信仰在当今日本社会的流行来审视道教对日本的影响，管宁的《日本天皇“四方拜”与中国古代北斗信仰、道教科仪》[⑧] 则探讨了日本天皇“四方拜”与中国古代占星术和道教北斗延命术的关系，均具有一定学术意义。

在道教与韩国之关系的研究方面，孙亦平的《古代东亚文化中一个值得关注的现象——论中国道教对新罗花郎道的影响》[⑨] 认为道教的老庄思想、神仙信仰、特异道术构成了新罗花郎道的精神内核，道教与花郎道的融合对新罗统一朝鲜半岛产生一定影响。黄勇的《韩国古代道观太清观》[⑩] 考述了韩国太清宫的历史沿革，分析了其宗教功能和性质；黄勇的《中韩道教交流方式与特点研究》[⑪] 一文则考察了中韩道教官方与民间两种交

① 周建新、侯曙光：《土家族地区的民间巫术道教化研究——以湖北恩施东桩村为例》，《青海民族大学学报（社会科学版）》2016 年第 1 期。

② 张剑波、萧霁虹：《昆明关上撒梅人财神信仰》，《弘道》2016 年第 1 期。

③ 王天鹏：《道教闾山派与客家祖先崇拜亦畲亦汉混融特质》，《云南民族大学学报（哲学社会科学版）》2016 年第 5 期。

④ 梅莉：《清代中晚期满族精英日常生活与道教——以顾太清、奕绘夫妇为中心》，《江汉论坛》2016 年第 6 期。

⑤ 孙亦平：《论日本神道教对道教的借鉴与吸收——以吉田神道为例》，《华中师范大学学报（人文社会科学版）》2016 年第 4 期。

⑥ 孙亦平：《“日本的道教”抑或“道教在日本”——百年来有关道教在日本研究的回顾与反思》，《世界宗教研究》2016 年第 6 期。

⑦ 梁桂熟、杨乔君：《试论中国道教对现代日本社会的影响——以星辰信仰为中心》，《牡丹江大学学报》2016 年第 11 期。

⑧ 管宁：《日本天皇“四方拜”与中国古代北斗信仰、道教科仪》，《日本研究》2016 年第 3 期。

⑨ 孙亦平：《古代东亚文化中一个值得关注的现象——论中国道教对新罗花郎道的影响》，《延边大学学报（社会科学版）》2016 年第 6 期。

⑩ 黄勇：《韩国古代道观太清观》，《中国道教》2016 年第 6 期。

⑪ 黄勇：《中韩道教交流方式与特点研究》，《四川大学学报（哲学社会科学版）》2016 年第 2 期。

流方式及其特点，认为道教单向地由中国传入韩国后，尽管并未发展成制度化宗教，但对韩国文化产生了深远影响。

此外，宇汝松的《论道教风水观念对越南社会的影响》[①] 论述了道教风水观念对越南不同时期不同人群的影响，蔡觉敏的《道家道教的西方大众接受——以美国为例》[②] 与田烨的《略论道教海外传播中的本土化》[③] 两文则从传播学的角度探究了道教在东亚、东南亚、欧美的传播特征，尤其强调华侨华人在其中发挥的作用，均做出一定学术贡献。

在学术专著方面，2016 年 6 月，南京大学出版了南京大学哲学系·宗教学系孙亦平教授的《道教在韩国》《道教在日本》，这两部著作是孙亦平《东亚道教研究》的丰富和深化，分别考述了道教初传韩国和日本的时代、方式，缕述了不同时期道教在韩国和日本的传播与发展状况，分析了道教与韩国、日本本土宗教的关系，具有重要学术价值。此外，9 月，作为“道教学译丛”之一种，齐鲁书社还出版了由孙亦平教授校注、朝鲜李朝末期学者李能和辑述的《朝鲜道教史》，该书从神灵信仰、道家哲学、道教教义、斋醮科仪、道教宫观、修炼道术、风水图谶、星斗崇拜等方面展示了朝鲜道教所包含的丰富内容，也说明了朝鲜社会政治文化对道教传播的作用，一方面有助于我们更好地认识和理解道教对朝鲜半岛的影响暨中朝两国的历史文化渊源，另一方面也有助于我们更好地了解朝鲜知识分子在应对西学方面的文化努力。

（十）儒释道三教比较研究

在儒释道三教比较研究方面，王皓月的《佛经三分结构及其对道教〈灵宝经〉的影响》[④] 认为东晋高僧道安提出佛经具有的序分、正宗分、流通分的三分结构及基于此而建立的佛教科判对道教《灵宝经》的文章结构产生影响，也对此后道经的创作及道经之注疏发生作用。丁嘉烁的《试比较隋唐之际佛教、道教的静坐法及相关病理学说——以〈童蒙止观〉和〈千金方〉为例》[⑤] 从目的与手段等方面比较了佛教天台宗智顗的《童蒙止观》与道教孙思邈的《千金方》在静坐法方面的异同。盖建民的《白玉蟾金丹派南宗与朱熹理学关系新考》[⑥] 通过细致梳理道教文献、笔记史料和田野考察新材料，认为南宋道教代表人物白玉蟾与儒家理学代表人物朱熹并无直接交往，但二人在思想方面多有互动和汇通。韩焕忠的《直指本心通南华——云溪俍亭〈漆园指通〉浅析》[⑦] 较为翔实地考辨了云溪俍亭《漆园指通》一书的主要内容，认为明末清初禅僧俍亭净挺以禅宗公案汇通《庄子》，从而使《庄子》成为“见性成佛”的宝典。

在学术著作方面，2016 年 4 月，人民出版社出版了中国石油大学文学院潘俊杰副教授的《秦汉学术转型与中国佛道教的兴起——兼论对当代文化建构的价值》一书，该书认为两汉文化与社会潜在的危机为佛教的传入、道教的兴起提供了历史的机遇，儒、佛、

---

① 宇汝松：《论道教风水观念对越南社会的影响》，《宗教学研究》2016 年第 2 期。

② 蔡觉敏：《道家道教的西方大众接受——以美国为例》，《阜阳师范学院学报（社会科学版）》2016 年第 2 期。

③ 田烨：《略论道教海外传播中的本土化》，《北方论丛》2016 年第 4 期。

④ 王皓月：《佛经三分结构及其对道教〈灵宝经〉的影响》，《世界宗教研究》2016 年第 5 期。

⑤ 丁嘉烁：《试比较隋唐之际佛教、道教的静坐法及相关病理学说——以〈童蒙止观〉和〈千金方〉为例》，《世界宗教文化》2016 年第 6 期。

⑥ 盖建民：《白玉蟾金丹派南宗与朱熹理学关系新考》，《湖北大学学报（哲学社会科学版）》2016 年第 2 期。

⑦ 韩焕忠：《直指本心通南华——云溪俍亭〈漆园指通〉浅析》，《弘道》2016 年第 3 期。

道早期错综复杂的关系演变重构了中国文化的形态。佛教、道教兴起的历史经验教训对当代中国社会转型之下文化的建构与复兴，具有积极的意义和价值。该著在早期儒释道碰撞与融合之研究领域做出重要贡献，其所探究的佛教、道教兴起之历史经验教训对当代中国也具有重要启发和借鉴意义。

（十一）中国民间信仰与民间宗教研究

中国民间信仰与民间宗教在中华文化的整体结构中具有特殊的地位，不仅代表了中华民族底层民众的信仰心理和宗教情感，而且也深刻影响了中国社会的政治形态和经济生活，参与塑造了独具特色的地域文化和民俗风情，发挥广泛而深刻的社会作用和文化功能，具有十分重要的研究价值和现实意义。总体而言，2016 年度中国民间信仰与民间宗教研究取得重要进展。

在宝卷研究方面，程瑶的《河西民间宗教宝卷的叙事体制》[①] 从袭古式的命名、写实式的序言和韵散相间的文体形式等三个方面对河西民间宗教宝卷的叙事体制予以考察，以此尝试性探究河西宝卷的起源；程国君的《论丝路河西宝卷的文化形态、文体特征与文化价值》[②] 认为河西宝卷呈现了中国文化儒释道合一的文化形态，具有叙事性、叙事的程式化及文化构成形式的综合性等三个特征，具有重要文化价值；商文娇的《民间信仰的流变和文化融合——以河湟宝卷与嘛呢经为例》[③] 通过河湟宝卷与嘛呢经的比较研究，认为内地宝卷传入青海后，与当地藏传佛教发生交集，河湟宝卷与嘛呢经之间具有密切关系，体现了汉藏双重信仰的文化特征；哈建军的《河西宝卷中生存智慧和民间生态的建构与传播》[④] 通过分析河西宝卷中的因果报应、求善免灾、天佑人权等思想与劝人为善的理念，认为其体现了下层民众自发组织、自行教育的传承习俗和自我维系、延传的生存智慧；李亚棋的《河西宝卷的保护与传承》[⑤] 则探究了保护和传承河西宝卷的重要性和具体措施。以上诸文从不同方面考察和探究河西宝卷的内容和价值，推动了河西宝卷研究的深入，均具有一定学术价值。此外，陈泳超的《朱炳国先生新收民国时期洛社宝卷考述》[⑥] 介绍了常州朱炳国先生收藏的具有重要文献价值和学术意义，代表了民国时期常州、无锡地区宝卷流通本之概貌的洛社宝卷，孙英芳的《论中国民间宝卷中的道德规劝》[⑦] 探究了中国民间宝卷中道德规劝的特征、起因与作用，车锡伦的《什么是宝卷——中国宝卷的历史发展和在“非遗”中的定位》[⑧] 在界定“宝卷”的基础上，评述了当代宝卷与宣卷活动在“非遗”中的定位与发掘、保护等议题，陈安梅、董国炎的《中日宝卷研究历史状况及启迪》[⑨]《日本研究中国宝卷的进程与启迪》[⑩] 两篇论文则大致回顾和总结了中日

① 程瑶：《河西民间宗教宝卷的叙事体制》，《宗教学研究》2016 年第 2 期。
② 程国君：《论丝路河西宝卷的文化形态、文体特征与文化价值》，《甘肃社会科学》2016 年第 2 期。
③ 商文娇：《民间信仰的流变和文化融合——以河湟宝卷与嘛呢经为例》，《青海社会科学》2016 年第 5 期。
④ 哈建军：《河西宝卷中生存智慧和民间生态的建构与传播》，《宁夏师范学院学报》2016 年第 1 期。
⑤ 李亚棋：《河西宝卷的保护与传承》，《温州大学学报（社会科学版）》2016 年第 6 期。
⑥ 陈泳超：《朱炳国先生新收民国时期洛社宝卷考述》，《文化遗产》2016 年第 1 期。
⑦ 孙英芳：《论中国民间宝卷中的道德规劝》，《内蒙古师范大学学报（哲学社会科学版）》2016 年第 4 期。
⑧ 车锡伦：《什么是宝卷——中国宝卷的历史发展和在“非遗”中的定位》，《民族艺术》2016 年第 3 期。
⑨ 陈安梅、董国炎：《中日宝卷研究历史状况及启迪》，《四川大学学报（哲学社会科学版）》2016 年第 2 期。
⑩ 陈安梅、董国炎：《日本研究中国宝卷的进程与启迪》，《图书馆杂志》2016 年第 9 期。

两国学者研究宝卷的历程及其学术经验；上述诸文均具有一定学术价值和意义。

在民间宗教之教派研究方面，李志鸿的《罗祖教：禅宗民间宗教化的典型案例》① 基于赣南闽西罗祖教的传教活动之个案研究，通过考察罗祖教教义、仪式、宗谱等，认为罗祖教乃是佛教禅宗的民间宗教化。惟善的《赣南罗祖教神仙谱系的初步考察》② 则更为细致地通过赣南罗祖教神祇图像的考察，认为通俗文学作品、戏剧及木版年画等艺术形式对民间宗教的神祇创造和形象塑造起到了重要作用。田雨的《罗教教义思想及其影响下明清民间宗教的异化》③、高孝书的《罗教经书明朝刻本：见证历史变迁与文化交流的碰撞》④ 两文则分别考察了罗祖教教义思想在明清民间宗教中的异化现象与明代罗教经书所反映的历史现象与文化意义。以上诸文丰富和深化了罗祖教的研究，具有一定学术价值。此外，阴亚龙、孙丽丹、李丽娟合撰的《直隶、山东交界地带的八卦教研究》⑤ 主要介绍了活跃于华北平原的八卦教在清中后期及民国时期的历史发展状况，评述其不同时期的活动特点与原因；俞黎媛、陈松青合撰的《莆田金幢教现状初探》⑥ 与俞黎媛的《莆田先天教现状初探》⑦ 分别介绍了莆田金幢教和先天教的历史沿革，重点从佛堂、支派、信徒、仪式等方面描述其现状，并分析其遇到的困难及解决的方案；均推动了中国民间宗教研究的深入，具有一定学术意义。

在女神研究方面，贺璋說、蔡彭冲合撰的《广府民间信仰中的女神信仰探略》⑧ 缕述了自先秦至明清广府女神信仰的历史源流，统计了地方志中所见广府慈航圣母、鲍姑、何仙姑、黄道姑等主要女神的情况，并分析这些女神的职能与作用，认为包括女神在内的民间信仰在当今社会仍发挥重要功能，具有不可低估的社会作用。该文在华南女神研究暨华南民间信仰研究方面做出重要贡献。肖海明的《宋元明清肖像式妈祖图像的综合考察》⑨、莫莹萍的《明清时期处州地区妈祖信仰的传播及其演变考》⑩ 及李俊领、甘大明合撰的《清代妈祖封号附会碧霞元君问题新探》⑪ 三文从不同角度考察了妈祖信仰在不同历史时期的面貌；张晓艺、李向平合撰的《信仰认同及其“信仰半径”的建构——基于津、闽、粤三地妈祖信仰的比较研究》⑫ 与赵秀丽、王靖合撰的《民间信仰的现代性遭遇——以即墨金口妈祖信仰为中心的考察》⑬ 则主要基于区域视角来探究妈祖信仰在不同地域的不同

---

① 李志鸿：《罗祖教：禅宗民间宗教化的典型案例》，《云南师范大学（哲学社会科学版）》2016 年第 1 期。

② 惟善：《赣南罗祖教神仙谱系的初步考察》，《宗教学研究》2016 年第 3 期。

③ 田雨：《罗教教义思想及其影响下明清民间宗教的异化》，《兰台世界》2016 年第 2 期。

④ 高孝书：《罗教经书明朝刻本：见证历史变迁与文化交流的碰撞》，《档案时空》2016 年第 5 期。

⑤ 阴亚龙、孙丽丹、李丽娟：《直隶、山东交界地带的八卦教研究》，《赤峰学院学报（汉文哲学社会科学版）》2016 年第 7 期。

⑥ 俞黎媛、陈松青：《莆田金幢教现状初探》，《宗教学研究》2016 年第 1 期。

⑦ 俞黎媛：《莆田先天教现状初探》，《世界宗教研究》2016 年第 2 期。

⑧ 贺璋說、蔡彭冲：《广府民间信仰中的女神信仰探略》，《世界宗教研究》2016 年第 4 期。

⑨ 肖海明：《宋元明清肖像式妈祖图像的综合考察》，《世界宗教研究》2016 年第 5 期。

⑩ 莫莹萍：《明清时期处州地区妈祖信仰的传播及其演变考》，《丽水学院学报》2016 年第 4 期。

⑪ 李俊领、甘大明：《清代妈祖封号附会碧霞元君问题新探》，《世界宗教研究》2016 年第 2 期。

⑫ 张晓艺、李向平：《信仰认同及其“信仰半径”的建构——基于津、闽、粤三地妈祖信仰的比较研究》，《东南学术》2016 年第 6 期。

⑬ 赵秀丽、王靖：《民间信仰的现代性遭遇——以即墨金口妈祖信仰为中心的考察》，《山东农业工程学院学报》2016 年第 1 期。

特点与面貌；侯杰、王凤合撰的《视觉文化·妈祖信仰·社会性别——以中国传统木版年画为中心》① 则主要基于天津杨柳青年画中的妈祖形象，探究妈祖信仰传播的媒介作用，同时对于年画传承传统文化的作用与价值予以肯定。这一组妈祖信仰主题的论文从不同角度予以论述，无疑丰富和加深了妈祖信仰的学术研究，具有一定学术价值。此外，基于宗教人类学的田野考察，陈秋的《女神信仰民俗和转型社区生活共同体重塑——以温州S村为例》②、伦玉敏的《花山女神信仰的复苏与变迁——湖南江永县花山庙的人类学考察报告》③ 与胡晓容、郑衡泌合撰的《根植与传承：现代家庭中的民间信仰神圣空间——以福州市临水夫人信仰为例》④ 三文分别探究了温州S村的女神信仰民俗与社区生活转型的关系、江永花山女神信仰在现代社会的复苏与变迁暨福州临水夫人信仰在现代家庭生活中所扮演的角色，均丰富和加深了中国民间信仰中女神崇拜的研究，具有一定学术价值。

在民间信仰管理方面，马西沙的《清代康、雍、乾三朝对民间宗教的政策及其后果》⑤ 依据相关清史文献资料考述了康熙、雍正、乾隆三朝对民间宗教的管理政策，并分析其所带来的后果，认为至乾隆中后期，清王朝即将迎来大乱局面，民间宗教在大变革来临之际也将迎来新的挑战和机遇。姜裕富的《私人性与公共性：民间信仰管理法治化的一个分析框架》⑥ 则基于现代社会管理之视角，认为组织化的民间信仰改变乡村社会的力量结构，民间信仰法制化管理势在必行，寻求民间信仰私人性与公共性的均衡点，加强乡村建设，是构建民间信仰管理法治化的社会基础。

此外，范正义的《企业家与民间信仰的“标准化”——以闽南地区为例》⑦ 基于闽南地区企业家进入民间宫庙管理的现象之考察，认为企业家“士绅化”及当前国家政治生态环境，导致了“神明标准化”现象的重演，这是当前闽南民间信仰在转型中趋同的重要原因；濮文起、梁家贵合撰的《挽劫救世：中国民间宗教的社会关怀》⑧ 基于中国民间宗教强烈社会关怀的特征，分析了“挽劫”与“救世”在民众的信仰运动与反封建运动中所扮演的角色；均做出一定学术贡献。张志刚的《中国民间信仰研究的“他山之石”——以欧大年的理论探索为例》⑨ 基于欧大年的理论探索，考究了如何看待中国本土的民间信仰与民间宗教，认为国际视野下的新理论和新方法可以作为“他山之石”，值得重视和借鉴。该文在研究中国民间信仰与民间宗教之方法论方面进行了有益的探讨，具有

---

① 侯杰、王凤：《视觉文化·妈祖信仰·社会性别——以中国传统木版年画为中心》，《宗教学研究》2016年第2期。

② 陈秋：《女神信仰民俗和转型社区生活共同体重塑——以温州S村为例》，《中央民族大学学报（哲学社会科学版）》2016年第1期。

③ 伦玉敏：《花山女神信仰的复苏与变迁——湖南江永县花山庙的人类学考察报告》，《地方文化研究》2016年第3期。

④ 胡晓容、郑衡泌：《根植与传承：现代家庭中的民间信仰神圣空间——以福州市临水夫人信仰为例》，《世界宗教研究》2016年第6期。

⑤ 马西沙：《清代康、雍、乾三朝对民间宗教的政策及其后果》，《世界宗教研究》2016年第5期。

⑥ 姜裕富：《私人性与公共性：民间信仰管理法治化的一个分析框架》，《世界宗教文化》2016年第1期。

⑦ 范正义：《企业家与民间信仰的“标准化”——以闽南地区为例》，《世界宗教研究》2016年第5期。

⑧ 濮文起、梁家贵：《挽劫救世：中国民间宗教的社会关怀》，《宗教学研究》2016年第1期。

⑨ 张志刚：《中国民间信仰研究的“他山之石”——以欧大年的理论探索为例》，《世界宗教文化》2016年第5期。

一定学术意义。尤其值得一提的，王卡的《中国本土宗教的虚神信仰》[①] 不但探讨和总结了中国本土宗教中存在的虚神信仰，而且较为明确地就“中国本土宗教”予以内涵和外延方面的界定，在某种意义上体现了中国本土宗教研究的成熟及中国本土宗教理论研究本位主义的崛起，具有重要的学术意义。

在学术专著出版方面，2016 年 3 月，中国社会科学出版社出版了暨南大学考古与文化研究所王元林教授的《国家正祀与地方民间信仰互动研究——宋以后海洋神灵的地域分布与社会空间》一书，该书以中国海洋神灵为研究对象，以宋代以降国家正祀与民间信仰的互动关系为主旨，以国家信仰逐渐被地方祠神信仰接受、沿海不同地域祠神信仰的“国家化”与“儒家化”为线索，探讨国家不同层次正祀系统与民间信仰系统的互动关系。该书是第一部完整意义上海洋神灵的历史地理著作，不仅开拓了礼仪文化的研究内容，而且拓展了海洋文化的地域空间，同时探究了海洋神灵在国家政权建设、地方社会安定的作用，揭示国家的法律对淫祀的管制的实质，具有重要学术意义。

2016 年 4 月，广西师范大学出版社出版了北京交通大学建筑与艺术学院讲师耿涵博士《中国民间造神——内丘神码与民间信仰实践》一书，该书以流行于河北内丘县的非物质文化遗产民间木刻纸印神像画“纸马”为研究对象，一方面通过分析其图像以考证该神祇的原型和信仰史，另一方面基于田野调查资料，考察“纸马”信仰产生的社会生活和宗教文化环境，探究了民间造神的重要特征，有助于学界相关研究，具有一定学术价值。

三　总结

回顾 2016 年度道教与中国民间宗教研究，国内不少高校与社科研究单位联袂道教界、实业界、政界暨海外相关学术团体组织了数十场规模不等的学术会议，取得可喜成绩，相关学术期刊和出版社发表、出版了较高学术质量的论著，获得重要进展。总体而言，2016 年度道教与中国民间宗教研究成绩斐然，成果显著，主要表现在如下五个方面：

（一）在质量与数量方面，2016 年度道教与中国民间宗教研究学术论文之发表和学术专著之出版均创新高，比较突出的领域如道教经典整理与研究、道教宗派史研究、道教艺术研究、中国民间信仰研究等方面，均取得重要成果，推动了相关领域的学术研究。

（二）在理论创新和突破方面，随着“首届中国本土宗教研究论坛”的成功举行暨《中国本土宗教研究》的创刊，中国本土宗教研究文化本位主义宣告诞生，具有中国特色的宗教学理论日渐成熟，中国本土文化的现代化发展及其学术研究将迎来崭新的面貌。

（三）在研究方法方面，更加注重交叉学科研究与田野考察暨地下文献的重要性，如姜生的《汉帝国的遗产——汉鬼考》，姜守诚的《出土文献与早期道教》，刘芳的《道教与唐代科技》，黄剑敏的《明清以来江西道教与地方音乐文化研究：以宜春、南昌、鹰潭为中心》，王卡、汪桂平合编的《洞经乐仪与神马图像》，王元林的《国家正祀与地方民间信仰互动研究——宋以后海洋神灵的地域分布与社会空间》等论著均在此方面做出突出贡献，具有重要学术价值。

（四）在研究单位方面，除了传统的高校院系所、社科系统暨社会性学术团体的表现

---

① 王卡：《中国本土宗教的虚神信仰》，《世界宗教研究》2016 年第 5 期。

活跃之外，新成立了“道教与术数学研究中心”“华夏老子学研究联合会”“全真道研究中心”等学术机构，在整合学术资源、开辟学术领地、创建学术新苑等方面均具有重要意义，其学术影响和效果将在不久的将来得以彰显。

（五）在学术研究群体方面，除了很多学术名家发表较高质量成果之外，不少学术新秀也崭露头角，在新材料运用、新方法尝试、新观点探讨等方面，均做出一定贡献。此外，道教界学术力量逐渐壮大，不少学术型道士撰写的学术论文均达到一定学术水准，表明道士群体整体学术素养的提高及道教界自身学术研究的成熟和发展。

2016年度基督宗教研究学科发展综述

王　梓

2016年大陆学界在基督宗教研究上的发展呈现出较为平稳的态势。2016年度讨论的热点主要围绕着“基督教中国化”这一主题展开，与之相关的中国基督教史研究、中国基督教现状研究以及基督教与社会文化关系研究等吸引了越来越多的学者，研究成果在数量和质量上都有显著的提高。而基督教思想史与基督教经典研究和过去几年相比并没有太大的突破。在基督教思想史研究方面，借助近年来国内学界掀起的古典学研究热潮，学者们更加偏重对原始基督教和早期教父思想的研究；在基督教经典研究方面，对国外注经书系列和圣经学研究的引介则略有增长。

一、学术会议

2016年举行了多场与基督宗教研究相关的学术研讨会，这些学术研讨会主要围绕着基督教中国化这一议题展开。特别值得一提的是，全国各地区的基督教两会积极寻求与各大学研究机构基督教领域的专家学者合作，共同主办了一系列以地方教会为依托的基督教中国化研讨会，这不仅加深了教界与学界的合作，同时也为当地信徒更好地理解和推动中国化提供了助力。例如，8月5—6日，由安徽省基督教两会主办的“黄山论坛——基督教中国化理论思考与实践探索研讨会”在黄山举行，8月12日，广州市基督教两会、广州市基督教历史文化中心联合主办的“基督教中国化研讨会”在广州举行。北京大学宗教文化研究院、中国社会科学院基督教研究中心等为这两次论坛提供了学术支持。多所大学的基督教领域专家学者与教牧人员一起，学习习近平总书记在全国宗教工作会议上的讲话精神；梳理基督教中国化的内涵；回顾基督教中国化的历史传统；并共同探讨推进基督教中国化，以及基督教与中国社会文化构建的关系。8月16—17日，由江苏省基督教两会和江苏神学院联合主办的第三届“基督教中国化”神学研讨会在南京举行，会议围绕伦理建设、神学教育、抵御异端邪说、教会经验与中国神学建设等方面进行了探讨。

2016年还举行了一系列讨论基督宗教与中国社会关系的学术会议，为基督教更好地融入中国当代社会文化的建设提供了积极而深入的思考。例如，11月22—23日，由中国人民大学基督教文化研究所、香港原道交流学会和河北信德文化学会联合举办的第六届“基督教在当代中国的社会作用及其影响”研究会在中国人民大学举行，海内外70余位政界、学界和教界人士出席会议。11月24日，由中国社会科学院世界宗教研究所、北京市基督教两会、中国宗教学会、中国社会科学院基督教研究中心主办的“基督教中国化与中华民族命运共同体的建设”高层论坛在北京召开，有100余位来自海内外的知名学者和宗教团体的代表等参加了会议。

此外，2016 年度针对不同的基督宗教研究专题开展了一系列讲座和研讨会，例如，5 月 13—15 日在杭州举行的由浙江大学哲学系主办的“教父哲学学术论坛”；11 月 26—27 日在上海举行的由上海大学文学院历史系、山东大学犹太教与跨宗教研究中心、山东大学饶宗颐宗教与文化研究所联合主办的“第二届希伯来圣经研讨会”等。

二、学术论文与出版著作

2016 年出版的学术著作和发表的论文，和过去几年相比，在数量上基本持平；在研究重点上，则紧紧围绕中国化议题展开。这主要表现在基督宗教思想史研究、中国基督教研究（包括中国基督教史和基督教与当代社会关系研究）以及基督教经典研究三个方面。

（一）基督宗教思想史研究

2016 年出版的基督宗教思想史研究方面的著作并不多，但所涉及的范围非常广泛。从早期基督教（如《早期基督教与希腊教化》，耶格尔著，吴晓群译，上海三联书店，2016 年 3 月）到近现代基督教史研究（如《加尔文书信文集》，加尔文著，陈佐人选译，团结出版社，2016 年 5 月；《敌基督者：对基督教的诅咒》，尼采著，余明锋译，商务印书馆，2016 年 3 月；《美国基因：新英格兰清教社会的世俗化》，张媛著，中央编译出版社，2016 年 1 月；《清教徒的革命：关于激进政治起源的一项研究》，迈克尔 · 沃尔泽著，王东兴、张蓉译，商务印书馆，2016 年 10 月），再到当代基督宗教思想研究（如《后现代神学》，《基督教文化学刊》（第 35 辑），杨慧林编，宗教文化出版社，2016 年 6 月），以及东正教思想研究（如《自由精神哲学：基督教难题及其辩护》，别尔嘉耶夫著，石衡潭译，上海三联书店，2016 年 4 月）等都有所涉及。特别是，2016 年还译介出版了冈萨雷斯的《基督教史》（上海三联书店，2016 年 3 月），作为冈萨雷斯《基督教思想史》的姊妹篇，这部《基督教史》被誉为“当今最受青睐、最权威的基督教会史的入门教材”。这本书摆脱了以往基督教思想研究中“西方中心主义”的倾向，对世界范围内的基督教发展进行了梳理，增加了妇女在教会史中的作用，基督教在第三世界国家的发展，以及基督教与其他宗教信仰之间的对话等不同维度，概述了基督教从它的起源一直到二十一世纪最初十年的发展变化。对这本书的译介将为我国学界对教会史的研究提供更为丰富的资料和更为广阔的视野。此外，2016 年出版的《基督教神圣谱：西方冠“圣”人名多语同义词典》（啸声著，广西师范大学出版社，2016 年 11 月）是一部介绍基督教文化以及辅助研究的工具性书籍，它收录了 500 多幅基督教艺术作品和 300 多条基督教文化中的人名和事件典故，并通过互相参照中、英、法、西、德、意、俄七种语言的译名，对基督教史上众多人名的中译名进行了统一，这对于基督教史的译介是很有裨益的。

（二）中国基督教研究

承袭了近年来“中国化研究”的热潮，中国基督教研究依然是 2016 年基督宗教研究的热点。中国基督教研究方面的出版著作，包括中国基督教史研究和中国当代基督教及其与社会文化关系的研究，在 2016 年基督宗教研究出版著作总数中占了将近一半。除了数量上的激增，在研究的广度和深度上也有显著的提高。

就中国基督教史研究而言，研究范围在横向方面有所拓展。新教传教史的研究一直是中国学界关注的焦点，在这方面2016年出版了罗伟虹的《中国基督教（新教）史》（上海人民出版社，2016年10月），该书对新教传入中国近200年的历史进行了认真的梳理，并按照清末、民国、新中国三个历史时期展现了新教在华的发展历程。此外，学界也越来越注重对明清天主教的研究。肖清河主编的《宗教与历史：晚明以来的天主教研究》（上海大学出版社，2016年1月）作为2015年12月举行的“上海大学第一届明清天主教研究工作坊”的会议论文集，汇集了来自中国社会科学院、北京大学等多位专家学者在中国天主教历史方面的研究成果。特别值得注意的是，中国基督教史的研究还被进一步追溯到元代。唐晓峰所著的《元代基督教研究》（社会科学文献出版社，2016年1月）可谓国内学界关于元代也里可温研究的第一部系统之作，该书呈现并分析了大量的一手文献资料，勾勒了元代基督教的历史脉络，这不仅为人们了解、整理和研究元代基督教这段乏人问津的历史提供了新鲜的视角，同时也在此基础上分析了基督教传播和发展的规律，探讨了元代中西文化交流的概况，特别是元朝对基督教的管理制度，从而对我们理解当代基督教在中国的发展提供了一个可供借鉴的范例。

研究广度除了在横向方面有所拓展，在纵向上也有突破。陈伟的《杭州基督教史》（当代中国出版社，2016年12月）、刘海涛的《河北基督教史》（宗教文化出版社，2016年6月）等都提供了很好的区域研究的范例。值得一提的是，2016年出版了两本高质量的综述性研究专著，一是王德硕所著的《北美的中国基督教史研究论述》（上海人民出版社，2016年3月），该书对北美的中国基督教史研究作了全面而系统的梳理，通过对不同“学统”的介绍，描绘了北美学界对中国基督教史研究思想和进路的演变轨迹。一是赵晓阳编著的《当代中国基督宗教史研究》（中国社会科学出版社，2016年1月），该书以大陆发行的报刊和出版物为依据，梳理并总结了中国基督教史的研究现状，涵盖教会史、区域史以及基督教与近代中国之政治、经济、社会、文化、教育、医学、艺术等的关系，内容丰富而翔实。这两部著作分别从北美学界和大陆学界的不同视角出发勾勒了中国基督教史的研究，形成了鲜明而有益的对照。此外，2016年还出版了一些个案研究，比如罗伟虹所著的《曹圣洁口述历史》（上海书店出版社，2016年11月），该书是著名宗教领袖、中国基督教协会原会长曹圣洁关于其家世亲友、传道治学、社会活动等过往的综合性回顾，从不同侧面反映了中国基督教从民国到当代的变迁，其中对重要的历史事件和历史人物的生动刻画和细节的补充，丰富了中国基督教史的研究。此外，2016年出版的《太平天国与启示录（修订版）》（周伟驰，中国社会科学出版社，2016年2月）增加了不同学者对该书的讨论文章以及作者周伟驰的回应，更加全面生动地展现了中国学界对太平天国这一历史个案的不同评价，并为进一步研究基督教在中国的传播与影响提供了范例。

在当代中国基督教研究方面，李华伟编著的《三十年来中国基督教现状研究论著选》（社会科学文献出版社，2016年4月）对中国基督教的现状研究进行了很好的梳理。该书编选的篇目，或是兼具问题意识、历史与理论视野的精心之作，或是代表了某一时期研究水准的开创之作，包括研究综述、理论视野、全国基督教现状、基督教与中国乡村基层社会、城市化与基督教、基督教与其他制度性宗教、基督教与民间信仰、基督教与公共空间、基督教伦理与社会、基督教与阶层、基督教与女性、基督教与社会服务、基督教发展原因、基督教与少数民族等多个主题。

在基督教与中国社会文化的研究方面，有一些探讨“中国化”的理论性研究著作，如《基督教中国化的社会学研究》（李向平，宗教文化出版社，2016年5月）、《传承文化见证文明——基督教中国化论文集》（潘兴旺，宗教文化出版社，2016 年 12 月）等。还有一些涉及基督教与中国社会、文化、艺术、教育的关系以及与其他宗教对话的研究专著，如《基督教与中国社会文化》（陶飞亚、赖品超主编，广西师范大学出版社，2016 年 11 月）、《孟子与保罗的对话——儒学与基督教之异同与会通》（朱小明，孔学堂书局，2016 年 2 月）、《上海基督教会学校女子音乐教育研究》（陈晶，上海音乐学院出版社，2016 年 1 月）、《中国当代基督教文学与新世纪文化建设》（季玢，上海三联书店，2016 年 3 月）、《基督宗教与近现代中国社会工作》（左芙蓉，民族出版社，2016 年 1 月）等。

（三）基督教经典研究

基督教经典研究一直是国内学界研究的薄弱环节。以往圣经研究大都是在神学院展开的，学界对圣经内容不够熟悉，又受到语言的限制，始终是学术研究的空白地带。学界多以基督教神哲学研究著称，而缺乏圣经研究，原创的圣经学著作更是少之又少。可以说，基督教界重视哲学思想研究，而欠缺圣经学研究。随着近些年学界对古典学研究兴趣的升温，以及学者们开始对圣经学研究的有所关注，基督教经典研究已经开始走出“空白”地带，并取得了一定的进展。

在圣经语言的学习方面，2016 年并没有新书出版，只是引进了柯林斯（Harper Collins）的《拉丁语词典及语法》的英文原版书。在经过了近几年来对拉丁语、希腊语和希伯来语词典以及语法教材译介的热潮之后，2016 年度在语言书籍方面的低潮是预料之中并可以理解的。

在注释书的引介方面，以上海三联书店近年来陆续出版的注释书系列“天道圣经注释系列”“摩根解经丛卷”和“莱尔四福音释经默想系列”最为有名。2016 年，天道圣经系列出版了《雅各书注释》（梁康民，上海三联书店，2016 年 8 月），莱尔默想系列出版了《马可福音》（生活·读书·新知三联书店，2016 年 2 月）。此外，还出版了冯象译注的《智慧书》（生活·读书·新知三联书店，2016 年 2 月），该书 2006 年由香港牛津大学出版了繁体字版，此次出版的简体版经过了作者的修订，并增加了数百处注释，呈现了一个更加严谨完善的译本。特别值得一提的是华东师范大学出版社出版的《古代（公元 1—800 年）经注》，该书目前已翻译出版三卷，其中卷一出版于 2014 年，2016 年出版了卷二和卷三。古代经注丛书由多位国外著名学者编辑校订而成，收录了包括奥利金、哲罗姆、奥古斯丁、德尔图良、伊西多尔等多位教父和神学家对摩西五经的解说和诠释。这些释文除了取自耳熟能详的著名篇章之外，还取自各种讲道集和书信集。该书先列出了圣经原文（包括和合本和思高本译文），然后在原文下列出了各位教父对该段经文的注解，书后还列出了详细的关键词索引，每位教父的生平和主要著作介绍，并附上了大量的目录文献。该书对圣经研究、教会史研究以及中世纪基督教思想研究都提供了崭新的资源和材料。

三、结语

从总体上看，近年来国内学界在基督教研究领域的发展是在一个更大的背景下展开的，这就是中国人文社会科学研究的“中国化”。随着近年来对以往三十年人文社会科学领域中“西方化”进程的渐趋终止，整个大陆学界的研究氛围正经历着重构，我们的人文社会科学研究正向着更加本土化的方向转型。这个本土化的过程实际上是构筑文化主体性，是“中国走向世界”的过程。因此，中国的基督教研究应当逐渐摸索自己的学术语言、学科方法，应该摆脱单纯的译介、同情的理解阶段，应该站在文化格局、思想动向、社会脉络的体系中对基督教这一研究对象加以审视、剖析，而不再将自己的研究受众囿于同行研究者，乃至基督信仰者。否则，基督教研究只能随着基督教在中国社会文化中存在的边缘化而自我边缘化，随着基督教在社会文化格局中的敏感性，亦变得敏感。基督教研究的学者首先应该反对将信仰带入其学科中，进而失去客观学术立场的研究动向；同时也要警惕虽坚持客观的学术立场，但整个学科关注的视角、关注的问题、使用的方法，乃至使用的术语完全西方化、甚至神学化的倾向。

2016年度儒学研究综述

张宏斌

2016年儒教学科研究的整体概况，既有对过去三十年余年儒教问题争论的整体回顾与检讨，也有儒教与其他学科交叉研究的新尝试，亦有对“儒教是否是宗教”论争问题的非此即彼模式的超越，更有从中国文化复兴或重构等宽广视域推进儒教研究的转向，以及躬身行之、体而践之的儒教新常态的发掘。括言之，其整体在平稳中向着更加广泛与深入的领域推进和发展。

一　2016年度儒学专著及论文概述

（一）2016年儒学著作概况

赵法生的《〈论语〉读本》分原文、注释、白话文翻译、解读等部分，对《论语》的主要内容做了全新解读。赵法生主编的“大众儒学经典”丛书由中国人民大学出版社出版，分为蒙学基础、家训家礼、劝善经典和四书五经通解四个板块，包括《〈三字经〉读本》《〈朱子家训朱子家礼〉读本》《〈孝经曾子论孝〉读本》《〈大学中庸〉读本》等十三本儒学经典读本。“蒙学基础”用以童蒙养正，“家训家礼”培养良好的家教家风，“劝善经典”激发人的为善之心，“四书五经通解”则是对儒家义理的系统阐述。每本书包括原文、注释、译文、解读等部分，引领大众读者走近儒学典籍，学习儒家修身做人的义理。该书主编、中国社会科学院世界宗教研究所研究员赵法生指出，在中国历史上，儒学主要以朝廷儒学、士大夫儒学和民间儒学（大众儒学）三种形态存在。民间儒学主要关心的是人伦日用和生活践履。这套“大众儒学经典”丛书正是着眼于此，“是儒学史上第一套由学者编纂解读、面向普罗大众的系列儒学普及教材”。像其中《〈了凡四训〉读本》《〈王凤仪言行录〉读本》是儒家思想与民间性相融合的产物，体现了大众儒学的民间特色。另外，部分典籍中存在不少不适应时代的内容，如《女四书》等书中强调三从四德、夫为妻纲等思想内容，丛书采取历史主义的态度，保留了原貌，但在解读部分予以辨析。

盛洪的《儒学的经济学解释》一书从经济学的角度阐述儒学的精义——正心诚意、格物致知、修身、齐家、治国、平天下。全书分为六讲，即：正心诚意和格物致知：认识论和宇宙观；修身：文化精英的意义及形成；齐家：家庭主义；治国1：经济制度与政策；治国2：宪政与政治结构；平天下：从民族主义到天下主义。

［日］冈田武彦的《王阳明与明末儒学》（吴光、钱明、屠承先译）一书以宋、元、明时期的思想文化，特别是儒学发展史为背景，在简明生动地概述宋明思想文化发展的脉络和特点的基础上，不仅系统而深刻地论述了阳明心学产生的历史原因及其内容、特点、

社会影响、历史作用，而且系统和细致地论述了阳明心学的分化、演变和明代中后期王门各派各家的离合同异、学术宗旨，并以阳明学、阳明后学与朱、陆之学，特别是明末其他儒学流派做了具体而微的对比。《王阳明与明末儒学》不仅能使读者宏观而系统地了解明代儒学，特别是阳明心学的发展史、演变史，而且能给读者以很大的思想启迪，使读者深入理解王阳明的知行合一、致良知等思想。

陈来的《陈来儒学思想录（修订版）》一书是陈来先生30多年来儒学思想的集中体现，从传统文化与现代化、儒学与现当代、古典儒学新诠、论现代新儒家、国学论衡等方面展示了作者的文化观、儒学观和国学观，展现了新时代儒家思想在实践智慧方面做出的新探索，具有重要的参考价值。修订版新增了中华文明与核心价值、仁学本体论等内容。

唐利国的《兵学与儒学之间：论日本近代化先驱吉田松阴》一书细致分析了吉田松阴的思想特质，指出其主要知识资源并非西洋兵学，而是以山鹿流兵学为核心的日本近世兵学。日本近世兵学深受中国儒学影响，是一种涵盖了伦理、政治和军事在内的综合学问。近世日本传统学问在西方的冲击面前，绝非一触即溃，而是以其顽强的生命力，支撑着先驱者的思想探索，同时也限定了其思想发展的边界。

安靖如（Stephen C. Angle）的《当代儒家政治哲学：进步儒学发凡》深入浅出地介绍了进步儒学的一些重要视角与目前争论话题，并阐明了为什么进步儒学是极其充满希望的途径。人们将认识到，当代儒学并不是被雪藏于博物馆中的历史文物，相反，它不仅对当前的挑战做出回应，而且还能够提供我们都可以学习的深刻见解。书中所讨论的进步儒学以20世纪儒学哲学家牟宗三的重要思想为出发点，对政治专业、合法性、法治、人权、礼仪与社会正义等问题进行了探讨。其结论是在没有摒弃德性与和谐思想的前提下反专制，并在不屈从于压迫与控制的条件下维护儒家存在于礼与等级制度中的重要价值观。该书的主要目的是向非儒家展示进步儒家的深刻见解，无论他们是哲学家，还是对中国思想可能对人类新兴的共同世界做出贡献感兴趣的普通公民。

董平的《先秦儒学广论》是对先秦儒家哲学的深入研究和探讨。作者董平通过梳理先秦儒家学派的重要学者及其学说的价值和意义，探讨先秦时期儒家的哲学思想，深入研究儒家有关诗、礼、乐、心、性、情等思想文本及其概念，解读儒家思想在当代社会的重要价值。该书为研究中国哲学之必备参考。

《周礼经注疏音义校勘记》是日本学者《周礼》校勘学的集大成之作。作者加藤虎之亮编校《周礼》诸版本，逐章校勘诸本音义等内容，就诸本文字是非、先儒校语等详加案断。卷首《序说》依次叙述撰述来由、校勘必要性、校书沿革、校勘之难等内容，并详细介绍该书所用诸抄本、刻本及引据诸书；卷末附录详细引书、官名目次、官名字画索引等。全书极具学术和文献价值，是为中国《周礼》研究的重要借鉴和参考文献之一。

梁涛主编的《美德与权利：跨文化视域下的儒学与人权》一书，提倡一种新的儒家政治，反对独裁主义、因循守旧等。作者指出，在西方的影响下和根据启蒙精神，现代儒家人格应当是思想自由、理性、遵守法律、尊重和改善人权，以及有力地捍卫个人的尊严。但同时也意识到，儒家成为君子或“成圣成贤”的“为己之学”“身心之学”“天道性命之学”，与作为现代人类繁荣基础的价值观可能存在紧张与冲突。

林安梧的《人文学方法论：诠释的存有学探源》是一本中国哲学研究专著。该书旨在对经典诠释及中国哲学研究方法，以人文学的视角做深入的反思。其主要思考对象为当代新儒学及与之相关的中国经典诠释与哲学系统研究，是作者多年来对于“经典”“话语”“诠释”与“方法”诸多思考的一个成果。

陈畅的《儒学与古典学评论（第三辑）》分为经子义疏、义理发明、古典艺术、诗义发微、经学研究、现代新儒学研究、西学源流、古籍整理八个部分，全书汇集了许多优秀学者研究儒学与古典学的精彩论文，对国学经、史、子、集、书、画、新儒学、古代西学及古籍点校等各个方面进行了深入研究，文章自小现大，见微知著，针对经典国学之中的问题点进行了精深而透彻的专业分析，是一部专业性极高的儒学与古典评论学论文合集。

史怀刚的《现代新儒家易学思想研究》主旨在反思现代新儒家对传统易学的诠解，以图为当代中国社会思想之发展提供经验借鉴。马一浮、熊十力、方东美、牟宗三、唐君毅五先生所开启之新易学，从其演易之角度、方法、问题及思想言论，相较传统易学概有四个特征，即：新视域、新问题、新阐释、重工夫。他们在新的高度上重新诠解易理，可以说已然形成了一个易学研究的新流派，可称之为现代新义理派。该书以人物为线索，以问题为导向，以社会思想史为视域，寻求历史与思想逻辑的内在统一。

《儒学西传欧洲研究导论——16—18 世纪中学西传的轨迹与影响》是国内学术界第一部系统研究中国古代文化经典在西方传播和影响的著作。《儒学西传欧洲研究导论——16—18 世纪中学西传的轨迹与影响》以人物、机构和刊物为抓手，对 16—18 世纪儒学西传欧洲进行了全面的梳理和总结，对中国古代文化经典外译的数量和时段做了初步的划分，也对我国中学西传研究滞后的原因做了分析。在中国文化走向世界的今天，这部著作无论在学术上还是在理论和实践上，都具有重大的价值。

张宏斌的《国家建构与文化认同》取北魏为历史背景，以其兴废作为考察对象，旨在说明，北魏作为少数民族入主中原，统治中国一百多年，第一次取得“正史”书写资格的另类，其国家体制建构和国家文化认同必然有其可圈可点之处，希冀从北魏兴废的历史教训和经验中寻绎中华民族得以整合为一个政治与文化共同体的线索，检索北魏政治、文化制度之所以如是的内在逻辑。具体来说，就是北魏作为少数民族政权如何在具体的国家政治制度设计上合理地安排众多不同族属，乃至利益集团的诉求，这可以视为在政权合法性取得之外，征服者与被征服者重新厘定各方关系，重新定位不同的角色，建构新的国家的一面；就是北魏某种程度上重新建构政治国家之外，如何在不同文化传统中撷取共同的价值，形成主流的文化意识，这可视为在政治拢合之外，或言文化上的政治认同取得之后，重新建构新的文化认同，形成新的国家认同的一面。

《原道》第二十九、三十、三十一、三十二辑的出版，分别聚焦于“儒学与公共领域”“国族认同的论争与实践”“伦理复兴与国族建构”等专题。《儒道研究》第四辑的出版，荟萃青年俊彦、学界新锐，对国家建构、国家小共同体以及历史上儒家、道家真实面貌进行展示和还原，着墨于当下时代问题，既对历史忠实呈现，又对现实充满关注。尤其发掘儒教在国家建构、社会稳定、民族融合、共同文化意识凝聚作用的层面，见微知著，以古喻今。第三十辑整合 2016 年 1 月在成都杜甫草堂召开的首届“两岸新儒家会讲”上两岸学者的唇齿交锋与学理探讨，更确立“回到康有为”议题的升温与深入。如同导言所言的那样，在当代，康有为这个话题之所以得到学术界的持续关注，不仅因为他作为思想人物处在中国“古今之变”的转折点上，而且因为他的所言、所行和所思——所表征的中国面对世界的困惑并没有因为一百多年的时间绵延而得到自然的澄清。换言之，康有为的重要性，也许不是因为其所提供的答案，而是因为其所提出的问题。康有为所提出的问题概而言之就是“古今中西”问题。

重温成都草堂两岸学者的往来“炮火”，不难看出“回到康有为”并不是这里要超越牟宗三等诸多新儒家的意思，而是要超越“五四”以来所形成的革命叙事与启蒙规划这两种建国思路和方案。换言之，大陆新儒家的形成，并不是在儒学脉络内部进行逻辑推演或谋划的结果，而是在对近代中国救亡语境及其保国保种保教的焦虑和努力挣扎的体会中，在对左派阶级建国、右派公民建国两大意识形态话语的反思论难中，在对“中国何谓?”“中国何为?”的追问中渐渐形成自己的思想自觉和理论论述的。诚如议题的倡导者陈明先生所言，时下仍然处在康有为所处的近代史的时空。中华民族的伟大复兴难道可以视为康有为创办“强学会”时声言的“保国保种保教”之升级版？在维持疆域和族群完整不分裂的前提下，利用业已存在的政府行政体系作为实现大国转型的主导力量，正是时下需要的问题意识与解决思路。国家民族建构问题的重出水面与全球化和族群主义的双向冲击有关，与中国改革开放带来的左派右派衰退有关。如果说继续革命理论及其实践是左派的黄昏，那么从初级阶段论对乌托邦的悬搁，三个“代表”理论对新的合法性的寻建，再到中华民族伟大复兴之执政目标的提出和确立，中华民族这个近代史才诞生的概念重新成为历史的主词，保国保种保教的救亡主题被重新体认。

（二）2016 年度儒学学术论文概况

卢国龙的《整合理性与信仰的易学模式》围绕的焦点问题是：在由西方文明所主导的现代，中华文明如何应对其理性与信仰二元化的影响？是在科技层面“师夷长技”的同时，必然移植其信仰体系以构成二元化的张力？还是有可能找回传统文明中理性与信仰相互生成的机制，从而推动中华文明的“旧邦新命”？从易学的五个历史阶段展开探讨。作者认为，以西方文明史为背景，学界通常认为文明的发展有两大经纬，一是起源于古希腊的理性，一是起源于古代希伯来的信仰。理性追求真实，信仰向往圆满，二者都是人类所特禀的灵性和意志的生发动用，缺一不可。但是，同样在西方文明史上，理性与信仰又表现出相互排斥的张力，表现为理性之矛与信仰之盾的持续交锋，即一方面，理性总是在突破宗教禁忌的进程中自求舒展，另一方面，主要以宗教方式集结起来的信仰，也总是在回应理性的挑战中自筑壁垒，并且以神学的方式日求精严。这种理性与信仰相对为偶的西方经验，同样也可以用来概括非西方的文明体历史，如中华文明、印度文明等，但理性与信仰的关系并不像西方那样自成壁垒，中华文明之“天人”，印度文明之“如如”，都不是理性与信仰截然二分的，其间差异，反映出文明模式的差异，因而引发深层的哲学反思，前辈学者如金岳霖、余敦康等，都曾就此发表过深刻、系统的论述。该文试图探讨的，不是勾勒文明史的哲学诠释问题，而是有关信仰的，即在由西方文明所主导的现代，中华文明如何应对其二元化的影响。是在科技层面“师夷长技”的同时，必然移植其信仰体系以构成二元化的张力？还是有可能找回传统文明中理性与信仰相互生成的机制，从而推动中华文明的“旧邦新命”？因为这样的生成机制蕴涵在易学中，所以该文以易学为思考背景。

赵法生的《政治儒学的歧途——以蒋庆为例》一文认为儒家被称为天人之学，因为它并非一般的道德学说。儒家道德乃是“究天人之际，通古今之变”的结果，它对于天道性命的探究，正是为了给道德法则奠基，从具体、多变的现实生活中，探寻出永恒的道德精神。而蒋庆的政治儒学，致力于儒学意识形态化和政教合一的国教化，将使儒学成为阻挠社会现代转型的力量，这对于儒学本身和中华文明的当代进步都将产生灾难性影响。

蒋庆以为将儒学意识形态化足以复兴儒学，却不知道在现代社会中，这恰恰是害了儒学。由于市场经济与科技的迅速发展，现代社会的利益关系高度复杂化且短期化，任何将儒学意识形态化和政治化的做法，都只会损害儒家的公信力。

何雪芹的《蒙元时期儒学发展的特殊性问题论析》指出，元代是理学迅速传播与发展的时期，它上承宋理学，下启明心学，在中国儒学发展史上占有特殊地位。元代的统一和多元文化的碰撞融合为元代儒学注入了新的源泉，儒学获得了新的发展，理学影响遍及全国。儒学地位在元代空前高涨，理学被奉为官方哲学，成为选官择士的准绳；儒圣先贤的后世追封在此时也达到顶点。但相较于元代理学的普及和深入，其理论发展严重不足，鲜少新的创见。而元代儒士地位的下降也与儒圣先哲地位的抬升呈现出矛盾性的错位。这一特殊性发展，成为了元代儒学发展的一大鲜明特点。

韩星的《内圣外王之道与当代新儒学重建》指出，明清以降，儒学由于内部蜕变和外部多次冲击变成了“游魂”，面临着现代转型。儒学的核心结构是内圣外王，其渊源是古代圣王。春秋战国时期，现实中圣王不再，原始儒家在理论上整合圣与王，提出完整的内圣外王之道。此后在不同历史阶段或侧重外王，或侧重内圣，但内圣外王之道一脉相承，传承至今。儒学现代转型的逻辑起点是如何对内圣外王进行现代诠释和转换，港台和大陆新儒家都做出了各自的探索，也存在很大争议。在今天儒学全面复兴的过程中，还应以内圣外王为基本结构重建当代新儒学，为此作者提出了彰明仁道、修身为本、思想整合、社会儒学、制度建构的思路，即以儒家中和之道整合心性儒学与政治儒学、社会儒学，上升到内圣外王之道，以重建圆融、圆满的新儒学体系。

黄玉顺的《论儒学的现代性》指出，目前学界，包括儒学界充斥着对儒学的种种误读，其中之一就是将儒学与现代性对立起来，以至用所谓“儒家传统”来抗拒现代文明价值。其实，儒学本然地蕴涵着现代性。儒学的现代性不仅源于中国社会的现代转型，而且基于儒学自身的基本原理，即“仁→义→礼”的理论建构。这个原理要求根据正义原则（义），包括超越差等之爱而追求一体之仁的正当性原则、顺应特定时代的基本生活方式的适宜性原则，来“损益”即变革社会规范及其制度（礼）。因此，在现代性的生活方式下，儒学原理要求儒学自身现代化。儒学的现代化进程，就是儒学的现代性的展开过程。儒学的现代化已经不是一种理论设想，而是一种历史事实。但同时，这个历史进程尚未结束，而且往往误入迷途而陷入原教旨主义，这是值得高度警惕的。

陆信礼的《试论方克立的马克思主义儒学观》一文认为党的十一届三中全会以来，中国大陆的马克思主义学者开始以实事求是的态度研究儒学，并取得了瞩目的成绩。方克立先生作为其中有代表性的学者之一，在研究中提出了一些颇有影响力的理论创见，其内容包括：一是一分为二看儒学，即区分作为封建意识形态的儒学和作为中华文化载体的儒学；二是以适应当代中国社会主义现代化建设需要为标准的儒学精华论；三是“主导意识与支援意识”的马儒关系论；四是推进马儒结合的“马魂、中体、西用”论。方先生的这些观点，对于指导当前的儒学研究具有重要的方法论意义。

傅永军的《再论东亚儒学的建构逻辑——以黄俊杰的相关论述为中心》一文探究了东亚儒学的建构逻辑，不仅要关注东亚儒学的可能性根据，还要关注东亚儒学的建构语境和原则。通过匡正日本学者子安宣邦对“东亚”概念的误读，证成东亚儒学存在与发展的文化多元化语境。在这种语境下，东亚儒学必然被建构为一种包含东亚各国儒学的“殊异性”于自身、又具有“整体性”之特质的儒学形态。通过对“东亚儒学”建构中存在的三种互动关系的分析，解析出“东亚儒学”建构中的主要原则。这些原则透显出东亚儒学建构中的实践智慧，为东亚儒者处理各种复杂性思想议题以及自身的系统化和整体性发展，提供了理性指引和规范引导。综合地看，东亚儒学提供了儒学发展的新视野，一定程度上构成了东亚文化认同中一种重要的思想资产，在全球文明对话中扮演着重要角色。为更好地承担此种责任，东亚儒学应当把建构文明对话的秩序平台，创建文明对话的理性规范，寻求解决文明冲突的话语模式以及确认文明对话的宽容原则之内涵与边界等一系列理论及实践问题，纳入自己的视野，成为重点关注的研究课题。有此胸怀与视野，东亚儒学必将迎来美好的未来。

刘纪璐的《儒学哲学化的契机：以分析哲学为传统中国哲学开生面》一文认为儒学研究的着眼点是儒学的“哲学化”。分析哲学路向是儒学“哲学化”的重要契机。中国国学广大深奥，但是文史哲应当做到同组分科，哲学家面对同样的文献就该要有哲学的探讨方式。而要儒学哲学化，在当代的哲学世界里，就不能不把传统儒学用西方分析哲学的语言方式重整面目。分析哲学的语言与议题也许不见得能改善中国儒学的内涵，但是它对帮助儒学走入英美哲学界的主流讨论却是不可或缺的一种“外语能力”。如果中国儒学不能走出去，让西方哲学界看到我们可以提供哪些不同的见解，呈现如何歧异的思考模式，中国儒学就无法吸引他人的研究兴趣。只有当更多的人愿意走入中国儒学研究的圈圈，这个圈圈才会越来越大。但是如果我们只是站在自己的圈子中，作自己的讨论、自己的研究，这个圈子就会越来越呆滞、狭隘，最终只有成为世界哲学角落的配景。

杨智勇的《现代新儒学研究述要》一文回溯了20世纪90年代以来学术界对于现代新儒学研究的历程，对这一时期主要研究成果进行了综述。具体而言，在重新审视新儒学的发展脉络，深入思考新儒学的学理建构、新儒学与多元思潮的会通、新儒学与当代中国及世界的关联等论域上，学术界的研究成果极大地丰富了近20年来新儒学研究的新内涵，拓展出诸多新议题与新理念，也创新了新儒学的研究范式。

二　2016年度儒学活动情况概述

（一）2016年儒家活动及倡议

21名儒家学者倡议呼吁保护乡村传统丧葬礼俗。2016年以来，有的基层地方政府以殡葬改革的名义，下文取消家族办丧，取消穿孝服，将“三天丧”改为“一天丧”，取消吹鼓手，取消丧礼筵席，取消扎制纸草，有的还取消陪灵、路祭等传统乡村丧礼仪式，据说在某些地区积累经验后还要向其他省市推广。以上做法是强行废除了中华文明中延续三千多年的丧葬礼仪，不但剥夺了村民以中华民族传统礼仪悼念逝去亲人的权利，也必将构成对于中国大陆仅存的儒家人生礼仪的致命打击。在弘扬优秀传统文化，重建民族精神家园的今天，这种做法令人深感诧异。为避免对岌岌可危的乡村传统文化造成更大伤害，学者们呼吁有关部门立即制止上述不当举措

2016年英国伦敦慎终追远民德归厚祭祖大典于6月25—26日，在伦敦展览中心隆重举行。这是历史上第一次在伦敦，乃至欧洲大陆，以中国古礼来祭祀全世界各族万姓祖先。数百位来自世界各地的华人华侨、外国友人，以及社会各界人士共同参加、见证了这次庄严肃穆的典礼；以孝敬之心追思祖先，缅怀祖德。

2016年1月8日，由上海市儒学研究会与上海财经大学人文学院联合筹建的“中华

儒商研究中心”在上海财经大学成立。中华儒商研究中心将在上海依托高校人文、经济研究方面的学术资源优势，创设财经类大学通识课程体系，并在经济哲学学科点下设儒商研究方向，招收儒商研究硕士、博士研究生，并授予经济学硕士和博士学位，与海内外知名企业合作，在企业建设儒商研究博士后流动站，全面推动儒商文化研究。3 月 19 日，中南大学国学研究中心在该校揭牌。中国孔子基金会孔子学堂与中南大学国学研究中心合作，批准同意中南大学国学研究中心作为孔子学堂在全国高校的示范基地及在湖南的推广机构。4 月 17 日，“深圳孔圣书院”在河源万绿湖畔举行落成揭幕仪式。“深圳孔圣书院”由三和仁爱基金会投资建成，是深圳孔圣堂和孔圣会的修学基地及儒门人才培训基地，这是当今中国儒家民间组织所创办的第一个专业化和规模化的实体书院。9 月 3 日，复旦大学上海儒学院成立。复旦大学上海儒学院院长由清华大学教授、复旦大学特聘教授陈来担任，复旦大学教授谢遐龄担任理事长。复旦大学上海儒学院是从事儒学研究和传播的学术机构，为复旦大学校设研究院，以继承和弘扬中华文明传统、探索江南儒学的学术精神、推动儒学现代化、确立儒家思想的全球地位为使命，它的创建系由复旦大学教授谢遐龄提出、推动并组建成立的，前后历时两年之久。9 月 27 日上午，曲阜礼乐文明研究与传播中心在“孔子的世界”国际学术高峰论坛开幕式上正式揭牌成立。曲阜礼乐文明研究与传播中心，立足曲阜，设于中国孔子研究院，以中国孔子研究院与曲阜师范大学、济宁学院等研究机构为依托，密切联合各礼乐文明研究与传播相关单位、团体、学人，共同开展礼学研究与礼乐文明的现代转化等工作，力争在五至十年内，将曲阜礼乐文明研究与传播中心建设成代表圣域特色、富有时代精神、服务当代礼乐文化建设、国内领先、国际上有重要影响的中国礼乐文明研究与传播机构。

2016 年 2 月 8 日，由河北省儒教研究会组织的丙申元日祈福释菜礼在正定文庙圆满举行，来自石家庄、辛集、正定、平山等地的儒门同道 30 余人齐聚正定文庙。河北省儒教研究会自 2011 年发起举办“新年元日祈福释菜礼”，至 2016 年已经连续举办 6 年。4 月 4 日上午，丙申年清明孔子后裔释奠仪式在孔林举行。来自台湾的孔子第 79 代嫡长孙孔垂长先生一行与曲阜孔子后裔联谊会成员及来自北京、上海、广州、河北、河南、山东、山西、江苏、江西、甘肃、贵州等省市的孔子后裔 400 余人，齐聚祖茔孔林，秉持心中之至诚，追缅先人之盛德，以果蔬鲜花，虔诚祭拜，共同祭奠先祖。

2016 年 3 月 11 日中央文史研究馆馆员刘大钧委员、中国民主建国会中央委员会委员王名在接受《光明日报》采访时提议设立一级学科推广国学教育。他们认为，当前我国的国学教育面临发展瓶颈——高校国学学科在研究生教育体系设置中没有明确地位，社会上的国学培训机构又鱼龙混杂，国学教育发展水平无法满足人民群众对中华优秀传统文化的需求。因此要设立国学一级学科，深入推进国学教育。在现今的学科体系中，国学整体内容被割裂到各个学科，处于边缘化的尴尬境地，不利于国学研究和国学教育的进一步发展。因此，有必要设立国学一级学科，确立其在学科体系中的正当身份。首先，要探索建立全方位的国学教育课程体系。目前大中小学的国学教育基本都处于自发状态，缺乏统一的教学指导，应组织专家编写系统的国学教材，制定教学纲要，明确国学教育在各个阶段的任务和目标。其次，要加强国学人才培养。除培养国学专业的大学生、研究生外，还应加强对中小学国学教师的培训，建立科学的培训制度，不断提高现有师资的国学素养。再次，要重视民间国学教育，建立相应制度法规，加强管理，让民间国学教育机构制度化、规范化。最后，加大对农村中小学国学教育的支持力度，保障农村国学教育有效实施，使农村中小学国学教育不落在城镇中小学后面。

2016 年 3 月 24 日，为纪念至圣先师逝世 2495 周年在河北邢台市文庙大成殿举行了“仲春祭孔”典礼。广东德庆千年文庙在春季举行了春祭，2 月 22 日下午，在古乐声中，庙方及孔氏宗亲依照传统古制礼仪，拉开了有“岭南学宗”之称的千年孔庙的春祭序幕，当地的祭孔大典仪式已被列入“第三批广东省非物质文化遗产名录”。4 月 2 日，丙申年春季祭孔大典在孔子出生地山东曲阜尼山举行，孔子第七十九代嫡长孙孔垂长担任主祭官。世界孔子后裔联谊总会副会长孔令玉主持祭祀大典。孔子第七十九代嫡长孙孔垂长代表所有祭祀者向尼山孔庙内孔子塑像敬香，并行三鞠躬礼。随后社会各界人士依次向至圣先师孔子像敬献花篮，行三鞠躬礼。祭祀仪式后。文庙之外，各地的社区、中小学、书院、私塾以及学堂等也举行了祭祀。

2016 年 4 月 1 日上午，成都市温江区金马学校校园里鼓乐声声，书声琅琅，全校师生及各界嘉宾近 2100 人齐聚学校“文”广场，举行盛大的春季祭孔典礼，纪念“至圣先师”孔子诞辰 2567 周年。全校师生在领诵者的带领下齐诵了《论语》和《中华十二德之歌》。在全场师生和各界嘉宾集体行五鞠躬礼“自强不息一鞠躬、厚德载物再鞠躬、精忠报国三鞠躬、孝亲敬老四鞠躬、尊师敏学五鞠躬”后完成典礼。4 月 1 日，温江区金马镇社区教育学校、金马学校联合举办 2016 年仲春祭孔典礼。典礼上，金马学校 2000 名师生身着汉服，整个祭孔典礼效仿古风古礼，以“仁爱无疆，仁者流芳”为主题，意在鼓励广大师生做君子、做仁者，传承和弘扬仁爱、和谐的传统美德。举办祭孔典礼旨在引导全镇人民树立“爱温江·讲诚信”的信念，形成“同圆温江梦·共建文明城”的浓厚人文氛围，实现多种文明交流融合，互学互鉴，提升居民文明素养。

2016 年 6 月 11 日，“中国儒学学科建设暨儒学教材编纂座谈会”在四川大学国际儒学研究院复性书院举行。来自陕西、湖南、山东、四川、重庆等地高校及科研院所的众多学者专家，围绕中国儒学学科的建设、儒学教材的编纂以及儒学人才的培养等问题进行研讨。刘学智、朱汉民、王钧林、舒大刚、颜炳罡等知名学者联合倡议在中国高等院校设立儒学一级学科。座谈会就此达成初步共识，并形成了《设置和建设儒学学科倡议书》。与会专家认为，儒学是中华文化的主干和中国学术的中坚，在经典体系、发展历史、思想学术、文献积累、信仰体系、道德伦理、实践功能、教育经验等方面有自成体系的完整设计，完全具备设置一级学科的各项条件。在当前社会背景下，设置和完善儒学学科，时机成熟，迫在眉睫。

2016 年 6 月 21 日，甘肃天水卦台山上旗幡招展，古乐悠悠。2016（丙申）年卦台山民间祭祀伏羲典礼当日举行，来自台湾伏羲八卦庙的同胞、从事伏羲文化研究的专家学者和当地民众共同祭拜中华人文始祖伏羲。甘肃天水是伏羲的诞生地和伏羲文化的发祥地，拜祭伏羲由来已久，相沿成习。卦台山，又名伏羲画卦台，是传说中伏羲创画八卦、分姓氏、制嫁娶、充包厨、教民畋渔的古遗址。

（二）2016 年度儒学会议

2016 年 5 月 8 日，“儒家与中国文明复兴”对话会在北京举行，在中华文明的复兴已成大势的背景下，与会嘉宾认为富国强兵的秩序底线既然已经建立，而文明文雅的高远致思就必须寻求。当此中国崛起之际，新世纪要解决的首要问题就是复兴文明，应当对西方政治理念与模式进行反思，“思考现代世界的未来可能”，可以基于两千年的中国政治传统而提出超越西方的政治主张，通过思考“理想规范意义上的中国模式”而裨益于这个世界的向善。

2016年7月9日，“国际儒学论坛——亚洲文明交流互鉴北京国际学术研讨会”在北京隆重召开。与会代表分别从“历史上形成的东亚文明、东南亚文明、南亚文明、西亚文明、中亚文明各自所具有的特点和各自对整个亚洲文明、世界文明做出的贡献”“历史上中华文明同亚洲各地区文明的相互交流，相互影响，促进共同进步的情况”“亚洲不同地区的文明在长期的互学互鉴过程中共同形成的具有亚洲特色的智慧和价值”“在当今新的形势下开展亚洲文明交流互鉴，促进亚洲各国人民形成命运共同体的具体建议”四个方面展开学术研讨。

2016年7月21日，“文教北传与天下秩序的扩展——纪念归绥土默特官学兴学290周年学术研讨会”在呼和浩特召开。会议邀请海峡两岸、全国各地10余所高校、党校和科研院所的20余名专家学者，以“土默特官学”为切入点，深入探讨中华优秀传统文化在内蒙古地区的传播与北疆治理历史经验的问题。

由山东社会科学院、韩国国立安东大学共同主办，山东省人民政府外事办公室、中国孔子基金会、中国孔子研究院、韩国驻青岛总领事馆、韩国成均馆大学、韩国国学振兴院支援，山东社会科学院国际儒学研究与交流中心和韩国国立安东大学孔子学院承办的“第三届中韩儒学交流大会”于2016年8月11—12日在山东省济南市隆重召开。

在澳大利亚邦德大学提议下，2016年10月8—9日，北京外国语大学东西方关系中心与邦德大学东西方文化与经济研究中心在北京联合举行“儒学、治理与新兴经济秩序”国际学术研讨会。与会的20位中国、澳大利亚、新加坡、德国、加拿大、印度、尼日利亚及美国学者、著名经济文化问题专家的深入研讨，涉及对经典经济学及其体制暴露的问题、儒学带给未来新兴世界秩序什么影响、儒家及中国文化与其他文化的融合关系、中国现行经济反映什么传统文化内涵、中国将是新兴世界经济秩序重要推动者、“一带一路”是人类共同体合作共赢的伟大尝试等几个重要议题，提出了一系列新观点。

2016年8月13—15日，在曲阜举办了“世界青年文明论坛——中马青年儒回交流峰会”，论坛主题为“不同的文明·同一个未来”。“世界文明青年论坛”项目“以儒为体、对话百家、交通青年、促进友谊”，力图搭建起一个“儒+X”的青年对话机制，立足当下青年普遍面对的问题，汇通不同文明的解决智慧，使其他的文明与儒文明的当下思考不断碰撞，让儒学青年更深刻地了解世界，让世界更深刻地了解儒文明的未来。此次论坛由中华儒士社联合禅道商学院、北京大学马来西亚校友会、马来西亚国际回教大学校友会、传承中国游学会以及知崇文化联合主办。乘此余绪，各位学者深入内核，展开了真知的呈现和互动，提出“新回儒对话”的现实与可能，希冀在自觉、互动和对话中传承回儒精神，或者重拾提出回儒精神，推动回族传统文化建设等诸多有益的阐释和尝试。

“国之大事，在祀与戎。”2016年9月28日，是中国古代伟大思想家、教育家、儒家学派创始人孔子2567年诞辰纪念日。9月9日下午，由中国孔子基金会等单位联合发起的“全球祭孔联盟成立暨9·28全球同祭孔活动”新闻通气会在济南举行。

2016年10月10日，由中国人民大学出版社、北京大学儒学院及中国社会科学院世界宗教所联合主办的“大众儒学经典”新书发布暨当前读经问题研讨会在北京大学举行。来自中国社会科学院、北京大学、清华大学、中国人民大学、首都师范大学、武汉大学等高校和科研机构的30余位学者参加了此次研讨。

2016年10月10日，由中国社会科学院世界宗教研究所儒教研究中心、《光明日报》国学版主办的“乡村与社区祠堂祭礼研讨会”在北京召开。中国社会科学院世界宗教研究所书记赵文洪研究员致辞，中国社会科学院世界宗教所儒教研究中心秘书长赵法生副研究员、中国社会科学院哲学所王正副研究员、云深书院孙兴建院长、中国艺术研究院音乐所项阳所长、中山大学黎红雷教授、安徽大学解光宇教授、《光明日报》国学版主编梁枢先生、腾讯网儒释道频道主编张顺平先生，以及来自尼山圣源书院、云深书院、明伦书院、邢台根源书院、齐齐哈尔安怀书院、烟台市毓璜顶文化研究会、江苏秀强玻璃股份有限公司的代表就乡村与社区祠堂祭礼的筹建及其意义进行了热烈讨论。黎红雷教授介绍海南农村的祭祖信仰和建立社区百姓祠堂的设想。解光宇教授介绍了深受《朱子家礼》影响的韩国家庙的情况。赵法生副研究员指出：每个中国人一提起祠堂，心里都会涌现出非常真诚神圣的情感，此种情感源于人性的最深处。祠堂是传统儒家教化之根，祠堂亡则儒家教化便失去了最为主要的载体。所以在今天的中国，在社区乡村重建祠堂意义重大。他还介绍了尼山乡村儒学推进三堂合一的具体设想。安徽大学解光宇教授介绍了韩国现行家庙祭祀的情况，韩国家礼深受朱子家礼影响，到目前保留了很多完整的儒家家庭礼仪，在家庭和社区教化中发挥着良好作用。长期致力于礼乐重建的武汉云深书院孙兴建院长，就乡村儒学中三堂的规划设计和功能定位作了具体说明。约50名学者及各界人士参加了此次会议。各位嘉宾就社区祠堂的功能、祠堂祭礼的仪轨以及社区祠堂的建设方式进行了深入研讨。

2016年10月15—16日，由邯郸学院、中国人民大学国学院、中国先秦史学会荀子研究会联合主办的“荀子与儒家外王之道”国际学术研讨会在邯郸学院隆重举行。中国先秦史学会荀子研究会会长廖名春，河北省社会科学界联合会常务副主席曹保刚，中国人民大学国学院副院长梁涛，中国台湾大学哲学系教授佐藤将之，法国科学院东亚文化研究中心研究员雷米·马修，邯郸学院领导杨金廷、马计斌、鲁书月等出席会议。来自中国、法国、韩国、日本、马来西亚、中国台湾等国家和地区的多所高校、科研机构的60余位专家学者参加研讨会。

2016年10月21—22日，“东亚儒家与董仲舒思想暨2016东亚人文学会第17届国际学术大会”在衡水学院隆重召开。此次国际学术大会的主题是“文史哲视野中的东亚儒家思想——以董仲舒为中心”，大会邀请到来自日本、韩国以及中国大陆和台湾地区的130余位专家学者参加，各国专家学者围绕会议主题，分别从文学、哲学、史学等多角度、多层次对儒学，尤其是董学进行了深入探讨，对董仲舒的地位、影响进行了重新定位，并对其思想进行了广泛深入的研究。

2016年10月28—30日，在广西壮族自治区南宁市召开的中国诗经学会第十二届年会暨国际学术研讨会上，国内外专家学者高度关注并称赞湖北十堰市房县不愧是享誉国内外的诗经之乡、西周文化名人尹吉甫故里。

《天府新论》编辑部、弘道书院与敦和基金会于2016年11月26—27日举办了主题为“儒学与社会重建：实践与义理”的研讨会。其中，27日进行的是义理探讨。来自多所高校和研究机构的十位学者依从儒家义理，从不同角度探讨了社会重建的路径。

2016年11月15日，第四届尼山世界文明论坛在山东曲阜开幕，第九届、第十届全国人大常委会副委员长、尼山论坛组委会主席许嘉璐出席了论坛开幕式，并宣布“第四届尼山世界文明论坛”正式开幕。该届论坛持续两天，以“传统文化与生态文明——迈向绿色·简约的人类生活”为主题，并设立了三个分论题：“不同文明中的生态智慧”“生态文明与人类简约生活”“生态文明与人类永续发展”。论坛期间，与会代表们通过大会演讲、圆桌对话、电视论坛、专题讲座、分论坛等方式展开对话与讨论，突出“绿色发展、简约生活、可持续发展、人类命运共同体”四个主题概念，在世界范围倡导践行节约地球资源、反对奢侈靡费、崇尚人文情怀，建设人类命运共同体的新的简约生活理念和生活方式。

2016 年 12 月 2 日，江苏省儒学学会首届年会暨“儒学当代使命与江苏儒学”学术研讨会在南京召开。来自南京大学、东南大学、武汉大学、上海大学、苏州大学、扬州大学、江苏师范大学以及中国社会科学院、上海社会科学院、浙江省社会科学院、江苏省社会科学院等高校和研究机构的 60 余位专家学者汇聚一堂，共同探讨当代儒学的现状与未来走向。

2016 年 12 月 2—4 日，由中国人民大学与韩国高等教育财团联合主办的“国际儒学论坛·2016”在人民大学国学馆举行。此次论坛的主题是“儒家视域中家国天下”，来自中国、韩国、日本和瑞士等国家的 120 余位专家、学者参加会议。中国人民大学校长刘伟、副校长伊志宏，韩国高等教育财团事务总长朴仁国，日本驻中国大使馆文化部公使山本恭司等出席论坛。中国人民大学一级教授、孔子研究院院长张立文，中国哲学史学会会长、清华大学国学研究院院长陈来，国际儒学联合会副理事长、中国孔子研究院院长杨朝明，中国人民大学哲学院院长姚新中，辅仁大学人文学院院长陈福滨，新加坡南洋理工大学人文学院院长陈金樑，韩国成均馆大学荣誉教授李东俊等中外知名专家学者参加论坛。

2016 年 12 月 3 日，国际儒学联合会第九次普及工作座谈会暨第二届国学与大学德育论坛在海南热带海洋学院召开。国际儒学联合会副理事长、清华大学教授钱逊、台湾高雄师范大学教授、义守大学通识教育中心主任方俊吉等专家学者齐聚三亚，将共同围绕国学研究与大学教育问题进行研究探讨、交流互鉴。国际儒学联合会第九次普及工作座谈会暨第二届国学与大学德育论坛是由国际儒学联合会、海南省教育厅主办，海南热带海洋学院承办。会议为期两天，与会嘉宾将通过主旨演讲、主题发言、分组研讨等方式进行学术交流，碰撞出更多的思想火花。

2016 年 12 月 10 日，首届中华儒商论坛在上海财经大学开幕。此次论坛，由上海市儒学研究会和全国经济哲学研究会联合主办。朱杰人、张雄、孙震、唐凯麟、黎红雷、陈少峰、朱人求、朱茂男、徐洪兴、朱人求、丁兴才、车建新、王文德、吕荣海、施永敏、张忠良等海峡两岸近百位学者和企业家齐聚一堂，就儒家伦理与中国传统经济关系，中国经济腾飞与传统文化的关联，儒商精神的理论诠释，儒商与亚洲企业精神，儒商的历史、现状和未来等诸多议题，展开富有深度和广度的探讨和交流。

2016年度宗教文化与艺术学科发展综述

凯朝　聂清　沙湄　张小燕　金延林　肖建军　杨江波　胡吉连

2016年度的学科发展与研究主要体现在禅意文人画研究、佛教碑刻研究、佛教造像研究、佛教壁画研究、藏传佛教文化与艺术研究、道教艺术、基督教艺术的研究之中。分述如下：

一　禅意文人画的研究

整体来看，近十年来关于以禅和文人画为主题研究的论文数量在逐年增加，但2016年却比去年减少近一半数量。

在专著方面有杨江波的《八大山人笔墨研究》[①]，该书从研究八大山人笔墨的源头为基点，兼以考察当时的社会政治文化环境，"四僧"中的其他三人的题画诗，山人的笔墨造型、章法、意境等内容，主要着眼于八大山人笔墨的内在审美意蕴、书法与诗对笔墨审美的影响以及他的笔墨审美对当世绘画创作的意义等问题进行研究和探索。

在硕博士论文方面，硕士生在这方面的研究比博士生要活跃很多。这一群体大多是做经典个案分析，探寻其蕴含在作品里面的美学涵义。如河北师范大学硕士杨杰试图通过分析王维禅诗在这一时期的深刻影响"来探明其禅诗对该时期山水画的作用与意义，通过分析王维的禅心、诗情与画境，来发掘出这背后所蕴含的美学思想，以及禅宗的美学观念给当时社会的审美层次带来的影响与改变"[②]。作者以禅宗的源流和特点为切入点，认为绘画由绚烂金碧转身为水墨平淡，诗意和禅心相通，这就进一步丰富了水墨画的诗性表现；中央美术学院硕士生高波的《苍幽虚静——倪瓒山水画形成及其特点》[③] 指出，倪瓒是元代"逸格"的代表性画家，在画史上也具有崇高的地位。该文在第二章着重论述了他的道禅思想，认为当时倪瓒家道中落，自己在繁杂的尘世中不时有归隐思想，因此"依于老，逃于禅"是倪瓒作品"逸格"出现的主要原因，其侧锋用笔、轻墨渲染的技法特点恰恰是他这种美学精神的反映。可惜在最后一章阐述现代意义时并没有再继续强调禅意修养的重要性；中央美院硕士生曾海波的《中国山水画的"荒寒"境界》[④] 着重从道禅审美来阐述"荒寒"意境审美形成的原因，并认为里面也含有儒家的审美思想。中国

---

① 杨江波：《八大山人笔墨研究》，中国文史出版社2016年版。

② 杨杰：《观空逾境——王维禅诗对宋元时期山水画的影响》，硕士学位论文，河北师范大学，2016年。

③ 高波：《苍幽虚静——倪瓒山水画形成及其特点》，硕士学位论文，中央美术学院，2016年。

④ 曾海波：《中国山水画的"荒寒"境界》，硕士学位论文，中央美术学院，2016年。

艺术研究院硕士生梅波的《文人画的正宗——董其昌的画学思想及其影响》[①] 认为以西方的立场来看中国传统，中国传统便成了“他者之物”，自然会有误读现象。作者以研究董其昌为切入点试图找出中国画创作的“根性”所在，董其昌以禅喻画对后世产生了极大的影响。作者指出其实对董其昌影响最大的是王阳明的心学，但心学亦是深受禅宗启发的儒学，因此，禅学仍是其源头。后世的四王继承了他画学思想中“儒”的成分，四僧继承发展了他画学中“禅”的成分；青岛科技大学硕士生孙衍的《从雪舟艺术看禅宗思想对古代日本水墨画之影响》[②] 以当代日本和中国水墨画衰微问题为缘起，系统地分析了雪舟的绘画艺术及其对后世之影响。全文从雪舟的生涯与艺术、禅宗影响下的日本水墨画、古代日本水墨画中禅宗思想、雪舟艺术对后世日本水墨画的影响几个方面来分析，认为雪舟的创作思想“禅画一致”是日本本土文化和中国唐宋禅宗文化的双重融合，日本固有的民族审美使之选择了法常、马远、夏圭这类疏简清淡风格的作品来学习并形成了“南画”这一日本水墨画种，并由雪村等后继者做了广大发扬，但在后雪舟时代，世俗美术的崛起和西洋美术的影响使禅宗水墨画日渐衰微。河北师范大学范琴琴的《山水画中的“自性”》[③] 指出，“禅的‘自性’和山水画艺术创作在精神上是统一的”，全文分为三章：山水画与自性、“自性”与山水画创作精神之间的关系、分别从临摹写生创作谈谈我对“自性”的认识。

华中师范大学博士生潘斌的《魏晋艺术与庄子思想之研究》[④] 认为魏晋是艺术自觉的时代，也是中国禅学审美萌发的重要时期。论文采用文史互证的方法来弥补史料不足的缺憾，从汉魏六朝思想史发展出发，重点探讨了庄子思想对魏晋人文思潮的影响，提出深受庄子审美思想影响的魏晋艺术“成就了人的精神生命”。东南大学博士生李韬的《中国古代艺术理论范畴研究》[⑤] 主要从中国古代艺术本体论、价值论、认识论三个范畴来阐释，立意宏阔，论点深入。在谈到本体论范畴时，作者说：“中国古代艺术理论范畴主要是由本体论范畴、认识论范畴和价值论范畴所构成。本体论范畴是道、气和象。道是中国哲学中的最高概念，它也是中国古代艺术理论的根本范畴之一。道和艺的结合是人的理性和感性和谐发展的必然结果。”

在期刊发表的文章数量比较多，但大多浅尝辄止，并没有很深入的探讨。当然其中也有较高水准的文章，如何劲松研究员的《晋宋之际玄禅背景下中国山水画的兴起》[⑥] 从魏晋玄学和佛教般若学融合这一角度研究，认为“山水画的独立发展，其前提是山水美的独立，山水必须成为有意义的存在，必须走进人的精神世界，从而成为一种意象和意境，成为人的精神的拓展。这一切，又直接依赖于当时盛行的般若思想、佛性论和心性论对人心的洗礼，特别是禅学风气对人精神世界的熏习”。因此佛教般若学在山水审美走向独立的过程中功德善莫大焉，禅学重点在于“会心”，“会心”是一种真正诗意化的创作审美方式，这也是玄禅理论成为文人画审美核心重要原因。《江西社会科学》发表孙红阳教授

---

① 梅波：《文人画的正宗——董其昌的画学思想及其影响》，硕士学位论文，中国艺术研究院，2016 年。

② 孙衍：《从雪舟艺术看禅宗思想对古代日本水墨画之影响》，硕士学位论文，青岛科技大学，2016 年。

③ 范琴琴：《山水画中的“自性”》，硕士学位论文，河北师范大学，2016 年。

④ 潘斌：《魏晋艺术与庄子思想之研究》，博士学位论文，华中师范大学，2016 年。

⑤ 李韬：《中国古代艺术理论范畴研究》，博士学位论文，东南大学，2016 年。

⑥ 何劲松：《晋宋之际玄禅背景下中国山水画的兴起》，《世界宗教研究》2016 年第 3 期。

的《黄庭坚题画诗、跋蕴含的绘画思想研究》[①] 以宋代禅学兴盛为背景，以黄庭坚深厚的禅学修养为切入点，他的题跋即是画论、书论，从中可以看出黄庭坚对“韵”的理解和对“浑然天成”的审美体会。赵以保的《论董其昌的绘画创作观》[②] 从神会感通论、丘壑内营论、一超直入论几个方面来分析董其昌的笔墨创作观，董其昌“宇宙在乎手者，眼前无非生机”这一创作理念打破了以前“以物观物”和“以我观物”两种状态，这种思想明显是受当时心学和禅学的影响，极大地彰显了画家的主体能动性。作者最后认为董其昌真正协调了“造化”和“心源”的关系，由两元两分到交融合一，极大提升和完善了中国审美品格。北京大学哲学系吴湘的《文人画的精神意趣——以“米氏云山”下的“潇湘”绘画为例》[③] 在“米氏潇湘的精神意趣”一章中，认为中国古代知识分子在知识结构上具有“三教合一”的复杂性，因此《潇湘图》在青山和白云两种意象中能体现出“空色不二”的禅宗审美意味。四川大学道教与宗教文化研究所常磊的《自由、时空观念在禅画中的感性显现》[④]，文章大纲分为一、“物化”与“心化”——庄禅思维理念的不同路径；二、“净心”与“空”观——审美体验的内质；三、“心化”时空观与传统绘画艺术理念。最后得出“禅画的审美特点在于写意并非抽象，写实并非具象”这一观点。伪满皇宫博物院石宪副研究员的《日本佛教绘画达摩禅师赏析》[⑤] 指出，因伪满皇宫藏有多幅日本画家所绘达摩图，因此作者挑选了其中三幅加以分析，从中可以看出日本民族文化的审美和中日禅宗文化交流与融合。除此以外还有曾露的《倪瓒绘画美学及地位之认定》[⑥]，该文主要强调董其昌“南北宗论”是确立倪瓒画史地位的主要原因。

在学术研讨会方面，台湾成功大学历史系萧琼瑞教授在“2016 年海峡两岸首届闽派书画学术研讨会”中发表《“闽习”与日本南画》[⑦] 一文，他提出作为浙派之源的马夏系统是“闽习”，在中国本属于北宗，但因笔墨极具个性，审美风格荒率放逸，因此传到日本却作为南宗被重视学习。日本主要有武士阶层和僧侣阶层，这两个阶层都喜欢在习武或者禅修之后以挥洒笔墨为消遣，故喜简练劲健风格，加上后来画僧雪舟和他的弟子以民族审美趣味来融入改造宋元笔墨，最终日本南画“野逸”这一审美风格变得愈加突出，并成为不同于中国水墨画，具有自己民族审美特点的画种。

在禅意书画创作活动方面，由南开大学、台湾佛光山、台湾文化大学主办，2016 尹沧海禅意书画展在台湾佛光山佛陀纪念馆隆重开幕。尹沧海教授多年来进行水墨大写意画创作实践，近些年来尤其在禅意书画方面用功甚多，也取得了很好的成就。

二　佛教碑刻的相关研究

关于佛教碑刻研究最为重要的著作是由德国海德堡科学院雷德侯领衔主编的《中国

---

① 孙红阳：《黄庭坚题画诗、跋蕴含的绘画思想研究》，《江西社会科学》2016 年第 5 期。

② 赵以保：《论董其昌的绘画创作观》，《美术观察》2016 年第 3 期。

③ 吴湘：《文人画的精神意趣——以“米氏云山”下的“潇湘”绘画为例》，《文艺研究》2016 年第 9 期。

④ 常磊：《自由、时空观念在禅画中的感性显现》，《河南社会科学》2016 年第 9 期。

⑤ 石宪：《日本佛教绘画达摩禅师赏析》，《旧址与文物》2016 年第 2 期。

⑥ 曾露：《倪瓒绘画美学及地位之认定》，《艺术与设计》2016 年第 5 期。

⑦ 萧琼瑞：《“闽习”与日本南画》，《中国美术报》2016 年 11 月 5 日，第 23 版。

佛教石经》[①] 系列（已经出版山东、四川各两卷），该研究对每处刻经进行深入细致的调查、测绘和全面的资料记录，针对刻经的历史、政治、宗教、艺术等含义进行综合分析探讨刻经的时代背景，用中英文双语出版书面调查报告和研究专著。该项目由众多中外学者联合完成，具有非常重要的资料和学术价值，必将为推动山东、四川两地刻经的深入研究起到非常重要的作用。赵超的《锲而不舍・中国古代石刻研究》[②] 是赵超教授多年研究古代石刻的论文集，这些论文中，很多都具有非常高的学术价值，其探讨古代石刻的角度、广度和深度对当前研究佛教碑刻具有重要的参考价值。殷宪、殷亦玄的《北魏平城书迹研究》[③] 通过碑铭、墓志、砖瓦文、造像题记等展示作者对北魏平城地区早期各种书迹的研究成果，具有一定的历史、文化艺术价值。柯嘉豪的《佛教对中国物质文化的影响》[④] 关注佛教的流传与物质文化的关系，着重强调佛教对中国物质文化的影响。其中第一章着重探讨舍利与造像等内容，对于研究佛教碑刻不无启发。甘中流的《中国书法批评史》[⑤] 历时十五年，是作者长期从事书法理论教学与研究的成果。该书虽不是专门研究碑刻的理论著作，但其中对魏晋南北朝书法理论与碑刻实践的研究，以及对清代以来碑学兴起的缘由、理论成果的探讨对我们全面深刻地理解佛教碑刻具有十分重要的参考价值。王宏理的《中国金石学史》[⑥] 论述宗教石刻朝代更迭，分六编对我国金石古物、金石研究等做了系统深入的研究，其中第三编第三章中专列“佛教石刻”，此后每编都安排专门章节叙述宗教碑刻。该书突破传统金石学的论述方式，对研究佛教碑刻等均有参考价值。邓星亮的《四川安岳卧佛院石窟刻经研究》[⑦] 以四川安岳卧佛院石窟刻经田野考察内容为对象探讨安岳石窟产生的原因，探讨佛教刻石与石窟、典籍之间的关系，分析石窟刻经本身的特点、类型及其分布。此外将安岳卧佛院石窟刻经置于整个佛教刻经范围内进行类比，探究安岳卧佛院刻经的意义。杨宏的《北魏石刻楷书构形系统研究》[⑧] 对以魏碑为主的北朝石刻楷书字形进行系统整理研究并对其中复杂现象从构形学、字体学等角度进行全面阐释，并结合历史文化特点探讨其文字发展史意义。

《中国书法》2015 年第 5 期对山东北朝佛教摩崖进行专题介绍，发表了赖非、陈建的《山东北朝刻经初探》、张永强的《山东境内北朝佛教摩崖刻经考察》、张总的《北朝石刻佛教的书法面貌》《山东北朝摩崖刻经是书体特征》《平阴三山摩崖刻经》、楚默的《僧安佛名书探究》等，是一次比较全面展示山东北朝佛教刻经书法特征的展示；第 6 期发表了赖非的《书法环境学——我的书法史研究》，该文是其书法环境学一书的简要介绍，对于研究佛教刻经，特别是摩崖刻经很有意义。

梅跃辉的博士论文《“篆隶为本”的书法观研究》[⑨] 着重探讨“篆隶为本”书法观的产生与发展及相关问题。其中在“篆隶为本”书法观的影响下，清人尝试回归秦汉传统，

---

① 雷德侯主编：《中国佛教史石经》（第二卷），中国美术学院出版社 2015 年版。

② 赵超：《锲而不舍・中国古代石刻研究》，三晋出版社 2015 年版。

③ 殷宪、殷亦玄：《北魏平城书迹研究》，商务印书馆 2016 年版。

④ 柯嘉豪：《佛教对中国物质文化的影响》，中西书局 2015 年版。

⑤ 甘中流：《中国书法批评史》，人民美术出版社 2016 年版。

⑥ 王宏理：《中国金石学史》，华东师范大学出版社 2016 年版。

⑦ 邓星亮：《四川安岳卧佛院石窟刻经研究》，巴蜀书局 2016 年版。

⑧ 杨宏：《北魏石刻楷书构形系统研究》，对外经济贸易大学出版社 2015 年版。

⑨ 梅跃辉：《“篆隶为本”的书法观念研究》，博士学位论文，中国艺术研究院，2015 年。

又以秦汉古意的成功经验运用与北碑的创作实践，直接推动清代碑学的兴起，直至成为近代以来书法发展的关键问题。赵延亚的硕士论文《北朝僧尼墓志碑铭探析》从墓志碑铭所载僧尼身世、出家生活和丧葬仪式等方面，探讨北朝僧尼在当时的社会生活和地位。① 此外还有《响堂山石窟研究综述》《洪顶山北朝摩崖刻经书法研究》《北京房山石经书法概述》《文学视野下的北魏造像研究》《罗振玉碑刻研究综述》《北朝山东书法艺术》《近五十年来北石窟寺考古研究综述》《泰山石刻文献综述》《大理圣元寺碑刻文化研究》《山西地区北朝佛教邑义研究》《隋唐墓志隶书研究》《荐福寺碑刻的特点与价值》《论南齐写经体在北齐铭石书中的演变》等，从历史、文学、宗教、书法艺术等方面进行研究，取得了新的学术成果，对纵深研究佛教碑刻均具有不同程度的参考价值，在此不一一赘述。

三　佛教造像研究

敦煌文化丰富浑厚，在不同的历史时期展现出不同的文化内涵和艺术风格。在敦煌众多的艺术形式中，敦煌石窟艺术可以说是独树一帜，取得了非常辉煌灿烂的成就。敦煌的石窟艺术品类众多，含壁画、彩塑、石窟建筑、纸本画、墓画等，内容十分丰富，数量极其巨大，具有无可替代的重大意义。李奎的《造像·敦煌文化传奇》主要介绍了敦煌文化的历史，展示敦煌遗址的风采及内涵，重点介绍敦煌遗址的保护与研究现状。该书对于弘扬中华民族文化，推动世界文化的交流与融合，促进敦煌学的研究；对于有效保护和充分利用敦煌文化遗产，带动我国西部地区文化事业发展，以及激发社会公众的爱国热情和民族自豪感，有着一定的历史意义和现实意义。书中涉及佛教造像的有：敦煌石窟、北凉北魏开凿的洞窟、隋唐宋元开凿的洞窟、各具风采的彩塑造像、雕梁画栋的建筑瑰宝、祁连山北麓的艺术石窟等章节。②

孙常福的《山石造像神采》主要介绍我国的历史和灿烂的文化。包括河西走廊的丝路重镇、魏晋北朝时期的敦煌、隋唐盛世时期的敦煌、夏元明清时期的敦煌、北凉北魏开凿的洞窟、隋唐宋元开凿的洞窟、各具风采的彩塑造像、雕梁画栋的建筑瑰宝等内容。③

郑炳林主编的敦煌与丝绸之路石窟艺术丛书之《川北佛教石窟和摩崖造像研究》由甘肃教育出版社于 2016 年 10 月出版，作者为雷玉华、罗春晓、王剑平。四川石窟和摩崖造像是中国石窟寺链条上的最后一段，没有它们，对中国石窟寺和佛教史的研究就不完整。川北是四川摩崖造像最重要的区域之一，也是佛教从北传入四川重要的通道之一，弄清了它们的来龙去脉，就能很好理解四川摩崖造像中的许多问题。该书在对川北石窟和摩崖石刻造像进行全面调查的基础上，通过对龛像类型进行分析，结合纪年龛像，对川北佛教石窟和摩崖造像作了分期研究。④

常青的《金石之躯寓慈悲》以美国弗利尔美术馆藏中国佛造像研究为题，分“研究篇”“著录篇”两册，“著录篇”全面发表弗利尔馆藏的 300 多件佛造像和道造像图文资

---

① 赵延亚：《北朝僧尼墓志碑铭研究》，硕士学位论文，中央民族大学，2015 年。

② 李奎：《造像·敦煌文化传奇》，汕头大学出版社 2016 年版。

③ 孙常福：《山石造像神采》，汕头大学出版社 2016 年版。

④ 雷玉华、罗春晓、王剑平：《川北佛教石窟和摩崖造像研究》，甘肃教育出版社 2016 年版。

料，并详录其研究状况、历次著录信息，为研究佛利尔美术馆的佛道造像提供了基本的资料基础。①

马元浩编撰的《观音造像海外遗珍》是已经出版的《中国古代雕塑观音》的姊妹篇画册，分一、二两卷。古代观音造像是中国佛教雕塑艺术遗存中极为精彩的部分。古代的艺匠们在制作中既遵循佛教造像的仪轨，又融入当时社会的审美情趣和现实生活中人物的形象特点进行演绎，将观音的慈悲与庄严刻画得出神入化。而伴随着朝代的更替，佛教造像风格的演变，以及各地地理位置的不同，观音造像又形象各异。它们是我国宗教艺术的精华，也是雕塑艺术中的瑰宝，具有极高的研究价值和艺术欣赏价值。由于种种历史原因，中国这些古代雕塑珍品有不少流失到了海外各地，该书作者组织了由各路专家组成的寻踪团队，“沿丝绸之路，寻观音足迹”，在一年多的时间中陆续奔赴世界不同地区，克服种种困难，进行了艰苦但卓有成效的探访拍摄工作，将这些精华和瑰宝，一一探寻收录，最终整理出版，这从文化艺术史方面来说是一种可贵的补漏，对于中国优秀传统文化的传承，以及对于世界文化艺术的交流，无疑做出了重要的贡献。②

蒋家华的《中国佛教瑞像崇拜研究：古代造像艺术的宗教性阐释》主要是对中国佛教瑞像这一特殊的佛像类型进行全面、系统的整理与研究。内容主要涉及瑞像的内涵与生成、瑞像崇拜的兴起、瑞像的流布与灵验以及瑞像的社会影响等。通过对以瑞像为题材造像的遗存研究，从而评估佛教瑞像对造像艺术的影响力，进而可以了解到这些造像遗存背后社会各阶层的宗教信仰。③

四 佛教壁画研究

南传佛教与汉传、藏传佛教并称为中国三大佛教流派。近年来，南传佛教壁画的绘制呈现出兴盛势态。赵云川、安佳的《中国南传佛教壁画述论》在对国内南传佛教地区进行多次考察的基础上，从保护与发展的尴尬、本土画工的缺失与壁画“外来化”倾向、佛寺功能的世俗化与壁画创作心态的变化三方面，对我国南传佛教壁画的现状进行了分析与评述。④ 从南传上座部佛教传入云南傣族地区至今的这段跨度千余年的时间里，正是傣族佛寺壁画的缘起和不断发展的时期。佛教凭借自身的文化优势及包容性，逐渐成为傣族民众主要信仰的宗教。佛教中的思想意识和教理教规对傣族地区佛寺壁画艺术产生了巨大的影响，赵琛的《南传上座部佛教对傣族佛寺壁画的影响》对此影响进行了有益的探索。⑤ 柬埔寨高棉人与我国的布朗族、佤族、德昂族等同属于孟高棉语族，共同信仰南传佛教，彼此在佛教节庆仪式音乐上有着非常近似的艺术风格特征和共同的文化渊源。柬埔寨吴哥窟至今尚保留了大量精美的石雕乐舞壁画和塑像资料，后世柬埔寨王室及民间舞蹈艺术家据此去重建高棉古典舞蹈艺术体系。杨民康的《吴哥窟石雕壁画中的舞蹈图像研究》将上述早期石雕乐舞资料与宋、元汉文史料以及当代南传上座部佛教舞蹈音乐资料

① 常青：《金石之躯寓慈悲》，汕头大学出版社 2016 年版。

② 马元浩编撰：《观音造像海外遗珍》，浙江摄影出版社 2016 年版。

③ 蒋家华：《中国佛教瑞像崇拜研究：古代造像艺术的宗教性阐释》，齐鲁书社 2016 年版。

④ 赵云川、安佳：《中国南传佛教壁画述论》，《艺术教育》2016 年第 1 期。

⑤ 赵琛：《南传上座部佛教对傣族佛寺壁画的影响》，《艺术教育》2016 年第 3 期。

进行比较分析，从音乐文化史及艺术图像学角度，对这一时期柬埔寨吴哥王朝的宗教祭祀与乐舞文化中的舞蹈表演状况进行了复原性勾勒和描摹。①

14—17 世纪是藏传佛教绘画发展的转型时期，本土画师开始专注本民族艺术的创作和思考，绘画风格逐渐摆脱外来的程式而趋向本土化演变。夏鲁—江孜风格正是处于本土化演变的关键时期，具有承上启下的重要意义。夏鲁寺和白居寺壁画同为夏鲁—江孜风格的代表，二者在艺术风格上既有区别又有联系，杜航的《14 世纪至 17 世纪夏鲁寺、白居寺壁画艺术风格比较研究》根据历史文献和图片资料，将两寺壁画艺术风格的异同点进行比较研究。② 王磊义的《内蒙古藏传佛寺壁画与唐卡中的地域特色》则列举了内蒙古佛寺壁画中的蒙古元素，以及在佛寺发现的有蒙文题记的唐卡和博物馆收藏的多幅反映蒙古族民俗风情、偶像崇拜的唐卡，以此证实，这些画作体现了蒙古族在吸收藏文化中出现的本民族绘画特色。③ 内蒙古阿尔寨石窟是目前北方草原地区已知最大的石窟寺遗址群，具有鲜明的藏传佛教与蒙古族文化因素。壁画是阿尔寨石窟的研究焦点。李雨濛的《内蒙古阿尔寨石窟第 28、31 窟世俗人物壁画研究》根据 16、17 世纪蒙古与藏传佛教格鲁派的历史，结合该时期蒙古社会政教与文化之联系，判断第 28、31 窟壁画绘制于 16 世纪末至 17 世纪初，此世俗人物壁画是这一时期蒙古社会的政治需要和民族精神的产物。④

龟兹是古代西域佛教文化和艺术中心之一。龟兹地区自古以来就是西域丝绸之路北道必经之地，中西文化在这里交流荟萃，留下了悠久的历史文化和丰富的人文遗存，今天龟兹境内保存的佛教石窟遗址就达 10 余处之多，主要集中在库车、新和及拜城三县境内。王胜泽的《华丽典雅的龟兹壁画艺术》一文对龟兹壁画艺术的历史与现状进行了概述。⑤ 新疆克孜尔石窟壁画是研究印度佛教影响中国乃至于整个东亚地域时空经纬的重要环节。对于南朝时谢赫提出的包括"随类赋彩、传移模写"等内容的《六法》，王赞的《"画家画"之壁画与"六法"之间的关系》认为，这两个法则本质是壁画色彩的理论，而"传移模写"则是壁画人物画的基本准则。"谢赫'六法'的本质为《易经》河图、洛书图像推演下的阴阳八卦之学说，贯穿'六法'的绘画行为的是以理、数、象、八卦世界图式，从而形成一种空间与时间一体化的思维模式"。其中"传移模写"实则是人物画超大尺寸绘画以及以寺庙宗教壁画题材为内容创作时由小画样放大到壁画稿子的重要过程。⑥ 刘芳、鲍丙峰的《浅议新疆佛教壁画人物造型特点的形成因素》以绘画实践者对绘画语言、人物造型的关注为切入点，从具体现象入手，结合佛教艺术的发展、传播，对西域佛教人物画形象进行了剖析，从时间和空间两条主线研究绘画与传统文化形态、社会变革的规律，借以探寻壁画人物造型特点形成因素。⑦

从敦煌地区的古籍文献及图像资料中均能找到晚唐五代时期僧人随侍现象的端倪。白琳的《晚唐五代时期佛教僧人女性随侍问题研究——以敦煌壁画和绢画为中心》通过史

---

① 杨民康：《吴哥窟石雕壁画中的舞蹈图像研究》，《云南艺术学院学报》2016 年第 1 期。

② 杜航：《14 世纪至 17 世纪夏鲁寺、白居寺壁画艺术风格比较研究》，《西北美术：西安美术学院学报》2016 年第 3 期。

③ 王磊义：《内蒙古藏传佛寺壁画与唐卡中的地域特色》，《中国藏学》2016 年第 1 期。

④ 李雨濛：《内蒙古阿尔寨石窟第 28、31 窟世俗人物壁画研究》，《内蒙古社会科学》2016 年第 4 期。

⑤ 王胜泽：《华丽典雅的龟兹壁画艺术》，《丝绸之路》2016 年第 7 期。

⑥ 王赞：《"画家画"之壁画与"六法"之间的关系》，《新美术》2016 年第 1 期。

⑦ 刘芳、鲍丙峰：《浅议新疆佛教壁画人物造型特点的形成因素》，《塔里木大学学报》2016 年第 2 期。

料与图像二者之间的比对、联系，对晚唐五代时期出现的女性随侍的身份、地位等问题进行考证探究。① 张惠明的《公元八至九世纪敦煌壁画“文殊及侍从图”中佛教节日主题元素》围绕莫高窟第172和159两个洞窟《文殊及侍从》的壁画，通过文本文献与相关壁画中图像间的对照研究，对公元八至九世纪敦煌的《文殊及侍从》图中的佛教节日主题元素加以解读并阐释其象征性含义。② 敦煌壁画中的狩猎图像资料十分丰富，跨越的时间界限较长，为研究狩猎图像的发展演变提供了绝佳材料。丛振的《敦煌狩猎图像考》通过对史前岩画、先秦青铜器、汉画像砖中类似图像的考察，认为敦煌狩猎图像表现出鲜明的世俗化特征，并与佛教思想有密切联系。③ 作为人类文化范畴中的精华，敦煌壁画因见诸视觉的外在特征而极易被当作纯艺术的产物，蕴藏其中的兼具精神与世俗双重层面的本质因此而被忽略。事实上，“道德、伦理”作为“人类文化”的核心，在敦煌壁画的组成成分中占有不可或缺的重要地位，高兴的《敦煌壁画的伦理价值探析》认为，对这个部分投以关注并加以探究，既可以在一定程度上了解特定区域的伦理道德的发展变迁，又可以一定限度地还原敦煌壁画作为敦煌学重要组成部分的本来面目。④

泰云寺壁画对研究唐代壁画题材和相关佛教史内容具有重要意义。刘建泽的《山西洪洞县寺庙壁画题材内容及绘画技法——泰云寺建筑壁画》对泰云寺壁画的年代、壁画题材、绘画风格和技法以及相关佛教史内容等进行了初步研究。⑤

五　蒙藏佛教文化与艺术研究

『モンゴルにおける浄土思想』（《蒙古地区的净土思想》）2016年4月在日本法藏馆出版。此书是嘉木扬·凯朝研究员多年用日文撰写并在日本学术会议上发表、在日本学术刊物上刊登的论文合集。

此专著主要研究了蒙古地区的净土思想。在蒙古民族的信仰意识中，即使自己受“无量寿佛灌顶”，过上幸福美满的生活乃至健康长寿也不能满足他们的信仰意识，因为对信众来讲，更重要的是使众生都过上幸福美满、健康长寿的生活。无量寿佛的本愿是使众生离苦得乐、究竟成就、往生极乐净土、修成证果。

对于佛教的“慈、悲、喜、舍”的菩提心而言，普通民众人身来之不易，想与家人、家族、亲朋好友永远过上幸福美满的生活的心境是不言而喻的。所以研究佛教的专家认为，这种信仰意识以“民众佛教”（Popular Buddhism 信仰佛教）的观点来解释。对于普通民众来讲，民众佛教比起“教义佛教”（Doctrinal Buddhism）⑥，更现实，更能满足民众的现实利益。所以蒙藏地区佛教寺院举行“无量寿佛灌顶”仪轨也是依据佛教所讲的方

① 白琳：《晚唐五代时期佛教僧人女性随侍问题研究——以敦煌壁画和绢画为中心》，《丝绸之路》2016年第12期。

② 张惠明：《公元八至九世纪敦煌壁画“文殊及侍从图”中佛教节日主题元素》，《中华文史论丛》2016年第3期。

③ 丛振：《敦煌狩猎图像考》，《石河子大学学报（哲学社会科学版）》2016年第2期。

④ 高兴：《敦煌壁画的伦理价值探析》，《陕西师范大学学报（哲学社会科学版）》2016年第3期。

⑤ 刘建泽：《山西洪洞县寺庙壁画题材内容及绘画技法——泰云寺建筑壁画》，《美与时代：美术学刊（中）》2016年第6期。

⑥ 前田惠学编著：《现代斯里兰卡上座佛教》，日本山喜房佛书林刊1986年版，第1—9页，日文。

便法门，对机说法、因人施教，普度众生，是人间佛教的具体体现。

蒙藏地区佛教所传的“无量寿佛灌顶”仪轨的信仰意识与汉传佛教推崇的“延生普佛”的净土思想意识是相同的。① 在蒙藏地区佛教徒的信仰意识中有这样的说法：“若祈求智慧聪明，则皈依无量光佛；若祈求延寿福德，则皈依无量寿佛。”嘉木扬·凯朝的《蒙古地区萨满教及克旗敖包的特点》（《世界宗教文化》2016 年第 1 期）主要从论述蒙古地区萨满教的由来过程，蒙古族人对萨满教的认知，萨满教的法器法物，萨满与蒙古人称“孛额”（Buge）的圣者代言人和蒙古人崇拜“长生天”（Mengke tengri 蒙克腾格里）关系等方面进行分析阐释。从古至今，与“一带一路”密切相关的蒙古草原传承着历史悠久又较为有代表性的克旗祭敖包仪轨这一文化遗产，该文着力探讨了原始萨满教与后来传入的佛教对蒙古族人民社会生活的影响，以田野调查研究的成果展现给大家。同时借助蒙藏文献对蒙古敖包文化的内涵、种类以及如何建造敖包、祭祀敖包的礼仪等进行梳理分析，从中也可以领略世代相传的蒙古草原文化，对草原人民与自然和谐共处、安居乐业起着积极的促进作用，可以认为是萨满文化与佛教文化互鉴的结果。蒙古族的萨满有别于其他民族，主要有两种：第一种是蒙古族人认为是祖先流传给下一代人继承的萨满，第二种是叫宝提（菩提）的萨满，此萨满是在今世以自己修持的结果达到圣果的地位者，而蒙古萨满的功能主要是为人民祛除疾病灾害，为百姓的安居乐业起穿针引线、拔苦与乐、带来吉祥幸福的作用，是祈请“长生天”护佑人民大众的一种宗教仪轨。

嘉木扬·凯朝的《思考佛教与和谐》（载《时代特色人间佛教与亚洲的历史与现实》，宗教文化出版社 2016 年版）论述了正确认识佛教信仰与社会和谐的关系，如何共同做到“认识自我，感恩他人；奉献社会，从我做起”。这里所说的“认识自我”，不是别人，而是自身；人在世间应当确知“我”是谁，“我”的父母是谁，“我”的国家是谁，“我”来到这个世界是怎样长大成人的。如果每位社会成员都清楚地“认识自我”，自然会升起一种感恩他人、奉献社会、从我做起的正确信念。这就是说，有了父母的养育之恩，有了社会各界的关心和帮助，才有我们今天幸福的生活。佛法所说的“无我”（Atman 梵语，bdag med 藏语），不是说没有绝对的“我”，而是说“我”是因为依靠大家、社会群体，所以才有“我”生存的空间，大家都是相互依赖，“我”才能有机遇生存，才能存在于这个世间。佛法说的“缘起有、自性空”就是这样的一个感恩的永恒哲理。佛教所说的“善”，首先意指你帮不了别人也不要去坑害别人，不要做损人不利己的事情，这是最大的护生，这就正确认识了佛教信仰与社会和谐的关系，这样才能做到和谐共存共生。这样，也就是最好的人生，即“以人（仁）为本”的人生理念。佛和佛法正是要教导我们止恶行善的人生观，别无他说。要知道人身难得，五根难具，生命短暂如泡影，业报不虚。要知过去因，现在受者是；要知未来果，现在造者是。坚定信仰，勿失良机，不虚度年华，坚持一日一善，一日不做、一日不食的高尚人生观。从佛教戒律上来说，自杀都是犯戒的，因为你的生命不只是你自己一个人的，父母养育你，学校培养你，社会关心你，你才能够成长成人。

作者指出，社会的生存常识使我们知道：人生在世间，没有一个人是从天上掉下来，或者从地下蹦出来的，都有其亲生的父母。释尊是我们人间的最好榜样，父亲叫净饭王，

---

① 前田惠学主持，夏法圣讲，嘉木扬凯朝汉译：《现代中国居士佛教》，《同朋大学佛教文化研究纪要》第 23 号，2003 年版，第 57—86 页。

母亲叫摩耶夫人，他的国家叫释迦国（今尼泊尔境内）、民族叫释迦族。而佛教提出的"报国土恩，报众生恩"这一思想早在释尊的原始佛教时代就已经产生了。佛教"报四恩"的途径有八万四千多种，以"对机说法，应人说教，应病施药"的对治法门来报答四恩。佛教的修持方法要求修行者把自己的福德资粮和智慧资粮（物质和精神方面）的财富无私奉献，这是真正的修行，因为真正的修行者"是舍，而不是取"。真正的信仰首先要孝敬父母，奉献社会，只有这样，才能够在人生观和道德观上不断进步，脱离烦恼业障（Jon moGs kyi sgrib）和所知障（Ces rab gyi sgrib）、圆满福德（bsod nams kyi dshogs）和智慧资粮（yeCes kyi dshogs）、得大自在；以先做善人后做好事的人生理念，为社会群体，为人类文明做出我们每一个人应该做的贡献。

卓日格图编的《梵藏汉蒙对照词典》（民族出版社 2016 年出版）的问世对梵藏汉蒙佛教以及其他学科的研究起到积极的借鉴作用。

由雍和宫住持、中国佛教协会副会长、北京佛教协会会长胡雪峰大喇嘛（法名：罗布桑·散木丹）编著的《藏汉蒙对照六大金刚修持法》（民族出版社 2016 年版）对研究蒙藏佛教的密教仪轨以及念诵和唱诵将会起到前所未有借鉴和促进作用。

六 道教文化与艺术研究

2016 年的道教艺术研究呈现出多元化的倾向，不仅在传统的道教音乐和绘画方面有相关阐发，在道教建筑、道教书法、道教和舞蹈等方面也有所涉及。

在道教音乐方面有蒲亨强、陈文安的《唐五代的道教仪式音乐》。该论文认为唐代因宫廷和社会力量的加盟，道教仪式音乐开始进入中国社会，成为华夏音乐的成员，与世俗音乐交叉影响。但无论道内或道外的发展，仍都基于东晋灵宝法的传统。皇室对道教音乐的利用改造，亦并未触动道教的传统内容。道教内部的仪式音乐仍是发展的主体，其中顺应潮流而局部新增的仪式音乐，对于前进中的传统道乐只具添枝加叶的意义。唐五代道教仪式音乐在道教仪式音乐史上起到承前启后的作用。① 另外还有一篇综述性道教音乐论文：胡军的《近年道教音乐研究之综述（2008—2015）》。该文认为，2008 年以来道教音乐在传承与保护、学术研究与艺术实践、人才培养与社会服务及对外文化交流等方面取得显著成效。在回顾 2008—2015 的中国道教音乐研究现状和特点之后，该文对道教音乐发展中的现实问题提出思考，认为当前的道教音乐学科建设中还存在诸多亟待突破或深化的现实课题：如标志性的道教音乐舞台剧现实作品不多；道教音乐艺术价值潜力挖掘不够；道教音乐文化产业的功能发挥不强；道教宗派与音乐流派、道教音乐的宗教性与艺术性、道教坛场和舞台剧场、斋醮科仪与科仪音乐等关系的探讨有待深入；对于民间道教音乐的系统性考察和研究也有待进一步加强等问题。②

在道教绘画研究方面的主要论文主要探讨宋以后道教对于绘画的影响。如张春新的《明清文人画中的道教思想探究》认为道教思想作为中国哲学史、宗教史上重要的组成部分，对于中国社会、文化的发展有着重要的影响。文章以文人画和道教思想的基本内涵为引，从分析文人画与道教思想的历史溯源入手，论述了道教思想与明清文人画在艺术精神

---

① 蒲亨强、陈文安：《唐五代的道教仪式音乐》，《艺术百家》2016 年第 4 期。

② 胡军：《近代道教音乐研究之综述（2008—2015）》，《歌海》2016 年第 4 期。

上的高度契合，并探究了明清文人画与道教思想的关系，解析了明清文人画中道教思想的体现。[①] 另外刘子琪的《“逍遥归上玉京山”——由仙台母题观察元明文人画中的道教性格》探讨元明时期传统文人画发展的一个高峰中道教的影响。文章指出，在传统的文人画研究中，作品在笔墨技法和画史意义上的溯源，往往成为研究重点，而画学内涵的宗教元素往往被人忽视。应该关注书画艺术在人文元素之外的多元风格和丰富内涵，将道经存思图景与元明画家的作品进行比较性考察，揭示山水画当中蕴含的道教象征。通过文献上的勾连牵引，梳理出仙台母题吸收自早期西王母昆仑山信仰，经由隋唐时期洞天福地理论纳入体系，而成为宋元道教存思白日飞升的神圣场域。实际上，仙台主题、道教文化与山水画的关联早在魏晋时期便已产生，但是在元明发展到高峰。[②] 赵伟的《潘德冲与永乐宫三清殿建筑和壁画》提到，永乐宫艺术作为元代道教艺术的典范一直备受世人瞩目，但有关永乐宫的构建者潘德冲的事迹鲜有人提及。作为跟随丘处机西行觐见成吉思汗的十八弟子之一，潘德冲在元代全真教众中拥有极高的威望，曾充任燕京都道录多年，后又被全真宗师派往永乐营建大纯阳万寿宫（即永乐宫）。永乐宫的营建构成，凝聚了潘德冲的毕生心血。解读永乐宫建筑与壁画的布局方式，不但可以深入透视古代建筑与壁画的密切关系，而且可以管窥元代全真教的艺术理念。[③] 关于道教绘画的研究还有一篇博士论文：毛娜的《汉画西王母图像研究》。该论文以汉画西王母图像实物等材料为主体，借助综合的研究方法，尝试着解说西王母图像传播的两条线路。该文主要分析论述了西王母信仰的思想根源、西汉初期的宗教结构和西王母信仰盛期的宗教结构，并探讨了西王母信仰与道教形成的关系等内容。[④]

道教建筑艺术研究依然是集中于个案性研究。黄林生的《福建道教装饰艺术特征》以宋时期营造的道教建筑——莆田玄妙观为例，着重选取建筑中广泛而普遍的文化艺术现象、装饰作为研究对象，以现场调查及检索文献为基本手段，通过文献结合实物的研究方法从玄妙观的装饰手法和题材等方面探讨福建道教建筑的装饰艺术特征以及装饰所折射出的历史和文化信息。[⑤] 张劼、杨豪中的《仙境·风水·势力——崂山道教建筑群总体营建的三条脉络》在大量文献史志和实地调研的基础上，分别从“三清仙境”营建与“虚幻仙境”渲染的仙境脉络、“藏风聚气与山环水绕”的风水脉络和“构建道教控制关系网”的势力脉络论述了崂山道教建筑群总体营建的脉络，总结出道教建筑群营建的“变中有序”的总体特征。[⑥]

道教书法方面的研究论文有顾工的《杨维桢与张雨、倪瓒的交游——兼论三人的道教渊源》。文章讲述元末活跃于杭州、苏州、松江三个地域文化圈的著名文人杨维桢，与虞集、欧阳玄、张雨、黄公望、郑元祐、陆居仁、倪瓒、王冕、王蒙等人都有交往。杨维桢常以道人自称，在他错综复杂的社会交往之中，时常可见道教因素的影响。比如张雨，他的身份是道士，曾主持江南多处宫观，兼擅诗歌和书法；倪瓒的长兄倪昭奎是无锡玄元

① 张春新：《明清文人画中的道教思想探究》，《中华文化论坛》2016 年第 2 期。

② 刘子琪：《“逍遥归上玉京山”——由仙台母题观察元明文人画中的道教性格》，《艺术工作室》2016 年第 3、4 期。

③ 赵伟：《潘德冲与永乐宫三清殿建筑和壁画》，《中国美术》2016 年第 3 期。

④ 毛娜：《汉画西王母图像研究》，博士学位论文，郑州大学，2016 年。

⑤ 黄林生：《福建道教装饰艺术特征》，《建筑技术开发》2016 年第 6 期。

⑥ 张劼、杨豪中：《仙境·风水·势力——崂山道教建筑群总体营建的三条脉络》，《华中建筑》2016 年第 9 期。

万寿宫主持，与张雨一样都是杭州王寿衍真人的弟子，倪瓒时常在道观中读书。此二人与杨维桢的交往，固然以诗文书画为媒介，可是也离不开他们共有的道教背景。① 道教书法研究还有一篇硕士论文，宁天南的《〈太平经〉复文造字分析与研究》。论文指出，《太平经》作为东汉时最重要的道教典籍之一，是一部文字与复文符箓相结合的著作。在构字方式与样式风格上，《太平经》复文与通用汉字具有或多或少的共同特点，较为重要的特点是其中都关联着以文字为基础的庞大的中华民族传统文化体系。对《太平经》复文造字精神的探讨，是对其相关文化线索的梳理，也是对中国民艺及非物质文化遗产保护的思考与研究经验的积累。同时，其所体现的合字文化，在古代中国社会与文化中亦有着比较悠久且广泛的使用，应当发掘其对中国传统文化与中国民艺中某些对象的延续与当下应用的启示。②

2016 年度道教舞蹈的研究成果较为丰富。董晓梅的《粤东跳觋仪式音乐的个案调查与研究》一文指出，粤东跳觋仪式流行于梅州、河源、揭阳等地，是原生态的客家民俗仪式，常出现在客家人的祭祖、庙会、安龙转火等活动中。跳觋仪式源于道教奉朝法事中的跳觋表演，表演中觋公、觋婆手拿铜锣载歌载舞来请神降福、驱邪赶鬼，仪式寄托了客家人对美好生活、健康平安的祈求和向往，具有很高的艺术性和人文内涵。跳觋仪式音乐的考察，为我们研究客家宗族文化和客家民俗仪式的形成和发展有着重要的意义。③ 程群的《道教舞蹈中多元思想文化基因考辨》认为，道教思想渊源的“杂而多端”决定了包括道教舞蹈在内的诸多道教艺术拥有多元思想文化互融、共在的鲜明特征。除了凝结有厚重的道教思想文化内容之外，儒释道思想文化、地区性传说与信仰文化、西域与少数民族思想文化乃至上古神话内容在道教舞蹈中都有深度融入。这种现象揭示出中国道教所拥有的包容开放、宏伟盛大、源远流长的文化气象。④ 王鹏飞的《浅谈唐代的道教舞蹈及其对后世的影响》指出，唐代是我国古代历史上一个非常强盛的时期，唐代舞蹈也是中国古代舞蹈史上一个辉煌的篇章，是我国古代舞蹈艺术发展的最高峰。在这样的背景下，唐代舞蹈可谓是百家争鸣。道教舞蹈作为道教文化中一个不可缺少的部分，在唐代得到了蓬勃的发展，甚至对后世都有着深刻的影响。该文通过介绍道教在唐代的发展、唐代道教舞蹈的发展及代表作，说明唐代道教舞蹈的辉煌及其对后世的影响。⑤

2016 年度主要的道教艺术专著有三本，分别是《西部道教造像艺术研究》《道教图像艺术的意象与思想研究》和《道像庄严：壁画水陆画版画的神仙世界》。

朱尽晖的《西部道教造像艺术研究》对西部地区区域性道教造像艺术不同的流布区域及造型各异的类型遗存，进行类型整理、艺术分期和客观描述，通过对实物及图像的比较研究，运用文献典籍、考古文物图像资料，结合实地调查及综合运用多学科的理论与方法，对西部道教造像艺术的艺术源流、风格特征、文化内涵及美学特征作了较为深入的探讨和论证，初步揭示出了道教造像艺术的文化本质及其哲学、美学的学术价值。⑥

---

① 顾工：《杨维桢与张雨、倪瓒的交游——兼论三人的道教渊源》，《中国书法》2016 年第 15 期。

② 宁天南：《〈太平经〉复文造字分析与研究》，硕士学位论文，鲁东大学，2016 年。

③ 董晓梅：《粤东跳觋仪式音乐的个案调查与研究》，《音乐创作》2016 年第 7 期。

④ 程群、涂敏华：《道教舞蹈中多元思想文化基因考辨》，《新疆艺术学院学报》2016 年第 3 期。

⑤ 王鹏飞：《浅谈唐代的道教舞蹈及其对后世的影响》，《中国民族博览》2016 年第 4 期。

⑥ 朱尽晖：《西部道教造像艺术研究》，中国社会科学出版社 2016 年版。

李俊涛的《道教图像艺术的意象与思想研究》一书来自于他的同名博士论文，该书采用研究道教史、图像学、文献学、年代学、类型学等方法，沿纵横两条线对道教图像按照符箓、咒语、灵修、法印和神真五个大类展开论证。通过对道教重要典籍中的经文、图像的搜集整理，充分利用田野调查的成果和存世的道教石刻、造像、绘画、艺术资料，分析各类道教图像的造型结构，进而深刻理解道教图像的意象和思想，以及道教图像文化对中华民族发展的影响。该书为道教图像、道教神系、道教艺术以及它们与道教信仰、神学、哲学之间的关系提供了一幅清晰的画面。①

王宜娥的《道像庄严：壁画水陆画版画的神仙世界》是“蓬瀛仙馆道教文化丛书艺术精华系列”的第四册。前三册为《卧游仙云》《玉宇琼楼》《陶铸永恒》，分别介绍了文人画与神仙世界、道教建筑艺术、道教神仙造像等艺术特点及其成就。《道像庄严：壁画水陆画版画的神仙世界》着重介绍道教壁画、水陆画和木版画诸方面的特点和艺术成就。道教的水陆画是法事活动中的重要法物，它是供奉于法坛上可以移动的神像，起着替代寺观殿堂内造像的作用。版画是与雕版印刷同时出现的一种绘画艺术。宋元以后关于道教的版画作品不仅数量多，而且非常生动，包括扉画、插图，等等，深受人民群众的喜爱。画册在时间跨度上，从魏晋南北朝一直到明清时期。通过该图册，广大读者可以对道教在中国人心目中的影响之“广”和“深”，有一个更深切的体会。该画册与系列中另外三个分册完整地表现了道教与道教艺术的密切关系，同时为我们研究道教文化提供了有力的实证。②

七　民间信仰文化与艺术研究

2016 年度对于民间信仰研究的最重要的学术研讨会是 2016 年 12 月 10 日在黑龙江省牡丹江市召开的，由中国社会科学院世界宗教研究所、中国宗教学会主办，中国民俗学会中国地域民俗文化研究中心、牡丹江市民间文艺家学会、牡丹江海东青文化传播发展有限公司承办的“第二届民间信仰研究高端论坛暨宁安萨满文化学术考察活动”。该届高端论坛以“比较视野与跨界研究”为研讨主题，强调历时与共时研究相结合、定量与定性研究相结合，以期深入开展民间信仰事项的多向度、跨学科研究。与会论文议题涉及民间信仰的合法性、民间信仰与非物质文化遗产关系、丧葬习俗与日常生活、汉满藏民间信仰习俗、中国台湾地区的汉人民间信仰，以及日本和琉球的民间信仰习俗等内容，其中最大的特色是集中探讨了清代至当代的东北地区的萨满教文化的特点及其传承情况。

其中关于民间信仰艺术的文章有宋小飞的《从宗教元素到审美构成——满族萨满教艺术的图像学解读》。宋小飞认为，满族萨满教艺术独有的艺术形态，其艺术特色与规则，和萨满教信仰、民族审美构成、民族文化有关。图像学是一种解读文化的方法，而非一种技术。该论文采用图像学解读满族萨满教艺术作品的同时，在“没有绘画的绘画”艺术作品中，萨满教艺术造型因素创造的审美构成也是图像学中需要充分考量的要素，从而说明艺术的非纯粹形式能引起人们的审美情感。

---

① 李俊涛：《道教图像艺术的意象与思想研究》，四川教育出版社 2016 年版。

② 王宜娥：《道像庄严：壁画水陆画版画的神仙世界》，五洲传播出版社 2016 年版。

关于萨满艺术的最新研究还有，张宇飞的《满族萨满祭祀活动中肢体动作表征研究》①，首先对萨满祭祀形式、内容的模式化，以及满族萨满祭祀中肢体动作主要体现在跳神这一核心环节进行具体分析。其次，作者认为，对萨满祭祀活动中蕴含的体育元素可以从在萨满祭祀中肢体动作的内容、表征和价值三个方面进行考证。最后，通过对满族萨满祭祀活动中的肢体动作文化传承，从民族传统文化传承的角度提出了社会传承路径、国家传承路径和校园传承路径的尝试。沈学英的《信仰观念下的契丹族萨满响器——以出土陶鼓和铜铃为例》② 通过对契丹族历史和契丹族的萨满教信仰观念由“巫王合一”到“君权神授”进行了梳理。以萨满响器——陶鼓和铜铃的考古发现为切入点，通过对红山文化（晚期阶段）以及辽以前墓葬文化的厚描，可以窥见这一时期契丹族萨满教观念内涵之演变。色音、乌云格日勒的《中国萨满教研究百年回眸》③ 系统梳理了从善之 1914 年发表在《地学杂志》第 6 期上的《萨满教》以来的中国萨满教研究百年的历史，并对相关论著进行了文献计量学分析。

另外还有一些关于妈祖、傩文化和区域性民间信仰的艺术研究成果。如：肖海明的《宋元明清肖像式妈祖图像的综合考察》④，对历代肖像式妈祖图像进行了全面系统的梳理，探索了历代妈祖图像的特点及变迁轨迹，同时聚焦于两个学界比较有争议的问题，提出了自己的观点。如针对“青圭蔽朱旒”问题的争议指出，南宋封妃之后出现的“青圭蔽朱旒”的妈祖图像，在历代妈祖图像的发展中一直延续下来，成为肖像式妈祖图像发展的主线。又如针对清代以来世界各地妈祖庙宇十分流行的凤冠冕板式妈祖图像指出，凤冠冕板式妈祖图像是“后”与“帝”的完美结合，使妈祖既保留了女性最高神的特性，又具有帝王的身份，与男性的封“帝”神祇取得同等的地位。妈祖在清代头戴冕旒的形象，实际上是妈祖具有“帝”的身份的隐喻。庞志龙的《文化认同：台湾妈祖文化传播与“两岸”关系互动研究》⑤ 主要以台湾妈祖文化传播为例，来探究两岸在传播上的双向沟通与发展，进而借由妈祖文化传播的模式，来创造其他文化也能依此模式循序渐进的发展。姚远的《南丰傩舞传承与发展研究》⑥ 指出，南丰傩舞作为舞蹈史上的活化石，在现代文明的冲击下，面临着传承生境恶化，后继人才匮乏，专项保障资金不足，相关政策缺失等一系列问题。非物质文化遗产为南丰傩舞的传承发展提供了全新的视角和理念，据此解析造成传承困境的因素，并提出相应的对策，以期保障南丰傩舞的传承与发展。安晓蓉的《贵州傩堂戏表演形态研究》⑦ 通过多次田野调查对贵州傩堂戏表演形态进行研究，并结合相关文献资料，将实践和理论相结合，运用文艺学、民族戏剧理论分析贵州傩堂戏的表演形态及演变。陈焱、易志文的《赣傩文化资源分布状况调查与分析》⑧ 对赣傩（江西傩）文化资源的分布现状展开田野调查，分析了当前赣傩文化研究与传承存在的问题。

---

① 张宇飞：《满族萨满祭祀活动中肢体动作表征研究》，硕士学位论文，吉林大学，2016 年。

② 沈学英：《信仰观念下的契丹族萨满响器——以出土陶鼓和铜铃为例》，《音乐探索》2016 年第 3 期。

③ 色音、乌云格日勒：《中国萨满教研究百年回眸》，《世界宗教文化》2016 年第 3 期。

④ 肖海明：《宋元明清肖像式妈祖图像的综合考察》，《世界宗教研究》2016 年第 5 期。

⑤ 庞志龙：《文化认同：台湾妈祖文化传播与“两岸”关系互动研究》，博士学位论文，苏州大学，2016 年。

⑥ 姚远：《南丰傩舞传承与发展研究》，《经济研究导刊》2016 年第 28 期。

⑦ 安晓蓉：《贵州傩堂戏表演形态研究》，博士学位论文，贵州民族大学，2016 年。

⑧ 陈焱、易志文：《赣傩文化资源分布状况调查与分析》，《萍乡学院学报》2016 年第 4 期。

八 基督教文化与艺术研究

2016 年度的基督教艺术研究总体特色和上一年度差别不大：没有专著出现，但相关论文比上一年度数量多；宗教学出身的学者发言更少，主要成果仍由音乐、美术、建筑、工艺等领域的学者做出；仍然比较偏重技术层面的分析，多过对基督教神学内涵的关注；偏重材料梳理与通史写作的倾向早已不是主流，比较精细的、专门的研究成果占大多数。

基督教音乐研究仍然占据了 2016 年论文成果的最大宗，而且除了个别例外，大部分是相当专门而精细的研究。主要集中在以下几个主题。

1. 西方宗教音乐史研究

王茕的《教会调式的演进》[①] 指出，学界长期以来对于调式性音乐的认识存在着一定程度上的偏差，主要表现在调式音乐的音高体系的类别鉴定，尤其是教会调式到底是哪些音阶。此外，用现代眼光来看待中世纪和文艺复兴时期的调式理论，并将其全面融合为一谈，导致未能正确分析调式音乐的创作思维特征、区分不同时代的调式理论应用、了解调式音乐传统记谱规范。郜晗淇、关杰的《西方宗教声乐作品的发展及意义探究》[②] 简要分析了西方宗教音乐的发展脉络，包括宗教题材中具有代表性的古典和现代声乐作品，回顾了西方宗教音乐的发展历程及其对近现代世界音乐的影响，提出西方宗教音乐传承的纽带一直以来从未断裂，虽然其形式随时代变迁而改变，但实质内容和精神内核并没有改变等观点，从而探究西方宗教声乐作品的发展及意义。高志民的《拜占庭音乐与西方教会音乐》[③] 认为，拜占庭音乐与西方教会音乐同出一源，二者均可追溯至早期基督教音乐乃至犹太音乐，以及古典希腊音乐。但是，东西方教会音乐之间的不同之处也很明显，西方教会不仅直接引用了拜占庭教会的音乐作品，还“取法拜占庭”，有了初步的记谱法和调式系统。所以在探讨西方音乐发展史时，不可忽视拜占庭音乐的影响。段奕辰的《基督教音乐的社会文化启示及其互动》[④] 则简单论述了基督教音乐的两个方面：基督教音乐的社会文化启示；基督教音乐与社会文化之间多样化的交集。该文指出，基督教音乐无法脱离自身的社会文化背景，是在与“环境”的互动中发展变化的。

2. 西方宗教音乐特定形式和具体作品的研究

张丽娜的《格里高利一世对西方早期基督教音乐的贡献》[⑤] 指出，格里高利圣咏又名“格里高利素歌”，以西派教会第一任教皇格里高利一世命名。他将一生奉献给了基督教事业，根除了异教和阿里乌斯教的残余，结束了罗马和君士坦丁堡之间的论战，开始了基督教礼拜仪式的改革，推动了基督教礼拜仪式音乐的发展。该文从三部分论述了格里高利一世对西方早期基督教音乐的突出贡献。李明月的《中世纪的天籁——格里高利圣咏》[⑥] 指出，中世纪最具代表的基督教音乐是格里高利圣咏，它的发展和传承无疑对后世的音乐

① 王茕：《教会调式的演进》，《中央音乐学院学报》2016 年第 2 期。
② 郜晗淇、关杰：《西方宗教声乐作品的发展及意义探究》，《艺术教育》2016 年第 6 期。
③ 高志民：《拜占庭音乐与西方教会音乐》，《当代音乐》2016 年第 7 期。
④ 段奕辰：《基督教音乐的社会文化启示及其互动》，《陕西学前师范学院学报》2016 年第 3 期。
⑤ 张丽娜：《格里高利一世对西方早期基督教音乐的贡献》，《乐府新声（沈阳音乐学院学报）》2016 年第 2 期。
⑥ 李明月：《中世纪的天籁——格里高利圣咏》，《艺术科技》2016 年第 5 期。

产生了重要的影响。研究格里高利圣咏对现代社会的音乐理论、复音音乐、音乐教育、记谱法、调式音乐的运用和音乐发展及其走向都有积极意义。张红海的《浅析中世纪的声乐艺术之格里高利圣咏》[①] 介绍了中世纪音乐的产生及其原因，阐述了中世纪音乐发展的特点，详细地分析了教堂音乐中格里高利圣咏的音乐特点与演唱价值，希望对有兴趣研究中世纪声乐艺术的人提供帮助。赵迪的《弥撒曲的西欧：中世纪文化软实力控制探究》[②] 认为，基督教的控制（尤其是文化控制）一直是公认的比较成功且已持续有效的。作为长久以来基督教文化社会控制的核心手段——弥撒有其特定的组织形式。该文以古典弥撒仪式作为研究讨论的范本，指出弥撒的当代形式（即脱胎于赞美诗的灵歌）依然广泛而有效地对西方基督教世界的社会文化生活产生着重要的影响，并在当前世界文化的各文化体系之间的软实力竞争中扮演着重要角色。姜宇丹的《百年前叙事性与描绘性的经典音乐之作——论理查·施特劳斯〈阿尔卑斯山交响曲〉的结构创新》[③] 指出，理查·施特劳斯于 1915 年创作完成并公演的《阿尔卑斯山交响曲》是一部由 22 个文学标题构成的管弦乐音诗。该文认为，这部作品深受尼采著作《反基督：基督教的危机》的思想启迪。从根据尼采散文史诗《查拉土斯特如是说》所创作的音诗公演之时便唤起了理查·施特劳斯“不可知论”和“反宗教论”的思想意识，而开始构思以《反基督》为标题而最终定名为《阿尔卑斯山交响曲》。

3. 基督教音乐的中国化研究

于涛的《中国基督教音乐的民族元素》[④] 指出，自基督教传入中国以来，基督教音乐作为重要的教会礼仪，与中国音乐乃至中国文化之间，经历了从摩擦冲突到妥协融合的发展历程。在此过程中，基督教音乐以输出地的文化气质、音乐特色和时代风貌为主导，巧妙地吸纳了传入地的民间文化元素，经过漫长的融合、发展与演变，到今天，已经形成了形式多样、特色浓郁的中国基督教音乐文化。王淼的《泉州市基督教音乐初探》[⑤] 指出，泉州是海上丝绸之路的起点，在元朝就有基督教的存在。该文从音乐主题分类、泉州市基督教圣乐的现代化特征、泉州市基督教堂的执乐主体等诸方面分析，认为自基督教传入泉州地区后，西方的基督教文化与本土文化互相融合。通过考察搜集大量的圣乐作品，对作品进行整理与分析，发现目前赞美诗的内容呈现多样化的兼容特点。圣乐作品随着社会的不断发展也随之发生了本土性的变化。陈蓓的《苗族“灵歌”简析——黔西北大花苗基督教会音乐文化研究之一》[⑥] 指出，苗族灵歌是特属于生活在中国西南乌蒙山区苗族信徒的宗教圣歌，以聚居于滇东北、黔西北的苗族支系为主要产生、传播、传承载体。它是西方基督教在中国西南少数民族地区本土化过程中衍生出的一种新的宗教音乐文化类型，是外来文化与本土文化双向改造的结果。苗族灵歌产生的历史背景和群体背景与蜚声世界的黑人灵歌之间存在诸多相似之处，作为遗存于中国西南少数民族地区的一种奇特的文化和

① 张红海：《浅析中世纪的声乐艺术之格里高利圣咏》，《黄河之声》2016 年第 9 期。

② 赵迪：《弥撒曲的西欧：中世纪文化软实力控制探究》，《学理论》2016 年第 6 期。

③ 姜宇丹：《百年前叙事性与描绘性的经典音乐之作——论理查·施特劳斯〈阿尔卑斯山交响曲〉的结构创新》，《南方文坛》2016 年第 3 期。

④ 于涛：《中国基督教音乐的民族元素》，《中国宗教》2016 年第 11 期。

⑤ 王淼：《泉州市基督教音乐初探》，《艺术科技》2016 年第 4 期。

⑥ 陈蓓：《苗族“灵歌”简析——黔西北大花苗基督教会音乐文化研究之一》，《中国音乐学》2016 年第 1 期。

文学现象，苗族灵歌应该得到学界更多的观照和重视。林玉解的《漫谈圣诗中国化》[①] 指出，基督新教传入中国之后，许多宣教士致力于将诗歌翻译成中文，早期传教士将圣诗翻译成各种地方方言，如福州话、厦门话、广东话、潮州话、汕头话、宁波话、杭州话、上海话等。20 世纪初，确定以北京官话为标准的官方语言，基督教界的前辈们又致力于将圣诗翻译成白话文，在这一时期编辑出版的《普天颂赞》可谓为中文圣诗翻译的顶峰之作，而推动这一工作的则是刘廷芳、杨荫浏、赵紫宸等人。宫宏宇的《基督教传教士与宁波早期音乐教育》[②] 以目前所知中国大陆最早设立音乐课的宁波崇信义塾、安格妮丝·郭士立与宁波男童学校歌唱班、海伦·倪维思 19 世纪 50 年代在宁波的音乐教学活动、宁波 1856 年刊行的曲谱赞美诗《赞神乐章》、1858 年在宁波刊行的五线谱课本《圣山谐歌》为例，分析五口通商后基督教新教传教士在宁波开设的音乐课及学校课外的音乐活动，审视了传教士在中国学校音乐教育上所担当的角色。

基督教视觉艺术领域的专门研究以图像学研究为主。郭珊珊的《浅析帕诺夫斯基图像学研究方法——以罗吉尔·凡·德·韦登〈基督诞生〉为例》[③] 以具体作品为案例，简单介绍了瓦尔堡学派代表人物欧文·帕诺夫斯基（Erwin Panofsky，1892—1968）图像学研究的基本方法，意图说明图像学能把图像的内容和风格结合为一个整体来进行分析解释，它原本是西方艺术史研究的一个分支，如今其领域已扩展到宗教、历史、社会、政治、文学等范围，以前所未有的方法把艺术史和其他人文学科联系起来。殷小平、张展的《洛阳景教经幢图像再考察》[④] 以 2006 年洛阳出土的景教经幢顶部两组天神十字架图像为研究对象，探讨唐代入华景教的本土化问题。通过与西安景教碑额图像、高昌景教壁画、敦煌残经绢画等同时代景教图像相比较，作者认为，洛阳经幢图像在主题、结构和人物表现手法上有其独特性。论文借助“图像证史”的方法，探讨该组图像的文化渊源，通过早期基督教艺术中的天使形象与印度佛教飞天形象的比较，认为就其图像外形而言，无疑更接近本土佛教之飞天，而非西域基督教之天使。然而，在华夏基督教徒的心目中，该等图像则是景教之天使。李思影的《20 世纪“基督受难”图像解析——以乔治·鲁奥为例》[⑤] 重点通过对乔治·鲁奥在 20 世纪 20 年代之后创作的“基督受难”题材作品的分析，指出该时期西方艺术家深受战争、存在主义、人文主义的影响之后，对基督教的感情发生了本质上的变化，使其绘画有了世俗化的发展倾向。袁满的《拜占庭镶嵌壁画的精神性》[⑥] 认为，拜占庭风格的镶嵌壁画作为中世纪一面独特的艺术镜子，在不断地形成一种具有几何秩序感的程式化造型图画。作者以从镶嵌画风格发展的初期到成熟的黄金期为时间段，论述拜占庭镶嵌画浸透到现实生活中后与人们在精神信仰上的关联性，指出镶嵌画作为时代的精神印记，留给后人更多的思考是其背后的一种精神寄托。刘左元、马相飞的《色彩的思辨——俄罗斯东正教圣像艺术解析》[⑦] 指出，东正教圣像画独特的神学意义

---

① 林玉解：《漫谈圣诗中国化》，《天风》2016 年第 2 期。

② 宫宏宇：《基督教传教士与宁波早期音乐教育》，《星海音乐学院学报》2016 年第 1 期。

③ 郭珊珊：《浅析帕诺夫斯基图像学研究方法——以罗吉尔·凡·德·韦登〈基督诞生〉为例》，《西方美术研究》2016 年第 1 期。

④ 殷小平、张展：《洛阳景教经幢图像再考察》，《暨南史学》2016 年第 1 期。

⑤ 李思影：《20 世纪“基督受难”图像解析——以乔治·鲁奥为例》，《西北美术》2016 年第 2 期。

⑥ 袁满：《拜占庭镶嵌壁画的精神性》，《美术教育研究》2016 年第 14 期。

⑦ 刘左元、马相飞：《色彩的思辨——俄罗斯东正教圣像艺术解析》，《中国宗教》2016 年第 4 期。

与信仰源泉，是用线条和色彩表达的神的启示和形体化的祈祷。对俄罗斯民族具有深远影响，是打开俄罗斯文化之门的“逻辑钥匙”。俄罗斯东正教圣像画体现了基督教“道成肉身”的核心思想。圣像画的基础是上帝化身学说，俄罗斯东正教圣像画加入了“写”的意味，即“书写”神圣的形象。李一帅的《中国道教和俄罗斯东正教的绘画艺术》① 为跨文化比较研究，认为道教是发源于中国本土的宗教，讲究悟道的静修方式。相似的是，在东正教中也存在静修主义。通过对比道家和东正教的经典圣像，作者指出，和中国道家的静修不同，俄罗斯基督教信仰的核心是苦修，也就是仿效基督的温顺、贫穷和爱，这些思想特点反映在两种文化的宗教绘画中，体现出人的寄托和理想，表现了两个民族精神特征的异同。

此外有数篇论文以宗教建筑研究为题。雷晶晶的《从静止到形变：波罗米尼与集中式教堂问题》② 指出，解决集中式教堂与教礼的矛盾，是巴洛克建筑所要面对的关键问题。作者以波罗米尼设计的两座教堂为例，探讨他以独特的设计手法对这一问题的回应。林静的《教堂钟声的音声境域与基督教本土化——以福州地区为例》③ 比较特别。该文认为教堂钟声是建构基督教音声境域的一个重要因素，具有符号意义、传播意义、宗教意义。历史上福州教堂的钟声经历了从无到有、又从有到无的发展演变，这既是宗教在跨文化传播中传统的沿袭与本土化互相博弈的过程，也是不同历史阶段权力、知识与话语之间互相作用的结果。这一案例对研究中国其他地区外来宗教地域化的演进与发展具有一定借鉴意义，反映了历史发展进程中知识、话语与权力的改变对宗教跨文化传播的影响。袁礼的《教会大学如何与中国文化相遇——从华南女大建筑的视角探讨》④。教会大学是西方文化与中国文化交流的一个象征，也是在两种文化交流之间起着重大作用的组织。从教会大学建筑的产生背景及其特征来探讨以教会大学为象征的西方文化如何与中国文化相遇这一话题，对于认识两种文化的交往历史和特征有很大启发。从华南女子大学遗留的建筑中可以分析出，近代史上中西两种文化经过从文化冲突到寻求相遇，从寻求相遇再到西方文化主动适应三大过程，从这些过程可以看出，教会大学通过主动适应找到了与中国文化的相遇之路，也说明只有相遇的文化之间才可以实现真正对话。此外还有一篇与教堂建筑相关的论文：刘兰英（湖北民族学院美术与设计学院）的《天主教礼服的神学意蕴》⑤。该文指出，礼仪是天主教信仰生活的高峰，礼仪中的着装是很重要的环节，它是各级圣职固有职分的标记。同时，礼服也有助于塑造教会礼仪的神圣感和美感。礼服的式样、色彩、图案等都具有一定的神学意蕴，在礼仪生活中具有重要的意义。礼仪中礼服（又称祭服）的艺术形式有很长的演变历史，祭服的制作与当时的艺术也有极为密切的关系，通常与圣堂建筑艺术相配合。

再有就是宗教相关电影戏剧方面的研究：张宇（南京师范大学文学院）的《基督教背景下伯格曼电影中的神话思维》⑥。该文指出，瑞典电影大师英格玛·伯格曼对于现代

---

① 李一帅：《中国道教和俄罗斯东正教的绘画艺术》，《国画家》2016 年第 1 期。

② 雷晶晶：《从静止到形变：波罗米尼与集中式教堂问题》，《建筑与文化》2016 年第 11 期。

③ 林静：《教堂钟声的音声境域与基督教本土化——以福州地区为例》，《东南学术》2016 年第 4 期。

④ 袁礼：《教会大学如何与中国文化相遇——从华南女大建筑的视角探讨》，《深圳职业技术学院学报》2016 年第 6 期。

⑤ 刘兰英：《天主教礼服的神学意蕴》，《中国宗教》2016 年第 8 期。

⑥ 张宇：《基督教背景下伯格曼电影中的神话思维》，《艺术科技》2016 年第 2 期。

电影艺术的发展和影视语言的革新都做出了突出的贡献，开创了“主观电影”和“哲理电影”的先河。由于伯格曼受个人成长环境的影响，他的电影总是充斥着宗教意味。作者讨论了宗教背景下的伯格曼电影，探寻基督教文化和伯格曼电影之间的关系，尝试解读伯格曼电影中蕴含的神话思维。李卫蓉、米姗、李静（兰州大学艺术学院；华北理工大学艺术学院）合著的《宗教文化对动画艺术的影响——以基督教对西方动画的影响为例》[①] 一文指出，动画艺术作为以科技为依托的艺术形式，在受到科学、现代文明影响的同时，也受到宗教文化的深刻影响。该文以基督教文化对西方动画艺术的影响为例，探讨西方基督教的精神核心对动画内在价值表达的影响，以及基督教艺术对动画外在艺术风格的影响，希望给中国动画以启发。徐卫翔（同济大学哲学系）的《从歌剧〈茶花女〉看西方艺术的宗教维度》[②]。威尔第中年时期的代表作《茶花女》对原作小说进行了很大的改动，达到了近乎古典悲剧的戏剧效果。该文主要立足于将该歌剧作为戏剧作品，通过深入解读其文本，关注剧中出现的一系列关键概念和特定表达方式，尝试揭示作品中所包含的几种不同伦理取向的内在冲突，进而说明该歌剧所代表的西方艺术背后所依靠的宗教（特别是基督教）的思想渊源。

---

① 李卫蓉、米姗、李静：《宗教文化对动画艺术的影响——以基督教对西方动画的影响为例》，《设计艺术》（山东工艺美术学院学报）2016 年第 2 期。

② 徐卫翔：《从歌剧〈茶花女〉看西方艺术的宗教维度》，《同济大学学报（社会科学版）》2015 年第 6 期（发表时间：2016 年 1 月）。

2016年度伊斯兰教研究学科发展综述

马　景

2016年伊斯兰教研究学科方面呈现出缓慢发展的态势，出版的伊斯兰教研究专著数量与2015年基本持平，侧重伊斯兰思想的著作较多，译著较2015年略有增加，其中多数为苏非主义或伊斯兰教基础知识，有代表性的古籍整理资料。与此同时，2016年度与伊斯兰教有关的学术会议相对较少。2016年度最大的热门话题是伊斯兰教的中国化或本土化，已经引起了各界的高度重视和讨论。综观2016年度伊斯兰教研究学科发展的情况，主要包括以下方面。

一　伊斯兰教研究出版物

（一）伊斯兰教研究专著

《城市化进程中的中原回族伊斯兰教研究》，作者马晓军，河南大学副教授。该书以中原地区城市伊斯兰教作为研究对象，以具有中原地区城市典型特点的郑州、开封、洛阳为例，从中原地区伊斯兰教的历史、清真寺的功能及其演变、中原地区城市清真寺的经济活动、经堂教育的时代性变化、伊斯兰教职业群体及其文化传承的“卧尔兹”研究、伊斯兰教的发展与和谐社会的创建等方面，通过对历史文献的考证、实地调查研究以及综合分析和归纳推理等方法对中原地区伊斯兰教进行了初步的全面研究，指出了目前面临的困难和问题，提出了解决这些困难和问题的路径，为中原地区伊斯兰教的和谐发展提出了一些宏观对策。该书2016年1月由甘肃人民出版社出版。

《基于社会主义和谐视域下的伊斯兰和谐思想研究》，作者马文祥，青海民族大学教师。该书所研究的伊斯兰和谐思想，主要是指在伊斯兰文化中所蕴含的和谐理念。作者指出，学者们大多从宗教学的角度来研究此类问题，现有的研究成果也颇为丰硕。而该书以马克思主义学科为基点，以马克思主义的唯物辩证法为主要方法，在社会主义和谐社会视域下，系统地研究伊斯兰和谐思想的内容，伊斯兰和谐思想的理论体系，以及伊斯兰和谐思想与社会主义和谐社会思想的相互关系等，探讨伊斯兰和谐思想在构建社会主义和谐社会中的地位和作用。研究的内容主要包括四方面：一是社会主义和谐社会思想与伊斯兰和谐思想的相互关系。二是伊斯兰和谐思想的主要内容。三是伊斯兰和谐思想与社会主义和谐社会思想相结合的依据。四是论证和阐述了伊斯兰和谐思想在构建社会主义和谐社会中的地位和作用。该书2016年3月由中国社会科学出版社出版。

《安萨里思想研究》，作者王希，中国社会科学院世界宗教研究所副研究员。著者指出安萨里（1058—1111）是伊斯兰史上最著名的学者之一，集哲学家、教义学家、教法学家和苏非神秘主义者于一身，被认为是伊斯兰正统思想之集大成者。该书借鉴知识社会学方法考察安萨里思想形成的社会历史背景，以及引发安萨里进行思考并促成其思想回应的那些个体性的经验和社会性因素，尤其是通过考察宗教知识阶层在伊斯兰共同体观念基础建构过程中所发挥的作用和功能，来展示和说明安萨里所面临的历史、社会和文化处境，他作为知识分子所担当的文化使命以及他在此境遇中做出的思想回应。全书首先阐述了安萨里的时代背景、学术生平和精神历程，在此基础上全面分析了安萨里与教义学、哲学、苏非主义的关系以及对后世的影响。该书 2016 年 3 月由宗教文化出版社出版。

《近当代伊斯兰宗教思想家评传》，作者吴云贵，中国社会科学院世界宗教研究所研究员。作者强调指出，近代以来，伊斯兰教解释主体呈现多元化的趋势，但精通经训的宗教学者和密切关注现实的宗教思想家们依然是最重要的解释主体。该书在以往研究的基础上，对哲马鲁丁·阿富汗尼、穆罕默德·阿布杜、阿布尔·阿拉·毛杜迪等六位有代表性的伊斯兰宗教思想家的生平、著述、思想、活动及其社会历史地位、作用和影响，做了全面、深入系统的论述和评价。作者认为一个时代、一个国家、一个社团组织的宗教思想，在很大程度上也即宗教领袖和宗教思想家们的思想。了解他们在社会历史关键时刻的心路历程，有助于人们深入了解近现代伊斯兰教思潮与运动的发展态势、本质特征和历史影响，从而在总体上深化对伊斯兰文化社会政治功能的理解和认识。该书 2016 年 7 月由中国社会科学出版社出版。

《伊斯兰文明的反思与重构：当代伊斯兰中间主义思潮研究》，作者丁俊，上海外国语大学中东研究所教授。作者指出当代伊斯兰“中间主义”思潮是伊斯兰世界日渐具有广泛影响的宗教文化思潮，该思潮的勃兴与发展，反映了伊斯兰世界立足现实，着眼未来，试图探索适合自身实际的发展道路，重建富有时代精神与民族特色的核心价值体系的积极努力。该书在追溯和考察有关历史背景与理论渊源的基础上，着重梳理和阐释了伊斯兰“中间主义”思潮的一系列思想主张，简要介绍了该思潮的代表性人物、重要研究机构与学术活动，评析了该思潮的发展态势及其对伊斯兰世界政治改革、社会变革、宗教维新以及文化创新与文明重构的现实意义与影响，并从跨文化研究的视野出发，就伊斯兰文明与中华文明的中正和谐之道作了相应的比照分析，认为蕴含于东方文明中的中正、中和之道，对于应对和化解当今人类社会面临的一系列危机，维护世界文明的多样性，推动不同文明间的交流互鉴，促进地区稳定与世界和平，营造共生共荣的人类命运共同体，均具有重要的现实意义和宝贵的借鉴价值。该书 2016 年 8 月由中国社会科学出版社出版。

《中国伊斯兰先贤：马注思想研究》，作者金宜久，中国社会科学院世界宗教研究所研究员。该书认为，在中国伊斯兰教研究中，有“回族四大著作家”（王岱舆、马注、刘智、马复初）的说法。马注思想之所以值得重视和研究，完全与他出生于回族世家，自幼受儒学教育，从而在融合伊斯兰与儒家思想方面做出了重要贡献有关。他的《清真指南》堪称伊斯兰教中国化方面的杰出代表作。该书从马注与苏非主义、中国传统文化入手，详细阐述了马注的本体论、宇宙生成论、认识论、命性观、天道观、人道观，进而指出马注在伊斯兰教中国化过程的主要作用，并强调研究传统伊斯兰思想家的著作，并吸收积极的因素，对于防范外来极端思想具有重要的作用。该书 2016 年 10 月由社会科学文献出版社出版。

《马克斯·韦伯的伊斯兰教理论及其哲学之维》，作者冯璐璐，宁夏大学教授。全书内容包括：韦伯的一般宗教理论、韦伯伊斯兰教理论及研究概况、卡里斯玛理念与伊斯兰教的起源、专业主义与伊斯兰教信仰体系的建立、伊斯兰教与社会秩序的巩固、伊斯兰教伦理与社会经济的发展、伊斯兰教及其现代化等。作者指出，韦伯关于伊斯兰教的观点渗透在其大量论著中，他从诸宗教因素入手来分析伊斯兰教，进一步探讨了伊斯兰伦理与现代社会的关系以及伊斯兰社会没有促成近代资本主义和理性经济发展的原因。近现代以来，伊斯兰教正在以两种截然相反的途径向前发展。作者认为，韦伯眼中的伊斯兰教是富有鲜明的现世伦理色彩的宗教，体现了权威与秩序的融合，经济与伦理的融合，信仰与社会的融合，神圣与世俗的融合，传统与现代的融合。同时作者指出，韦伯的研究中还存在着许多局限，他的理论被很多西方学者看作是东方主义而备受批判，他的关于伊斯兰教是一种武士宗教的观点引起许多质疑。韦伯对伊斯兰教做了整体研究，却没有对不同伊斯兰传统加以辨别，也没有对伊斯兰帝国做历史的动态的研究。该书 2016 年 10 月由社会科学文献出版社出版。

《河北伊斯兰教史》，主编吴丕清，该书是《河北宗教史》丛书系列，包括《河北佛教史》《河北道教史》《河北伊斯兰教史》《河北天主教史》《河北基督教史》《河北民间宗教史》6 部专史和《河北宗教简史》《河北宗教史图集》2 部综合性宗教史，共计 400 多万字。该套丛书以翔实的资料，记述了佛教、道教、伊斯兰教、天主教、基督教、民间宗教在河北流传的历史进程，揭示了河北省宗教的独有特点和传播规律。该套丛书面向广大干部群众，政治性、政策性、知识性、趣味性、学术性相结合，属于通俗读物。为增强直观性和可读性，使读者对各宗教史的了解更加简便、清晰，丛书适当插排了一些图片，并附有“大事记”。该书 2016 年 10 月由宗教文化出版社出版。

（二）伊斯兰教译著

《智慧珍宝》是伊斯兰教苏非主义的集大成者、“最伟大的精神导师”——伊本·阿拉比（1165—1240）的代表作，被奉为理论苏非学或理论灵知学最核心的经典文献。该书在参考多种权威注释本、译本及相关研究著作的基础上，着力从语言、义理、术语等方面对《智慧珍宝》进行了翻译、注释和解读，以期读者能更深入地了解伊斯兰思想和文化。该书分为上、下两册，上册主要是翻译《智慧珍宝》的全文，译者是王俊荣，中国社会科学院世界宗教研究所研究员。下册主要是对《智慧珍宝》内容的研究和分析，作者是王希。该书 2016 年 4 月由社会科学文献出版社出版。

《伊斯兰与现代性：学术传统的转型》，原作者为巴基斯坦著名学者法兹鲁·拉赫曼，译者王希，中国社会科学院世界宗教研究所副研究员。该书通过考察伊斯兰传统教育体制的发展和变革，分析了伊斯兰教育在现代社会所面临的危机和挑战，提出了以《古兰经》注释学为基础的新的伊斯兰方法论原则。其目的无非是呼吁在《古兰经》基础上系统阐发伊斯兰的形而上学，为当今穆斯林指明一种整体性的伊斯兰世界观，去解决穆斯林面临的问题，并勇敢地面对现代性的挑战。该书 2016 年 4 月由民族出版社出版。

《古筛勒苏非论集》，原作者艾布·嘎希姆·古筛勒，是伊斯兰教著名教法学家、教义学家、圣训学家、经注学家、语言学家，被冠以“伊玛目”“长老”“伊斯兰的装饰”“教乘与真乘的集合”等尊称，以苏非大师著称于世。译者潘世昌，西北民族大学教授。该书被认为是介绍伊斯兰苏非的权威作品之一，是一份具有重要历史和学术价值的早期苏非文献，在苏学领域有重大而深远的影响。全书忠实记载了伊斯兰教苏非历史上早期正统苏非大师的言论，并做出中肯、客观的点评。其温和与稳健的苏非思想由此得以充分体现，该书也因此被认为是苏非著述中最客观、最公正、最有价值的著作。该书对苏非重要术语以及“阶段与状态”的细致阐述，也使其被认为是最早建构苏菲思想体系的重要理论著作。该书无疑是一本具有独特风格的书。在苏菲学术著作中，它代表了苏菲学科在编著领域所达到的卓越水平。该书 2016 年 4 月由商务印书馆出版。

《伊斯兰伊斯玛仪教派简史》，作者法尔哈德·达夫塔利，译者阿米尔·赛都拉，译者指出，伊斯兰教什叶派中的伊斯玛仪教派历史悠久，对伊斯兰教文明的发展贡献良多。在漫长的历史过程中，教派内部曾产生过大量的宗教教义和教礼方面的文献，但是这些知识智力遗产一直没有对外公开过。其结果是，数世纪来在民间一直流传着众多歪曲该教派教义和教礼的不切实际的谣传和诽谤。直到 20 世纪 30 年代，学界才开始搜集和研究收藏在民间的有关该教派的原著。从此，在该领域的研究出现了突破性的进展，取得了史无前例的成就。该书共分五章，通过批评性地审阅伊斯玛仪教派的史学数据以及其他相关文献数据，对该教派历史中的早期形成期，法蒂玛王朝的黄金期，阿拉姆特时期以及后阿拉姆特时期等重要历史阶段都做了较全面的介绍。该书还对教派内部出现的数次分裂和演变也作了比较详细的研究和解释。在最后一个章节中，作者对该教派的现代发展史，以及后两任伊玛目对教派进行的现代化改革，及其现状作了简要的介绍。该书 2016 年 4 月由宗教文化出版社出版。

《古兰经译注》，译者马金鹏，北京大学东语系已故副教授。2005 年曾出版中阿文对照本同名译著，此次出版系中文单行本。译者依据《泰伯里注释》《贝达威注释》《奈赛费注释》《哲俩伦丁注释》，注释多达 11000 条。同时译者在前人的基础上，尽量使用我国清真寺经堂用语，并加以说明，这对于广大普通穆斯林学习《古兰经》，了解伊斯兰教提供重要便利。该书 2016 年 5 月由宁夏人民出版社出版。

《心灵的揭示》，原作者是安萨里（1058—1111），阿拉伯哲学家、法学家、教育家、“苏菲神秘哲学的大师”，被西方学者称为“伊斯兰教的奥古斯丁”。该书是关于伊斯兰伦理思想的专著，也是该领域的代表作，作者采取引经据典与案例分析、博采众长与叙议结合相互动的方法，用 111 章分门别类地梳理了伊斯兰伦理思想的主要内容，探究了伦理与哲学、伦理与社会、伦理与经济、伦理与法律、伦理与教育、伦理与自然等的关系。译者是金忠杰，宁夏大学阿拉伯研究院副院长，该译著作为“伊斯兰哲学译丛”，2016 年 7 月由商务印书馆出版。

《开释福——苏菲之觉兆》，原作者为乎吉为瑞（1005—1064），生于古城加兹那（现阿富汗境内），生活在阿拔斯伽色尼王朝时代，被公认为最杰出的学者和苏菲领袖，著述甚丰。该书论述了公元 9—10 世纪各主要苏菲派别和他们所坚持的学说及方法论，论述立意明确，涉猎面极为广泛。作者首先摆出命题，然后逐条展开论述，最后插入深入浅出的故事和趣闻轶事，以使读者在阅读其作品时产生一种身临其境的体验感，大大增强了作品的趣味性。译者马效惠，民间穆斯林学者。该书 2016 年 8 月由宗教文化出版社出版。

《穆斯林与当今世界宗教图景：比较宗教学研究文集》，原作者迪尼·穆罕默德，斯里兰卡人，主要从事苏非主义和比较宗教学研究，该书中的文章均以比较宗教学为出发点，皆选自伊斯兰世界的一些学术期刊和名著，包括《穆斯林学者的宗教研究方法》《西方比较宗教学的方法论问题》《简评西方宗教研究中的现象学进路》《当代穆斯林世界的宗教比教学》《穆斯林与当今世界宗教图景》等。译者陈天堂、王天方，均为民间穆斯林学者。该译著是“伊斯兰经典文化译丛”的第一本，2016 年 11 月由宁夏人民出版社出版。

《穆斯林圣训实录》是圣训主要经典之一，原名《索海哈穆斯奈德圣训》，由阿拉伯著名圣训学家穆斯林·本·哈贾吉搜集、整理、甄别、辑录成书，故以作者人名称其书为《穆斯林圣训实录全集》，仅次于《布哈里圣训实录全集》，被认为是最具权威的圣训集之一。内容除了论述伊斯兰教六大信仰和五大功修外，还论述了婚姻、妇孺、生意、农耕、遗嘱、继承、馈赠、刑律、判决、战争、狩猎、饮食、衣饰、交往、礼仪、求学等方面的宗教判断与规定等。译者祁学义，西北师范大学副教授。该译本是在译者之前出版的同名译著的基础上修改而成，内容分上、下两册，共四卷五十四章，收录了7563段圣训。作为"阿拉伯伊斯兰经典著作译丛"之一，2016年11月由商务印书馆出版。

（三）伊斯兰教典籍

《民国期刊山东回族资料选辑》，编辑者马保全，山东大学讲师。编辑者以散佚于国家图书馆、北京大学图书馆、首都图书馆、各地方图书馆以及民间收藏者手中的民国时期伊斯兰教报刊《月华》《中国回教救国协会会报》《晨熹》《震宗报》《人道》《伊斯兰学生杂志》《伊光》《穆声报》为基础，选择编辑了反映民国时期山东穆斯林的资料。全书分为社会调查、教育专题、事件专题、人物专题等章节，既有山东济南、青岛、济宁、泰安、德州、淄博、菏泽、枣庄、聊城、青州、临沂等地穆斯林聚居区的调查，也有成达师范学校在济南初创时期的珍贵记录、曹县伊斯兰学校创设的记录，更有山东常巴巴、王静斋、马松亭等著名阿訇在山东的记载。该书2016年8月由宁夏人民出版社出版。

《中国伊斯兰教典籍选续编》，共12册，是继2008年出版的《中国伊斯兰教典籍选》（6册）之后的又一次续编。主编王建平，上海师范大学教授，副主编金宏伟，上海市伊斯兰教协会会长。该套丛书是对明清时期中国伊斯兰教典籍的整理、编录。收录的明清文献有：《正教真诠、清真大学、希真正答》（合订本）、《四篇要道》《清真指南》《天方性理》《天方典礼》《天方至圣实录》《性理注释、五功释义、五更月歌》《天方三字经注解》《天方尔雅》《清真释疑补辑》《真功发微》《大化总归、四典要会、醒世箴言合编》《祝天大赞》《天方信源蒙引歌》《天方诗经》《汉译宝命真经五卷》《经汉注解赫厅》《汉译礼拜箴规》《清真必读》《上海清真寺成立董事会志》。其中既有明清时人原创的汉文著作，也有从阿文翻译而来的作品，既有对伊斯兰教教义和经典的普及读物，也有对伊斯兰教高深义理的研究，甚至是诗歌作品。举例而言：《四篇要道》《大化总归》《祝天大赞》等都是当时的翻译作品，《天方至圣实录》是中国第一部关于伊斯兰教先知穆罕默德的传记作品，《五更月歌》是中国伊斯兰教苏菲主义诗歌，《天方三字经注解》是仿《三字经》而作的启蒙读物，《天方信源蒙引歌》则是中国伊斯兰教歌词体教义通俗读物，《天方尔雅》则是除《回族典藏全书》之外未有见到的关于中国伊斯兰教典籍的珍贵资料续编。该典籍续编的出版对于促进伊斯兰教、明清伊斯兰思想史及中外文明交往等相关领域的研究，总结我国伊斯兰教中国化进程中的历史经验具有重要学术价值和现实意义。该书2016年11月由上海古籍出版社出版。

（四）伊斯兰文化

《中国清真寺匾额图志》，作者马广德，宁夏社会科学院研究员。作者指出，清真寺匾额是伊斯兰文化与中国传统文化交流与融合的结晶，是传统匾额的重要组成部分，是回族珍贵的文化遗产。该书历时十余年，在实地调查全国30多个省、自治区、直辖市清真寺的基础上，把收集整理到的清真寺（拱北）的匾额，分为“认主与尊圣”“认识伊斯兰教”“信仰与思想的表述”“苏非学派”“歌功颂德”“弘教育才”“关于清真寺”“旁感杂论”“圣旨圣喻”“阿文天地”“匾海拾贝”11 个部分，对于这些匾额，作者在大量实物图片的基础上，又从文学、历史、宗教、哲学等多学科的角度进行了阐释，图文并茂，通俗易懂，力争让读者对清真寺匾额及其所包含的思想与文化内涵有较为全面深入的了解。该书 2016 年 1 月由宁夏人民出版社出版。

《中国伊斯兰教建筑艺术》，作者白学义、白韬，该书是一部全面介绍中国各地区清真寺、麻扎、道堂的著作，分为上、中、下三册，共有图片 3000 余幅。前两册内容为大陆及港澳台地区的 500 余座清真寺建筑，下册为唐代至民国年间有代表性的拱北、麻扎、道堂建筑。画册从建筑学的角度，展现了伊斯兰教建筑的规模、风格、特点。该书 2016 年 4 月由宁夏人民出版社出版。

《中国回族伊斯兰教音乐与民俗音乐文化》，作者刘明，宁夏大学音乐学院教授，该书以介绍中国回族形成发展历史、伊斯兰教在回族中传播演化为起点，将读者的视线一步步引到回族伊斯兰教音乐与民俗音乐文化，包括普及教义歌调、礼拜宣礼歌调、经文赞词歌调以及婚礼、丧礼、节日庆典歌调。作者从探求伊斯兰音乐历史源流入手，对伊斯兰音乐在回族中的传播与发展进行了记谱整理，按照民族学、民族音乐学、人文学的观念，以新的视点和文谱同步的方法，对回族音乐文化的发展历史和成果，进行了全面系统的论述与展示，借以促进中国回族音乐文化研究与世界伊斯兰音乐文化的对接与联系。对音声功能价值、形态结构、源流发展展开了综合分析，力图让读者对中国回族伊斯兰教音乐与民俗音乐的类别、基本形态、风格特征、艺术特点及传承保护和弘扬发展，有全面系统的了解。该书 2016 年 5 月由华文出版社正式出版发行。

《伊斯兰教法理学》，编著者陈玉峰，民间穆斯林学者。该书以伊玛目艾卜·宰海的《法理学》为蓝本，并广采各派法理学家之专著编纂而成，是一部伊斯兰法理学专业理论著作，以法理学家之言论为据而立言。内容涉及伊斯兰教立法基础与原则、基础证据、法理学的语言学基础，并分析了伊斯兰教法的断法、对象、宗旨、创制等。该书的出版，不仅在于它是中国第一部比较系统完整地阐述伊斯兰法理学的编译著述，填补了这项空白，更重要的是它一改中国穆斯林一直不熟悉法理及现代年轻阿訇多未切实学习法理的状况，从而推动伊斯兰法理学在汉语世界的影响。该书 2016 年 9 月由宗教文化出版社出版。

《一诺万钧——黄万钧阿訇传记》，作者孙玉安，浙江伊斯兰教协会会长。该书是关于黄万钧阿訇的生平传记。作者历经 4 年多的时间，辗转十几个城市、采访了上百个熟悉黄万钧阿訇的当事人，终于完成。该书不仅是一部人物传记，而且对于了解新中国成立以来，伊斯兰教在穆斯林民间社会的发展具有重要的参考价值。该书 2016 年 10 月由宁夏人民出版社出版。

（五）政治伊斯兰研究

《当代美国黑人穆斯林运动研究》，作者林玲，上海外国语大学副教授。该书对 20 世纪美国历史上规模最大、发展最为持久、最具影响力的非裔美国穆斯林组织“伊斯兰民族”进行历史考察，以该组织在美国文化背景下不同历史阶段的发展理念与主导思想为视角，分析该组织如何从早期以黑人民族主义与种族分离主义思想为主导的模式逐步向主流伊斯兰社会转型，并摒弃其原先具有种族主义色彩的组织纲领与封闭的“黑人自治经济”运作模式，开始寻求融入美国主流社会。该书研究表明，该组织领导的非裔美国穆斯林运动的发展脉络取决于特定的社会文化语境与历史条件，其中，后黑人民权运动时代非裔美国人社会经济状况的总体提高、美国穆斯林主流社会的发展趋向以及伊斯兰国际社会的影响决定着该组织向正统伊斯兰教回归的历史进程，由此折射出非裔美国穆斯林社会从分离到融入的发展轨迹。该书 2016 年 10 月由世界知识出版社出版。

《穆斯林激进主义》，作者方金英，中国现代国际关系研究院研究员。全书共分六章，分别为伊斯兰世界兴衰史的思考、当今穆斯林激进圈盛行的关键概念、穆斯林思想史上激进理论家和践行家、穆斯林演进史中的激进运动、21 世纪穆斯林激进势力发展趋势、从“基地”组织到“伊斯兰国”。作者以理论与实践的双重维度，梳理漫长的穆斯林激进主义历史演进轨迹，探寻其背后实现不同时代传承的激进理论家和践行家的言行，目的不是渲染激进思想及其行为，而是力求提供一份能够正确把脉激进势力历史发展趋势的资料，让政府和社会了解这段激进历史，并以史为鉴，找到同激进势力做斗争的坚定信念和智慧，最终为实现国家的长治久安大局和世界和平添砖加瓦。该书 2016 年 11 月由时事出版社出版。

《文明的交融与和平的未来：穆斯林“去激进化”理论与实践伊斯兰哲学与国际安全研究》，作者方金英，中国现代国际关系研究院研究员。全书共分三部分，第一部分是理论篇，回顾了伊斯兰哲学史发展的三个历程，分别为中世纪的辉煌、近代的衰落以及当代的激进化。第二部分是实践篇，分别梳理了伊斯兰国家和非伊斯兰国家在“去极端化”方面的一些措施和方法。第三部分是谋略篇，分别论述了伊斯兰文化、西方文明和中华文明的发展历程，特别强调在西方语境下，文明冲突是主旋律；中华文明语境下，文明的交融是主旋律。作者强调，治理穆斯林激进分子的激进意识形态的策略是国际社会要大力推动伊斯兰世界向温和主义迈进，必须推动伊斯兰世界汲取伊斯兰文化和谐观——伊斯兰教核心价值观是人与人之间以及人与大自然之间的和谐——之历史智慧，尤其是要汲取其精髓——伊斯兰哲学兼收并蓄的智慧。该书 2016 年 12 月由时事出版社出版。

二　伊斯兰教研究热点话题

2016 年的热点话题主要是伊斯兰教中国化或本土化。2015 年，习近平总书记在中央统战工作会议上的重要讲话中提出做好引导宗教工作的新要求——“四个必须”，即必须坚持中国化方向，必须提高宗教工作法治化水平，必须辩证看待宗教的社会作用，必须重视发挥宗教界人士作用。2016 年 4 月 23 日，习近平总书记在全国宗教工作会议上的讲话中深刻阐述了如何引导宗教与社会主义社会相适应的问题，尤其突出说明要在“导”上想得深、看得透、把得准，做到“导”之有方、“导”之有力、“导”之有效。而做好引导工作的一个重要任务，就是支持我国宗教坚持中国化方向。此次讲话以后，宗教的中国化，尤其伊斯兰教中国化的方向成为社会热点，各界对此做出了积极的响应、阐述、学习和落实。

11 月 28 日，在接见中国伊斯兰教协会第十次代表大会全体成员时，中共中央政治局常委、全国政协主席俞正声发表重要讲话，他指出，伊斯兰教界认真贯彻全国宗教工作会议精神，充分发挥伊斯兰教界在经济社会建设中的积极作用。他强调，坚持我国伊斯兰教中国化方向，继续发扬中国伊斯兰教界爱国守法、中道包容和两世吉庆的优良传统，引导信教群众增强国家意识、法制意识、公民意识，自觉抵御和防范各种极端思想的渗透，切实维护民族团结、宗教和顺、社会稳定。要加强伊斯兰教协会自身建设，加大人才培养力度，改进工作作风，充分发挥桥梁纽带作用，树立中国伊斯兰教的良好形象。

中国伊斯兰教协会将习近平总书记的讲话精神落实到具体的工作中。中国伊斯兰教协会会长陈广元在《中国宗教》发表两篇署名文章《坚持伊斯兰教中国化方向 合力共筑伟大中国梦》《继承和发扬伊斯兰教中国化方向的优良传统》，强调习近平总书记发表的重要讲话，着眼国家大局，对我国宗教工作面临的形势和任务作了科学分析，明确提出了中国特色社会主义宗教理论，为新形势下做好我国宗教工作指明了方向，意义重大深远。中国伊斯兰教协会副会长兼秘书长郭承真在《中国统一战线》上发表了《使国内广大穆斯林国际伊斯兰教界都能够理解中国化支持中国化》，号召伊斯兰教界要认真学习，认真领会讲话精神，继承中国伊斯兰教在中国化方面的优良传统，解决好改革开放以来出现的新问题，通过宣传教育，使国内广大穆斯林群众、国际伊斯兰教界都能够理解中国化，支持中国化；在《中国民族报》发表了《始终坚持伊斯兰教中国化方向》，强调伊斯兰教坚持中国化方向的积极意义；在《中国穆斯林》发表了《教务工作要围绕伊斯兰教中国化方向的精神积极实践》，强调在伊斯兰教务工作中坚持中国化方向的重要性。中国伊斯兰教协会副会长穆可发在《中国宗教》发表了《伊斯兰教中国化要以社会主义核心价值观为引领》，特别强调客观认识和充分挖掘伊斯兰文化中和社会主义核心价值观相一致的积极因素，用社会主义核心价值观统领伊斯兰教教务工作，对于进一步增强穆斯林的凝聚力、向心力和整合力，提升伊斯兰教与其他宗教的亲和力，引导中国穆斯林坚定不移地走与社会主义社会相适应的道路，坚持伊斯兰教中国化方向，具有十分重大的意义。

学术界积极响应习近平总书记在全国宗教工作会议上的讲话精神，积极探讨伊斯兰教中国化这一核心主题，发表了一系列的论文。具有代表性的有：马宗保在《黑龙江民族丛刊》发表的《伊斯兰教中国化及其动力机制——以回族地区伊斯兰教为例》；马佳在《北方民族大学学报》发表的《伊斯兰教中国化的实践者：马联元及其思想要义》；马建福在《中国民族报》发表的《伊斯兰教中国化的历史进程与当下实践》；杨志娟在《西北民族研究》发表的《选择与嬗变：运河回商与伊斯兰文化中国化》；高占福在《中国民族报》发表的《从中国伊斯兰教本土化历史看宗教中国化》；彭无情在《中国民族报》发表的《顺应形势迎接挑战，坚定新疆伊斯兰教的中国化方向》；马守途在《中国民族报》发表的《弘扬中国伊斯兰教优良传统 坚定不移走中国化道路》；马强在《回族研究》发表的《适时本土化：伊斯兰教中国化的人类学解读》，等等。

三 主要学术会议

1. 伊斯兰教事务管理专家学者专题研讨会

7 月 14 日，青海省委统战部、省民宗委组织召开专家学者专题研讨会，交流探讨新形势下伊斯兰教事务管理工作的新情况、新问题和新举措。青海省人大、省委党校、省社科院、青海民族大学和青海师范大学有关专家学者参加会议。省委常委、统战部长旦科主持会议并与大家进行交流。专家学者围绕完善清真寺管理、防范极端思想侵害、阿訇队伍建设、网络宗教等主题进行了交流发言，指出了青海省伊斯兰教事务管理工作中仍然存在清真寺管理执行力不足、偏激主张蔓延、阿訇队伍素质偏低和网络宗教形势严峻等问题，并提出依法加强清真寺管理、强化阿訇培训教育、建立网络宗教舆情应急机制、防范极端主义等意见建议。

2. “伊斯兰教中道思想”国际研讨会

2016年7月20日，“伊斯兰教中道思想”国际研讨会在新疆维吾尔自治区首府乌鲁木齐举行。此次研讨会由中华宗教文化交流协会和中国伊斯兰教协会共同举办，来自中国、俄罗斯、哈萨克斯坦、塔吉克斯坦、吉尔吉斯斯坦、乌兹别克斯坦的知名伊斯兰教界人士、著名专家学者和政府部门的近百名代表参加会议。与会代表围绕此次研讨会主题“倡导中道思想，反对极端主义”，就伊斯兰教所面临的严峻现实，针对世界一些地方频发的暴力恐怖活动，从经典教义角度，深入研讨伊斯兰教的中道思想，分享各国反对极端主义的成功经验，探讨维护伊斯兰教良好形象。开幕式上，新疆维吾尔自治区政府主席雪克来提・扎克尔、国家宗教事务局局长王作安、中国伊斯兰教协会会长陈广元分别致辞，中国伊斯兰教协会副会长兼秘书长郭承真主持开幕式。

俄罗斯、中亚国家伊斯兰教与我国伊斯兰教同属哈乃斐教法学派，教义教法相近，地理上又与我国新疆毗邻，同样面临着宗教极端主义、暴力恐怖主义的威胁和挑战。多年来，这些国家在“去极端化”方面不断探索，积累了一定经验。此次研讨会就是要通过与会各国的知名伊斯兰教界人士、著名专家学者和政府有关部门代表交流探讨，阐发伊斯兰教中道、宽容、爱国、和平、团结、仁慈的精神，批驳极端、暴力恐怖等歪理邪说，与国际伊斯兰教主流一道，引导广大穆斯林正信正行，自觉走伊斯兰教中正之道。

3. 中国伊斯兰教传承与发展——先贤刘智思想及金陵学派思想研讨会

2016年7月23—24日，由江苏省伊斯兰教协会、南京市伊斯兰教协会主办，南京市伊斯兰教协会承办的“中国伊斯兰教传承与发展——先贤刘智思想及金陵学派思想研讨会”在南京净觉寺召开。此次会议的主旨是：纪念先贤刘智，弘扬伊斯兰教中正思想，传承伊斯兰教金陵学派“爱国爱教”传统，展现当代爱国爱教精神。

中国伊协副会长、江苏省伊协会长达庆利，南京市委统战部副部长、市民宗局长李兰在会议开幕式上讲话。国家宗教局、中国伊协、江苏省宗教局、南京市民宗局等有关部门负责人出席会议。来自中国社科院、北京大学、中国人民大学、中央民族大学、南京大学、中国伊斯兰教经学院等机构与高校伊斯兰教研究领域的专家学者、阿訇共70余人参加会议。

会议对“金陵学派对伊斯兰教本土化的影响”“先贤刘智思想研究”“明清伊斯兰教研究”“中国伊斯兰教研究”“东南沿海伊斯兰文化研究”“刘智思想对当代的社会意义”等六个专题进行了深入研讨。与会专家学者推出的“中国伊斯兰教传承与发展”最前沿的研究成果，对进一步扩大先贤刘智思想的知名度和影响力，助力弘扬伊斯兰教中正思想，传承金陵学派中国化传统，展现当代中国伊斯兰教爱国爱教精神，将起到十分积极的示范和推进作用。

会议期间，与会代表听取了北京外国语大学教授、国际问题专家马晓霖所做的“当代中东恐怖主义流变——从基地组织到伊斯兰国武装”专题讲座；参加了在刘智墓园举行的“南京伊斯兰教刘智学院”的揭牌仪式。江苏省伊协副会长、南京市伊协会长米寿江教授主持揭牌仪式并讲话。

4. “伊斯兰教中国化”论坛

2016年8月18—19日，由宁夏统一战线理论研究会、宁夏社会主义学院、中国社会科学院世界宗教研究所、中国宗教学会主办的“伊斯兰教中国化”论坛在宁夏银川召开。

宁夏回族自治区副主席马力在论坛开幕式致辞中说，论坛旨在深入贯彻全国宗教工作会议精神、探索伊斯兰教中国化的理论创新和实践路径。希望与会专家学者总结伊斯兰教中国化的经验，研判伊斯兰教中国化进程中存在的现实问题，积极提出专业性、创新性、指导性、实践性强的理论思考和政策建议。

论坛分设“伊斯兰教中国化”主旨发言以及“伊斯兰教中国化理论探索”“伊斯兰教中国化实践探索”“伊斯兰教与中国文化”“伊斯兰教与宗教中国化”总计五场专题研讨。此次论坛学术成果丰硕。共收到论文 28 篇，6 位专家学者和宗教界人士应邀作主旨发言，24 位专家学者应邀作专题发言，宁夏大学副校长马宗保代表宁夏统一战线理论研究会作会议总结。他认为，此次论坛研讨交流视野开阔、内容广泛，观点新颖。与会专家学者从民族学、人类学、建筑学、历史学、社会学、宗教学等多学科视角出发，研讨内容涉及伊斯兰教研究、伊斯兰教中国化的内涵与特点、伊斯兰教中国化的主要成就、伊斯兰教中国化的经验启示、坚持伊斯兰教中国化方向的途径与措施、清真寺建筑与清真饮食文化等。专家们从不同视角对伊斯兰教中国化的历史进行了全面梳理，对伊斯兰教在我国发展的历史经验进行总结，对伊斯兰教融入中华文明的历史规律进行深刻揭示，有助于人们对伊斯兰教中国化形成客观的认知。什么是伊斯兰教中国化？这个问题在这次论坛上得到了充分的讨论，也形成了相对一致的意见，如伊斯兰教中国化的“三重融入”即融入中华文化、融入中华民族和融入中国社会，建构三重认同即“文化认同”“民族认同”和“社会认同”，伊斯兰教中国化的当代内涵应与传统有所区别等，这些观点有助于廓清伊斯兰教中国化的一些理论和思想认识问题，为政府引导、宗教界努力提供了借鉴。

5. “福德图书馆与北京伊斯兰教研究”学术研讨会

2016 年 9 月 27 日，北京市伊协主办的“福德图书馆与北京伊斯兰教研究”学术研讨会在京召开。来自北京市宗教局、中国伊斯兰教协会、中国社会科学院世界宗教研究所、北京市伊斯兰教协会、中央民族大学等单位的宗教机构代表和学界代表共同参加此次会议。与会的专家、学者和阿訇分别就福德图书馆的创建、发展及其历史地位与影响，福德图书馆与北京伊斯兰教育，现阶段馆藏古籍整理保护与利用，如何在“一带一路”倡议构思下充分发挥伊斯兰教界的作用等方面进行了深入探讨和广泛交流。福德图书馆是中国伊斯兰教最具盛名的图书馆，素有“东方唯一的回教图书馆”之誉，因馆藏马松亭大阿訇出访埃及时埃及国王福德一世赠送的一批珍贵图书而得名。福德图书馆创办于 1936 年，新中国成立后并归北京东四清真寺管辖。从 2015 年开始，北京市宗教局、北京市伊斯兰教协会对福德图书馆藏书进行整理，保护抢救馆内图书、文物，共整理出 1.4 万余册古籍和近代历史书籍。《福德图书馆馆藏古籍目录》已经出版。

6. 第八届“黄河学”高层论坛暨“回族伊斯兰文化与黄河文明”学术研讨会

2016 年 11 月 5—6 日，第八届“黄河学”高层论坛暨“回族伊斯兰文化与黄河文明”学术研讨会在河南大学召开。会议由河南大学、中国回族学会、中国地理学会黄河分会主办，教育部人文社科重点研究基地河南大学黄河文明与可持续发展研究中心、黄河文明传承与现代文明建设河南省协同创新中心承办，并得到地理学会河南省优势学科、河南省社会科学院哲学与宗教研究所的支持。来自全国各地的 80 余名回、汉、彝、柯尔克孜等民族的各级政府领导、专家学者、企业家代表及民族工作者参加了此次会议，此外会议还吸引了关注丝绸之路经济带与伊斯兰教研究的美国、巴基斯坦留学生以及来自各地的民间学者，与会专家围绕黄河文明与伊斯兰文明在“一带一路”中的贡献、地位及作用，文明对话与文明和谐相处，黄河地区回族文化传承与发展，回族历史及回族城市化，“回族学”与“黄河学”跨学科整合等议题展开了热烈的讨论。

此次会议是“黄河学”与“回族学”首次开展对话，也是中国回族学会与地方高校首次联合办会，参会人员契合回族伊斯兰文化、黄河文明多元性与包容性的实际，将理论研究与学术前沿相结合，紧扣时代发展脉络，开展“黄河文明”与“伊斯兰文明”、“黄河学”与“回族学”的跨文明、跨学科交流对话，在当今全球文明冲突加剧、恐怖主义盛行以及以“一带一路”倡议强调中华文明与伊斯兰文明交融的背景下，具有非常重要的现实意义，将显著提升“回族学”“黄河学”两个综合性学科的整体研究水平，从而加快构建跨学科的国际研究网络，拓宽中国回族研究的国际化道路，最终服务于沿黄及中原回族地区发展，为国家实施“一带一路”倡议提供重要的理论支撑。

7. “伊斯兰教与一带一路”暨第二届全国伊斯兰教学术研讨会

2016 年 12 月 16—18 日，由中国宗教学会、中国中东学会共同举办的“伊斯兰教与一带一路”暨第二届全国伊斯兰教学术研讨会在京举行。

会议开幕式由中国宗教学会副会长、中国社会科学院世界宗教研究所副所长郑筱筠主持，国家宗教事务局三司司长马劲，中国宗教学会常务副会长曹中建，中国中东学会副会长、上海国际问题研究院研究员李伟建等分别致辞。

参加此次会议的各界代表共有 130 余位，包括：中央统战部、外交部、国家宗教事务局、新华社、山东省文物局、河南省民宗委等部门的相关领导与专家；来自中国社会科学院世界宗教研究所、中国社会科学院西亚非洲研究所、中国社会科学院边疆研究所、中国社会科学院民族学与人类学研究所、北京大学、中国人民大学、中央民族大学、北京外国语大学、中国国际问题研究所、中国现代国际关系研究院、上海国际问题研究院、上海外国语大学、南京理工大学、山东大学、西南大学、河南大学、陕西师范大学、兰州大学、甘肃省民族研究所、宁夏社会科学院、宁夏大学、北方民族大学以及新加坡国立大学、新加坡东南亚研究所、美国纽约大学、泰国玛希隆大学等国内外学术研究机构的百余位专家学者；还有来自中国伊斯兰教协会、中国伊斯兰教经学院、上海市伊斯兰教协会、天津市伊斯兰教协会、乌鲁木齐市伊斯兰教协会等宗教团体代表以及尼山世界文明论坛、陕西丝路创客协会、青海回族研究会、《中国日报》《中国民族报》等媒体与社会各界代表。

会议围绕伊斯兰教与“一带一路”倡议、中国穆斯林与“一带一路”、中东局势与“一带一路”、丝绸之路上的伊斯兰教、中华文明与伊斯兰文明、“一带一路”沿线经济文化以及青年学者论坛等七个主题和场次展开讨论。与会专家一致认为，伊斯兰教是“一带一路”建设中不容回避的重要因素，对其影响应有充分认识与考量，方能发挥优势，防范风险，促进区域共同发展，维护社会繁荣稳定。

闭幕式由中国宗教学会常务副会长曹中建主持，会议承办单位中国社会科学院世界宗教研究所伊斯兰教研究室主任李林作会议总结，中国中东问题原特使吴思科，中国宗教学会会长、中国社会科学院世界宗教研究所所长卓新平，中国中东学会副会长、宁夏大学中国阿拉伯国家研究院院长李绍先，中国社会科学院世界宗教研究所党委书记赵文洪等做闭幕式致辞。

总之，与往年相比，2016年度与伊斯兰教有关的学术会议虽有减少，但具有重要的代表性，主要围绕着“一带一路”和伊斯兰教的中国化而展开。基本侧重现状和热点问题展开讨论。主办单位既有纯学术的机构，也有各地伊斯兰教协会。这一方面表明伊斯兰教成为重要的热点话题，已经引起各界的广泛关注和研究，另一方面说明国家非常重视伊斯兰教的研究，经费的投入较大，有召开会议的资金基础。

2016年度当代宗教研究学科综述

邱永辉　陈玉梅　陈进国　张真瑞

2016年当代宗教研究学科的研究综述，侧重在四方面的介绍：一是当代宗教报告即宗教蓝皮书，二是当代印度宗教文化，三是犹太教研究进展，四是宗教人类学的发展概况。

一　宗教蓝皮书的研创

《中国宗教报告2015》2016年5月由社会科学文献出版社出版发行。《中国宗教报告2015》由中国社会科学院世界宗教研究所研究员邱永辉及约请的世界宗教研究所、中国人民大学哲学院、上海社会科学院宗教所共计15位专家撰写。

“总报告”以中国宗教组织的自治为讨论和分析中心，提出“宗教治理”的理念和模式。作为“依法治国”“创新社会管理”的重要组成部分，“宗教治理”包括中国宗教社团的自治、政府公权力对于宗教团体和宗教事务的依法管理，以及中国社会的方方面面依法对与宗教团体和宗教事务相关的问题进行的全方位治理。报告提出，“宗教治理”不是传统的从上到下的行政运转和管控，而是一种社会文化建设的模式，是一种国家软实力的建设模式；中国宗教治理的未来，是走向一种民主、协商、多元的社会化治理模式。报告建议，在缺乏“宗教共识”和“立法共识”的现阶段，中国大陆可以借鉴港澳台地区的成功经验，立法给予宗教组织法人地位，试行“宗教组织的法人制度”。报告呼吁中国宗教学界与宗教界人士和政府管理部门一起努力，建构“宗教治理”话语，为中国社会走向“善治”做出应有的学术贡献。

在“各大宗教报告”的栏目下，七篇报告均在对相关宗教的总体情况进行总结评述的基础上，重点探讨了2014年度最突出的问题。

“佛教报告”回顾了2014年中国佛教的重要事件，指出在佛教的社会声望不断提升的同时，应当在制度上保障佛教的健康发展。探索切实可行的佛教活动场所法律地位，尽快建立健全宗教活动场所法人制度，是解决困局的可行性方案。

“道教报告”侧重考察了中国道教在7个方面的发展状况，重点关注的是如何让道教宫观承载更多的文化功能，发挥更大的社会影响力。报告建议，从体验、免费、参与、便捷等方面入手，将道教转型为真正的现代型宗教。

“伊斯兰教报告”回顾了2014年中国伊斯兰教的学术会议、解经工作、推进朝觐管理和服务等突出表现。报告以宁夏为例的讨论表明，“一带一路”倡议促使了穆斯林民众对丝路沿线穆斯林历史文化的关注增多，该战略与西部地区的宗教与社会发展密切相关，但也可能面临各种挑战。

“基督教报告”关注2014年中国基督教会发展的四个重点：招远事件、公益慈善事业、三自爱国运动委员会60周年庆祝活动期间有关“基督教中国化”的研讨，以及努力建立中韩教会间正常的交往及其对中韩教会健康发展的积极作用。

“天主教报告”从三个层面对2014年度中国天主教的成绩与危机、挑战与举措进行报告：2014年度中国天主教的发展概况、热点透视、从“正定惨案”入手，重新审视天主教会在抗日战争期间的人道主义救助工作和在华形象。

“儒教报告”基于作者近年来对文庙的修复和复兴情况的调研，指出文庙复兴的情况分为四种，孔子文化节活动、孔子祭祀仪式、文庙里的读书班以及文庙举办的传统文化和公共节日对文庙的活化的影响等。报告认为，文庙在当代的活化对于“神圣性”的恢复具有重要意义。

“民间信仰报告”关注浙江省的民间信仰及其管理问题。报告认为，地方政府在民间信仰事务方面的治理方略，带有强势主导和危机管控的历史惯性。在历次的拆庙整治运动中，民间信仰庙宇皆首当其冲，反复陷入存在的合法性困境，而地方的宗教生态系统也面临着越来越多的挑战。近年来，浙江省逐步从立足于政府本位、自上而下管控的社会管理（Social Administration）朝法治化、自治化的社会治理（Social Governance）方向艰难地转型。报告认为，民间信仰治理走向“善治”的过程是一个“文治构建”的过程，即推动社区文化发展，从而构建社区文化认同和社区生命共同体。

“热点报告”栏目特别关注“基督教中国化”。

卓新平教授报告了“基督教中国化”这一概念的缘起，提出“基督教中国化”的“三要素”，即对中国政治的认同、对中国社会的适应，以及对中国文化的表达。

卢云峰博士的报告是基于中国人民大学和北京大学中国社会科学调查中心所做的调查数据。根据数据分析，中国基督教信徒的基本情况如下：其一，中国基督教徒的人数仅次于佛教信徒，基督教在中国已经成为仅次于佛教的第二大宗教。分析显示，2010年基督教徒占我国成年总人口的比例为1.93%—2.18%，相对应推算全国基督徒总规模为2572.3万—2905.5万人。其二，比较之下，中国基督教团体的活动最为绵密、组织化程度更高、信众对宗教信仰的重视程度也更高。其三，在中国基督徒中，72.5%是女性，基督徒的平均年龄为51岁，这两项数据位于各宗教之首。其四，中国基督徒在社会分层中处于劣势。基督徒的个人收入在各宗教中排名最低；文盲/半文盲的比例排名最高；10.2%基督徒为零收入且无职业数据，这一比例也位于各信仰群体之首。其五，在社会影响方面，尽管基督徒的社会经济地位较低，但是他们的信任度、公平感、幸福感、精神健康程度与无信仰群体却没有显著差异。

黄海波博士的报告认为，中国基督教“两会”组织，是在中国革命与建设的特定历史条件下形成的制度安排。政府、信徒与一般社会大众，是基督教“两会”面对的三个基本功能对象，它们对基督教“两会”有各自不同的功能需求。基督教“两会”必须承担并切实发挥政治、宗教与社会功能。认知与实践中的“功能错位”，比技术层面的手段、方式滞后，更为严重地制约着基督教“两会”的功能发挥。需要调整优化基督教“两会”的功能实现机制，尤其应注重通过促进其有效发挥宗教功能与社会功能而使政治功能的发挥柔性化，从而使其能够在当前形式下最大限度地调动各种积极因素。

曹南来教授的报告通过“耶商”，即商人基督徒群体这一实证个案，考察了基督教中国化这一议题的现实状态和处境。报告认为不应忽视商人基督徒这一改革开放后的新兴群体在基督教中国化方面的有益尝试。他们如同近代的“儒商”“回商”一样，也在为国家的自强自立做出贡献，并发挥基督教在促进经济社会积极发展与国际经贸合作中的建设作用。报告强调在社会中践行信仰是基督教中国化的重要实现方式，因此中国化是实现宗教社会融合与创新的一个动态过程。中国化的最终目标是建设一个有中国特色的基督教，使其成功嵌入公共道德与个人伦理领域，并且能够积极有效地参与搭建中国传统价值与世界商业经济之间的道德桥梁。

黑颖和杨莉博士有关云南傈僳族基督教的报告认为，自19世纪末20世纪初基督教传入云南怒江地区以来，经过不断调试，与傈僳文化互动融合，表现出了许多傈僳化的特点，同时也使当地的一些传统习惯发生改变，形成了一种新的傈僳族基督教传统。

“专题报告”是对中国大陆佛教、道教、伊斯兰教、天主教和基督教等5大宗教的活动场所发展现状的全景式呈现。由中国人民大学科学研究基金持续支持，中国宗教调查（CRS）项目以合法登记的宗教活动场所作为调查对象，实地调查时间自2013年下半年至2015年上半年，调查范围为全国31个省、自治区、直辖市243个县级单位的4383家宗教活动场所，调查对象是宗教活动场所的负责人，调查方法为面对面问卷访谈。这是迄今为止对中国宗教场所的历史、形成、组织性、现代性与社会参与等方面的最新、最全面的调查报告。

二　印度宗教文化研究

在印度宗教的研究领域，瑜伽经典和著作的翻译和介绍是成果最多的方面。随着瑜伽中心在中国遍地开花，印度政府支持设置在云南民族大学的“瑜伽学院”的营运，部分学者致力于印度瑜伽经典翻译和瑜伽创作，以期同瑜伽界共享纯正的瑜伽思想精髓，传播精准的瑜伽教学练习，推进身心联结的瑜伽整体协同，促进各界瑜伽之友不同形式的交流合作。由浙江大学王志成教授主编、瑜伽哲学界资深编辑汪瀰总策划、中国瑜伽界近20位瑜伽学人担任编委的《瑜伽文库》，2016年新出版了《帕坦伽利〈瑜伽经〉及其权威阐释》和《瑜伽之海》。该文库此前的成果有：2012年的《瑜伽的力量》，2014年的《虔信瑜伽：〈拿那达虔信经〉及其权威阐释》，2015年的《薄伽梵歌（注释本）》《智慧瑜伽·商羯罗〈自我知识〉》《哈达瑜伽之光》《瑜伽喜乐之光》《喜乐瑜伽》。

除经典文献方面的译介外，在当代中印宗教文化交流方面，亦不乏成果。如邱永辉的《中印宗教文化交流与合作》（载李毛悦主编《中印智库论坛报告》，中国社会科学出版社2016年版）。

值得一提的是，邱永辉在《“世界宗教”视野下的中国民间信仰》（《宗教学研究》2016年第1期）从世界宗教特别是印度教的比较视野来审视中国的民间信仰问题。她指出，长期以来，由于中国民间信仰（宗教）具有制度化程度低、分散性强等特点，且与其他宗教的界限不清晰，因此学术研究中很难对其进行社会学意义上的统计和测量。这也是中国学术界对中国民间信仰及其研究存在许多争议的原因之一。该文通过对美国皮尤研究中心（Pew Research Center）2012年发布的全世界宗教信仰人口数据的分析，并通过观察其他国家和地区的民间（传统）宗教信仰，尝试通过“他山之石”认识中国的民间信仰，并观照其相关研究。该文所言之“世界宗教”视野，主要包括两个方面：其一，从“世界宗教格局”定位中国民间信仰；其二，从非洲宗教的变迁，从作为世界第三大宗教的印度教的角度，审视中国的民间信仰的变迁，思考中国民间信仰持续兴盛的动因，并认识中国民间信仰的“中国性”。

三　犹太教研究综述

2016年犹太教研究从哲学、伦理学、思维方式和研究方法、神学与经典、教史、综述等多层面、多角度展开探索，研究范围兼容内外，表里互补，其中不乏一些思想深入、视角新颖的开拓性研究成果，构成一派生机勃勃、硕果累累的研究图景和气象。

哲学方面的成果主要有：高山奎的《试论赫尔曼·柯亨的“耶—雅和解”及其限度》（《宗教学研究》2016年第3期）对犹太哲学史上的重要人物赫尔曼·柯亨的思想进行分析和解读。指出他运用新康德主义哲学体系改造犹太教思想资源，具有明显的历史主义的取向，他削足适履式的六经注我剔除了犹太传统资源中无法与新康德主义契合的神秘主义倾向，因而受到新正统主义神学的反驳。论文进而提出对柯亨的学术思考、甄别其利弊得失对我们吸纳西学养料的参照意义。何中华的《马克思的犹太人身份与他的哲学建构》（《山东社会科学》2016年第5期）指出，一方面，马克思在自觉层面上彻底告别了包括犹太教在内的一切可能的宗教形式；另一方面，犹太教的某些重要因子和精神气质在无意识层面上又深刻地影响了马克思的哲学建构。宗教只是试图通过调整人们对现实的看待方式而屈从于现实，马克思哲学则主张通过人的感性活动实际地改变现实而使之趋向于理想境界。但他对人的异化命运的敏感、对拜物教的批判、对道德维度认同、对作为历史前提的物质条件的重视等，都或潜或显、或多或少地折射着犹太教传统的底色。臧峰宇的《犹太人问题与拜物教秘密的政治哲学探赜——〈论犹太人问题〉解读》（《社会科学辑刊》2016年第2期）论述了青年马克思在《论犹太人问题》中以深刻的笔触批判了鲍威尔论述的逻辑悖谬，并转换了鲍威尔通过宗教批判解决犹太人问题的思路，将问题指向普遍利益与私人利益之间的世俗对立。赵同生的《迈蒙尼德论律法、智慧与城邦治理》（《世界宗教研究》2016年第2期）一文论述了柏拉图的“哲学王”概念对迈蒙尼德的影响，但在探索如何处理希腊哲学与犹太教传统之间的关系时，面临如何处理个人对终极幸福的追求与理想城邦的治理之间的张力问题。迈蒙尼德指出“哲学王”虽然在治理城邦上具有优势，而神圣律法才是维持民族文化认同、维护城邦社会中公平正义以及个人实现终极幸福的基础。林浩超的《论马克思的宗教批判——重读〈论犹太人问题〉》（《马克思主义哲学研究》2016年第1期）论述了《论犹太人问题》在政治国家确立、市民社会解放的新时代背景下重新审视宗教问题。扬弃宗教的根本，是扬弃二重性。朱学平的《青年黑格尔论“犹太教问题”》（《华东师范大学学报（哲学社会科学版）》2016年第2期）认为，从伯尔尼后期到法兰克福时期，青年黑格尔的哲学思想逐渐从对康德、费希特的主体哲学的强调转向席勒影响下的统一哲学。在这一过程中实现了对犹太教的主观化、人学化改造；另一方面，对席勒美学的接纳却又导致他否定了犹太人的主体性精神，使他再度以希腊的爱与美的精神作为治疗现代“异化”病的良方和出路。赵林的《基督教信仰与希腊哲学的思想张力》（《世界哲学》2016年第1期）主要讨论在希腊—拉丁世界的基督教化的表象背后所隐蔽的基督教信仰（以及教会体制）的希腊化与拉丁化这一更加深刻的思想转化过程，其中关于基督教对其犹太教母体的承袭和脱离也有所论述。陈玉梅的论文《论海舍尔宗教哲学对象征主义的理解》（《世界宗教研究》2016年第6期）

对海舍尔哲学中“雅典还是耶路撒冷”的两希传统关系问题作了深入探讨，从分析“象征主义”的不足和缺陷出发，海舍尔向我们展现出希伯来《圣经》宗教传统究竟在何种意义上弥补了哲学理性思维的局限，从而说明构成西方文明的这两大支柱均不可或缺，这一理论探究使哲学与宗教关系的讨论得以深化，并对反思当代文化的处境及走向具有重要的思想价值和现实意义。

伦理学方面的研究主要有：傅有德、王强伟的《比较视域中的古代犹太教与早期儒家之孝道》（《求是学刊》2016 年第 3 期）认为古代犹太教和早期儒家具有高度相似的孝道，主要缘于二者皆以血缘亲情和报恩情感作为伦理基础；而在双方孝道的范围方面则各具特色，其差异主要由犹太教的神性中心与儒学的人本特性导致的，同时也与二者各自所处时代的政治制度和社会历史有内在关联。

思维方式方面的研究主要有：张平的《平行逻辑，思者无敌——中国要补的一课》（《北大商业评论》2016 年第 1 期）指出儒家哲学区分君子小人，但不注重怎么做才是君子；犹太教不做区分，但注重细节，把生活细节纳入律法之中。犹太教注重保持个性，抗拒任何泯灭个性的做法。犹太教的谦卑是保护对方的观点，找出其精华，这种谦卑也是对等的，并不因此放弃己见。犹太教重视“防止冲突”的和平概念。犹太思维可以像希腊哲学一样，为我们提供“思维的磨刀石”。由于求道式思维与求经式思维中共同的“求道”成分，这块磨刀石可能更容易被我们接受。

研究方向和方法类的主要有：王强伟、傅有德的《犹太—儒学比较研究：学科历史、研究路向与问题反思》［《山东大学学报（哲学社会科学版）》2016 年第 3 期］指出犹太—儒学比较研究是一个新兴并显著发展的研究方向。主要通过比较宗教学和比较哲学这两种不同研究进路，在学理层面对犹太教和儒学开展了系统的比较研究，通过“中国取向”和“世界取向”表达出不同的现实关怀，并反思既有研究中存在的问题和局限。

经典与神学研究主要有：朱晓的《加尔文的犹太观：宗教改革语境下的相对宽容》［《河南大学学报（社会科学版）》2016 年第 2 期］认为加尔文按照字义解经法，消解了寓意解经传统对相关经文的反犹式解读；他承认《旧约》与《新约》是一个统一的整体，肯定了《希伯来圣经》在基督教信仰中的地位；他的“启示神学观”认为上帝的启示是一种“渐进式”的启示，《希伯来圣经》和上帝与犹太人所立的“约”以及犹太律法都是上帝启示的一部分，这构成了他对犹太教相对宽容的神学基础。饶本忠的《论犹太教的“罪”》（《经济社会史评论》2016 年第 2 期）认为犹太教中的“罪”的内涵在不同时代有着不同的变化，但无论怎样变化，违背或漠视上帝的意志是犹太教中“罪”的永恒内涵。犹太教认为“罪”之所以发生，其根源在于不完美的人性。在犹太教中，“罪”具有普遍性、连带性、可控性等特征。基督教的“罪”在一定意义上继承了犹太教的“罪”，但犹太教主流没有原罪说。

犹太教史方面的研究主要有：朱晓的《15～16 世纪基督教希伯来学的兴起与发展》（《史学月刊》2016 年第 5 期）阐述了从 15 世纪上半叶开始，以波焦、曼内蒂和皮科为代表的意大利人文主义者，在复兴古典文化的过程中积极推进基督教希伯来学，另一方面，天主教也利用希伯来学作为内在革新和外在排除异己的工具，在双方的共同推动下，基督教希伯来学最终在 16 世纪发展成为西欧备受瞩目的学术运动。胡浩的《犹太教历史背景下的基督教——亚伯拉罕·盖革论基督教的起源》［《河南大学学报（社会科学版）》2016 年第 2 期］阐述了亚伯拉罕·盖革借用 19 世纪盛行的历史主义研究方法，将基督教的起源还原到公元前后犹太法利赛派和撒都该派斗争背景之下，强调犹太教作为原创性一神教对基督教和西方文明的影响，旨在反抗基督教学术霸权，确立犹太学术地位，捍卫现代犹太认同，并为宗教改革提供理论支持。

研究综述类的主要有：张倩红、张佩佩的《新世纪以来中国学者对于犹太教的研究》（《世界宗教研究》2016 年第 4 期）整理阐述了新中国成立后特别是改革开放以来犹太教研究取得的进展。综述从犹太教教义、教派、犹太教思想、犹太教与以色列国、犹太教与其他宗教的对比研究等方面展开，指出其中关于犹太教教义及思想、犹太教对犹太民族历史以及以色列政治与社会文化影响等方面的著述颇多，并达到了一定的学术高度。

四　宗教人类学的最新进展

2016 年，宗教人类学学科取得重要的进展，由杨德睿、陈进国、黄剑波三位学者共同倡导的修行人类学在学术界获得越来越多的反响。学界首次探讨与“修行”相关的议题，是在 2013 年 9 月由中国社会科学院、兰州大学合办的“第三届宗教人类学论坛——多元宗教与地方经验”会议上。会上，杨德睿、陈进国和黄剑波的文章不约而同地分析了信仰者内在的修习实践。杨德睿便邀约“桃园三结义”，以期对华人本土的宗教人类学有新的反思路径。2014 年 4 月，南京大学人类学研究所与日本东亚人类学研究会联合举办了“宗教与文化”国际研讨会。魏乐博（Robert Weller）、杨德睿、黄剑波、白莉诸君和我，又把兰州会议未竟的议题拿出来讨论，最后形成了以“修”为关键词的共识。2014 年 11 月，三人又共倡在华东师范大学人类学研究所举办“文化习得的机制与逻辑——关于修的人类学探讨”工作坊，讨论从“修”为核心概念出发，是否可以有效地回应普通人类学的“文”和“化”的问题。大家觉得不妨从修行的语义学分析、修行与身心实践、修行与灵性教育、修行与戒律、集体与个体的修行等视角去探讨。“修行”作为一个学术公共话题，提出于 2015 年 6 月在“南宗宗坛”海南玉蟾宫召开的第一届宗教人类学工作坊，题为“世俗时代的修行”。这次学术对话汇聚了 20 多位同道，包括魏乐博、金泽、张珣、林美容等学界前辈。论文择优录入陈进国主编的《宗教人类学》第七辑“修行人类学”专题。会议之后，杨德睿负责撰写“修行人类学研究群倡议”初稿，由黄剑波来做补充和扩展。陈进国重点提出他所关怀的议题，特别是关于日常性的修行部分，不只是“超凡入圣”，还有“即凡即圣”的部分。研究群内部的差异说明修行人类学这个路径具有不同的可能性，是一个可以延展的开放性的概念。2015 年 11 月，华东师范大学人类学研究所又举办了题为“‘文’的意义与‘化’的过程——修行人类学主题研讨会”，就两份倡议书征求意见。其中司徒安（Angela Zito）、邵京、田兆元、王晓葵、张亦农、何蓉、卢成仁等师友提出了非常尖锐的问题和中肯的建议。之后，作者对文本做了修订，并决定 2016 年 9 月在江苏茅山乾元观召开第二届宗教人类学工作坊，题为“修行人类学视野下的宗教与社会”。这次会议得到了多个学科学者的支持。庄孔韶教授专程赶来，特意做了一场“过化与修行”的即时演讲。后来，心理学界受到我们的启发，梁恒豪、许金声等也开始倡导“修行心理学”。

2016 年 9 月 24—25 日，“修行人类学视野下的宗教与社会暨第二届宗教人类学工作坊”在江苏茅山乾元观顺利召开。此次会议由金坛茅山乾元观、中国社会科学院世界宗教研究所、南京大学人类学研究所和华东师范大学人类学研究所四家单位联合主办。

此次会议借《宗教人类学》第7辑推出“修行人类学”专辑之际，四家学术主办单位决定举办第二届宗教人类学工作坊，以“修行人类学视野下的宗教与社会”为主题。此次会议议程共有六个单元，分别由四场主题研讨会与一场研究生论坛及圆桌讨论会组成。来自中国社会科学院、华东师范大学、中山大学、北京大学、南京大学、中央民族大学、中国人民大学、浙江大学等学术机构的40余位学者参加了会议。

9月24日晨，参会学者在乾元观大罗宝殿观摩乾元观早课，后前往斋堂过斋。会议开幕式于八点在乾元观片云居讲课堂举行，由南京大学杨德睿主持。乾元观李崇凡道长代表道观对前来参会的学者专家表示热烈欢迎，并向大家介绍了乾元观的基本情况。浙江大学庄孔韶致辞并祝贺。

会议第一场由南京大学杨德睿主持，北京大学吴飞评议。浙江大学庄孔韶以题为《过化与修行》作为研讨会的开场，探讨了中国本土概念“过化”与儒学传播的关系，指出学界福柯“权力说”泛化的现象，而在中国儒学传播过程中，情感等其他要素也起到了很大的作用，但总被学者所忽视。接下来中国社会科学院世界宗教研究所的陈进国以《存神过化（道化）与修行动力学：以近现代的济度宗教团体为例》为题做报告，以近现代民间教派（道门、教门）等济度宗教“存神过化”的方式、特性、结果，来讨论中国精神世界中的修行模式和超越性意义。中国社会科学院世界宗教研究所梁恒豪从陈进国提出的“济度宗教”的内涵、特征，济世度人与修行的关系以及修行心理学等层面进行阐发，为“济度宗教”和修行研究提出一些新的可能。北京社科院许金声基于自己多年来在应用心理学方面的经验与成果论述了“心理治疗对于宗教徒的影响”。北京大学吴飞对以上四位主讲人的报告作出评议，他说：“四场报告作为一个整体，前后呼应。让我们看到，中国文化语境下修行的实质是什么，对于人的精神提升的目的是什么，以及它和西方权力话语下传教模式的差别有更多的理解。”

第二场以佛教修行研究为主，由华东师范大学黄剑波主持，浙江财经大学卢成仁评议。

中山大学程肖力、中国社会科学院韩琪、南京大学谢燕清、华东师范大学张真瑞和大连民族大学伦毓敏分别发言。程肖力以X镇为例，从民间佛教的多样性来探讨佛教修行与中国佛教改革；韩琪从信仰与家庭的冲突、个人修学上的困惑和冲突两大方面详细阐述佛教青年信徒经历的各种圣俗差异，及其应对方式和选择，以反映佛教信仰与俗世生活的矛盾；谢燕清以南京临终助念团为例，阐述了助念与修行的关系。张真瑞从古琴制作中的身体参与出发，来讲述一个斫琴僧人的修行实践；伦玉敏则介绍了科尔沁蒙古萨满的“修行”过程。卢成仁在评议中讲道：“我们在用修行概念和做修行研究的时候，有无可能推动我们在各自具体研究领域的进步，或者形成一种新的研究贡献？”

9月24日晚上，会议组召集与会的各高校研究生举办了一个小型研究生论坛。杨德睿和黄剑波等老师也参加了这次论坛。同学们依次介绍了各自的研究并提出自己研究中遇到的问题。大家各抒己见，并展开自由讨论，来自不同学校的研究生就各自的研究兴趣点相互交流，一直持续到深夜。

9月25日分别举行了会议第三场、第四场和圆桌讨论会。

第三场以基督信仰研究为主，由陈进国主持，中国人民大学张慧做评议。黄剑波以近代神学家倪柝声“小群教会”为例，探讨基督新教灵性观和身体实践。卢成仁以怒江傈僳族日常生活中的修行为例，提出祷告作为修行过程在傈僳族信仰实践中，更多是在学习并规诫自身成为一个基督徒，而非以"'超凡脱俗'为目的"。进而希望以此案例为核心提供对"修行"研究概念进行反思和扩充的可能。中山大学熊威基于自己的田野研究来讲述天主教备修院的教育模式内部存在巨大的张力，简单地将宗教教育与文化教育拼接在一起，而无法将其教育理念落实到教育实践中，从而造成其对信仰和知识双重脱嵌的困境等问题。上海财经大学邢婷婷将目光聚焦于中国大都市青年人的超常信仰实践（占卜、占星等），讨论超常信仰在青年人社会生活中的角色扮演，并探讨青年人如何借助超常信仰呈现个体与社会、私人与公共之间的关系。中国社会科学院李耕对两本关于中国气功的人类学研究专著 *Qigong Fever* 和 *Breathing Spaces* 展开述评，并比较了气功和养生在人类学视野中的异同。

第四场以道教与民间修行研究为主，会议由黄剑波主持，梁恒豪做评议。闽南师范大学的吴文文通过文献研究来探究宋元两代《老子》注释者的修行实践。杨德睿从道教学院两届学生的差异中发现，近世以来道教传承过程中科仪训练比重削弱，口语表达的要求有所提升。中山大学张超从道家内修的角度解释为什么"四大门—五大家"动物被认为是神圣的，从而得到人们的崇拜。张超指出，五种神圣动物分别代表了内修中的五种情感，而神圣动物是五种情感的图像化处理，还指出五种神圣动物的转化过程有利于克服思维的意向性这一内修过程中的元阻碍。芝加哥大学曾毓坤以中国日益流行的儒学读经教育为例，讨论旨在穷尽修行文化特性和多样性的体验性（experientiality）、时间性（temporality）与价值（value）取向性三个维度，解释读经在何种意义上得以成为另类的修行/教育。

最后的圆桌讨论，大家在片云居的大厅席地围坐，就两天来的会议研讨做总结。庄孔韶首先发言，他认为此次会议在研究领域方面较其他会议更为丰富多样，人类学修行研究所聚焦的问题可以有一个具体的分类方式，最终还可以展示出人类学在修行研究中贡献的尺度。陈进国就会议论文的结集出版提出期待，并对下届修行人类学的工作坊作了初步预告。吴飞认为，这次会议的多数研究对传统宗教人类学研究可能会产生一种颠覆，但需要有更多的理论上的关注和突破。黄剑波表示，提出修行人类学的初衷就是想要有宗教人类学研究上更多可能性的努力，而且从几次会议来看，文章的质量都有所提升。杨德睿认为，修行人类学应该更多关注平信徒，关注日常，而且"家"在修行生活中的重要性非常值得关注。修行媒介在修行实践中的使用也非常重要，如经典、艺术、话语（声音）。参会的其他青年学者也依次发言，介绍了各自的研究领域并做交流。

两天的会议在有着优良道风的道教圣地乾元观举行，参会的修行研究者在体验道家养生素食的同时就各自的研究展开讨论和交流；有意摘掉各自的头衔，希望能够突破各种研究上的限制，以期能有更多研究上的贡献，对自己的身心都有所长养。

此次会议结束后，陈进国的《存神过化与修行动力学》与黄剑波的《祈祷与人类学的基督教研究》先后发表在《世界宗教研究》和《湖北民族学院学报》，取得较好的学术反响。

第三篇

年度论文

论积极引导宗教的现实意义

卓新平*

摘要： 积极引导宗教与社会主义社会相适应，是中国共产党宗教工作基本方针的核心精神，对这一精神的正确理解和贯彻执行已经到了非常关键的时机。本文就这种积极引导的现实意义加以阐述，从习近平主席论对宗教积极引导的系列讲话、对宗教积极引导的政治意义和认知意义这三个方面来展开讨论，旨在努力促成宗教与我国社会主义社会的积极适应。

关键词： 马克思主义宗教观　宗教　社会主义政治　引导　宗教工作　中国共产党　政策

能否积极引导宗教与社会主义社会相适应，已经成为当前中国社会的一个重要理论问题和实践问题。对此，理论界、学术界和社会上仍然存有很大的分歧，观点也很不一致。基于这一现实，我们认为有必要正本清源、科学分析，对这一迫在眉睫的现实问题做出正确的回答。为此，我们想从习近平主席对宗教积极引导的系列论述、积极引导宗教的政治意义和认知意义这三个层面来对之加以阐述，以使我们在宗教问题上保持正确发展之路，确保中国社会民族团结、宗教和谐、长治久安。

一　习近平主席论对宗教的积极引导

习近平主席非常关注宗教问题，在其工作中对宗教问题有着系列讲话。我们要紧密团结在以习近平为总书记的党中央周围，就应该仔细倾听党中央的声音，学习好习近平主席关于宗教的系列讲话精神，就应该系统学习马克思主义经典作家关于宗教的论述。我们必须以马克思主义经典作家的基本观点、以改革开放以来历届中央领导的思想特别是习近平主席关于宗教的系列讲话为指导来正确看待并科学研究宗教。

自中国实行改革开放以来，在长期的理论和实践中所形成的党的宗教工作的基本方针之一即指导思想包括积极引导宗教与社会主义社会相适应。在如何对宗教积极引导及其重要意义上，习近平主席有着系列讲话，对此我们必须认真学习，深刻领会。

习近平主席说，“做好宗教工作，对于密切党同人民群众的血肉联系，推动三个文明建设，加强民族团结和保护社会稳定都有着不容忽视的重要意义。我们必须认真学习马克思主义宗教观，充分认识宗教的长期性，锲而不舍、深入细致、反复耐心地做好宗教工

---

* 卓新平，1955 年生，哲学博士，中国社会科学院学部委员，世界宗教研究所研究员，中国统一战线理论研究会常务理事及民族宗教理论甘肃研究基地研究员。

作。”“我们必须站在政治和全局的高度，充分认识宗教问题的特殊复杂性，积极稳妥地做好宗教工作。”① 为此，习近平主席系统谈了四个方面的工作：

第一，团结和引导信教群众为全面建设小康社会做贡献；

第二，全面贯彻执行党的宗教工作基本方针；

第三，用先进文化引导和丰富人们的精神生活；

第四，鼓励和支持宗教界走与社会主义社会相适应的路子。②

除了在工作层面对宗教的关注和分析研究，习近平主席还以更加广阔的视域从文化层面对宗教作出客观而积极的评价，他指出“宗教不仅是一种社会意识形态，还是一种特殊的文化现象。比如，浩如烟海的宗教典籍，丰富了传统历史文化宝库；智慧深邃的宗教哲学，影响着民族文化精神；深刻完备的宗教伦理，强化了某些道德规范的功能；异彩纷呈的宗教艺术，装点了千姿百态的艺术殿堂；风景秀丽的宗教圣地，积淀为旅游文化的重要资源；内容丰富的宗教礼仪，演变为民族风情的习俗文化。”③

这里，习近平主席对于宗教的文化意义和积极作用讲得非常到位和透彻，其表述也反映出对宗教积极因素充分肯定的意蕴。只要我们系统学习了马克思主义宗教观，系统学习了习近平主席、党中央关于宗教工作的基本方针，那么，在当前关于宗教问题的讨论中，谁真正坚持了马克思主义，谁在坚决紧跟以习近平为总书记的党中央，自然也就很清楚了。

我们对于人类历史发展要有最起码的尊重，其中就包括对宗教历史作用的评价。在我们旗帜鲜明地反对历史虚无主义之际，对那种否定宗教历史价值和意义的观点也理应加以反驳。宗教在人类历史发展的长河中有着巨大影响，起过关键作用。对此，习近平主席在巴黎联合国教科文组织总部的演讲中就曾专门论及2000多年来佛教、伊斯兰教、基督教等先后传入中国的交流，指出中国文化善于吸纳外来文明优长的特点。习近平主席还以佛教为例生动而深入地描述了这种宗教文化交流的意义，指出佛教的“传入”与“传出”所推动的充满积极意义的文化交流：“佛教产生于古代印度，但传入中国后，经过长期演化，佛教同中国儒家文化和道家文化融合发展，最终形成了具有中国特色的佛教文化，给中国人的宗教信仰、哲学观念、文学艺术、礼仪习俗等留下了深刻影响。”④ 佛教不是被动地为中华文化所吸纳，而是在中国文化土壤中得到了创造性、创新性的重生，形成具有鲜明中国特色的禅、净等宗，涌现出像慧能那样的众多思想大师、文化名人，发展出中国意蕴凸显的禅宗文化、观音文化、弥勒文化、少林文化等。也就是说，佛教在与中国文化的融合中得到了一种再创造，不仅使自我升华，而且更广远地影响了世界，促进了人类文化的交流和相互学习。“中国人根据中华文化发展了佛教思想，形成了独特的佛教理论，而且使佛教从中国传播到了日本、韩国、东南亚等地。”⑤ 习近平主席这些重要讲话，使我们深刻认识到宗教对于人类文化交流、各民族相互理解和学习的独特意义。

---

① 习近平：《干在实处，走在前列——推进浙江新发展的思考与实践》，中共中央党校出版社2006年版，第262页。

② 同上。

③ 同上书，第264页。

④ 习近平：《习近平谈治国理政》，外文出版社2014年版，第260页。

⑤ 同上书，第261页。

习近平主席在2015年2月底明确提出了“人民有信仰，民族有希望，国家有力量”这一表述，对中国人需不需要信仰做出了极为清楚的回答。中国人当然也是有信仰的，而对于信仰则可分为不同的层面，加以客观分析，在充分肯定政治信仰的意义时也应意识到宗教信仰的价值。对于中国宗教问题的正确理解和处理，已经关涉到我们今天的文化战略和社会可持续发展。世界上没有任何一个国家或民族在总体上对宗教持敌视和排拒态度。宗教在我们今天的发展中若主动用之则能起积极作用，若被动放弃则有可能变成消极因素，因此事在人为，需要我们因势利导。在当前复杂的国际国内形势中，我们应该高度重视和发挥宗教在当今社会的维稳作用，对相关群众的精神抚慰作用，对公益事业的积极参与作用，对中华文化的深化和弘扬作用以及对海外世界的感染和影响作用。

2015年5月18—20日，中央统战工作会议召开，习近平主席在其重要讲话中提出民族、宗教工作是全局性工作，宗教工作的本质是群众工作，要全面贯彻党的宗教信仰自由政策，依法管理宗教事务，坚持独立自主自办原则，积极引导宗教与社会主义社会相适应；积极引导宗教与社会主义社会相适应就必须坚持中国化方向，必须提高宗教工作法治化水平，必须辩证看待宗教的社会作用，必须重视发挥宗教界人士作用，引导宗教努力为促进经济发展、社会和谐、文化繁荣、民族团结、祖国统一服务。

这里，习近平主席重申了宗教工作的群众工作性质，强调了党的宗教工作的基本方针，提出了“四个必须”，指明了要积极引导宗教为完成五大任务服务。根据中央这一最新精神，根据习近平主席对党的宗教工作基本方针四项原则的重申，充分说明我们做好宗教工作就应该坚持马克思主义历史唯物主义和辩证唯物主义，坚持党的统一战线理论（这是我党的三大法宝之首，其对宗教的基本精神就是“政治上团结合作，信仰上相互尊重”），坚持群众路线（这是我们宗教工作的本质），坚持党的宗教工作基本方针，即全面贯彻党的宗教信仰自由政策，依法管理宗教事务，坚持独立自主自办的原则，积极引导宗教与社会主义社会相适应。

为此，习近平主席特别指出积极引导宗教与社会主义社会相适应还要做好“四个必须”。综观这一基本方针，我们在这里并没有发现有对宗教的任何否定或反感；相反，我们看到了以习近平为总书记的党中央在对待宗教问题上的睿智英明和高瞻远瞩。宗教是客观存在，处理好宗教问题是政治智慧和执政能力的体现。我们民族宗教工作的范围基于两条底线之间，其上线为“发展是硬道理”，搞好我们的经济建设、社会建设和政治建设是解决问题的根本；其下线为“稳定压倒一切”，即民族宗教无小事，不能出乱。在这两条线之间的重要空间，其和谐有序发展就在于坚持党的宗教工作基本方针。

“全面贯彻党的宗教信仰自由政策”，是重申充分尊重公民的宗教信仰自由，没有任何理由或借口可以用来歧视、敌视或贬低、排挤宗教信仰者。我们在宗教工作中应该有这种公民意识，必须尊重宪法赋予公民的这一基本权利。

“依法管理宗教事务”，是突出依法治国精神在管理宗教事务上的具体落实和充分体现。基于宪法和法律法规，我们对宗教事务必须管起来而不可放任自流，但这种管理必须依法，因此要健全我们的法律法规和管理体制，不能对宗教事务随心所欲地胡管、乱管，管理者“有权不可任性”。因此，我们所加强的管理必须是科学管理、依法管理。

“坚持独立自主自办的原则”，是强调中国境内的宗教有着“独立自办”的存在及发展的底线。中国的宗教自然且必然要体现中国的特色，其社会存在的独特性说明中国宗教与境外的宗教是有区别、有不同的，如政治背景、社会制度、经济基础、管理体制、意识形态、文化传统等不同使之不可与境外宗教简单相比。因此，我们对中国的宗教要区别对待，不可将今天中国宗教与境外宗教完全混同，这样才能有效坚持我们中国宗教的真正独立和自主自办。只有意识到并且强调中国宗教这种社会存在的本质不同，才能有效抵御境外渗透，彻底摆脱其外来影响和掌控。

“积极引导宗教与社会主义社会相适应”，是我们对待宗教的基本态度，而且是唯一正确的态度。“积极引导”是党的宗教工作基本方针的重点和核心之所在，提出“积极引导”本身就其逻辑关联来看实际上已经承认中国的宗教是完全可以与中国的社会主义社会相适应的，承认中国宗教文化是可以融入我们社会主义核心价值观的。“积极引导”是积极地把宗教拉到我们自己身边，肯定宗教在我们社会制度和体制中的合法存在，使之充分体现为我们的基本力量和社会有机构成，实现与社会主义制度下的中国社会之吻合与共融。

“积极引导宗教”是我国新时期宗教工作的康庄大道，其前景光明、任重道远、事在人为。“积极引导”就是不要使宗教成为我们社会的另类，就是要有效防范其社会作用的异化、他化、敌化。所以，这种“积极引导”的宗旨是让我们在处理与宗教的关系上要从和而不同走向求同存异，争取聚同化异、和谐统一。在当下社会转型的关键时期，团结群众、争取民心事关重大，如果在对待宗教上放弃或不真正有效践行这一“积极引导”，那么我国的宗教工作今后势必就会走向歧途，我们也就可能陷入宗教矛盾冲突的多事之秋。因此，习近平主席反复强调要“积极引导宗教”，并且要做到“必须坚持中国化方向”“必须提高宗教工作法治化水平”“必须辩证看待宗教的社会作用”和“必须重视发挥宗教界人士作用”这“四个必须”。

习近平主席是在充分肯定的意义上论及在积极引导宗教与社会主义社会相适应上所要实施的“四个必须”，其中首先是论及宗教本身，要求宗教在中国的发展方向是“必须坚持中国化”，这就指明中国宗教与其他国家或地区的宗教在发展上的方向、道路之别，这是对中国宗教的基本要求；其后三个“必须”则主要是就我们政府和社会看待和处理宗教问题的要求而言，即要求我们各级政府在宗教工作上“必须提高”“法治化水平”，坚持依法治理宗教；要求我们的社会对宗教的社会作用“必须辩证看待”，从而做积极的社会转化工作，由此则“必须重视发挥宗教界人士作用”，让我们高度重视宗教界人士，使之能够充分发挥其积极的社会作用。因此，我们只有做好上述“四个必须”，才能真正做到积极引导宗教与社会主义社会相适应，才能使宗教界人士心悦诚服地为我们当前经济发展、社会和谐、文化繁荣、民族团结、祖国统一这“五大任务”积极服务。为了早日实现中华民族伟大复兴的“中国梦”，全国人民当然包括广大宗教界人士要全力以赴投身到这一重大的民族使命之中，这就是习近平主席在此所言的“引导宗教努力为促进经济发展、社会和谐、文化繁荣、民族团结、祖国统一服务”。为此，我们今天所要体现和发挥的是我们的民族正气、社会正能量，要调动一切可以争取和调动的积极因素和有效力量。这里，我们也应该承认宗教文化是中华传统文化的有机构成，在弘扬中华优秀传统文化、倡导社会主义核心价值观时充分吸纳、涵括宗教信众，这就包括对中国宗教文化的正确认识、客观评价以及对其积极因素的发挥和弘扬，而绝不可以任何借口来排拒、摈弃宗教，弱化我们的凝聚力。中国特色社会主义理应包括中华文化特色，我们关于宗教的理论自然要有对中国传统文化中宗教信仰的冷静分析和积极引导。

习近平主席关于宗教问题的系列讲话是我们当前宗教工作和宗教研究的基本指导思

想，贯彻落实习近平主席的这些系列讲话精神是对我们是否坚持马克思主义的检验，是反映我们是否在真正紧跟党中央、坚持党性原则的试金石。为此，我们一定要学好、学透习近平主席的这些系列讲话，坚决执行党的宗教工作的基本方针，做好对宗教积极引导、使之积极适应我们中国社会主义社会的当下重要工作。

二　积极引导宗教的政治意义

积极引导宗教与社会主义社会相适应的政治意义，在于处理好宗教在当今中国社会的政治存在问题，应该使宗教工作与我们当前的战略任务相吻合。综合而论，中国当前大致有如下一些战略任务：

1. 中华民族共同体、和谐社会的构建，实现中华民族伟大复兴的“中国梦”；

2. 合力共建各国人民共有共享的人类命运共同体，体现中国话语权、文化软实力，让中国影响走出去；

3. 有效实施“一带一路”倡议，由此必须意识到“丝绸之路经济带”沿线绝大多数国家信仰伊斯兰教，而海上丝绸之路沿岸的佛教、伊斯兰教等信仰也非常兴盛。

中国当前正面临着强调文化建设、文化繁荣的新机遇，这使得人们重新反思中国文化及其精神资源特别是宗教文化资源。今天的文化发展和文化繁荣，其核心应是弘扬文化精神，突出精神文化，关键在于找回中华文化之魂。在中华文化精神要素中，显然有着宗教文化重要而积极的构建。中国现代精神文化的重构，同样需要宗教智慧的积极参与。上述战略任务都需要对宗教状况和作用的科学思考，以便能符合我们国情及历史发展地制定中国的文化战略。这就必须认真考虑中国宗教文化在其中的意义和作用。不少人已经意识到：中国文化软实力的构建不可能缺少宗教文化的内容。宗教文化本身所特有的社会及信仰感染力和影响力，是其他文化层面所难以取代的。这种文化战略中对宗教文化的考量一方面是希望以此来防止或削减宗教纷争，促成宗教和谐，另一方面则是希望以宗教文化来促成整个社会的和谐、民族的团结。所以说，我们完全可以从促成宗教和谐的角度来探究我们的社会和谐、文化和谐，将宗教和谐的问题与我们的文化和谐、共融之努力有机关联，从而实效性地推动并完成上述战略任务。

此外，积极引导宗教与社会主义社会相适应还包括如下一些政治上的思考，即在国际、国内关系上，我们面对着与宗教是“分”还是“合”、是“斗”还是“和”的选择。在当前社会上明显存在着两种选择：一是将宗教拉进来，形成我们社会的统一整合、和谐共构；二是把宗教推出去，扩大社会的分化对立、矛盾冲突。有些同志说没有必要谈把宗教“拉进来”，因为宗教信众本来就是我们的基本群众，大家同是中华人民共和国的公民，说“拉”则实际上把群众分为信教和不信教两类，有了人为的分割。对于这种好心我们充分理解，然而实际上我们的社会已经出现了这种分割，而且将宗教“推出去”的力量还很大，故此才有要将宗教“拉进来”的据理力争，这表明我们的社会仍然有团结信教群众的积极选择，仍在坚持正确对待宗教之途，以求在根本上消除这种人为的分割。从历史上的经验、教训来看，古今中外对宗教的打压从根本上来看基本上无效，而且其结果往往会适得其反。表面上宗教在高压下好像被打得销声匿迹了，但实际上宗教乃转入地下，更为隐蔽、更加发展、更会失控。而且这种打压会使这些宗教更倾向于对打压其的社会采取对抗、不合作的态度。历史上曾被打压的宗教基本上都以不同形式顽强地存在下来了，而对之实施大面积打压的政权反而会大伤元气、更为衰弱。古代罗马帝国对基督教的打压使其从犹太教的一个弱小异端教派发展为罗马帝国的国教，清朝“中国礼仪之争”以后对天主教的打压使之由在上流社会小范围发展一变而为遍布地下的大范围发展，“文革”对宗教的消灭使其地下隐蔽发展最终导致其燎原之势。这些教训确实值得我们警醒和防范。就当前国际形势而言，极少有国家对宗教持普遍反感和全面打压的态度，如果以歧视、敌视和否定宗教为国策，则会使其自身在世界上被孤立起来，反而会成为国际社会中的另类。

不少人已经看到宗教可与多种政治相关联、相适应，正确的政治应是积极扩大同盟者、减少敌对者的“统战”政治。我们党在政治层面对待宗教的基本态度是“政治上团结合作”，这种表达是非常真诚、明确的。宗教的存在和发展是否正常已经成为当今政治的晴雨表之一，中国共产党早已是今天中国的执政党，其对中国社会的“治理”或“统领”作用乃不言而喻，当然没有理由反对任何维系其领导的力量，同样也会需要宗教的“帮助”和“维护”。对于中国的社会特点和宗教特点，应该从中国社会独特、持久的整体性和一统性传统及其发展惯性来审视。中国宗教从总体来看在历史上对之起着维系的作用，其相关功能亦仍在延续。这种宗教与政治统一、和谐共构的理念古今相连、依然鲜活。中华民族的传统坚持了这种“大一统”的文化，而其旺盛的生命力，就在于其“天容万物、海纳百川”“多元通和”“美美与共”的圆融、和合精神，此即今天所倡导的“和谐文化”。要保持这种“大一统”，当然要争取求同存异，同时也应有彼此尊重的各美其美、和而不同，其中就包括正视并承认宗教的存在。按照马克思主义的观点，宗教消亡是长期、久远的过程，我们党从宗教存在的长期性上也清醒地认识到宗教在当下我国社会根本不可能消失。既然如此，那么我们的主要政治策略就不应该是如何使宗教尽快削减、削弱，当务之急并不是打压宗教，而必须是如何积极引导宗教、如何科学有效地管好宗教。

此外，我们还应该看到中国宗教有着相互通融、彼此涵括的特点。作为中国传统宗教主体的儒、佛、道其实都是交织混合、相互渗透的，信众对之并无绝对排斥的区分；而中国民间宗教和民间信仰的这种交融性则更为明显，大多衍生于并包含了这三大宗教的思想精神和文化内容，与之一道与中华文化共存而不可能从其中剥离。这些中国传统宗教已经成为许多海内外中国人的精神家园，铸就中华之魂的核心建构，故而乃为华人的信仰支撑。基督教、伊斯兰教等原初“外来”的宗教，也先后面对并适应了这种文化大一统和信仰精神上的同在、共融，由此形成其以“中国化”所彰显的中国特色。为此，我们的文化战略就必须基于这一包容特点的思考和构设。中国社会的长治久安需要“合”与“和”，而“分”与“斗”则会使社会被肢解、人心离而散，中国由此恐会进入多事之秋。而要在当今社会转型、精英分化的多元处境中保持这种“和合”，维系社会的“稳定”，难度显然已经增大，在此关键时刻更不可排斥宗教。中国今天构建“和谐”社会之理念的提出，就是要坚持中华文化之“合”、维护中国社会之“稳”，我们必须为持守这一方向、实现这一目标而全力以赴。

所以说，我们今天对待宗教的正确态度，并不是要去区分人们信不信教或是信哪种宗教的问题，而是对信教群众的积极引导问题；信教本身并不是什么问题，但信教者持有什么政治态度则是重大问题。我们不应搞信与不信的对比或区分，但必须关注人们的政治态度以及信教对这种政治态度的影响。这样，我们宗教工作的重心在政治上则是积极引导宗教，是认真思考如何使信教者能够真心实意地爱党爱国；与之相关联，则还要求我们加强对宗教事务的管理，而这种管理必须是科学管理、有效管理，真正从社会外部到宗教内部管理到位。所以，我们对宗教的社会组织及其活动应该是逐步放开、全面管理，保护合法、制止非法。其“内涵式”管理的关键就在于爱党爱国爱教的宗教人士培养，使之真正发挥作用、负起责任，使宗教界内部有我们可以信靠的宗教领袖和精英人士，进而使宗教界成为我们的自己人；而“外延式”管理则应把重点放在宗教立法问题的思考、宗教事务条例的完善、宗教管理干部的培训、上岗等，使社会管理和政治管理与其教内管理积极呼应，形成管理上的良性互动。中国宗教界的绝大多数是拥护我们党、我们国家和我们社会主义制度的，对此我们应该有基本的自信和乐观的评估。只有在政治上团结了绝大多数信教群众，才可能有效打击以宗教之名行政治反对之实的敌对势力及其渗透；只有在社会上实现了对宗教的全面管理，才可能及时遏制宗教极端思潮的蔓延和嬗变。因此，积极引导宗教在政治上不是不作为，而是积极作为、科学作为、有效作为。

三 积极引导宗教的认知意义

积极引导宗教与社会主义社会相适应在认知层面则可以遵循我党所强调的“信仰上相互尊重”。在信仰上可否分层来化解对立冲突，即把政治、宗教相区别？这是需要我们在认识论上深入思考的。有人曾否认共产主义、马克思主义是信仰，认为中国人没有信仰、不需要信仰，并且坚持认为信仰只能就是宗教信仰，故反对“信仰中国”之说；在习近平主席讲话和党的十八大明确表述共产主义、马克思主义是中国共产党人的信仰之后，肯定“人民有信仰”之后，我们显然只应该从信仰分层来理解和解释相关信仰；但以前持否定信仰观点的人实质上仍在坚持己见，只是改了一种说法，即宣称宗教信仰才是信仰的“本义”，而政治信仰只是“转义”而已，这种说法在逻辑上仍然是把信仰只是看作宗教信仰而已，否定政治信仰的信仰性，在骨子里仍是反对信仰、贬低并否定信仰的。

在宗教的意识层面，马克思主义强调社会存在决定社会意识，宗教作为社会意识是其社会存在的反映；因此，不同的社会存在，其社会意识的反映也应该是不同的。既然马克思主义按此来分析宗教，那么我们就理应反思中国当今社会与宗教反映的关系问题。有人将这种思路简单化为“好社会产生好宗教”的“错误思想”来加以批判。我们不禁要问：难道好社会也只能产生“坏宗教”吗？进而问之：只能产生坏宗教的社会难道还能真正是“好社会”吗?!

在党建方面，从政治组织的团体纪律和严格管理上而言，我们应该坚持“共产党员不能信教”。这在当前国情下，从政党建设、党作为社会政治组织、党的纪律要求和组织管理而言是必需的。但同时我们共产党作为中国执政党在一个开放的社会也必须思考如下问题：一是国际社会主义和共产党发展的现状，如社会主义国家之间的利益矛盾、多数社会主义国家的共产党已经解决了与其主要宗教的对立问题，我们在理论上应该怎样解释？二是当前仍有共产党员甚至党员干部（因工作需要）在纯宗教团体任（宗教领袖之）职问题在理论和实践上应该怎样解决？三是在绝大多数群众信教（少数民族）地区党员的工作、生活等现实问题怎样解决？在现实操作中的“随顺”和实际情况中信与不信的界限如何把握和判断？这些问题实事求是地稳妥解决不仅是认知问题，而且还涉及对宗教团体的管理、宗教是否失控或被境外、敌对势力掌控的问题。我们一定要三思而后行。

至于“信徒能不能入党”的问题，我们则应该从马克思主义经典作家的相关论述和我党在统战工作中的成功实践来重新思考和制定策略。这些问题包括：一是列宁关于信徒和司祭可以入党的观点如何理解？列宁说，“不禁止基督教徒和信奉上帝的人加入我们的党”①，列宁为此还强调了信徒入党必须坚持服从党纲，而党内则应该尊重其宗教信念这两大原则②。二是周恩来总理关于从信徒到党员之转变的论述如何看待？在建国初期，周总理曾说：“如维吾尔族人，觉得共产党好，有的要求加入共产党，但他的宗教信仰一时又不愿放弃，我们便可以允许他加入，在政治上鼓励他进步，在思想上帮助他改造，否则会影响他前进。”③ 这充分体现出周总理在政治上的智慧和策略上的通融。三是对当前其他国家绝大多数共产党吸纳信徒入党的做法应如何评价？四是当前我们党和政府对宗教领袖和宗教团体负责人实际管理的现状该如何说明？五是当前我们政府对宗教团体和宗教负责人政治安排和经济援助的实情是否需要改变及如何改变？在此我们应该如何坚持“政教分离”？其实，如果可将政治信仰与宗教信仰相区分，允许一部分宗教界的领袖人物和精英分子入党，实际上会有助于我们党和政府加强对宗教在政治上和社会上的管理。有些人担心宗教人士入党会改变党的性质、让宗教掌控了党的组织领导，这种说法也太轻看了我们党的执政能力、把我们党想得太脆弱了，在此我们完全有必要展示我们党的道路自信、理论自信和组织自信。在现实工作中，我们党和政府对宗教的有效管理能力是不言而喻的。我们这种政治、社会意义上对宗教的关怀和包容，实质上会积极促进我国宗教界的爱党爱国情怀，不至于使其爱心和向心变成“苦恋”、防止其希望变为失望。这种以理服人、以情动人是我党统战工作的精髓之一，更是我们今天在复杂的国内外社会环境中所特别需要的。这一问题虽然极为复杂，但至少可以对之加以冷静考虑、认真分析。

在无神论的理解层面，第一，我们要认真、系统地阅读和研究马克思主义经典作家关于无神论的评价。第二，我们要客观看到马克思、恩格斯等人由有神到无神、唯心到唯物观点的转变，故而不能将有神、无神，唯心、唯物之论截然分开，使其绝对化；当前科学的发展使我们对“心”与“物”、精神与物质都需要重新审视，中国科学界当前所展开的对“暗物质”的探索将开始研究物质的新篇章，而“心”“精神”等物质性探讨也早就开始。第三，在共产党党纲中是否要写明坚持无神论之说；列宁的态度是：“不在自己的党纲中宣布我们是无神论者”；“我们在我们的党纲中没有宣布而且也不应当宣布我们的无神论。”④ 这使我们对无神论应该有冷静、恰当的定位。第四，我们应该如何展开对各种无神论的分析、评说；无神论涵括很广，有原始、朴素无神论，有古代无神论，有法国战斗无神论，有尼采的虚无主义无神论，有费尔巴哈唯物主义、人本主义无神论，有罗素等人的唯心主义无神论，还有后现代的无神论等；我们应该坚持、宣传的当然是马克思主义无神论，这才是科学无神论，而且也是马克思主义宗教观的重要、有机组成部分。第五，无神论宣传的理论性、学术性、说服力、实际效果的提高问题。有神、无神之论，其本质都涉及“神”之“论”，有着其理解和解释的必要，因而对无神论的系统研究当然也是宗教学的客观、有机构成，所以不应该将无神论与宗教学截然分离。为此，不应该把马克思

① 《列宁专题文集：论辩证唯物主义和历史唯物主义》，人民出版社 2009 年版，第 222 页。

② 《列宁专题文集：论无产阶级政党》，人民出版社 2009 年版，第 178 页。

③ 《周恩来统一战线文选》，人民出版社 1984 年版，第 164 页。

④ 《列宁专题文集：论辩证唯物主义和历史唯物主义》，第 222、223 页。

主义、科学无神论变成空洞的标签或吓人打人的口号，不应该轻率无视、否定学术界对马克思主义宗教观、对宗教学的研究；与其对他人的研究指手画脚、空洞批评，更应该拿出自己系统、扎实的马克思主义宗教观、马克思主义无神论思想、科学无神论研究的真正学术成果来（如南京大学的“中国无神论史论丛”等具体研究就特别值得提倡）“以理服人”。所以，我们必须弄清楚什么是“科学无神论”，必须提高无神论研究和宣传的学术水平。

从社会存在决定社会意识的认知角度，可以扬弃中国宗教与我们执政党在意识形态上的传统分歧，因为我们都有着相同的社会存在，而且是在共产党作为执政党的领导下存在。纵令二者各有不同也可以展开对话，而不只是简单对抗或对立；有神、无神乃认知层面而并非存在层面的问题；政治的此岸性与宗教的彼岸性各有其追求的不同层面，政治信仰与宗教信仰有别而没有必要相混或相等同。我们执政党的先进性使之在引领群众时也必须联系群众、扎根于群众，故而不要人为地突出或强化其在意识形态、价值观上与中国宗教的不同和分歧。我们推行社会主义核心价值观也决不能排斥信教群众。今天的国际政治呈现出错综复杂的局面，传统的社会主义阵营不复存在，其意识形态状况也依其国情而各异；国际范围经济发展的相似性、政治经济合作的密切和深化，人类命运共同体的共同构建，使彼此意识形态对话也有了更大的空间。因此，我们应把握对话的灵活性、掌握对话的主动性。宗教在相关意识形态对话上面应该是桥梁而不是死结，是我们在国际舞台意识形态较量和文化比较上大有作为的文化软实力和精神资源，我们不该有原本可巧用的软实力而闲置废弃，不可有资源却不会用，而应以此来盘活全局、有新的开创。

在认知意义上，宗教并不纯为有神、信神的信仰观念，而更是人们鲜活的生活，是人类“掌握世界”的“专有的方式”，关涉到对“整体”的“思维”①；这种生活既有传统的积淀，也有当今的体验。而这种“掌握世界”的方式也是马克思主义在认知思考上对宗教的理解和界定。因此，我们今天的首要任务已不再是对宗教的质疑和批判，而应是结合中国现代国情及世界现状的分析、研究和评价、运用。马克思早在一百多年前刚开始以唯物史观研究宗教时就公开宣布，在资本主义的德国对宗教的批判已经结束，共产党的历史使命则转向了社会批判、政治批判和法的批判，即打倒剥削统治、推翻旧社会；而如果我们在一百多年后共产党执政的社会主义中国仍要继续坚持对宗教的否定和批判，则无疑否定了我们社会本身。社会结构和存在的变化需要我们与时俱进，今天对宗教的政治评价和意识形态评价应该与中国当下的社会实际有机结合，在理论上和实践中都应该是为了维护、建设我们的和谐社会，使我们的执政党有尽可能多的朋友和同盟军，而不是增加对立面，不是要引起分歧、矛盾和冲突，不是把自己搞乱。我们要尽全力让我们的社会和谐、民众团结、政治稳定，使社会减少张力、增强凝聚力。宗教和政治一样肯定存有缺陷，在社会上也有其负面作用存在，宗教和哲学一样在认识上也是有限的，有其迷信和落后的糟粕。但这些缺陷和有限并非宗教的全部，也不至于让我们在人类认知的动态发展中僵化地看待宗教。所以，我们倡导对宗教的积极引导，就是使宗教不断适应新的形势而破除迷信、扬弃过去而与时俱进、勇于创新。宗教所珍视的真、善、美、圣是人类宝贵的精神遗产，我们今天仍需对之加以弘扬、发扬光大。意识到人类在发展进程中的有限性和不断开拓性，持有一种开放和与时俱进的眼界，我们对宗教的客观评价和积极引导就有了坚实的基础和

① 《马克思恩格斯文集》第8卷，人民出版社2009年版，第25—26页。

现实的必要。

总之，在当前复杂的国内外环境中，在一个开放的社会中，中国不可能不受外界的影响，中国也的确应该提高警惕。中国作为一个负责任的大国正致力于推动世界和谐，带动各国各族人民共建人类命运共同体。为此，究竟是激化矛盾还是化解冲突，这正考验着我们党和政府在国际舞台上驾驭时局的政治智慧和在中国团结各族人民的执政能力。吸取当前国外因处理民族宗教问题不当而造成被动局面的教训，我们必须谨慎、正确地处理好宗教问题，使宗教成为我国当前的正能量而不是制约因素，这就需要我们执政者及其顶层设计的睿智，需要我们应以包括宗教在内的有机整合体系来面对国际社会，走向世界发展。所以，我们党和政府当前执政的重要任务之一，就是在稳定社会大局这一前提下，睿智地在政治、社会、思想、认识、文化各方面都把宗教纳入我们自己的体系，使之成为我们社会构建、思想文化的有机组成。如果在这一关键时机能够及时、自然地调整好我们社会的宗教关系，使宗教真正能与我们的社会建构和政治体制有机共构，那么我们的文化发展就有可能迎来一个长治久安、长期繁荣昌盛的理想时期，从而可以避免现今世界许多国家和地区所陷入的动乱和分裂，巧妙地躲过目前国际社会出现的危机和困境，避免其社会发展的低迷或恶化，由此实现我们中华民族的再次崛起和复兴。基于这些考虑，我们必须练好内功、强健自我，而坚持积极引导宗教，团结并凝聚广大信教群众，努力促成宗教与中国当代社会主义社会的积极适应，则是我们在宗教问题上的正确之路，也是我们走向国家昌盛、实现民族团结、宗教和谐、社会稳定之唯一可行的途径。

（本文中有对作者近几年论文、讲演和著作中相关观点的综合运用、引述，特此说明，并请读者谅解。）

（原文发表于《世界宗教研究》2016 年第 1 期）

中国特色社会主义宗教理论的内涵和外延

叶小文*

摘要：中国特色社会主义宗教理论一以贯之地坚持马克思主义宗教观，即运用辩证唯物主义和历史唯物主义的立场、观点、方法，来认识和把握宗教的本质、根源、演变规律和社会作用。立足于中国社会主义的宗教问题和当代世界宗教问题的实际，以科学的、历史的观点看待宗教，就必须把握——关键是群众性，根本是长期性，特殊的复杂性。明确党的宗教工作基本方针—— 全面贯彻党的宗教信仰自由政策，依法管理宗教事务，坚持我国宗教独立自主自办的原则，积极引导宗教与社会主义社会相适应。基本观点、基本认识、基本方针，构成了中国特色社会主义宗教理论的内涵和外延。

关键词：中国特色社会主义宗教理论　马克思主义宗教观　全国宗教工作会议

党的十八大以来，以习近平同志为总书记的党中央围绕坚持和发展中国特色社会主义，提出了一系列新的理论创造和思想观点，做出了一系列战略决策和战略部署，展现出党中央治国理政新理念新思想新战略与时俱进的理论品格和时代感召力。在2016年四月举行的全国宗教工作会议上，习近平总书记又明确提出，要“坚持和发展中国特色社会主义宗教理论”。

提出这个理论，是治国理政所必需。因为宗教问题始终是我们党治国理政必须处理好的重大问题，宗教工作在党和国家工作全局中具有特殊的重要性，关系中国特色社会主义事业发展，关系党同人民群众的血肉联系，关系社会和谐、民族团结、关系国家安全和祖国统一。习近平总书记说，“做好任何工作，首先要有正确理论指导。做好新形势下宗教工作，就要坚持和发展中国特色社会主义宗教理论。”

提出这个理论，从一个方面反映了我们党在重大复杂敏感的意识形态问题上理论的清醒和成熟，在新的历史条件下群众工作水平的提高。中国特色社会主义宗教理论，是中国特色社会主义理论的丰富和发展，是立足于中国社会主义的宗教问题和当代世界宗教问题的实际，坚持和发展马克思主义宗教观的结晶。

中国特色社会主义宗教理论，是我们党坚持用马克思主义的辩证唯物主义和历史唯物主义的立场、观点和方法，来认识和对待宗教，从我国国情和实际出发，不断总结历史和现实经验，所形成的关于我国宗教问题的理论，也就是中国特色社会主义理论的宗教篇。其基本内容包括：运用马克思主义宗教观认识宗教的本质、根源、演变规律和社会作用的基本观点；立足我国国情和实际，遵循宗教和宗教工作规律，深刻认识和正确把握宗教问

* 叶小文，国家宗教局原局长，马克思主义理论研究和建设工程《宗教问题若干重大基础理论研究》课题组首席专家。

题的群众性、宗教存在的长期性和特殊复杂性的基本认识；从历史和现实经验的结合、理论和实践的结合上，形成党的指导宗教工作的基本方针。

一 基本观点

观点影响政策，支配行动。正确的观点指导人们走向光明，夺取胜利；错误的观点会使人误入歧途，导致政策上的失误和工作上的被动。观点想透、看深、把准，理论科学、清晰、彻底，实践中才能牢牢掌握宗教工作的主动权，更好地指导我国宗教工作实践，全面提高宗教工作水平，更好地组织和凝聚广大信教群众同全国人民一道，为实现“两个一百年”奋斗目标、为实现中华民族伟大复兴的中国梦而奋斗。

中国特色社会主义宗教理论的基本观点，是一以贯之地坚持马克思主义宗教观，即运用辩证唯物主义和历史唯物主义的立场、观点、方法，来认识和把握宗教的本质、根源、演变规律和社会作用。

宗教的本质。宗教是把支配人们日常生活的异己的、但却是人间的或自然的力量，幻想地反映为超人间、超自然力量的一种社会意识以及因此而对之表示信仰和崇拜的行为，是综合这种意识和行为并使之规范化、体制化的社会文化体系。马克思主义宗教观揭示了宗教的意识形态本质，其归根结底受社会存在的支配，一切宗教都是对客观世界的一种颠倒的认识，是唯心主义世界观。

宗教的根源。宗教作为一种意识形态，根源于社会物质生产方式和经济基础，但在此基础上又有自然根源、认识根源、社会根源、阶级根源诸多方面。

宗教的演变规律。宗教同其他事物一样，是由低级到高级、由简单到复杂逐渐发展起来的。随着人类异己力量不断得到克服，不断转化为人类自身力量，宗教所反映的内容必然会越来越少。“当谋事在人，成事也在人的时候，现在还在宗教中反映出来的最后的异己力量才会消失，因而宗教反映本身也就随着消失。理由很简单，因为那时再没有什么东西可以反映了。”① 但“这需要有一定的社会物质基础或一系列物质生存条件，而这些条件本身又是长期的、痛苦的发展史的自然产物。”②

宗教的社会作用。宗教具有积极作用和消极作用两重性，是一种积极性和消极性共生共存的社会现象。宗教既有心理调节、道德制约的作用，也有对人们思想意识麻醉和控制的作用，既可以成为增进社会和谐的力量，也可能成为引发社会仇恨和冲突的诱因，是一把“双刃剑”。宗教的社会作用不是一成不变的，要看宗教所处的社会是什么性质的社会，宗教同社会是什么样的关系。马克思指出：“废除作为人民的虚幻幸福的宗教，就是要求人民的现实幸福。要求抛弃关于人民处境的幻觉，就是要抛弃那需要幻觉的处境。”③

二 基本认识

坚持和发展马克思主义宗教观，立足我国社会主义初级阶段的基本国情，以科学的、

① 恩格斯：《反杜林论》，《马克思恩格斯文集》第9卷，人民出版社2009年版，第334页。

② 马克思：《资本论》第1卷，《马克思恩格斯文集》第5卷，2009年版，第97页。

③ 马克思：《〈黑格尔法哲学批判〉导言》，《马克思恩格斯文集》第1卷，2009年版，第4页。

历史的观点看待宗教，就必须把握宗教的群众性、长期性、复杂性以及相当一部分宗教所具有的民族性和国际性。其中需要重点把握的，关键是群众性，根本是长期性，特殊的复杂性。

（一）关键是群众性

宗教现象不仅限于世界观，宗教信仰、宗教感情以及同这种信仰和感情相适应的宗教仪式和宗教组织，都是社会的历史的产物。宗教作为实体性存在，是以大量信教群众为依托，并通过信教群众的宗教活动表现出来。宗教是一种群众性的社会现象，宗教问题的后面是群众问题，宗教工作的本质是群众工作。没有信教群众，宗教问题只是个抽象的哲学问题。对大量出现、普遍存在的东西，应该掌握好政策。我们当然坚持唯物主义，但制定政策的基础是历史唯物主义。

强调“关键是群众性”，就是要牢牢把握住“关键”。群众路线是党的生命线和根本工作路线，信教群众是人民群众的有机组成部分，做好信教群众的工作是我们党群众工作的重要内容。党作为全体人民群众利益的代表者和先锋队，应该把体现每一个历史阶段的人民群众的意志和利益作为我们一切工作的出发点和落脚点。信仰宗教的公民和不信仰宗教的公民在政治上、经济上的根本利益是一致的，思想上的差异是次要的。我国宗教通过党和政府积极引导和自身改革，已经走上了与社会主义社会相适应的道路，不再是阶级社会里维护阶级统治的反动意识形态，而是我国信教群众自主自办的宗教事业。总之，马克思主义宗教观和马克思主义群众观是一致的，信教群众和不信教群众政治经济利益是一致的，因此我们必须保护宗教信仰自由。

（二）根本是长期性

一般说来，社会主义时期宗教存在的根源，是社会异己力量尚未完全消失，自然力量的异己性也并未完全消失，传统信仰的余音和外来宗教的影响还时时作祟。宗教长期存在的更深刻的原因，则是认识根源。马克思、恩格斯在1848年《共产党宣言》发表之前和以后一段时期，基本上认为宗教存在之最深刻的根源是私有财产制度以及在此基础上产生的“劳动异化”，因此，宗教的消亡应在社会主义革命胜利和私有财产制度消亡之后实现。随后，又揭示了宗教存在有更深刻的根源和基础，其消亡有更复杂的历史条件。“只有当实际生活的关系，在人们面前表现为人与人之间和人与自然之间极明白而合理的关系的时候，现实世界的宗教反映才会消失，只有当社会生活过程即物质生产过程的形态，作为自由结合的人的产物，处于人的有意识有计划的控制之下的时候，它才会把自己神秘的纱幕揭掉。”① 这就如前所述，从宗教的演变规律揭示了宗教长期存在的根源。

宗教存在的长期性是一个历史范畴，要放到历史发展的长河中来进行考察；宗教存在的长期性有着深刻的客观基础，是由宗教赖以存在的根源的长期性决定的；宗教存在的长期性是就其整体而言，具体某一宗教能否长期存在则取决于对社会的适应程度。宗教不仅过去长期存在，将来还会长期存在，宗教的消亡比阶级和国家的消亡还要久远。对反复出现、长期存在的东西，必须把握其规律。我们当然坚持唯物主义，但认识宗教的方法是辩证唯物主义。

---

① 《马克思恩格斯全集》第23卷，人民出版社1971年版，第96—97页。

强调“根本是长期性”，就要真正抓住“根本”。根本，是不以我们主观意志为转移的客观存在，关乎着事物本身发生、发展的规律性，关乎着能否着眼长远，立足现实，按照规律去做好宗教工作。不能操之过急，适得其反。不能用简单的方法去处理复杂的宗教问题，自找苦吃。而如何始终保持马克思主义无神论作为主流意识形态在人民群众思想中占据主导地位，如何减低宗教信众增加速度，如何抵御宗教对群众的精神诱惑和思想渗透，也是我们必须面对的重大课题，需要深入思考。

马克思主义政党坚持辩证唯物主义和历史唯物主义，在世界观上与一切有神论对立，因此在领导群众革命和建设的实践中，就要特别注意防止把宗教问题看作可以较为快速地解决的非主流意识形态问题，从而导致认识的短视症，忽视宗教问题的长期性；注意防止把信仰上的差异扩大为政治上的对立，从而导致政策的狭隘性，忽略宗教问题的群众性。要深刻认识和牢牢把握宗教存在的长期性和宗教问题的群众性，高度重视和科学把握宗教问题的特殊复杂性，避免对待宗教问题的简单化和片面性。

（三）特殊的复杂性

在我国，宗教的社会作用仍然具有两重性，既有积极的一面，也有消极的一面，还会受到一定范围内存在的阶级斗争和国际上一些复杂因素的影响。宗教问题从来就不是孤立存在的，它总是同政治、经济、文化、民族等方面历史和现实的矛盾相交错，具有特殊复杂性。宗教常常与现实的国际斗争和冲突相交织，是国际关系和世界政治中的一个重要因素。宗教内含的神圣性如果走向极端，就会带来排他性，引起社会冲突。宗教特有的群体性如果被人利用，就会带来对抗性，破坏安定团结。而狭隘民族主义和宗教极端主义相结合，就会助长打着宗教旗号的民族分裂活动甚至暴力恐怖活动，危害国家安全和统一。

强调“特殊的复杂性”，既是由于背景复杂—— 在复杂的国内外形势下，宗教的影响不可低估；也是由于宗教社会作用具有复杂的两面性——既有积极的一面，又有消极的一面，如何对待和处理宗教，始终是一个很敏感和很复杂的社会课题。要高度重视宗教问题的特殊的复杂性，在正确的基本方针指导下，“因俗而治”，因教施策，因势利导，因地制宜。

三　基本方针

党的宗教工作基本方针，基于对宗教问题的“关键是群众性”“特殊的复杂性”“根本是长期性”的深刻认识和科学把握。

着眼宗教问题的“关键是群众性”，我们就要一切着眼于群众，尊重人民群众的自主选择，就要确定并认真贯彻宗教信仰自由政策。共产党员一方面要求自身成员不信仰宗教有神论，保持自身的先进性；另一方面也按照宗教的客观发展规律认识和处理宗教问题。只有尊重公民的宗教信仰自由，才能使更多的人团结起来，共同致力于社会主义现代化建设，实现民族的伟大复兴。

着眼宗教问题“特殊的复杂性”，我们就要坚持依法管理宗教事务。国务院2004年颁布了第一部关于宗教事务的综合性行政法规《宗教事务条例》，还将进一步修订完善，努力提高宗教工作法治化水平。我们的政权要巩固，我们的社会要太平，对宗教就要管得住、管得好，把宗教治理纳入国家治理体系，确保任何组织和个人不得利用宗教进行破坏社会秩序、损害公民身心健康和损害国家利益、社会公共利益、公民合法权益的活动。各级党政干部要严守政策法规红线，不得支持参与“宗教搭台，经济唱戏”，不得以发展经济和繁荣文化的名义助长宗教热。

同样着眼宗教问题“特殊的复杂性”，由于历史上中国经过半殖民地半封建社会，宗教一度成为帝国主义侵略中国的工具，至今一些反华势力还利用宗教作为渗透、颠覆、西化、分化中国的突破口，所以我们要确保宗教团体和宗教事务不受外国势力干涉，强调“坚持我国宗教独立自主自办的原则”，坚持我国宗教的中国化方向。

着眼宗教问题“根本是长期性”，社会主义阶段宗教会长期存在，在这个阶段的主要任务就不能是“削弱”宗教、“促退”宗教，而必须立足宗教在这个阶段会长期存在甚至在某些地方、某些时候还会有所发展的现实，积极引导已经存在的宗教，与社会主义社会相适应，发挥积极作用。

为此，就引出四句话：全面贯彻党的宗教信仰自由政策，依法管理宗教事务，坚持我国宗教独立自主自办的原则，积极引导宗教与社会主义社会相适应。这四句话，就是党的宗教工作基本方针。四句话是一个有机整体，前三句是重大政策和原则，后一句是根本方向和目的。全面贯彻党的宗教工作基本方针，才能发挥好宗教人士和信教群众在经济社会发展中的积极作用。

习近平总书记指出，做好新形势下宗教工作，就要坚持用马克思主义立场、观点、方法认识和对待宗教，遵循宗教和宗教工作规律，深入研究和妥善处理宗教领域各种问题，结合我国宗教发展变化和宗教工作实际，不断丰富和发展中国特色社会主义宗教理论，用以更好地指导我国宗教工作实践。要建立专门的研究队伍，加强对马克思主义宗教观、中国特色社会主义宗教理论、宗教问题等的研究，不断开辟马克思主义宗教理论新境界。

（原文发表于《世界宗教研究》2016 年第 3 期）

清代康、雍、乾三朝对民间宗教的政策及其后果

马西沙*

摘要：本文运用大量的史料，针对清代康、雍、乾三朝对民间宗教的政策及其后果进行开创性的研究。清康熙时代对待民间宗教政策与康熙时代的其他政策基本一致，即全面实施与民休息的政策，造成了一种宽松的历史环境。面对蓬勃兴起的民间宗教运动，雍正王朝实行了比康熙时代严峻的禁断措施。但总体上说是宽严兼济，并有区别对待的政策。乾隆时代当局对民间宗教采取了残酷镇压的政策，造成了严重后果。乾隆中叶以后，在要求变革现实的苦难的人群面前，一切民间宗教内部的各种政治势力都面临着抉择，然后由人民来决定他们的命运兴衰。

关键词：康、雍、乾时期　民间宗教　政策

清康熙时代对待民间宗教政策与康熙时代的其他政策基本一致，即全面实施与民休息的政策，无为而治，采取多种措施缓和入关以来多种尖锐复杂的矛盾，造成了一种宽松的历史环境。这种政策的改变，给清政权奠定了长治久安的基础，造就了历史上有名的“康乾盛世”。当然康熙时代与民休息的政策及无为而治也带来了一些新问题，以至于雍正时代再次进行政策的调整，在许多社会问题上采取了宽严兼济的政策，其中包括对待民间宗教的政策也发生了变化。

一　康熙时代与民休息的政策

清代顺治康熙两朝朝政迥然有别，导致社会形态也变化巨大。如在顺治时代如火如荼的民间宗教反抗清政权的运动，到了康熙时代基本销声匿迹了。六十年间官书、方志、档案很少见到民间宗教活动的记载。其实民间宗教的发展并没停止，只是各地官员对民间宗教的政策温和了，或是对这类活动采取不加干涉的态度，导致民间宗教与当局的对抗所引发的冲突也随之减少。

康熙和雍正时代，是清朝实行与民休息政策的时代，这一时代日渐复苏与振兴的经济以及平静和比较宽松的历史环境为民间宗教正常宗教活动的兴起提供了有利的条件。

民间宗教运动出现了与明末清初迥然不同的形态，完全是得之于康熙六十年间宽容的政策。

康熙皇帝与历代帝王相比，无论从个人品质还是对客观环境的顺应能力上都是罕有其匹的。为了把清帝国从战乱不已、财力枯竭、民族矛盾尖锐、人民强烈不满的状况中挽救

* 马西沙，中国社会科学院荣誉学部委员，中国社会科学院世界宗教研究所研究员。

过来，他竭尽毕生精力，实行了一系列巩固政权的措施，使清政权免蹈元朝覆辙，免为短祚的帝国，他停止圈地运动、废除逃人法、劝勉农桑、奖励垦荒、蠲免赋税、大兴赈济、节省开支、兴修水利，甚至抑制豪势，调和租佃关系。在他的晚年，又实行了“盛世滋丁，永不加赋”的政策。其子雍正皇帝继承了他的政策，最终完成了“摊丁入地”的税制改革。凡此种种，都达到了与民休息、巩固政权的目的。

下面以山东省为例说明康熙六十一年德政及其效果。

康熙皇帝对京都所在的华北地区格外关注。他在位六十一年，仅对山东一省之谕旨不下数百道。指令周详大都符合实际。他屡次南巡，四度经过山东，体察民情，罢免不称职的行政长官。康熙二十六年，新上任的山东巡抚钱珏“陛辞，恭请训旨”。他告诫说：

> 为治之道，要以爱养百姓为本，不宜更张生事。尔到地方，务当安静，与民休息。①

“与民休息”“不更张生事”是康熙在位六十一年的最根本思想。他十分清楚“百姓足，则国家充裕”，有此两条则可防内乱于未然，使国家长治久安。

康熙皇帝对山东的具体情况十分了解。康熙四十二年他曾对臣下说：

> 朕四次经过山东，于民间生计无不深知。东省与他省不同，田间小民俱依有身家者为之耕种。丰年则有身家之人所得者多，而穷民所得之分甚少。一遇凶年，则已身并田亩产业有力者流移四方，无力者即转死于沟壑。此等情状，尔东省大臣庶僚及有身家者亦当深加体念。②

山东土地高度集中，恶性兼并的状况当然是地主阶级贪婪本性造成的，从本质上与其他省份并无不同。不过，山东的情况似乎更加严重。为此，康熙皇帝一方面屡次下令打击东省势豪，一方面又极力缓和“业主”与雇农的关系。康熙二十三年，他命令新上任的巡抚张鹏翮说：

> 今见山东人民逃亡京畿近地及边外各处为匪者甚多，皆由地方势豪侵占良民田亩，无所倚藉，乃至如此。尔任后，务翦除势豪，招集亡命，俾得其所。③

对山东省赋税不均问题，他亦颇为关注。康熙二十九年山东巡抚佛伦曾奏称：

> 东省累民之事，第一赋税不均，凡绅衿贡监户下，均免杂差，以至偏累小民。富豪之家，田连阡陌，不应差役，遂有奸滑百姓，将田亩诡寄绅衿贡监户下，希图避役，积习相沿，牢不可破。④

---

① （清）《圣祖实录》，卷一百二十九，第19页。

② 光绪《山东通志》训典一。

③ （清）《圣祖实录》，卷一百十六，第26页。

④ （清）《圣祖实录》，卷一百四十六，第14页。

显然，没有功名的地主将“田连阡陌”的土地诡寄于“绅衿贡监”户下，致使赋税徭役，大都转嫁到少地或无地贫苦农民身上，造成底层群众动辄流离的悲惨状况。佛伦在任内，实行改正厘剔的政策，打击诡寄的“奸滑百姓”，康熙皇帝对此大加赞赏，并命令在直隶等省一体实行。这样就使地方豪富势力不得不承担相当份额的赋税徭役，从而减轻了无地或少地的农民的经济负担。当然，康熙皇帝也十分明白地主富商是清政权的社会基础，是依靠的力量。他说：“地方多殷实之家，是最好事。彼家资皆从贸易积聚，并非为官贪婪所致，何必刻剥之，以取悦穷民乎？”① 然而，当豪富势力的发展过于膨胀、危及地方政权的稳固、导致百姓流离失所时，就不能不抑制一下。但他更多地是注意调解“业主”与雇农二者的关系。据《清实录》记载：

山东巡抚佛伦疏言：“东省康熙二十九年分地丁钱银，尽行蠲免，百姓无不感戴。惟无地小民，尚未得均沾圣泽。臣……劝谕绅衿富室，将其地租酌量减免一分至五分不等。”应如所清。嗣后直隶各省，遇有恩旨蠲免钱粮之处，七分蠲免业户，以三分蠲免佃种之民，俾得均沾恩泽。从之。②

以七三开，蠲免地主及佃农地丁钱银的做法，不仅在山东得以实施，而且推广向全国，成为一种制度，无疑减缓了穷苦百姓的负担，对复苏生产力起到了积极作用。不仅如此，作为帝王的康熙还亲自劝谕大臣及地方豪富对佃户减租：

……尔东省大臣庶僚及有身家者……，似此荒欠之岁，虽不能大为拯济，若能轻减所入田租，以各赡养其佃户，不但深有益于穷民，即尔等田地日后亦不致荒芜。如果民受实惠，岂不胜谢恩千倍耶。③

康熙皇帝对只知道保禄位、养妻子之昏庸抚臣，对不关心民瘼的地方行政长官，屡行罢免。康熙三十七年，“山东巡抚李炜，居官不善，地方饥馑，百姓乏食，竟不奏闻。……著革职。”④ 康熙四十三年，山东巡抚王昌国又因“擅收赈养饥民官员银两贮库，以至不得不即行赈养”，被革职查办。⑤

康熙一朝，自皇帝起便崇尚节俭。康熙多次告诫臣下奢华导致国运衰败的道理。他曾经把明清两朝宫廷费用做过比较：“明朝费用甚奢，兴作亦广，其宫中脂粉钱四十万两，供应银数百万两。……宫女九千，内监至十万，饭食恒不能遍及，日有饿死者。今则宫中不过四五百人而已。”⑥ 节约费用大都充实国币，用于蠲免赋税或赈济灾民及兴修水利。至康熙四十九年止，全国历次蠲免钱粮，已逾一亿两白银。山东地瘠民贫，从康熙三十七年后，连续数载减免赋税，以缓民力。至康熙四十四年，山东经济已见复苏。那年康熙皇

① （清）《圣祖实录》，卷二百六十六。
② （清）《圣祖实录》，卷一百四十七，第26—27页。
③ 光绪《山东通志》卷首，训典一。
④ （清）《圣祖实录》，卷一百八十五，第12页。
⑤ （清）《圣祖实录》，卷二百十五，第3—5页。
⑥ 蒋良琪：《东华录》，卷二十一。

帝第四次巡察山东，所到之处百姓处境已有改观：

> 朕不意山东之民，遽能如此。前者南巡，民阁阎失所、不堪瞩目。今服饰颜面，大异往昔。闻各官赈养亦善。此承平日久，国币丰饶，故能蠲数年钱粮，遣官赡养赈济耳。[①]
>
> 朕因四方无事，车驾南巡，得访民情，深知利弊。回舟山左，见麦秋大熟，民无菜色，朕心甚慰。[②]

经过数十年休养生息，到康熙中末叶，中国的经济不仅摆脱了清初赤地千里无鸡鸣的残败景象得到复苏和发展，而且整个生产力水平已经超过明代。但是封建社会后期的社会矛盾一个也没有解决，在表面繁荣的背后，土地日益兼并，吏治日趋腐败，贫富日渐悬殊，生产工具的落后和闭关锁国的政策，都使生产力的发展水平无法得到根本改善。在康熙四十五年以后，以至雍正时代，在官书中仍有大量山东人民偶遇灾年便流离失所的记载。所谓康熙盛世，也仅仅为底层劳动群众提供了一个起码的生存和劳动的社会条件。但即便如此，在落后的封建社会已非易事。

除了经济和政治方面，在法律和道德方面，康熙皇帝也有深刻的认识。

康熙皇帝十分反对严刑酷法，反对滥刑及法律上的种类残民以逞的措施，他特别提倡教化的作用。他对陷罪网罗的无辜之人深为同情，希望以美好的风俗及道德起到良好的维护社会安定的作用。

康熙二十五年丙寅三月下谕旨云：

> 刑曹民命攸关，国兴所系。今见法司谳鞫刑狱，或恐不得其情，专尚苛刻，偏于敢酷者为多。夫人命馨于刑法，心必中正之心，行平恕之道，使法蔽其辜，毋纵毋枉。豪强有力凶顽不逞之徒，必无解胶苟免于刑，贫贱孤飞孱弱无知之辈，必为详慎，务得其真情。如是比户可封，长治久安，懋登上理。盖法令禁于一时，而教化维于可久。若事法令而教化不行，是舍本而逐末也。近见风习日弊，人心不古，嚣陵成习，奢滥多端，狙诈之术日工，狱讼之兴靡已。或豪富陵骊孤寡，或劣绅武断乡曲，或恶衿出入衙署，或蠹棍诈害良善。萑苻刑辟之日繁，良由化导之未善。朕今欲法古帝王尚德缓刑，化民成俗。举凡敦孝弟以重人伦，笃宗族以昭雍睦，和乡党以息争论，重农桑以足衣食，尚节俭以惜财用，隆学校以端士习，黜异端以崇正学，讲法律以儆愚顽，明礼让以厚风俗，务本业以定民志，训子弟以禁非为。息诬告以全善良，诫匿逃以免株连，完钱粮以省催科，联保甲以弥盗贼，解忿以重身命等项。作何训迪劝导，及作何责成内外，文武该管官督率举行尔，部详察典制定议具奏钦此遵旨议定，应将特颁上谕通行，晓谕八旗，包衣左领，并直隶各省督抚转行府州县乡村人等，切实遵行，务使军民咸知尚德缓刑之至意。[③]

---

① （清）《圣祖实录》，卷二百十九，第10—11页。

② （清）《圣祖实录》，卷二百二十，第18—19页。

③ 《会典事例》载康熙二十五年丙寅三月上谕。

这段上谕是康熙皇帝对刑法及其执行机构中心种种弊端的深刻揭示，对古仁人帝王尚德缓刑、化民成俗的渴望。其中的“圣训”十六条包含了康熙帝本人一生对民众、社会的最重的要求，也包含了他的社会理想和理念，即用儒家思想的仁、义、礼、智、信来调和人与人的关系，人与社会的关系，法律与道德的关系。在他看来，如果用儒家的治国、理政的理念来调节各类社会关系达到和谐、国家的长治久安就是自然的结果。

作为一代名君，他从内心深处反对法律的严酷，他倡导道德的作用——尚德，确实是希望各级官员“咸知尚德缓刑之至意”。在这种思想的指导下，地方官当然不敢滋意生事。

康熙十一年，康熙帝与臣下有一段关于佛教及民间教派黄天教、弘阳教的对话。

> 二十一日壬戌。辰时，陈设卤薄，上出正阳门，幸南苑。行经海会寺，召学士传达礼谕曰：“闻此寺内有一狂僧，自称得道，甭试往问之。”达礼承旨往问。回奏讫。又奏曰：“臣观此僧，语言动静大似狂妄，勿论得道之僧，即使真正活佛，亦兴国家何益。况此辈不耕而食，不织而衣，自谓得道，招摇蛊惑，深为可恶。至于黄天、弘阳等教，男女集，育经说法，先经禁，至今尚未革除。切思此等之人，自古以来，止足为害，实无裨益，若不预行禁止，恐愚民被其煽惑，深为不便。伏乞皇上斥逐此僧，且敢禁黄天等邪教，以肃清京几内地，则天下幸甚！上曰：出家人止宜住深山躬谷，京师是修行之地。朕亦知此僧狂妄，自古以来，此等之人，往往为害不浅，甭言朕已知之。”①

这些对话中，臣子对佛教的态度是“招摇蛊惑，深为可恶”，而对“黄天、弘阳”等教要加以禁断，“以肃清京畿内地”。而康熙皇帝并未做出禁断的正面回应，只是讲知道此事，不要再讲了。

研究康熙皇帝在位六十一年的历史，关于民间教派教案，较完整的仅有康熙五十六年十月，山东兰阳县李雪臣传播的莲教一案，此案因兰阳县李雪臣聚集党羽多人，齐约十月十八日“聚众杀官”，为当局侦破，康熙帝命将李雪臣杖毙。杖毙的原因并不在信教，而在于打算聚众杀官。②

由此可知，康熙时代民间宗教几乎没有发生与当局的对抗，而是平静地在宗教领域内以正常的形态发展，之所以如此，是因为康熙皇帝实行的前所未有的宽宏、温和的政策。这种政策无疑是明智和正确的。

二 雍正时代宽严兼济的政策、措施

康熙帝是一位宽厚仁慈的君主，具有儒学理念并将这种理念躬行实践的帝王，在中国历史并不多见，康熙执政六十年，由于为政宽厚，也导致一些弊端，例如吏治腐败，诸皇子之间为争夺帝位导致臣下朋党对立。对待民间宗教则基本采取不加过问的态度，也使各

---

① 康熙十一年壬子，载《康熙起居注》。

② 《朱批奏折》康熙五十六年十月十一日，李树德奏折；《朱批奏折》康熙五十六年十月二十一日，李树德奏折。

诸种教派复苏和发展。雍正初年一份档案反映了这种状况：

> 臣闻直隶南四府接连山东、河南、山西地方，颇有邪教，踪迹诡秘，名号多端。……称为神传、为尽礼、为混元、为八狗（疑为八卦，编者注）等号。其诱人之法，若富者入教，令其输钱；贫者入教，反与之钱。贫民贪利，自然乐从。又恐同居之人泄漏，必令举室之人尽皆愿从，方许入教。多以邪术书、符咒水，巧作幻端，迷人耳目。又访江南、浙江、以及湖广、江西，则有无为、大乘、糍团等教。所称无为者，不耕不织，但播谷于田间，听其自生。耕耘灌溉之事，一切尽废，石田丰草，失业良多。大乘、糍团，亦大略相类。甚至一教蔓延数府，每处各聚多人，众者万计，少者亦不下数千。虽南北之教各异其名，大率讲说邪法，多在夜间，男女不分，伤风败化。愚民一受宠络，虽悔无及。此等邪教始不过蛊惑男妇，图利营奸，迨党与日多，则其心叵测。①

这份出现在雍正初年的奏折极为重要。虽然有些内容大而化之，不甚准确，但其形象地描写出清政权入关仅六七十年，民间宗教又在半个中国以不可阻挡之势兴起了。这就不可避免地构成了对统治者的潜在威胁。

面对蓬勃兴起的民间宗教运动，雍正王朝实行了比康熙时代严峻的禁断措施。但总体上说是宽严兼济并有区别对待的政策。

下面举两个例子对这种政策加以分析：

第一例：

雍正初年至雍正十一年（1733），江西省发生了一系列罗教教案。在这些案件中较严重的是南昌一带发现了大乘教徒黄森官“纠党倡道，滋害地方”案。此案被当局重判。以儆效尤，以正人心。

江西当局特将禁巫术及“邪教”的法律条文及告示，广为粘贴，并将告示贴于高脚木牌，每一里给牌一面，令保甲肩牌沿门传谕，令有收存大成等教经卷者，概行呈缴，取具悔过甘结，悉照自首免罪。于法既为不扰，而教令可以遍及。本署司现在另拟示式，即发各府转饬照刊，务使穷乡僻壤及有棚民处所一体传知。遍传之后，即将示牌竖立保长之家。如有破损，许其禀县另给，俾之触目警心，庶几改行从善，亦教先于刑之意也。

江西地方官还是沿着先帝康熙的法治思想即先劝诫然后实施法律。为了防范“聚众集匪”提出防止传教敛钱，用于建造斋堂。建造斋堂即属违例，其钱财就可以没收入官，经堂即行拆毁。

据凌火寿《江西视臬纪事》载：

> 又城郭通衢以及远僻乡壤，或有设立斋堂，聚众集匪，最为滋害。若令召民买顶，则仍为民业，未免址宇犹存，愚顽未化；若招居僧道，更难必其尽属良善。窃以此项创建之费，无非奸民醵敛之资，建设既为违例，以法即应入官。应饬各县，除在通衢大乡，即改作讲约公所外，如孤僻荒村，遇有经堂即行拆毁，木料、砖瓦造册另存，以为公事修建添补之用。仍饬各县，将所属有无经堂责令保甲具报，不得滥差衙

---

① 参见拙著《清代八卦教》，中国社会科学出版社2013年版，第80页。

役，沿乡滋扰。如保甲有隐匿不报，及以僧道庙宇混称经堂捏害者，按律究处，亦清源遏流之一道也。

江西当局劝诫在先、法律在后的措施以及没收建斋堂的钱财、拆毁斋堂外，第三个措施是加强保甲制度。据《江西视臬纪事》载：

至外来异言异服之人，所在多有。设立保甲，本以稽查匪类，相应一并责令保甲严查。凡庵堂、寺院、歇店等处，如有容留来历不明之人，保甲一并惩处。至星相艺卜，律所不禁，苟非行踪诡秘，不得概事混拿，则奸宄可惩，而地方不扰矣。至本地居民作何化导改邪归正之处，查各乡设立约长，值日宣讲圣谕广训，原以化导愚顽无知，各县视等具文，其实心奉行者究为无几。应饬各州县遵照雍正八年奉行条议实力遵行，勤于宣布，庶几渐仁摩义，不难易俗移风矣。

在以上种种劝化、加强保甲制、拆毁经堂诸类办法实施后，“限以三月，邪纪务经收缴，纪堂务尽查毁”，并由各地方官与犯事者具结申，报上官。

倘结报之后，仍有私习大成、罗教，及藏匿大乘、罗经并私立斋堂事发者，除本犯及保甲邻佑照律治罪外，即将该地方官照例参处，合并详请核实，以便转饬遵照。①

到雍正十三年（1735），江西罗教信仰者仍然踵行习教，以致当局不得不发布《禁罗教传示》：

为查禁邪匪以正人心，以维风俗事。照得邪教惑人，禁例綦严。江省愚民传习罗经，恣为诞妄，本干禁律，法应从严。今两院仰体圣世宽仁，特设首免之条，以开自新之路。业经本署司等会议，自雍正十三年三月为始，定限三个月内尽行首缴，概免根究。逾限不首，即照邪教定拟，已通行饬遵在案。诚恐无知愚妄积习难移，或僻远村墟申严未偏，致稽遵缴，仍负恩施。今特将禁例胪列于左，传牌遍谕，为此示仰军民人等知悉：尔等凡有罗教经卷及原设斋堂之家，务须依限赴县尽行首缴，改邪归正，尽作良民。所有从前设教鼓众之处，一无所问。如敢故抗不遵，是始犹无知误犯，今则有心顽梗矣。法律具在，定即照后开条例分别治罪，断不为罔不率教之顽民少弛禁令也。保甲邻佑，一体凛遵，毋忽特示。计开：一、定例嗣后如有私习罗教者一经发觉，将为首者照左道异端煽惑人民律拟绞。不行首报之邻佑总甲人等，均照律杖一百。二、凡将罗教经典隐藏在家不行首出销毁者，枷号两个月，杖一百。②

这是罗教自明成化、正德间创立以来，第一次如此明晰的法律文书。这份法律文书较之后来的乾隆时代仍是十分宽容的，体现了雍正时代办事认真，法律、政策具体可以操

① 中国社会科学院历史研究所清史研究室编：《清史资料》第三辑，中华书局1982年版，第199页。
② 同上书，第211页。

作，又仍然沿袭了康熙时代以德化人，劝诫在先的做法。体现了那一时代总体宽严相济的特点。

它首先明示：两院仰体圣世宽仁，特设“首先之条”，限至三月内自首概免追究的政策。而且明确指出凡传教，设斋堂之人，自首概在赦免之列。

而三月之后，再行传习罗教者，则依照条例，分别治罪。

江西省当局惩治罗教的措施得到雍正皇帝的首肯，但雍正七年福建省当局禁止罗教时，巡抚刘世明“习无为罗教者□家吃斋，臣通饬严禁”上奏朝廷时，雍正皇帝即认为“但应禁止邪教惑众，从未有禁人吃斋之理，此奏甚属乖谬纷扰”，将奏折驳回。① 清廷禁断罗教，却又不禁人吃斋，促使江南罗教徒有机可乘，纷纷改换教名，老官斋教之名因之问世。据后来被逮捕的罗教头目姚文谟（姚文宇后裔）供称：

> 小的祖上原奉罗教，雍正七年奉文查拿，就改为一字教，又名老官斋教。②

第二例：

从雍正五年（1727）至雍正七年（1729）有关罗教的史料分析，漕运水手中的罗教组织已经带有某种行帮会社的性质。组织内部以师徒、师父、师叔、干爹、干儿相称，“各帮粮船舵工、水手各立教门，多收门徒，结为死党，一切任其教主指使，绑缚、烧炙、截耳、割筋，毫无忌惮，为害殊甚。”③ 漕运总督鉴于“其擅用非刑割耳，亦因倚恃教门，故敢肆行无忌，”认为“若不严绝其根源，诚恐愚昧无知之水手仍有入其邪教，扰害漕帮。”④

无独有偶，苏州巡抚陈时夏在接到刑部咨文，查拿罗教后，于雍正六年正月在苏州等地查出阎庵、俞庵、王庵、西来庵、施茶庵、马姓庵、李庵、半野堂、倪庵、刘庵等十二处庵堂。据陈时夏奏折讲：“查以上各庵，房屋不过数间，供三世佛，诵经做会，非僧非道，每与粮船水的和同教往来。粮船来南，多以米粮资其食用，或粮船水手有疾病流落者，各庵之人亦资其盘费。查粮船水手多有不法之徒，恃众打架，生事横行……”⑤ 陈时夏建议严办“所有房屋尽行入官，拆变公用，以杜根株。”⑥

但浙江巡抚李卫不同意张大有与陈时夏的意见。为了保证漕运的畅通，不赞成对水手信仰罗教进行深究，甚至不赞成拆毁庵堂。此后雍正帝果然依李卫意见行事，并未拆毁庵堂，仅将其改为公所，则漕运水手住歇往来自由。一年多以后，雍正皇帝发布了对罗教处置的原则：“查罗教始于明代，流传已久。其中有聚众生事者，亦有无知附和者。概严不可，概宽亦不可，惟在地方官随事因人分别轻重，首倡生事者不可不惩，无知附和者量加宽宏，未有尽行解送来京之理。惟期化导愚顽，去邪归正，以杜蛊惑人心之渐，岂可株连无辜也。”⑦

---

① 蒋良骐：《东华录》卷三十一。

② 《朱批奏折》，乾隆十三年十一月二十四日江西巡抚开泰奏。

③ 《朱批奏折》，朱录刑部咨文（大约雍正五年十一月）。

④ 《朱批奏折》，雍正六年二月二十日漕运总督张大有奏折。

⑤ 《朱批奏折》，雍正六年正月二十九日苏州巡抚陈时夏奏折。

⑥ 同上。

⑦ 瞿宣颖：《中国社会史料丛钞》，第461页。

这道谕旨看起来宽严并重，其实与以后诸朝对民间宗教的政策相较，则是十分宽松了。雍正一朝对罗教多次案情处理都是以此精神为依据的。甚至对罗教教主罗明忠也以“奉留养亲”之名，予以开释。这种政策使雍正一朝没有发生过一次以民间宗教为旗帜的造反事件。

三　乾隆时代当局对民间宗教残酷镇压的政策及其严惩后果——总括乾隆一朝统治者与民众的尖锐矛盾及其原因

像任何封建王朝一样，清政权在走过一段上升发展时期后，逐渐失去了勃勃生机、机体日益腐败，本来掩盖着的内部矛盾，一步步尖锐并暴露出来，终于导致社会危机的到来和大乱不止的局面。然而与许多王朝不大相同的是，清王朝盛极而衰的步履异常迅速。乾隆中叶是清代经济、政治、文化最繁荣的时代。这种繁荣如昙花一现，迅即败落，紧接着便是社会动乱，这种动乱连续到近代历史，一发而不可收。

从乾隆十三年（1748）到道光十五年（1835）间八十余年，仅以汉族为主体的较大规模的农民起义爆发了五次，造成农民起义的内在原因是什么呢?

乾隆三十九年，由于年岁歉收，“地方官妄行额外加征”,[①] 山东爆发了王伦领导的清水教起义。从此一叶落而天下秋，此起彼伏的农民革命接踵而至了。

乾隆五十一年，因为“据台湾皆贪官污吏，扰害生灵”，林爽文宣告“以救吾民，特兴义兵”。[②] 中国东南地区爆发了天地会起义。

事不过十载，嘉庆元年，川、陕、楚等五省爆发了以收元教、混元教徒为骨干的农民起义。它的导因是地方官“以虐民喜事为能”，以致“官逼民反”。[③] 这次起义持续近十年。

川陕楚农民起义被平定，又不过十载，华北大平原上突然爆发了林清、李文成领导的八卦教起义。起义军直捣皇权的象征——紫禁城，并在直鲁豫三省攻城略地，极大地震惊了清王朝的统治中枢。这次起义的导因是“地方官平时苛虐，无事不与民为仇”。[④]

中国古代史上最后一次农民暴动，发生在山西省赵城县。道光十五年，先天教徒因“贫困难度”，在曹顺的率领下，揭竿而起。[⑤]

从短短的六十年间爆发的五次农民起义来看，造成社会危机的是一种综合性的因素：土地开垦已经饱和但兼并却有增无减。人口数倍增长但物价也在飞涨。开边拓土或平定内乱的战争连续不断，导致政府开支的膨胀，又导致赋敛的加重，等等。但根本原因是统治阶级对广大农民剥削和压迫日益加深，导因则是整个吏治的腐败。

乾隆一朝，社会危机的突然来临与最高统治者的指导思想和所作所为有着直接的关系。乾隆皇帝本人从整体上看已远不是一个励精图治的有远见的统治者，而是一个躺在祖、父两代人宵衣旰食、任贤惕厉而成的一份大家业上，享尽荣华的富贵天子。他好大喜

① 《军机处录副奏折》，乾隆三十九年十月十九日大学士舒赫德等奏折。

② 《林爽文起义军告示》，《康雍乾时期城乡人民反抗斗争资料》，第780页。

③ 《清史稿·谷际岐传》。

④ 《军机处录副奏折》，嘉庆十八年十月十二日通政使张鹏展奏折。

⑤ 《军机处录副奏折》，道光十五年闰六月初四日曹顺供词。

功、虚荣矫饰，既缺少祖父康熙皇帝的恢宏气度，又缺乏其父雍正皇帝的认真求实精神。倚仗大一统的江山社稷和亿万人民积累起来的庞大财富，从事一系列旨在夸耀千古的战争。他自诩的“十全武功”，固然其中某些战争对巩固统一的中华民族颇有补益，但无端的讨伐亦不乏其例。所谓“十全武功”耗尽了财力，计一亿两千万两白银。其中两次平定金川之役费用为七千万两白银。而平定回、准之役又耗去三千五百万两白银。仅此二项已逾一亿，开支的庞大是惊人的。“十全武功”似乎显赫一时，但为时不久便引发了川陕楚五省农民大起义，十载之间又耗去了一亿两白银。在衣衫褴褛的农民军面前，赫赫武功，焚为灰烬。而流水似的白银，皆为民脂民膏。

乾隆皇帝为了满足一己私欲，其奢侈也为历代帝王所罕见。六次南巡，仅官库耗银即两千万两。他每到一处不是为了体察民瘼，而是为了大肆挥霍，以逞帝王之威福。地方官为了献媚取宠，揣摩好恶，不惜朘剥百姓，以供皇帝一时之欢。饰具踵靡，取费较之康熙皇帝南巡，殆十倍之。清跸所至，戏台、采棚、灯舫等物，沿途点缀不断，水行飞舟，络绎不绝。而所到城市，街衢尽行铺设地毯，周围百十里，极尽奢华。

乾隆三十七年，乾隆皇帝已数度南巡，并且进行了几次大规模的战争，但是国库藏银却达到了有清历史的最高水平，岁进七千八百万两白银，比乾隆初年“计倍而赢”。① 这一事实表明封建统治者对劳动人民剥削的酷烈。以山东省为例，雍正年间，该省由于频繁的自然灾害，造成“带征未完积欠通计三百余万两”。乾隆皇帝初登基，便下令严加追索，威胁所谓“恣意拖欠”者，“当严加重惩，必不姑贷”。② 这种做法不仅实施于山东一省，各省大率类然。这种损下益上、富国穷民的政策，后来被龚自珍形象地喻为“自啖自肉”。

赋税苛刻固然给人民带来了极重的负担，而官吏贪污更形成了一个无法填满的无底洞。乾隆一朝“贪污之风遍天下”，自和珅用事，“上下相蒙，惟事婪赃黷货”。③ 和珅贪污数额之巨，在封建社会首屈一指，它发生在乾隆一朝绝非偶然，和珅不过是整个官僚机构极端腐败的代表。而这个贪赃枉法、无恶不作的人物又恰恰是乾隆皇帝最宠信的佞臣。和珅本人极为狡猾，善揣人主好恶。他当初仅为一銮仪卫普通校尉，不数载即迁副都统，又迁军机大臣上学习行走，不久由尚书授大学士。乾隆四十三年其子当了驸马，乾隆皇帝倚之益专，致使权倾天下，而钻营谋利之徒，奔走效力于门下，朝野上下，贿赂公行，树党植羽，吏治之风，腐败至极。

中枢机构如此，各省大吏亦纷起效尤。如山东省“大吏屡非其人，吏治废弛，贪污遍野。”④ 仅国泰任职期间，“婪索诸属员，数辄至千万。察诸州仓库，亏二百万有奇”⑤。亏空数则“巧取于民”，致使“奸民为之动摇”。⑥

嘉庆一朝，吏治之风又一大变：“告奸挟制之风，纷起效尤。”“而萎靡不振，畏难苟安者甚多。……甚或以阘冗者为安详，勤干者为多事，黑白莫分，是非倒置。”⑦

---

① 《高宗实录》卷二十七，乾隆三十七年十一月癸卯。

② 光绪：《山东通志》卷首，训典二。

③ 昭裢：《啸亭杂录》卷十。

④ 同上。

⑤ 《清史稿·国泰传》。

⑥ 昭桂：《啸亭杂录》卷十。

⑦ 《朱批奏折》，嘉庆十八年十月十六日两广总督蒋攸铦奏折。

由于乾嘉两朝，最高统治者政命皆出邀誉，导致“媚上骄下之臣当道，忠君爱民之宰退守。于是废公利己，各失政守”、“病国殃民，贪酷废法”的“不肖之徒”遍布全国。他们“夤缘为奸，颠倒法纪，倒移轻重，渔利害民，……含冤忍死者不知几何”①。统治阶级对待人民的逻辑是：“无事恣其侵渔，有事止于剿杀。剿杀之后，仍事侵渔。侵渔既久，势必又至剿杀。”② 统治阶级的贪赃枉法或怠惰因循，玩忽职守，说明国家机器到乾嘉时代已经失灵。再加上天灾频仍、土地兼并、物价上涨、人口暴涨等因素，就造成了底层社会的动荡不安。

当时华北地区的状况是：

流民多：造成流民的因素很多，赋税苛刻和自然灾害是其中主要原因，以致贫农无法承担地主租佃，不愿租种土地。据《山东通志》记载乾隆中叶时情况：

> …… 往时东省贫农称贷，富户加息四五分尚肯偿还，是以小民挪借有资，不至流离失所。令即取息二、三分，借出不还。……有余之家，恐为所负，不复出借，……贫户爷叩无门，不得不求食他乡。③

另一方面原因是，华北地区已无荒可垦，而人口的绝对增长数字是史无前例的。就全国来说，乾隆六年已达一亿六千万人，至乾隆五十八年，就达到了三亿一千万。山东省人口，乾隆十八年时为一千二百七十万，六十年后的嘉庆十七年竟达到二千八百九十万，皆计倍而增。同一时期，直隶、河南等省人口亦惊人增长。致使华北人民“艰于口食”，不得不觅地求生。乾隆皇帝也很清楚山东省情况：“岁偶不登，闾阎即无所恃，南走江淮。北出口外，…… 滋生无策，动辄流移。”④

抗欠者多：由于赋税苛刻，贪官污吏层层盘剥，引起广大群众起而抗争。当时山东民间流传着这样的谚语：“不欠钱粮，不成好汉。”⑤ 可见抗欠已经成为一种风气。不仅抗欠国家赋税，佃农还抗欠田租。其中一些人“强霸田亩”“抗租不纳”“累年拖欠，相习成风”。甚至“鸣钟聚众，持梃围宅”，威胁地主身家性命。⑥

流为“匪类”者多：由于农民无法在正常封建秩序下生活，以致扒抢案件大量增加。“无业穷民，群居觅食。昼则随帮受雇，夜则乘机为匪”，⑦ 而流民由于无所归依，也导致“艰于口食，共谋抢夺”，以致“盗风日炽”。⑧ 山东等地的曳刀会、顺刀会，河南的红胡子会等或聚赌械斗，或“横行乡里”，都成为流民或无业闲散人等“打劫烧抢”的倚仗。

参加民间宗教活动者多：乾、嘉时代，华北地区群众信仰民间教派的成员激增。乾隆一朝民间宗教活动与康雍时代相比较，有三个特点：

第一个特点是，民间宗教活动已遍及全国，许多教派教势连跨数省，入教者成千累

① 《军机处录副奏折》，原任湖南长江善化县典吏侯选府经历邹润吾上皇帝书（大约嘉庆十八年）。

② 《清史稿·孙嘉淦传》。

③ 光绪：《山东通志》卷首·训典二。

④ 同上。

⑤ 同上。

⑥ 同上。

⑦ 《康雍乾时期城乡人民反抗斗争资料》，第241页。

⑧ 光绪：《山东通志》卷首·训典二。

万，形成了更加严密的组织体系和领导核心。而当局也加紧了对各类教派的侦破和镇压。民间宗教与清政权的矛盾尖锐地突出出来。即使如此，新的教派依然不断地涌现出来，活动也愈加秘密。据统计，乾隆二十年以前史料仅记载了 16 个秘密宗教与结社活动，而乾隆二十年以后则多达 199 个之多。这个统计表明，乾隆二十年以后，民间宗教和结社组织活动的频繁和新教派、新结社组织不断地涌现，足证在一个动荡的时代，这些组织的空前活跃和人民群众与政府的对抗和离异。下面简单地举些实例说明当时的状况。

乾隆七年，当局在直隶、山西发现黄天教的活动，乾隆二十八年侦破该教活动中枢，将直隶万全县传教的李氏家族一网打尽，并将创教人李宾的坟墓、塔碑以及传教庙宇碧天寺捣毁。仅乾隆一朝即对黄天教办案五次。

乾隆八年，当局在云南、贵州、四川等省侦破张保太大乘教活动，大肆逮捕在教头目、教徒，焚毁经书、平毁经堂。发现该教已传播至七八个省份。

乾隆十三年，福建建昌、瓯宁两县斋教群众举行暴动，当局出兵镇压，暴动失败。浙江、福建两省当局继而大肆搜捕民间教派成员，仅福建十几个县份即发现无为教、大乘教、龙华教、观音教等数十座经堂，并在浙江庆元、温州等地捕获老官斋教教主姚文宇后代多人，大肆杀戮流徙。

乾隆二十二年，直隶、山西当局侦破收元教重要骨干成员胡二引进、冯世京、周清水多人，收缴经书，杀戮教徒。

乾隆三十二年，清当局在苏州、杭州几次侦破罗教水手活动，平毁教堂三十八座，并在直隶逮捕了罗教创始人后代罗明忠及其家属，平毁了罗祖墓碑。

乾隆四十年，河南当局侦破混元教活动，抓获教首樊明德，处以斩决，并将后来著名的宗教领袖刘松流放至甘肃。刘松的弟子在二十年后川陕楚等五省农民大起义之初，成为首倡者或骨干成员。

乾隆四十二年甘肃省圆顿教（又名悄悄会）首领王伏林倡教聚众，“谋为不轨”，当局出动马队镇压，致使数百人死于刀箭之下。乾隆五十三年，当局再次于甘陕边境侦破圆顿教活动。

此外活跃在华北地区的著名的红阳教、清茶门教、一炷香教等，也多为当局屡次侦破加以镇压。上述史料足证，那一时代的底层社会已经危机四伏、民不聊生，给民间宗教开辟了极为有利的活动条件。

第二个特点是：民间宗教与民间武术团体的合流。

清代的华北、华东地区除了存在着许多民间教派以外，还存在着大量的民间武术团体，如神拳会、顺刀会、虎尾鞭、曳刀会、义和拳、八卦拳等，名目繁多。它们大都是以传习武术而组织起来的松散团体，这些团体有的有着悠久的历史，有的则出现于清代中叶。它们“治世”而隐，乱世而出，几乎是封建社会政治、经济状况的晴雨表。乾隆中叶以后，它们大量地出现在底层社会，说明了当时社会的混乱与不安。据乾隆四年的一份档案记载：

> 河南一省之民情，尤愚而易诱。每有四方游棍、僧道之徒，假挟治病、符咒邪术，以行医为名，或指烧香礼斗，拜忏念经，求福免灾为词，哄动乡民。遂致愚夫愚妇，一时被其煽惑，归依邪教。自一方面渐流数处，辗转纠集蔓延，人数既多，奸宄百出。……更豫省少壮之民，习于强悍，多学拳棒，如少林寺僧徒，而以教习拳棍为

名，聚集无赖，凶狠不法之辈，效尤成风，邪教之人专意诱骗此等人入伙，以张羽翼。①

伏查豫省民情愚悍，非学习拳棒，好勇斗狠，即崇信邪教，拜佛求神。……妖言惑众，愚民受其蛊惑者颇多，……②

民间宗教与武术团体合流，还突出表现在山东兖州、东昌一带清水教与义和拳、八卦拳等团体的结合上。

显而易见，民间宗教有着较为严密的组织体系，有着共同的信仰。而民间武术团体则具备进行武装斗争的高超技艺，乾隆初中叶以后，部分民间宗教与武术团体的合流，反映了华北地区农民运动的特点和历史趋势。

值得提及的是，除了武术团体以外，乾隆初中叶还大量出现了会党的活动。乾隆七年，福建当局在漳浦、诏安、平和等县首次发现小刀会和子龙会的活动，乾隆八年四川当局首次发现嘓噜党的活动，乾隆十三年福建当局又发现铁尺会的活动。而天地会活动的大量出现则在乾隆中叶左右。凡此种种都预示一种社会危机的征兆。

不仅如此，以反满兴汉为号召的反清活动亦在那一时代大量涌现。

乾隆十七年，湖北罗田县人马朝柱等人假借西洋出有幼主，系明代后裔朱洪锦，编造《劝世文》，称“满州兵来历不清”，意图推翻清政权，“统掌山河，普安社稷”③。

乾隆十八年，台湾诸罗及福建彰化等地，群众树立红旗，内绣“周裔孙部”四字，希望“以剪贪官，以舒愤瞒（懑）事。”④

乾隆三十一年，向习神拳之浙江鄞县吴氏家族，在反清斗争中于毡帽内俱贴一“明”字，以表明反清复明之意。⑤

乾隆三十三年，湖北荆门何佩玉等聚众起事，红白绫大旗上写着“中华明君见汉不杀”或“见汉不杀”等口号。⑥

上述史料说明，表面上的满汉民族矛盾，已经包含着深刻的阶级矛盾和对抗，这种矛盾和对抗的进一步激化，必然导致大规模的农民起义的爆发。

第三个特点是：民间宗教教派内流传着不少变革旧秩序和追求光明的宗教口号。

由于大批破产的农民、小手工业者、小市民涌入民间教派，迅速地改变着某些教派的成分。宗教必须满足绝大多数群众的意志和要求才能继续存在和发展。在这种情况下，一些教门的教义、理条、口诀发生了深刻的变化。这些内容预示了一个动乱时代的开始。它们宣称，这将是一个“大劫在迩”的时代，“世界当有一变”⑦。要“换乾坤，换世号”。要经过“反乱年，末劫年”“末劫年，刀兵现”⑧。“南方丙丁，木易要先起。又西北乾

① 《朱批奏折》，乾隆四年十月十九日—— 兵部右侍郎雅尔图奏折。

② 《朱批奏折》，乾隆五年正月十七日—— 河南巡抚雅尔图奏折。

③ 《高宗实录》卷四百一十六，第25—29页。

④ 《朱批奏折》，乾隆十八年四月十三日——福州将军新柱奏折。

⑤ 《朱批奏折》，乾隆三十一年二月初四日——浙江巡抚熊学鹏奏折。

⑥ 《军机处录副奏折》，乾隆三十三年二十一日湖广总督定长奏折。

⑦ 《戡靖教匪述编》卷十一。

⑧ 《军机处录副奏折》，乾隆四十年四月二十八日河南巡抚徐绩奏折。

天，李、刘各引雄兵，直指长安地。”[①] 在这种动乱的时代，宗教徒们热切地盼望救世主弥勒佛的降临，他们呼喊着“真空家乡，无生父母，现在如来，弥勒我主”[②]。希望“我祖速至”。他们深信在一场光明和黑暗的决斗之后，“阴阳还理照，天换世界人”[③]。而全新的世界就会出现在面前：“新天新地新乾坤、新人新书新时辰。”[④] 不仅天地人变新了，而且日月经天的走向，春夏秋冬的季节，每日每月每年的时辰都变更了、变化了。这样旧的世界秩序就在希望和幻想中遭到了否定。这些内容深刻地反映了那个时代的劳动群众极度憎恨旧秩序和自发地渴望从这些重担下解放出来并找到美好生活的憧憬。

综上所述，我们看到在乾隆中叶以后，清王朝已经面临着一个风雨将至、大乱在即的局面。一个农民革命际会风云的时代已经为期不远了。显然在这样的一个时代，在要求变革现实的苦难的人群面前，一切民间宗教内部的各种政治势力都面临着抉择，然后由人民来决定他们的命运兴衰。

（原文发表于《世界宗教研究》2016 年第 5 期）

---

① 《军机处录副奏折》，乾隆五十三年七月十八日勒保奏折。

② 《军机处录副奏折》，乾隆五十二年二月二十日山东巡抚明兴奏折。

③ 《军机处录副奏折》，乾隆三十八年三月初五日何火胃奏折。

④ 《军机处录副奏折》，乾隆二十二年收缘教胡二引进供词。

“一带一路”战略与宗教风险研究*

——基于可能性和必要性视角

郑筱筠**

摘要：宗教本身不是风险，但在一定条件下，有可能出现宗教风险。“一带一路”沿线各国的宗教状况各不相同，在有的国家和地区，宗教作为一种变量，极大地影响着政治、经济、社会等领域的发展进程。其或许可以助推“一带一路”倡议的实施，形成文化区位优势，但其变量作用也具有不确定性，在一些条件下，由此产生宗教风险，进而会引发宗教的“蝴蝶效应”，因此，对之进行研究，可以有助于我们对“一带一路”沿线各国情况有一全面判断。正是基于此认识，笔者指出机遇与风险并存，并提出对宗教风险进行研究的可能性和必要性。

关键词：“一带一路”　文化区位优势　宗教风险　蝴蝶效应

宗教本身不是风险，但在一定条件下，有可能出现宗教风险。“一带一路”沿线国家大多都信仰宗教，宗教深深地融入其政治、经济、社会结构之中。在历史进程中，宗教作为一种变量，极大地影响着这些国家的政治、经济和社会的发展结构。历史经验告诉我们，宗教可以发挥助推作用，推动世界各国友好往来和文明交流互鉴，但宗教的变量作用可以说是机遇与风险并存。有时在一定条件下，宗教的变量作用也可能产生宗教风险，由此引发“蝴蝶效应”。因此，在我国“一带一路”倡议的实施过程中，在引导宗教积极发挥正面作用，逐渐建构文化区位优势①的同时，我们也应该前瞻性地充分认识宗教因素的变量作用及其带来的风险。从这个角度而言，对于“一带一路”沿线的宗教风险进行研究是可能的，更是必要的。

---

* 本文为国家社科基金重大项目“‘一带一路’战略实施中的宗教风险研究”（项目号为16ZDA168）、国家社科基金重点项目“‘一带一路’沿线东南亚国家宗教治理经验及模式研究”（项目号为16AZJ001）、中国社会科学院创新工程“东南亚宗教研究”项目阶段性成果。

** 郑筱筠，中国社会科学院世界宗教研究所副所长、研究员，中国社会科学院邪教问题研究中心研究员，中国宗教学会常务副会长。

① “文化区位优势”概念是笔者近年来提出的观点，详细参考郑筱筠《试论南传佛教的区位优势及其战略支点作用》，《世界宗教文化》2016年第2期，第30页；郑筱筠：《当代东南亚宗教的现状、特点及其发展战略》，郑筱筠主编《东南亚宗教与社会发展》，中国社会科学出版社2013年版；郑筱筠：《东南亚宗教情势研究报告》，郑筱筠主编《东南亚宗教研究报告》，中国社会科学出版社2014年版。

一　“一带一路”倡议的实施，需要引导并发挥文化的区位优势，又需要面对宗教的复杂多变格局

在我国“一带一路”倡议实施中，就宗教与我国周边国家关系而言，如果善加引导，宗教可以发挥其积极作用。首先，宗教是“一带一路”倡议中不可忽视的一个重要因素。[①] 自2013年习近平主席提出建设“一带一路”倡议之后，现已得到65个国家和地区的响应，对未来世界格局的影响正逐渐展现。“丝绸之路经济带”和“21世纪海上丝绸之路”的范围涵盖了中亚、西亚、东南亚、南亚、北非和东非，辐射东亚及西欧。“一带一路”沿线主要都是新兴经济体和发展中国家，与中国经济发展具有很强的互补性。如果从全球治理的视野来看，全世界有230多个国家，只要致力于“一带一路”发展的，我们就应该把它看作丝路国家，其中也包括美国以及拉美各国等等。因此，“一带一路”倡议的提出是一个大构想，有着广阔的发展前景，对于推动世界各国共赢互利，互联互通、互信互助有着积极的作用。从文明交流发展的角度看，“一带一路”建设根本上是多元文化的融通，既代表了人类文明发展到一定阶段，需要深度交流和相互理解的新境界，也是古代丝绸之路的文化精神与丝绸之路经济带在现代社会的重新创建，是当代国际文化秩序格局的创新性交流合作机制的对接。由于从古至今，宗教始终以这“一带一路”为平台进行交流和传播，并与沿线各国、各区域的政治、经济、社会等层面都有不同程度的联系，因此，宗教与“一带一路”倡议的实施有着较为密切的关系。

实施“一带一路”倡议靠的是什么？是实力，一种与世界对接的能力。但这种能力应该是一个全方位运行的大系统所提供的支撑力，有“硬实力”和“软实力”，“一带一路”倡议的实施需要的是在不同层面共同作用的合力。就软实力而言，除了强大的金融资本之外，在经济贸易方面，需要的是经济贸易能力；在政治方面，需要的是面对国际政治格局的运筹帷幄的政治大智慧；在文化方面更需要面对世界各国文化多样性、差异性和复杂性的应对能力；而就宗教领域而言，则是全球信教人数众多的宗教现象、世界宗教在全球的分布格局及其对世界各国的政治、经济、社会结构的变量作用以及由此而产生的蝴蝶效应问题。[②]

就“一带一路”倡议的实施与宗教而言，这既是机遇，又是风险。所谓机遇，是指宗教有可能助力“一带一路”倡议的实施。“一带一路”倡议是一个大构想，有着广阔的发展前景，对于推动世界各国共赢互利，互联互通、互信互助有着积极的作用。“一带一路”倡议是全方位开展的，其根本原则是互利互信、互联互通。其中民心相通是最基本的，这是成功实施“一带一路”倡议的根本保障。

笔者曾经提出一个“文化区位优势”的概念，主张我们在与周边国家交往的过程中，可以努力挖掘和发挥民族、宗教的积极作用，以民族和宗教的文化区位优势与经济区位形成互补机制。如果以中印孟缅经济走廊这一区域为例，中印孟缅经济走廊辐射地带宽广，它不仅连接着世界上印度和中国这两个人口最多的发展中国家和重要新兴经济体，而且还

① 参考郑筱筠《关于“一带一路”战略实施中的宗教因素之思考》，载卓新平、蒋坚永主编《“一带一路”战略与宗教对外交流》，社会科学文献出版社2016年版，第17页。

② 同上书，第15—26页。

连接着南亚和东南亚，甚至还可以辐射到整个东亚和东北亚等广大亚洲地区。在这一领域中，民族宗教作为一个变量极大地影响着南亚和东南亚各国，乃至世界各国的政治、经济进程，故应该挖掘和发挥民族宗教在这一区域的积极作用和强大的社会资源及其动员能力，努力搭建国际宗教—文化交流平台，以民族与宗教的区位优势来持续打造文化区位优势，补充经济区位动力的不足，与经济区位交流互补，从中国发展战略全局出发，全盘考虑中国发展战略的持续发展问题，共同为“一带一路”各国经济的发展做出贡献。

我们还应该前瞻性地预测到，影响边境一体化效应的因素非常复杂，区位优势不能单纯依靠经济因素来保持。经济区位的绝对优势不是一成不变的，天然的地缘、族缘和亲缘关系的文化区位优势却是固定不变的。因此，在经济区位优势不是一成不变的或者可能改变的情况下，我们应以文化为平台，持续打造文化区位优势，补充经济区位动力的不足，要未雨绸缪，以宗教文化软实力来考虑和推动中国发展战略的持续发展问题。①

二 机遇与风险并存，只有积极应对、顺势而为，才能化解风险，“排雷减损”

与此同时，我们应该前瞻性地看到，宗教在“一带一路”沿线国家有着非常完整的分布格局，宗教本身不是风险，但在一定条件下可能会与政治、经济、社会等因素相互交织，成为各种矛盾冲突的爆发点。这就要求我们在看到宗教具有的内在文化区位优势的同时，也应该前瞻性地充分认识到宗教的变量作用是双刃剑，机遇与风险并存，在发挥其积极作用，努力建构文化区位优势的同时，我们也应该看到宗教作为一种变量，其发挥的作用还具有不确定性，以及宗教风险可能产生“蝴蝶效应”。然而目前关于宗教风险的关注还很不够，相关研究也比较滞后。因此我们有必要加强对宗教风险的研究。

世界宗教渗透进了人类社会生活的各个领域，一定程度上影响着国际政治格局、经济发展进程。例如中东地区，伊斯兰教深刻地影响着中东各国的政治、经济、社会发展进程；在东南亚，宗教更是影响国际政治格局发展的一个变量；在俄罗斯，东正教对政治、经济的影响不可小觑；在乌克兰危机中，天主教、东正教的影响是不容忽视的；在南亚地区，印度的印度教人数正在大幅增加，印度教徒与锡克教徒等的冲突不断；而在美国，基督教的价值观是政治、经济、社会、生活的主导力量，甚至政府将宗教作为国家对外战略的重要组成部分，以维护“宗教自由”“宗教人权”为借口干涉他国内政。

研究国际关系的学者早已提出，由于“一带一路”地区上的许多国家对外深陷大国战略博弈的战场，对内面临领导人交接、民主政治转型、民族冲突等多重矛盾，“一带一路”国家的政治风险已经成为中国政策推进与中国企业走出去的最大风险。因此，对于“一带一路”国家的政治风险进行分析与评估已经成为当前中国国际问题研究最为急迫的任务之一。目前，关于“一带一路”的论述较多的是政治风险、经济风险等。但笔者与团队经过分析、比较和研究后认为，对宗教风险的研究是必要的，也是重要的。

宗教在“一带一路”沿线国家有着较为完整的分布格局，“一带一路”倡议前景是美好的，但风险也是切实存在的。宗教本身不是风险，但在一定条件下宗教因素可能成为风

① 详参郑筱筠《试论南传佛教的区位优势及其战略支点作用》，《世界宗教文化》2016 年第 2 期。

险，在政治、经济、社会各种领域以不同形式体现，甚至成为各种矛盾冲突的爆发点，这就是宗教风险的发生机制。

无视宗教风险不等于规避风险，无论个人、团体组织还是国家，其面临的最大风险就是不知道风险在哪里，而这正是宗教风险意识的现状。特别是在实施“一带一路”倡议的过程中，宗教风险是“躲不开，藏不住”的问题，如果不尽早开展研究，对其形成原因、发展趋势、影响范围、致损程度等进行专业、深入的分析和评估，很可能会让我们在未来陷入被动的局面，疲于应对各种意料之外的突发情况。

三　宗教风险的“蝴蝶效应”提醒我们要有前瞻性眼光和全局视野

近年来，国际社会发生的一系列事件都在提醒我们，宗教风险的“蝴蝶效应”不容忽视，也不容乐观。我们必须要考虑宗教风险的存在，考虑宗教风险产生的复杂的内部和外部的动力机制，研究其规律和特点，做到未雨绸缪。

有研究国际战略的学者指出，美国亚洲战略的重点并不是自己赤膊上阵，而是挑动中小国家与中国叫阵。但是，美国在亚洲的盟国战略和代理人战略和欧洲比起来有巨大的潜藏危机。日本、俄罗斯、澳大利亚等国家在东南亚的影响也日益强大。近年来政治对宗教的影响，宗教因素对政治的影响也开始在诸如东南亚、中东、非洲等地区日益放大。因为，这是信教群众最多、最为集中的区域。宗教政治化、政治宗教化是这些区域内各国家的特征。宗教在“一带一路”沿线国家总体处于复兴的态势，这种复兴不仅体现在宗教人口的增长上，也体现在宗教运动的活跃和宗教影响力的扩大。就伊斯兰国家来看，世俗势力和伊斯兰宗教复兴势力的矛盾一直存在，土耳其等国高举民族主义大旗，一度选择全盘西化的道路，但 2016 年 7 月 15 日晚间，土耳其武装部队总参谋部部分军官企图发动军事政变，并最终以失败告终。该事件与土耳其国家是否继续坚持世俗化路线有密切关系。阿富汗前塔利班政权代表的，则是彻底的宗教激进主义。目前，伊斯兰复兴运动影响扩大，中亚“三股势力”抬头，2014 年极端组织“伊斯兰国”的出现，不仅威胁世界和平和地区稳定，对伊斯兰世界世俗政权构成严重威胁，其宗教风险所引发的“蝴蝶效应”也导致国际社会的不稳定。

例如，2016 年 9 月到 11 月，在印度尼西亚发生的“钟万学事件”正是因宗教风险而引发了“蝴蝶效应”的案例。钟万学是印度尼西亚的华人基督徒，是近年来印度尼西亚政坛上冉冉升起的政治新星。社会大众对其评价较高，有实力竞选印度尼西亚的总统。新加坡《联合早报》2014 年 7 月曾经报道，“印度尼西亚首都雅加达特区副首长钟万学已经接受委任，出任雅加达代理省长，成为史上首位华人雅加达省长。这标志着印尼政治发展的新里程碑。”但在 2016 年 9 月 20 日的印度尼西亚总统大选中，情况出现变化。身为华裔基督徒的钟万学由于曾经引述《可兰经》的经文，指责竞争对手企图误导民众不可投选非穆斯林为领导人，结果被指侮辱伊斯兰教。以激进的伊斯兰捍卫者阵线（FPI）为首的强硬派穆斯林组织就此事报案，不断施压警方调查钟万学，并在印度尼西亚各地举行了数场示威游行，甚至要求将钟万学送入监牢。由于印尼总统佐科政府的努力，事态没有扩大，在印尼未爆发大规模的冲突事件。但这一事件还在持续“发酵”。导致这一事件发生的原因是很复杂的，我们不能仅仅把它看作是简单的宗教问题，但生活在以伊斯兰教为国教、80% 以上的公民信仰伊斯兰教的印度尼西亚，言论稍有不慎就会引发争论，其宗教风险引发的“蝴蝶效应”是较为严重的。

特别需要注意的是，“一带一路”沿线国家宗教极端主义思想影响下的暴恐活动频发，包括中东“伊斯兰国”势力，东南亚伊斯兰分离主义、印度教民族主义、缅甸佛教极端势力、斯里兰卡佛教民族主义等，都是“一带一路”倡议面临的宗教风险，这些现实存在无不提醒我们，应该加强对这些宗教风险的研究。佛教信仰虽然相对温和，但是个别国家也存在尖锐的宗教矛盾。如缅甸佛教徒与穆斯林、基督徒之间的冲突，与缅甸政府长期推行“缅甸族、缅甸语、缅甸佛教”的合一同化政策密切相关，同时，也有缅甸佛教的极端势力还经常对中国在缅甸投资项目进行阻挠和质疑；印度是多元宗教并存的格局，但是印度教教派主义势力的“印度教国家”主张，造成了印度教与印度国内锡克教、伊斯兰教势力的紧张。印度国民大会党倡导的世俗主义力量逐渐丧失主导地位，印度人民党为代表的印度教教派主义势力取而代之，提升教派冲突和地区冲突风险。欧洲的难民危机以及近年来发生的一系列暴力恐怖事件都在提醒我们，要重视宗教风险的研究。极端主义分子实施的恐怖活动在全球范围内的蔓延，将会影响我国一带一路倡议的顺利进行。据统计，东南亚地区有大约30个激进组织宣称与“伊斯兰国”有关联，甚至声称要与“伊斯兰国”武装结盟。为吸引东南亚国家的“圣战者”奔赴叙利亚参战，“伊斯兰国”专门成立了以叙利亚为中心的“马来群岛战斗小组”。这一小组成立于2014年9月，成员主要来自马来西亚、印尼、菲律宾和新加坡等国，这是因为他们都能熟练地运用马来语进行交流与沟通。此外，东南亚地区的恐怖主义活动也较为频繁。“菲律宾是东南亚受恐怖主义危害最严重的国家，由于历史、宗教和民族等各种原因，菲律宾南部是伊斯兰恐怖主义的主要策源地。恐怖主义袭击事件大多发生在菲律宾南部，制造袭击的几乎都是菲律宾南部的穆斯林分离主义组织。然而，近年来这种情况发生了变化，菲律宾北部的天主教徒地区也出现了伊斯兰恐怖主义组织，首都大马尼拉地区的恐怖主义袭击事件有上升的势头。”① 而2016年10月14日缅甸若开邦罗兴亚恐怖主义分子在貌都镇同时攻击了3个边防警察警署。近期缅甸政府军进行了对若开邦恐怖主义活动的清剿行动，但国际伊斯兰社会对此却出现了不同的声音。这些现象都值得我们进一步深思其原因，研究宗教风险及其“蝴蝶效应”。

总之，宗教风险引发的“蝴蝶效应”不能被低估，它往往带来地缘政治危机、经济危机、社会动荡、民族矛盾、宗教冲突、文化冲突等连锁反应。无论是从世界宗教分布格局，还是从全球信教人口来看，如果我们在实施“一带一路”倡议过程中，在“走出去”的战略实施过程中，如果不考虑宗教因素，就会出现一些“短板”，导致很多政策、项目难以有效实施、可持续地发展。

综上所述，在“一带一路”倡议开展的过程中，在建立各种经济、外交合作机制的同时、在合作次区域或微区域合作的过程中，我们应该前瞻性地看到宗教因素有可能产生双刃剑效应。对此，一方面，我们可以争取发挥民族、宗教的积极作用，努力建构文化区位优势，以文化区位优势与经济区位形成互补机制，推动经济发展。但我们同时还要注意到，近年来随着各种国际势力在世界版图内的活动及其影响，“一带一路”沿线各国的宗教也呈现出复杂的发展格局，宗教的变量作用在一定条件下会产生宗教风险，甚至会引发“蝴蝶效应”，乃至出现宗教极端暴恐事件，对各国政治、经济和社会的稳定造成了一定

① 辉明：《菲律宾新伊斯兰恐怖主义：苏莱曼酋长运动组织》，《世界宗教文化》2016年第1期。

的影响，也势必会影响我国“一带一路”倡议的实施。从这个角度而言，宗教的影响力是存在一定风险的，因此有必要研究宗教风险，探讨其发展规律及其影响路径，化解或降低宗教风险，这将有助于国际社会的稳定，有助于推动我国“一带一路”倡议的顺利实施。

（原文发表于《世界宗教研究》2016 年第 6 期）

当代中国基督教现状管窥：基于CGSS和CFPS调查数据[*]

卢云峰　张春泥[**]

摘要：基于“中国综合社会调查”（CGSS）和“中国家庭追踪调查”（CFPS）两个全国性社会调查数据，本文探讨了当代中国基督教的三个面向：基督徒的规模和格局、基督徒的人口及社会分层特征、基督徒的社会心态。分析显示，2010年基督徒占我国成年总人口的比例大致在1.9%至2.2%之间，相对应推算全国基督徒总规模为2568万至2936万人。基督教在我国汉族地区已经成为仅次于佛教的第二大宗教。与佛教徒相比，基督徒的活动更为绵密、组织化程度更高、信众对宗教信仰的重视程度也更高。因此我们认为基督教在我国已经形成“全国存在，局部聚居”的格局。在信徒特征上，基督徒的女性比例很高、年龄结构偏老、居住在农村的信徒相对多。在社会经济地位上，基督徒的个人收入、受教育水平、职业地位不仅低于无信仰群体，也在各宗教中排名最低或几乎最低。尽管如此，基督徒平均的信任度、公平感、幸福感、精神健康程度与无信仰群体没有显著差异，甚至在社会底层，基督徒的社会心态比无信仰群体更积极。

关键词：基督教　格局　人口特征　社会分层　社会心态

一　引言

基督教在当代中国发展迅速是一个不争的社会事实，但是对于其规模却说法各异。按照我国政府公布的数据，1949年中国有70万基督徒，占全国总人口的0.17%（按总人口4亿计）；1982年中共中央颁布题为《关于我国社会主义时期宗教问题的基本观点和基本政策》的19号文件，称当时有大约300万基督徒和300万天主教徒。1997年国务院新闻办公室发布的《中国的宗教信仰自由》表明中国有1000万基督徒，约占总人口的0.83%（按总人口12亿计）；根据2005年中央政府门户网站有关“基督教”的介绍，当时“我国信仰基督教的人数达1600万，教堂及活动点总数超过5万个，有近3000名牧师，1.5万名教职人员和近11万名义工”。[①] 2005年我国总人口为13.07亿，按此计算，基督徒占

---

* 本文系国家社会科学基金重点项目：“台湾地区的宗教状况及其对中国大陆的启示”（项目编号：13AZJ010）的阶段性成果。

** 卢云峰，北京大学社会学系副教授；张春泥，北京大学社会学系助理教授。

① http：//www. gov. cn/test/2005 07/26/content — 17214. htm. （阅读时期为2010年5月）

总人口的比例约为1.2%。到2010年，中国社会科学院世界宗教研究所发布全国性基督教专项调查数据，认为基督徒大约占中国人口的1.8%，也即约2305万人是基督徒（中国社会科学院世界宗教研究所课题组，2010）。

近年来“中国到底有多少基督徒”成为争论的话题。2003年艾克曼认为中国有8000万人信奉基督宗教，而且他还认为照此趋势，中国三分之一的人口有可能在今后30年内成为基督徒，届时中国也将成为全世界最大的基督教国家。[①] 美国皮尤研究中心（Pew Research Center）2011年发表的《全球基督教报告》（Report of Global Christianity）认为，2010年5%的中国人是基督宗教信徒，其中包括5800万基督徒和900万天主教徒。其他的各种估计还很多，差距也很大，从6000万到1.3亿不等。一时之间，中国基督徒的规模成为各界关注的焦点，黄剑波和翟杰霞曾撰文称之为“数字之争”。在分析了各种基督徒规模估计之后，他们得出了这样的看法：“对于这个所谓‘数字’之争，更值得关注的或许还不仅仅是这些数据本身，而是这些数据的来源、收集和形成过程。”[②]

需要注意的是，那些估计中国基督徒规模超过7000万乃至1亿多的人大多基于其田野经验或主观感受，而非严格意义上的抽样调查。当数据获取途径受到限制，抽样调查难以实施时，当年的这些估算自有其意义，也难能可贵。但在过去十年中，数据获取的瓶颈已经突破，我们完全可以对当代中国基督教进行更客观和规范的分析。21世纪以来，中国人民大学主持的“中国综合社会调查”和北京大学中国社会科学调查中心主持的“中国家庭追踪调查”相继展开，这两个大型调查项目采集了一些有关宗教信仰的数据，这些数据正是本文立论的基础。

本文将探讨三个问题：一、中国当前到底有多少基督徒？这是回应中国基督教规模的“数字之争”，我们以多期调查数据为基础提供多种可能的估算方法和结果，找寻“隐藏的”基督徒。二、基督徒具有怎样的人口及社会特征？这一定程度上能够回答基督教的传播是否在某些特征的人群中更广泛。三、基督徒在社会心态上与其他宗教信徒和无信仰人群相比有什么特点？基督徒对信任、生活状态的评价和心态与其他群体相比是更积极，还是更消极？

二　数据介绍

本研究分析的数据主要来自两个调查项目，“中国综合社会调查”和“中国家庭追踪调查”。鉴于以往对基督徒规模的争论很多都是围绕调查的科学性和独立性而展开，我们非常有必要现行介绍这两个调查项目。

“中国综合社会调查”（Chinese General Social Survey，CGSS）是我国第一个全国性、综合性、连续性的大型社会调查项目。该调查由中国人民大学主持，联合全国各地的学术机构共同执行，其旨在通过定期、系统地采集中国人与中国社会各个方面的数据，总结社会变迁的长期趋势，为探讨具有重大理论和现实意义的社会议题的实证研究，及为政府政

---

① Aikman，David. *Jesus in Beijing*：*How Christianity is Transforming China and Changing the Global Balance of Power*. Regnery Publishing，2003.

② 黄剑波、翟杰霞：《中国基督徒人数之争的学理与政治》，《道风》2011年总第35期。

策决策与国际比较提供数据资料。[①] CGSS 从 2003 年开始，分别于 2006 年、2008 年、2010 年和 2011 年对全国上万户家庭进行抽样调查。CGSS 调查数据及其他调查资料向全社会开放，其数据在国内外产生重大影响，被视作研究中国最重要的数据来源之一。本报告使用的是 2010 的数据，该期调查采用多阶分层概率抽样，在中国大陆 31 个省级行政区化单位抽取了 100 个县（区），共涉及 11785 户家庭，每户家庭抽取一人作答。CGSS 2010 将是本研究使用的最主要数据，之所以选择 CGSS 2010 不仅是由于它是近年来 CGSS 规模最大的一期调查，更重要原因是该调查包含了一个宗教信仰专题的子模块，该模块抽取了 4231 名受访者对宗教专题性问题作答，相关数据有助于我们对教徒规模进行估计。

“中国家庭追踪调查”（China Family Panel Studies，CFPS）是由北京大学中国社会科学调查中心执行的全国性、综合性、追踪性的社会调查项目，该调查自 2010 年基线调查后，于 2012 年对所有家户和个人样本展开了第一次追踪调查，于 2014 年举行第二次追踪调查。CFPS 的调查对象为中国除新疆、西藏、青海、内蒙古、宁夏、海南、港澳台之外的 25 个省（自治区、直辖市）的家庭户和样本家庭户中的所有家庭成员。由于这 25 个省级行政单位的人口约占全国总人口（不含港、澳、台）的 95%，因此，CFPS 的样本可以视为一个具有全国代表性的样本。CFPS 采用多阶段、内隐分层、与人口规模成比例的抽样方法，2010 年基线调查共发放样本 19986 户，最终完成了 14960 户家庭，界定长期追踪的基因成员 57155 位，其中 42590 位（33600 位成人和 8990 位少儿）完成了个人问卷的访问。2012 年 CFPS 对全部个人及家庭样本展开了追踪调查，成功追踪到 12725 户家庭及 42970 位个人，家户层面的追踪成功率为 85.1%，个人层面的追踪成功率为 80.6%。[②] 2014 年的追访已追踪访问了 13857 户家庭，成功面访到 31665 位成人。[③] CFPS 从 2012 年开始采集宗教信仰的数据，内容涉及宗教信仰归属、宗教实践的参与、宗教组织成员身份、宗教重要性四个方面。2014 年 CFPS 尝试了新的提问宗教信仰的方式，这一方式有助于我们了解中国人在回答宗教信仰上的独特性，并利用这些信息调整对信徒规模的估计。

上述两个调查项目的严谨性和科学性在社会科学界已经得到广泛认可，其数据涉及诸多领域和部门，宗教只是很小一部分。即便分量不重，这些数据也足以帮助我们对当代基督教的发展状况做出初步的分析。在随后的第三部分中，我们先估计基督徒的规模及描述其发展格局，所使用的数据包括 2006— 2010 年的历次 CGSS 数据、CFPS 2012 年及最新的 2014 年数据。由于 CGSS 2010 年的数据最为全面，在第四和第五部分中，我们聚焦于这一年的数据，对基督徒的人 1: 3 及社会特征，以及社会态度进行探究。

三 寻找“隐藏的”基督徒：中国到底有多少基督徒？

在回答中国有多少基督徒之前，需要首先指出的一个基本现实是，绝大多数中国人是没有明确声称的宗教归属的。无论是 CGSS 还是 CFPS 均显示，绝大多数被访者自认为

① Bian，Yanjie，Lulu Li，“The Chinese General Social Survey（2003—8）：Sample Designs and Data Evaluation”，*Chinese Sociological Review* 45（1）：70－97.

② 谢宇、胡婧炜、张春泥：《中国家庭追踪调查（CFPS）：理论与实践》，《社会》2014 年第 2 期。

③ CFPS 2014 年的家庭及个人的追踪成功率尚未公布。

"无宗教信仰"，除2014年数据外，2006—2012年数据显示只有略多于10%的人自认为有宗教信仰（见表1）。即使CFPS 2014年的调查中以信神的方式提问，并纳入了祖先崇拜的选项，也仍有73.5%的人表示不信任何的神或祖先。从回答的具体信仰归属上看，佛教是我国的第一大宗教团体，5.5%—7.4%的受访者自认为是佛教徒，若不严格限定回答宗教派别，有15.9%的受访者回答"信佛或菩萨"（CFPS 2014）。基督教是仅次于佛教的第二大宗教团体，成年人口认为自己信仰基督教的比例为1.8%—2.2%。中国社会科学院世界宗教研究所2009年的调查显示1.8%的受访者信仰基督教。[①] 3个不同机构独立主持的6次问卷调查反映出的中国基督徒的比例相当接近，即有1.8%—2.2%的受访者认定自己为基督徒。

表1　　2006—2014年我国成年人的宗教信仰分布（%）

	2006	2008	2010	2012	2014
佛教	7.38	6.99	5.46	6.50	15.87
道教	0.19	0.22	0.25	0.31	0.85
民间信仰	2.75	0.33	2.89	—	0.81
伊斯兰教	1.21	0.68	2.87	0.71	0.45
天主教	0.32	0.10	0.25	0.27	0.34
基督教	1.82	2.07	1.93	2.00	2.19
无宗教信仰	86.05	89.50	86.25	90.06	73.56
其他	0.28	0.11	0.10	0.15	5.94
合计	100.00 (10151)	100.00 (6000)	100.00 (11778)	100.00 (20035)	100.00 (19260)

注：2006年、2008年、2010年数据来自CGSS，数据均经权数和抽样设计调整。2012、2014年数据来自CFPS的全国再抽样样本，其中2012年数据经权数和抽样设计调整，2014年的权数尚未发布。括号中的数字为样本数。

我国在合法的"三自"教会之外，还有大量处于灰色地带的"家庭教会"的存在。有人认为，部分基督徒会出于各种顾忌在接受调查时不愿意披露自己的信仰状况，因此基督徒的实际规模远大于抽样调查数据得出的结果。这是一个合理的怀疑，但我们可以尝试用一些方法对调查数据进行校验和校正。具体而言，方法之一是从宗教实践出发推测被访者的宗教身份。通常来说，基督徒需要每周礼拜，所以"每周去一次教堂并祷告"可以成为判断被访者是否属于基督徒的一个标准。如果被访者几乎每周都做祷告而且去宗教场所，但却认为自己没有宗教信仰，那么我们就姑且认为这个人是基督徒。这种估计或许会高估基督徒的规模，因为他们也可能信仰别的宗教（比如天主教、东正教、摩门教等）。但这至少是一个让我们从声称没有宗教归属的人中估计"隐藏的"基督徒的办法。

① 中国社会科学院世界宗教研究所课题组：《中国基督教入户问卷调查报告》，金泽、邱永辉主编：《宗教蓝皮书：中国宗教报告（2010）》，社会科学文献出版社2010年版。

CGSS 2010 的宗教信仰模块抽取了 4231 名受访者提问他们“您现在做祷告的频率如何”以及“您参加宗教组织或场所活动的频率如何”（见表 2），受访者回答的实际行为可能反映了他们的真实信仰状况。数据显示，在 3646 名接受宗教信仰专题模块调查并声称自己“没有宗教信仰”的人中，有 0.04% 的人既“差不多每周都祷告”且“每周都去宗教场所”。我们再大胆一点，把这些人都算作基督徒。如此算来，2010 年，基督徒大概占中国总人口的 1.97% 。这个方法或许有些高估了基督徒的比例，因为很多聚会型的宗教都有类似的实践要求。如果我们把只要“差不多每周都祷告”或“参加宗教组织或场所活动”却自认为没有宗教信仰的人都视为基督徒，那么有 0.26% 属于此类，以此计算基督徒的比例大概为 2.18% 。①

表 2　　回答“无宗教信仰”者做祷告和参加宗教场所/组织活动的频率（%）

		(A)做祷告的频率		(B)参加宗教组织或场所活动的频率	
	拒绝回答	0.28		0.46	
	不适用	0.08		0.04	
1	从来没有参加过	96.46		94.23	
2	一年不到 1 次	0.68		1.58	
3	一年大概 1—2 次	1.17		2.62	
4	一年几次	0.68		0.82	
5	一月 1 次	0.2		0.14	
6	一月 2— 3 次	0.19		0.07	
7	差不多每周都有	0.1		0.04	
8	每周都有	0.04		0.00	0.04
9	一周几次	0.04	0.26	0.00	
10	一天 1 次	0.04		—	
11	一天几次	0.04		—	
	总计	100.00		100.00	

注：CGSS 2010，N = 3646。

另一个辨别基督徒隐藏宗教身份的方法是在追踪调查变换提问方式。这是 CFPS 2014 做的尝试。在 CFPS 2012 年的问卷中，对宗教信仰的提问是这样表述的：“请问您属于什么宗教?”选项为：1. 佛教；2. 道教；3. 伊斯兰教；4. 基督教（新教）；5. 天主教；6. 无宗教；7. 其他（请注明）。这是直接问宗教身份归属。但考虑到中国人对宗教的制度性认同感不强，其信仰很有可能是以神灵为中心组织起来的，因而在 2014 年的访问中，CF-

① 进一步分析发现，0.04% 的至少差不多每周都参加宗教组织或场所活动的人同时也包含在 0.26% 至少差不多每周都做祷告的人中。

PS 把提问方式改为："您信什么?"选项相应地改为：1. 佛、菩萨；2. 道教的神仙；3. 安拉；4. 天主教的天主；5. 基督教的上帝；6. 祖先；7. 以上都不信。有的基督徒或许不会明确承认自己信仰基督教，但真正的基督徒不会否认自己信奉耶稣基督。因此，2014 年的数据也许能更真实地反映基督徒（以及其他宗教信徒）的规模。由于 CFPS 是追踪调查，历次调查的是同一批被访者，将他们 2012 年的回答与 2014 年的回答做比对，我们就能推断出哪些人是"隐藏的"基督徒—— 虽然他们并不声称自己皈依基督教，但却信仰基督教的上帝。当然，这不能排除有些人可能是在过去两年中才改信的基督教，但从数据变动的幅度来看，CFPS 2014"捕捉到"更高比例的有信仰人群应该是由问法的改进带来的，并非是由于中国人信仰的改变造成的。总的来说，通过比较 CFPF 追踪样本在 2012 年和 2014 年回答，我们发现，2012 年已经声称自己信仰基督教的人，2014 年新的问法并没有给他们的回答造成什么影响，73% 的基督徒被访者在 2014 年仍回答自己信仰"基督教的上帝"，回答的一致性很高。而对于 2012 年声称自己不是基督徒的人（绝大部分是无任何信仰的人），有 0.8% 在 2014 年回答信仰"基督教的上帝"，这一部分人极有可能就是"隐藏的"信徒。

根据上述两种对"隐藏教徒"的甄别方法，我们在表 3 中总结了几种可行的估计方法并以此估算基督徒规模。首先，我们以 2010 年的 CGSS 数据为基础，如果仅根据 CGSS 2010 年问卷调查被访者回答的宗教身份，基督徒的比例为 1.93%（估计 1）。如果把那些自认为无信仰但差不多每周都参加宗教组织/场所活动并每周祷告的人认定为基督徒，那么基督徒的比例修正为 1.97%（估计 2）。如果我们把差不多每周都祷告或参加宗教场所/组织的无信仰者都当成基督徒，那么基督徒的比例进一步修正为 2.18%（估计 3）。若利用 CFPS 2014 年追踪样本的发现，有 0.8% 的"隐藏"基督徒，减去 0.5% 两年回答不一致的比例（即 2012 年回答信仰基督教，2014 年回答信仰其他宗教或无信仰），将这些比例运用到 CGSS 2010 年为基础的估计，则基督徒的规模为 2.2%（估计 4）。此外，我们还可以根据 2006 年至 2014 年历次 CGSS 和 CFPS 调查得到的基督徒比例来线性推算，假定基督徒人数的增长是线性的，以年平均增长率对 2010 年的比例做数据插补，据此估计的 2010 年基督徒比例约为 2.12%（估计 5）。综合上述方法，我们估计 2010 年基督徒的比例下限为 1.93%，上限为 2.2%，相对应推算的成年基督徒规模在 1411.9 万至 1614.3 万人之间，如果该比例同样适用于 18 岁以下人口，则据此推算的全国基督徒规模为 2568.3 万至 2936.5 万人。由于我国不允许向未成年人传教，未成年人口的信教比例应该低于成年人。因此我们认为 2936.5 万基督徒是根据 CGSS2010 数据所能得到的最高值，但这一数字存在高估的风险，主要有两个因素：第一，把每周都祷告的无信仰者都认定为基督徒是有风险的；第二，将成年人口的基督徒比例运用到未成年人也会高估基督徒的比例。即便如此，2900 万也远低于皮尤中心所给出的 5800 万。如果真要给出一个点估计，我们认为估计 2 更为合理，也就是 2010 年基督徒占我国总人口的 1.97%，绝对数量在 2600 万上下。

或许有人认为，出于某种原因，基督徒相比于普通人群有更高的无应答率，在这种情况下，问卷调查的结果可能低估基督徒的比例。但是目前我们尚未获得严谨可靠的证据证明基督徒比其他信仰人群更可能在入户调查时不在家、拒访、无法作答或不回答与宗教相关的问卷问题。另一种问卷调查会低估的可能性是基督徒在回答信仰或宗教归属时不能意识到或有意避免承认自己的宗教身份。对于这一种情况，我们可以通过采集与宗教相关的实际行为，来判断被访者是否是基督徒。正如我们在表3的估计2和估计3中的尝试。但是CGSS提问的宗教行为不仅适用于基督徒，还可能适用于其他宗教群体，因此在没有更多、更细致、更有针对性的与基督教相关的宗教实践的测量时，我们还是难以准确估计在自认为无信仰的人群中有多少人实际上为基督徒。此外，以估计比例推断信徒人口规模也存在一定的困难。目前研究者（包括我们）往往根据全国人口数来推断，但问卷调查通常只针对16岁或18岁及以上的成年人口采集宗教信仰数据，而基督教在成年人口中的比例能否同样运用于未成年人，以及全国人口中有某些少数民族是有特定信仰的（比如回族多信奉伊斯兰教），这些少数民族群体也算在估计规模的基数中是否合适等问题仍有待进一步研究。

表3　　用不同方法估计2010年基督徒的比例及对应信徒规模

		估计比例（%）	对应成年人口规模（万人）	对应全国人口规模（万人）
估计1	2010年问卷回答	1.93	1441.9	2568.3
估计2	2010问卷回答+每周祷告且参加宗教活动的无信仰者	1.97	1443.7	2626.2
估计3	2010问卷回答+每周祷告或参加宗教活动的无信仰者	2.18	1600.3	2911.0
估计4	用改变提问方式带来的变化调整2010问卷回答	2.20	1614.3	2936.5
估计5	2008—2014年问卷回答的比例变动推算2010年	2.12	1552.2	2823.5

注：CGSS的调查人群为18周岁以上人口，因此其估计的教徒比例仅适用于推算成年信徒规模。人口规模推算的基数来自第六次人口普查短表数据，其显示全国人口为1332810869人，18岁以上人口为732686139人。

尽管上述调查数据表明佛教是我国汉族地区的第一大宗教，基督教排名第二，但我们如果从更综合的指标来考察，会发现这一认识并不全面：因为相对于佛教，基督教的信徒更重视宗教信仰，宗教实践更频繁，同时他们的组织化程度更高。用宗教社会学的术语来讲，就是基督徒的委身程度很高。我们发现，虔诚的基督徒在数量上不亚于虔诚的佛教徒。此外，1.93%—2.2%的估计是一个全国平均水平，而在局部地区，基督徒的绝对规模甚至超过佛教。对此，我们主要借助CFPS 2012采集的对宗教信仰重要性的自我评价、宗教实践的绵密程度以及是否加入宗教组织三个指标数据来说明。

首先，相对于佛教徒，基督徒更加重视宗教信仰。

CFPS 2012的数据显示（表4），在评价宗教对自身的重要性时，69%的基督徒认为宗教对自身“很重要”，其次是穆斯林（57%），佛教徒和道教徒认为宗教对自身“很重要”的比例很低，佛教徒比例不及三成，道教徒不及1/5，与此相呼应，自认为信仰佛教的人有接近1/3认为信仰“不重要”，其在有宗教信仰群体中此项排名最高。相比之下，仅5.5% 的基督徒认为宗教信仰“不重要”。这一数据表明，基督徒更看重自身的宗教信仰。

表4　　不同信仰群体对宗教重要性的评价（%）

	很重要	有些重要	不重要	合计
无信仰	2.0	10.6	87.4	100.0
基督教	68.6	25.9	5.5	100.0
佛教	28.7	40.3	31.0	100.0
道教	19.2	53.8	27.0	400.0
伊斯兰教	56.6	31.8	11.6	100.0

注：CFPS 2012（全国再抽样样本），数据已做权数及抽样设计调整。

其次，委身程度高的基督徒在绝对数量上与虔诚的佛教徒相当。

CGSS 2010 和 CFPS 2012 均提问了宗教信徒参与宗教活动的频率（表5）。两个调查一致反映出声称自己信仰佛教的人中接近40% 者几乎不参加宗教活动（“一年少于一次”），又有至少40% 的人一年仅参加一次或几次，只有15%—20% 的佛教徒能够坚持每月至少参与1 次。信仰佛教者通常会在农历的初一、十五礼佛，这15%—20% 的人大概能被称为比较虔诚的佛教徒。与此形成鲜明对比的是，超过半数（54%）的基督徒坚持每周参与一次或几次宗教活动，这些人可以被视为高委身程度的基督徒。尽管佛教徒的总体规模3 倍于基督徒，但考虑到经常礼佛的佛教徒比例不及经常去教堂的基督徒的1/3，因此，可以大致认为虔诚的基督徒在规模上与虔诚的佛教徒不相上下。

表5　　基督教、佛教和伊斯兰教信众参加宗教活动的频率（%）

	基督教		佛教		伊斯兰教	
	CGSS	CFPS	CGSS	CFPS	CGSS	CFPS
一年少于1 次	14.2	15.6	38.7	38.9	26.6	18.6
一年1—2 次	6.9	12.1	22.1	20.7	21.5	29.0
一年几次	9.1	10.2	17.3	23.8	13.8	36.4
每月1 次	9.0	4.3	4.5	3.7	3.1	0.1
每月2—3 次	5.4	4.4	12.8	10.9	4.2	1.0
每周1 次	47.7	43.5	1.9	0.0	1314	9.0
每周几次	7.7	9.9	2.7	2.0	17.4	5.9
	100.0	100.0	100.0	100.0	100.0	100.0

注：CFPS 2012（全国再抽样样本），N＝2098；CGSS2010，N＝1445。数据均已做权数及抽样设计调整。

其三，组织化的基督徒在规模上甚至高于组织化的佛教徒。

在中国，人们信仰某一宗教不一定意味着会加入该宗教的组织或团体，而在这个方面，基督徒相对于其他宗教群体体现出了相对较高的组织化程度。图 1 显示，31% 的基督徒加入了宗教组织，具有组织成员身份；穆斯林（16%）紧随其后。相比之下，只有 2.5% 的佛教徒回答自己加入了宗教组织。CFPS 2012 的数据表明，虽然自认为信仰佛教的被访者三倍于基督教信仰者，但是具有成员资格的基督徒比例却十倍于有成员资格的佛教徒。从这个意义上说，有组织的基督徒比有组织的佛教徒在数量上或许更多。

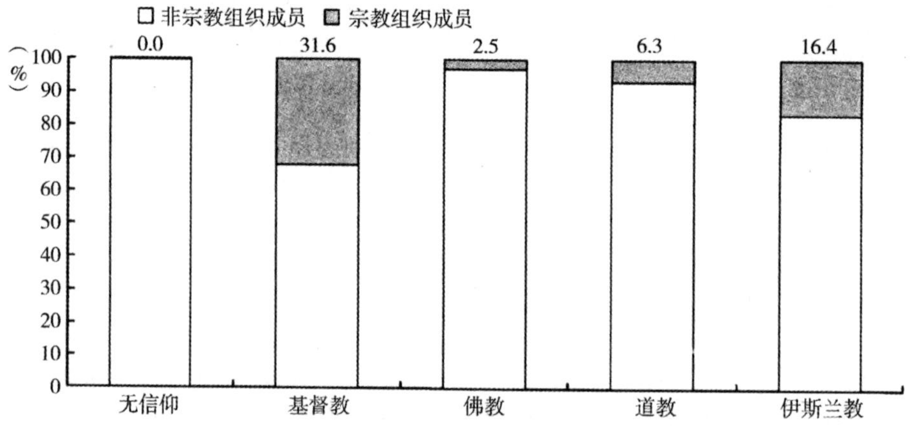

图 1 不同信仰群体的宗教组织参与比例

注：CFPS2012（全国再抽样样本），N = 20035，数据已做权数及抽样设计调整。

最后，基督教在局部地区的绝对数量已经超过佛教徒。

CFPS 有五个具有抽样自代表性的“大省”样本，基督教传播迅速的河南省恰好是其中之一。表 6 统计了河南省分城乡居住地被访者的宗教信仰分布。从中我们看到，河南的基督徒比例要高于全国平均水平；其次，在河南农村，声称信仰基督教的被访者比例（6.9%）已经超过佛教（5.9%）。据此我们认为基督教在我国已经形成“全国存在，局部聚居”的分布格局。

表 6 河南不同城乡地区受访者的宗教信仰情况（%）

	佛教	道教	伊斯兰教	基督教	天主教	其他	无信仰	合计
乡	5.9	0.0	0.1	6.9	0.6	0.1	86.4	100.0
城镇	6.8	0.3	2.5	3.4	0.3	0.1	86.6	100.0

注：CFPS 2012（河南子样本），数据已做权数调整。

综上所述，撇开基督徒人数的争议，我们可以断定的是基督教在我国已经成为不容小觑的社会力量。从数量上来讲，我们虽然只能估计其规模的大致范围，但基督徒的规模仅次于佛教，在数量上位列第二几乎是不争的事实，基督教在我国已经形成“全国存在，局部聚居”的格局。此外，从信徒的组织化程度、信徒参与宗教活动的频率，以及信徒对宗教重要性的主观评价这三个指标进行综合评定的话，基督教已经成为汉族地区最有影响的宗教。

四 当代中国基督徒的人口和社会特征

接下来，我们试图回答基督徒具有怎样的人口和社会特征。在这一部分中，我们将具体探讨基督徒的性别比例、年龄分布、婚姻状态、城乡居住地等人口分布特征，以及其在社会分层中的位置或社会地位。为了突出基督徒的特征，我们也同时描述了无信仰群体和其他主要信仰群体（佛教、道教、伊斯兰教）的特征，以便与基督徒比较。在这一部分的描述中，我们主要使用 CGSS 2010 数据，该调查提问的宗教信仰的类型分为 10 类：佛教、道教、民间信仰（拜妈祖、关公等）、伊斯兰教、天主教、基督教、东正教、其他基督教、犹太教、印度教。但实际调查中，没有被访者选择东正教、其他基督教、犹太教、印度教。在所有选项中，选择佛教、民间信仰和基督教信仰的相对较多，而信仰道教、天主教的个体较少，不足 30 人，根据统计学常识可知，百分比过少可导致统计估计有偏，因此，我们将道教与民间信仰进行合并，在分析样本中排除天主教。最终描述的信仰类型仅包括五类：无信仰、基督教、佛教、道教/民间信仰、伊斯兰教。

表 7 描述和总结了基督教、佛教、道教/民间信仰、伊斯兰教及无信仰人群在性别、年龄、婚姻状态和城乡居住地的分布。

表 7　　基督教、佛教、道教/民间信仰、伊斯兰教及无信仰人群的人口特征分布

		无信仰	基督教	佛教	道教/民间信仰	伊斯兰教
女性（%）		47.5	69.0	60.8	43.4	56.2
年龄组（%）	30 以下	15.3	11.4	12.9	9.9	30.1
	30—39	19.8	16.1	16.1	23.4	18.5
	40—49	24.8	28.6	22.4	23.0	26.7
	50—59	19.8	16.8	19.4	22.5	12.2
	60 及以上	20.3	27.1	29.2	21.2	12.5
合计		100.0	100.0	400.0	100.0	100.0
平均年龄（岁）		46.3	49.3	49.5	47.4	40.4
男性不在婚（%）		15.3	12.3	17.1	12.4	14.8
女性不在婚（%）		16.8	17.7	23.1	14.4	23.0
居住农村（%）		44.1	55.5	30.7	59.3	36.9

注：CGSS 2010，N = 11751，数据已做权数及抽样设计调整。不在婚状态是指单身（从未结婚）、离异、丧偶。

从表 7 中，我们得到以下几点发现：

基督徒以女性居多。在全世界范围内，女性通常都会比男性更容易信仰宗教。但中国基督徒的性别差异之大让人印象深刻。CGSS 2010 的数据显示，接近 70% 的基督徒是女性，男性只占30%。女基督徒是男基督徒的两倍有余，这说明基督教在我国大致是一个以女性为主体的宗教。相比之下，虽然伊斯兰教和佛教中女性也较男性多，但其女多男少的程度都不及基督教。

基督徒的年龄偏大。从各信仰群体的平均年龄来看，基督徒和佛教徒的平均年龄最高。或者换种方式，将人口划分为五个年龄阶段，30岁以下（18—29岁）、30—39岁、40—49岁、50—59岁和60岁及以上，依此描述各信仰群体的年龄结构，我们也可以看到：基督教中60岁及以上老龄人的比例较高，接近三成；除基督教外，佛教的中老龄人口比例也很高，两者在统计上差异并不显著。与这两个宗教相比，伊斯兰教教徒的年龄结构明显偏年轻。

男性基督徒的在婚比例更高。我们将被访者的婚姻状态简化为在婚和不在婚两类，并分男女统计了不同信仰群体中不在婚者的比例，这里的不在婚状态包括单身、离异和丧偶。如果以无信仰人群作为参照，我们看到除道教/民间信仰外，有宗教信仰群体女信徒的单身、离异、丧偶比例均要高于无信仰群体，该比例最高的是佛教徒，女佛教徒中有接近23%处在单身、离异或丧偶的状态，其次是伊斯兰教，女基督徒的不在婚比例跟无信仰女性接近，两群体差异并不显著。但从男信徒的在婚/不在婚状态看，除了佛教徒外，其他宗教男信徒的在婚比例都高于无信仰男性。因此，在婚姻状态上，我们并未发现女基督徒的不在婚比例相较于无信仰人群更高，但发现男基督徒的不在婚比例略低于无信仰人群。

基督徒居住在农村的比例略高。不同地区的宗教类型结构有一定的差异，穆斯林、佛教徒居住在城市的比例较高，而基督徒居住在农村的比例略高，超过一半的基督徒居住在农村。此外，道教/民间信仰群体中居住在农村的信徒也较多。

接下来，我们将描述基督徒在整个中国社会分层中所占据的位置。宗教与社会分层一直是美国宗教社会学家关注的主题。在宗派林立的美国社会，社会阶层决定宗教归属的现象十分普遍。我国的宗教兴盛程度不及美国，教派分化程度也远远不如美国，相关的研究很少。所谓我国基督教信仰群体有三多（妇女多、老人多、文盲多）的说法涉及宗教与社会分层之间关系的分析；有关文化基督徒、文化佛教徒讨论似乎都在将宗教信仰与特定的社会阶层联系起来，但总体而言，系统的有关中国宗教与社会分层的实证研究有待充实。在表8中，我们仍使用CGSS 2010数据初步分析基督徒和其他几个信仰群体的社会经济地位。在这里，我们把社会经济地位的测量分为四个维度：收入、教育程度、职业地位和地位自评。

个人收入是最直接反映人们经济地位的指标。表8显示，基督徒的个人收入最低，次之为穆斯林和道教徒/民间信仰者，均显著低于无信仰群体。相比之下，佛教徒的平均收入最高。

教育水平反映了人们在劳动力市场中的人力资本水平，教育既是社会地位传递的机制，也是社会流动的机制。在表8中我们既统计了各信仰人群毕业于不同教育阶段的分布，也计算了其平均受教育年限。总的来说，有宗教信仰群体的平均教育水平低于无信仰群体，而基督徒的教育水平在其中最低。CGSS 2010数据显示，基督徒受过高等教育者不足8%，而同时有将近四分之一的教徒为文盲，半文盲。尽管基督徒的年龄结构偏老，而中国老龄人口受教育水平较低，但这并非完全是由于年龄结构造成的，因为前面已经分析过，佛教徒的年龄结构也偏老，但佛教徒却是在四个信仰群体中平均教育水平最高的。当然，佛教徒的平均受教育水平一方面仍显著低于无信仰群体，另一方面其两极分化明显：佛教徒中受高等教育的比例明显高于其他宗教群体，而其文盲，半文盲比例也非常高，与基督徒不相上下（两群体此差异在统计上不显著）。

表 8　基督教、佛教、道教/民间信仰、伊斯兰教及无信仰人群的社会分层特征分布

		无信仰	基督教	佛教	道教	伊斯兰教
个人收入（元）		18323. 1	10193. 4	27684. 0	13735. 1	13572. 3
受教育年限（年）		8. 7	7. 0	7. 5	7. 1	7. 4
教育程度（%）	文盲/半文盲	12. 8	22. 7	23. 3	18. 4	19. 2
	小学	23. 1	24. 9	22. 4	33. 1	26. 6
	初中	30. 7	34. 7	26. 9	30. 2	33. 3
	高中/职中	18. 9	9. 8	16. 6	13. 8	12. 7
	大专或以上	14. 5	7. 9	10. 8	4. 5	8. 2
合计		100. 0	400. 0	100. 0	100. 0	1 00. 0
职业地位 ISEI		42. 2	38. 3	40. 8	39. 1	36. 9
职业声望 SIOPS		37. 8	34. 0	37. 1	35. 0	33. 8
个人地位自评分数		4. 0	4. 0	4. 2	4. 2	4. 6
个人地位自评等级（%）	底层	19. 9	22. 4	15. 7	12. 0	13. 0
	中下层	34. 5	35. 6	33. 2	40. 5	24. 6
	中间层	40. 3	35. 8	43. 1	42. 6	51. 3
	中上层	4. 6	4. 5	7. 5	4. 7	8. 4
	上层	0. 8	1. 7	0. 6	0. 2	2. 7
合计		100. 0	400. 0	400. 0	100. 0	400. 0

职业地位是衡量成年人在社会中社会经济地位的最主要指标。一般来讲，职业代表了人们最重要的社会角色，反映了人们进入劳动力市场时所拥有的技能和教育水平，决定了一个人长期的社会地位，是一个比收入更为稳定的地位测量指标。目前对职业地位等级国际通行的测量标准有两个，即国际标准社会经济地位指数（ISEI）和国际标准职业声望（SIOPS），前者是对各职业从业者平均收入和教育水平的综合评价指标，后者反映的是职业被社会人口的认可和赞许程度。两个指数得分越高，说明该职业的地位越高。表 8 中我们展示了各信仰群体的职业社会经济地位指数和职业声望指数得分的均值。需要注意的是，对有工作的被访者，我们选择的是他们当前的职业，对于已经离职或退休的被访者，我们选取的是他们最后一份职业，因此这里的职业可视为是被访者的主要职业。对于从来没有工作过的被访者，我们无法获知其职业及相应的地位得分，因而将其排除在分析样本之外。我们对各信仰群体职业地位均值进行排序后发现，无信仰群体的职业地位最高，其次是佛教，道教/民间信仰居中，而基督徒、伊斯兰教信徒的平均职业地位较低。

根据收入、教育程度、职业地位测量出的客观地位并不总是与人们对自己社会地位的主观认同相一致。我们在表8中还分析了各信仰人群的社会地位自我评价。有趣的是，尽管无信仰人群在收入、教育、职业地位等客观指标上体现出来的社会经济地位最高，但他们的主观地位评价却并不高于有宗教信仰人群。在我们分析的这几个群体中，穆斯林对自己的主观地位评价最高，其次是佛教徒和道教/民间信仰者，地位自评最低的是基督徒和无信仰人群。

通过上述分析我们不难发现，持有不同信仰的群体不仅在人口特征上存在显著的差异，而且在社会经济地位上也存在层级划分的特点。总体而言，宗教信徒的社会经济地位要低于无信仰人群，而在宗教信徒的样本中，基督徒在许多社会地位指标上都是最低的。需要说明的是基督徒在社会位置上的相对劣势一定程度上也是与其人口特征相关联，即基督徒多为女性、中老年人、农村居民。

五 基督徒的社会心态是否更积极？

信仰对信任程度、公平感、幸福感、精神状态有怎样的影响？对基督徒的社会态度的分析一定程度上也可以评价基督教的社会影响。我们再次利用CGSS 2010对这些问题进行初步的探讨。对信任程度，我们选取了三个指标，第一个指标测量的是人们对几类主要社会群体的信任程度，从“完全不可信”到“完全可信”分为五个程度，涉及的几类社会群体包括家人、亲戚、朋友、同事、领导干部、生意人、同学和老乡。我们将对这几类人的信任度的打分进行标准化后加总，并转化为取值为0—1之间的得分，分数越高，表明对主要人群的信任度越高。第二个信任程度的指标我们选取的是人们对法院及司法机构、中央政府、地方政府、军队、公安部门、中央媒体、全国人大的信任程度的打分，同样也是从“完全不可信”到“完全可信”分为五个程度，得分计算的方法与对主要人群信任度得分的计算方法一致。该指标反映的是人们对国家机构的信任度。第三个信任度的指标我们选取的是人们对信教的人从“完全不可信”到“完全可信”的打分，同样将分数标准化后转换为取值为0—1的得分。公平感反映的是人们对资源分配不平等的主观体验，这一主观体验受到现实社会不平等程度的影响，但反映的是人们多大程度察觉到这些不平等并认为这些不平等是不公平的。我们此处使用了三个指标。第一个指标是受访者对总体而言社会的不公平程度的评价，从“完全不公平”到“完全公平”五个等级的打分标准化后转化为0—1的得分。第二个指标是受访者对个人收入公平程度的评价，这里的评价涉及被访者个人的具体情况，在问卷中的题目表述为“考虑到您的教育背景、工作能力、资历等各方面因素，您认为自己目前的收入是否公平”，同样被访者可以从“不公平”到“公平”五个等级之间做出选择。第三个指标是被访者回答的实际收入与他认为自己应得的收入水平之比，如果该比例小于1，则说明被访者实际的收入达不到他们觉得应该达到的水平，如果等于或大于1，说明被访者得到了应得的收入。

对幸福感的测量，我们采用被访者对自己生活是否幸福的总体评价，被访者可以在“非常不幸福”到“非常幸福”五个等级之间做出选择。对未来的希望同样也反映出人们的幸福感。对此，我们使用了被访者对“我的未来毫无希望，并且我确信事情不会朝好的方向发展”这一对未来消极看法的否定程度（从“完全同意”到“完全不同意”五个等级）来测量，对于这两个分值我们均进行了标准化并转化为0—1的得分。此外，我们还比较了被访者对当前地位的打分和对 10 年后预期地位的打分，我们认为，如果对未来地位预期的打分高于对当前地位的打分，则说明对未来向上流动有信心，如果低于则说明预期未来会向下流动。

最后，我们还计算了被访者的精神健康得分。采用以下题目得分的标准化加总："在过去的四周中，您感到心情抑郁或沮丧的频繁程度""由于情绪问题，您无法完成预期的工作或日常活动的频繁程度""由于情绪问题，让您的工作或其他日常活动变得心不在焉的频繁程度""在过去四周中，您是否感到心平气和的频繁程度""在过去四周中，您是否充满活力的频繁程度"。该得分越高，表明精神状态越好。

表 9 展示了不同信仰人群在这些指标上得分的均值，以及对群体间的差异做了 F 统计量的统计检验（检验 1）。由于本报告主要针对的是基督教群体，因此我们专门对基督徒与无信仰群体之间的差异进行了统计检验（检验 2）。

总的来说，不同信仰群体在这些指标得分上存在显著差异。穆斯林、道教/民间信仰群体的社会信任度较高、公平感较高，穆斯林对于生活的幸福度和未来的信心均较高。基督教在这些指标的得分相较于其他宗教群体低，但是与无信仰群体没有显著差异，换言之，基督徒并没有体现出更高的对社会和国家的不信任、不公平感，或者更低的幸福感，或对未来较低的期望。仅有一个例外，即基督徒对信教的人的信任度极高，在对信教者的信任度上仅次于穆斯林。

表 9　不同信仰群体的信任度、公平感、幸福感及精神健康评分的均值及统计检验

	无信仰	基督教	佛教	道教/民间信仰	伊斯兰教	检验［1］F 值	检验［2］F 值
对主要人群的信任度	0.70	0.68	0.68	0.70	0.74	5.39**	7.40**
对国家机构的信任度	0.79	0.78	0.76	0.80	0.86	2.84**	0.72
对信教者的信任度	0.34	0.68	0.51	0.45	0.71	86.73**	226.63**
评价社会公平度	0.50	0.47	0.47	0.51	0.56	1.61	1.86
评价个人收入公平度	0.47	0.44	0.48	0.49	0.53	2.30*	1.08
实际收入与应得收入之比	0.57	0.53	0.62	0.74	0.59	1.16	1.61
评价生活的幸福程度	0.76	0.78	0.75	0.69	0.81	3.44**	0.24
对未来怀有希望程度	0.76	0.78	0.75	0.69	0.81	4.96**	1.23
未来地位预期与目前主观地位得分之差	1.13	1.05	1.30	1.14	1.53	5.88**	0.98
精神健康得分	0.73	0.73	0.71	0.69	0.70	1.14	0.02

注：CGSS 2010，数据已做权数和抽样设计调整。对不同群体得分均值差异显著性的统计检验采用 F 检验，其中，检验［1］是对所有 5 个群体差异的检验，其零假设为 5 个群体在变量上的均值无差异。而检验［2］仅针对基督教和无信仰人群差异的检验，其零假设为基督徒和无信仰群体在变量上的均值无差异。** 表示 $p<0.01$，* 表示 $p<0.05$。

但上述结果是否说明基督徒心态更不积极呢？其实不然。因为通常来讲，人们的主观态度是与其社会经济地位相联系的。从客观的社会经济地位描述中我们看到，有宗教信仰群体普遍地位不及无信仰群体，但是，在主观地位的评价上，以及信任度、公平感、幸福感上，伊斯兰教、道教及民间信仰要高于无信仰群体。虽然我们没有发现基督徒在信任度、公平感、幸福感和精神健康上高于无信仰人群，但是鉴于该群体在收入地位、教育程度上普遍较差，其信任度、公平感、幸福感、精神健康程度与无信仰群体却相当（没有显著更差），这说明信教对人心态的积极作用。

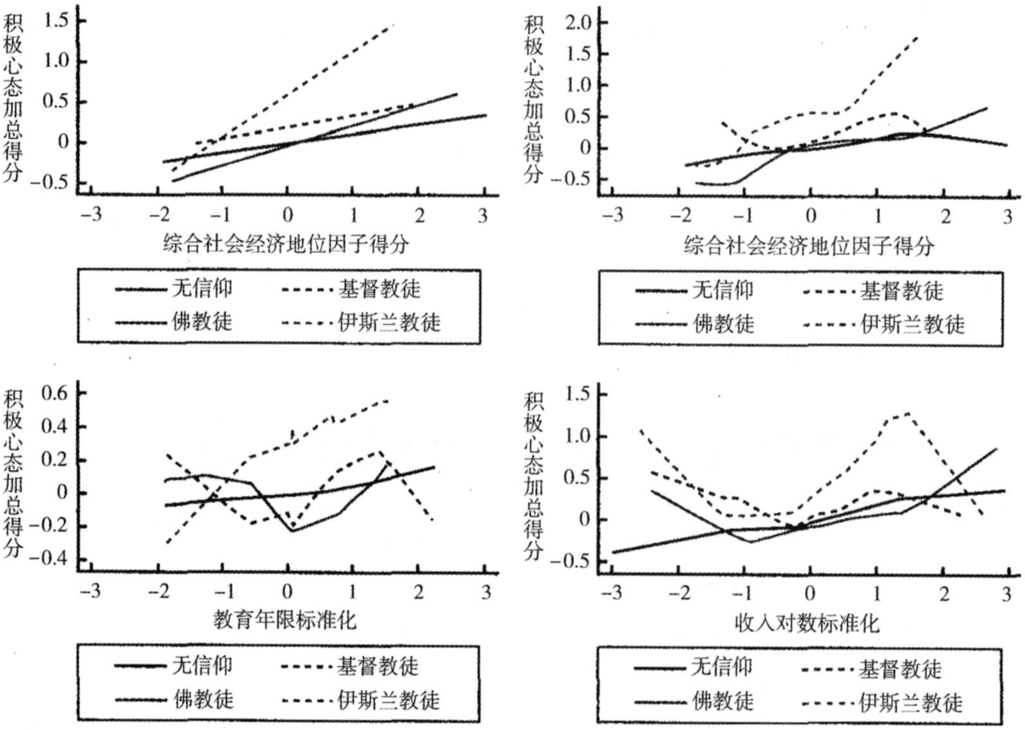

图2　无信仰群体、基督徒、佛教徒、穆斯林的社会经济地位与社会心态关系的线性拟合及 Lowess 平滑曲线拟合

为了进一步说明这个道理，我们分析了社会经济地位与积极社会心态的关系。为了简化数据，我们将对社会主要人群的信任度、社会公平度评价、个人收入公平度评价、生活幸福感、精神健康得分五个0—1得分进行加总，并做了标准化处理（以0为均值），生成了一个积极心态分数。分数越高，说明被访者心态越积极。我们同时也将测量社会经济地位的三个客观指标——收入、教育、职业声望——用因子分析处理成一个标准化的综合社会经济地位因子得分（以0为均值），来描述其与积极心态分数之间的关系。在图2中，我们分别用线性的方式（左上）和平滑曲线（Lowess smoothing line）的方式（右上）来拟合综合社会经济地位因子得分和积极心态的关系。与无信仰人群相比，宗教信徒的社会经济地位与积极心态之间关系的强度更强，在线性关系中就是斜率更大——社会经济地位的提高能够更大幅度地提高教徒的积极心态。换言之，信徒比无信仰人群更“知足常乐”。

对基督徒而言，一个重要的发现是在社会经济地位较低（如低于平均水平0值）的信徒中，他们的积极心态得分不仅高于同一地位的无信仰人群、佛教和穆斯林，甚至高于所有人群的平均水平（0值以上），无论是线性拟合还是平滑曲线都反映了这一点。另一方面，从平滑曲线的拟合来看，社会经济地位中上水平的基督徒（如在1个正标准差位置），其积极心态得分也是要高于无信仰人群和佛教徒，但次于穆斯林。

为了检验结果的稳健性，我们还拟合了标准化处理后的教育年限、收入对数分别与积极心态得分之间的平滑曲线关系，分别展示在图2的左下方和右下方。其结果与使用我们构建的综合社会经济地位标准化得分的发现基本一致。总的来说，包括信仰基督教在内的教徒，在社会分层较底层的一端和在中上地位者的心态与无信仰人群相比更积极，处在中间地位者跟无信仰人群趋于一致。也就是说，处在社会底层的信徒更坦然，而处在中上层的信徒更知足。

不过需要指出的是，以上信仰群体社会分层和社会态度的发现的数据是来自于社会综合调查。而非针对宗教群体专题研究数据，这意味着，尽管样本对全国居民有代表性，但不一定完全代表每一个在此分析的信教群体，因为信教群体的分布可能有一定的区域集中性。另外，信教个体的样本量较小，这也会影响统计结果的稳定性。比如图2显示，处在社会分层顶端的基督徒的积极心态反而有很大的下跌，但是我们从之前的分析也可以推知，基督徒普遍来讲社会经济地位比较低，那么在样本中处在社会顶层的基督徒的人数极少，分析基于此则很可能受到极端值和抽样偶然性的左右（比如样本恰好抽中一、两个愤世嫉俗的地位高的基督徒）。因此，我们解读相关结论时要非常小心。

六　讨论与结论

本文通过对CGSS和CFPS数据的分析，初步探讨了基督教在我国的发展现状，涉及基督徒的规模和格局、人口及社会特征、社会心态。近年来，中国到底有多少基督徒已经成为学界争论不休的话题。基于CGSS和CFPS的数据，我们给出了一个中国基督徒数量的区间估计。我们用五种方法对2010年我国基督徒的人数进行了估计，结果显示基督徒占我国成年总人口的比例大致在1.93%至2.2%之间，相对应推算我国成年基督徒大致在1400万到1600之间，全国基督徒总规模为2568万至2936万人。如果非要给出一个点估计，我们认为2010年我国大概有2600万基督徒。需要指出的是，我们并不认为这个估计就是实相；它只是在现有数据的基础上我们最能接受的一个判断。实相的找寻是一个漫长的过程，在此路途中，我们需要不断地积累数据和改进测量工具，也需要开放的心态和心平气和的讨论。

从规模上，基督教在数量上已经成为我国汉族地区第二大宗教，仅次于佛教。然而相较于佛教，基督教的活动更为绵密、组织化程度更高、信众对宗教信仰的重视程度也更高。每周进教堂礼拜的基督徒数量与每月礼佛两次的佛教徒数量不相上下。在某些地区，如河南农村，基督徒的规模已超过佛教徒。基于这些数据，我们认为基督教在我国已经形成“全国存在，局部聚居”的格局。

总体而言，基督徒在中国社会属于弱势群体。其中绝大多数是女性，且中老年人居多，接近四分之一的人是文盲/半文盲、半数以上居住在农村。平均而言，基督徒的收入和职业地位都较低，不仅低于无信仰群体，也在许多指标上低于其他宗教群体。但是，即使他们的社会经济地位较低，其信任度、公平感、幸福感、精神健康程度与无宗教信仰群体却没有显著差异，甚至在底层的基督徒较之无信仰群体拥有更积极的心态，而社会经济地位处在中上层的基督徒也表现出了更知足的心态。在《工厂工人与传道者》一书中，波普发现工人们有一种视贫穷为圣恩、以宗教地位代替社会地位的倾向。工人们认为自己虽然物质生活不如意，但是他们认为自己是上帝的选民，拥有真正重要的东西：宗教。很显然，宗教信仰给他们带来了“抚慰”。[①] 波普的分析能延伸到中国吗？初步的分析似乎如此，但更细致的研究有待来者，有待来日。

（原文发表于《世界宗教文化》2016年第1期）

① Pope，liston，*Millhands and Preachers*，New Haven：Yale University，1942.

“一带一路”建设与文明对话互鉴

吴云贵[*]

摘要：本文把“一带一路”倡议与中国古代先民开通的“丝绸之路”联系起来，与复兴“丝路文明”所体现的人文精神联系起来。作者认为推进“一带一路”建设，固然需要广泛开展同沿线国家和地区的国际经济合作，但同时也应高度重视不同文化、不同文明之间的友好交流和对话互鉴。作者强调，在同伊斯兰世界的经济与文化交往中，应当充分发挥爱国爱教的中国宗教团体的桥梁纽带作用。为此，在对我国宗教界的理解认识上，似应进一步转变思维、解放思想。

关键词：“一带一路”建设　文明对话互鉴　中国　伊斯兰世界

“一带一路”是中国政府就未来经济发展和对外开放提出的倡议。对外公布这一战略决策，虽然只有两年多的时间，但它已在国内外引起极其热烈的反响。2015 年 10 月 26 日至 29 日召开的党的十八届五中全会再次重申了“一带一路”倡议。公报提出：推进“一带一路”建设，推进与有关国家和地区多领域互利共赢务实合作，推进国际产能和装备的制造合作，打造陆海内外联动、东西双向开放新格局。“一带一路”建设就国家主导的经济合作、经贸活动做出规划安排，但它同时也与沿线国家不同文化、不同文明之间的交往交流和互学互鉴紧密相连、密不可分。特别是在经济全球化的格局下，如何在对外经济交往中体现和尊重人文价值、尊重人类文明的多样性，选择正确的文化战略，已经成为一个不容忽视的重大问题。

众所周知，“一带一路”的字面含义是指中国古代绵延千年之久的海上和陆上“丝绸之路”。海上“丝绸之路”把古代中国与东南亚、南亚、波斯湾乃至非洲连接起来，而陆上“丝绸之路”这条东西贯通的大动脉，则为古代中国同中亚、西亚、北非乃至欧洲的贸易提供了一条安全便利的通道。100 多年前，一位德国地理学家在一本名为《中国》的著作中，首次把古代中国与中亚河中地区以及与南亚印度之间，以丝绸贸易为主的交通要道称为“丝绸之路”。之后，另一位德国历史学家又把“丝绸之路”的范围延伸至地中海西岸和小亚细亚一带，大体上确定了历史上“丝绸之路”的基本内涵。这些丝路文明研究的早期开拓者们，当年只是根据自己掌握的资料，对古代中国与西域贸易的盛况做了一些描述，他们恐怕不会想到，100 多年后的今天，以研究丝路文明为主旨的“丝路学”，在中国已然迅速发展为一门人文分支学科。近来有学者撰文，呼吁加强丝路文明研究，明确表达了复兴丝路文明的诉求和意愿，他们把“一带一路”建设与复兴丝路文明联系起来，与沿线国家和地区所固有的文明方式联系起来，强调倡导文明对话和互鉴是“一带一路”

---

* 吴云贵，中国社会科学院荣誉学部委员，中国社会科学院世界宗教研究所研究员。

倡议的应有之义。

什么是丝路文明复兴的基本要义？有学者撰文指出，目前全球经济复苏乏力，世界和地区局势复杂多变，在此形势下我国提出“一带一路”倡议，固然是基于中国经济发展的需求，特别是基于东、西发展不平衡和开发大西部战略考虑，但也充分考虑了通过积极参与国际经济合作来提升中国经济的竞争力。国际经济交往所遵循的基本“游戏规则”，即和平合作，开放包容，互学互鉴，互利共赢。这也就是丝路文明的基本精神，是历史上东西方交流合作的精神象征，是世界各国人民共有的一份文化遗产。复兴丝路文明，其现实意义是为世界经济交往指明道路和方向。这是历史的启示，现实的呼唤，也是未来的愿景。

“一带一路”倡议提出和规划的许多重大项目都是基于双边国际经济合作考虑，这些项目的实施要求双边战略对接、互联互通。合作双方应当努力结成命运或利益共同体，一损俱损，一荣俱荣，兴衰相依，命运与共。为此，合作双方应当在互信的基础上精诚合作，而互信只有通过思想文化交流，通过文明对话才能最终实现。现实的对外经济交往，再度使我们联想到历史上不同文化之间的互联互通、友好往来。历史上中国先民们开通的丝绸之路，不仅是东西方贸易的通道，而且是一条开放联通之路，和平友谊之路，文明互鉴之路。特别值得一提的是，丝绸之路所体现的文化交流、文明友好对话的人文精神，可以说是对人类文明的确切含义和本质属性作了最令人信服的诠释。西方有的“文明冲突论”者宣称，由于人类各大文明体系都是独特的并且是不可改变的，因而不同文明一旦相遇，必然会引起剧烈的冲突，甚至你死我活的战争。为了宣扬“文明冲突论”，西方的政治学家们可以完全不顾历史事实，但历史毕竟还是历史。丝绸之路文明交往的真实历史，并非文明冲突而是文明友好对话和互学互鉴的历史。今天，顺着古人当年走过的足迹回望，人们看到，源自南亚印度的佛教文化沿着丝绸之路传入中国大地之后，不仅没有引起剧烈的“文化冲突”，反而在本土化过程中吸纳了许多中国元素，同时也极大地丰富了中国传统文化的内涵，对中国人的知与行产生了巨大的影响。人们看到，基督教的一个宗派当年沿着丝绸之路传入中国西域后，一度以中国人所熟知的景教的形式生存下来，从而结束了在中亚受到打压的历史遭遇。人们还会看到，源自天方的伊斯兰教，当年沿着丝绸之路自中亚和西亚传入中国，经过长期的文化交流、磨合沟通，逐渐在我国十个少数民族群体中“安家落户”，成为民族文化和民族特性的重要体现，形成了有中国特色的伊斯兰教。即使是源自中国内地、土生土长的道教，历史上也同样曾经沿着丝绸之路西渐至中国西域。丝绸之路文明所展示的海纳百川、开放包容的中国文化精神，是显而易见的。丝绸之路在把我国新疆与中亚和西亚连接起来的同时，也为域外宗教文化在我国西域的生存、发展提供了便利条件，所以佛教、基督教、伊斯兰教以及摩尼教、火袄教等外来宗教都曾在华夏大地上获得勃勃生机，特别是在丝路沿线一些地区和重镇，如新疆和东南沿海的泉州等地，得到发展。传入中国的世界三大宗教，都曾在文明对话交流过程中逐渐理顺了与中国儒家文化的关系，从而在中国社会中找准了自己的位置，发挥了以辅政安民、护国爱教、服务社会为主旨的建设性作用。

以丝路文明为主轴，世界各大宗教在传入中国后，都曾以巨大的精力来协调外源宗教文化与中国传统文化的关系，从而在本土化进程中取得了显著成就。佛教在中国化进程中，不仅成功地将佛教经典翻译为汉语，而且成功地创造了具有中国特色的禅宗，使深奥难懂的佛教词语概念、思想文化、伦理道德、风俗习惯进入中国主流的话语系统，成为中国文化的一部分。伊斯兰教与中华文明对话沟通，采取了不同的方式，它未采取直接向民众宣教布道的做法，而是以建立信教民众为成员的社会实体为主，通过增生社会细胞，不断增强社会影响力。早年沿着海上和陆上丝路来华的外籍穆斯林，陆续在东南沿海的广州、杭州、扬州、泉州等通商口岸以及西北各省区安家落户，成为中国人。经过唐、宋、元三代，到了明代，随着回族以及西北其他穆斯林少数族群的兴起，伊斯兰宗教文化逐渐演变为这些族群的民族文化。宗教信仰的民族性与民族构成元素的宗教性，互为表里，相辅相成。伊斯兰教的中国化，以讲汉语的回族穆斯林最具代表性。明末清初，回族穆斯林知识精英在翻译和著述外来的伊斯兰教典籍著作过程中，提出了“以儒释教”“以儒诠经”的主张，极大地推动了中华文明与伊斯兰文明的对话交流和沟通。如在宇宙发生论方面，中国穆斯林学者就把伊斯兰文化中的“真主创世”之说与中国理学传统中的“太极图说”相结合，提出了“真一”“数一”“阴阳”（天地）等概念，认为“真一”即作为宇宙创造者的真主，“数一”是“理念世界”，也即中国理学中的“太极”，而“体一”也即根据真主创造的宇宙万物来体认真主，证实真主的存在和万能。又如，在伦理纲常方面，伊斯兰文化中没有“三纲”“五常”之类的观念，但中国穆斯林思想家们同样主张以“认同”或“协调”的方式与中华文明进行对话交流。他们完全赞同“五常”之说，只是把“夫妇”关系提至“五常”之首，在顺序上排在君臣、父子、兄弟、朋友关系之前。中国伊斯兰教义学家们另一重要的“认同”之举，是把伊斯兰教的“天道”与中国儒家的“人道”相结合，穆斯林完成五项宗教功课是“尽天道”，而践行仁、义、礼、智、信五种道德规范则是“尽人道”，天道与人道相结合，才能成为高尚的“完人”。所以，神圣的宗教与世俗的人伦不是“二元对立”，而是“和而不同”。

“一带一路”倡议，使我们自然而然地联想到中国古代开通的丝路及其承载的“丝路文明”。时隔千年之久，今天我们重提“丝路文明”，无疑是希望我们这些后人接续传承历史传统，并在弘扬传统基础上开创美好的未来。历史上丝路经过的国家和地区数目众多，社情、民情和文化传统各不相同，今天大体上也还是如此。以往国人在谈论“丝路文明”时，大都更为重视丝路西段所连接的欧洲文明，因为近代欧洲工业文明的兴起确实对世界产生了广泛深远的影响。但作为世界上最大的发展中国家，我国在对外经济交往中，也应当重视伊斯兰世界的巨大潜力和发展前景。伊斯兰世界幅员辽阔，人口众多，资源丰富，战略地位极为重要。伊斯兰世界虽然并非一个统一的政经实体，其内部也有这样那样的矛盾和利益冲突，甚至还发生过像“两伊战争”那样的长期的、大规模战争，但从发展的眼光看，伊斯兰世界不论是否会构成独立的“一极”，都将是一支重要的力量。尤其值得注意的是，共同的宗教信仰、相似的文化传统、价值取向和近代历史遭遇以及谋求和平与发展的共同诉求，像一条纽带一样，将伊斯兰世界紧紧地捆绑在一起。20 世纪 70 年代成立的伊斯兰会议组织（现易名为伊斯兰合作组织）就是这种泛伊斯兰团结、互助合作精神的有力象征和重要体现。伊斯兰世界在国情、社情、民情、教情等诸多方面的同一性或相似性，是我国同伊斯兰国家进行国际经济交往与合作时应予重视的重要因素之一。

历史上古丝绸之路所连接联通的国家和地区，有很大一部分属于我们今天所说的伊斯兰世界。今天的情况也基本如此。据有人统计，如今“一带一路”沿线的伊斯兰国家总共有 38 个，可以说世界主要的伊斯兰国家，包括中亚、西亚、北非、南亚、东南亚的伊斯兰国家，都是我国国际经济交往与合作的对象国。因此，通过真诚友好的文明对话来加深对伊斯兰世界的了解，具有重要的现实意义。应当看到，改革开放以来，我国与西方发达国家的经济联系愈益密切，而与发展中国家的经济交往相对较少，彼此间的思想文化交流也有很多局限。例如，国人乃至许多专家学者，对传统伊斯兰经济理论原则和在实践中形成的惯例就知之甚少，这种状况如不改变，也会对我国国际经济交往特别是对投资文化的理解造成一些不利影响。如许多阿拉伯国家受《古兰经》“利息禁令”的限制，要求面向中小企业家的伊斯兰银行不得放贷取利，但银行可通过投资建厂并与客户共同经营获取利润。此外，传统伊斯兰经济思想还涉及金融、保险、租赁、税收、社会公益事业等领域，需要合作方有所了解。

中华文明与伊斯兰文明的对话交往，古已有之，丝路的开通就是最有力的历史见证。通过丝路贸易，中国的造纸、印刷、火药、指南针、制瓷、纺织等先进技术经阿拉伯传至欧洲，阿拉伯人的科技文化也远播中国，内容涉及宗教、哲学、文学、数学、天文、医学等诸多领域。“学问即使远在中国，亦当求知”的“圣训”，表达了中国与伊斯兰世界互学互鉴的人文情怀和风范。到了近现代，交通的便利、社会的进步、思想文化的转型，特别是经济全球化大势，为不同文化、文明方式之间的对话交往提供了更充分的条件。

以往我国与伊斯兰世界的交往，主要有国与国之间的官方外交、经济交往与合作、文化教育领域的交流与合作等几种形式。总的说来，人文外交相对要弱一些，应当大力加强。当然，也不只是对伊斯兰世界，我国对世界各国的外交，都需要加强人文精神原则的指导作用。所谓人文外交，并非一种新理念，只是在“一带一路”倡议中得到党和国家领导人的高度重视，经过他们精辟的阐释和论述，更加清晰地展现在世人面前，成为中国精神、中国国家形象的光辉体现。2013 年 9 月 7 日，习近平主席在中亚哈萨克斯坦所做的一次演讲中，首次提出了中国愿与中亚国家共建“丝绸之路经济带”的战略构想。为此，习主席建议，欧亚各国为了扩大区域经济合作，应当努力实现“五通”，即加强政策沟通，加强道路联通，加强贸易畅通，加强货币流通，加强民心相通。这“五通”之中的“通民心”，就是要加强各国人民之间的友好往来，增进相互间的了解和传统友谊。为此，应当大力开展各国之间的人民外交和人文外交。2013 年 10 月 3 日，习近平主席在东南亚印度尼西亚所做的一次演讲中，提出了中国愿与东盟国家共同努力，使双方成为兴衰相伴、安危与共、同舟共济的好邻居、好朋友、好伙伴，携手共建中国—东盟命运共同体。为此，双方之间应当以诚信为本，坚持合作共赢、守望相助、心心相印、开放包容。这些国与国之间交往基本关系准则的新境界，也都是中国人文外交精神的重要体现。2014 年 3 月 27 日，习近平主席在巴黎联合国教科文组织总部发表演讲，就推动文明交流互鉴的重要意义谈了三点见解。习主席指出，文明是多姿多彩的，人类文明因多样才有交流互鉴的价值。习主席坚信，文明是平等的，人类文明因平等才有交流互鉴的前提。习主席强调，文明是包容的，人类文明因包容才有交流互鉴的动力。习主席关于尊重人类文明多样性以及不同文明应当交流互鉴的重要论述，同他关于“一带一路”建设构想的精神实质是完全一致的。传承和弘扬“一带一路”的人文精神，也就是用文化包容的博大胸怀和科学态度去激励世界各国人民共建千姿百态、缤纷多彩的人类文明。

说到人类文明，人们不禁会联想到宗教文化在人类文明建设中的重要地位、作用和影响。一个人所共知的基本事实是：世界各大文明体系最初大都是以宗教信仰为基础，以宗教文化为表现形式，如南亚、东南亚的佛教文明，欧美的基督教文明，西亚、北非等地的阿拉伯伊斯兰文明，都离不开宗教背景或“底色”。因此，宗教界人士积极参与到“一带一路”建设中去，可以说是顺理成章。但在实际运作中仍有一些具体问题有待解决。近来，一位主管宗教事务的政府官员撰文谈到，应当创新思维，积极推动我国宗教领域公共外交工作的问题。这位政府官员认为，建国 60 年来，我国宗教界已经成为爱国爱教的一支重要力量，因此应当放手让他们积极参与宗教领域一些公共外交工作。这一重要建议也同“一带一路”建设密切相关，事实上我国现有五大宗教也都表达了以各种方式助推“一带一路”建设的强烈意愿。以伊斯兰教为例，中国伊斯兰教协会一位领导人不久前就曾撰文明确表示，中国穆斯林和中国伊斯兰教界希望通过伊斯兰文化交流，助推“一带一路”建设。这位领导人强调，中国穆斯林在“一带一路”的经济文化交流中应当发挥其独特的优势。所谓独特的优势，其含义主要是指中国新疆境内的许多少数民族与域外中亚国家的民族血缘相亲、语言相同、风俗相近、民情相似，这些得天独厚的历史、地理、宗教、人文优势条件，如能充分地加以整合利用，完全可以在“通民心”方面发挥积极作用。此外，中国穆斯林当中有大量的阿拉伯语人才，他们熟悉了解伊斯兰文化，改革开放以来，有大批的中国留学生在阿拉伯伊斯兰国家学习，其中许多人在完成学业后留在当地谋生工作。他们与当地居民同为穆斯林，共同的宗教信仰和生活习惯产生了巨大的亲和力，无形中拉近了彼此间的距离，便于他们在思想文化和心灵情感上与外籍穆斯林民众进行交流沟通。总之，在“一带一路”建设中，特别是在思想文化对外交流方面，中国伊斯兰教界应当充分发挥桥梁和平台作用。

“一带一路”建设是一项巨大的工程。推进“一带一路”建设，不仅涉及物质文化建设，也广泛地涉及精神文化和政治文化建设。如果说历史上的丝路文明曾经为古代的中国提供了如何同不同文明交往的有益经验，那么当下中国人民的历史使命之一，就是在过往历史经验的基础上进行改革创新。而通过文明对话来不断加深世界各种不同思想文化之间的交流、理解和沟通，可以说是一条必由之路，尽管我们还需要在实践的过程中继续总结经验以便丰富它的具体内容。

（原文发表于《世界宗教文化》2016 年第 3 期）

对“圣战”的简略考察

金宜久*

摘要： 历史地考察“圣战”极其重要。那种为宗教、为信仰而从事的战斗即为“圣战”，并非阿拉伯的特产。伊斯兰教未将“圣战”纳入宗教功课表明，它并未被伊斯兰主体社会奉为信条，亦非信众的宗教义务。反对当前宗教极端主义频频宣教的“圣战”有着极其重要的现实意义。

关键词：《古兰经》　“圣战”　“吉哈德”　十字军　伊斯兰教

当前，在反对宗教极端主义、特别是反对恐怖主义的暴恐活动时，很自然地会涉及“圣战”问题。历史地考察“圣战”对人们理解当前宗教极端主义频频宣教“圣战”有着极其重要的现实意义。一般认为，“圣战”是阿拉伯语词“吉哈德”的意译。其实，从更为宽阔的视野考察“圣战”问题，它并非阿拉伯的特产。那种为宗教、为信仰而从事的战争（或是暴恐活动），其作用是仁者见仁、智者见智的问题，难以一概而论。

一　关于“圣战”

当前，在一些学术会议、讲座和文章中往往把“圣战”与阿拉伯语词“吉哈德”联系起来，即认为“圣战”源自“吉哈德”。作为阿拉伯文的译音词，“吉哈德”有“努力”“竭力”“奋斗”等含义。日常社会中，这是一个被广泛应用的语词。伊斯兰教兴起前的半岛氏族社会，为争夺水源牧场发生的部落战争，氏族成员因冲突丧命，由此引发的“血亲复仇”进而导致部落战争。这类战争无所谓是“圣战”或不是“圣战”。伊斯兰教兴起后，人们对该语词的理解有所发展。从笔者读到的著作中，有大量涉及语词“吉哈德”的问题。其中，最为普遍的是表述“吉哈德”有“努力”“奋斗”等词义的同时，还就那些涉及战斗（战争）含义的事件，甚至扩及对发生战斗（战争）的时间、地域、对象、原因、发展等问题予以分类表述。

其实，伊斯兰教史上不乏涉及战斗（战争）的事件。这类战斗（战争）的动机、导因、进程等皆个个不同，都值得作为个案予以具体研究。但这些战斗（战争）事件是否为“圣战”，只有透过各个不同事件的现象，才能察觉并判断其本质。这是说，探讨语词“吉哈德”或“圣战”时，应根据事件以明确的词义表述出来，而不使之复杂化，这样才能更好地开展对相关问题的研究。

在当代，对“吉哈德”的阐释就更为简洁、明确。特别是为宗教而从事的战争中，

* 金宜久，中国社会科学院荣誉学部委员，中国社会科学院世界宗教研究所研究员。

《阿拉伯语汉语词典》理解为（或译为）“圣战”。[①]

美国希提《阿拉伯通史》中的“志哈德”“只哈德”（即“吉哈德”），马坚亦译为“圣战”[②]。德国《伊斯兰教各民族与国家史》在介绍伊斯兰教兴起后的基本功课时，还述及它对穆斯林个人生活和公共生活的规范。其中，涉及为信仰、为宗教而战的事件，即译为“圣战”。《伊斯兰教各民族与国家史》说：“与异教徒作战是一种宗教上的义务……在圣战中战死的任何人无疑地都要作为殉教者而升入天堂。”[③] 仝道章所译《古兰经》就将“吉哈德”译为“圣战”。他在附录中说：“圣战的意思是‘在安拉的道上奋斗’。”[④]他还提出“信仰者都应当在安拉的道上奋斗”“应当以生命和财产在安拉的道上奋斗”，进而并列出述及有关经文的章节。[⑤]

如果说“圣战”具有“神圣性”的宗教性战争，释说“在理论上说，穆斯林是没有非宗教战争的”[⑥]，其明确目的的宗教性战争。

二 从经训中认识“圣战”

可以认为“圣战”一词与阿拉伯语词“吉哈德”相关，即它由该词翻译而来。可是人们在理解“圣战”行为时，也可以从《古兰经》的一些经文的含义中认识到它与“吉哈德”无关。笔者根据手头可以读到的汉译《古兰经》，从中了解同一阿拉伯语词、语句，不同译者在翻译时虽有所差异，但其译文含义没有根本区别。

据马坚《古兰经》译本说“你们当为主道而战斗”（2：244）；它还说“以后世生活出卖今世生活的人，教他们为主道而战吧！谁为主道而战，以致杀身成仁，或杀敌致果，我将赏赐谁重大的报酬”（4：74）；“信道者，为主道而战；不信道者，为魔道而战”（4：76）；“他们为主道而战斗；他们或杀敌致果，或杀身成仁”（9：111）。[⑦]

王静斋《古兰经》译本说“你们当在安拉的道上格杀”（2：244）；“当令一切为着后世卖掉今生的人，在安拉的道上格斗。在安拉的道上格斗而致被杀，或战胜敌人，不久我就赐给他大赏”（4：74）；“众穆民在安拉的道上格斗。众不信的人在魔道上格斗”（4：76）；“他们在安拉的道上格斗，而致杀人、被杀，这是真主……的约许”（9：111）。[⑧]

姬觉弥《古兰经》译本说“汝为主之正道，出与敌战”（2：244）；“其以后世之福，易今生之荣者，当为主道而与战吧。凡为主道而战者，或亡或胜，皆有重报”（4：74）；“笃信者，为主道而御敌；显悖者，为左道而抗命”（4：76）；“彼辈有卫真道而战者，或

---

① 北京大学东方语言系阿拉伯语教研室编：《阿拉伯语汉语词典》，商务印书馆1966年版，第218页。

② ［美］希提：《阿拉伯通史》，马坚译，商务印书馆1979年版，第143、159、160、217页。

③ ［德］卡尔·布罗克尔曼：《伊斯兰教各民族与国家史》，［英］乔尔·卡迈克尔、莫希·珀尔曼英译，孙硕人、诸长福、贾鼎治、吴厚恭译，商务印书馆1985年版，第52页。

④ 《古兰经》（仝道章译本），附录“古兰经引得及其注释”之“圣战”、“参阅‘战斗’、‘穆斯林的战争’”，北京：译林出版社1989年版，第19页。

⑤ 《古兰经》（仝道章译本），附录，第19页。

⑥ ［美］希提：《阿拉伯通史》，第159页。

⑦ 《古兰经》（马坚译本），中国社会科学出版社1981年版，第24、28、65、151页。

⑧ 《古兰经》（王静斋译），东方出版社2006年版，第48、57、124、296页。

杀敌，……或被杀，应许其永享乐园”(9：i12)。[①]

据以上经文所述，马坚、王静斋、姬觉弥分别译为“战斗”“格杀”（“格斗”）“与敌战斗”等语词均非译自“吉哈德”。其共同点在于是“为主道而战斗”（或“在安拉的道上格杀”或“为主之正道，出与敌战”），这是说，这类战斗是为宗教、为信仰而从事的战斗，很自然地可以理解为此类战斗即为“圣战”。

由于战斗的宗教性，马坚的译文说“战争已成为你们的定制，而战争是你们所厌恶的。也许你们厌恶某件事，而那件事对于你们是有益的；或许你们喜爱某件事，而那件事对于你们是有害的”(2：216)[②]；王静斋译该段经文为“曾责成你们格杀了，那是你们所厌恶的。恐怕你们厌恶一事，而那事本于你们有利；恐怕你们喜爱一事，而那事本于你们有害”(2：216)[③]；姬觉弥译为“讨逆为汝辈定法，而汝辈恶之，恐恶者其中有益。爱者其中有损”(2：216)[④]。

作为著名学者或宗教从业人员，阿訇对经文的译词、译句，究竟是译“定制”，还是译“责成你们格杀”或译“为汝辈定法”并不重要，重要的是读者从中完全可以意会到所译经文含义极其明确，即“为主道而战斗”（或“在安拉的道上格杀”或“为主之正道，出与敌战”）；当年的信众在“战争已成为你们的定制”（或“责成你们格杀”或“为汝辈定法”）的影响下，为“主道”而战（从事“格杀”或“与敌战斗”），读者完全可从上引相关经文的阐释中，悟出并概括出它有极其明确的“圣战”含义；亦即上引仝道章所述“圣战的意思是‘在安拉的道上奋斗’”，可见“圣战”并非仅仅源自语词“吉哈德”。

实际上，“圣训”同样有关于“圣战”的训示。如，“圣人说‘圣战本身等于笃诚实（似应删“诚”——引者注）的朝覲。’”“真主担保为其道出征者殉教后立即进入天国，或赐为恩典平安地返回，或使其带着战利品平安地返回”“为真主之道出征者——真主深知为其道出征者——犹如白日封斋晚上不睡而礼拜的人。真主担保为其道出征者殉教后立即进入天堂”[⑤]。这是说，信众应“为真主之道出征”，因“出征而死者”应被视为“殉教者”。

在伊斯兰教初创时期，这类经训动员信众，反对麦加的偶像教徒，特别是联系到关于“死后复活”“末日审判”的信条，关于“为主道而阵亡的人，你绝不要认为他们是死的，其实，他们是活命的，他们在真主那里享受给养”(3：169)的经文，那些被视为“殉教者”“烈士”的人在当年可以不经“末日审判”而进天堂，同样是有其吸引力的。

穆罕默德正是通过这类经文，激励信众参与反对偶像教徒的战斗，不断取得胜利，最终战胜麦加贵族反对派，统一阿拉伯半岛，伊斯兰教得以创立，成为半岛的统治宗教。至于当年是否已有现代含义的语词“圣战”，则完全是两码事。

---

① 《古兰经》（姬觉弥译），兰州穆斯林图书馆出版，第47、55、122、286页。

② 《古兰经》（马坚译本），第24页。

③ 《古兰经》（王静斋译），第48页。

④ 《古兰经》（姬觉弥译），第47页。

⑤ ［埃及］穆斯塔发·本·穆罕默德艾玛热编：《布哈里圣训实录精华》，坎斯坦勒拉尼注释；宝文安、买买提·赛来译，中国社会科学出版社1981年版，第80、82页。

三　十字军东侵即“圣战”

撇开与伊斯兰教有关“圣战”的事件或史料，人们同样可从世界史中读到有关“圣战”的事件。这是说，我们并不一定非要把“圣战”与“吉哈德”联系起来。因为人们从历史事件中，完全可悟出此类事件的“圣战”性质，即它在本质上不是什么“努力”“奋斗”，而有着确切的群体性战斗的含义。

例如，11 世纪末叶，罗马天主教皇乌尔班二世（1088—1099 在位）于1095 年发出诏令，为夺回被穆斯林占领的“圣地”（耶路撒冷）、“圣陵”（耶稣陵墓）而激起的十字军东侵，无论从哪一方面说，它就是“圣战”。罗马教皇许诺参加十字军并从征的基督徒可以赦免其罪过，死后直升天堂。在他的召唤下，十字军东侵则是一场为“捍卫教会和信仰”所从事的“神圣性”① 的战争（“holy war”），而非“世俗性”的战争。它乃“上帝在大地上号召并授权”的“战争”，它的参与者则被视为“上帝的战士”或“救世主（或耶稣基督——引者注）的战士”②，一切都是在冠冕堂皇的、为了上帝、为了信仰而从事的“神圣”名义下的“圣战”。可见，“圣战”并非仅仅源自阿拉伯语词“吉哈德”，也可以是地地道道的基督教的产物。

十字军东侵前后大致有 200 年的时间。从 11 世纪到 13 世纪的史实来看，十字军东侵的“圣战”给地中海沿岸（今巴勒斯坦、叙利亚、埃及等地区，甚至包括当时的拜占庭）民众带来巨大灾难。它由西欧封建领主和骑士建立的基督教国家（耶路撒冷、安条克、的黎波里等）在“神圣”统治的借口下，以掠夺东方财富为至高目的，在掠夺过程中还从事对“异教徒”（甚至包括被视为“异端”的基督徒）的屠杀。③ 至于其绪余又延续了数世纪。

从伊斯兰教初创时期的“圣战”到十字军东侵对地中海东岸地区民众（主要是穆斯林）的侵略，有着明显而又强烈的宗教战争性质。由上述的事例中，似可理解究竟什么是“圣战”。“圣战”就是为宗教、为信仰而从事的战争。我们既不应把现代理解并应用的“圣战”加之于古人。同时，也不应否认、抹杀、忽略古人的战争行为中确有“圣战”的事实。

学术研究活动中探析历史或是观察活生生的繁杂事件和问题时，应以开阔视野，从中悟出事件和问题的真相，寻求事件和问题的本质，而不受相关的语词、原则、条条框框的束缚和限制，从而限定个人的理论思维。

四　伊斯兰教史上的“圣战”

穆罕默德的继任者，阿布伯克尔、欧麦尔、奥斯曼、阿里四任“正统哈里发”在位时期（632—661），伊斯兰教已成为半岛的统治宗教。继阿布伯克尔平息半岛内部“叛教”

---

① 金泽：《如何理解宗教的“神圣性”》，《世界宗教文化》2015 年第 6 期。

② Thomson，New Catholic Encyclopedia（second edition），in association with The Catholic University of America，Washington，D. C.，2003，pp. 406 – 407.

③ Thomson，New Catholic Encyclopedia（second edition），pp. 412 – 414.

的骚乱后，欧麦尔、奥斯曼陆续派遣阿拉伯穆斯林军对外征服。这是阿拉伯历史上首次对半岛以外地区的大规模讨伐。① 倭马亚王朝（661—750）哈里发瓦立德一世（705—715在位）时期，阿拉伯穆斯林军开始第二次大规模对外征服，随着战争的进展，阿拉伯人建立起地跨亚非欧三大洲的哈里发大帝国。阿巴斯王朝时期（750—1258），由哈里发马赫迪（775—785在位）发动的对拜占庭帝国的第三次征服，规模不大，成效甚微。

这三次对外征服都是国家所发动的有组织、有领导的军事行动，无疑是在宗教“定制”（“在安拉的道上格杀”“定法”）的激励下的群体性行为。对外征服的不断胜利，阿拉伯人在新征服地区确立统治地位，伊斯兰教随之成为当地的统治思想，进而成为它的统治宗教。②

为使对外征服具有其权威性，这时的伊斯兰教法已将世界分为两个地区，即“伊斯兰地区”和“战争地区”。③ 前者即穆斯林居住区，而后者则为异教徒（包括犹太教徒、基督教徒、琐罗亚斯德教徒等民众）的居住区。就“圣战”而言，“战争地区”亦应予征服的地区，在当年主要指的是阿拉伯半岛北部的波斯帝国（萨珊王朝）和罗马帝国。阿拉伯跨越亚非欧三大洲的哈里发大帝国正是在半岛以外的、波斯帝国和罗马帝国领地（或部分领地）的基础上建立的。

与阿拉伯穆斯林军对外征服不同，伊斯兰教关于礼仪信条的完善并非国家（或哈里发）行为；它应归功于8世纪中叶以来的宗教学者（“乌里玛”，主要是教法学家）。宗教学者以经训为据，陆续采用“意见”“类比”“公议”等原则，在确立教法及其相应的条款方面，起着决定性的作用。

应该指出的是，《古兰经》规定了穆斯林的基本信仰（2：177）、有关饮食的禁戒（2：173）④，它还规定穆斯林应奉“杀人者抵罪”“为双亲和至亲而秉公遗嘱”“斋戒”等为宗教“定制”（分别见2：178、180、183）；其后，则提出“战争”（即“为主道而战斗”）为宗教的“定制”（或“责成你们格杀”、或“定法”2：216），这是当年合乎逻辑的规定。⑤

由宗教学者确立的教法主张，其中规定穆斯林应予遵循的基本功课（即以后所说的“五功”），受到穆斯林主体社会信众的广泛认可和遵循。可是，宗教学者并未将战争这一“定制”纳入所确立的基本功课，即“五功”之中。⑥ 这无疑是说，无论是当时的统治者，还是主体社会，这时均接受放弃“战争”为“定制”的信条。其特定意义在于，它有利于稳定被征服地区的统治，转而恢复经济、发展生产、安定民心，巩固已经取得的胜利。

宗教学者之所以敢于大胆放弃“战争已成为你们的定制”，完全是以《古兰经》经文为据的。经文说：“凡是我所废除的，或使人忘记的启示，我必以更好的或同样的启示代

---

① 应该说，对外发动战争主要是在欧麦尔和奥斯曼统治时期。

② 这时，纳入伊斯兰教影响的地区包括巴勒斯坦、叙利亚、伊拉克、埃及、波斯、中亚、北非，以及印度和西班牙的部分地区。

③ R. K. Pruthi, *Encyclopadia ofJihad*, Volume -1, p. 3.

④ 《古兰经》（马坚译本）第19页（2：173、177）

⑤ 见《古兰经》（马坚译本）第19、20页；王静斋译为“规定‘照例作遗嘱’制定斋戒”，见译本第38、39页；姬觉弥译为“定法”，见译本第38页。

⑥ 根据伊斯兰教法，宣布“圣战”是哈里发的一项宗教职责；但“圣战”未能最终成为伊斯兰信众的宗教义务，只有哈瓦利吉派认定它与其他五项功课并列，成为该派的第六项宗教义务。

替它。”（2：106）经注学家据此提出“停经”之说①，即他们确立“五功”、舍弃战争为“定制”的根据。这是说，主体社会以“停经”原则放弃作为“定制”的战争（或者说，放弃了“在安拉的道上格杀”或“定法”），作为信众的宗教义务，是受一般信众欢迎的。

五　所谓“小吉哈德”

在主体社会放弃战争转而重视社会问题时，大致在8世纪下半叶至9世纪初，出现了讨论“圣战法”的论文。② 显然，这是与应否将“圣战”作为穆斯林的宗教义务、纳入宗教功课密切相关。人们对“吉哈德”的解释，从国家行为转而成为精神生活的个人行为，有一个发展过程。

应该指出的是，在伊斯兰教的大部分信众热衷于世俗享受的同时，还有一部分信众力避俗务，追求坚忍、禁欲、克己、守贫、清净、虔敬的生活，关注自我内心的修持。这些以后被称为“苏非”的信众，无力反对自哈里发欧麦尔以来的对外征服。因为这类对外征服是国家（即哈里发）依据经训、并以宗教名义，责令阿拉伯穆斯林军所实施的战争行为；而苏非们却可能对相关的经训条款，做出自身的解释。

有一种说法认为，“圣训”已经主张“吉哈德”分为“大吉哈德”和“小吉哈德”，甚至提出人们“应从‘小吉哈德’回到‘大吉哈德’”。这一说法被认为是毫无根据的“伪训”。③ 其实，伪造先知穆罕默德的训示，或者说，“伪训”毫无史实根据，这是应予肯定的。可是，从认识史的视角考察宗教社会里存在的“伪训”，仍有其时代价值。就当时已经流传的“伪训”而言，它的出现完全是在适应社会需要的背景下得以流传并为信众所信奉的。这一托古作伪而以“圣训”面目出现并获得流传的“伪训”，恰恰表明它适应时代需要，从而获得信众认可，亦即它的社会价值。就一般信众而言，他们基于“信则灵”，不会认真辨别其真伪的。

8—10世纪时，苏非的主张及其作为通常被视为“异端”。主体社会或公众是不会广泛认可并接受所谓“大吉哈德”和“小吉哈德”的主张的。大致在著名苏非哈拉智（858—922）被当局处以极刑后，苏非们不是佯装疯癫，就是不断朝觐麦加以表白信仰的正统和纯真；苏非学者则力图表明其教义主张的正统性。这时，伊斯兰思想正处于发展和完善的进程中。艾什尔里（873—935）成功地调和了理性主义与正统信仰。他的弟子发展了艾什尔里的思想并形成以他命名的神学派别。11世纪时，塞尔柱王朝奉艾什尔里派的教义主张为官方信仰。

应该看到，在对外征服频频发生的战争中，导致一些信众对战争的厌倦。特别是苏非们面对着社会上不断从事的战争，他们在遵奉经训有关“吉哈德”教诲的同时，适时地提出关于“吉哈德”应分为“大吉哈德”和“小吉哈德”，以利于陶冶个人心灵的精神生活。所谓“大吉哈德”，指个体对自身心灵、缺点、欲望的斗争；而“小吉哈德”则是

---

① 《古兰经》的经文，在陆续“降示”过程中，有的后降经文替代以前所降的经文。经注家遂提出“停经”原则。根据经注家的说法，列入“停经”的经文有（从5段到500段）不同说法。

② JohnL. Esposito, *The Oxford Encyclopedia of the Islamic World*, Vol. 3, Oxford University Press, 2009. p. 253.

③ R. K. Pruthi, *Encyclopadia of Jihad*, Volume - 1, Anmol Publications PVT. LTD. New Delhi - 100002 (India). 2002, p. 14.

对异教徒或不信者的斗争（或战争）。[①] 这种将“吉哈德”进行大小的区分，为的是以“大吉哈德”替代“小吉哈德”，即把国家、社会的政治、军事行为转化为个人的伦理道德、精神功修行为。无疑反映了一般信众厌倦一味从事对外征服的不满和消极的抗议。这一主张无外乎是由以前群体性的战争行为转而强调应重视并克服个体私欲的斗争。

安萨里（1058—1111）根据当时不同派别对信众的争夺，以及时人只视礼仪外在形式、忽视内心生活的困境，认为公众信仰的热诚难以持久。他认为，苏非精神修持的生活是以履行教法规定的礼仪为基础的，苏非修持的不同阶段与履行教法也是相结合的，两者并不矛盾。他在艾什尔里调和理性主义与正统信仰的基础上，吸纳苏非主义中的那些适应正统信仰的部分，使之与官方信仰再调和。

安萨里的主张为越来越多的宗教学者所认可；一般信众在追随宗教学者过程中逐渐接纳苏非思想，一般信众也随之日益强调个人内心的修持，苏非主义随之纳入正统信仰。

六 如何看待“圣战”

严格说来，作为语词，“圣战”本身是个中性词，它并无褒义贬义之分。伊斯兰世界在缺乏先进思想武器的社会条件下，宗教说教仍是动员、组织信众，从事相关斗争的重要手段之一。尽管伊斯兰主体社会放弃战争为“定制”的信条，在伊斯兰教史上仍不乏以“圣战”名义，从事反对统治者或外来入侵者的斗争的事实。这是说，以“圣战”名义从事的战争行为，它可以成为对外征服、扩张领地的战争，同样可以成为反对外来入侵者，或是从事民族解放运动的旗帜。如 11 世纪到 13 世纪，穆斯林反对十字军东侵，即为一例；又如 20 世纪 50 年代，阿尔及利亚民族解放阵线以“圣战”号召民众反对法国殖民统治的斗争，亦为一例。无论历史上，还是在当代的社会条件下，“圣战”仍会被人们不断提出和应用，这是当今应予关注的。

判断“圣战”是否有其存在价值，关键在于谁是“圣战”的召唤者、组织者？谁是“圣战”的对象？“圣战”是在何种历史条件下从事的，它的目的究竟为何？它对所处时代和社会究竟起着何种作用，是进步的，还是危害社会的？只有这样，才得以分清它是正义的，还是非正义的。哪些是宗教信众真正需要的，哪些是在受迷惑、受蒙骗情况下所从事的。20 世纪 30 年代，日本打着“大东亚共荣圈”的旗号对中国发动侵略战争，日本也将其视为“圣战”。这是说，作为宗教性的战争，“圣战”的历史作用是个仁者见仁智者见智的问题，难以一概而论。

七 研究“圣战”的现实意义

早在 20 世纪 60 年代，作为埃及穆斯林兄弟会的理论家和领导成员之一，赛义德·库特布（1906—1966）就极力主张伊斯兰教应干预政治、干预社会。他认为，其本质和职

---

① AI - Hujwill, *The Kashfal - Muhjub* (tran. Nieholson), Lenden: E. J. Brill, Imprimerie Orientale, London: LUZAC&CO. , 46 Great Russell Street, p. 200; Hughes, Dictionary oflslam, COSMO Publications, New Delhi, India, 1977, p. 243.

责就在于全面监护人类生活中各种实际活动。[①] 他说“伊斯兰就其本质而言，本身就具有进行圣战的理由，这一理由就在于它那解放人类的总宣言……”[②] “伊斯兰不仅仅是一种把它的信仰通过宣讲方式传达给人们就满足的单纯信仰，而是一种体现在有组织的运动体之中的行动起来解放全人类的道路”[③]。一句话，赛义德·库特布主张的中心点不是宗教，而是在宗教名义下的社会、政治吁求。他强烈主张参与社会、参与政治，干预社会、干预政治，其目的为“解放全人类”，其手段则为“进行圣战”。

在赛义德·库特布主张的影响下，阿富汗抗苏战争时期，巴基斯坦的不同宗教社团在白沙瓦地区，为阿富汗难民子弟创办经文学校，它教授的基本内容就是“圣战”[④]；其学员成为“圣战者”而投入抗苏战争，“塔利班”即其典型代表。同样的，“基地”组织头目本·拉登（1957—2011）在20世纪90年代更为明确地提出“这个宗教的中心是圣战”“执行圣战是为了把真主的神谕传递给那些不信的人”[⑤]。根据本·拉登的说法，从事“圣战”为的是传播“真主的神谕”。显然，本·拉登的说教与宗教教诲根本不同，它完全背离了宗教，不再是宗教，而是十足的政治。

宗教极端主义者为达到他们的私欲、奢望、图谋、野心，频频鼓吹“圣战”，甚至把“圣战”视为中心任务，以“圣战”诱惑、蒙骗其追随者、信奉者为宗教、为信仰而杀人爆破，无恶不作。“基地”组织从事的大量暴恐活动无疑证实本·拉登宣扬的“圣战”的真正本质。在此期间，印度尼西亚“伊斯兰团”精神领袖巴希尔主张，在从属于寺院的学校中，“圣战”是教学的基本内容之一；也门北部达马杰村经文学校负责人穆克比勒教长，同样教授“圣战”。[⑥] 从这类学校毕业的学生，由最初以“圣战者”身份投入抗苏战争到参与阿富汗内战（或出于其他地区的战斗），最终发展并转化为专门从事恐怖活动的制造者。事实表明，当前，“伊斯兰国”以及相关的极端组织以暴恐活动为从事“圣战”的手段。严格说来，这是背离伊斯兰教主体社会传统教义的，是一种对社会有着巨大危害性和破坏力的非正义的行为，应该受到人们的反对和谴责。

赛义德·库特布和本·拉登关于“推行圣战”的社会、政治主张，不仅对世界各地的极端组织产生不可忽视的恶劣影响，而且对中国新疆的宗教极端分子同样产生影响。中国新疆地区地下读经班宣教的内容之一是“圣战”。这类读经班传授“圣战”的基本原因在于，在它的心目中，现实的一切都是非伊斯兰的，要通过“圣战”手段改变现状。当地的“东突厥斯坦伊斯兰解放党”在它的宣言第八条中，明确提出“进行圣战是我们的任务”；基本纲领第二条规定现阶段的任务是“为真主和伊斯兰而敢于进行圣战”。它为实现民族分裂活动而不断从事暴恐活动就与之有关。

当今，“伊斯兰国”以及极端组织之所以会吸引一些人参与战斗，其成员甘愿参与“自杀式”的暴恐活动，乐意为信仰牺牲，完全是宗教极端主义蛊惑、宣教（洗脑）的结果。他们心甘情愿地为之牺牲、为之奋斗，原因就在于信仰使然。其中，最重要的则是，

---

① Sayyid Qutb, *Islam – The Religion of the Future*, International Islamic Federation of Student Organizations, Kuwait—Salimiah, p. 3［中译本《未来是属于伊斯兰教》，伊斯兰教历，1408年（1987年）初版］。

② ［埃及］赛义德·古图布（库特布）：《路标》，丁星译，第69页。

③ 同上书，第74页。

④ 王伟、王凌、龚佳：《隐身大亨本·拉登》，长春出版社1999年版，第51页。

⑤ 同上书，第61、62页。

⑥ 转引自金宜久《当代宗教与极端主义》，中国社会科学出版社2008年版，第228页。

“烈士”可以不经过“死后复活”“末日审判”即进天堂的宣教。

然而，任何形式和手段总是为着相应的政治目的服务的。就当前的“圣战”形式而言，它可以分为两类：一是以伊拉克、叙利亚的“伊斯兰国”为代表的群体性的军事行为；一是以频繁发生的人体炸弹、汽车炸弹为代表的个体行为的暴恐活动。这后一类暴恐活动形式的“圣战”，无疑是群体性“圣战”形式的发展和演变。不管哪种形式的“圣战”，其手段都是血淋淋的，极其残忍的。“伊斯兰国”也好，极端组织也好，其政治目的无外乎就是建立他们心目中的伊斯兰教法统治的“伊斯兰国家”和“伊斯兰制度”。其直接攻击对象往往是无辜的受害者，更多的是平民百姓。这是人们应予坚决反对的。

研究“圣战”不仅仅为的是了解“伊斯兰国”、极端组织的基本动向，更为重要的是让更多的人了解真相，即“圣战”在当今社会并非信众的宗教义务，宣扬“圣战”本身违背伊斯兰主体社会的民意，因而是不得人心的。

（原文发表于《世界宗教文化》2016年第4期）

文殊信仰发展的主脉

——从印度佛教到中国佛教

魏道儒*

摘要： 从佛弟子到被奉为诸佛之师，从代表般若智慧到代表整体佛教智慧，是印度佛教中文殊信仰发展的两条主脉。从争论文殊与普贤排名到提出“三圣圆融”学说，从确立五台山为文殊根本道场到建成佛教朝拜、修行、研究和弘法圣地，是文殊信仰中国化发展的两条主脉。特例性质的文殊信仰在中印佛教中均具有牵一发而动全身之势，是中印佛教文化交流互鉴的重要成果。

关键词： 文殊信仰　诸佛之师　三圣圆融　五台山

文殊信仰是伴随着大乘佛教兴起而逐步形成的一种菩萨信仰形态，以尊崇文殊师利菩萨的修行理论和实践为核心内涵。文殊信仰起源于印度佛教，在中国佛教中发扬光大。无论在佛教的整体信仰体系中还是在整体教义中，独具个性的文殊信仰都具有牵一发而动全身之势。考察从印度佛教到中国佛教的文殊信仰发展主脉，有利于认识佛教信仰体系的基本特点，认识菩萨崇拜实现中国化的具体历程，从而加深认识中印佛教文化交流互鉴的独特内容。

一　印度文殊信仰发展的两条主脉

在印度佛教中，佛、罗汉和菩萨崇拜是逐渐完善起来的最重要的三大信仰体系。其中，佛信仰从释迦牟尼创教时期开始形成，到大乘佛教时期进一步丰富起来。在佛教发展的任何阶段，诸佛都毫无例外地被奉为最高崇拜对象。罗汉信仰起源于早期佛教，兴盛于部派佛教时期。菩萨信仰随着大乘佛教的兴起而盛行，并且逐步削弱了罗汉在信众心目中的地位、价值和影响力。由于罗汉和菩萨都是佛的弟子，所以，从理论上讲，任何罗汉或者菩萨的地位都不能与佛相提并论。但是，佛教信仰体系中有一个绝无仅有的例子，就是原本作为大乘佛教中一位著名菩萨的文殊师利，逐步被奉为过去佛、现在佛和未来佛，最终被奉为包括释迦牟尼佛在内的一切佛的导师，具有了佛教精神领袖的身份。

文殊能够在佛教信仰体系中获得至高无上的尊崇，主要有两个方面的原因。其一，文殊实现了从佛弟子到诸佛之师的转变；其二，文殊实现了从代表般若智慧到代表整体佛教

---

* 魏道儒，中国社会科学院学部委员，中国社会科学院世界宗教研究所研究员。

智慧的转变。在整个佛教信仰体系中，除了文殊之外，没有任何一位受崇拜对象具有这样的功能、内涵和特点。

（一）从佛弟子到诸佛之师

在汉译典籍中，文殊师利菩萨的名字①最早出现在汉末安世高、支娄迦谶的译籍中。其中，支娄迦谶所译的《道行般若经》不仅是最早的汉译般若类经典之一，也是印度佛教中最早出现的般若类经典之一，正是这部经典叙述了文殊师利最原始的身份。在此经开头一段文字中，文殊师利作为著名的大乘菩萨出场，排名在弥勒菩萨之后，既没有特殊高贵的地位，也没有特别显赫的身份。②

支娄迦谶翻译的《兜沙经》，既是最早的汉译华严类经典③，也是印度佛教中最早的华严类经典，该经把文殊排在十位菩萨之首，可以“持佛威神”（凭借佛所赋予的神秘能力）提出问题，讲述教义，具有代佛立言的资格。很明显，《兜沙经》中的文殊要比《道行般若经》中的文殊地位高一些。

从这两部早期大乘经典开始，续出的般若、华严两类经典，以及此后的法华类、涅槃类、唯识类、大集类、宝积类、密教类等经典，都不断重塑文殊的形象，逐步从不同方面抬高文殊在佛教信仰体系中的位置。论述文殊菩萨出身、地位、身份的各类典籍很多，下面仅根据分类说明问题的需要分别列举一些经典的记载。

其一，把文殊奉为大乘菩萨之首。《兜沙经》把文殊列为十位菩萨之首，这种地位以后为多类经典所继承。比如，唐佛陀多罗译出的《大方广圆觉修多罗了义经》，唐义净译出的《七佛药师经》等，其中列举的大菩萨数量不等，但都是把文殊列为第一位菩萨。

其二，把文殊奉为过去佛。姚秦竺佛念译《菩萨璎珞经》卷四记载：“过去无数阿僧祇劫有佛，名大身如来，……尔时大身如来，今文殊师利是。”④

其三，把文殊奉为现在佛。刘宋求那跋陀罗译《央掘摩罗经》卷四记载：“尔时，世尊告波斯匿王言：北方去此过四十二恒河沙刹，有国名常喜，佛名欢喜藏摩尼宝积如来，应供、等正觉，在世教化……彼如来者岂异人乎？文殊师利即是彼佛。”⑤

其四，把文殊奉为未来佛。唐菩提流志译《大宝积经》卷六十：“此文殊成佛之时名为普见。”⑥

其五，把文殊奉为一切佛之师。《佛说放钵经》通过佛的口说：“此是本时恩也。惹那罗耶菩萨，今文殊是也。时小儿维摩罗波休者，我身是也。今我得佛，有三十二相、八十种好，威神尊贵，度脱十方一切众生者，皆文殊师利之恩，本是我师。前过去无央数诸佛，皆是文殊师利弟子，当来者亦是其威神恩力所致。譬如世间小儿有父母，文殊者，佛

① 文殊师利是梵文 Mañjuśrī 的音译词，也作曼殊室利、满殊尸利等，意译作妙德、妙首、妙吉祥、濡首等。本文为行文方便，一般简称“文殊”。

② 《摩诃般若波罗蜜道行品第一》：“佛在罗阅祇耆阇崛山中，摩诃比丘僧不可计，诸弟子舍利弗、须菩提等。摩诃萨菩萨无央数，弥勒菩萨、文殊师利菩萨等。”《大正藏》第 8 册，第 425 页。

③ 一般认为，最早的华严类经典要比最早的般若类经典晚出现。

④ 《大正藏》第 16 册，38c。

⑤ 《大正藏》第 2 册，543b。

⑥ 《大正藏》第 11 册，347b。

道中父母也。”[①]

由此可以看到，经过众多部类典籍对文殊菩萨形象的加工塑造，文殊从一位著名大乘菩萨，一位著名的佛弟子，最终转变为包括释迦牟尼佛在内的无量无数诸佛之师，从而在佛教信仰体系中获得至高无上的地位，受到无与伦比的尊崇。在大乘菩萨信仰中，像文殊这样的地位和身份是绝无仅有的。由此我们可以认识到，在佛教中，作为最高信仰对象的佛，也不是不可超越的，也不是至高无上的。应该说，这反映了东方宗教的一个特点。那么，为什么会出现这种情况呢？我们认为这与大乘佛教突出推崇自身的教义密切相关。

（二）从代表般若智慧到代表整体佛教智慧

文殊代表智慧，在比较早的般若经典中就完全确定下来了。在传为后汉安世高所译的《佛说佛印三昧经》中记载：“文殊师利菩萨，最高才第一。光明智慧与诸菩萨绝异，无能及者。”[②] 菩萨众中以后可以成佛的弥勒，罗汉众中智慧第一的舍利弗，都要向文殊请教问题。所以，文殊成为般若智慧的象征、化身。文殊的这个特点，在此后的般若经典中不仅没有改变，而且从不同方面得到加强。比如，在稍晚出的般若类经典《维摩诘所说经》中，塑造了智慧深邃、辩才无碍的维摩诘居士，在所有著名大菩萨中，只有文殊才有能力、有资格鉴别、评判和印证维摩诘的理论和实践。

般若经典中有一个重要内容，就是极力抬高般若教义的地位和功能，这是早期阿含类经典中所没有的。在支娄迦谶所译的《道行般若经》中，就指出：“过去当来今现在佛，皆从般若波罗蜜出生。”“六波罗蜜者，佛不可尽经法之藏，过去当来今现在佛，皆从六波罗蜜出生。”“十方今现在不可复计佛，悉从般若波罗蜜成就得佛。”[③] 既然般若思想（佛的“经法之藏”）具有诸佛之母的地位，那么，作为般若智慧化身的文殊，作为代表佛智慧的文殊，自然也就有了这样的地位和功能。各类大乘经典逐步赋予文殊至高无上的地位，尤其把文殊称为“佛道中父母”，就是把文殊作为般若智慧看待的最常用的形象化说明。

般若经典的出现标志着大乘佛教的兴起，在佛教思想发展史上具有里程碑意义。因为，般若思想并不仅仅是一种具有革新意义的新教义、新学说，而是标志着佛教在思维方式上质的突破，标志着佛教辩证思维的飞跃。用般若的思维方式观察问题、解决问题，就形成了大乘佛教新的世界观、人生观、价值观，新的修行方式、生活方式和传教方式，大乘佛教由此具有了新的内在精神和外在面貌。其后出现的大乘佛教各类经典、各种思潮以及各种宗派思想，均受到般若思维方式直接或间接的影响。

学术界在定义、概括、说明和评论文殊智慧的时候，往往把文殊智慧等同于般若智慧，近年来出版的著作和论文大多如此。[④] 我们认为，把文殊智慧定义为般若智慧是仅仅依据般若类和中观派理论进行的总结，没有错误，但是并不完备、准确。应该认识到，文

---

① 《大正藏》第15册，451a。

② 《大正藏》第15册，343a。该经是否为安世高所译，学术界有不同看法。可以认为。此经即便不是安世高所译出，也是比较早出现的汉译大乘佛教经典。

③ 上引均见《大正藏》第8册，469a—b。

④ 肖黎民、秦亚红所著《文殊智慧哲学精义》（宗教文化出版社2005年版）比较有代表性，该书把文殊智慧主要概括为“第一义谛”“不二法门”“自在三昧”“烦恼菩提”“不即不离”“淤泥莲花”等，一般有关文殊智慧的论文也大体在这样的框架中讨论问题。

殊智慧还有从代表般若智慧到代表整体佛教智慧的转变过程。在华严类经典中，文殊也被描述为智慧的化身，完全接受了般若经典的传统说法。很明显，华严经典中讲的“智慧”，就不仅仅是指般若思想，也包括华严思想。文殊智慧的内容已经扩展了，已经包括了般若和华严两种学说。此后出现的大乘各类经典，都毫无例外地承认文殊代表智慧，也就是说，都把自己倡导的新教义充实到文殊智慧之中。即便到了佛教发展最后阶段的密教时期，重要的经典《金刚顶经》和《大日经》都奉文殊为智慧化身，认为圆满的文殊五智就是五佛，把文殊法门作为解脱成佛的法门。由于大乘佛教各类经典都不同程度地吸收了此前佛教的内容，所以，“文殊智慧”实际上就可以代表整体佛教教义的全部精华，代表整体佛教智慧。

总之，由于文殊最初代表般若智慧，奠定了他成为整体佛教智慧化身的基础，此后各类大乘经典都接受般若经典的说法，都把文殊作为智慧的化身，就实实在在地把文殊塑造为整体佛教智慧的化身。般若思想在整体佛学中的重要性决定了文殊在佛教整体信仰体系中的至高无上地位。文殊信仰的本质，就是信众对自己认为的最深刻、最重要、最有价值的佛教教义的信仰和崇拜。

二 文殊信仰中国化的两条主脉

关于文殊信仰中国化的内容、进程和价值，我们自然可以从不同方面、不同角度去讨论，本文认为，文殊信仰在中国的发展有两条发展主脉：第一，在探讨文殊和普贤关系过程中提出了倡导“知行合一”性质的“三圣圆融”学说，创建了佛菩萨关系的新模式；其二，从确定文殊根本道场到建成中国佛教圣地。

（一）知行关系与“三圣圆融”

现存的两种华严集成本，也就是晋译“六十华严”和唐译“八十华严”，主要是由文殊经典和普贤经典[①]构成的，这两类经典从一开始就分别突出塑造了文殊和普贤。就文殊经典而言，自《兜沙经》开始，就继承般若经典的传统，把文殊逐渐塑造为佛智慧的化身，直到两种大本《华严经》集成后，这种情况并没有改变。就普贤经典而言，自竺法护的几种译籍开始，就把普贤奉为菩萨修行的榜样。《度世品经》卷一提出：“立普贤行，人诸佛慧。”[②] 明确把普贤作为佛教实践（行）者的化身。对普贤行及普贤境界的具体描述，集中在《等目菩萨所问三昧经》。此经塑造了一位修行达到最高阶段，可以进入佛境界，与法身相契合，并且具有一切法身功能的菩萨形象。普贤作为菩萨修行的样板，不是以学问精湛、能言善辩、智慧超群见长，而是以通过修“无限行”而具备法身善权方便著称。普贤代表“行”的特点，在两种大本《华严经》中不但没有被削弱，反而得到进一步加强。

就整部华严经而言，以文殊为主角的诸品经典尊崇文殊，以普贤为主角的诸品经典尊崇普贤，相互不发生冲突。但是，关于代表“慧”“理”的文殊和代表“行”“事”的普

① 华严类各种经典中，主角菩萨与经典内容有联系，此处所说的文殊经典和普贤经典是按照具体经典的主角菩萨来划分的。

② 《大正藏》第10册，618c。

贤如何排名，则始终没有明言。对于文殊代表佛的智慧，普贤代表佛的修行活动，中国信众始终没有怀疑和反对。但是，当研究、弘扬和依经修习的学僧不断增加的时候，就出现了如何排列他们的名次、安排他们的座次、处理他们两者与佛之间关系的问题。

较早提出此问题的人是地论派的领袖慧光（468—538），他在《华严经义记》中解释为什么十大菩萨的队列是以文殊为首时指出："文殊为首者，欲明始发于妙实也。""就此菩萨中，初明文殊者，始证真性波若，根本妙慧故也。"①

慧光的这些议论对后世影响很大，法藏（643—712）在《探玄记》中也有引用："光统师以因果理实为宗，即因果是所成行德，理实是所依法界。"② 在这里，"理实"与"妙实"所表达的意义相同；在慧光的著作中，"妙实""真性波若""根本妙慧"等是同类概念，相当于指佛性、法身、诸法本性等。既然强调文殊象征"妙慧"，自然是首重文殊，把象征"行"的普贤放在第二位。

到了华严宗那里，出现了不同的说法。就华严初祖杜顺本人来说，是重普贤的。杜顺传教弘法于民间，以神异事迹知名于朝野。道宣把他列在《感通篇》，将其视为神异僧人。法藏则直呼其为"神僧"。在法藏的记载中，杜顺主张依《华严》修行，最重视的是"普贤行"。樊玄智16岁从学于杜顺，"顺即令读诵《华严》为业，劝依此经修普贤行"③。但是，到了宗密（780—841）的时候，杜顺就被塑造成文殊的化身了④，此后的佛教史籍大都沿袭了这种说法。影响较大的《佛祖统纪》卷29记载，杜顺于长安南郊义善寺逝世后，"有弟子谒五台，抵山麓见老人，语曰：文殊今往终南山，杜顺和上是也。弟子趋归，师已长往。至今关中以是日作文殊忌斋"⑤。这些后出的记述，给人一种杜顺重文殊的印象，实际上，这与从杜顺到智俨、法藏的实际情况不符。华严宗的前三位祖师有着轻文殊、重普贤的特点。

华严二祖智俨（602—668）重普贤、轻文殊的倾向是明显的，他在《华严十玄门》指出："今且就此华严一部经宗，通明法界缘起，不过自体因之与果。所言因者，谓方便缘修，体穷位满，即普贤是也。所言果者，谓自体究竟，寂灭圆果。十佛境界，一即一切，谓十佛世界海及《离世间品》，明十佛义是也。"⑥

从因果方面来解释《华严》的宗旨，并不是智俨的创造，地论师系统就提出以因果来概括华严经宗。但是，智俨讲因果，却有着重新安排华严菩萨位置的用意。智俨在这里把"果"定义为"十佛境界"，自然是没有异议的。但是，认为"因"只指"普贤"，就与此前华严学僧的见解不同，所以引发疑问："文殊亦是因人，何故但言普贤是其因人耶？答：虽复始起发于妙慧，圆满在于称周。是故隐于文殊，独言普贤也。"⑦

很明显，智俨的答辩是针对地论师的观点而发的。智俨所说的"虽复始起发于妙慧"，就是针对慧光的理论而来。在智俨看来，慧光所说的一切万法、一切修行都来自于"妙实"（理体）是没有错的，但是，"圆满在于称周"。所谓"称周"，指"称理周遍"，

---

① 《大正藏》第85册，234a。

② 《大正藏》第35册，120a。

③ 《华严经传记》卷4《樊玄智》，《大正藏》第51册，166c。

④ 《注华严法界观门》，《大正藏》第45册，684e。

⑤ 《大正藏》第49册，292c。

⑥ 《大正藏》第45册，514a。

⑦ 上引均见《大正藏》第45册，514a—b。

只有“称理周遍”才算“圆满”。这就是说，根据“理”而进行了圆满的修行（即实践了“普贤行”），其境界会周遍法界。正是在这个意义上，才“隐于文殊，独言普贤也”。智俨的论述，完全代表了杜顺一派重“行”的华严学僧观点。

被奉为华严三祖的法藏全盘接受了智俨的观点，在不否认文殊象征“妙慧”的同时，概括华严宗旨时仍然始终专用普贤象征“因”，完全抛开了文殊。所谓：“夫华严宗旨，其义不一，究其了说，总明因果二门，因即普贤行愿，果即舍那业用。”① 不仅如此，法藏在《华严经探玄记》开头的总结性偈文中，专门把普贤排在文殊的前面，所谓“普贤文殊等，海会大菩萨”。②

或重文殊或重普贤，为两者争座次排名，其哲学意义是争论如何处理知行关系。慧光重文殊，是重视“知”；华严三代祖师重普贤，是重视“行”。“知行”是中国传统哲学的重要范畴，早在佛教传入中国之前就有讨论。《尚书・说命中》有“非知之艰，行之惟艰”之说，《左传》有“非知之实难，将在行之”之说。这些是强调知易行难的，与华严宗前三代祖师重视“行”的思路基本一致。到此为止，讨论文殊普贤关系的议论在哲学层面上没有超出中国固有思想的范围。

华严学者李通玄（卒于730年）扭转了华严宗前三代祖师建立的重普贤、轻文殊的信仰格局，不再纠缠于文殊与普贤的排名先后，提出了佛和文殊、普贤三位一体的信仰模式。这个学说的哲学意义在于：开辟了一条解决“知行”问题的新途径。他在概括《华严》全经宗旨时说：“说此一部经之问答体用所乘之宗大意，总相具德有三：一佛，二文殊，三普贤。”③ 这是说，《华严》对佛菩萨诸种问答的形象描述，所要表达的根本宗旨，从总体而言是讲佛、文殊和普贤，这三者既是《华严》所树立的具体崇拜对象，也象征《华严》中所蕴含的全部义理。

李通玄之所以提出这三者，首先出于适应修行的需要。“修行者，常以文殊师利、毗卢遮那、普贤三法为始终之体。如修道者，虽有拟成佛之意，多有滞一法，不知进修之路。”④ 佛代表修行的目的，最终的觉悟解脱，文殊象征佛的智慧，普贤指代具体的修行实践。在整个修行过程中，不能“滞一法”，即不能对其中任一个或专重或专轻，即不可偏废。因为，佛果、佛智慧和作为佛智慧体现的各种实践法门，是贯穿于整个修行过程的，此“三法为始终之体”。三圣之所以能被结合在一起，关键就是在“体”相同上。那么，从知行关系上来说，是主张知行并重、知行统一的。

李通玄专门详细分析了对三者有偏废的危害：“三身一时，法合如是，废一不可。若废文殊存普贤，所有行门属有漏；若废普贤存文殊，所证寂定是二乘；若废佛存文殊、普贤，佛是觉也，无觉者故。以是义故，三人不可废一，若废一，三不成故。”⑤ 这种从宗教修行角度的分析表明，在整个修行过程中，偏废其中任何一个都不能获得解脱，所谓“若废一，三不成”。等于说，偏废其中任何一个即等于偏废了一切。在李通玄看来，“三

① 《华严策林》，《大正藏》第45册，597a。

② 《大正藏》第35册。107a。

③ 《新华严经论》卷三，《大正藏》第36册，739a。

④ 《决疑论》卷一之上，《大正藏》第36册，1013b。

⑤ 《新华严经论》卷五，《大正藏》第36册，747b。

人一体，寄安五位，用接凡迷”。[①] 在修行的五个阶段（五位）中的每一个阶段，都有佛果、佛慧和佛行的统一。

李通玄的“三人一体”说，建立了不同于此前华严宗人的佛菩萨崇拜格局。文殊和普贤的结合就是佛，强化了菩萨崇拜意识。此学说既是讨论有可视形象的具体神灵，又是讨论纯思辨的抽象义理。对于思见菩萨求护佑的重灵迹者，对于追求心理体验的重禅观者，对于皓首穷经的重义理研究者，该学说都有被接受的条件。

最终解决这个问题的人是华严宗第四代祖师澄观（卒于806—821年之间）。他接受了李通玄思想的影响，沿着在承认差别的前提下寻求统一的思路，撰成《三圣圆融观门》（《三圣圆融观》）一卷，创立了“三圣圆融”这个佛菩萨新型关系。在澄观看来，文殊与普贤是有差别的，文殊代表能信之心、能起之解、能证之大智，普贤代表所信之法界、所起之行、所证之理，但是，通过从两个方面分析，可以得出三圣相即圆融关系。首先，论证“二圣法门各自圆融”，就是论证文殊所代表的信、解、智是相融相即的，普贤所代表的法界、行、理也是相融相即的。其次，论证“二圣法门互相融”，就是论证文殊、普贤这二圣法门之间是互相圆融的。具体说来，文殊、普贤各自所代表的能信所信不二、解行不二、理智不二，文殊代表的信解智三事相融，就等同于普贤代表的法界行理三事相融。最后得出结论，文殊、普贤二圣法门互相圆融，就是菩萨行满，就是达到了离相绝言的毗卢遮那佛果境界。这种三圣圆融就是中国佛教信众建立的佛菩萨信仰格局，是印度佛教中所没有的创新之说。这种学说是对李通玄理论的进一步发展，彻底终结了给文殊、普贤排位次的争论。正是在菩萨信仰领域贯彻了“知行合一”的思维方式，才提出了“三圣圆融”学说。

（二）文殊道场与佛教圣地

古代印度佛教圣地或说有四处、或说有八处，都是释迦牟尼佛从出生到涅槃的标志性、真理性活动地点。很显然，这些圣地是不可替代、不可复制的。大乘佛教兴起后，也没有建立起以某位菩萨活动地点为中心的、受到社会各界公认的佛教圣地。五台山从被认定为文殊菩萨的根本道场，进而成为中外佛教信众公认的佛教圣地，完全是中国佛教的创造。

五台山地区与文殊信仰的联系很早，推动该地区文殊信仰盛行的最重要一支力量是一批专尊文殊的弘扬《华严》者。按照法藏的记载，刘谦之、灵辨这两位早期最有名的华严研究者，都与文殊有不解之缘。刘谦之能造出六百卷的华严注疏来，一是受到北齐王子烧身供养文殊菩萨行为的感染，从而萌发造论的决心；二是不但自己对此经下了“昼夜精勤，礼忏读诵”的工夫，而且“心祈妙德（指文殊），以希冥佑”[②]。后魏沙门释灵辨（477—522）是因为“求文殊师利菩萨哀护摄受”，才能够著论一百卷。[③] 像净影寺慧远

① 上引均见《新华严经论》卷五，《大藏经》第36册，747b。

② 《华严经传记》卷一，《大正藏》第51册，156页。关于刘谦之造《华严论》六百卷的记述：“昔北齐大和初年，第三王子，于清凉山求文殊师利菩萨。烧身供养。其王子有阉官刘谦之，既自慨形余，又棍王子焚躯之事，乃奏乞人山修道。有勃许焉。遂赍此经一部，昼夜精悫，礼忏读诵，并心祈妙德，以希冥佑。绝粒饮水，垂三七日，形气虽微，而丹抱弥着。忽感发鬓尽生，复丈夫相。神彩超悟，洞斯幽指。于是覃思研精，爰造前论。始终纶综。还以奏闻，高祖信敬由来，更增常日。《华严》一经，于斯转盛。”

③ 《大正藏》第51册，157b。

(523—592)、相州休法师，都是“博瞻宏富，振古罕俦”的人，或者注疏《华严经》不能成功，或者用功研究此经“文理”却“转加昏漠”，原因就在于他们没有刘谦之那样幸运，得“大圣冥传”。[①] 这里的“大圣”是指文殊，而不是普贤。所以，在地论师系统以及与五台山地区有联系的华严信仰者中，文殊的地位要比普贤更显赫。离开了文殊的护佑、“冥传”，就不可能深入理解《华严经》的文理，更不能造出《华严经》的注疏之作来。这种认识的产生，大约与文殊以五台山为道场，常到此地讲《华严经》的传说有直接关系。[②] 到了唐代，五台山作为文殊根本道场就被西域各国的信徒普遍认可了。文殊信仰在僧俗信众中广泛普及，大约也与某些经典极力推崇文殊的功德有关。《大宝积经·文殊师利授记会第十五之三》记载：“是时佛告诸菩萨言：如是如是，如汝所说。善男子！若有受持百千亿诸佛名号，若复有称文殊师利菩萨名者，福多于彼，何况称于普见佛名。何以故？彼百千亿那由他佛利益众生，不及文殊师利于一劫中所作饶益。”念诵文殊名号的功德超过念诵无量诸佛名号的无数倍，因为文殊拯救众生的能力超过无量无数诸佛能力的总和。这种说法无疑对各界信众崇拜文殊起到了推波助澜的作用。菩萨度世原本是随方应化，哪里有需要就到哪里去，并不局限在某一个地方。即便是经典中记载的文殊菩萨，也是不同时期活动于不同地方。由于五台山地区文殊信仰兴盛，最终与华严经典的记载挂上钩，逐渐成为公认的文殊根本道场。五台山与佛教大乘菩萨信仰结合，开启了一种建立佛教圣地的新模式。唐代以后，五台山作为佛教圣地就受到来自东北亚、东南亚和南亚信徒的朝拜，成为跨越国界的佛教圣地。此后的峨眉山与普贤信仰结合，成为中国第二个佛教圣地，也是直接受到了五台山的影响。

总之，五台山从一座文殊信仰盛行的名山，发展到社会各界公认的文殊根本道场，再发展到超越民族和宗派界限、具有国际影响力的佛教朝拜、修行、研究和弘法的圣地，是文殊信仰千年中国化演变的直接成果，也是中国人对世界佛教做出的重要贡献。

（原文发表于《世界宗教文化》2016 年第 5 期）

---

① 《华严经传记》卷一：“隋净影寺慧远法师，晚年造此经疏，至《回向品》，忽觉心痛，视之，乃见当心毛孔流血外现。又梦持镰登大山，次第芟剪，至半力竭，不复能起。觉已，谓门人曰：吾梦此疏必不成。于是而止。相州休法师，听华严五十余遍，研讽文理，转加昏漠。乃自喻曰：斯固上圣至言，岂下凡所抑度哉！详二贤博瞻宏富，振古罕俦，于此陶埏，莫能穷照。而谦之寻阅，未尽数旬，注兹鸿论，何其壮哉。盖是大圣冥传，不足多怪。”见《大正藏》第 51 册，156c。

② 《华严经传记》卷一：“文殊师利菩萨，常于彼讲《华严经》故，自古以来，迄乎唐运，西域梵僧，时有不远数万里而就兹顶谒者；及此土道俗，亦尘轨相接，或遇神僧圣众”。见《大正藏》第 51 册，157a。

移民与近代广东基督教文化圈的形成*

薛熙明**

摘要： 移民宗教研究有助于解释移民的社会文化适应和身份认同问题。本文以近代广东移民与广东基督教文化的发展为线索展开，探讨了移民对基督教在广东传播所起的推动作用、域外广东基督教移民社区形成过程、域外广东基督教文化的主要特征、全球化进程中的广东基督教文化圈等问题。研究发现，借助移民社会网络，近代广东基督教文化在全球化与本土化的共生中不断发展壮大，并最终发展为一个联系海内外的广东基督教文化圈。

关键词： 广东基督教文化　移民　全球化　本土化　近代

移民是宗教进行跨境传播的重要载体。因而，移民宗教成为观察移民社会文化变迁的透视镜。基于文化适应理论，西方学者对移民宗教文化在迁入地的发展变化进行了深入探讨。同化论和多元论是两种较早的文化适应理论。前者强调了移民文化与主流文化的融合特征，后者则强调了移民在保持自身文化差异性上的努力。在此基础上，又有根据主流文化与传统文化吸收程度差异而提出的二维模型①，以及交互性文化适应模型②、相对文化适应模型③、文化适应过程模型④等衍化模式。20 世纪 50 年代以来，受到后殖民主义思潮的影响，学界开始关注移民宗教在民族认同与国家建构中的作用。作为移民文化身份的标志之一，移民的宗教认同在一定程度上与族群认同、国家认同形成了互动，成为其社会凝聚力的重要来源。⑤

广东是中国的移民大省之一，移民类型多样。以 19 世纪 40 年代为分野，在此之前，广东以外省移民输入为主，以秦汉以来不同时期迁入的中原移民为最多；在此之后，则主

---

* 本文系国家自然科学基金项目(40961006,41371164),国家社科基金项目(15BNZ095),西南民族大学中央高校基本科研业务费专项资金项目(2015SZYQN156)的阶段性成果。

** 薛熙明,博士,西南民族大学旅游与历史文化学院教授。

① Berry, J. W. *Psychology of acculturation: Understanding individual smoving between cultures*, Newbury Park: Sage, 1990. 232 – 253.

② Bourhis, R. Y Mo, L. C. , Sánchezet, S. et a1. Towards an Interactive Acculturation Model: A Social Psychological Approach. *International Journal of Psychology*, 1997, 32 (6), pp. 369 – 386.

③ Navas, M. , Garcia, M. C. , Sánchezet, J. et a1. Relative acculturation extended model (RAEM): New contributions with regard to the study of acculturation. *International Journal of Intercultural Relations*, 2005, 29 (1), pp. 21 – 37.

④ Ward, C. , Bochner, S. , Fumham, A. *The Psychology of Culture Shock*. East Sussex: Routledge, 2001. p. 44.

⑤ 关于跨国宗教移民研究的主要理论，参见薛熙明，马创：《国外跨国移民宗教研究进展》，《世界宗教文化》2012 年第 3 期。

要是由广东省内人口因经商、务工、留学等原因流向海外。基督教[1]在广东的传播始自1807年伦敦会传教士马礼逊在广州的秘传活动，至1949年，广东全省已拥有教堂920处，基督徒90546人。[2] 基督教文化与广东地方文化相互渗透与融合，形成了具有鲜明地方特性的广东基督教文化，并借助基督教的全球传教网络向外扩散。在这一过程中，移民发挥着举足轻重的作用。本文就移民与近代广东基督教文化之间的关系进行讨论，以期发现宗教文化在全球流动状态下的演变。

一　移民对基督教在广东传播的推动作用

（一）作为潜在信徒的移民群体

宗教社会学理论认为，人口的迁移会导致其与原有社会网络的脱离，容易经历社会边缘化处境。因此，移民往往会倾向于在宗教团体内部寻求社会资源与支持，从而被那些对个人更为有利的宗教团体吸收。[3] 自秦汉以来就移居广东的客家人正是带有这一典型特征的移民。清初，粤东客家地区由于人口压力加大，而山区土地又难以扩张，造成大批客家人向外迁移，其中一部分客家人分散迁移进入广府地域。这些客家人与当地广府人因田产等问题而纠纷不断，19世纪中叶发生在西江流域的土客械斗事件正说明了事态的严重性。此时，客家人恪守的传统儒家精神已经无法解救他们，而基督教恰逢其时地介入，不但能够解脱他们的精神之困，还可以为教民提供种种实际的保护，包括向地方政府申请客家族群的安置地。[4] 在客家源流之争中，不少西方传教士还站出来宣扬客家的“纯汉族血统论”，帮助客家人树立族群自豪感。[5] 巴色会早期在新界、宝安等地的扩展，正是抓住了这些杂居在广府地区的客家人由于难以融入当地主流文化中而产生孤独感，进而寻求庇护的复杂心理。[6] 因此，巴色会、礼贤会、美浸礼会、英长老会等西方来粤差会都十分注重对客家人的传道。

海外归侨由于有身居国外留学就业的经历，对西方文化较少抵触。同时，这类人群还往往在商界和教育界发展，属于社会上层人士，符合教会发展高质素信徒的要求。因此，在20世纪20年代以后，这些海外归侨也成为基督教发展的最佳对象。一些归侨的集中居住地附近，都成为各差会教堂布局的重点。如20世纪20—30年代，原为广州老城东门外荒郊的东山一带陆续有华侨投资置地，数年间便建成当时广州品质最好的住宅小区之一。两广浸信会也于1925年迅速在此设立赖神浸信会堂，123名信众多为商人、学生、家庭

---

① 本文中所称基督教均为基督教新教。

② 黄德才主编：《广东省志·宗教志》，广东人民出版社2002年版，第355、404页。

③ Rambo，L. B. *Understanding Religious Conversion*. New Haven，Corm：Yale University Press，1993.

④ 1866年，西江流域发生土客大械斗之后，法国传教士通过使领馆向两广总督府提请释放并妥善安置参与械斗的1500余名客家教民。而后，这些教民由官府遣往赤溪及高、雷、廉、琼等地迁居。参见吕实强主编：《教务教案档》，第一辑，“中央研究院”近代史研究所1974年版，第2303页。

⑤ 谭树林：《近代来华基督教传教士与客家源流研究——以欧德礼、毕安、肯比尔为中心》，《学术研究》2007年第9期，第39—45页。

⑥ Lutz，J. G.，Lutz，R. R.，《不为人知的华人传教士——巴塞尔教会的中国传教士（1847—1866）》，李亚丹译，章开沅主编：《教会大学与社会变迁》，湖北教育出版社1998年版，第312—336页。

主妇和在家赋闲者，[①] 东山华侨或侨眷应是其中的主体。

（二）来自粤侨的人才和资金支持

粤侨也直接参与了基督教各差会在广东的建堂布道活动。早期西方传教士在广东的布道活动常常面临语言和文化方面的障碍，加之民间对外国人不加区分的排斥，致使反教事件频发，宣教备受挫折。与之形成鲜明对比的是，由先期在海外入教的华侨返乡传教，则避免了上述阻碍。华侨传道者不但拥有语言和身份的便利，还借助同宗、同乡关系深入乡镇，使教缘、族缘、地缘关系紧密联结，增强了信徒的身份认同和社会资本，尤其对集体入教的宗族来说，更是如此。巴色会早期的两名粤籍传道人均是在香港生活期间入教，以后又回乡传教的。19 世纪 60 年代，在潮汕传教的岭东浸信会也是由于借助从暹罗和香港归来的潮州华人传道者的帮助，才得以发展壮大。[②] 19 世纪晚期，归侨受教会派遣在粤建堂者甚众。光绪年间，侨乡新宁县“借外洋之赀，宣讲堂、育婴堂、赠医院、方便所、义庄，诸善举所在多有”[③]，包括 1887 年美国归侨赵哲所建的公理会宣教堂、1891 年美长老会派遣信教华侨建立的刚德堂，及 1900 年归侨苗九所建的循道会东门布道所等。[④]

19 世纪晚期至 20 世纪初华人自立教会则几乎都是在粤籍华侨的倡议或捐赠支持下建立的。如 1872 年华人宣道堂最初于广州潮音街购地建堂的费用，均取自于经商的西印度会友和美洲华侨的捐赠。[⑤] 1905 年成立于广州双门底的耶稣救世会，也是由旅美侨商罗开泰首倡，并向旅日、旅美侨界捐资创办的。[⑥] 一些粤侨教牧人员也亲力亲为，为自立教会的创建奔波劳碌。南海人冯活泉“初任司牧于百粤，旋赴美洲，专任华侨教会牧铎”；归国后，先后任兴华浸信自立会、上海广东浸信会牧师。刘粤声在为其所立小传中评论道：“（冯牧）在上海司牧时，乃弃美洲二千俸而受广东教会六百元薄薪。其不事玛门，为道牺牲之精神，殊深景仰。”[⑦]

（三）培基侨乡西方文化土壤

华侨对广东文化的深刻影响，还体现在侨乡民众对包括基督教在内的西方文化有更高的认同度。侨乡人服饰的西化现象也更为突出。据陈达在 20 世纪 30 年代年潮州侨乡地区的调查，当地的衣料中已有相当一部分是由英、法、德、日等国输入。[⑧] 有竹枝词云：“髻盘委堕鬓如云，窄袖蛮靴衬布裙。妆束工趋时世样，女儿还喜演英文。”[⑨] 这反映了侨

---

① 叶农：《20 世纪上半叶广州华人浸信自立教会的兴起与发展》，《暨南学报（哲学社会科学版）》2006 年第 1 期。

② 吴立乐编：《浸会在华布道百年略史》，中华浸会书局 1936 年版，见程树德编《民国丛书第五编（影印版）》，上海：上海书店 1996 年版。

③ 光绪《新宁县志》卷 8，舆地略 1921 年版。

④ 董小荣、游景如：《基督教在五邑地区的传播》，《五邑大学学报（社会科学版）》1999 年第 1 卷第 1 期。

⑤ 华人宣道堂是 1904 年广东第一个华人自立教会兴华浸信自立会的前身。参见刘粤声《广州基督教概况・两广浸信会史略》，第二版，香港浸信教会 1997 年版，第 230 页。

⑥ 刘粤声：《广州基督教概况・两广浸信会史略》，第二版，香港浸信教会 1997 年版，第 238—239 页。

⑦ 同上书，第 433—434 页。

⑧ 陈达：《南洋华侨与闽粤社会》，商务印书馆 1937 年版，第 99—103 页。

⑨ 许桂灵，司徒尚纪：《广东华侨文化景观及其地域分异》，《地理研究》2004 年第 23 卷第 3 期。

眷众多的广州城妇女追求西方风俗的风气。

如果说服饰、饮食、民居建筑的“西化”还只是物质文化的表现，那么在语言、思想观念的“崇洋”则更反映出侨乡巨大的文化变迁。在侨乡方言中多有英语词汇，如台山话中将“好”称为“骨（good）”，而将老妇人称为“老缅（man）婆”则体现了中西语言的混合。① 1934 年广东省民政厅的调查称，中山“自海通以来，县人经营外国者众，濡染新知，潜移默化，故风气较为开通”。② 新中国成立前在广东各地所建的教会医院中，以珠三角、潮汕、五邑一带为最多；教会中学则集中在珠三角、潮汕地区、粤北曲江和粤东梅县，③ 这些地区也多是知名侨乡。在侨乡这种西风劲吹的局面下，民国以后，教堂、传教士不再被视为妖魔番鬼而遭打击。从 1920 年中华续行委办会的报告来看，各地侨乡的信教者数量和人口密度都要大大超出非侨乡地区，因而成为基督教在广东最主要的扩展地域。④

二　域外广东基督教移民社区的形成

广东人有外迁的传统。由于广府、客家、福佬三个民系各有一套相对独立的语言文化体系，在迁入异地之后，生存的需要和族群认同使得他们以地缘为单位聚居，甚至同操一业，从而在异地形成了大量的广东人聚居区。在这些广东人移民社区，基督教也伴随而至。广东基督教的域外扩展基本以两种方式进行，一种是移民前就成为信徒，大批信徒移民将本地基督教文化带入迁居地社区，可称为主动嵌入型；另一种是在移民前几乎没有信教，而是在迁入地接受基督教，可称为被动适应型。

（一）主动嵌入型

这种类型通常发生在对广东文化认同度较高的地区；或者说，因广东人在当地的社会地位和身份较高，而使得他们所带去的具有本土特点的基督教文化也被认为是一种高势位的文化。它不但不易被迁入地文化所同化，而且往往还在当地具有一定的扩张性。近代以来广东人在上海、香港和南洋各国的基督徒移民就属于这一类型的文化区扩展。

鸦片战争以后，上海被开辟为通商口岸，城市的快速发展和巨大的商业机会吸引了大批广东人迁入。1905 年上海的广东人已经达到 54559 人。⑤ 由于旅沪粤籍信徒“不谙沪语，或格于浸洗礼之仪节者，苦无主日联同崇拜之所”⑥。因此，他们先后在上海建立了 4 个广东人自己的基督教团体：上海广东浸信会、旅沪广东中华基督教会、上海岭东中华基督教会和上海广东使徒信心会，会员总数一度达到 3000 余人。建堂之后，他们还聘请广东本地的知名牧师如汤杰卿、刘粤声、黄卓山等来堂布道，从而扩大了教会在旅沪广东移

---

① 倪宏毅主编：《广东省志·华侨志》，广东人民出版社 1996 年版，第 153 页。

② 广东省民政厅编印：《广东全省地方纪要》第一册，1934 年版，第 75—88 页。

③ 黄德才主编：《广东省志·宗教志》，广东人民出版社 2002 年版，第 426—432 页。

④ 司德敷主编：《中华归主——中国基督教事业统计（1901—1920）》，蔡谅春等译，中国社会科学出版社 1987 年版，第 1098—1100 页。

⑤ 宋钻友：《广东人在上海（1843—1949 年）》，上海人民出版社 2007 年版，第 30 页。

⑥ 广东旅沪中华基督教会编：《广东旅沪中华基督教会廿五周年纪念特刊》1940 年第 11 期，见沪档，U102-0-89-［2］。

民中的影响力。[①] 另外，教会学校、诊所、坟场等附设场所和勉励会等一批社会事工的推行也增强了粤籍移民的归属感和基督教皈依度。尽管海派文化占绝对强势，但由于旅沪广东基督徒多为投资移民，经济收入和社会地位较高[②]，这种经济和社会地位的优势保证了旅沪广东基督徒中岭南文化之根系的长期留存。

香港历史上属广东。1840 年以后的香港本土居民大多是陆续从广东迁入的。由于基督教传粤是以香港为差传基地，因而香港的基督教各宗派组织与广东几乎是一脉相承，近代香港各教会团体的建立很大程度上正是广东移民迁港所致的结果。1850 年之前就有伦敦会立教于侨港广府人中，浸信会立会于侨港潮属人中，而巴色会传教士虽"原思布道于内地，无心植基于香港者"，但因"不容于内地，避难来港"[③]，最终选择在旅港的客家人中建立了教会。香港客家教会与广东客家教会同源于巴色会，又同在一个岭南文化圈中，差异甚少。虽然迄今随着教会中非客家信徒的不断增加和客家信徒的不断外迁，这个原属客家的教会几乎已经广府化。但是其举办的 22 个堂点和从幼儿园到中小学及至老人院等一系列社会福利和教育场所，还是为香港的客家教友找到了一个共有的栖居地。[④]

潮汕人移民香港早见于清康熙二十二年（1683 年）的海禁放开，鸦片战争和第一次世界大战之后形成了两次潮人来港的高峰，至 20 世纪 30 年代旅港潮人已达 3 万余人。而其中以抽纱业为主的旅港潮汕商人，更因其抽纱工艺源于美浸礼会女传教士莱医生娘之传，故而在 1909 年已有聚会，更于 1923 年创立了旅港潮人中华基督教会。[⑤] 这个教会的会友多原属汕头长老会，其创立人林之纯牧师也属该会。该会成立之目的，自然是为"利便旅港同乡"，"砥砺信德，联络乡谊"，使潮属会友"同心敬拜神，无语言感情的隔阂"[⑥]。在传道对象上，该会起初也是以家人为主，使得会中家族色彩浓厚；及至 1936 年成立旅港潮人基督徒布道团，布道开始走向潮人的工作地和聚居地，九龙城和尖沙咀潮人集中地区分别于 1937 年和 1938 年建立了支堂。[⑦] 因此，旅港潮人中华基督教会结合了地缘、业缘、亲缘和同一宗派信仰，这也是外迁广东人紧密团结的一个例证。

南洋一带也是广东移民的海外基地之一。马来西亚北婆罗洲在 19 世纪中叶受英国统治，由于需要大批劳力垦荒，在 19 世纪 80 年代便由渣打公司和巴色会联合在五华、龙川、紫金、宝安、花县等地招募客家教徒移民。自 1883 年至 1914 年间，共有 9 批客家教徒移民北婆罗洲。在异地垦荒的客家信徒逐渐形成了一个受到殖民政府保护的移民社区，

---

① 宋钻友：《广东人在上海（1843—1949 年）》，上海人民出版社 2007 年版，第 170—182 页。

② 如广东旅沪中华基督教会中大部分教友都来自广州先施、永安公司的上海分部。参见广东旅沪中华基督教会编：《广东旅沪中华基督教会廿五周年纪念特刊》1940 年第 11 期，见沪档，u102－0－89－［2］。

③ 刘粤声：《香港基督教会史》，第二版，香港浸信教会 1996 年版，第 10 页。

④ 李志刚：《香港客家教会的发展与贡献》，刘义章主编：《香港客家》，广西师范大学出版社 2005 年版，第 136—153 页。

⑤ 李金强：《"同乡、同业、同信仰"——以旅港潮人中华基督教会为个案的研究（1923—1938）》，吴义雄主编：《地方社会与近代中西文化交流》，上海人民出版社 2010 年版，第 225—243 页。

⑥ 《生命月刊》1947 年第 4 期，第 1 页。

⑦ 李金强：《"同乡、同业、同信仰"——以旅港潮人中华基督教会为个案的研究（1923—1938）》，吴义雄主编：《地方社会与近代中西文化交流》，上海人民出版社 2010 年版，第 225—243 页。

他们不但继续在巴色会西教士的指引下进行周日的礼拜活动，还在1886年建立了古达和老山自立教会，至1996年自立教会总数已达37个。北婆罗洲巴色会自立会就延续了客家自立和重教的传统，不但由客家教友自己承担会中教务和经费，还先后创办7间学校和12所幼儿园。1988年婆罗洲巴色会在沙巴开办了本地第一所神学院，致力于培养土著神学人才，从而也为这个客家教会浸染了马来西亚的本土文化色彩。①

（二）被动适应型

这种类型中的广东移民多是到境外充当下层劳工，由于社会地位较低，其来源地文化势位也较低。因此，多是由境外差会直接向移民群体布道。尽管中间有语言隔阂、文化冲突等问题存在，但移民们必须努力适应当地社会；而差会也通过学习广东话布道、培养粤侨牧师，以及帮助这个社会底层的移民群落争取权益等多种方式取得他们的好感。

以华工输入而兴起的美国旧金山，广府人占有相当大的比例。1854年，曾在粤港生活多年的美南浸信会传教士叔末士（J. L. Shuck）最早在这些广府华工中开辟了传道工作，并成立了旧金山第一华人浸信会。该教会成立之初，便以粤语布道，但基本是由有在粤布道经验的外籍牧师担职。19世纪80年代后期，该会渐有汤杰卿、李济良、廖卓庵、榻良才等一批粤人教牧主持牧养工作。在美工作的粤人教牧中的一部分是在美国粤侨中培养的，另一些则是移民美国的广东本地教牧。教会极为重视这些广东移民的教育问题。在美国公立学校拒收华人子弟入校的情况下，教会学校为他们敞开了大门；为了让华人更快适应美国社会，他们还设立华人英语夜校。1885年，在旧金山教会学校就读的华人学生就有154人。教会不但推动了旧金山的华人教育，还保护华人教友并为他们伸张权利。在19世纪70年代的加州排华风潮中，教会保护了许多华侨并为他们辩护。② 而今，旧金山的广东基督徒已经成长为既吸收了美国基督教文化和生活方式，又濡染着广东本土文化的一类特征鲜明的海外移民。

最早移民新西兰的广东人主要是在太平天国运动失败后寻求避难地的花县和番禺人。1871年，他们被招募到新西兰的奥塔哥挖掘金矿。以广东人为主体的华人迅速增加，到1874年新西兰华人总数已增至4816人。驻奥塔哥的新西兰长老会意识到，这群人数众多、地位卑微的华人是传教的极佳对象。1886年，教会便委派一位澳大利亚白人端牧师（A. Don）到广州学习语言。1889年，端牧师又带领一批外籍牧师和华人信徒第二次到达广州，在广州白鹤洞、番禺的江村、高塘等地传教、新建学校和医院。随着在广州完成培训的教牧、教师和医生回到新西兰，该国的华侨教会建设日渐完善。不但华人牧师大量涌现，威灵顿的华人圣公会和浸信会还为华人青少年开办了中文补习班。③ 显然，新西兰的广东教会已经融入到当地社区之中，但是作为其身份标志的中文以及中国传统年俗仍然未变。

---

① 李志刚：《香港客家教会的发展与贡献》，刘义章主编：《香港客家》，广西师范大学出版社2005年版，第136—153页。

② 吴宁：《美南浸信会海外华人传教网络》，中山大学近代中国研究中心，美国旧金山大学利玛窦中西文化历史研究所编：《地方社会文化与近代中西文化交流论文集》，2007年11月，第79—88页。

③ 杨汤城口述，丁身尊整理，广东省政协文史资料研究委员会编：《新西兰华侨史》，《广东文史资料》第84辑，2001年，第21—25页。

三　域外广东基督教文化的主要特征

从广东人移民社区基督教发展的情况来看，尽管与迁入地文化的适应与融合是必然之途，但依托于本土社会的地缘、业缘又与基督教信仰产生了结合，为域外广东基督教文化添加了新的特性。这些特性在移民身份认同的过程中得到了强化，从而在异域文化板块中嵌入了斑块状的广东基督教文化。有学者将海外华侨宗教的发展划分成三个阶段：华侨初到异乡生存时期的宗派分立阶段；华侨创业时期的宗教融合阶段；以及华侨社会成长时期的宗教现代化阶段。[①] 与此相似，近代域外广东基督教文化也在日益成熟中显现出较为突出的特征。

（一）强烈的源地文化认同

地域性是对地方文化的认同，它有助于保持族群内部的稳定性，从而为本族群内部的成员赢得更大的发展机会。广东基督徒移民的地域性特征自其初来异乡时便已具有，广府、客家、潮汕移民都会分别建立自己的基督教教会。早期的生存需要迫使他们团结在一起，克服各种障碍，尤其是种族和文化歧视。基督教既是信仰，也和地域性捆绑在一块，成为信徒们自我团结和组织的一条纽带。

早期广东移民大多身份卑微，并未在海外社会占据主体地位，因而对政治权利和社会地位的诉求从未停止。这使得他们必须依赖于源地文化而加强地缘认同。即使在海外出生的后代广东人，因融入迁居地社会而减弱了其本土认同，但是体现在节俗、语言、生活方式等方面的广东地域文化色彩并不会全然消退。基督教文化虽然源自西方，但是在与广东本土文化整合之后所带有的源地地域性特征已经根深蒂固，并在海外广东基督教教会中继续传承。

（二）基督教的再本土化

西方基督教在广东的传播经历了一个本土化的过程，而广东基督教向海外的扩散也同样面临着一个再本土化的过程。再本土化主要是针对迁入地文化而言的，最明显地表现在基督教布道语言上。在新加坡、英语和华语同为官方语言，不少土生新加坡华裔使用英语的频率更高，加之早期来粤的西方传教士又是以来自美英等英语系国家为主。因此，也有一些新成立的海外广东基督教会开设了英语布道专场。在美国、澳大利亚、新西兰等国以广东人为主体的基督教华人教会，更是将英语作为重要的交流语言之一。而上述马来西亚婆罗洲客家巴色会为培养本土神学人才而建沙巴神学院，则体现了海外广东基督教文化积极的开放姿态。基督教的再本土化策略一方面因应了迁入地的本土文化，拓展了移民基督徒在海外的生存空间；另一方面又将广东地方文化嫁接异域，并对迁入地产生了深远的社会文化影响。更为重要的是，一些在广东受洗的基督徒移民，将基督教的礼拜、婚丧礼仪等仪式也视为一种源地传统而带人异乡，从而使得本土化的基督教成为中国传统文化一种新的表达。事实上，历史上东南亚“华侨社会以外来宗教为对象而发动本土运动”[②] 的案

---

① 黄海德、张禹东主编：《宗教与文化》，社会科学文献出版社 2005 年版，第 303—305 页。

② 李亦园：《东南亚华侨的本土运动》，《思与言》1966 年第 3 卷第 6 期。

例并不鲜见。

四 全球化进程中的广东基督教文化圈

（一）跨境广东基督教文化圈的形成

由于“西教士、华人教牧、信徒流动频繁，更为主要的是传教信息和资源的相互交通”，使得海外的广东人社区与广东本土之间形成了一个传教网络。这个网络并非是由广东出发的单向资源流动，华侨的侨汇和海外华牧回粤都成为20世纪前半期华人自立办教重要的资金和人才支持。旧金山第一浸信会的牧师早期多由在广东工作过的回国西教士充任；在日渐壮大后，它又成为在美华人牧师的培训地，大批接受了培训的华人牧师或返回广东和香港，或在海外其他地方的华人中间传教。而在英属圭亚那的德梅拉拉，在当地华人劳工中传教的浸信会信徒甚至组成了一个由60人组成的布道基金会，规定每人每月需奉献25美分，用于为广东的传教事业提供捐赠。1872年陈梦南在广州潮音街创办的华人宣道堂，就是得自于德梅拉拉华人浸信会的资助。① 1920年中华续行委办会就注意到了海外华侨中基督教工作的开展。② 广东移民的流动使得基督教以地缘为根系在世界各粤侨聚居地扩散。这些粤人教会不但作为一个宗教组织而存在，同时还兼具同乡会甚至行会的功能，为在异乡谋生的广东人提供社团依靠。这些域外的广东人既将广东各民系文化带人教会中，又融合了基督教文化与迁入地文化，从而形成了一个庞大的跨越国界的海外广东基督教文化圈，其核心和源地正在广东。

（二）广东基督教文化的全球化与本土化

西方学者指出，18世纪西方工业革命所引发的海外殖民扩张是资本主义市场全球化的开始。中国在1840年鸦片战争之后，也被迫加入到这个全球化的市场体系之中。经济的全球化导致了西方物质产品的大量进入，随之而来的是西方的观念和文化。广东作为中国全球化市场的最早省域之一，也最早接触了代表西方文明的基督教。广州、汕头、北海、江门、三水、海口等一些口岸的陆续开埠，既是国外资本市场向沿海和内陆不断拓展的产物，也伴随着基督教在广东的地域扩散。在政治和经济因素的双重作用下，作为外来文化的基督教传入广东后，与本土文化发生了冲突与碰撞，导致了19世纪后半期广东教案频发。文化融合与文化冲突相伴而生。进入20世纪，来粤西方基督教进行了有限度的本土化改造，从而形成了地缘色彩浓厚的广东基督教文化。同时，西方差会所领导和参与的教育、医疗、慈善和社会风俗改良事业，在一定程度上也推进了广东社会现代化的步伐。

广东向境外移民虽然早已有之，但是19世纪80年代之后资本主义全球市场的扩大，尤其是美国西部、澳大利亚、南美大陆的开发对劳动力的极度需求，掀起了更大规模的广东海外移民热潮；而在上海、香港和南洋各地的传统粤商也参与到这个全球市场的体系循

---

① 吴宁：《美南浸信会海外华人传教网络》，中山大学近代中国研究中心，美国旧金山大学利玛窦中西文化历史研究所编：《地方社会文化与近代中西文化交流论文集》，2007年11月，第79—88页。

② 司德敷主编：《中华归主——中国基督教事业统计（1901—1920）》，蔡诼春等译，中国社会科学出版社1987年版，第743—755页。

环之中。广东基督教文化也随着粤籍移民的迁徙而在异地生根开花，并且与迁入地文化进行嫁接，生成了域外广东基督教文化。这个过程中虽有种族歧视等事件发生，但并非是一个“循序渐进的空间隔离、分隔和排斥”① 的过程。由于这个文化的根基深植于广东，它又通过人才和资金链刺激了广东基督教文化的壮大。广东基督教华人自办教会的兴起可以看作是基督教自身本土化改造和域外广东基督教文化回射内外互动的结果。虽有学者称全球化对于宗教传播没有太大的影响，② 但本研究恰恰说明，无论是近代以来基督教文化在广东的扩散，还是通过移民实现的广东基督教文化的外扩，都是在一个全球化网络中进行的。经济全球化和文化全球化的协同作用，使得广东接受了西方基督教文化，又为经过本土化改造的广东基督教文化创造了向外拓展的空间。因此，基督教文化在广东的历史扩散也体现了全球化与本土化的共生关系。

五 结语

19—20 世纪资本主义海外殖民地的建立推动了广东向省外和海外移民。借助粤侨基督徒在异地主动嵌入和被动适应两种方式的文化扩展，一个既相对独立又有一定开放性的广东基督教文化圈得以形成，并呈现出强烈的源地文化认同和基督教再本土化的特征。在这个文化圈中，广东移民与其源地之间被一条包含了血缘和地缘关系的纽带紧密连接。不但有以广东为核心的向外输出的移民流，而且还有由域外内指广东的资金流和人才流。这使得海外广东人社区因整合了广东文化、基督教文化和迁入地文化而颇具多样性，广东基督教文化在全球化与本土化的共生中得以发展。在跨境华人基督教网络中，移民们在将经济资源投入母国的同时，也大量参与了以母国为导向的政治、经济和社会跨国行动。③ 广东移民因在海外遭逢社会区隔所建立自己的基督教组织，可能正是广东本土华人自立教会产生的最初动因。跨国移民把从母国带来的宗教文化与迁入地文化相结合后，转而又将这些新的观念、身份和社会资本回馈母国，创造了一种新的全球宗教文化传播方式。④ 因此，粤侨基督徒对广东基督教会的帮助，除了基于源地文化的强烈认同外，文化模式的回送或许也是其中一个重要的原因。

（原文发表于《世界宗教文化》2016 年第 5 期）

① 齐格蒙特·鲍曼：《全球化——人类的后果》，郭国良、徐建华译，商务印书馆 2004 年版，第 3 页。

② Park, C. C. *Sacred Worlds: An Introduction to Geography and Religion*. London: Boufledge. 1994. 127.

③ Levitt, P. *The Transnational Villagers*, Berkeley and Los Angeles: University of California Press, 2001.

④ Levitt, P. Social Remittances: A Local - Level, Migration - Driven Form of Cultural Difusion. *International Migration Review*, 1999, 32 (4): 926 - 949.

龙虎山法派考*

张崇富**

提要： 本文以道院为纲目，条分缕析，分别考述了道院与法派的关系，龙虎山三大法派紫微派、虚靖派和灵阳派的创始人、创派时间和法派传承，初步厘清了龙虎山法派的一些传承关系，并勾勒出龙虎山法派传承的大略。

关键词： 龙虎山　道院　法派　紫微派　虚靖派　灵阳派

一　道院与道教法派的形成①

道教分派术语颇多，有“教”（如正一教、全真教）、“宗”（如茅山宗、阁皂宗、南宗、北宗）、“道”（如太平道、五斗米道、李家道、帛家道）、“派”（如混元仙派、精思院派、上阳子金丹大要仙派）等，甚为纷繁复杂。张伯端已对宋代纷乱驳杂的现象进行了批判，他说：“曹溪一滴分千派，昭古澄今无滞碍。近来学者不穷源，妄指蹄涔为大海。”② 本文试图以龙虎山法派为例，以道院为切入点，研讨并厘清龙虎山三大法派（紫微派、虚靖派和灵阳派）的创始人、创派时间和法派传承。要讨论上述问题，道院和法派则是无法绕开的论题。那么，道院和法派何时出现？道院的规制和功能为何？道院与道教的法派形成有何关联？本节将考其大略。

（一）“法派”一词出现的大体时间与具体内涵

“法派”一词始见于宋以来的道教文献，如《道法会元》中，“法派”一词已频频出现。《道法会元》卷110“混沌玄书大法”专门载有该派的“法派源流”。此外，《道

---

* 本文为国家社科基金项目“《道藏通考》的翻译与研究”（11xZJOO6）、教育部人文社会科学研究基地重大项目“德国巴伐利亚国家图书馆藏瑶族道经的整理研究”（14JJD73OO5）阶段性成果。

** 张崇富，四川大学道教与宗教文化研究所、海外教育学院教授，博士生导师。

① 参见陈国符《道馆考原》，陈国符著：《道藏源流考》（新修订版），中华书局2014年版，第213—214页。《道馆（观）的兴起 宫观制度的初步建立》，卿希泰主编：《中国道教史》（修订本）第1卷，四川人民出版社1996年版，第552—559页。［日］都筑晶子著，付晨晨译：《六朝后期道馆的形成—— 山中修道》，武汉大学中国三至九世纪研究所：《魏晋南北朝隋唐史资料》第25辑，武汉大学文科学报编辑部2009年版，第226—246页。

② （宋）张伯端撰：《读雪窦禅师（祖英集）歌》，王沐著：《悟真篇浅解（外三种）》，中华书局1990年版，第192页。《高上玉皇本行集经》中对“道”“宗”“派”的关系有所论述称：“道出于一教，或有异出于一者，宗也；或有异者，派也。自派求宗，异乃合一，又奚可差别哉？”（《道藏》，文物出版社、上海书店、天津古籍出版社1988年版，第1册，第712页。）

法会元》卷40“清微传度牒检品”称：“以后凡遇弟子某行持奏遣，冀遂感通。庶使名列雷班，职联三府，阐扬道法，济利幽明，法派流长，仙枝茂盛。”[①] 卷80“欻火律令邓天君大法”云：“祈祷登坛，先存神定意，焚香启奏昊天玉皇上帝，九天雷祖大帝，法派祖师仙灵，启白事意。”[②] 卷128“九州社令阳雷祈祷检式”载：“昊天金阙玉皇大天尊玄穹高上帝玉陛下。恭望大道天慈，允今所奏。肆颁敕命，付雷霆三省，转闻神霄九宸、日月二宫、南北二斗、天罡河魁大圣、法派历代师真。”[③] 卷195“混元一炁八卦洞神天医五雷大法”称：“吁，此八卦内景之法，古今所未易闻也，自西蜀张公真人授受之。故其证验之效，只在片饷。续其法派，刘君致清，所行者加进修持，则应验无虚妄矣。”[④]

被认为撰作于宋末，刊行于元成宗朝的《灵宝领教济度金书》中记载了宋代已有专门供奉本法派祖师的“静默堂”，所谓“静默堂”，也就是当时所称的“靖室”，“饰以幔帷，中设法师本派祖、玄、真师，经、籍、度师圣像，香花灯烛，供养如法。两旁设二高座，法师、都讲居之。余坛官及监斋以下，依序列坐两厢。凡坛内及坛前行事，并自静默堂出入，须择近斋坛处为之”[⑤]。《灵宝领教济度金书》卷227有专门的“审奏祖师官将醮仪（传度斋用）”需“焚香上启，本派师尊，所部官吏”[⑥]。可见，宋代道教文献已经频繁使用“法派”一词。

道教“法派”的基本内涵：

首先，从时间上来说，道教的法派应该是唐宋代以来形成的道教内部的支派。据丁培仁教授的研究，认为宋代以来的“法派”的“法”，当为方法、道法之义。故是侧重于道教内部来讲的。南北朝至北宋，道教以“经教”为特征。宋以来道教内部的“法派”盛行。[⑦]

其次，道教“法派”的创派宗师，一般为名人或道法卓著的人物，如张继先（创虚靖派）。

再次，“法派”当有具体的“道院”为依托，多为本门法派所创建，为本法派拜师、修道的场所。

另外，“法派”成熟的一个重要的标志就是字辈出现。如娄近垣所定的四十字的字辈。实际上，仅据《龙虎山志》的记载，紫微派、虚靖派和灵阳派中已现字辈之端倪。

（二）道院出现的时间

就目前所掌握的资料来看，道院当形成于唐代。唐代两京已经出现了很多道教的“院”，如合炼院、清虚院、望仙台院、灵符应圣院等。不过，最早提及“院”这种建筑

---

① 《道藏》第29册，第22页。

② 同上书，第300页。

③ 同上书，第624页。

④ 同上书，第234页。

⑤ （南宋）宁全真授，（元）林灵真编：《灵宝领教济度金书》卷1，《道藏》第7册，第28页。

⑥ 《灵宝领教济度金书》卷227，《道藏》第8册，第126—127页。

⑦ 丁培仁著：《元前道派研究》，成都：四川人民出版社2014年版，第52页。

类型的当属初唐的《洞玄灵宝三洞奉道科戒营始》①。该经认为道门的宫观乃“法彼上天，置兹灵观”，详细列举了殿、堂、院、楼、阁、房、廊、坛、坊、台等各种建筑类型。该经卷1“置观品四”称：“布设方所，各有轨制，凡有六种：一者山门，二者城郭，三者宫掖，四者村落，五者孤迥，六者依人。皆须帝王营护，宰臣修创，度道士、女冠住持供养，最进善之先首，不可思议者也。造天尊殿、天尊讲经堂、说法院、经楼、钟阁、师房、步廊、轩廊、门楼、门屋、玄坛、斋堂、斋厨、写经坊、校经堂、演经堂、熏经堂、浴堂、烧香院、升遐院、受道院、精思院、净人坊、骡马坊、车牛坊、俗客坊、十方客坊、碾硙坊、寻真台、炼气台、祈真台、吸景台、散华台、望仙台、承露台、九清台、游仙阁、凝灵阁、乘云阁、飞鸾阁、延灵阁、迎风阁、九仙楼、延真楼、舞凤楼、逍遥楼、静念楼、迎风楼、九真楼、焚香楼、合药堂等，皆在时修建，大小宽窄，壮丽质朴，各任力所营。药圃果园，名木奇草，清池芳花，种种营葺，以用供养，称为福地，亦曰净居，永劫住持，勿使废替，得福无量，功德第一。”②

《洞玄灵宝三洞奉道科戒营始》“置观品”中提到了五种“院”，即说法院、烧香院、升遐院、受道院和精思院。其中仅受道院和精思院跟我们讨论的道院有关，可视为道院的前身。我们分别看看这些院的特点和功能。

说法院：属于道观中公共性的面向社会大众的场所，主要用于弘道和讲法，位置位于天尊殿左右两边。“科曰：凡说法院，皆在天尊左右，别宽广造，令容纳听众，得多为上，其中屋宇，皆依时取便。”

升遐院：放置死后的道士和女冠遗体的场所，一般位于宫观中比较偏僻的地方。“科曰：凡道士、女冠身亡，皆别置升遐院，须别立一院造堂一室，供器所须，皆备此院。”

烧香院：为死后的道士、女冠做法事的场所，一般位于升遐院旁。“科曰：凡道士、女冠死，法众同义，须相开度，宜近升遐院，造烧香院，安几席床座，一事已上，备此院内。”

受道院：是道士、女冠初入道时，进行斋戒、受持经戒符箓的场所，亦是师徒共同举行入道仪式以及“师”指导弟子修行的场所。受道院内置坛、对斋堂和静室，具内秘性，一般不对外公开。“科曰：凡道士、女冠入道，即须受持经戒、符箓，须别作受道院、造坛，及对斋堂、静室，缘法所须，皆备此院。”对斋堂是师徒在传法前共同进行斋戒的场所。《洞玄灵宝自然九天生神章经解义》卷2称：“所以古者传经，必先对斋，谓师已斋，弟子亦斋，故曰对斋，良由此也。苟或不然，则是缘心听法，其法亦缘，无由悟入。是必如此，然后启誓丹青。启誓者，告盟也。丹青者，如诸科所载，饮丹水以代歃血，断青丝以代割发是也。”

精思院：是“师”修道、居住和生活的场所，也不排除“师”于此处指导弟子修道的可能，一般位于清静偏僻之处，内置天尊殿、入静室、炼气处、浴室、药堂等，具内秘

① 大渊忍尔（Ofuchi Ninji）依据该经的内部文本将其断为7世纪中叶的文献，吉冈义丰（Yoshioka Yoshitoyo）则基于对《上清金真玉皇上元九天真灵三百六十五部元录》的研究认为该经出现于550年前后。德国学者常志静（Florian C. Reiter）和蔡雾溪（Ursula—Angelika Cedzich）则断为初唐时期文献，本文从此说。参见 Kristofer Schipper and Franciscus Verellen：The Taoist Canon A Historical Companion to the Daozang，Vol. 1，pp. 451 - 453.

② 《道藏》第24册，第745页。以下讨论五种“院”时，“科曰”之后的引文均出自《洞玄灵宝三洞奉道科戒营始》。

性，不对外公开。“科曰：凡精思院，本欲隔碍嚣氛，清净滓秽，须为别院，置之幽静，东西南北、远近阔狭，适时宜便。置天尊殿、人静室、炼气处、浴室、药堂，缘师所须，皆为备设，勿使阙少。”

本文讨论的龙虎山道院兼具了受道院和精思院两者的功能和特点，即具备了内秘性、清静、师徒授道、修道的功能和特点。这为后来道教法派的形成奠定了良好的物质和人才基础。

唐代的文献已经多次提到“精思院”和“道院”。《全唐文》卷712“中岳体元潘先生传”：

> 中岳道士前有天师，次称潘先生。先生名师正，赵州赞皇人。少丧母，庐于墓侧，以至孝闻。先生真气内融，辉光外发，如隋珠荆玉，不假于饰，而人自宝之。隋大业中入道，王仙伯尽以隐诀及得符箓相授。栖于太室逍遥谷，积二十年。但嚼松叶饮水而已。高宗皇帝每降銮辇，亲诣精庐，先生身不下堂，接手而已。及问所须，答言松树清泉，山中不乏。帝与武后共尊敬之，留连信宿而返。寻敕于所居造崇唐观，岭上别起精思院以处之。①

《全唐文》卷130《天柱观记》：

> 寻发特表，蒙鸿恩继赐紫衣，焚修于此。其大殿之内，塑天尊真人，龙虎二君，侍卫无阙。其次别创上清精思院，为朝真念道之方，建堂厨，乃陈鼎击钟之所，门廊房砌，无不更新。②

唐代康骈《剧谈录》卷下：

> 政平坊安国观，明皇朝玉真公主所建，门楼高九十尺，而柱端无拱枓。殿南有精思院，琢玉为天尊老君之像，叶法善、罗公远、张果先生并图之于壁。院南池沼引御渠水注之，垒石像蓬莱方丈瀛洲三山。女冠多上阳退宫嫔御，其东与国学相接。咸通中，有书生云：“每清风朗月，即闻山池之内，步虚笙磬之音。”卢尚书有诗云：“夕照纱窗起暗尘，青松绕殿不知春。君看白首诵经者，半是宫中歌舞人。”③

---

① 《全唐文》卷712，（清）董诰等编：《全唐文》，中华书局1983年版，第7317页。《旧唐书》卷192《列传》第142“隐逸”（中华书局1975年版，第16册，第5126页）记录了唐高宗为潘师正（586—682）敕建“精思观”史实：“潘师正，赵州赞皇人也。少丧母，庐于墓侧，以至孝闻大业中。度为道士，师事王远知，尽以道门隐诀及符箓授之。师正清净寡欲，居于嵩山之逍遥谷，积二十余年，但服松叶饮水而已。高宗幸东都，因召见与语，问师正山中有何所须，师正对曰：所须松树清泉，山中不乏。高宗与天后甚尊敬之，留连信宿而还。寻勒所司于师正所居造崇唐观，岭山别起精思观以处之。初置奉天宫，帝令所司于逍遥谷口，特开一门号曰仙游，门又于苑北面置寻真门，皆为师正立名焉。”《旧唐书》对潘师正的记录颇有讹误。此处“精思观”当为“精思院”之误。宋张君房《云笈七籤》卷5“中岳体玄潘先生”和元张雨《玄品录》卷4《道品》中“潘师正传”，均改为“岭上别起精思院以处之”。

② 《全唐文》卷130，（清）董诰等编：《全唐文》，中华书局1983年版，第1304页。

③ （唐）康骈撰：《剧谈录》卷下“老君庙画”条，古典文学出版社1958年版，第46—47页。

张说《张燕公集》①、《大唐五通观威仪兼观主冯仙师墓志铭并序》和唐代诗人薛逢《题春台观》均提及“精思院”。

此外，提及“道院”的唐五代文献有《旧唐书》卷192：“天宝中，李林甫杨国忠用事，纪纲日紊，筠（吴筠?）知天下将乱，坚求还嵩山，累表不许，乃诏于岳观别立道院。”《旧唐书》卷182《高骈传》载：“吕用之，又荐暨工诸葛殷张守一，有长年之术，骈并署为牙将于府第，别建道院，院有迎仙楼、延和阁，高八十尺，饰以珠玑金钿，侍女数百，皆羽衣霓服，和声度曲拟之钧天，日与用之。”刘崇远《新开宴石山记》载：“请道士廖德崇、刘守清、卢守和等别建道院，住持焚修。以乾和十五年丁巳岁（957）八月二十三日起建，迄于大宝元年戊午岁（958）十二月二十七日毕功。建置道场，设斋庆赞讫。”②

上述的“精思院”和“道院”就是本文认为形成道教法派的重要场所。由于道院属于宫观中比较内秘的部分，地处偏僻，乃“师”修道和培养弟子的场所，故在唐宋之际，依托这些道院，道教逐渐形成了自己的法派。宋元之际邓牧（1247—1306）所编的《大涤洞天记》中记载了浙江洞霄宫的上清、精思、南陵三院派，而《重修龙虎山志》中则载有江西龙虎山的三派三十六院（三派即紫微派、灵阳派、虚靖派）。这些法派依托道院，约形成于唐宋。

浙江洞霄宫的上清、精思、南陵三院派③：

表1

法派	道院
上清院派	山隐、山素、岫隐、嵩隐、怡云、粟隐、清隐、谷隐、盘隐、壶隐、橘隐、悠然、闲隐、学隐
南陵院派	回紫、清虚
精思院派	怡然、碧壶

其中精思院派在唐代已经形成，为朝真念道之方。④

① （唐）张说撰有《益州太清观精思院天尊赞》。张说，字道济（667—730），参见《四库唐人文集丛刊·张燕公集》卷12，上海古籍出版社1992年版，第94页。

② （南汉）刘崇远撰：《新开宴石山记》，《全唐文》卷861，（清）董诰等编：《全唐文》，中华书局1983年版，第9029页。

③ （宋）邓牧编《大涤洞天记》卷上“道院”条：“在西麻后。古有三院：曰上清，曰精思，曰南陵。今分为十有八斋，中瞰一池，诸斋环向，池水盈涸往往亦关休咎。左应七斋曰山隐，曰山素，曰岫隐，曰嵩隐，曰怡云，曰粟隐，则上清院派；曰回紫，则南陵院派。右应四斋：曰清隐，曰谷隐，曰盘隐，则上清院派；曰清虚，则南陵院派。正面七斋：曰壶隐，曰橘隐，曰悠然，曰闲隐，曰学隐，则上清院派；曰怡然，曰碧壶，则精思院派。选道堂在西应后，至元乙酉年重建。”（《道藏》第18册第144页）

④ （清）董诰等编《全唐文》卷130《天柱观记》：“寻发特表，蒙鸿恩继赐紫衣，焚修于此。其大殿之内，塑天尊真人，龙虎二君，侍卫无阙。其次别创上清精思院，为朝真念道之方，建堂厨，乃陈鼎击钟之所，门廊房砌，无不更新。”（北京：中华书局1983年版，第7317页）《天柱观记》题记为唐光化三年（900）七月十五日，作者为钱镠（852—932），为唐末五代十国时人。

江西龙虎山的三派三十六院①：

表 2

龙虎山法派	东十五院	西二十一院
紫微派	东栖真、精思院、华阳院、洞元院、元隐院	紫微东、紫微西（李仲冶创）、西栖真、清富院、迎华院、郁和院、洞观院、混成院、养素院
灵阳派	东隐院、崇东院、内十华、外十华、崇元院	达观院、高深院、凤栖院、明远院、深秀院、太素院
虚靖派	玉华东、玉华西、三华院、仙隐院、中和院	崇禧院（李德光创）、内繁禧、外繁禧（李谨修创）、崇清院、佑圣院、真庆院

（三）道院的轨制

1. 位置。道院的位置一般不在宫观的中轴线上，位置比较偏僻，便于清静修道。《洞玄灵宝三洞奉道科戒营始》“科曰：凡精思院，本欲隔碍嚣氛，清净滓秽，须为别院，置之幽静，东西南北、远近阔狭，适时宜便”。宋代彭百川撰《太平治迹统类》卷 4 载：“凡宫观之制，皆南开三门二重，东西两廊，中建正殿，连接寝殿，又置道院斋坊，其观宇之数差减于宫。”②

2. 内部设施。道院的内部设施齐备，提供了自足的修道和生活设施。《洞玄灵宝三洞奉道科戒营始》云：“置天尊殿、入静室、炼气处、浴室、药堂，缘师所须，皆为备设，勿使阙少。”

3. 房间轨制。娄近垣《重修龙虎山志》中“大上清宫新制”称：“宫之东为道院八，宫之西为道院十六。其旧有二，新修者十二院，其已废而重建者十二院。每院门屋一间，正厅三间，左右单房共四间，后楼房三间，左右耳房各一间，周遭缭以短墙，各分院址内，新旧共二十四院，凡宫中之法官居焉。”③ 从该轨制看，龙虎山有三十六道院，因此王兴权《上清正一宫碑》载，南宋理宗端平二年（1235），提及三十五代嗣师张可大称：“创道院数百楹。”④ 绝非虚言。

4. 供道观中“师”居住和修道。道院中“师”修道和生活区域当有不同的区隔。据《玄坛刊误论》“重论入靖品第二”：“悟微子曰：若在官宅，即然。若在宫观，道士各居靖室，岂俟斋时，方更入靖，得无自鄙耶？先生（云光先生）曰：不然。道士所居靖室，是寝止之室，非入靖朝真之室。今宫观有精思堂、凝神堂、思微堂、存真堂者，即是入靖之所也。若就所居之室，即精思诸堂复设何用？悟微子曰：诚哉斯言，尔后敢不依禀。”⑤

---

① （清）娄近垣辑：《重修龙虎山志》，清乾隆五年刊，道光十二年修补本，第 111 页。收录于龚鹏程、陈廖安主编：《中华续道藏初辑》，台北：新文丰出版公司 1999 年版，第 3 册。

② （宋）彭百川撰：《太平治迹统类》卷 4，《丛书集成续编》，上海书店 1994 年版，第 40 册，第 149 页。

③ （清）娄近垣辑：《重修龙虎山志》，第 104 页。

④ 同上书，第 552 页之《正一宫碑》，元大德年间。

⑤ （后晋）张若海集：《玄坛刊误论》，《道藏》第 32 册，第 623—624 页。书成于五代后晋天福八年（943）。（宋）《崇文总目》、《秘目》均著录作 1 卷，今《正统道藏》本收入正一部。

可知道院中有专门的靖室，非寝止之室，二者当界限分明。

下面，我们分别考述龙虎山三大法派产生的时间、法派创始人以及法派传承。

二　紫微派

紫微派所属道院①如表2所示。

（一）紫微派创始人和创派时间

洪微叟为紫微派开山法祖，创派时间应为宋嘉祐间（1056—1063），也就是洪微叟知上清观事期间。

洪微叟，号微叟。来自浙江紫微阁，宋天圣间（1023—1032）于龙虎山入道。曾任上清宫都监。宋嘉祐间，知上清观事，度弟子王道坚等。洪微叟的资料仅见张宇初《诒善亭记》和《龙虎山志》。

张宇初《诒善亭记》中李仲冶讲述了紫微法派鼻祖洪微叟及其传承：

> 吾山上清宫之寮院凡三十有六，其源同而支异，故毁而复兴者有先后焉。至正辛卯，宫灾越数年，延焰而毁者更新之。紫微李君仲冶，作旷逸堂于丁巳冬。己巳岁，复构亭堂之南，友人周君孟启为颜曰：诒善。仲冶揭扁于上，请记于予，曰：吾鼻祖都监洪公，始得于浙之紫微阁，因号曰微叟。宋天圣间（1023—1032），入道于吾山。嘉祐间（1056—1063），知上清观事，度弟子王太素（王道坚）等。时徽庙崇道益笃，太素尝侍天师。虚靖君（张继先1092—1127）领祠事于朝，宠赉有加，及易观为宫，赐田亩，蠲赋税，筑（阙）靖通庵成，而院亦就，因曰紫微者，示不忘也。派久益盛，五传为冲靖镏公（留用光），道著孝光宁里间，宫赖以显重。②

《重修龙虎山志》“法职附”称洪微叟为上清宫都监：

> 上清宫法员，其定额职掌旧无考证。其名之散见者，宋时则有留用光、薛应常为管辖；洪微叟为都监，王袭明为道正，郭保宁为监宫，郑保和、徐处尚为知宫，李元溢为副知官，吕惟一为知观等职。③

紫微院实际上是王道坚所修建的。具体时间是在宋崇宁四年（1105），王道坚在主持修建靖通庵的同时所修建。《重修龙虎山志》和《汉天师世家》均有记载：

> （崇宁）四年复召，……屡乞还，不许，问何所欲，对曰：“臣所欲，上清观弊陋偏僻。众欲迁而新之，力所未能。”命江东漕臣，即山中度地迁建，赐田以食其众。复立庵于山之北，为天师修炼之所，御书靖通庵额赐之。有亭曰修然，并建灵

① （清）娄近垣辑：《重修龙虎山志》，第111页。

② （明）张宇初撰：《诒善亭记》，《岘泉集》卷3，《道藏》第33册，第221页。

③ （清）娄近垣辑：《重修龙虎山志》，第358—359页。

宝、云锦、真懿三观，改祖师祠为演法观，奉玉册，上祖师号，封为真君。十二月还山，凡父兄，皆赐爵有差。四方学者，率数千百人。①

由此可见，王道坚在紫微法派的创派过程中扮演了极为重要的角色。王道坚虽亦侍从张继先学道，但却不能将其归入虚靖法派，而是紫微法派的实际创始人之一。

（二）紫微派的谱系和传承

洪微叟→王道坚→王鉴义→王洞章　　薛洞真（混成院）　　王若时

王洞章↓蔡元久、倪元简

薛洞真↓王元质、薛元美、李元溢

蔡元久↓留用光（嗣其教者为紫微派）

留用光↓郭友谅、蒋叔舆

蒋叔舆↓朱遂、林尧夫、陈自诚、赵希火

王道坚（？—1131），信州贵溪人，上清宫紫微院道士，师从洪微叟，紫微法派第二代祖师。后亦就学于张继先天师，主持修建靖通庵和紫微院。在元明善编纂的《龙虎山志》及娄近垣编纂的《重修龙虎山志》记载的宋代“高士”中，王道坚均排名第一。徽宗政和（1111—1117）间赴召，馆于太乙宫，授王道坚为凝神殿校籍，与道士元妙宗一道参与了《政和万寿道藏》的校订和编纂工作。亦授太素大夫，号凝妙感通法师。

王鉴义，紫微法派第三代。生卒不详，龙虎山道士，曾应召携弟子王洞章、王若时入京面圣。《龙虎山志》称其有弟子王洞章、薛洞真、王若时等。②

王洞章，紫微法派第四代。贵溪人，师从王鉴义。自幼警敏，博涉经史。工诗文，善琴奕。20 岁时，随师王鉴义入京，与王若时一道，御前度为道士。后敕授“冲和大师”。寿六十余而卒。有弟子蔡元久、倪元简。蔡元久居龙虎山，倪元简则随“冲隐大师”王若时居衡岳。③

蔡元久，紫微法派第五代。生卒不详，冲靖先生留用光之师。《无上黄箓大斋立成仪·留用光传》称：“（蔡）元久，宣和间太素大夫、凝神殿校籍，王道坚三世孙也。”④

留用光，生年不详，卒于南宋开禧二年丙寅元旦（1206），字道辉，贵溪人，道貌奇古。《无上黄箓大斋立成仪·留用光传》云：“少解悟玄学，受法于上清正一宫道士蔡元久。元久，宣和间太素大夫、凝神殿校籍，王道坚三世孙也。”⑤ 先后授左右街都道录、

① （清）娄近垣辑：《重修龙虎山志》，第 183 页。《汉天师世家》卷 3，《中华道藏》，华夏出版社 2004 年版，第 46 册，第 353 页。

② 同上书，第 239—240 页。

③ 同上书，第 239 页。

④ 《宋冲靖先生留君传》，载《无上黄策大斋立成仪》卷 57，《道藏》第 9 册，第 728 页。

⑤ 同上。

太一宫都监，赐号“冲静先生”。娄近垣《重修龙虎山志》称：“嗣其教者为紫微派。”①张宇初《岘泉集》卷1又将留用光归入灵宝一系②。

蒋叔舆（1162—1223），紫微法派第七代。字德瞻，号存斋，师“冲静先生”留用光，尽得其传。尝汇集唐以前有关黄箓斋醮科仪编为《无上黄箓大斋立成仪》57卷（为明人增补）。该书为黄箓斋法，存不少古代斋仪。弟子为朱遂、林尧夫、陈自诚、赵希火等人。③ 此后，紫微法派的传承不明。

此外，《龙虎山志》载王袭明、吴兴顺、何其愚等皆为紫微院道士。

1. 紫微西院

紫微西院的创派之人为元明之际的李仲冶，其师祖分别为朱觉庵、史隐居。此后，该法派传承不明。据张宇初《诒善亭记》、《故上清宫提点了庵李公墓志》和宋濂《玄润斋记》的记载，紫微西院一系的传承特点为：兴修学田庄，儒道兼学，主张“博文以求道”。其传承为：朱觉庵→史隐居→李仲冶。

朱觉庵，龙虎山紫微派道士，李仲冶师祖。卒于元至正十二年（1352）。曾修道于鬼谷山。元至元乙亥（1335），李仲冶专程前往向其请益。朱觉庵始倡“博文以求道”，建学田庄，授玄学培养后学。他说：“学者之来，为求道也，不博以文，则道何由成？不有田以养之，则师弟子羞服百需之具，奚所取给而赖以不坏？”④ 乃捐腴田若干亩为学田庄，该学田庄也就是“玄润斋”的前身，让其徒孙李仲冶主之。

史隐居，字由直，龙虎山紫微派道士，朱觉庵弟子，李仲冶之师。元至正甲辰（1364），史隐居继承朱觉庵师的遗志，又捐私田440亩继续修学田庄。《诒善亭记》称：“元戊戌壬戌（1238、1322），（紫微）院灾者二，隐居史公倡诸徒拟新之。尝以上世旷逸金公有光于院，宜揭号于堂，致存思焉。言未就而殁。”史隐居嘱托李仲冶续修学田庄，并重修紫微院。⑤

李仲冶（1316—1395），讳弘范，号了庵，紫微西院法派创始人。少年颖敏，十三岁，跟表兄金兰石学道于上清宫紫微院，受业史隐居。至元乙亥（1335），得部牒度为道士。遍读儒道之书，学识渊博。曾先后就学于当时大儒高道祝直清、金蓬头、蘧西州、朱觉庵、李存等人，理学方面造诣极高。一日，往金溪会黄殷士，讲学于半山，相与剧谈本心之说，一座尽倾，曰：此小鹅湖也。至正庚寅（1350），太乙天师张嗣德命掌符箓，至正辛卯（1351）上清宫灾，奉祖命新其院，立紫微西院法派。明洪武癸亥（1383），尝嘉号玄文真士。洪武辛未（1391），升宫之住持提点，时朝廷给印视六品。三年后，以疾辞。洪武乙亥（1395）十二月某日，端卧而逝，享年80岁。⑥

---

①（清）娄近垣辑：《重修龙虎山志》，第243页。

②（明）张宇初撰《岘泉集》卷1：“灵宝始于玉宸本之度人经法，而玄一三真人阐之，次而太虚徐君、朱阳郑君、简寂陆君，倡其宗者田紫极、宁洞微、杜达真、项德谦、王清简、金允中、高紫元、杜光庭、寇谦之、镏冲靖（留用光），而赵林白陈而下派益衍矣，是有东华南昌之异焉。”（《道藏》第33册，第187页）

③《无上黄箓大斋立成仪》卷57，《道藏》第9册，第728页。

④（明）宋濂：《玄润斋记》，（明）宋濂撰：《宋濂全集》，浙江古籍出版社1999年版，第1682页。

⑤（明）宋濂：《宋濂全集》，杭州：浙江古籍出版社1999年版，第1682页。其中“朱、史”二师，即朱觉庵、史隐居。

⑥（明）张宇初撰：《诒善亭记》，《岘泉集》卷3，《道藏》第33册，第221页。《岘泉集》卷3之《故上清宫提点了庵李公墓志》，《景印文渊阁四库全书》，台湾商务印书馆1986年版，第1236册，第435—436页。参见（清）娄近垣辑：《重修龙虎山志》，第272—273页。

2. 混成院

混成院在紫微法派中名气最著，高道辈出。

薛洞真（混成院）
↓
王元质、薛元美、李元溢

薛洞真，紫微法派第四代。字远甫，贵溪人。赋性闲雅，寡言笑，美姿致。师事王鉴义得受道法，与王洞章为师兄弟。绍兴年间知祈真观，以符药济人，活者颇多。宋乾道年间（1165—1173），授龙虎山上清宫副知宫，有弟子王元质、薛元美、李元溢。别筑室曰“混成”。可见薛洞真为紫微法派混成院的创派之人。[①]《神霄金火天丁大法・后序》称林灵素所属神霄一系：“火师传与玉真教主林侍宸，林传与张如晦，后传陈道一，下付薛洞真，卢君野。次以神霄派脉付徐必大，徐亦不得其文，卢君化于剑江，将解，而枕中出其书以付玉。法传卢君，而派继徐君。”[②] 认为薛洞真亦为神霄派传人。

此外，《龙虎山志》中还提到混成院道士有薛应常、方从义、卢大雅、周济世、何海曙、吴伯理等。

3. 洞玄院

紫微法派洞玄院的创始人为刘耕隐，创派时间为元代。传承谱系如下：

曾贯翁→毛惟谦、危功远
刘耕隐
↓
吴尚纲、毛叔达
↓
林真士

刘耕隐，身世不详。为曾贯翁先天观一系紫微派传人。度弟子吴尚絅、毛叔达等人。曾贯翁的弟子有毛惟谦、危功远等。金蓬头亦在先天观学道，金蓬头的弟子如李仲冶、方方壶等皆为紫微法派弟子。危素《先天观诗序》有记载。

张宇初《静复山房记》、张以宁《曲密之房记》均记载了刘耕隐创建洞玄院一事。

> 吾山上清宫之洞玄院，居宫之奥，地僻而林水最幽。东则象山，岿嶷其支，隆然特起，院据其会；西则琼林台郁然；前则雷坛丹井在焉。其重屋奥室，皆耕隐刘真人元盛时所建也。其徒吴尚絅辟堂之奥室，以静曰复命之旨，扁曰：静复山房。[③]
>
> 京师之崇真宫毛真人叔达与予好也，为其弟子长乐林真士请记其曲密之房，予坚辞请，不置，则问其制何居，曰：房在龙虎山上清宫洞玄院中，院造于其祖耕隐镏公而房尤号雄伟。[④]

① （清）娄近垣辑：《重修龙虎山志》，第240页。

② （南宋）刘玉撰：《神霄金火天丁大法》“后序”，《道法会元》卷198，《道藏》第30册，第258—259页。

③ （明）张宇初撰：《静复山房记》，《岘泉集》卷2，《道藏》第33册，第216页。

④ （明）张以宁撰：《曲密之房记》，《翠屏集》卷4，《景印文渊阁四库全书》第1226册，第639—640页。

吴尚䌹，紫微派洞玄院道士，师从刘耕隐。为抚之望族，世以儒显。吴尚䌹少颖秀，质纯而气清，志笃于自修。曾于龙虎山建“静复山房”。

毛叔达，一名毛遂良，紫微派洞玄院道士，师从刘耕隐。曾居京师之崇真宫，与朝之名卿大夫友善。曾请翰林学士危素为《先天观诗》作序，请翰林学士张以宁为其弟子林真士撰《曲密之房记》。

林真士，名庭挥，字汝玉，紫微派洞玄院道士。幼颖悟，嗜诗好琴而攻画。天师命其主福之紫极宫，兼怡山冲虚观，未就。后从玄教大宗师之命，住长乐东华宫佑圣观。曾于龙虎山建“曲密之房”。

4. 迎华院

徐处尚→徐元修、杨元善

徐处尚，紫微法派道士，贵溪人。精于术数，尝游岷山、峨眉间，以经字言人吉凶，颇有灵验。绍兴年间授龙虎山上清宫知宫，“居紫微方丈西南之别室，曰迎华”。有弟子徐元修、杨元善，绍兴年间亦授上清宫道正。①

5. 洞观院

蒋雷谷→颜福渊、吴嗣育

蒋雷谷，字同寿，元末明初贵溪人，紫微派洞观院道士。自幼羡道，及长，投洞观院，礼练太素为师，元教秘法悉得其传。后游蜀，得掌心雷法。明洪武初（1368），制授神乐观知观，寻升五音都提点。永乐初年（1403）还龙虎山。度弟子颜福渊、吴嗣育。

颜福渊，紫微派洞观院道士。明宣德九年（1434）被召入京，奏对称旨，授道录司左至灵。

吴嗣育，紫微派洞观院道士。身世不详。

此外，《龙虎山志》记载的洞观院道士还有李伯芳和段文锦。

李伯芳，紫微派洞观院道士。传道致一真人邵元节，后赠宏范真人称号。②

段文锦，紫微派洞观院道士。字素练，安仁人。道法显应，祈祷如响。成化间（1465—1487）赴召，廷对称旨，授龙虎山真人府赞教。③

6. 郁和院

刘思敬→章希平

刘思敬（1210—1291），庐陵人，紫微派郁和院道士。一说吉之青原人。少时落魄不羁，嗜酒，好长生术。及长游蜀中，从灵宝陈君受丹砂诀，遍历名山，年五十，始入龙虎山为道士，自号真空子。寻主郁和道院。炼铅汞为丹砂。元至元十八年（1281），奉诏赴阙，并进六甲飞雄丹治世祖足疾。居八年，乞还山，结八卦庵于琵琶峰之右，徜徉山水之中。元至元二十八年（1291）无疾而卒，享年 81 岁。所传丹经十二方，悉授弟子章希平等，行于世。至正年间，玄教宗师董真人荐上其事，制赠“凝妙灵应真人”。④ 大儒李存为刘思敬之书作序，宋濂则应方从义之请为其立传。

7. 精思院

罗日文，紫微派精思院道士。明嘉靖、隆庆年间人。道法为时推重，河南伊王召论道

---

① （清）娄近垣辑：《重修龙虎山志》，第 241 页。

② 同上书，第 279 页。

③ 同上书，第 280 页。

④ 同上书，第 250—251 页。参见《宋濂全集》（同治退补斋本）“刘真人传”。

要，临还赠文以宠其行。[①]

8. 栖真院

张兴槎，紫微派栖真院道士，第三十五代天师张可大之侄子。张可大生父张天麟曾摄教事，宋嘉定（1208—1224）中赐号“仁静先生”。张天麟次子为张宗清，张宗清生四子，其中二子张兴槎、张兴年俱入上清宫为道士。张兴槎居栖真院。[②]

9. 养素院

张兴年，紫微派栖真院道士，第三十五代天师张可大之侄子，与张兴槎兄弟俩俱入上清宫为道士。清修雅操，时称竞爽。张兴年居养素院。[③]

（三）小结

据所见文献，三派之中，紫微派在宋代最为兴盛，尤其是留用光的出现，使得该派盛极一时。从张宇初《岘泉集》和《龙虎山志》记载可窥见紫微派在宋代的盛况。张宇初称“（紫微）派久益盛，五传为冲靖镏公（留用光），道著孝光宁里间，宫赖以显重”[④]。《龙虎山志》所载宋代龙虎山上清宫重要法职几乎都由紫微派道士所把持：“宋时则有留用光（紫微派）、薛应常（紫微派）为管辖；洪微叟（紫微派）为都监，王袭明（紫微派）为道正，郭保宁（不详）为监宫，郑保和（不详）、徐处尚（紫微派）为知宫，李元溢（紫微派）为副知宫，吕惟一（不详）为知观等职。”[⑤] 其盛况可见一斑。

紫微派的道法：紫微派所行道法，有内丹、外丹、雷法、斋醮科仪、祈旱祷雨、言人休咎等，几乎无所不包。如王袭明精于内丹；刘思敬精通外丹，进六甲飞雄丹治世祖足疾；留用光、薛洞真、蒋雷谷分别精通天心雷法、神霄雷法、掌心雷法；留用光精通斋戒科仪，祷雨有验，与弟子蒋叔舆一起，汇集唐以前黄箓斋醮科仪编为《无上黄箓大斋立成仪》；徐处尚则精于术数，以经字言人吉凶，颇有灵验。这说明紫微派于道法的修习和行使方面开放包容，广收并蓄，博采众长并无门户之见。

紫微派道士学养和才艺：紫微派道士入道之前几乎都是儒门弟子，诗书传家，多才多艺。入道以后更是儒道兼修，并行不悖。如蒋叔舆，博览群书，于天文、地理、律历、音乐、医药、混元道学靡不深研；王洞章，博涉经史，工诗文，善琴奕；林真士，幼颖悟，嗜诗好琴而攻画；方从义，工诗文，善古隶章草；吴伯理善诗文，得方从义之真传，善画枯木竹石，书法精于篆隶。而李仲冶为代表的紫微西院一系更是兴修学田庄，主张“博文以求道”，理学方面的造诣极深。

紫微派道士与名人的交游：紫微派道士极高的文化素养和才艺使得他们能够为当时的硕儒名卿所赏识，并与其交游酬唱。如毛叔达跟翰林学士危素、大儒李存关系友善；李存为刘思敬之书作序，宋濂则应方从义之请为其立传；李仲冶直接就学于大儒祝直清、李存等人，宋濂为其作《玄润斋记》；危素应毛叔达之请为《先天观诗》作序，翰林学士张以宁为其弟子林真士撰《曲密之房记》。此外，该派还编辑与名人大儒酬唱的诗文集付梓刊

---

① （清）娄近垣辑：《重修龙虎山志》，第286页。

② 同上书，第246页。

③ 同上书。

④ （明）张宇初撰：《诒善亭记》，《岘泉集》卷3，《道藏》第33册，第221页。

⑤ （清）娄近垣辑：《重修龙虎山志》，第358—359页。

印，请名人作记、撰写碑文、墓志等，这些无疑是扩大道教影响的重要方式之一。

紫微法派的传播区域：紫微法派的传播区域主要在南方。据文献记载，除了毛叔达曾居京师之崇真宫（北方）之外，紫微法派传播区域在湖南、浙江、江西、江苏、福建等地。如倪元简则随“冲隐大师”王若时居衡岳（湖南）；留用光传蒋叔舆于括苍（浙江）；蒋雷谷为神乐观知观（江苏）；林真士，天师命其主福之紫极宫，兼怡山冲虚观，未就，后从玄教大宗师之命，住长乐东华宫佑圣观（福建）。

三 虚靖派

虚靖派所属道院[①]如表2所示。

（一）虚靖派创始人和创派时间

虚靖派的创始人为第三十代天师张继先，法派的名字得之于其赐号，创派时间在宋元祐七年至靖康二年（1092—1127）之间。由于张继先天师的巨大影响力，虚靖派广为传衍。

张继先（1092—1127），虚靖派开山法祖。字嘉闻，又字道正，号翛然子（意取无拘无束、自由自在）。宋徽宗崇宁四年（1105）赐号“虚靖先生”，元武宗至大元年敕封“虚靖玄通弘悟真君”，元顺帝至正十三年敕赠“虚靖玄通弘悟真君”。祖天师张道陵、嗣师张衡、系师张鲁后，张继先乃是最为著名的天师之一。张继先于宋元祐七年十月二十日出生于蒙谷庵（今龙虎山上清宫西一里）[②]。幼年即神异非凡，9岁嗣教，36岁英年早逝，因此，张继先被誉为“神童天师”。在他嗣教的27年时间里，因其出众的才华、高妙的道法以及跟皇室的密切关系，天师道由衰微走向兴盛，因此，张继先又被视为“中兴天师”。

（二）虚靖派的谱系和传承

1. 三华院

虚靖派中三华院的名声最为昭著。“妙正真人”娄近垣亦是虚靖派三华院一系的传人。

张继先→李德光、吴真阳→朱孔容……→月池翁→朱思本→毛永贞→薛毅夫→吴国珙、潘文信、盛元朴、许用和

吴真阳，虚靖派三华院第二代，号混朴子，乃张继先天师的高足之一，先在龙虎山的三华院受道。并将张继先天师一系的龙虎山三华院的道法传统传到浙江四明山，使之发扬光大。

《四明洞天丹山图咏集》中有关吴真阳和三华院传承的资料如下：

曾坚《四明洞天丹山图咏集序》：

---

① （清）娄近垣辑：《重修龙虎山志》，第111页。

② （明）陈阶编，徐养量校刻《日涉编》卷10称：“三十代天师张继先生于蒙谷庵（继先，字嘉闻，号倚然子，宋元祐七年十月二十日生）。”（明万历三十九年刊印本）

宋龙虎山三华院吴君真阳号混朴子，从虚静张天师学，游历至此止焉。徽宗以凝神殿校籍召，不起。政和六年诏大其观，建玉皇殿，书其榜，而门曰“丹山赤水洞天”，封刘纲升玄明义真君，樊氏升真妙化元君，而混朴子授丹林郎。禁樵采、蠲租赋。高宗丞相张魏公知其徒孔容，因表混朴子为真人，许岁度道士一人，以甲乙传次。嘉熙初元，理宗祷嗣于会稽之龙瑞宫，竣事分金龙玉简藏焉。今毛尊师永贞由三华嗣主之。①

危素《白水观记》：

《四明郡志》则云：东北百三十里，涌为二百八十峰，中有三十六峰，东西南北各有门，由余姚言之，为西四明，则叔所未书者。宋虚静天师张公之门人吴真阳，学于龙虎之三华道院，号曰混朴子，来游是山，徽宗以丹林郎、凝神殿校籍召之，不起。封刘纲升玄明义真君，其配樊夫人封升真妙化元君。丞相张魏公与吴君门人朱孔容交，表为真人。孔容之后世以甲乙传次。②

鲁坚《石田山房诗序》：

余姚州南百里，曰“四明山”，神仙家丹山赤水洞天在焉。后汉上虞令刘纲尝修炼飞升于是。有观曰“祠宇观”，傍屋曰“石田山房”，则毛尊师永贞之所筑也。初三十代虚静张天师以道术授上清宫三华院混朴子吴真人，既得其传，居是山。宋徽宗闻贤召之，不起，即所居斥而广之大，故祠宇之系出于三华，而三华世视祠宇则其所处之馆也。我仁皇时天下无事，玄教张吴二大宗师相继在朝，三华院有贞一先生朱本初，亦以博洽文雅见称于卿相间，毛君寔从之游。先生固爱之，二宗师尤器重焉，以教檄归领祠宇观事。③

吴真阳之后，三华派最为著名的是朱贞一、毛永贞和薛毅夫。

元朱思本（1272—1333），字本初，号贞一，虚靖派三华院道士，江西临川人。著名诗人、地理学家。学道龙虎山中，从张仁靖真人张留孙扈直两京，又从吴全节居都下，后主席玉隆万寿宫，曾周游天下，考核地理，竭十年之力，著有《舆地图》2卷，刊石于上清宫三华院。有《朱本初贞一稿》传世。

毛永贞，虚靖派三华院道士，主持四明山祠宇观，增修宫观，纂集所代诗史。由其弟子薛毅夫携入京师，交托曾坚、危素编成本书《四明洞天丹山图咏集》。

薛毅夫，虚靖派三华院道士，字茂弘，贵溪人。少精敏，负奇气。读书万山中，穷日夜不已。有宾客有慰其清苦，携白鹤来赠，薛毅夫甚爱之。一日鹤去，思之不能忘也，遂图之斋壁以为玩。后薛毅夫游京师，学道于朱本初，随朱本初代祠华盖，拜见蜀郡虞先生。先生与之论诗，爱其清新流亮，气韵高爽，翛然有出尘之思。叹曰：“是非凭虚御风

① 《四明洞天丹山图咏集》，《道藏》第11册，第99页。

② 同上书，第102页。

③ 同上书，第103页。

翱翔八极者不能道也。”因取杜工部咏薛少保画鹤诗意，名其斋曰鹤。薛毅夫的弟子有吴国珙、潘文信、盛元朴、许用和。

此外，《龙虎山志》中记载的宋代至清代的虚靖派三华院道士还有曹监临、邓景韶、周大经。周大经，字子篆，南城人，虚靖派三华院道士。“妙正真人”娄近垣之师，明习五雷正法，诸家符秘。任上清宫提点。好行其教于四方，度弟子数百人。江浙间道士之精于道法者，不问即知为大经弟子也。众弟子中潘元畦（允章），丘从高（天山）和“妙正真人”娄近垣最为有名。①

娄近垣，虚靖派三华院道士。字朗斋，法号三臣，又号上清外史，江南松江娄县人。祖、父皆为道士。自幼随父学道，入龙虎山，师从上清宫提点三华院周大经，尽习其三洞五雷诸法及诸家符箓。“涉仙岩，升危楼，探幽洞”，得窥名山秘笈。② 雍正十年（1732）封“妙正真人”。后娄近垣合并龙虎山紫微、虚靖、灵阳三派，开正乙法派，为正乙法派开山鼻祖。

此外，明代《继志斋集》“素牡丹诗序”中提到的上清宫道士邓如如，以及其师祖芝山俞炼师也是虚靖派三华院道士。

2. 崇禧院

崇禧院的创始人为李德光。

李德光，安仁人。礼虚靖真君张继先为师，修炼于壁鲁洞，创崇禧观。随张继先北觐。徽宗问道称旨，敕掌河南路道教，改崇禧观为宫，升本宫提点，兼诸宫观事。③

李德光……→黄崇鼎→黄复亨→ [张彦纲→孙景真 / 李谨修（创外繁禧法派）]

黄崇鼎，虚靖派崇禧院道士，金溪人，宋度宗咸淳（1263—1274）中从三十六代天师入觐，敕掌杭州路御前西太乙官提点，元至元间（1335—1340），升冲素大师，主校文籍，加冲素端靖宏教大真人，兼领道教事。④

黄复亨，虚靖派崇禧院道士，曾任龙虎山上清宫提点，以起钟楼而著称。上清宫铜钟铭载：东隐院道士祝光义提议：“昔提点黄公复亨为大钟建重屋而悬焉，其制宏壮工巧，我将缵黄公之功，若何？”众咸曰：“善。”⑤

张彦纲，虚靖派崇禧院道士。因建道藏室于上清宫而闻名。大德十年（1306）制授崇文玄逸明道法师，杭州路西太一宫提点宫事。至大元年（1308）又改授杭州路宗阳宫住持提点。娄近垣《重修龙虎山志》将“张彦纲”误记为“余彦纲”，云“余彦纲，字叔纪，福建人，有文学。大德中作道藏室于上清宫，复买田以食其众，且备修葺”⑥。有误。此“余彦纲”实为“张彦纲”。

---

① （清）娄近垣辑：《重修龙虎山志》，第289页。

② 参见（清）嘉庆二十三年（1818）刊，府学明伦堂藏版《松江府志》卷63《方外传》，以及（清）许光墉撰，叶世熊辑订：《重辑松泾小志》卷6，上海：上海社会科学院出版社2005年版，第199页。

③ （清）娄近垣辑：《重修龙虎山志》，第238页。（明）张国祥辑：《天启续修龙虎山志》，第31页，亦称李德光创崇禧观。

④ （清）娄近垣辑：《重修龙虎山志》，第248页。

⑤ 上清宫铜钟铭。

⑥ （清）娄近垣辑：《重修龙虎山志》，第268页。

孙景真，虚靖派崇禧院道士，字久大，贵溪人。学道于上清宫之崇禧院，师从张彦纲。后侍三十六代天师张宗演进京觐见元世祖。及还，祖师都录黄崇鼎筑真元宫，命孙景真主之。大德七年（1303）奉旨授通真凝妙弘道法师，真元宫提举知宫事。至元三年（1337）有旨加教门高士，复主真元宫。景真持己以约，遇物以厚。名不求闻而名自章。筑崇禧观，榆原真馆。至元五年（1339）病逝于真元宫，享年77岁。①

此外，张宇初《故上清宫提点朋山张公墓志》记载了崇禧院另一传承：

孙公→张迪哲→董仲玑→上官某②

张迪哲（1314—1389），虚靖派崇禧院道士。字如愚，号明山。福建长乐县人。16岁入道。师事崇禧院山外孙公。善书法，于篆隶诸体，无不精通。明洪武十七年（1381）为龙虎山太上清宫提点。洪武二十二年（1389）卒，享年76。③

林靖乐，虚靖派崇禧院道士。字纯素，福建闽人，儒道兼通，永乐初年赴召授道箓司左演法，加太岳、太和山、大圣南岩宫提点，都督武当事。④

3. 外繁禧

外繁禧法派由崇禧院道士李谨修创立。

李谨修，金溪人，南宋末崇禧院道士，宋度宗咸淳年间（1265—1274）授明远冲妙崇教法师，掌袁州。元至元初，赴召，授道录左正一，奉敕建繁禧观，升高士，兼领天下道教事。

李谨修→王乐丘、陈自诚
↓
周成大

此外，黄嘉佑亦是繁禧院道士。

黄嘉佑，虚靖派繁禧院道士。明宣德九年（1434）被召进京，奏对称旨，制授道录司左至灵。⑤

4. 佑圣院

佑圣院的创派和传承情况不详。

张宇初《故上清宫提举矩庵胡公墓志》记载了虚靖派佑圣院的一些传承情况。

朱焕文→胡叔直……→李颜则

胡叔直，虚靖派佑圣院道士。号矩庵，饶乐平梅浦人。幼颖敏嗜学，有出尘志。15岁辞亲入龙虎山上清宫佑圣院，礼朱焕文为师。18岁度为道士，弱冠卓立有誉，尤究儒玄百氏之言，善歌诗骈丽为时所称。明洪武十七年，升上清宫提举，柔退谦畏。洪武二十三年，侍张宇初入觐，行奏建上清宫，上嘉纳之。洪武二十五年（1392）十月十三日卒。生于延祐己未（1319）九月二十四日，享年74岁。⑥

---

① 《安雅堂集》卷10“孙高士碑”，（清）娄近垣辑：《重修龙虎山志》，第268页。

② （明）张宇初撰：《岘泉集》卷3。

③ （明）张宇初撰：《故上清宫提点朋山张公墓志》，《岘泉集》卷3，《景印文渊阁四库全书》第1236册，第429—430页。

④ （清）娄近垣辑：《重修龙虎山志》，第273页。

⑤ 同上书，第279页。

⑥ （明）张宇初撰：《故上清宫提举矩庵胡公墓志》，《岘泉集》卷3，《景印文渊阁四库全书》第1236册，第432—434页。

李颜则，虚靖派佑圣院道士。字自勖，鄱阳人。曾受法于龙虎山佑圣院。洪武十五年（1382）诏天下府州县皆设司以隶从道，颜则以法术称于人，授玉山县（今属江西省）道会。洪武二十年（1387），于玉山县二里许葺修福庆观。[①]

操克宏，虚靖派佑圣院道士。宣德九年（1434）奉旨入京，奏对称旨，授道录司左至灵。[②]

5. 仙隐院

虚靖派仙隐院的创派和传承情况不详。

据张宇初《故道录司演法朝天宫提点曹公墓志》记载可窥见仙隐院的一些传承情况。

薛太虚→曹大镛

曹大镛，虚靖派仙隐院道士。字希鸣，号冲阳子，别号光岳道人，余干人。幼聪慧，相貌奇古，父异之，命学道龙虎山，师事仙隐院薛太虚，凡道家仙经洞箓玄奥，靡不精究，道法精湛，善诗文，称誉于时。明洪武十五年（1382）充道录司右演法，曾任朝天宫提点。著有《太上混元实录》传世。[③] 卒于洪武三十年（1397）十一月十五日，享年 67 岁。

（三）小结

龙虎山紫微派、虚靖派和灵阳派最后统合于清代“妙正真人”娄近垣，开创正乙派。《诸真宗派总簿》称该正乙派为天师张虚静真人所创。曾召南先生曾撰文认为该说法乃托古以自重，非历史事实。[④] 本文则认为《诸真宗派总簿》的记录更接近于历史的真相，因为娄近垣对三派的整合绝非凭空而为，当我们明白了娄近垣为虚靖派三华院一系传人时，《诸真宗派总簿》的说法实际上实有并非无所依凭。这也就是本文的观点：紫微派、灵阳派二派，最后被整合进了虚靖派之中。娄近垣所创的正乙法派字辈为：近远资元运，久长保巨淳；道惟诚可宝，德用信为珍；秉敬宏丹箓，葆真启世人；鸿图赞景祚，圣泽振吕辰。事实上，其他法派有的字辈也被整合进该法派中来。如灵阳派毓秀院张希言弟子，徐元修、杨元善为“元”字辈[⑤]；紫微派第四代蔡元久、倪元简、王元质、薛元美、李元溢为“元”字辈；吕惟一弟子吕保成、郑保和、李保纯则是“保”字辈。[⑥]

虚靖派所行道法：就我们所见的文献记载有内丹、雷法、符箓、祷雨祈晴等。其中虚靖派创始人第三十代天师张继先乃天生英才，为内丹和雷法之集大成者，分别被神霄派雷法和天心派雷法奉为祖师，曾奉敕盐池斩妖、祷雨祈晴无不灵验。曹大镛师事仙隐院薛太虚，凡道家仙经洞箓玄奥，靡不精究；娄近垣之师周大经，则明习五雷正法，诸家符秘。虚靖派道法亦是兼修并蓄，博采众长。娄近垣亦是多次在大光明殿统领诸法官。

虚靖派道士的学养背景：虚靖派道士多博通经史，儒道兼修。虚靖派创始人张继先才华横溢，不仅诗文出众，还精通书法，善操琴弈棋。张继先的诗文被录入《三十代天师

---

① （明）张宇初撰：《岘泉集》卷 3，《福庆观记》。

② （清）娄近垣辑：《重修龙虎山志》，第 279 页。

③ （明）张宇初撰：《故道录司演法朝天宫提点曹公墓志》，《岘泉集》卷 3，《景印文渊阁四库全书》第 1236 册，第 437—439 页。

④ 曾召南：《娄近垣及其与正乙支派的关系》，《中国道教》1995 年第 1 期，第 29—31 页。

⑤ （清）娄近垣辑：《重修龙虎山志》，第 244 页。

⑥ 同上书，第 236 页。

虚靖真人语录》。书法方面，《龙虎山志》卷 6 记载了张继先天师进京后，因书法精湛，受到了众人的追捧，“（真君）雅善书法，尝书《道德经》以进御。一日，侍徽宗入寝殿宫，宫嫔竞以扇求书，真君以经语书之，皆密契其意，中举一握，稽首书曰：保镇国祚，与天长存。乃帝所御也。奉敕书茅山宣和御化导碑，时称其工”。《书史会要》补遗称“天师张继先封嗣汉三十代天师，亦能书，所书有宣和御制化道文在茅山”。朱本初则是元代著名地理学家和诗人，著有《舆地图》2 卷及《朱本初贞一稿》传世。毛永贞则纂集所代诗史，编成《四明洞天丹山图咏集》。薛毅夫曾读书万山中，穷日夜不已。其诗歌清新流亮，气韵高爽，翛然有出尘之思。张迪哲善书法，于篆隶诸体无不精通。胡叔直，幼颖敏嗜学，尤究儒玄百氏之言，善歌诗骈丽为时所称。曹大镛，凡道家仙经洞箓玄奥，靡不精究，道法精湛，善诗文，称誉于时。黄介通儒雅两全，有诗集行世。上清宫道士邓如如有“素牡丹诗”。张彦纲文才出众。娄近垣除兼通儒道之外，还能参透禅宗妙旨，并受到雍正皇帝的赞扬。雍正十年（1732）《封娄近垣上谕》中称：“法官娄近垣……道法精通，行止端方……朕于闲暇召见之时，将禅宗妙旨开示提撕，近垣豁然觉悟，竟能直透重关，而于三教一源之理，更能贯彻，实近代玄门中所罕见者。娄近垣著封妙正真人……钦此。”可见，娄近垣学识渊博，能贯通三教。

虚靖派道士与名人的交游：张继先在京羁旅期间，跟当时达官贵人多有交往。从他的诗文亦有记载，如《次韵答赵尚书》《寄林太守》《内史来访》《答太守虞察院游仙岩诗》《书林管辖扇》《答池州太守书》《答真定府太守书》《答太守林公书》《答林灵素书》。除此之外，张继先还与当时的高道徐神翁、林灵素、王文卿等友善。朱本初跟虞集、袁桷、许有壬、柳贯等交游密切，朱本初去南昌玉隆宫赴任时，这些文豪重臣皆为他赋诗送别。薛毅夫则与曾坚、危素等友善，奉师命入京，请曾坚、危素为《四明洞天丹山图咏集》作序。娄近垣在京师时，王公贵人争相与其交往，云“一时京华冠盖，竞与往还”①。

虚靖派的传播区域：虚靖派的传播区域主要在江西、浙江、江苏、福建、湖北、河南、北京等地。如张继先弟子吴真阳在浙江四明山传播三华院派、石自方洞霄宫传道；黄崇鼎，敕掌杭州路御前西太乙官提点。张彦纲曾任杭州路西太一宫提点宫事，至大元年（1308）又改授杭州路宗阳宫住持提点（浙江）；张彦纲喜欢从福建同乡中选拔弟子；曹大镛任朝天宫提点（江苏）；林靖乐，永乐初年赴召授道箓司左演法，加太岳太和山、大圣南岩宫提点，都督武当事（湖北）；李德光，敕掌河南路道教（北方）；娄近垣及其法派主要活动区域为北京大光明殿、江西龙虎山和江苏玄妙观。

四　灵阳派

灵阳派所属道院②如表 2 所示。

（一）灵阳派创始人和创派时间

灵阳派诸道院中最为著名的为达观院，达观院法派也就是后来备受宠渥、名震天下的龙虎山“玄教”一派。虞集《道园学古录》称：“夫上清正一宫者道家之会归，而嗣汉天

① （清）娄近垣辑：《重修龙虎山志》卷 13，《艺文·诗四》后附的《知非赠言录·序》。

② （清）娄近垣辑：《重修龙虎山志》，第 111 页。

师张君之所治也。按《龙虎山志》，宫有堂五十以分处其徒众，达观其一也。命玄教大宗师之弟子世居之，而大宗师自神德真君以来，羽翼天朝，柱石道教，朔南相望，表里不二，继继绳绳之传，方未艾也。”据娄近垣《重修龙虎山志》，被龙虎山“玄教”一派奉为祖师的张闻诗、李宗老、张留孙、吴全节等人无一不在达观院授徒或入道①，故“达观院”一词几乎成为“玄教”的代名词。有鉴于此，本文推测灵阳法派的创派之人就是“玄教”初祖张思永，创派的时间大约在北宋。

“玄教”前八代祖师除了张闻诗和李宗老外，其余诸祖师生平均无可考。元明善《龙虎山志》和虞集《敕赐玄教宗传之碑》记载了“玄教”前八代祖师的信息。

元明善《龙虎山志》中记载了八位祖师的封号：

> 赠张闻诗真人。
>
> 张闻诗，可赠通真观妙玄应真人。②
>
> 追封张思永等真人。
>
> 可追封张思永为袭明体素净正真人，冯清一集虚演化抱式真人，冯士元广玄范化贞一真人，陈琼山象先抱一渊素真人，李知泰毓真洞化静复真人，胡如海宝慈昭德泰和真人，李宗老葆光至德昌玄真人。
>
> 延祐元年（1314）四月日。③

虞集《敕赐玄教宗传之碑》：

> 宗传之初，由袭明体素净正真人张思永始得道龙虎山中，再传为集虚演化抱式真人冯清一，三传为广玄乾化贞一真人冯士元，四传为象先抱一渊素真人陈琼山，五传为通真观妙玄应真人张闻诗，六传为毓真洞化静复真人李知泰，七传为宝慈昭德泰和真人胡如海，八传为葆光至德昌玄真人李宗老，大宗师实师之。④

元代陈旅《安雅堂集》卷8《环溪堂记》称大宗师张留孙：“尝请于朝，追赠祖师七人皆为真人。始曰张思永，四日张闻诗，皆吾族之达尊，而大宗师入道，讳闻诗者，复挈将之，凡若是者，吾之所不得不祀者也。”⑤ 陈旅记述有误，当为祖师八人而非七人，张闻诗为第五祖，而非第四祖。明代王世贞《弇州四部稿》转述《玄教宗传碑》称玄教始

---

① （明）张国祥辑：《天启续修龙虎山志》，第31页；（清）娄近垣辑：《重修龙虎山志》，第250—251页均称李宗老为达观院道士。（元）虞集撰：《道园学古录》卷25：吴全节“十三学道州路桂溪县龙虎山太上清正一宫之达观堂。堂之尊师李君宗老，尝有异征，得公而应焉”。《龙虎山仙源观记》（见陈垣编：《道家金石略》，北京：文物出版社1986年版，第975—976页）载：“初，公（徐懋昭）得度于大上清正一宫通真院之达观堂，其师曰通真观妙玄应真人张公闻诗，实开府大宗师辅成赞化保运神德真君之伯兄，且开府所从受道也。开府之弟子数十百人，传次之第，以徐公为首。”《重修龙虎山志》载张留孙、吴全节、夏丈泳等均为达观院道士。

② （元）元明善：《龙虎山志》，王卡、汪桂平主编：《三洞拾遗》，黄山书社2005年版，第13册，第55页。

③ 同上书，第55—56页。

④ 陈垣编：《道家金石略》，第962页。

⑤ 《景印文渊阁四库全书》第1213册，第100—102页。

自张闻诗，而下及其徒陈义高，凡八人，皆赠真人。① 错误非常明显，张闻诗并非初祖，陈义高亦不在八祖之列。故当以虞集《敕赐玄教宗传之碑》为是，从玄教八祖之说。

张思永的生卒年代虽不可考，但可据张留孙的年代上推，知其大略。张留孙生于南宋淳祐八年（1248），卒于元至治元年（1321）十二月壬子，享年74岁。按前八位祖师每人嗣教约20年的时间上推，初祖张思永嗣教的时间大约在北宋元祐三年（1088）。因此称张思永于北宋创灵阳法派应当不会有大问题。

（二）灵阳派的谱系和传承

1. 达观院

初祖为张思永，第十三代传人于有兴之后，法派传承不明。

张思永→冯清一→冯士元→陈琼山→张闻诗→李知泰→胡如海→李宗老→张留孙→吴全节→夏文泳→张德隆→于有兴

徐懋昭，灵阳派达观院道士。为玄教大宗师张留孙大弟子。元大德六年（1302）制授葆和通妙崇正法师，常州路通真观住持提点。②

毛颖达，灵阳派达观院道士，偕吴全节祀岳渎。大德十一年（1307）制授纯素弘道冲妙法师，上都崇真万寿宫提点。皇庆元年（1312）改授大都崇真万寿宫提点、正德宏仁静一真人，掌逍教事。与马祖常、揭曼石、陈敬交友善，三人文集中皆有送毛真人还龙虎山诗。③

范文泰，灵阳派达观院道士，邵元节之师。

邵元节（？—1539），字仲康，号雪崖，贵溪人。灵阳派达观院道士。幼年父母双亡，遂于龙虎山上清宫达观院出家为道士，师从范文泰，后师事李伯芳、黄太初。嘉靖三年（1524）应诏入京，祷雨雪有验，授“清微阐教辅国妙济宁静修真凝元衍范志默秉诚致一真人”，统辖朝天、显灵、灵济三宫，统领道教，并赐金玉银象印各一，敕建宫府于城西，又遣中使建道院于贵溪，赐名仙源宫，因皇嗣无继承，上命元节修醮求乞。越三年，皇子叠生，士大喜，加拜礼部尚书，赐一品服，后乞归龙虎山，赐阐教辅国玉印。嘉靖十八年八月病逝，赠少帅，用伯爵礼祭祀。谥“文康荣靖”，并追赠为真人，著有《太和文集》。④

吴尚礼，余干人。灵阳派达观院道士。偕邵元节赴召，授道录司左至灵，升左正一。卒于京师。⑤

王时佐，号独峰，安仁人。灵阳派达观院道士，授道录司左正一，兼龙虎山天上清宫住持，寻升高士。⑥

方定相，号一山，余干人。灵阳派达观院道士。师事王时佐，跟随入觐。上爱其文

---

① （明）王世贞撰：《弇州四部稿》卷136“玄教宗传碑”，《景印文渊阁四库全书》第1281册，第253页。

② 《龙虎山仙源观记》载“葆和冲妙崇正真人徐公懋昭”，陈垣编：《道家金石略》，第975—976页。（元）揭傒斯撰：《文安集》（卷1）“常州通真观修造记”，《景印文渊阁四库全书》第1208册，第250—251页。

③ （清）娄近垣辑：《重修龙虎山志》，第267页。

④ 同上书，第281—282页。

⑤ 同上书，第284页。

⑥ 同上书，第285页。

雅，授道录司左至灵，升右演法。①

2. 崇元院

法派创始人和基本传承不明。张宇初《故神乐观仙官傅公墓志》载有冯仁斋、傅同虚、李唐真三代的传承，可从中了解崇元院法派的一些情况。

冯仁斋，龙虎山崇元院道士。身世不详，曾收傅同虚为徒。

傅同虚，字若霖，号同虚子，金溪人，生于元至治壬戌（1322）闰五月八日，卒于建文二年（1400），享年78岁。明初龙虎山崇元院道士，博通经史，擅长符法，精通科仪，能诗文，善鼓琴。9岁师从龙虎山崇元院冯仁斋入道，后从吴性安习洞玄法，又从戴复斋习天章灵宝法，祷有验。洪武五年（1372）随四十二代天师张正常入京觐见明太祖朱元璋，尝应制赋诗，讲《道德经》，修校道门斋科行于世。与当世名卿硕儒宋濂、朱孟辨等过从甚密，互以诗文酬唱，著有诗文《观光集》等。宋濂为之撰《同虚山房记》《傅同虚感遇诗序》《傅同虚像赞》。宋濂称誉傅同虚恬淡好读书，皦皦霞外，诚韵胜之士。其《傅同虚像赞》云："将求子于外兮，则炼精于三田；欲索君于内兮，则游神乎八天。是皆窥见夫粗迹，而未能畅达其真。玄高岑兮谷绵，白鹤舞兮蹁跹，岂非长跨于洞庭之野，吹琼管而招飞仙者耶?"② 张正常天师亦让傅同虚持《天师世家》，请宋濂作序，傅同虚曾为好长生之术的许从善请文，宋濂亦欣然应允。傅同虚先后被擢升为授洞玄文素贞靖法师教门高士，龙虎山太上清正一万寿宫提举知宫，神乐观提点，后任大上清宫住持提点。③

李唐真，为傅同虚弟子。曾请求四十三代天师张宇初为傅同虚撰写墓志铭。张宇初称李唐真乃清修笃厚，善继其师之志。此外，李唐真还曾担任玄学讲师，搜访遗缺文献，编成10卷本的《龙虎山志》。④

3. 明远院

法派创始人和传承不明。《龙虎山志》明确提到的凤栖院道士仅张友霖和吴葆和两人。

张友霖，字修文，号铁矿。明初江西龙虎山明远院道士。曾于洪武五年（1372）跟黄象南、傅同虚一道奉诏至京，召授教门高士，后升提点，掌大上清宫诸宫观事。《千顷堂书目》卷16记载，有《张友霖铁矿集》传世。⑤

吴葆和，明初江西龙虎山明远院道士。洪武初年授道录司左至灵，兼朝天宫住持。张宇初《故道录司演法朝天宫提点曹公墓志》称：朝天宫提点曹希鸣去世后，吴葆和从中协调，使该哀讯闻于朝上，皇上为之嗟悼良久，御笔制文，并遣礼官于朝天宫祭祀曹公，送葬者竟达一千之多，时人以之为荣。

---

① （清）娄近垣辑：《重修龙虎山志》，第285页。

② （明）宋濂撰：《文宪集》卷30，《景印文渊阁四库全书》第1224册，第509页。

③ 《傅同虚感遇诗序》，《芝园续集》卷1，《宋濂全集》，第1482—1483页。（明）张宇初：《故神乐观仙官傅公墓志》，《岘泉集》卷3，《景印文渊阁四库全书》第1236册，第440—442页。（清）娄近垣辑：《重修龙虎山志》，第276页。

④ （明）张宇初撰：《故神乐观仙官傅公基志》，《岘泉集》卷3，《景印文渊阁四库全书》第1236册，第440—442页。

⑤ （明）张宇初撰：《故神乐观仙官傅公墓志》，《岘泉集》卷3，见（清）娄近垣辑：《重修龙虎山志》，第272页，"张友霖"条。

4. 凤栖院

法派创始人和传承不明。《龙虎山志》明确提到的凤栖院道士仅王绍通和周应瑜两人。

王绍通，字用之，金溪人，为大司徒禹锡后人。龙虎山凤栖院道士，道法灵验。天顺年间（1457—1464）赴召赐冠剑法衣，圣眷优渥。四十六代天师张元吉请王绍通还山论道，并待以师礼，授赞教兼掌真人府法箓都提点。①

周应瑜，字恒夫，江西龙虎山凤栖院道士。成化间（1465—1487）敕授赞教法箓都提点，赐号“明诚文节先生”。有诗文集曰《皆春集》行于世。②

5. 东隐院

法派创始人和传承不明。《龙虎山志》明确提到的东隐院道士仅张道虚一人。此外，《上清宫铜钟铭》中提及另一位东隐院道士祝光义。

张道虚，南宋理宗、度宗时龙虎山东隐院道士，以道法著称。咸淳中（1265—1274）敕治钱塘盐精，制授都道录，不就，赐号“草亭先生”。③

祝光义，灵阳派东隐院道士，倡议上清宫道众重建提点黄复亨所建的上清宫钟楼，并力行之。

（三）小结

玄教作为龙虎山灵阳派一系“尊显独隆于他支，时真人者凡数十人，奉被玺书主宫观者尤不可胜记”④。灵阳派在元代的兴盛，为学术界所公认，此不赘述。

灵阳派的道法：包括符箓、科仪、祈禳、雷法等。如张道虚，曾敕治钱塘盐精；吴全节曾祷旱雨至，有验；傅同虚，擅长符法，精通科仪，祷有验；邵元节嘉靖三年（1524）应诏入京，祷雨雪有验。

灵阳派道士的学养：灵阳派道士亦是儒道兼修，多才多艺。如吴全节善诗文、草书。有诗文集《看云录》若干卷，《代祠稿》诗200余篇。而据吴澄《吴文正公集·吴特进诗序》载，吴全节旧有诗稿，不下千篇，凡所至之处，无不吟咏。江东四大儒之一李存谓其诗“和而庄，丰而安，婉而不曲，陈而不肆，其正始之遗音乎”。吴全节亲手编定灵宝斋法《灵宝玉鉴》共为24门，凡10卷。《书史会要》称吴全节善草书，传世作品有草书《白云观歌》等；张友霖，著有《张友霖铁矿集》；李唐真还曾担任玄学讲师，搜访遗缺文献，编成10卷本的《龙虎山志》；周应瑜有诗文集曰《皆春集》行于世。

灵阳派道士与名人交游：灵阳派道士与当时名卿硕儒的交游，在三派之中最为卓著。首先，玄教大宗师张留孙和吴全节地位尊崇，他们及其弟子长期驻京，尤其是在集贤殿中，跟当朝的翰林学士关系密切，加之诗文酬唱，故而影响巨大。虞集称：“至元、大德之间，重熙累洽，大臣故老，心腹之臣，莫不与开府有深契焉。”⑤ 吴全节驻京50多年时间，历元世祖、元成宗、元武宗、元仁宗、元英宗、元泰定帝、元天顺帝、元文宗共8

① （清）娄近垣辑：《重修龙虎山志》，第278页，“王绍通”条。

② 同上书，第280页，“周应瑜”条。

③ 同上书，第245页，“张道虚”条。

④ （元）虞集撰：《河图仙坛之碑》，载《道园学古录》卷25，陈垣编：《道家金石略》，第966页。

⑤ 同上书，第966页。

朝，故交游达官文贤，数不胜数，如赵孟頫、吴澄、阎复等名人皆为其友，与吴澄、虞集、杨载、揭傒斯、袁桷等人相酬唱。元朝画家陈芝田曾为吴全节绘有14幅画像并赞图（现被美国波士顿美术馆收藏）。朱思本在京时间近20年，主要从事代皇帝祭祀五岳四渎，名山大川，足迹遍天下，所至皆纪以诗。朱思本与名流范梈、虞集、刘有庆、欧阳应丙、柳贯等相互唱和，同享诗名，著有《贞一斋诗文集》，范梈称此书“如泉涌石窦日挹日新，如方幻晴峰愈变愈丽”。陈义高是玄教道士中较早走进京师诗坛的，多与卢挚、姚燧、阎复、赵孟頫、程钜夫、留梦炎等唱和，有《秋岩诗集》传世。毛颖达与马祖常、揭曼石、陈敬交友善，三人文集中皆有送毛真人还龙虎山诗。

灵阳派的传播区域：灵阳派的传教区域比紫微派和虚靖派更广。有元代两京，即大都和上都。元世祖于至元十四年（1277）“乃诏两京（大都、上都）各建上帝祠宇，皆赐名曰崇真之宫，并以居公（即张留孙），赐平江、嘉兴田若干顷，大都、昌平栗园若干亩以给其用”①；有地处长江、淮河之间，跨越安徽、江西、江苏、湖北等省的狭长区域，即所谓的“江淮荆襄路”。张留孙、吴全节和夏文泳均担任过“江淮荆襄等处道教都提点”；还有江苏镇江，浙江杭州，江西信州，湖南潭州、衡山，湖北荆州、襄阳等地，灵阳派达观院均在上述地区的宫观负责。袁桷《有元开府仪同三司上卿辅成赞化保运玄教大宗师张公家传》称：“今嗣玄教为吴全节授特进上卿玄教宗师崇文弘道玄德真人，以真人佩银印者三人：夏文泳，江淮荆襄等处道教都提点；曰毛颖达，掌遁教事；曰王寿衍，领杭州开元宫。以真人制书命者三：曰余以诚，领镇江路诸宫观；曰孙益谦，领杭州佑圣观延祥观；曰陈日新，承诏兴圣宫。以玺书命者九：曰何恩荣，提点信州真庆宫；曰李奕芳，提点南岳庙兼衡山昭圣宫寿宁宫；曰张嗣房，提点潭州岳麓宫；曰薛廷凤、舒致祥、张德隆、薛玄羲、徐天麟、丁应松，皆奉两宫崇真祠事。”②

五 结论

道院和法派某种程度上堪称道教的“硬件”和“软件”，道院的出现与法派的形成二者密不可分，亦是道教分派意识加强并走向成熟与兴盛的重要标志。据现有文献，本文认为道院的出现应该在唐代，最重要的证据为——唐代文献中已经记载了大量的“精思院”、“道院”和以“院”为名的道教建筑。由于道院属于宫观中比较内秘的部分，地处偏僻，乃“师”修道和培养弟子的场所，故在唐宋之际，依托这些道院，道教逐渐形成了自己的法派。

本文着重梳理并考证了作为道院与法派关系的典型案例之一的龙虎山的三派三十六院。由于历史上道士往往转益多师，再加上文献的阙如，这给法派的研究带来了相当大的难度。本文以道院为纲目，条分缕析，细读文献，逐渐厘清了龙虎山法派的一些传承关系，着力勾勒出龙虎山法派传承大略。

龙虎山三大法派的基本情况如下：

1. 龙虎山三大法派的开山法祖均为宋人，故这三大法派均创建于宋代。

紫微派开山法祖为洪微叟，创派时间应为宋嘉祐间（1056—1063），也就是洪微叟知

① （元）赵孟頫撰：《上卿真人张留孙碑》，陈垣编：《道家金石略》，第910—913页。

② 陈垣编：《道家金石略》，第925页。

上清观事期间。紫微法派中混成院最为著名。

虚靖派开山法祖为第三十代天师张继先，创派时间在宋元祐七年至靖康二年（1092—1127）之间。虚靖法派中三华院最为著名。

灵阳派开山法祖为张思永，创派时间为北宋。灵阳法派中达观院最为著名。元代大名鼎鼎的“玄教”就出自灵阳法派达观院一系。

2. 粗略讲，龙虎山三大法派各有不同的兴盛期。大体而言，紫微派在宋代最为兴盛，灵阳派尤其是其中的达观院（玄教）一系在元代最为兴盛，虚靖派则在清代整合了紫微派和灵阳派变成了新的法派正乙派。

3. 三大法派在道法方面皆兼收并蓄，博采众长，无门户之见。故而三大法派于内丹、雷法、祈禳、符箓、科仪、外丹等术，几乎无所不包，在师承方面亦是转益多师。

4. 三大法派的道士多修养极高，儒道兼修，多才多艺，有的还贯通三教（如娄近垣），与当时的硕儒名卿，达官贵人多有交游，不少人还留下了诗文集或书画作品传世。这些都很好地扩大了龙虎山天师道的影响。

5. 三大法派的传播区域都主要在南方。其中灵阳派因玄教的尊显传播区域更为广阔，并向北传播。

（原文发表于《宗教学研究》2016 年第 4 期）

第四篇

年度推荐论文

边疆宗教治理研究*

张桥贵　孙浩然**

摘要： 与内地宗教相比，边疆宗教的情况更为复杂，管理工作的难度也更大。然而我们习惯于就宗教论宗教，就管理论管理，或者离开宗教谈边疆，离开边疆谈宗教，致使边疆宗教问题越管越多，越管越难。当前，面临边疆宗教偏离发展轨道、宗教渗透频发、极端主义蔓延等严峻形势，必须推动单一宗教管理模式向多元宗教治理模式转化。在快速变迁的现代社会，边疆宗教只有适应边疆、植根边疆、融入边疆、服务边疆，才能最终与边疆社会协调发展。

关键词： 边疆宗教　宗教治理　宗教文化生态

一般认为，国家拥有领陆、领海、领空三种边疆，本文所指主要是陆地边疆。边疆是我国民族人口和宗教人口分布集中的地区，边疆少数民族普遍信仰宗教，宗教影响边疆民族地区社会生活的方方面面；一些社会问题与宗教问题紧密交织，加之边疆特殊的地缘结构更容易受到境外势力的宗教渗透，在边疆治理中不能忽视宗教因素。习近平总书记指出“治国必治边”，从国家战略高度强调边疆治理的极端重要性。而边疆治理必须充分重视宗教因素，可谓“治边必治教”。宗教是边疆国情的重要方面，是维护边疆稳定、民族团结、社会和谐的重要因素，因宗教问题处理不慎，引发边疆危机的事件屡见不鲜。我们应整体把握我国边疆宗教的形成过程、演化规律、本质特征、类型要素、结构功能、现实问题等，提出系统的边疆宗教治理理论，维护边疆长治久安。在快速变迁的边疆社会，如果仍然固守宗教传统或走向极端，都将引发社会问题。边疆宗教只有适应边疆、植根边疆、融入边疆、服务边疆，才能最终与边疆社会协调发展。

一　作为整体研究对象的边疆宗教

中国历史上政教合一的政治形态主要存在于边疆，宗教对边疆的影响远远超过内地，至今仍然发挥着重要作用，宗教情感与民族情感交织难分，宗教认同与民族认同彼此渗透，呈现内地宗教所没有的诸多特征。

（一）“边疆宗教”概念的提出

在长期互为情境的演化过程中，边疆与宗教形成了特殊的“选择性亲和”关系。宗

---

* 本文为张桥贵任首席专家的2013年度国家哲学社会科学基金重大招标项目“我国少数民族基督教研究”（批准号13&ZD077）和云南宗教治理与民族团结进步智库的阶段性成果。

** 张桥贵，云南大理大学校长，云南民族大学博士生导师；孙浩然，云南民族大学教授。

教与边疆相互建构，宗教具有了鲜明的“边疆性”，边疆也具有了鲜明的“宗教性”。边疆是界定宗教传播范围的重要空间因素，本土宗教和地域宗教局限于边疆，世界宗教则跨越疆界传播。外来宗教总是经过边疆进入我国内地，或者有意识地选择边疆作为传教的突破口，加上为数众多的本土宗教，使边疆成为宗教生存的“沃土”、宗教文化的“蓄水池”、宗教传播的“桥头堡”。相对而言，边疆同时也是主流文化的“瘠壤”、主流意识形态的“低谷”，甚至个别地方还是政治统治的“飞地”。强宗教性与弱边疆性之间的矛盾，导致存在于边疆的宗教无论是原始宗教还是世界宗教，尽管信仰分殊、形态各异，但面临着大致相似的治理问题，可以视作一个整体研究对象。

在自然属性上，处于边疆地理空间的宗教即边疆宗教；在社会属性上，宗教参与塑造了边疆的文化地理、风土人情，为边疆涂抹了一层神圣色彩，我们应着重研究边疆宗教的社会属性。“边疆宗教”是我们基于边疆地区宗教现实提炼的理想类型，作为分析和解决当前边疆地区宗教现象与宗教问题的概念工具，具有较强的学术价值和现实意义。辩证地看，宗教的边疆性与边疆的宗教性，使“边疆宗教”与“宗教边疆”成为一体两面。我们应在维护边疆宗教生态平衡、促进边疆宗教和谐、抵御边疆宗教渗透的实践中维护边疆稳定与国家安全。尤其是在西北边疆①伊斯兰教文化圈、西南边疆藏传佛教文化圈和基督教文化圈（半成熟）的影响范围内，我们进行政治边疆、军事边疆、文化边疆建设的同时，必须充分重视“宗教边疆”建设，避免“千里之堤，溃于蚁穴”。

（二）边疆宗教的格局演化

法国社会学家布迪厄认为，社会世界由大量具有相对自主性的社会小世界构成的，它们都可视作某种场域；场域是“在各种位置之间存在的客观关系的一个网络或一个构型”，其结构形式与对立力量之间的“距离、鸿沟和不对称关系”构成其变迁动力②。宗教作为边疆场域诸多关系中的一极，广泛联系着各种社会力量，作为社会资本、文化资本和符号资本，发挥有形的权威和无形的影响。

我国22000余公里的陆地边境线从东北到西南呈现不规则的扇面状，大体上每间隔4000至5000公里不等，在边疆少数民族居住区域与宗教文化传播空间相互交织作用的影响下，形成特定的宗教文化圈。其中，西北边疆的伊斯兰教文化圈、西南边疆西藏段的藏传佛教文化圈、西南边疆云南段的南传佛教文化圈最为典型，东北边疆吉林段、西南边疆云南段部分区域则形成半成熟的基督教文化圈。此外，一些边疆少数民族群众还信仰汉传佛教、道教和原始宗教，虽没有形成独立的宗教文化圈，但对地方社会的影响不容忽视。

边疆宗教格局是中央政权与边疆势力、本土宗教与外来宗教不断博弈的结果。秦汉以来，我国的陆地边疆逐渐以东北和华北沿长城，西北和西南沿青藏高原东缘、云贵高原中缘为分界线，线外即边疆民族地区，宗教文化的影响深远。清代以来，随着改土归流和边疆开发力度加大，长城之外的东北、华北边疆在文化上进一步接近内地，西南边疆的云南澜沧江外视为边疆，广西也将边境沿线地区视为边疆。时至晚清，中国边疆遭遇帝国主义

① 本文所指西北边疆主要为新疆段。西北边疆甘肃段与蒙古国接壤的边境线仅长66公里，位于巴丹吉林沙漠，除驻军外没有居民，因此可以忽略，但伊斯兰教对甘肃少数民族的影响不可忽视。

② ［法］布迪厄、［美］华康德著：《实践与反思—— 反思社会学导引》，李康、李猛译，中央编译出版社2004年版，第133—134页。

列强觊觎瓜分，东北、西北边疆百万平方公里土地被沙皇俄国割占，华北边疆外蒙古独立，西南边疆藩属国成为英法两国殖民地，东南宝岛台湾被日本割据，边疆领土危机日甚一日。外国传教士与帝国主义坚船利炮结伴而来，自然引起人们的强烈排斥。从清末至民国，在大量筹边、治边、安边、靖边的学术研究和政策考量中，随处可见人们对宗教问题尤其是对基督教侵略和藏传佛教分裂的忧思。“九一八事变”之后，南京国民政府加大对边疆问题的关注力度，边疆宗教作为整体因素被人们强调研究。当时有识之士感慨：“帝国主义者文化之侵略手段，无微不至，信教日增，妄事宣传，恐成尾大不掉之势，对于政治国防影响殊大。”①“中英未定界，不失于英伦之飞机重炮，而失之于永氏父子之福音堂布道会。”②

中华人民共和国成立初期，较好执行了党的民族宗教政策，边疆宗教为维护民族团结、边疆稳定、祖国统一做出积极贡献。1958 年尤其是“文化大革命”期间，受“左倾”路线影响，边疆宗教遭到批判取消，大批信教群众纷纷外逃，直接影响边疆稳定。改革开放以来，宗教信仰自由政策得到落实，边疆宗教在正常活动的同时，受到日益严重的基督教渗透、宗教激进主义等的影响。如何有效治理边疆宗教，是当前宗教工作亟须解决的问题。

（三）边疆宗教的发展态势

依据国家政治变迁、文化移植、社会演进等，人们不断调整边疆的空间范围与意义内涵。古代以点状分布的“边关”单纯突出军事性，近代以线状存在的“边境”同时强调军事性和政治性，现代呈面状存在的“边疆”更加强调社会性、文化性和经济性，注重协调运用包括宗教在内的多种手段维护国家安全。现代边疆逐渐从封闭走向开放，成为国家对外开放的前沿起点而不再是自我封闭的终端末梢。在空间权力秩序中，边疆与内地也不再是服从与支配关系。先进的交通通信技术逐步压缩时空，边疆与内地的距离不再遥远，同时边疆对外交流日益频繁，包括宗教在内的社会文化因素对边疆稳定的影响越来越大。全球化的发展使边疆宗教与世界宗教的联系更加紧密，边疆延伸到的周边国家和沿边省份，其宗教问题也应予以重点关注。这就对边疆宗教及其治理提出更多、更新、更高的要求，有关部门的宗教工作思路也应从以“堵”为主转变为以“疏”为主。在国家“一带一路”倡议中，宗教文化交流不可或缺，“丝绸之路经济带”途经的西北和西南边疆（西南丝绸之路）是我国宗教形态最为复杂多样的地区，宗教不仅要维护边疆安全，也要营造良好的开放氛围，利用国境内外民族同源、信仰同俗的优势积极“走出去”。

就目前情况而言，边疆宗教的整体态势是西南边疆云南、广西段多民族多宗教基本和谐共处，应重点抵御境外宗教渗透，防止基督教强势传播和宗教激进主义、极端主义扩散，抑制民族民间宗教异化，避免多元宗教产生冲突。西南边疆西藏段藏传佛教一教独大，全面影响藏族生活，部分影响周围纳西族、普米族以及华北边疆的蒙古族，当前工作的重中之重是打击达赖喇嘛及其“藏独”势力的分裂破坏活动。西北边疆面临比较严峻的宗教激进主义、极端主义和分裂主义的破坏，伊斯兰教全面影响新疆世居少数民族，当前的工作重点是打击“三股势力”。华北边疆内蒙古段的世居少数民族主要是蒙古族，宗教问题基本在可以控制

① 周光倬编《滇缅南段未定界的调查报告》，台湾成文出版社 1967 年版，第 36 页。

② 云南昆华省立民众教育馆编《云南边地问题研究（上）》，内部刊印 1933 年版，第 28 页。

的范围内，目前需重点防范境外敌对势力的宗教渗透。东北边疆黑龙江、吉林、辽宁段世居少数民族种类较多，本民族的原生宗教信仰逐渐衰退，部分少数民族接受了东正教、基督教，当前应重点防范韩国基督教会对延边朝鲜族的渗透活动。

二 边疆宗教的主要特征

当前，我国边疆宗教传播呈现来去快、发展快、流动快、反响快等特征；信教群众呈现文化程度低、经济收入低、政治觉悟低、对主流意识形态认同低等特征；宗教文化呈现宗教的感情深、积淀深、根基深，影响深等特征。究其成因，既与边疆宗教的特殊情况有关，也与边疆社会的整体情况相关。

（一）宗教传播的“四快”特征

一是来去快。边疆地区大都是多个民族、多种文化、多元宗教的交汇之处，自古存在宗教往来的多条天然通道，有些宗教在边疆短暂过往，也有些宗教在边疆留下深远影响。例如，我国历史上的佛教、祆教、景教、摩尼教、伊斯兰教、也里可温教等多沿陆上“丝绸之路”或海上“丝绸之路”经过边疆进入中原。新疆各少数民族历史上曾信仰过多种宗教，直至公元7世纪之后才确立伊斯兰教信仰。其他边疆地区的宗教信仰格局也几经变迁，个别地方可谓“来也匆匆，去也匆匆”。随着我国对外开放合作的持续加强，边疆成为国际交往的通道走廊，传统宗教乃至新兴宗教将更加快捷地进出边疆，一些宗教违法犯罪活动如宗教渗透，更是以快速过境作为活动特征。

二是发展快。边疆少数民族具有深厚的宗教信仰传统，宗教信仰网络与民族社会网络交织重叠，有利于边疆宗教的快速传播。历史上，一些外来宗教即是借助此类网络的作用迅速掀起信教高潮，如20世纪初基督教在云南边疆掀起的“少数民族转向”，数十年时间发展近百万少数民族信徒。改革开放以来，在党的宗教信仰自由政策保护下，边疆宗教发展迅速，信徒数量、宗教场所等不仅超过了1949年之前的水平，也超过了内地甚至国外的平均水平。例如，西藏有1700多处藏传佛教活动场所，住寺僧尼约4.6万人；新疆有清真寺24000多座，宗教教职人员29000多人①。

三是流动快。我国的陆地边疆口岸通道甚多，众多少数民族跨境而居，不同国家边民之间往来便利，有些还有亲戚关系，人口流动导致宗教信仰流动的现象非常普遍。发达的现代交通通信技术更是突破了边疆高山大河、戈壁荒漠的天然障碍，人员往来交流更加便捷。流动是现代社会的重要特征，境外人员进入边疆，边疆群众前往内地，内地人员来到边疆，其宗教信仰也随之流动。日益加快的边疆人口流动对宗教信仰的影响不容忽视，其中不排除有些信徒在流动中传播或接受宗教异端思想。

四是反响快。边疆具有特殊的地理位置、复杂的文化环境和重要的国防意义，日益深入的全球化与国际合作，突飞猛进的信息通信技术，使边疆环境更加开放，同时也赋予边疆宗教高度的开放性、敏感性、活跃性和辐射性。国外宗教方面的风吹草动有可能通过边疆传递到内地，而边疆宗教一旦发生情况，也会在国外快速引起反响，甚至被别有用心之人利用抹黑我国宗教信仰自由政策。边疆宗教具有自身信仰网络，一些看似很小的问题也

---

① 李俊清：《边疆民族地区公共安全治理体系与能力现代化》，《中国行政管理》2014年第6期。

可能导致较大冲突。我们要时刻提醒自己："边疆、民族、宗教无小事。"

（二）宗教信徒的"四低"特征

一是文化程度低。根据2010年全国人口普查数据统计，大陆31个省、自治区、直辖市和现役军人具有大专以上文化程度的人口占总人口的8.9%；具有高中文化程度的人口占总人口的14%；具有初中文化程度的人口占总人口的37.9%；具有小学文化程度的人口占总人口的26.2%。东北边疆黑龙江、吉林、辽宁三省经济社会发展水平较高，人口的文化程度等同甚至高于全国平均水平，而作为民族自治区的内蒙古、新疆、西藏、广西以及属于民族省份的云南，受过高等教育的人口比例普遍低于全国平均水平，具有高中文化程度的人口比例也低于全国平均水平，文盲半文盲比例则普遍高于全国水平。例如，2010年云南省具有大专以上文化程度的人口占总人口的5.8%，具有高中文化程度的人口占总人口的8.4%，具有初中文化程度的人口占总人口的27.5%，15周岁及以上人口中文盲占6%。边疆信教群众的文化程度还要更低，印证了我国信教群众老年人多、妇女多、农民多、文化水平低的人多、老少边穷地区的人多这一信仰特征。

二是经济收入低。我国绝大多数贫困人口分布在西部地区，其中内蒙古、新疆、西藏、云南、广西五个边疆省区的贫困人口集中连片分布，国家认定的有乌蒙山区、滇桂黔石漠化区、滇西边境山区、大兴安岭南麓山区、藏族聚居区、新疆南疆三地区等。这些省区的人均可支配收入均在全国后列，如2014年西藏人均可支配收入10730元，为全国最低。边疆地区自然条件较差，基础设施、公共服务水平落后，不仅严重制约经济社会发展，也使部分低收入群众因无钱治病、无力入学、无法满足精神文化需求，只好通过宗教信仰寻求慰藉。有些信教群众沉溺在虚幻的天国世界而忽视现实生活，陷入越信教越贫困、越贫困越信教的恶性循环。

三是政治觉悟低。在宗教传统势力的影响下，一些边疆信教群众基于有神论的信仰立场看待世界，宁可听神职人员的话也不听基层党员干部的话；遇到矛盾纠纷不是通过法律手段解决，而是寻求宗教神职人员帮助。一些边疆信教群众经常请境外神职人员主持宗教活动，对宗教渗透的危害认识不足，如云南西双版纳自治州的"缅僧入寺"现象。由于历史原因，边疆个别信教群众对党和政府存在抵触情绪，党和政府为信徒做了很多实事好事，却被解释为"上帝派来的"；一些平常的民间纠纷，却被贴上民族宗教的标签，借以诋毁党的民族宗教政策。在周围强大的宗教信仰压力下，边疆地区个别党员干部信仰宗教、热衷于宗教活动，其世界观、人生观、价值观正悄然发生改变。

四是对主流意识形态认同低。在宏观层面，宗教从来不是我国的主流意识形态，但在微观层面，宗教对我国主流意识形态的影响甚大，这在宗教信仰氛围浓厚的边疆民族地区表现尤为突出。一方面，边疆地区的主流意识形态工作存在薄弱环节，容易被宗教乘虚而入；另一方面，边疆宗教信仰存在一定的排外性和认同张力，个别"新兴教派"宣扬宗教极端主义，妄图以宗教认同挑战主流意识形态认同。虽然大多数信教群众并不反对主流意识形态，但也没有高度认同接受，更谈不上内化于心，这种"无可无不可"的态度直接影响其对主流意识形态的认同。

（三）宗教文化的"四深"特征

一是宗教的情感深。宗教文化是民族情感和民族意识的重要载体，一些边疆少数民族的宗教情感与民族情感相互交织。例如，在我国回族形成过程中，伊斯兰教发挥了团结凝聚的重要功能，宗教情感逐渐固化为民族情感的核心部分。宗教情感具有持久性和神圣性，缺乏清晰的理性表达逻辑，不小心触碰宗教情感很可能引起突发矛盾和对抗行为，如果合理引导则能发挥积极作用。例如，根深蒂固的民族宗教情感是抵御外来宗教渗透的天然屏障。近代以来，天主教、基督教传教士煞费苦心也很难在全民信仰南传上座部佛教的傣族、全民信仰藏传佛教的藏族社会站稳脚跟，最终只能在较小范围产生影响。

二是宗教的积淀深。宗教影响边疆少数民族政治、经济、文化和社会生活的方方面面，历经上千年演化而来的深厚积淀，不仅为宗教信徒所有，也为全社会所享。我国有用西夏文、契丹文、满文、蒙文、藏文、傣文等刻写的佛教经典，还有用上述文字以及彝文、东巴文、水书、韩规文、土俗字等书写的原始宗教经典，篇幅浩如烟海，内容包罗万象。近代以来，基督教传教士为苗族、傈僳族、拉祜族、佤族、景颇族等民族创制拼音文字，客观上也推动了这些民族发展进步。边疆民族地区独具特色的宗教文学、宗教绘画、宗教音乐和宗教建筑，有些成为国家级非物质文化遗产，有些成为国家重点文物保护单位。很多民族节日最初源于宗教风俗，如傣族的泼水节源于南传上座部佛教的浴佛节，现在则作为集体狂欢活动融入民族风情和旅游开发。

三是宗教的根基深。边疆少数民族如维吾尔族、藏族、傣族等基本上全民信仰某一种宗教，其他少数民族的信教人口比例也很高，宗教信仰非常虔诚，很多人一出生就自然成为特定宗教的信徒，为宗教传承奠定了坚实的人口基础。宗教通过信徒经常性的捐献和自身经营活动积累了大量财富，为宗教传播奠定了坚实的物质基础。边疆宗教还有深厚的历史基础，一些实力雄厚的宗教场所曾经也是地方行政中心，至今仍有较高的政治地位和信仰地位；宗教职业人员仍有一定的权威，活佛在藏传佛教信徒心目中是佛祖的化身。宗教将其触角伸入边疆社会的各个领域，以其根深，所以叶茂。

四是宗教的影响深。宗教对边疆的影响既深且广，是塑造边疆文化情境、维护边疆社会稳定的重要力量。宗教义理充实了民族哲学，宗教道德维系了民族秩序，宗教精神建构了民族心理，宗教艺术丰富了民族生活，宗教节日融入了民族风俗，宗教旅游补充了民族经济，凡此等等，不一而足。然而，宗教的过度涵化也制约了边疆社会发展。例如，佛教戒律禁止杀生，过去虔诚的藏族、傣族信众不除去田间害虫，不饲养或不出售家畜，将大量财富施舍给寺院，影响了扩大再生产。现代化的过程首先是“祛魅化”的过程，宗教信仰必须在理性的天平上重新衡量。如果仍然强调“修其教不易其俗，齐其政不易其宜”，不对边疆宗教做出适应现代社会发展需要的改革，则边疆宗教的积极功能也可能逐渐转化为消极功能。

三　边疆宗教的现实表现

为寻求更加有效的边疆宗教治理，我们以问题为导向分析边疆宗教的现实表现。当前，边疆宗教表现出种类多、信众多、问题多、与境外联系多的“四多”特点；宗教活动表现出宗教渗透频、跨境传教频、与境外联系频、宗教极端行为频的“四频”特点；宗教工作表现出掌控难、引导难、协调难、管理难的“四难”特征。

（一）宗教信仰的“四多”表现

一是种类多。边疆世居少数民族都有各自信仰的传统宗教，此类原生性宗教的种类众多，有些至今仍然活跃。佛教、天主教、基督教、伊斯兰教等世界性宗教都是先在边疆产生影响再逐渐传入内地，还有祆教、摩尼教、一赐乐业教（犹太教）等外来宗教或在边疆传播或通过边疆进入中原。藏传佛教和南传佛教主要在我国边疆传播，打上了鲜明的民族和地域特征。随着封建王朝经略边疆的逐步深入，儒家文化对边疆少数民族宗教文化产生影响，汉族土生土长的道教也在边疆传播，与少数民族原始宗教相结合，形成特色鲜明的瑶传道教、壮传道教等形态。

二是信众多。无论是相对数量还是绝对数量，边疆少数民族的宗教信徒都很多。根据全国第六次人口普查数据，几乎全民信仰藏传佛教的藏族人口为628.2万人，几乎全民信仰南传佛教的傣族人口为126.1万人，信仰伊斯兰教的新疆少数民族人口超过1130万人，这些信教人口几乎全部居住在边疆。云南边疆一些地区少数民族中基督教信徒的比例达80%以上，怒江大峡谷甚至有“福音谷”之称。多种数据表明当前我国宗教信徒有1亿多人，保守估计少数民族信徒也应在3000万人以上，即是说我国每3—4名信徒中就有1名是少数民族，远远高于我国每12人中才有1名少数民族的比例。

三是问题多。边疆处于国家政治格局的远端、经济中心的外围、交通体系的边缘、信息传导的末梢，是国内外各种风险聚积叠加之地。边疆地区宗教问题多发频发，直接影响边疆稳定和国家安全。当前我国边疆宗教的主要问题有宗教渗透、宗教极端主义、宗教生态失衡、宗教群体性事件以及一般宗教纠纷。其中，带有政治诉求的必须当作政治问题处理，涉及利益纠纷的可以通过经济手段解决，涉及社会冲突的要还原为社会问题处理，涉及宗教关系的应通过疏导解决。边疆宗教问题的成因主要有西方和周边国家宗教文化压力与边疆地区应对不力之间的对抗性矛盾、疆域地处国家边缘与宗教居于地域中心之间的协调性矛盾、现代化进程与宗教传统之间的分化性矛盾、经济社会问题向宗教问题转化的引导性矛盾。

四是极端分子多。宗教极端分子是一群将宗教信仰绝对化、偏激化、工具化的信徒，他们以宗教为幌子从事危害国家安全的活动，同时也极大损害边疆宗教和谐。从1900年前后，伊斯兰教极端主义、“东突”分子就开始袭扰新疆；1959年十四世达赖喇嘛叛逃印度后，“藏独”集团一直对西藏进行分裂渗透活动。当前，宗教极端分子利用边疆宗教文化氛围浓厚、出入国境便利、隐蔽藏身容易等特点加紧开展活动，在境外建立“基地”，欺骗不明真相的信教群众，通过地下网络招纳培训成员，极端分子出现团伙化、家族化的特点。宗教的极端组织还在海外扩展，如“国际西藏运动”在世界160余个国家和地区拥有9万余成员，“自由西藏学生组织”在欧美和南亚35个国家拥有超过650个分支机构①。

（二）宗教活动的“四频”表现

一是宗教渗透频。随着边疆开放力度的加大，境外势力在边疆的宗教渗透活动更加频繁，手段更加多样，方式更为隐蔽，组织也更为严密，动辄即搞所谓的“边疆工程”“播种计划”。宗教渗透活动打着文化交流、旅游参观、科学考察、投资办厂、扶贫救灾等旗号，迷惑了一些基层干部和信教群众。位于境外一线的宗教传播中心也利用其传统影响，通过举行宗教庆典、开设神学院、举办培训班等引诱我方信徒出境参加活动。敌对势力还

---

① 李俊清：《边疆民族地区公共安全治理体系与能力现代化》，《中国行政管理》2014年第6期。

煞费苦心地通过广播、互联网以及各种新兴媒体，用少数民族语言文字散播负面信息。如果防范不利，西方意识形态将通过边疆出现的“宗教政治漏斗”渗透进来，利用宗教来挑战“对伟大祖国的认同、对中华民族的认同、对中华民族文化的认同、对中国特色社会主义道路的认同”。

二是跨境传教频。跨境传教是宗教职业者或其他人员越过边境进入我国传播宗教，本质上属于宗教渗透行为。跨境传教一般不借助其他活动作为幌子，而是利用跨境民族自身的社会脉络直接传教。国界线并没有隔断跨境民族之间的往来联系，某些宗教被国外民族信仰之后逐渐传入国内同一民族，由于民族同源、语言相同，境外相同民族的传教士比“金发碧眼”的西方传教士更有优势。20 世纪早期，西方基督教传教士就是利用这一策略在云南拉祜族、佤族、景颇族、傈僳族等跨境民中打开局面。1950 年之后，一些外国基督教传教士离开云南长期居留在中缅边境。近年来，不少外国基督徒甚至国内家庭教会人士选择居住在边境外侧，伺机入境传教。日益频发的跨境传教活动直接破坏我国宗教文化生态平衡。

三是与境外联系频。自古以来边疆宗教就与境外联系密切，有些合情合法，如正常的伊斯兰教朝圣活动、宗教交流学习活动，满足了穆斯林朝拜圣地、提升宗教修养的需要；有些合情但不合法，如西双版纳一些傣族村寨聘请缅甸佛爷入寺主持，虽然满足了信徒宗教需求，但违背了国家宗教事务管理政策；有些既不合情也不合法，属于违法犯罪行为，还严重伤害教徒宗教感情，如一些跨境民族信徒在对外交往中，接受宗教极端主义和民族分裂主义洗礼而淡化国籍，仅强调宗教身份和民族身份。即使合情合法的对外宗教联系也经常存在这样那样的陷阱，信徒应提高政治觉悟和防范意识。

四是宗教极端行为频。极端思想和极端行为严重扭曲异化了宗教，不但违反宗教道德也违反人类最起码的良知，无论它们以什么宗教的面貌出现，在本质上都是非宗教的，都要视作犯罪活动依法严厉打击。当前，宗教极端行为频发是影响西部边疆稳定的最大威胁因素。“藏独”和“三股势力”活动日益猖獗，通过组织恐怖活动制造紧张氛围，严重危害无辜群众的生命财产安全。宗教极端行为还渗透到日常生活，新疆个别地区妇女罩起黑纱、男子蓄起胡须，背后有宗教极端主义作祟。最近，国家将公共领域和私人领域中的宗教恐怖主义、极端主义行为定罪，为我们打击上述行为提供了法律依据。

（三）宗教工作的“四难”现象

一是掌控难。一些边疆宗教活动存在“黑幕”“黑箱”，我们很难直接获取其内部活动信息。诸多反常活动抹黑了边疆宗教的整体形象，尤其是借助宗教名义进行的极端主义、分裂主义、恐怖主义活动，具有强烈的对抗性、破坏性和隐秘性，其实质已经不是宗教活动而是违法犯罪活动。这些“反宗教活动”“伪宗教活动”组织严密，利用边疆民族地区山高林密、广袤偏远、便于进出藏身的自然环境和民风淳朴、信仰虔诚的人文环境，躲在阴暗角落与我方进行斡旋，为有关部门掌握其最新动态、控制其人员网络、摧毁其隐秘组织等带来一定困难。如果不能事先掌控预防而总是事后应对处理，则很难彻底根除此类寄生在边疆宗教肌体上的毒瘤。

二是引导难。边疆宗教发展的整体方向是与社会主义社会相适应，积极为边疆民族社会发展贡献力量，引导其发挥正能量、消除负能量。引导是一种方向性的、柔性的管理过程，无论是“拉着走”还是“推着走”，各级政府只能起到辅助作用，最终还要落在宗教的自我行动上。宗教极端主义等违法犯罪活动属于敌我矛盾，必须通过法律手段硬性打击而不是柔性引导。那些难以掌控的边疆宗教问题同样难以引导，如地下讲经、非法聚会等，在极端分子诱导下很可能成为传播极端思想乃至策划暴恐活动的温床。

三是协调难。边疆宗教往往与民族因素、政治因素等紧密交织，形成复杂的关系网络。协调旨在理顺宗教外部与宗教内部各种利益关系，如因触碰宗教利益而突发的群体性事件主要依靠协调处理。宗教关系越复杂、“利益粘连”程度越深，协调工作就越难做。然而事实却是，当前边疆个别地区宗教生态日益复杂，“利益粘连”愈益深广。例如，云南边疆地区个别少数民族牧师按照民族身份划分信徒，有意无意构建“民族教会”，有的还与上级部门同一民族的领导干部取得联系、寻求支持，加重了协调的难度。

四是管理难。与内地宗教相比，边疆宗教情况更为复杂，管理工作难度也更大。当前，边疆宗教面临被极端势力工具化、秘密活动频发、宗教腐败迭出、偏离正确发展轨道的危险。一些问题原本与境外势力的破坏活动有关，但却与边疆宗教内部问题叠加催化，出现向内地蔓延的态势，在此情况下仍然因循旧有管理模式难以奏效。我们习惯于就宗教论宗教，就管理论管理，或者离开宗教谈边疆，离开边疆谈宗教，不能全面把握边疆宗教的整体结构，不能综合运用政治、经济、社会、文化多种手段解决宗教问题，致使宗教问题越管越多，越管越难。我们必须推动单一宗教管理向多元宗教治理转化，直面其“四快”特征，解决其“四低”问题，正视其“四深”表现，应对其“四多”现象，防范其“四频”危害，化解其“四难”困境。

四　边疆宗教的治理对策

治理一词在古希腊语中原意为“掌舵”，引申为操纵、控制之意。我国古籍中的治理兼有统治、管理之意，如《荀子·君道》说：“材技官能，莫不治理。”20 世纪 80 年代，世界银行率先用“治理危机”形容当时非洲的情况，“治理”随后成为政治学、公共管理学、社会学等各学科中的高频词汇，近年来也成为我国社会各界频繁使用的热门词汇，其含义则是“公共或私人领域内个人和机构管理其共同事务的诸多方式的总和”①。党的十八届三中全会提出要用“社会治理”代替“社会管理”，指出必须坚持系统治理、依法治理、综合治理和源头治理的原则。长期以来，我国实行政府一元主导的宗教事务管理体制，已经不适应复杂多变的宗教形势。从宗教管理到宗教治理是一个质的飞跃，同时宗教治理也是社会治理的重要组成部分。在宗教有着广泛影响的边疆民族地区，探索和完善宗教治理体系尤其重要。边疆宗教治理已经有初步实践，但尚未形成系统理论。我们提出并论述“国家—社会—宗教”三元治理模式，明确“党委领导、政府负责、社会参与、宗教自治”的基本框架，从源头上消除边疆宗教的对抗破坏因素。

（一）实施边疆宗教治理的国家战略

针对日益严峻的边疆宗教形势，我们应制定统领全局的边疆宗教治理战略，引导边疆宗教真正成为稳定边疆、和谐边疆、繁荣边疆的参与者、服务者和实践者。无论如何，宗教利益应服从国家利益、边疆利益、民族利益。

---

① 《辞海》第六版缩印本，上海辞书出版社 2010 年版，第 2458 页。

一是提升党委政府的宗教治理能力。在汉语情境中，“治”与水有关，“理”与玉有关，水性流动，治水以疏导为主；玉质坚硬，理玉以雕琢为先。宗教治理要做到堵防并重、软硬兼施、张弛有度。宗教治理是一项长期的系统工程，凡是涉及宗教及其衍生问题的政府各部门都负有职责。与内地宗教相比，边疆宗教的群众性、民族性、长期性、国际性和复杂性更为突出。宗教工作事关政府工作全局，各级党委政府应转“宗教管理”思维为“宗教治理”思维，不断提升应对复杂宗教问题的能力。边疆宗教问题可分为极端宗教问题与一般宗教问题两种类型，前者属于不可调和矛盾，直接危害边疆稳定和国家安全，必须视作政治问题或违法犯罪行为进行“硬处理”；后者主要是由宗教信仰差异引起的社会冲突，可作为社会问题进行“软处理”。

二是完善宗教治理的法律体系。边疆宗教活动日趋复杂，有些已经突破宪法、法律和政策的允许范围，但针对宗教违法犯罪的专门法律尚不健全，制约着宗教依法治理的实践。立法机关应加快制定一套完整的宗教法，同时按边疆宗教活动性质而不是按其教别制定几部专门法律，使抵御宗教渗透、打击宗教极端行为、打击邪教传播等工作有明确依据。政府在法律框架下切实保护正常宗教活动，依法引导个人层面的宗教信仰，重点监管公共领域的宗教行为，实施宗教法人制度和宗教组织登记制度。

三是立足本土立场解决边疆宗教的内在问题。宗教作为特殊的社会文化体系包括精神、行动和制度三个层面，宗教问题也集中表现在这三个层面。宗教精神层面的问题主要依靠引导解决，根本在于理顺民族宗教关系，以中华民族认同统领民族身份，以社会主义核心价值体系统领宗教意识形态。宗教行动层面的问题主要依靠法律解决，应剥离其敏感的宗教外衣，将之作为社会问题依法处理。宗教制度层面的问题主要依靠改革解决，应消除其不良行为，重构其社会文化网络，维护边疆宗教生态平衡。

四是通过国际合作解决边疆宗教的外在问题。在现代化和全球化情境中，边疆特殊的地缘结构和人文环境导致其易于受到外部宗教因素影响，客观上说，我国边疆宗教问题主要是外部问题。境内外不法分子在边疆制造的宗教问题有些已经上升为政治问题，对其处理既不能失于激进也不能偏于保守。“藏独”“三股势力”不仅威胁我国边疆安全，也是国际社会的公害。我们可以在全球对话与国际合作的框架内，跳出宗教看宗教，综合运用政治、经济、社会、文化乃至外交、军事手段从源头治理我国边疆宗教的外部问题。

（二）建设边疆宗教治理的社会平台

我国边疆民族地区进入改革开放的“深水区”，传统宗教文化面临前所未有的挑战。边疆宗教问题并不完全是宗教问题，绝大多数是社会问题在宗教领域的折射。我们应改善边疆民族地区社会环境，将敏感的宗教问题还原为普通的社会问题，建立“多元、民主、合作、互助”的社会治理体系。

一是改善边疆地区的社会环境。边疆宗教问题频发，与边疆地区基础设施落后、社会发育程度较低、贫困人口较多等密切相关。宗教问题是标，社会问题是本，只有将边疆宗教治理与边疆政治建设、经济建设、社会建设、文化建设、生态文明建设、党的建设各项事业有机结合起来，才能从根本上解决所谓的“宗教问题”。在宗教影响较大的地区，应保持党组织的先进性，树立党员干部的权威，消除宗教对基层组织的影响；加大基础设施建设力度，加快完善公共服务体系，改善边疆地区出行难、读书难、看病难等民生问题；保护生态环境，因地制宜发展生产；加大精准扶贫力度，逐步消除边疆贫困；提升群众的科学文化水平、思想政治觉悟，培养群众良好的生产生活习惯，弱化宗教对日常生活的影响；开展健康的精神文化活动，坚决抵制封建迷信活动。

二是完善社会参与机制。边疆信教群众与不信教群众相互尊重、彼此信任、合作互惠，携手共同参与边疆宗教治理；加大舆论宣传力度，提升社会大众的宗教鉴别能力；建立疏而不漏的监督网络，使宗教不法分子无处藏身；在宗教问题频发地区设立宗教舆情信息员和志愿者，一旦发现非法宗教活动及时向有关部门报告；在社区配置宗教治理所需的各类资源，加强边疆基层联防机制建设，实施网格化、全方位治理，使非法宗教活动无处容身。将宗教治理纳入新型社会治理模式、社会矛盾多元化调解体系、社会治安综合防控体系和社区动态信息数据库。

三是构建边疆宗教安全的社会屏障。边疆宗教治理是逐步消解宗教与边疆社会张力、促进宗教和谐与社会善治的过程。应拓宽边疆群众尤其是信教群众的利益表达渠道，及时回应、妥善保障其合理利益诉求。全社会齐抓共管，形成合力，斩断非法宗教传输的利益链条，消除非法宗教动员的社会网络。不断提升各类社会组织包括厂矿企业、学校医院、科研院所等应对宗教问题的能力，不断提高边疆群众的宗教鉴别能力，自觉抵制非法宗教活动。

（三）完善边疆宗教治理的自我机制

宗教既是边疆治理的对象也是边疆治理的手段，只有持续不断地自我改革、自我提升、自我完善，边疆宗教才能作为一种良性善治工具促进宗教自身与边疆社会和谐发展。边疆宗教涉及诸多复杂敏感问题，有些问题可以通过政府主导、社会参与来解决，有些问题只能通过宗教自我解决。可以说，边疆宗教治理最终还要通过自我治理机制才能落到实处。

一是加强宗教团体的自我管理。坚持党委政府主导下的宗教社团自治，不可过度授权也不可过度收权。明确宗教协会的监督管理职责，推动宗教组织社团化、管理民主化、活动公开化、财务透明化、人员属地化，根除宗教腐败和极端行为，避免宗教不合理干预社会事务。加强思想建设，将社会主义核心价值体系输入宗教教理教义，开展宗教爱国主义教育，培育边疆信教群众的“四个认同”。加强制度建设，不断提升宗教团体自我管理能力和民主办教水平。加强队伍建设，不断提升教职人员和信教群众的宗教修养、政治素养。加强法制建设和戒律建设，坚决打击各类宗教违法犯罪活动，清除宗教内部的害群之马。

二是培养宗教的社会责任意识，提升宗教的社会服务能力。宗教肩负信仰责任也肩负社会责任，树立良好社会形象的关键在于纯正信仰、服务社会。宗教天然具有社会性和公共性，其介入公共领域的程度与其社会责任密切相关。对于突出的边疆社会问题如吸毒贩毒、艾滋病、贫困问题等，宗教可以通过道德教化、戒律约束、传统习惯、社会网络等实施有效治理。边疆宗教应化“要我治理”和被动治理为“我要治理”和主动治理，积极引导边疆宗教开展公益慈善活动，自觉融入并服务边疆建设。宗教社会服务是其社会责任的外在表达，宗教服务社会的方向直接关系其发展趋势。边疆宗教不只产出信仰理念，更要产出公共服务。

三是构建宗教文化生态网络。边疆宗教治理是治本与治标相结合、治内与治外相统一、务实与务虚相联系的完整谱系。宗教自我治理机制本身是宗教文化生态的组成部分，在其内部应培育宗教宽容精神，消除宗教排外性，破除宗教组织“黑箱”，维护边疆多元宗教和谐共处。在其外部应培育宗教担当精神，消除宗教与外部社会的张力，引导宗教与社会主义社会相适应。只有内部力量与外部力量良性互动形成合力，优化边疆宗教生态环境，才能将宗教问题解决在内部、解决在萌芽，才能为边疆治理奠定坚实基础。

（原文发表于《世界宗教研究》2016 年第 3 期）

不空罥索密法探源

周广荣*

摘要： 不空罥索密法是公元六七世纪兴起于南印度的佛教秘密行法，它是以《不空罥索神变真言经》为经典依据，以不空罥索观自在菩萨为本尊，通过真言、密印、曼拏罗、像法、护摩、瑜伽观行等不同行法的修习，获得种种成就的修习法门。本文指出，从其称名来看，不空罥索密法在很大程度上受到印度教中的湿婆悉昙多教派的影响，其中的药法辗转借鉴中国道教的长生术，尤其是炼丹术，发展出具有中、印两种宗教文化底蕴的秘密行法。此种密法对研究南印度佛教史，研究佛教与湿婆教之关系，以及中印宗教文化交流，都有非常重要的史料价值。

关键词： 不空罥索密法　罥索　湿婆悉昙多　药法　文化汇流

不空罥索菩萨密法是以《不空罥索神变真言经》（Amogha – pā0a – （vikurva5a） – kalpa – rāja）为经典依据，以不空罥索观自在菩萨为本尊，以不空罥索心王母陀罗尼为根本真言，通过真言、密印、曼拏罗、像法、护摩、瑜伽观行等各种行法的修习，而达致成就与解脱的秘密法门。

一　不空罥索菩萨密法的经典文本

从不空罥索菩萨密法的汉译情形来看，它大约出现并流行于六至十世纪间的南北印度，其文本始终处在一个不断变化、发展的过程中。唐阿地瞿多译《陀罗尼集经》卷五收观自在菩萨不空罥索之身印呪、口法印、牙法印、心中心呪四种，云出《不空罥索经》，系《金刚大道场经》菩萨部中的支分经。这说明在《金刚大道场经》最晚成书的六世纪二三十年代，不空罥索菩萨密法即已出现。现存与不空罥索菩萨密法相关的经典可分为如下三类：

其一为根本经典，此本的汉、藏、梵三种文本皆存世。其汉译本较早，先后有四种译本，即隋开皇七年（587）北印度犍陀罗国僧阇那崛多译出《不空罥索咒经》一卷，唐高宗显庆四年（659），玄奘在大慈恩寺弘法院译出《不空罥索神咒心经》一卷，武后大周长寿二年（692），菩提流志译《不空罥索咒心经》一卷，宋施护译《圣观自在菩萨不空王秘密心陀罗尼经》一卷。

其二为大本不空罥索经典，即《不空罥索神变真言经》（Amogha – pā0a – （vikurva5a） – kalpa – rāja）。此本的汉、藏、梵皆存世，汉译本为唐菩提流志译《不空罥

* 周广荣，中国社会科学院世界宗教研究所研究员。

索神变真言经》七十八品，合三十卷。藏译本为《不空罥索详细仪轨王》五十六品，合二十四卷。其梵语写本是近代印度僧人罗睺罗在西藏发现的梵语写本，今存于中国民族图书馆，其内容、结构与藏译本基本相同。藏译本与梵语写本的翻译与写定年代都比汉译本要晚。①

其三为不空罥索密法的别传本，仅存汉译本。除了唐阿地瞿多译《陀罗尼集经》卷五收《不空罥索经》外，又有大周圣历三年（700）岚婆国婆罗门李无谄于洛阳佛授记寺译《不空罥索陀罗尼经》十六品，合一卷；唐长寿二年（692），天竺宝思惟译《不空罥索陀罗尼自在王呪经》（或称《不空罥索心咒王经》）十六品，合三卷。

在上述三类经典中，唐神龙三年（707）至景龙三年（709）间，南天竺菩提流志译出的《不空罥索神变真言经》，是观自在菩萨密法或称莲花部密法中篇幅最长的一部密教经典，标志着不空罥索密法已达到一个非常成熟的阶段。由此可以看出七、八世纪之交不空罥索菩萨密法在印度尤其是南印度传习的盛况。

二 《不空羂索神变真言经》的结构与内容

从其结构上看，《不空罥索神变真言经》各品之间并非逐次递进，前后连贯，完整如一，而是将各种观自在菩萨密法采用平行或支属的方式连缀为一体。因此，准确而言，《不空罥索神变真言经》更像是关于不空罥索密法的丛书。其中的每种秘密行法都包括陀罗尼真言法、印法、坛法、像法，以及药法、宝瓶法等种种成就法。统观全经，基本内容可分为如下几部分：

1. 广大解脱莲华曼拏罗印三昧耶（1—19 品），说广大解脱莲华曼拏罗印三昧耶法。其中，“母陀罗尼真言序品”，叙述佛在布呾洛迦山观自在菩萨宫殿中，观自在菩萨为佛陀说过去劫中从世间自在王如来所得不空罥索心王陀罗尼真言三昧耶法，称修习此法于现世可得二十种功德，命终时现八种瑞相。从《不空罥索神变真言经》的流传与各品间的内容来看，此品出现最早，流传最广，影响最大，是其他各品成立的基础。序品所说长达278 句的不空罥索心王母陀罗尼是统摄全经的核心，也是不空罥索密法成立的基础。

第二、三品说与广大解脱莲华曼拏罗印三昧耶相关的八十余种真言法，第四、五品说与之相关的三十七种曼拏罗印法。第六至十八品分别说“最胜广大解脱莲花曼拏罗”中的种种成就法，如罥索成就、像法成就，护摩成就，灌顶成就，以及不空悉地王成就等。其中的不空悉地王成就法即占了四品的篇幅，自成一体，包括真言，像法，以及不空摩尼香王、金刚摩尼药与如意摩尼瓶等种种三昧耶成就法。

2. 第 20 ~ 29 品是“广大莲华解脱曼拏罗三昧耶”的三种附属或支分秘密行法。其中第 20、21 品说溥遍心印真言三昧耶法，隶属于广大解脱莲花坛印三昧耶法，其溥遍心印真言（18 句）具大神通，依法持诵，可示现不空千手千臂观自在菩萨种种形好神变，且能成就一切出世间、出世间成就。第 22 ~ 26 品说不思议观陀罗尼真言密法，说不思议观陀罗尼真言密法，包括真言、真言观、曼拏罗法、护摩法与像法。此法全称“一切不空如来出世最上广大解脱莲花秘密心王神通坛印三昧耶中不思议观陀罗尼真言三昧耶”。

① （日本）密教圣典学会：《不空罥索神变真言经梵文写本影印版》，东京：大正大学综合佛教研究所 1997 年版。

第 27 ~ 29 品说一切菩萨敬礼解脱三昧耶真言密法，包括真言法、印法与曼拏罗法三部分。

3. 根本莲花顶陀罗尼真言三昧耶（第 30 ~ 40 品）。根本莲花顶陀罗尼真言三昧耶法，全称“不空罥索心王陀罗尼真言三昧耶中根本莲花顶陀罗尼真言秘密心印溥遍幻化观大曼拏罗广大神变最上三昧耶”，是与前述“广大解脱莲花坛印三昧耶法”并列的秘密法门，依次包括真言法，成就法（世间成就法、药成就法与护摩成就法），印法，曼拏罗法与像法等。①

4. 不空王神通解脱心陀罗尼真言曼拏罗印三昧耶法（第 41 ~ 46 品）

说不空王神通解脱心陀罗尼真言曼拏罗印三昧耶，依次出其真言、本尊、观行法、供养法、灌顶法、药法、香法、摩尼法、坛法与种种像法。从其名称上推断，此密法或与前述根本莲花顶陀罗尼真言三昧耶法、广大解脱莲花坛印三昧耶法并列，经文称此法能大成显广大解脱莲华曼拏罗印三昧耶。

5. 不空大奋怒王真言三昧耶法（第 47 ~ 51 品），说不空大奋怒王真言种种三昧耶法，包括真言法、曼拏罗法与印法。

6. 央俱舍真言三昧耶法（第 52—77 品），说三种央俱舍真言密法，经文虽称其为广大解脱莲花曼拏罗三昧耶法之支分，但从其内容来看，应该是与之并行的密法。央俱舍（aśkuśa），意译钩、钩召，是与罥索相类似的法具。

其中，第 52 ~ 57 品说不空广大明王央俱舍真言三昧耶法，包括不空广大明王央俱舍真言、行法与功德，广大明王摩尼曼拏罗法，广大明王央俱舍真言三昧耶用于息灾、增益、调伏时的观行法，以广大明王央俱舍真言加持成就种种药物法，不空广大莲华央俱舍曼拏罗印三昧耶法，以及不空广大明王观自在像法。

第 58—66 品说不空大可畏明王央俱舍真言三昧耶法，包括不空大可畏明王央俱舍真言，曼拏罗印三昧耶成就法，燃顶香王三昧耶，神通阿伽陀药（agada，不死之药）三昧耶，护摩安稳三昧耶，斫刍阿伽陀药三昧耶，神变阿伽陀药三昧耶等种种成就法，大可畏明王观自在菩萨像法，以及曼拏罗三昧耶。

第 67—77 品说不空清净莲华明王央俱舍真言三昧耶法，内中有真言法，灌顶法，摩尼供养法，祈雨法，还有清净莲华明王像法、曼拿罗法、瑜伽观法与供养念诵法等。

7. 第 78 嘱累品总结全经，称本经为观自在菩萨最极甚深秘密法藏，是一切如来种族通用秘密大曼拏罗印藏三昧耶处，一切有情趣大菩提出生死处，由此勉励行者受持读诵恭敬供养此《不空罥索神变真言经》。

三 《不空罥索神变真言经》的思想基础

《不空罥索神变真言经》七十八品所宣说的各类密法约有几十种，每一种密法都被冠以三昧耶之名，如上文所列广大解脱莲华曼拏罗印三昧耶、根本莲花顶陀罗尼真言三昧耶、央俱舍真言三昧耶法等几部体系庞杂的秘密行法，还有罥索三昧耶、轮罥索三昧耶、莲花罥索三昧耶、金刚杵罥索三昧耶、摩尼宝索三昧耶、剑罥索三昧耶、龙罥索三昧耶等具体的秘密行法。其他，诸如真言法、曼拏罗法、印法、成就法、像法等都被称为三昧

① 在顶髻类密法中，常见的有佛顶密法、金刚顶密法，菩萨顶或莲花顶密法尚未见载于其他密教经典，根本莲花顶陀罗尼真言三昧耶堪为莲花顶密法的特例。

耶。三昧耶（samaya）一词，意义甚多，仅常见的就有时、会、宗、平等、誓愿、惊觉、除垢障等，结合三昧耶在本经中出现的情况，其诠表的意义应该是不二平等、如如义，即不管是体系庞杂的三昧耶，还是具体而微的三昧耶，它们都是表示理事相即，真实不虚的成就法门。

从称名上来看，《不空罥索神变真言经》与《大毗卢遮那成佛神变加持经》都是神变（vikurvita）或神变加持（vikurvita - adhi = 6hāna）类的密典，二者都属真言类密教经典，所宣说者都是真言教法。就其渊源来看，二者都是形成于七八世纪之交的南印度地区，分别由两位在此游学甚久的菩提流志与善无畏传译至汉地。如果更进一步比较两部密典的思想内容，其相通之处更为明显。

《不空罥索神变真言经》卷二十三“陀罗尼真言辩解脱品”：“一切法本，无色无行，离诸染着，心不住内外，不在两间，内外两间亦不可得。本自清净，平等无二，舍无我心，……何以故？心前中后际不可得故。”①

《大日经》卷一“入真言门住心品”：“自心寻求菩提及一切智，何以故？本性清净故，心不在内，不在外及两中间，心不可得。”②

上列两段文句有不少相同之处，这种法本清净，不住内外，平等无二的思想都是来自《大般若经》，与玄奘译《大般若波罗蜜多经卷第五百七十》第六分“现相品”第八所述颇为一致：

如是菩萨行深般若波罗蜜多，方便善巧，心无所缘，亦无所住。……心不在内，亦不在外，不在两间；心不缘法，亦不缘智，不住三世，不住离三世。③

另外，《不空罥索神变真言经》卷三十“根本莲华顶陀罗尼真言品”说种种法数：

自如实观一切法性无所执着，亦劝他观一切法性无所执着，亦复不住自性自相，若动若住不可得故。所修四正断时，于诸未生恶不善法，为不生故，于诸已生恶不善法，为永断故，未生善法为令生故，已生善法为令安住，不忘增广倍修满故。所修四神足，修欲三摩地时，断行离依成就神足，修勤三摩地时，断行离依成就神足，修心三摩地时，断行离依成就神足。修观三摩地时，断行离依成就神足。以无所得为方便。④

此段以下说修四正断、四神足、五根、五力、七觉支、八圣道、三解脱、三摩地、十一智、四无畏、四无碍解、十八不共法等，与《大品般若经》卷十九“广乘品”所说诸法数相类。

要之，就其思想渊源言之，《不空罥索神变真言经》与《大毗卢遮那成佛神变加持经》一样，都与《大品般若经》所宣说的诸法性空思想相通。⑤

四　不空罥索菩萨密法与湿婆悉昙多派的“罥索”思想

罥索（paOa）本义为古代印度人在战争中或狩猎时捕捉人马或猎物的绳索，这没有

① 《大正藏》第二十册，第299页。

② 《大正藏》第十八册，第1页。

③ 《大正藏》第七册，第946－947页。

④ 《大正藏》第二十册，第313页。

⑤ 高观如：《不空罥索神变真言经》，载中国佛教协会编《中国佛教》第二辑，知识出版社1980年版。

什么疑义。但不空罥索菩萨密法为何以罥索命名，罥索一词在佛教语境中有什么特殊的涵义？检索大藏经可以看出，罥索在佛典中通常是作为一种系缚、摄取敌人或众生的武器。

1. 佛陀耶舍共竺佛念译《佛说长阿含经》卷第二十一“第四分”《世记经》“战斗品”：时帝释……，自出天宫与阿须伦往斗，所谓严兵仗、刀剑、鉾矟、弓矢、斲釿、钺斧、旋轮、罥索，兵仗铠器以七宝成。①

2. 罽宾国三藏般若奉诏译《大方广佛华严经》卷第三十三“入不思议解脱境界普贤行愿品”：“善知识者，犹如罥索，能摄众生入佛智故。”②

3. 罽宾国三藏般若奉诏译《大方广佛华严经》卷第三十五“入不思议解脱境界普贤行愿品”：“菩提心者，犹如罥索，摄取一切所应化故。”③

4. 善无畏共沙门一行译《大毘卢遮那成佛神变加持经》卷第一“入真言门住心品”：“云何罥索心，谓一切处住于我缚为性。”一行注云：“罥索是菩提心中四摄方便，以此执系不降伏者，以利慧刃，断其业寿无穷之命，令得大空生也。”④

在《不空罥索真言神变经》中罥索尤其受到特别的关注，此密法的本尊称为不空罥索观自在菩萨，第五罥索品专门讲修治不空王八种罥索三昧耶，即罥索三昧耶、轮罥索三昧耶、莲花罥索三昧耶、金刚杵罥索三昧耶、摩尼宝索三昧耶、剑罥索三昧耶、龙罥索三昧耶，以及大自在天三叉戟罥索三昧耶，此八种罥索密法中都谈及不同的罥索合成方法：

八罥索名称	罥索合成法
罥索	用莲荷茎丝、杜仲木丝、素迦木丝、树皮丝、蚕丝，如法治练，……诵母陀罗尼真言秘密心真言，加持五丝一百八遍。……合持索股长为一条，勿别为股，覆迭八股，长十六肘，合成罥索。
轮罥索	取莲荷茎丝、杜仲木丝、蚕丝，如法治练。……诵母陀罗尼真言秘密心真言，加持三丝一百八遍。……合持索股，长为一条，勿别为股，覆迭三股，长三十六肘，合成罥索
莲花罥索	取莲荷茎丝、蚕丝，清净治练，……加持其丝，合持罥索，股长一条，勿别为股，覆迭三股，长二十一肘，合成罥索，染作青色。
金刚杵罥索	取树皮丝、白氎线、蚕丝，清洁治练，作曼拏罗，作法加持丝。合持罥索，股长一条，勿别为股，覆迭三股，合成罥索。
摩尼宝索	红线罥索，准前作法，建曼拏罗，加持其线，合持索股，长为一条，勿别为股，覆迭三股，长二十一肘，合成罥索。
剑罥索	用杜仲木丝、蚕丝、树皮丝，精洁治练，作曼拏罗，加持于丝，合持索股，长为一条，勿别为股，覆迭三股，长十六肘，合成罥索。
龙罥索	用五种丝，染作五色，建曼拏罗三昧耶，真言持丝，合持索股，长为一条，勿别为股，覆迭三股，长十六肘，合成罥索。
大自在天三叉戟罥索	取生牦牛尾，生童男头发，五净净治，建曼拏罗，真言加持索股，长为一条，勿别为股，覆迭三股，长十六肘，合成罥索。

由此可见，罥索在不空罥索菩萨密法中具有非常殊胜的位置，它为何受到如此重视呢？其

① 《大正藏》第二十一册，第144页。

② 《大正藏》第十册，第812页。

③ 《大正藏》第十册，第826页。

④ 一行：《大毘卢遮那成佛经疏》卷第五“入漫荼罗具缘品之余”，《大正藏》第三十九册，第633页。

思想渊源何在？倘对产生不空罥菩萨密法的时代与地域作深一步的探究，会发现不空罥索密法中的罥索应该与彼时彼地流行的湿婆悉昙陀教义密切相关。换言之，不空罥索密法中罥索之宗教蕴含，极有可能是受了5—6世纪以来流行于泰米尔地区的湿婆悉昙多教义的影响。

湿婆悉昙多派是流行于泰米尔语地区的湿婆派支脉，除了承认二十八部湿婆阿笈摩的权威，他们也承认大量的泰米尔语钞本，称其为“泰米尔语吠陀”。在其神学思想中，湿婆悉昙多派认为有三种终极实在，或称常住不灭的真实，即主尊、众生与物质世界。这三种真实分别被冠以Pati，Paśu与Pāśa之名。近代欧洲著名梵学家简·恭达（Jan Gonda）在其《中世纪宗教文献》中，曾这样解释他们之间的关系：“世界是主尊（Pati）以其意念之力（śakti）为工具因，以摩耶（Māyā）为质料因，创造和合而成，是真实不虚的。他创造世界的主要目的在于解放无始以来的众多灵魂，他们被视为罥索（Pāśa）系缚的牲畜（Paśu），因为染浊（mala）或称精神上的无知，而挣扎于各种业行之中。”①

在湿婆悉昙多的根本经典中，此派学者曾专门对三者的本质与相互关系作过讨论，如麦堪达尔（Meika57ār）所著《湿婆智慧证悟》（_ ivajJHJāna Bodham）即对Pati，Pa0u与Pā0a之存在给予逻辑上的论证，并揭示其本质与相互关系。麦堪达尔的弟子湿婆师阿鲁哩难敌（Aru8nandi _ ivācāriyār）也在其《湿婆智慧成就》（_ ivajJHJāna Siddhiyār）中指出，要想把握关于Pati，Paśu与Pāśa的真知，修行者首先要了解关于理性的规则与定律。由此可见，湿婆悉昙多不仅把Pati，Paśu与Pāśa作为最高的真实存在，还把与他们相关的知识称为最高的智慧与学问，掌握了他们就能获得解脱。

由此可见，不空罥索密法中的罥索应该是借鉴或承袭了湿婆悉昙多教派教义中“罥索”之宗教意义，除了时间与地域上的便利之外，观自在与湿婆之间的诸多相通之处，也容易让人将二者联系起来，上面所列举的”大自在天三叉戟罥索三昧耶“即是很好的例证。②

五　《不空羂索真言经》中的“药成就法”

在七十八品之巨的《不空罥索神变真言经》中，讲药成就法的就有八品，依次为金刚摩尼药品、莲华顶阿伽陀药品、溥遍轮转轮王阿伽陀药品、如意阿伽陀药品、广大明王阿加陀药品、点药成就品、斫刍眼药成就品、神变阿伽陀药品，其篇幅占了十分之一多，各品的具体内容不一，不过都是讲药物的合成与功效。那么，不空罥索菩萨密法中的药成就法何以如此重要？

检讨印度古代药学史，其传统药学通常分为三大派系，即阿尤吠陀派、希腊—罗马派，以及悉陀派。

阿尤吠陀派（yurveda），或称生命吠陀派，此派医学是最具本土特色的药物学流派，

① 简·恭达（Jan Gonda）：《印度文献史》卷二《史诗与梵语宗教文献》（Epics and Sabskrit Religious . literature）第一分册《中古梵语宗教文献》（Medieval Religious Literature in Sanskrit. Wiesbaden：Otto Harrassowitz，1977.）第十章“湿婆教”，第159页。

② 黄柏棋：《自在，大自在与观自在：印度教与佛教之相互影响》（īśvara，Maheśvara and Avalokiteśvara：Hinduism and Buddhism in Interaction），《第六届印度学研讨会论文集》，南华大学，2013年12月。

其时代可以推溯到公元前数个世纪，在阿尤吠陀中，仙人们具有强烈的信念，即认为他们拥有不死的肉身，自我是可以常住不灭的。相传其经典为《遮罗迦本集》（Caraka Sa3hitā）与《妙闻本集》（Su0ruta Sa3hitā），大约出现于三、四世纪间。据说他们的医学理念是基于数论派与正理—胜论派而形成的，比如他们的五大说（PaJHJca - bhūtas，地、水、火、风、空），六味说（ = a7 - rasa），三病说（Tri - do = a 三垢）等。

希腊—罗马派（Greco - Roman）或称为 Unāni 药学，相传源自希腊，是十二三世纪传至印度，繁荣于莫卧尔王朝，是综合希腊药学与印度药学相结合的产物。

悉陀派（Siddhas），或称悉陀医学，是由南印度的泰米尔仙人成就者（Siddhaka，悉陀师）发展出的医学理念与实践。他们以植物、水银、硫磺、金属、矿物与盐等为原料，通过缜密的瑜伽行法，发展出不同的药物合成体系。与吠陀时代的仙人们不同，悉陀师并不认为他们拥有不死的肉身与常住不灭的自我，他们认为肉身的坏灭是不可避免的，于是通过各种成就法的修行，即通过炼取各种长生之药，使自己能暂时克服死亡，延长生命的寿限。

据目前保存的文献与后人的研究，悉陀药学主要流行于泰米尔语地区。根据泰米尔传统，悉陀药学的发端与发展应当归功于十八位悉陀师，这十八悉陀师的名字是有记载的，他们的名字在不同的传承与记载中略有差异，所有的记载都把阿格斯地亚尔（Agastyār）、提鲁牟拉尔（Tirumūlar），与朴葛尔（Bhogar）作为三位最早的悉陀师。三位悉陀师生活的具体年代无法确定，后人综合多方面的因素，认为阿格斯地亚尔与提鲁牟拉尔大约活动于四至五世纪，朴葛尔可能是五至六世纪的悉陀师，其余的十五位就更晚一些。

朴葛尔是一位非常值得关注的悉陀师，传说他是一位来自中国的佛教徒，约于公元六世纪前后到达印度，曾参访过佛陀伽耶与华氏城，后来终老于印度。值得关注的是，朴葛尔把中国的炼金术，包括炼丹理论与实践，带到印度。公元五、六、七世纪，正是印度的密教或称怛特罗教形成的时期，朴葛尔所传的炼丹术在怛特罗教的形成过程中产生了重要的影响。

朴葛尔是一位精于《真言论》（Mantra0āstra）的怛特罗师，又是精于医药的医方悉陀师，他定居于泰米尔纳都（Tamil Nadu）的巴尔尼山（Pāl5i hill），创立了崇拜湿婆之子木卢迦（Muruga，或称妙梵 Subrahma5yā）像的崇拜仪式。在这种仪式中，修行者要利用包括砒礵在内的九种毒物（Pā = ā5as），冶炼合成新的药物。巴尔尼是泰米尔地区朝拜者的中心之地，当地的木卢迦信仰非常兴盛，且颇有神力。据说朴葛尔本人已获得长生不老之术，由此被后代的悉陀师崇拜。①

在泰米尔地区有一句格言：医者，丹家之子也。由此可以看出悉陀药学与炼丹术之间的关系。据相关研究，泰米尔的悉陀医学吸收中医的阴阳理论，汞、硫黄及其合成朱砂（cinnabar，硫化汞）术，以及采择长生不死药草的技术。在中医理论与技术向印度传播的过程中，印度的译经僧人与中国的求法僧人，发挥了关键性的作用。约在后笈多王朝时代，即六世纪之后的三四个世纪里，也是印度秘密佛教蓬勃发展的历史时段，中医理论与实践不断被悉陀医学吸收融合，比如水银被视作湿婆之男性创造力的源泉，硫黄则被视为

---

① 刘英华：《八支心要集传承与传译》，中国社会科学院梵文研究中心编《第三届梵学与佛学研讨会论文集》（2011 年 10 月）；K. L. 塞西吉利·饶（K. L. Seshagiri Rao）主编：《印度教百科全书》（Encyclopedia of Hinduism，India Heritage Research Foundation，USA，2010）相关条目。

其配偶夏克蒂（_ akti）或天女（Devī）之力量源泉。除外，在怛特罗教（Tāntrika）画像法中，还有通过阴阳交合获得八种神圣力量的说法，即所谓“微细等八成就法”（a5imādi a =6asiddhi – s），包括：微细（a5imā）、宏大（mahimā）、御风（laghimā）、舒展（garimā）、如意得（prāpti）、离欲（prākāmyam）、驭众（ > 0itvam）与降伏（va0itvam）。

在对悉陀药学有了如许的了解之后，再来看不空罥索密法中的诸种药成就法，很容易发现二者在内容上的相通之处，如《不空罥索神变真言经》卷第二“秘密心真言品”：“如是真言（眼药真言）三昧耶，雄黄、牛黄各一分。青优钵啰花、海末，二物各数十二分。精治研之石蜜和，清水和研加持用。点眼眼眵医瞙除，诸佛观自在皆欢喜。诸恶鬼神不相障，梦恒吉善眼根净。”① 这里的眼药合成术以雄黄与牛黄为主要原料，二者都是中医常见的药物。

《不空罥索神变真言经》卷第七“护摩增益品”载成就光焰药法，是以雌黄、雄黄为点身药，精治别盛容器内，置于曼荼罗坛内。持诵母陀罗尼真言广大明王央俱舍真言，加持其药，令其现暖烟光相，名成就光焰药法。用这种药点额点眼，点两肩上、二手掌上，便证不空光焰药神通三昧耶，可寿增千岁。雄黄与雌黄都是丹家常用的原料，其成分以硫化物为主，它们在不空罥索密法中的频繁出现，也足以证明不空罥索密法中的药成就法与悉陀医学间的密切关系。

最后，还可以通过《不空罥索真言加持经》“祈雨法品”中的长生观念看出不空罥索菩萨密法与悉陀药法之间的关系：“又法于龙湫汧作四肘坛，如法泥涂，置像坛中，像前加持七枚欢喜团（mahotikā，欢喜丸，和众味而成）一千八遍，掷置湫中。准前称龙王名，诵念真言一千八遍，则得龙王变作童子，半身出现，……重复告言：为我溥遍赡部洲中降大甘雨，令诸苗稼溥大滋泽，一切众生得大安乐！是时，童子白真言者：与我延年甘露上药！真言者语：汝当受取延年七药。”② 这段文字中所说的“延年甘露药”正是悉陀药学派追求长生观念的体现，二者在相同时空的交汇出现，正说明不空罥索密法对悉陀药学的借鉴与发展。

结语

长期以来，学界通常认为印度是佛教的发源地与输出方，中国则是佛教的传播地与输入方，不管是印度佛教征服中国，还是中国吸收、融摄印度佛教，其前提都是认为佛教在印度与中国之间的传承或传播是单向的。自上世纪末以来，始有学者从中印佛教文化交流间的史实出发，提出中印佛教文化交流间的“倒流”与“汇流”问题，即认为在佛教发展史上，中国与印度之间的宗教文化交流（不管是物质层面，还是思想层面）是双向的，印度佛教与中国佛教之间存在相互影响、相互借鉴的情形。③ 由《不空罥索神变真言经》

① 《大正藏》第二十册，第238页中。

② 《大正藏》第二十册，第388—389页。

③ 季羡林：《交光互影的中外文化交流》，文载中国文化书院讲演录编委会《中外文化比较研究》（中国文化书院讲演录第二集，1988）。方广锠：《从药师佛谈起——兼论佛教疑伪经与佛教发展中的“文化汇流”》，《人文宗教研究》总第五辑，北京：宗教文化出版社2015年版，48—78页。

所载种种不空罥索菩萨密法可以看出，七、八世纪之交印度尤其是南印度地区不空罥索菩萨信仰全面繁荣的盛况。可以说，不空罥索密法在很大程度上受到印度教中的湿婆悉昙多教派的影响，而在其种种成就法中，又曾借鉴中国道教的长生术，尤其是炼丹术，发展出具有中、印两种宗教文化底蕴的修习法门。因此，《不空罥索神变真言经》对研究南印度佛教史，研究佛教与湿婆教之关系，以及中印宗教文化交流，都有非常重要的史料价值与意义，值得作进一步深入研究。

（原文发表于《世界宗教研究》2016 年第 2 期）

宋元明清肖像式妈祖图像的综合考察

肖海明*

摘要： 本文对历代肖像式妈祖图像进行了全面系统的梳理，探索了历代妈祖图像的特点及变迁轨迹，同时聚焦于两个学界比较有争议的问题，提出了自己的观点。如针对“青圭蔽朱旒”问题的争议指出：南宋封妃之后出现的“青圭蔽朱旒”的妈祖图像，在历代妈祖图像的发展中一直延续下来，成为肖像式妈祖图像发展的主线。又如针对清代以来世界各地妈祖庙宇十分流行的凤冠冕板式妈祖图像指出：凤冠冕板式妈祖图像是“后”与“帝”的完美结合，使妈祖既保留了女性最高神的特性，又具有帝王的身份，与男性的封“帝”神祇取得同等的地位。妈祖在清代头戴冕旒的形象，实际上是妈祖具有“帝”的身份的隐喻。

关键词： 肖像式　妈祖　图像

一　宋元明清肖像式妈祖图像的传承与变迁

妈祖信仰自北宋产生以来，历代留下了大量的各类文献资料，但有关描述妈祖形象的资料却非常少，这给了解早期妈祖形象造成了极大的困难。宋代文献中的妈祖早期身份是一个巫女，如廖鹏飞《圣墩祖庙重建顺济庙记》所载：“独为女神人壮者尤灵，世传通天神女也。姓林氏，湄洲屿人。初以巫祝为事，能预知人祸福。”① 黄公度的《题顺济庙》诗中有：“平生不厌混巫媪”之句。黄岩孙的《仙溪志》中记妈祖为：“本湄州林氏女，为巫，能知人祸福，殁而人祠之，航海者有祷必应。”类似的记载还有不少，但这只能证明妈祖的出身是巫女，并没有提到妈祖的形象。福建仙游人廖鹏飞于南宋绍兴二十年（1150）所作的《圣墩祖庙重建顺济庙记》是迄今所见最早的一篇有关妈祖身世和信仰起源的重要碑记，其中多处提到一些早期妈祖形象的信息。现将有关的记载摘录如下：

> 元祐丙寅岁，墩上常有光气夜现，乡人莫知为何祥。有渔者就视，乃枯槎，置其家，翌日自还故处。当夕遍梦墩旁之民曰：“我湄洲神女，其枯槎实所凭，宜馆我于墩上。”父老异之，因为立庙，号曰圣墩。岁水旱则祷之，疠疫祟则祷之，海寇盘亘则祷之，其应如响。故商舶尤藉以指南，得吉卜而济，虽怒涛汹涌，舟亦无恙。宁江人洪伯通，尝泛舟以行，中 途遇风，舟几覆没，伯通号呼祝之，言未脱口而风息。

---

* 作者：肖海明，1970 年生，中山大学人类学博士，中国社会科学院宗教学博士后，广东省博物馆研究馆员、副馆长。

① 蒋维锬、郑丽航辑纂《妈祖文献史料汇编》第一辑碑记卷，中国档案出版社 2007 年版，第 1 页。

既还其家，高大其像，则筑一灵于旧本文系中国博士后科学基金面上资助“妈祖图像研究”（2014M550980）的阶段性成果。

庙西以妥之。宣和壬寅岁也，越明年癸卯，给事中路允迪出使高丽，道东海，值风浪震荡，舳舻相冲者八，而覆溺者七，独公所乘舟，有女神登樯竿为旋舞状，俄获安济。因诘于众，时同事者保义郎李振，素奉圣墩之神，具道其详，还奏诸朝，诏以“顺济”为庙额。……

今神居其邦，功德显在人耳目，而祠宫褊迫，画像彤暗，人心安在乎？……于是乐书其事，继以《迎》、《送》二章，使乡人歌而祀之：神之来兮何方？戴玄冠兮出琳房，玉鸾佩兮云锦裳，俨若存兮燕幽香。……①

上引碑文先讲述了著名的枯槎显圣的故事，后世流传的以漂流神木雕刻妈祖像的传说应受此故事影响很大，也暗示了早期以木头雕刻妈祖神像的传统。碑文接着讲述了洪伯通的故事中有“高大其像”的记载，下文中还有“祠宫褊迫，画像彤暗”的记载。碑文中讲述路允迪出使高丽之事时，明确记载妈祖形象为“有女神登樯竿为旋舞状”，这应是有关妈祖形象的最早、最具体的描述。上引碑文最后还记载妈祖形象为“戴玄冠兮出琳房，玉鸾佩兮云锦裳，俨若存兮燕幽香。”从“玄冠”、“琳房”等词句来看，似乎带有道教的色彩。

上述有关妈祖形象的最早记载还是给人模糊不清的印象，所幸福建莆田市博物馆藏有一尊被鉴定为南宋的妈祖木雕神女像（图 1），与所藏其余两尊南宋妈祖木雕夫人像和神妃像均来源于莆田市仙游枫亭的灵应堂。该木雕神女像高 20. 3 厘米，底部最长 9 厘米，最宽 3. 3 厘米；像呈坐姿，头盘高髻，圆润端庄，有唐代遗风；身着长衣长裙，腰束带，自然下垂，线条优美；两手一前一后，似旋舞状，神态活泼；两臂和右耳饰缺失，鞋尖也有磕损，油漆剥落，还有一些轻微的虫蛀朽坏之处，但总体来看此像身形偏瘦、线条简洁、平淡自然，典雅简朴，雕刻技艺高超，具有宋代雕塑艺术风格。

此尊妈祖木雕神女像最引起笔者注意的是其两手一前一后，似旋舞状的造像姿态，这与廖鹏飞于南宋绍兴二十年（1150）所作的《圣墩祖庙重建顺济庙记》中“有女神登樯竿为旋舞状”的记载相吻合，也与文献中记载妈祖出身为“里中巫”的身份相吻合。因此，此像无疑是研究早期妈祖造像重要的实物证据之一。

从南宋开始，由于对海运和海上贸易的依赖，妈祖开始受到南宋朝廷的重视，于南宋绍兴二十六年（1156）迎来了朝廷对妈祖的第一个夫人封赐，《宋会要》（礼）二十“神女祠条”记载：“高宗绍兴二十六年十月，封灵惠夫人。”其后又经历了三次夫人的封赐，封号加至“灵惠、昭应、崇福、善利夫人”。关于妈祖在南宋封为夫人的形象，文献中也没有记载，但现存的两尊鉴定为南宋的夫人造像为我们提供了重要的实物例证。

第一尊为现藏于莆田市博物馆的南宋妈祖木雕夫人像（图 2），来源于莆田市仙游枫亭的灵应堂。硬身木雕像，像高 42. 7 厘米，底部长 17. 5 厘米，宽 15 厘米；坐姿，束高髻，髻由五瓣组成，额头开阔，面相丰腴内敛，略含笑意，神态逼真；身着宽袖长袍、腰系玉带，双手并拢于腹前，表面有红、金色漆残迹；像虽有虫蛀、裂痕等存在，但整尊雕像儒雅娴静、线条流畅自然，有较高的艺术水平。

---

① 《妈祖文献史料汇编》第一辑碑记卷，第 1—2 页。

第二尊为现供奉于莆田市区文峰宫内的南宋妈祖木雕夫人像（图3），相传是南宋名相陈俊卿所建白湖庙的原物。为樟木硬身像，高73厘米，长28厘米，宽24厘米；坐姿，头梳宋人沿袭五代时的髻式三丫髻[①]，高额，垂耳，面部圆润，略带微笑，亲切自然；身着彩袍，云肩，腰系玉带，衣纹线条简洁，刀法洗练；像原有彩绘，日久油漆剥落，底座有部分朽损。整尊造像活泼慈和，具宋代雕像的典型特征。

南宋绍兴二十六年妈祖首封夫人，三十多年后的绍熙四年，妈祖的封号又升格为妃，《宋会要》（礼）二十一“顺济庙条”，作为白湖的封赐记载：“绍兴（熙）四年（1193）十二月，封灵惠妃。”又有记载认为封妃是绍熙三年（1192）[②]，据宋光宗封灵惠妃的制诰《兴化军莆田县顺济庙灵惠、昭应、崇福、善利夫人封灵惠妃制》记载：敕：明神之祠，率加以爵；妇人之爵，莫及于妃。倘非灵响之著闻，岂得恩荣之特异。其某神，壶彝素饬，庙食益彰，居白湖而镇鲸海之滨，服朱衣而护鸡林之使，舟车所至香火日严。告赐便蕃，既极小君之宠；祷祈昭答，遂超侯国之封。仍灵惠之旧称，示褒崇之新渥。其祗朕命，益利吾民。[③]

由上文记载可知，妃是宋代女神的最高封号，妈祖因其“灵响之著闻”，得到了妃的封号，是“恩荣之特异”的。“服朱衣而护鸡林之使”第一次具体地指明了妈祖服朱衣的形象，“护鸡林之使”指的是北宋宣和五年路允迪出使高丽一事，可见妈祖服朱衣救护海难的传说已经流传很久了。皇帝的制诰里提到服朱衣救难之事，显然对后世产生了很大的影响。前述现藏于莆田市博物馆的南宋妈祖木雕夫人像上就有红、金色漆残迹。妈祖封妃之后形象上出现了一个重要的变化，就是刘克庄《白湖庙》诗中提到的“青圭蔽朱旒”。《白湖庙》诗中云：“灵妃一女子，瓣香起湄洲……驾风樯浪舶，翻筋斗千秋……封爵遂綦贵，青圭蔽朱旒。”[④] 可见妈祖封妃之后，随着地位的尊贵，出现了手执青圭，头戴冕旒的高贵形象，这种形象成为了妈祖封妃、封后之后的惯常形象。

莆田市博物馆收藏有一尊被鉴定为南宋的妈祖木雕神妃像（图4），也来源于莆田市仙游枫亭的灵应堂。硬身坐像，高28.8厘米，底部长12.5厘米，宽8.7厘米；头戴冕冠，手执玉圭（圭缺失），脸庞清秀，面容慈和；身着长袍长裙，肩披霞帔，飘带与袍服齐平，屈膝坐于宝座 之上；右耳饰、冠等都有缺损，油漆脱落，但整尊雕像线条流畅，神态端庄，清秀雅致，具有宋代雕塑风格。此像是目前所知最早的体现“青圭蔽朱旒”妈祖形象的实物例证，对研究妈祖的早期形象有重要意义。

综观宋代的妈祖图像，从文献的记载来看，经历了“旋舞状”“服朱衣”到“青圭蔽朱旒”的转变，从现存文物来看，经历了从神女造型、夫人造型到戴冕冠、执青圭造型的转变。宋代文献中虽然关于妈祖形象的文献很少，但从文献记载来看，基本上与实物雕像是相应的。

元代是妈祖海神地位得以提升的重要阶段，妈祖在元代成为国家漕运最尊贵的护佑神，为了适应这种地位的提升，妈祖来历出身的传说也开始从民女向官家转化，甚至有些文献将妈祖的出身神圣化，如黄四如《圣墩顺济祖庙新建蕃里殿记》：“按旧记，妃族林

① 周锡保：《中国古代服饰史》，中国戏剧出版社2002年版，第307页。
② 李献璋著，郑彭年译《妈祖信仰研究》，澳门海事博物馆，1995年，第99页。
③《妈祖文献史料汇编》第一辑档案卷，第1页。
④《妈祖文献史料汇编》第一辑诗词卷，第6页。

氏，湄洲故家有祠，即姑射神人之处子也。泉南、楚越、淮浙、川峡、海岛，在在奉尝；即补陀大士之千亿化身也。”说妈祖是姑射神人之处子，观音大士化身。该文后附的诗中还提到了妈祖的形象：“福地仙居，珠帘玉坐，帝子天孙，容卫右左。”① “珠帘玉坐”说明了当时的妈祖仍然沿袭了宋代“青圭蔽朱旒”的形象。《夷坚续集》“崇福夫人神兵”条记载：“广州城南五里，有崇福无极夫人。……庙之后宫，绘画夫人梳装之像。”这里指出了广州城南的妈祖庙里有妈祖梳妆的画像，但具体的形象却没有记载。元代周伯琦《台州路重建天妃庙碑》记载：“乃以吉13，迎置神像，冠服尊严，绘饰炳焕，络绎瞻仰，且骇且欣……广莫兮披披，纷珠盖兮拂虹霓，左天吴兮右冯夷。”②这里提到当时的新神像身着冠服，装饰一新，从所引诗句来看，妈祖也是戴冕旒，披长袍、左右护卫侍立的形象，遗憾的是到目前为止还没有找到一幅真正令人信服的元代妈祖图像。

明代的妈祖文献中对妈祖形象记述最为详细的当属明永乐年间的《太上老君说天妃救苦灵验经》了，该经先在《启请咒》中描述妈祖为：“头戴花冠乘凤辇，身披晕服仗龙形，东列西华排鬼将，南征北讨助神兵。剑佩斗牛光凛冽，简书敕命扫妖精。”后又以老君封赐的形式，“赐（妈祖）珠冠云履，玉佩宝圭，绯衣青绶，龙车凤辇，佩剑持印。前后导从，部卫精严，黄蜂兵帅，白马将军，丁壬使者，柽香大圣，晏公大神。有千里眼之察奸，顺风耳之报事。青衣童子，水部判官，佐助威灵，显扬正化。”③ 从太上老君封赐的妈祖服饰来看，戴珠冠，踏云履，佩玉佩，执宝圭，绯衣青绶，龙车凤辇，佩剑持印。仍然延续了南宋封妃以来“青圭蔽朱旒”的传统形象。明代的扬州天妃宫妈祖神像为：“冠裳朝天之仪，巍然高博。”④ 虽然明代文献中记载妈祖形象的不多，但传世的妈祖图像作品却种类丰富，技艺高超，给人耳目一新之感。

明代的妈祖图像最显著的差别在妈祖头上的冠饰方面，本文以冠饰的差别，将明代的妈祖图像分为四类，即：冕冠类、凤冠类、梁冠类、高髻类。下面将分别举例叙述。

1. **冕冠类**

明代冕冠类妈祖图像中较著名的有仙游坝垅宫明代金漆木雕妈祖像、现藏于福建博物院的明代德化窑陶瓷妈祖像、台湾的明代崇祯妈祖像等。

仙游坝垅宫明代金漆木雕妈祖像（图5），原藏于仙游城关坝垅宫，高35厘米，宽14.5厘米，厚12.5厘米。通体髹金，底座漆红，线条流畅，体态端庄慈祥。妈祖头戴冕冠，垂旒无存，冠沿有为垂旒做洞的痕迹。肩披霞帔，拱手持圭（圭无存），脸型较为瘦长。神像衣袍上塑有精美的图案。整体来看，此像动态感强，制作工艺娴熟，具有明代的雕塑风格。

现藏于福建博物院的明代德化窑陶瓷妈祖像（图6），高19.1厘米，底径长13.9厘米，底径宽5.9厘米。瓷质温润，呈乳白色半透明状，是德化窑在明代中晚期所特有的“建白窑”产品。妈祖头戴冕冠，正襟端坐，云肩，双手覆巾执圭状，两耳边有博鬓，饰

① 《妈祖文献史料汇编》第一辑碑记卷，第10页。

② 同上，第37页。

③ 刘福铸、周金琰辑纂《妈祖文献史料汇编》第三辑经签卷·经忏编，福州：海风出版社2011年版，第1—5页。

④ 《妈祖文献史料汇编》第一辑碑记卷，第97页。

以云纹图案，面部慈祥和善，刻画精细。妈祖的左右两侧分立着千里眼和顺风耳二将的妖怪造型，憨态可掬。三神身下有底座，座上饰以云纹装饰。整座造像布局合理，平稳中不失生动，有较高的艺术水平。

综观以上冕冠类妈祖造像，共同特点是头戴冕冠，多数已经看不到冕旒，只能找到一些挂冕旒的孔洞的痕迹，多数造像双手执圭，正襟端坐，面目慈祥，衣纹线条流畅、简洁，具有明代造像的典型特征。

2. **凤冠类**

明代凤冠类妈祖图像中较著名的有河北省石家庄毗卢寺壁画中的天妃圣母像、山西繁峙公主寺壁画天妃圣母像、台湾大甲镇澜宫木雕天妃像、《天妃娘妈传》中的天妃像等。

河北省石家庄毗卢寺壁画中的天妃圣母像（图7），天妃头戴由五只金凤组成的精美凤冠，面庞圆润，细眉小口，表情生动。着红色大袖，披霞帔，双手于胸前持圭或笏，整幅画像行笔潇洒，线描极具功力，有“天衣飞扬，满壁风动”之效。天妃两侧各立侍女一人，右侧一人捧印，左侧一人执扇，均面庞圆润，凝视前方。壁画采用传统的重彩勾填手法，以石绿、朱红、石黄等恰当运用，艳而不俗，生动地刻画了天妃既雍容华贵，又极富节奏和韵律感的完美形象。此外，还使用了沥粉贴金手法，使壁画更加富丽堂皇。天妃圣母被绘于东壁，在天妃的右上方有“天 妃圣母等众”的题记。关于此天妃圣母像的年代，有专家根据壁画中出现的一组元代人物形象认为是元代，有专家根据现存的碑刻文献资料认为是明代。[①] 本文将此像放人明代，但从绘画风格来看，与元代永乐宫三清殿《朝元图》壁画一脉相承，确为不朽之杰作。

山西繁峙公主寺壁画天妃圣母像（图8)。公主寺坐落于今山西繁峙县城东南15公里杏园乡公主村，以保存有明代大型水陆壁画而著名，大殿四壁壁画总面积达98.99平方米，为山西省明代寺观壁画中的杰出代表。在公主寺大殿西壁，上方正中所绘为佛教“南无弥勒佛”，下方绘一比丘正面向弥勒礼拜。左右则是道教神祇，左为“后土圣母”，右为“天妃圣母”。

“天妃圣母”头戴凤冠，面部端庄威严，目视前方，具凛然不可侵犯之势。双手覆巾执笏或圭，着白色大袖，披霞帔，衣褶线条流畅。身后配有两位戴黑色跷脚幞头的侍者，高执两把雉扇护卫。侍者身后和顶上，均有祥云缭绕，暗示了她们的天界身份。在神像造型方面，与毗卢寺天妃像颇有相像之处，只是毗卢寺天妃像更为飘逸生动，此像则稍显端庄拘谨。在画面中的“天妃圣母”题记下尚有“信士男善人王儒”的捐资者留名。公主寺脊梁垫板下留有“时大明国弘治十六年五月初九日吉时上梁”等题记。殿内南壁门西有墨题“万历十三年六月初七日”。可知壁画绘于明代弘治至万历之间。

台湾大甲镇澜宫木雕天妃像（图9)，收藏于台湾著名妈祖庙大甲镇澜宫。高67厘米，宽39厘米，厚28厘米。依木头原型雕刻，身体部分因年久朽坏，无法辨认，但头部保存较为完好。该像为天妃形象，头戴凤冠，隐约可见头上装饰的各种簪花，前额开阔，面庞端庄丰腴，两眼微闭，面带笑意。雕像极力表现了一位尊贵后妃形象的妈祖，刀法简练，较少装饰性，具有明代风格。从其面部轮廓来看，甚至还带有元代风格。

综观以上凤冠类妈祖造像，共同特点是头戴凤冠或头戴簪花，多数双手执笏或圭，衣

① 唐殿峰:《毗卢寺壁画》，河北美术出版社1998年版，“综述”第6—7页。

纹线条流畅，衣带飘动，人物表情生动，精心塑造了人间贵妃帝后形象，是四类妈祖图像中整体艺术水平最高的图像，也是与明代“天妃”封号最为接近的妈祖图像。

3. **梁冠类**

本文所指的梁冠类图像是指除了冕冠和凤冠类之外的各种妈祖戴梁冠的图像，明代梁冠类妈祖图像中较著名的有慈圣太后绘造设色《天妃圣母碧霞元君像》、明代西来寺水陆画天妃圣母像、《太上说天妃救苦灵验经》卷首插图天妃像、《三教搜神大全》中的天妃像、福建长乐显应宫出土泥塑妈祖像等。

慈圣太后绘造设色《天妃圣母碧霞元君像》（图 10），明代水陆画，绢本设色，长 175. 6 厘米，宽 91. 8 厘米，首都博物馆藏。图的左上方有“大明万历己酉年，慈圣皇太后绘造”题记，并骑钤有九叠篆朱文玺印一方。印文文字为“慈圣宣文明肃贞寿端献恭喜皇太后宝”。图中共有八位人物，除四位头戴翘角幞头侍者外，还有四位女神。最前排的两位女神即天妃与碧霞元君。两位女神头戴通天冠，身披霞帔，袍服大袖，双手持圭，容貌秀丽。身后有二女官，持笏或圭侍立。此图画面左上方有慈圣皇太后款识并印，右上榜题为“天妃圣母碧霞元君众”。从所戴通天冠的形制和所着红衣可以辨认出，图中左边第一位回头者为天妃，其所戴之冠对清代以来圣迹图中的天妃形象也产生了影响。本图所绘时间为万历己酉年，即万历三十七年（1609），是奉万历 皇帝朱翊钧的生母慈圣皇太后懿旨所造。

明代青海乐都西来寺水陆画天妃圣母像（图 11），天妃圣母像与四空、三禅天众等绘于同一轴画，该画长 145 厘米，宽 82 厘米，全图分为上中下三层。上层绘“八天”天众，中层绘六身神像，前右一侍者戴幞头，身着蓝长袍，双手托盘前行；后随一身着王妃装者，穿大袖长袍，头戴通天冠，披霞帔，双手执笏，应为天妃；其后一身着水红色长袍者，双手掌幡，幡上书“天妃圣母”四字；又后一身着王妃装者，穿大袖长袍，戴通天冠，披霞帔，双手执笏，参考明代公主寺水陆画画面和神祇地位，应是“后土圣母”；再后是两位仆人，一身着绿袍，右手持羽 扇；一身着红袍，戴幞头，双手托印。①

《太上说天妃救苦灵验经》卷首插图天妃像（图 12），天妃头戴梁冠，面容清秀，双手持圭，袍服大袖，端坐于天妃宫中，宫上祥云缭绕；天妃身后有二侍者执雉扇护卫，众文武侍卫立于阶前两侧，阶前则为海涛汹涌，舳舻相接，暗示郑和的远洋船队航行在大海上。该经刊印于永乐十八年（1420），因此，该像是明代有确切纪年的最早的天妃图像。福建长乐显应宫出土泥塑妈祖像（图 13），福建长乐显应宫始建于宋绍兴八年（1138），明弘治三年（1490）后殿被辟为“凤岐书院”，清道光二十一年（1841）曾大规模修葺，约在光绪年间，因巨大自然灾害而将整个庙宇深埋地下而不为人知。1992 年因兴建福州长乐机场，偶然发现了深埋地下百余年的显应宫，出土了五十余尊精美的泥塑彩像，其中一尊就是明代妈祖像，头戴方形梁冠，双手覆巾执圭，袍服大袖，正襟端坐，是一位面容慈祥的老妇人形象，身上的彩色已大部分脱落，但造像神态自然，线条简练流畅，具有极高的艺术水平。

综观以上梁冠类妈祖造像，共同特点是头戴风格各异的梁冠，多数双手执笏或圭，有皇家精心制作的精品，也有民间艺人的杰作，这些梁冠形制风格的差异，也是明代以来各

---

① 白万荣：《青海乐都西来寺明水陆画析》，《文物》1993 年第 10 期。

地对天妃不同解读的真实反映。

4. **高髻类**

明代高髻类妈祖图像中最著名的就是《新刻出像增补搜神记》天妃像（图 14）。《新刻出像增补搜神记》，共六卷，今存明万历元年（1573）唐富春刻插图本。据考证，《新刻出像增补搜神记》是现存最早的金陵派小说版画。[①] 全书共有图 160 幅，天妃图为第 134 幅，整体形象是贵妃装束，头挽朝天高髻，类似南宋的三丫髻，天妃威严慈和，端坐于神案后的太师椅上，案上中间有香炉一个，两边置烛台一对，案前立一侍女，头挽双环髻，躬身欲拜状。天妃左侧墙上绘有“太阴”、“太阳”二图。“太阴”图中有船只、海涛图案，“太阳”图中有太阳和云彩图案，右上角有“天妃”题记。从此幅天妃像的发髻造型来看，似乎受到了南宋妈祖夫人造型的影响，但整体来看，仍是明代贵妃形象。

虽然从明代文献的记载来看，明代的妈祖信仰无论从皇帝的封赐，还是在国家信仰系统中的影响力都是一个比较低落的时期，特别是明代中后期，更显沉寂。但综观明代的妈祖图像，种类丰富、风格各异、技艺高超，呈现出一个异彩纷呈的繁荣发展局面，这是一个典型的文献与图像不对等的例证。明代虽然官方对妈祖信仰的重视程度有起伏，但妈祖信仰在民间一直稳步发展，再加上明代妈祖故事版本的多样性，出现妈祖图像的繁荣局面也是可以理解的。明代的妈祖图像总体来看，脱离了宋代妈祖图像质朴、写实、清秀的风格，开始向华贵、丰腴发展，但仍保持着简约、干练、线条流畅，避免繁缛的艺术风格，这也是明代妈祖图像普遍具有较高艺术水平的重要保证。

清代，妈祖信仰迎来了一个前所未有的新高峰，在康熙、乾隆年间得到了妈祖的最高封号“天后”，妈祖图像也在明代的基础上，呈现出了“一统多元”的发展局面。本文参照明代以冠饰分类的方法，将清代的妈祖图像分为两大类，即：冕冠类和其他类。下面将分别举例叙述。

冕冠类，是在明代冕冠类图像的基础上继续发展而来，具体又大致可分为四类，即：冠武冕板式、凤冠冕板式、冕冠持物式、冕冠扶椅式。

（1）冠武冕板式

本文所指的冠武冕板式图像是指冠武加上冕板的形制，冠武通常为筒状，以便戴在头上，此类也包括冠武为其他梁冠，上加冕板的形式。清代冠武冕板式图像如广东省博物馆藏清代德化窑妈祖瓷像、湄洲祖庙妈祖像、《天后本传》天后娘娘像、《林氏族谱》天后娘娘像、台湾中央图书馆台湾分馆藏清代金漆木雕像、台湾中央图书馆台湾分馆藏清代彩漆木雕像、台湾鹿港天后宫藏冕冠妈祖像等。

广东省博物馆藏清代德化窑妈祖瓷像（图 15），高 22 厘米、长 11 厘米，宽 l0 厘米。典型的冠武加冕板式陶瓷像，冕板上可以清晰地看到留有九个挂冕旒的小孔，面容慈祥、内敛，双手覆巾持圭，莲花云肩，袍服大袖，露出尖尖的脚尖。瓷质温润，栩栩如生。

湄洲祖庙妈祖像（图 16），见于新加坡侨胞朱光地捐赠的湄洲祖庙“文化大革命”以前的老照片，照片上面有“湄洲祖庙，圣母玉照”八字。照片中妈祖端坐在神龛中央，头戴九旒冕冠，双手持圭，着圆领袍服，面容严肃，左右各有一位女侍从，从姿势看应为

① 汪燕岗：《古代小说插图方式之演变及意义》，《学术研究》2007 年第 11 期，第 141—160 页。

各执一扇，扇已失。神案前可见香炉、花瓶等贡器，但香火寥落，整体感觉比较破败，应是清末以来废庙运动开始之后所拍。从此像风格来看，应为清代所造。

《天后本传》天后娘娘像（图 17），收于《天后本传》一书，该书共一册，不著撰人，清道光六年（1826）刻本，现藏于中国国家图书馆。图中天后头戴冕旒、博鬓，朝天持圭，云肩大袖，正襟端坐，衣纹华丽，左右有执扇侍从，前有千里眼、顺风耳二将。

台湾中央图书馆台湾分馆藏清代金漆木雕像（图 l8），高 16.6 厘米，冠武加冕板式，无垂旒，无博鬓，双手覆巾，正襟端坐，身形较瘦，下身比例较短，线条简练，少衣纹装饰。

（2）凤冠冕板式

凤冠冕板式是下为凤冠或类似凤冠的簪花装饰，上为冕板，是凤冠与冕冠的组合，是天后走向标准化的代表性冠饰，也是对后世影响最大的一种冠式，尤其对当代闽台一带的妈祖形象产生了极大的影响。凤冠冕板式妈祖图像如台南大天后宫镇殿妈祖像、龙岩汀州天后宫镇殿妈祖像、清代设色妈祖像、《天上圣母经》所载天上圣母像、湄洲祖庙神符妈祖像等。

台南大天后宫镇殿妈祖像（图 19），高约一丈八尺，泥塑贴金，凤冠冕板式，冕垂九旒，冠顶配九龙二凤，朝天持圭，宝像庄严，雍容华贵，是官方妈祖的代表性塑像。

龙岩汀州天后宫镇殿妈祖像（图 20），凤冠冕板式，无博鬓，凤冠为九龙四凤，每只皆口衔挑珠牌，面容慈祥端庄。清代设色妈祖像（图 21），高 167 厘米，宽 92 厘米，纸本设色，卷轴画，收于《妈祖文献史料汇编》绘画卷上编。凤冠加九旒冕冠，妈祖为老年妇女形象，慈祥和善，朝天持圭，衣饰华贵，后有二执扇侍女，前有千里眼和顺风耳，布局合理，姿态各异。

（3）冕冠持物式

冕冠持物式，是清代常见的妈祖造型，脸型较为圆润，九旒冕冠，腹部微凸，单手持如意或圭，披帛下垂由左右两侧环臂，整体感觉四平八稳。此类造像如闽台缘博物馆藏清代彩绘漆线木雕妈祖像、台湾大甲镇澜宫藏右手持圭妈祖像、台湾鹿港天后宫藏右手持如意妈祖像、莆田市博物馆藏木雕妈祖像等。

闽台缘博物馆藏清代彩绘漆线木雕妈祖像（图 22），高约 32 厘米，宽 17.5 厘米，九旒冕冠，带博鬓；面部丰满，眼眉低垂，神态生动；着蟒袍大带，饰以花纹，腹部微鼓，右手持如意，左手扶圈椅，姿态优美、自然。台湾大甲镇澜宫藏右手持圭妈祖像（图 23），高 28.5 厘米，宽 17 厘米，厚 13.5 厘米，冕冠博鬓，面庞圆润，略带微笑，身体宽胖，腹部微凸，圆领袍服，右手持圭，左手靠在圈椅上，四平八稳。

台湾鹿港天后宫藏右手持如意妈祖像（图 24），高 26.5 厘米，宽 13 厘米，厚 11 厘米，九旒冕冠，带博鬓，略显夸张；面带微笑，蟒袍大带，身体、面部比例适中，右手持如意，左手靠在圈椅上。该像似受明末风格影响，不像清中期以后圆脸鼓腹，四平八稳的造型。

(4) 冕冠扶椅式

冕冠扶椅式，也是清代常见的妈祖造型，冕冠博鬓，腹部微凸，四平八稳，双手自然平放于圈椅扶手上是此类造像的典型特征。此类造像在明末就出现了，如前引台南所奉崇祯妈祖像就是这种造型，清代的造像无疑是明代风格的延续。冕冠扶椅式妈祖像如台湾乐成宫“旱溪妈”木雕妈祖像、台湾鹿港天后宫金漆木雕妈祖像、台湾大甲镇澜宫金漆木雕妈祖像、福建闽台缘博物馆藏木雕妈祖像等。

台湾乐成宫“旱溪妈”木雕妈祖像（图25），现供奉于台湾乐成宫，人称“旱溪妈”。头戴冕冠，博鬓比较靠后，面容端庄严肃；端坐于圈椅之上，身体粗壮，腹部圆鼓，四平八稳；两手臂靠于圈椅扶手上，双手自然放于胸前，造型简洁、优美。

台湾鹿港天后宫金漆木雕妈祖像（图26），高30厘米，宽17厘米，厚13厘米，九旒冕冠，是少见的冕旒仍存的妈祖像；带博鬓，做工考究，衣饰精美，四平八稳，是典型的清代中期以后的妈祖造型，双手放于胸前两侧；座下有“鹿港天后宫”五个金漆字，两侧还配以持扇的两位女侍从，均制作精美。

福建闽台缘博物馆藏木雕妈祖像（图27），冕冠博鬓，端坐于圈椅之上，圈椅扶手较大，妈祖的两臂并没有靠在两侧扶手上，右手放于右胸前，左手放于左膝上部，一手高，一手低，在所见的扶椅式造像中较为少见。

综观以上清代冕冠类妈祖图像，其共同特点是头戴冕冠，在这一共同特点之下，其实以上四类妈祖图像，无论在时代风格上，还是在官方与民间的区分上，都有各自的独特之处。从时代风格来看，明代延续下来的朝天持圭或笏的妈祖像，仍然是清代各地妈祖庙中的主流神像，尤其是在有官方背景的庙宇中。明末延续下来，清代中期流行起来的面相丰腴，腹部圆鼓，端坐于圈椅之中，四平八稳的妈祖形象也是清代中后期妈祖庙宇中的惯常造型。从官方与民间的区分来看，官方妈祖庙宇的妈祖像多为朝天持圭或笏的造型，而民间妈祖庙宇则较为灵活，一般为右手持如意和圭或笏，也有双手扶椅自然摆放等姿势。

其他类是指除了上述冕冠类妈祖图像外的一切形态各异的其他妈祖图像。清代以来随着妈祖标准化的逐步加强，妈祖图像也逐步走向了标准化，但在“一统”的表象之下，民间的妈祖图像还是呈现出多元发展的景象。其他类又可大致细分为四类，即梁冠类、夫人类、贵妃类、年画类。下面每类将分别选取两个妈祖图像予以描述。梁冠类是指除了冕冠类之外的其他梁冠类妈祖图像，如台南大天后宫藏戴冠妈祖木雕像、台湾彰化鹿港旧祖宫版画妈祖像等。

台南大天后宫藏戴冠妈祖木雕像（图28），高53.5厘米，宽22厘米，厚28.5厘米，头戴形似包巾的梁冠，端坐于圈椅之上，云肩蟒袍，腹部微凸，是典型的清代中期的造型。这种梁冠在清代妈祖像中也是常见类型，通常在梁冠上再加戴冕冠装饰。台湾彰化鹿港旧祖宫版画妈祖像（图29），该图为台湾彰化鹿港旧祖宫版画《湄洲祖庙天上圣母宝像》，妈祖头戴通天冠，朝天持笏，侧立于香炉前，后有千里眼侍卫。妈祖袍服华贵，神态端庄、威严。

夫人类是指清代妈祖图像中所见的妈祖为夫人的造型图像，如闽台缘博物馆藏夫人造型妈祖木雕像、台湾大甲镇澜宫藏夫人造型木雕妈祖像等。

闽台缘博物馆藏夫人造型妈祖木雕像（图30），高28厘米，宽19厘米，头梳盘髻，面容慈祥，正襟端坐，袍服大袖，双手覆巾持圭，圭已佚。整像造型匀称，衣纹简练，有明代造像遗风。

台湾大甲镇澜宫藏夫人造型妈祖木雕像（图 31），高 40 厘米，宽 18 厘米，厚 13 厘米，头梳盘髻，面容写实，圆领袍服，双手并拢于腹前袍袖中。整像造型朴实无华，没有衣纹装饰，有如邻家村妇一般。

贵妃类是指清代妈祖图像中所见的妈祖为贵妃的造型图像，如台湾大甲镇澜宫藏贵妃造型木雕妈祖像、福建晋江民间妈祖版画等。

台湾大甲镇澜官藏贵妃造型木雕妈祖像（图 32），高 69 厘米，宽 32 厘米，厚 30 厘米，头戴凤凰形状的发髻，以示其贵妃本色，两眼圆睁，目视前方，衣纹简洁流畅，朴实无华。是一尊能给人留下深刻印象的独特雕像。

福建晋江民间妈祖版画（图 33），清末套色印刷版画，长约 60 厘米，宽约 30 厘米，画面主色为红色，主要流行于福建晋江沿海渔村。版画中妈祖头戴凤冠，饰有绒球，眉目清秀，云肩蟒袍，正襟端坐，前有金童玉女相伴，俨然人间贵妃形象。

年画类是指各地年画中所见的妈祖头大身小、线条粗犷的图像，如河南朱仙镇天后娘娘木版年画、台湾历史博物馆藏天后圣母木版年画等。

河南朱仙镇天后娘娘木版年画（图 34），中国国家博物馆藏，为清代后期作品。图中的天后娘娘为老妇人造型，头部占很大的比例，朝天持圭，人物刻画简练，线条粗犷，民间特色浓郁。

台湾历史博物馆藏天后圣母木版年画（图 35），长 30 厘米，宽 21 厘米，为近代流传于台湾民间的套色刷印妈祖版画之一。图中可见三位娘娘，显然居中者为天后圣母，该年画与河南朱仙镇天后娘娘年画风格类似，头部比例很大，线条简练、粗犷，充分体现了民间年画的质朴与纯真。

综观清代的妈祖图像，我们发现总体呈现出“一统多元”的发展局面。“一统”就是随着清王朝封妈祖为“天后”，对妈祖信仰控制的加强，使妈祖信仰逐步走向了标准化，妈祖图像的标准化趋势也日趋明显，出现了冕冠类图像一统天下的局面，尤其是凤冠冕板式妈祖图像，清代以来直至当代都是世界各地妈祖庙宇的主流头饰，更呈现出一统天下的局面。“多元”是指在冕冠类妈祖图像，尤其是凤冠冕板式妈祖图像一统天下的大背景下，清代民间妈祖庙宇中的妈祖图像并没有走向完全统一，仍存在多元发展的迹象，上述梁冠类、夫人类、贵妃类、年画类妈祖图像的存在，就是有力的明证。“一统”和“多元”的同时存在，和谐共处，就是清代妈祖图像发展的总格局。

清代的妈祖图像在艺术水平方面，由于受逐步走向标准化的影响，妈祖图像大多趋于雷同，脸部丰腴圆满，身上大都装饰有细密、丰富的衣纹。清代中期以后，妈祖图像逐步走向萎靡纤巧，因袭模仿之路，鲜见富有创意的优秀作品。在制作工艺方面，清代也过分强调工巧繁缛，过于注重细节的装饰，一定程度上影响作品的整体气势，显得有些烦琐，这当然与清代社会及其思想意识的影响有很大的关系。

清代以后的妈祖图像，在大陆地区基本上因袭了清代的妈祖形象，改革开放以来，随着传统文化的复兴，各地重修、复建了众多的妈祖庙，妈祖图像也开始出现了多元发展的局面，但总体来看，还没有脱离传统妈祖图像的影响。在台湾地区，妈祖图像的发展比大陆更为兴盛，尤其是妈祖头饰的装饰上更加富丽堂皇、张扬外显。图像发展也更为多元，甚至出现了形态各异的 Q 版妈祖图像，以适应当代年轻人的需要。无论妈祖的图像如何变化，在笔者看来，目前各地的妈祖图像还是在清代图像传统的脉络下发展的。

二 关于妈祖图像变迁的两个问题

上文我们对宋、元、明、清四代的妈祖图像进行了简要的回顾，基本弄清了妈祖图像的变迁轨迹。本节将重点探讨两个有关妈祖图像变迁的问题。

1. "青圭蔽朱旒"妈祖形象的一以贯之

在以往的学界中一种非常流行的观点认为，清代妈祖被封为"天后"之后，妈祖的形象为了适应这种地位的提升，出现了头戴冕旒的妈祖形象，有的学者甚至认为头戴冕旒的妈祖形象是清代妈祖的断代依据。① 经过上一节有关历代妈祖图像的梳理，我们发现，头戴冕冠、手执青圭的妈祖形象，从妈祖在南宋封妃之后就开始出现了，而且这种形象一直得以延续下来，直至当代的妈祖图像中仍占据主流地位。南宋人刘克庄在《白湖庙》诗中首次提到了"青圭蔽朱旒"的妈祖形象，可知妈祖在封妃之后，随着地位的提升，出现了手执青圭，头戴冕旒的高贵形象。单纯以此诗记载，尚不足以令人信服南宋已出现了头戴冕旒的妈祖形象。好在莆田市博物馆收藏有一尊被鉴定为南宋的妈祖木雕神妃像（图 4），该像中妈祖头戴冕冠，手执玉圭（圭缺失），从头顶的冕板上还可分辨出是九旒冕冠，此像线条流畅，清秀雅致，具有宋代雕塑风格，是目前所知最早的体现"青圭蔽朱旒"妈祖形象的实物例证，是研究早期妈祖形象不可多得的样本。

元代的妈祖文献中也隐约地提到了妈祖头戴冕冠的形象，如前引黄四如《圣墩顺济庙新建蕃里殿记》所附的诗中有"珠帘玉坐"之句，说明了当时的妈祖仍然沿袭了宋代"青圭蔽朱旒"的形象。又如前引元代周伯琦《台州路重建天妃庙碑》所附的诗中有"广莫兮披披，纷珠盖兮拂虹霓"之句，也说明当时的妈祖是头戴冕旒的形象。可惜的是到目前为止还没有找到一幅真正令人信服的元代妈祖图像，更不用说元代头戴冕冠的妈祖形象了。

明代文献中对妈祖形象记述最为详细的当属明永乐年间的《太上老君说天妃救苦灵验经》了，该经以老君封赐的形式，"赐（妈祖）珠冠云履，玉佩宝圭……"，妈祖戴珠冠，执宝圭的形象，仍然延续了南宋封妃以来"青圭蔽朱旒"的传统形象。明代冕冠类妈祖图像仍有不少留存，如上节已提到的仙游坝垅宫明代金漆木雕妈祖像（图 5）、现藏于福建博物院的明代德化窑陶瓷妈祖像（图 6）等，这些图像的共同特点是头戴冕冠，多数已经看不到冕旒，只能找到一些挂冕旒的孔洞的痕迹，双手执圭，正襟端坐，衣纹线条流畅、简洁，具有明代造像的典型特征。

可见，明代的妈祖冕冠类图像中大部分仍延续了南宋"青圭蔽朱旒"的传统形象。清代是冕冠类妈祖图像一统天下的时代，由上文的分析可知，清代冕冠类图像是在明代冕冠 类图像的基础上发展而来，具体又大致可分为四类，即：冠武冕板式、凤冠冕板式、

① 刘福铸：《元明时代海神天妃画像综考》，《广东海洋大学学报》2011 年第 5 期，第 10 页。

冕冠持物式、冕冠扶椅式。其中冠武冕板式、凤冠冕板式图像中大多数都是朝天持圭或笏的形象，如广东省博物馆藏清代德化窑妈祖瓷像（图15）、湄洲祖庙妈祖像（图16）、台南大天后宫镇殿妈祖像（图19）、龙岩汀州天后宫镇殿妈祖像（图20）等。冕冠持物式妈祖图像中也有相当部分是一手持圭或笏的形象，如台湾大甲镇澜宫藏右手持圭妈祖像（图23）。清代官方庙宇中的妈祖形象一般都为头戴冕旒，手持圭或笏的形象，在民间庙宇中此类妈祖形象也占据着主导地位。可见清代 的妈祖图像也延续了南宋“青圭蔽朱旒”的传统形象。

由上可见，南宋封妃之后出现的“青圭蔽朱旒”的妈祖图像，在历代妈祖图像的发展中一直延续下来，成为肖像式妈祖图像发展的主线，呈现出“一线多元”的发展路径。

2. 凤冠冕板式妈祖图像出现的原因分析

前文述及，清代是冕冠类妈祖图像一统天下的时代，尤其是凤冠冕板式妈祖图像，清代以来直至当代都是世界各地妈祖庙宇的主流头饰，更呈现出一统天下的局面。查历代的《舆服志》中都没有皇后和后妃戴冕冠的记录，那么清代妈祖为何会出现影响广泛的凤冠冕板式造型呢？这类造型的出现应该与清代康熙、乾隆年间妈祖被封为“天后”有很大的关系。清代的妈祖被封为“天后”之后，其地位达到了女神的最高地位，凤冠冕板式妈祖图像的出现和流行，就是为了适应这种地位的提升而产生。凤冠冕板式妈祖图像是“后”与“帝”的完美结合。妈祖作为天后，首先要有“后”的特征，而最能体现“皇后”特征的莫过于戴着尊贵的凤冠了，关于明代皇后所戴的凤冠，《明史》记载为：“其冠饰翠龙九，金凤四，正中一龙衔大珠一，上有翠盖，下垂珠结，余皆口衔珠滴。珠翠云四十片，大珠花、小珠花如旧。三博鬓，饰以金龙翠云，皆垂珠滴。”①实际上从明代以来可见的妈祖戴凤冠的图像来看，如河北省石家庄毗卢寺壁画中的天妃圣母像（图7）、山西繁峙公主寺壁画天妃圣母像（图8）等，都不是严格按照各朝代《舆服志》的记载来执行，随意性比较大。但凤冠是体现女性神的显著特征之一，头戴凤冠，无疑就是女性神祇了。因此，妈祖图像选择头戴凤冠的造型，一方面体现了妈祖如人间皇后般的尊贵地位，一方面也彰显了妈祖的女性神特征。

妈祖除了上述“后”的特征之外，还有“帝”的特征的一面。妈祖在清代成为天后之后，其地位尊贵，与文昌帝君、玄天上帝等著名神祇地位相当，甚至更高。上述这些神祇都以“帝”自居，甚至连喜欢与妈祖斗法的邻居保生大帝也以“帝”自居，形象上也是头戴冕旒，身着龙袍，与人间的帝王无异。妈祖就是因为女性神的身份，与“帝”的称号无缘，妈祖信众为了弥补这个因为几千年的男尊女卑文化传统所造成的缺憾，在妈祖的形象上进行了大胆的创新，将头戴冕旒与凤冠的形象完美地结合起来，从而形成了本文所说的凤冠冕板式妈祖图像，使妈祖既保留了女性最高神的特性，又具有帝王的身份，与男性的封“帝”神祇取得同等的地位。因此，可以说妈祖在清代头戴冕旒形象的出现，实际上是表明妈祖具有“帝”的身份的隐喻。妈祖作为中国海洋文化的代表，自古具有进取、开放、敢于挑战的特质，这种身份隐喻的出现，正是其积极进取、敢于挑战精神的体现。从

① 《明史》卷六十六，中华书局1974年版，第1621页。

妈祖所戴冕冠冕旒的数量来看，目前可见的妈祖图像中，宋、明的妈祖像多为九冕旒，清代的官方妈祖庙宇中的妈祖像均为九冕旒。《礼记·礼器》记载：“天子之冕，朱绿藻，十有二旒；诸侯九，上大夫七，下大夫五，士三。”可见妈祖官方认可的应该是戴九旒的形象，相当于诸侯王的层次，可是清代以来，尤其是近代以来民间庙宇中的 妈祖图像中，早已突破了九旒的限制，十旒、十一旒、十二旒、十三旒，甚至十八旒都有，并无 严格的限制。事实上这种对冕旒数量的不严格，并不是妈祖图像所独有，元代永乐宫《朝元图》壁画中的帝王冕旒数就有十旒、十一旒、十二旒等差别，其他神祇图像中的冕旒数也多寡不一。这里想强调的是民间庙宇中妈祖神像冕旒数的突破礼制，正是妈祖具有“帝”的身份隐喻的极好注脚。

事实上妈祖所面临的“后”“帝”身份的问题，在历史上执政的女皇帝、女皇后中也真实存在过。如宋真宗驾崩后，皇帝尚小，刘皇后垂帘听政，晚年时，她想穿皇帝的冕服谒太庙，因有大臣坚决反对，最后采取了“少杀其礼”的折中办法：“服衮服，十章，减宗彝、藻，去剑，冠仪天，前后垂珠翠十旒。”①将十二旒减为十旒，不及皇帝，但又高于诸侯，巧妙地处理了这一棘手的问题。唐代的武则天是中国历史上唯一的女皇帝，其当时所穿的朝服并无留下记载，中国国家博物馆藏中有一张武则天像（图 36），头戴八旒冕冠，着团领五爪龙袍，似乎也是一种折中的处理手法。凤冠冕板式妈祖图像的出现，是否受到了上述传统的影响，不得而知，但采取折中“后”“帝”的处理手法则非常相似，充分体现了古代民众的非凡智慧。

（原文发表于《世界宗教研究》2016 年第 5 期）

图 1 莆田市博物馆藏南宋木雕神女像

图 2 莆田市博物馆藏南宋妈祖木雕夫人像

图 3 文峰宫南宋妈祖木雕夫人像

① 《宋史》卷二百四十二，中华书局，1977 年，第 8614 页。

图4 莆田市博物馆藏南宋妈祖木雕神妃像 图5 仙游坝垅宫明代金漆木雕妈祖像 图6 福建博物馆藏德化窑陶瓷妈祖像

图7 河北省石家庄毗卢寺壁画中的天妃圣母像 图8 山西繁峙公主寺壁画天妃圣母像 图9 台湾大甲镇澜宫木雕天妃像

图10 慈圣太后绘造设色《天妃圣母碧霞元君像》

图11 明代西来寺水陆画天妃圣母像

图12 《太上说天妃救苦灵验经》卷首插图天妃像

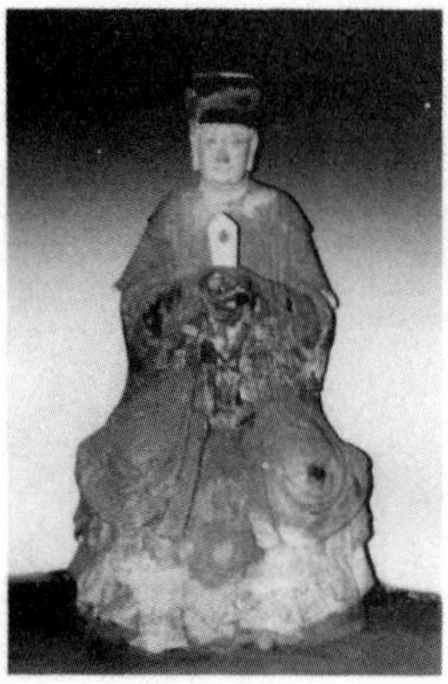

图 13 福建长乐显应宫出土泥塑妈祖像

图 14 《新刻出像增补搜神记》天妃像

图 15 广东省博物馆藏清代德化窑妈祖瓷像

图 16 湄洲祖庙妈祖像

图 17《天后本传》天后娘娘像

图 18 台湾中央图书馆台湾分馆藏清代金漆木雕像

图 19 台南大天后宫镇殿妈祖像

图 20 龙岩汀洲天后宫镇殿妈祖像

图 21 清代设色妈祖像

图 22 闽台缘博物馆藏清代彩绘漆线木雕妈祖像

图 23 台湾大甲镇澜宫藏右手持圭妈祖像

图 24 台湾鹿港天后宫藏右手持如意妈祖像

图 25 台湾乐成宫“旱溪妈”木雕妈祖像

图 26 台湾鹿港天后宫金漆木雕妈祖像

图 27 福建闽台缘博物馆藏木雕妈祖像

图 28 台南大天后宫藏戴冠妈祖木雕像

图 29 台湾彰化鹿港旧祖宫版画妈祖像

图 30 闽台缘博物馆藏夫人造型妈祖木雕像

图 31 台湾大甲镇澜宫藏夫人造型木雕妈祖像

图 32 台湾大甲镇澜宫藏贵妃造型木雕妈祖像

图 33 福建晋江民间妈祖版画

图 34 河南朱仙镇天后娘娘木版年画

图 35 台湾历史博物馆藏天后圣母木版年画

图 36 中国国家博物馆藏武则天像

中缅跨境民族地区基督教跨境互动的历史形态与阶段特征*

徐祖祥　刘欢**

摘要：基督教传入后，其跨境互动作为历史事实一直存在于中缅跨境民族地区，对民族文化发展、国家边疆稳定以及地缘政治关系等持续产生影响。本文拟在文献分析及田野调查的基础上，从整体的宏观背景出发，分阶段描述中缅跨境民族地区基督教跨境互动的历史与事实，剖析影响基督教跨境互动的政治、经济、社会、文化等因素，归纳基督教在不同的社会政治环境下跨境互动的形态与特征。

关键词：中国　缅甸　跨境民族　基督教　跨境互动

19 世纪下半叶基督教传入中缅跨境民族地区以前，这里主要以山区的原始宗教和平坝地区的南传佛教为主，在各民族跨境互动过程中，主要以这两种宗教为联系的纽带。基督教传入该地区后，发展迅速，直接冲击着区域内既有的宗教生态格局。在经过一系列的冲突、碰撞、妥协、沟通等互动过程后，区域内宗教生态格局逐渐走向调适与整合，最终形成由基督教、南传佛教以及残余的原始宗教所构成的比例失调的新的跨境民族宗教生态格局。基督教作为世界性宗教，在中缅地区跨境互动情况始终存在于该地区传播发展的历史进程中，在不同的时期有不同的表现和特征，并表现出完全不同于原始宗教与南传佛教的跨境互动特点。

一　纵横交错：20 世纪 50 年代以前基督教的跨境互动

20 世纪 50 年代以前，中缅跨境民族地区主要以西方传教士为牵引，同源民族教会为载体，外国传教士及其背后的殖民势力为主导，以神学与政治双重目的的跨境交叉互动为主，在跨境互动过程中始终寻求构建带有基督教属性的整体区域空间，呈现出政治性、民族性、区域性等特点。

（一）被动与主动：民族—教派类型的形成与内外交叉的跨境互动

西方传教士在 1885 年以前早已进入缅北地区各跨境民族社会。此后，在第三次英缅

* 本文为 2014 年度国家社科基金一般项目“中缅跨境民族文化与基督教关系研究”（项目编号 14BZJ044）、中国社会科学院国情调研基地项目“中印孟缅经济带之宗教文化交流研究”（2016 年度）阶段性成果。

** 徐祖祥，云南民族大学人文学院教授，博士生导师；刘欢，云南民族大学人文学院社会学专业硕士研究生。

战争中，缅甸战败，上缅甸也全部纳入英缅殖民政府统治范围内。在殖民政府的荫护下，西方传教士大规模进入缅北山区少数民族社会传播基督教，建立教会组织，意图进一步渗入中国境内的邻近民族地区，实现福音传播与政治获益的双重目的。基督教的扩张本质以及殖民利益的驱动使得传教初期的基督教跨境互动过程中，缅北地区教会呈主动态势，之后随着滇西少数民族教会的发展，在中国境内部分区域逐渐转向缅北地区传播，滇西与缅北跨境民族教会间逐步形成纵横交错的互动局面。

1875 年，内地会英籍牧师史蒂文森和索尔陶在缅甸建立八莫教会，这是一个“旨在向邻国传教的缅甸教会”①，因毗邻中国边境，故“负有向中国云南开辟传教区并向东扩张的使命”②，从而揭开了缅北地区基督教会向中国境内传教的序幕，并由此开启了基督教在滇西与缅北跨境民族地区间跨境互动的历史进程。

基督教传播初期，外国差会蜂拥而至，以不同民族为传播对象，在中缅跨境民族地区划分势力范围，逐渐形成三种不同的民族—教派类型，即民族与教派相互对应型、民族与教派相互交叉型、不同民族与同一教派型。③ 这三种类型在长达 2000 公里的边境地区，各有其分布范围。

民族与教派相互对应型主要分布于该地区中段的缅北克钦邦和我国德宏地区的瑞丽、陇川、盈江等区域，以浸礼会为宣教主体，主要涉及景颇族（克钦族）聚居区。1907 年，缅甸勐巴坝教会派遣克钦族传教士德毛冬到瑞丽县等戛开办教会。④ 1914 年到 1923 年，缅籍克钦族牧师德毛糯在木巴坝教会的指派下进入瑞丽地区，先后在弄岛乡曼甲寨、户育乡等戛寨、勐秀乡高丽寨等地传教，建立教堂，并洗礼毛三团诺、巴世堵等教徒。1915 年，景颇族传道员孙腊三抵达孟秀乡户兰寨传教，随行的还有英籍牧师韩线。1921 年至 1928 年，法籍传教士德仁康与英籍传教士英格朗姆及英格兰相继进入等戛寨传教，推动着基督教在瑞丽地区的发展。1916 年，缅甸传教士即进入盈江县盏西地区，在苏典大寨开展福音工作，并建立教会，次年，隶属洋人街教会的缅籍克钦族牧师糯东在盏西地区发展信徒 24 户，到 1920 年，缅籍克钦族传教士勒增腊也进入盏西乡传播基督教。1917 年，缅籍克钦族传道员明渡、李老大、张老大等人陆续进入盈江县西山传播福音，活动于邦瓦、回弄、龙盆、邦别、苏典等地，传播福音，发展信徒，并建教堂 3 座。1926 年，景颇族传教士雷斯布伦约在缅甸八莫教会的示意下，返回盈江龙盆地区传教。1916 年，缅甸八莫总会指派景颇族信徒宗崩协同两位传教士前往陇川垒良传教。1920 年，缅籍克钦族传教士糯东由盏西地区转至陇川县广宋寨传教，并建立教堂 1 座，同年，缅甸雷接教会的克钦族牧师米洞糯也进入广宋寨传播基督教。1925 年，美籍传教士珊陆受缅甸勐巴坝教会的派遣在拱（碘）山修建基督教堂，此后拱（碘）山教会成为浸礼会在云南的活动中心。

民族与教派相互交叉型主要分布于怒江一带，涉及的教派较多，民族成分也较复杂，以傈僳族、怒族、独龙族等民族为主。1908 年，傅能仁进入缅甸东部的腊戌、南坎一带

---

① 肖耀辉、刘鼎寅：《云南基督教史》，云南大学出版社 2007 年版，第 15 页。

② 同上。

③ 对民族—教派对应关系进行的分类，主要基于基督教各教派在中缅跨境民族地区不同民族社会中发展的总体情况而言，对区域内特殊情况暂且不议。

④ 云南省地方志编纂委员会：《云南省志 · 宗教志》，云南人民出版社 1995 年版，第 235 页。

传教，于1923年从缅甸八莫进入中国的耿马县福音山传播基督教。1913年，缅籍傈僳族传教士巴叔受缅甸八莫内地会英籍传教士麦克西指示，进入泸水、碧江一带的傈僳族聚居区开展福音工作，发展信徒。此后，从1913年开始，缅甸八莫教会曾多次指派传教士到怒江流域的傈僳族地区活动。此后，内地会、神召会、滇藏基督教会等外国差会相继进入怒江州及其周边区域，在傈僳族、怒族、独龙族等聚居区传播基督教，在内外交叉互动的过程中，逐渐在该区域形成民族与教派相互交叉型的教会发展形态。

不同民族与同一教派型主要分布于南段的临沧、普洱一带，主要以浸信会为主，涉及的民族有佤族、拉祜族。20世纪初，美国浸信会传教士永伟里以缅甸景栋为传教基地，前后数次潜入滇西拉祜族、佤族地区传播基督教，但成效不显著。此后，在培养本土传教员的策略下，借着南传佛教衰退后留下的信仰真空，基督教在中缅拉祜族、佤族地区快速发展，尤其是澜沧的糯福教堂，此后“成为浸信会在云南以及缅甸北部一些地区活动的中心（总堂)”①，足见基督教在此区域发展之盛。

由于外国传教士转变传教策略，由最初的直接传教转为培养本民族的本土传教士，缅北和滇西各民族地区先后建立教会学校，吸收境外信徒参与培训，形成交错局面。除境外教会及其传教人员对中国境内的扩张式传教外，在外国差会的主导下，我国境内跨境民族教会积极派遣少数民族信徒赴缅北地区参加教会学校培训，以培养教会骨干，扩大传教队伍。1905年，永伟里在双江发展一批拉祜族信徒，随即将其送往缅甸景栋教会学校进行培训，学成后派遣回国，到澜沧、孟连、双江等地开展福音工作。在新中国建立前的较长时间内，德宏各教会学校每年均选送优秀生到缅甸南坎、育敏、贵概、木巴坝、昔董、八莫、密支那、仰光等教会学校深造，毕业后再返回家乡充任教会骨干。② 总体而言，在传教初期，不论是外籍传教士潜入境内传教，抑或派遣中国境内的跨境民族信徒前往缅北教会学校培训，其背后的主导皆为属外国差会的西方传教士及其控制的缅北跨境民族基督教会。滇西少数民族教会在跨境互动进程中处于绝对的被动地位，缺乏独立自主的主体意识。

随着基督教在滇西民族地区的持续发展，作为独立的新兴力量的部分滇西跨境民族教会，开始在与缅北地区同族源民族教会的互动过程逐渐扭转二者间互动的地位，由最初的被动接受转变为向境外主动传播，不断派遣本土传教士前往缅甸传教，并开展《圣经》培训吸引境外信徒参加。1933年杨志英在泸水县麻栗坪举办为期三个月的培训班，缅甸密支那、马开等地区的傈僳族传道员前往参加。1948年泸水县傈僳族信徒耶利米前往缅甸密支那甘拉村一带传教。1933年以后，贡山教会快速发展，并不断派遣境内的传道员前往缅北的傈僳族地区传教。如贡山县丹当教会信徒保罗、王邓洛受教堂长老西腊的指派，即前往缅甸的阿迷木、里得、阔腊丕等地传播基督福音。从1940开始，贡山县傈僳族信徒司提凡曾数次前往缅北地区开展教会工作，主要活动于恰古洛、来麦都、迪理娃谷、拉当阁、门腊信底、丙龙卓等地，大力发展信徒，建盖教堂。1940年前后，贡山籍傈僳族“马扒”波洛和同伴瓦斗洛在莫尔斯夫妇的指示下，到缅甸拉达果传播福音，一年后返回碧江里吾底学经，于1942年再次抵达拉达果，在果拉钵、维尼、力多等地发展了大批信徒，并大量建盖基督教堂。1943年，波玛在中国境内独龙江流域传教未果后，

① 韩军学：《基督教与云南少数民族》，云南人民出版社2000年版，第83页。
② 张建章主编：《德宏宗教—— 德宏景颇族自治州宗教志》，德宏民族出版社1992年版，第290页。

转而前往缅甸托洛江一带宣教，传教效果显著，吸纳了许多信徒。

（二）宗教与政治：跨境互动的政治属性

基督教传入中缅跨境民族地区不是历史的偶然所为，而是西方殖民势力借着传教士的宣教使命与热情将基督教送往中缅跨境民族地区的。基督教作为西方传播至此的世界性宗教，其在欧洲地区发展之初就与政治保持着紧密的联系，甚至趋向一体两面的整体关系，表现出“政教依赖型的‘神学政治’”① 特征。在近代特殊的历史背景下，基督教的全球传教目标与资本主义的全球扩张是相呼应的，于是二者在历史基础之上实现了共谋。

徐以骅教授提出：“宗教在国际舞台上兼具‘配角’和‘主角’的双重身份。‘配角’是宗教在国际关系中所扮演的主要角色。”② 基督教作为西方殖民势力的“马前卒”，与帝国主义结成紧密的联盟关系，充分体现了其“配角”价值。基督教依托帝国主义的政治军事势力进入以前未能涉入之地，开展福音传播工作，而帝国主义则依赖基督教传教士借传教之机所进行的情报收集工作及其对殖民地社会所产生的瓦解作用，在殖民体系搭建完成后，又借着基督教信仰的意识形态功能完成对殖民地民众的精神控制，并通过基督教会输入西方的物质文化、价值观念、思想意识等，逐步实现对殖民地的西方化，二者相辅相成。因此，政治因素贯穿于中缅跨境民族地区基督教跨境互动的历史进程之始终。

西方资本主义列强在中缅跨境民族地区开始殖民统治以前，西方传教士已先期进入该区域进行试探性传教，并在传教过程中考察、收集当地少数民族社会有关民风民俗、矿产资源以及社会政治状况等资料，为其殖民入侵作前期铺垫。很多西方传教士进入中缅跨境民族地区时，其本身即身兼传教士与情报员的双重身份。例如，在中缅拉祜族、佤族地区传教的永伟里之子永文生与永享乐二人，就担任英美两国情报员，在传教过程中为两国情报机构及军方收集信息资料，并从相关机构获取经费支持，而贡山县滇藏基督教会的美籍传教士莫尔斯及其子摩约伯则为本国的情报机构服务，以收集情报。

（三）基督教文化区：内部体系的建构

中缅跨境民族地区地理位置偏远，远离中缅两国的政治权力中心，各民族在社会历史发展过程中形成适应其生存环境的社会政治结构。高山深谷的地理环境决定了区域内各少数民族社会整体仍处于游耕经济的发展阶段，表现出滞后性、脆弱性、流动性等特征，并植入其所属的文化内容。在两国主流意识形态文化由中心至边缘不断扩散，以及区域周边的强势民族的文化挤压下，迫使边疆各民族通过迁徙流动保存自身的民族文化。而南传佛教在区域内平坝地区的强势存在，始终存在着文化压迫的可能性，对于占多数比例的山区少数民族而言，在传统文化的艰难支撑下，迫切需求新的“先进”文化以缓解来自周边的社会文化压力，增强其文化适应能力。

在国家视角下，受中心—边缘政治框架的影响，中缅两国国家一体化的实践从未中断，但因政治权力延伸的有限性，却无意间构造出一个区域性的跨境断裂带，一个与主流政治、经济、文化等力量基本绝缘的断裂带。随后在主流话语的建构下，边疆少数民族地区的边缘特性正式得到确认，并通过“羁縻”策略任其发展，然而主流文化暗含的贬抑

① 张践：《论政教关系的层次与类型》，《宗教学研究》2007 年第 2 期。

② 徐以骅、邹磊：《地缘宗教与中国对外战略》，《国际问题研究》2013 年第 1 期。

与歧视却无处不在。因此，对于边疆少数民族而言，权力主体所建构的边缘性却促成其完成视角转换，形成由内而外、以异己文化形态为对立面的区域视野以及整体心理。因此，在诸外部因素合力作用之下，该地区在历史发展进程中趋于形成一个松散的区域整体。

中缅跨境民族地区的这种边缘属性为基督教的传播和发展提供了天然的土壤。在近代特定的历史背景下，中缅两国边境线的模糊界定以及国家政治权力结构的失效，加之西方殖民势力的侵入，瓦解了边疆少数民族的传统社会结构，消除了基督教在跨境传播过程中所遭遇的政治阻力，为基督教跨境传播及互动提供了极为宽松的社会政治环境。基督教传入后，以区域整体为传教视野，在中缅跨境民族地区的历史基础之上，西方传教士力图通过基督教的跨境传播与互动，从同族源民族内部扩散到跨民族间，直至上升到整个中缅跨境民族地区，尝试着建构一个异于中缅两国主流意识形态文化的独立的基督教文化区。关于基督教文化区，是笔者在参见卓新平先生关于“文化圈”的论述基础上，结合基督教在中缅跨境民族地区发展事实所提出的。卓新平先生指出：“人类不同地域的所谓文化圈都是由相关的宗教构成其核心价值体系和主流文化系统，并且形成其广泛而深入的辐射与扩散。”① 就笔者所理解，卓新平先生的“文化圈”所指宗教，应当具有原生特性，文化圈的形成源自于以该宗教诞生地为中心，向四周不断扩散的过程所形成以宗教为核心的文化系统，具有超越地域、民族—国家范畴的宏观性，如欧洲地区的基督教文化圈，中东及北非地区的伊斯兰文化圈。基督教由西方国家传入中缅跨境民族地区，本身不具备原生特性，在地域层次上也局限于中缅两国边境地区，因此结合基督教在中缅跨境民族地区具体发展情况，笔者认为基督教文化区更适合对该区域基督教传播发展情况的描述。基督教文化区即以基督教信仰为核心价值体系，在与跨境民族文化的历史互动进程中建构出具有基督教特质的新型民族文化系统，并向四周不断地扩散。基督教文化区的建构，既是出于基督教本身的信仰追求，也是基于对中缅跨境民族地区特殊的战略地位的考量而做出的政治布局。因此，西方传教士所主导的基督教文化区，除其本身的宗教与文化属性外，还有极强的政治属性和战略诉求。

在中缅跨境民族地区，这一时期西方基督教教会和外籍传教士主导的建构以其信仰为底色的文化区采取了“软”“硬”两条路径，以实现其宗教和文化置换的战略目标。“宗教是国际行为体中少数‘软硬兼施’的力量，即宗教既是‘软实力’又是‘硬实力’。”② 宗教“软实力”以宗教信仰为核心，突出意识形态功能，并以此形成外显的文化体系，如基督教文化；而宗教“硬实力”则指向体制化，即宗教的组织结构及其社会政治实践，如科层制的教会组织结构。正如吕大吉先生所言：“构成宗教的内外两类因素乃是同一事物的两个方面，概念上可分析为二，实质上内外一体，它们是相互伴生、相互制约的。”③

在“软实力”的建构路径方面，主要是以信仰替代及文化重构增强同源民族及区域内跨民族的文化同质性，构筑统一的文化纽带。基督教传入前，中缅跨境民族地区存在多样的民族文化，在宗教形态上也表现出多元性。基督教的传入取代了传统民族宗教在少数民族社会中的地位，以基督信仰构筑了跨民族的宗教信仰纽带，增强信仰同质性以及意识形态的同一性。与此同时，在传统民族文化式微的背景下，基督教的传入，对跨境民族文化

① 卓新平等：《对话宗教与中国对外战略及公共外交》，《世界宗教文化》2012 年第 4 期。

② 徐以骅、邹磊：《地缘宗教与中国对外战略》，《国际问题研究》2013 年第 1 期。

③ 吕大吉：《宗教学通论新编》，中国社会科学出版社 2010 年版，第 61 页。

从形式到内容进行着更新，重构出具有基督教特质的新型民族文化，以圣诞节、感恩节等节日为基础构建新的跨境民族节日。徐万邦教授认为，跨境民族节日主要存在两种类型，即现代史或近现代史才开始出现的节日和区域传统意义上的节日。[①] 基督教的圣诞节、感恩节等节日即为近现代随基督教的传入才兴盛于中缅跨境民族地区，在同族源民族的跨境互动中充当沟通媒介，进而上升为区域内不同跨境民族信徒的联系机制，增强区域内跨境民族间的文化维系力及其宗教文化认同感。

在“硬实力”的建构路径方面，则以基督信仰为基础，民族—教派为分类，建立跨境的教会组织结构。这一时期的基督教传播后期，随着信徒人数的增加以及势力范围的扩大，前期自由传播的宣教方式留下许多组织管理漏洞，进行组织梳理并建立跨境的教会组织结构已然势在必行，以便外国差会对其下属各地区的跨境民族教会进行统一管理和约束。如1947年，缅甸洋人街教会派遣传教士司拉山、牧师德仁糯与木巴坝教会传教士董波达等人到广山海洋教会，主持教务工作，并进行初步的组织建设，以应对此前自由传播时期所造成的混乱局面。1948年，英籍牧师司拉英格兰前后两次潜入陇川广山，欲策划建立“中国边境基督教中心”，此事未果。1949年，缅甸八莫总会召开数千人参加的教牧人员扩大会议，最终议定将“边六县”教会划归广山海洋教会进行统一管理，同年，广山海洋教会酝酿筹建“中国景颇族办事处”。此后，八莫教会又曾拟定组建“中国边境基督教总会”，设于盈江县龙盆寨，由缅籍克钦族牧师达石干任总会长。[②] 1950年，缅甸八莫总会将拱（磺）山教会确定为其下属分会，统辖陇川、瑞丽、莲山、盈江4县的传教工作。[③]

随着浸信会在中缅跨境地区南段的拉祜族、佤族地区站稳脚跟，势力范围已成，此后永伟里将教会分为佤山部和拉祜山部，其中长子永享乐负责佤族地区的教会，而拉祜族地区的教会则由其次子永文生负责管理。尽管中缅拉祜族、佤族地区教会组织的跨境建构是基于民族的分类，但是在组织结构的功能发挥上仍然卓见成效。永伟里以民族为组织建构的基础，而非传统的地域划分，如此可见，在西方外国传教士的潜意识里，民族是超越教会之上的。因此，在某种意义上，拉祜山部与佤山族的分立亦可视为开启了拉祜族、佤族基督教会民族化的历史进程。如前所述，中缅跨境民族地区北段的傈僳族、怒族、独龙族等基督教会呈现出民族与教派相互交叉型的特征，内地会、神召会、滇藏基督教会等建构的跨境组织结构，不如景颇族（克钦族）与拉祜族、佤族地区那样清晰、单一，内部复杂多变，大体以所属差会及其势力范围为边界，跨民族、跨边境建构自身组织体系，而忽略了民族的因素。总体而言，基督教文化区的内部组织架构以民族—教派为分类基础，在各民族—教派类型的势力范围内进行跨境组织结构的建设，在基督教文化区内在体系建构过程的整体视野下，凸显各部分间的地区性与民族性等特点。此后，缅甸、中国相继摆脱殖民地和半殖民地的处境，基督教文化区内部体制的构建进程被中断，重新回归宗教与文化的范畴，不过西方传教士在此地的组织实践却为日后该地区基督教发展所产生的诸多问题埋下了隐患。例如，当时缅北傈僳族、怒族、独龙族等民族教会所产生的民族分化、教

① 徐万邦：《跨境民族与跨境民族节日》，《节日研究》2013年第1期。

② 张建章主编：《德宏宗教——德宏景颇族自治州宗教志》，德宏民族出版社1992年版，第276页。朱发德主编：《滇西基督教史》，内部资料2008年版，怒新出（2007）准印字第20号，第675页。

③ 云南省地方志编纂委员会：《云南省志·宗教志》，昆明：云南人民出版社1995年版，第235页。

派斗争等问题一直延续至今。

基督教文化区就其本质而言，只是在特定的历史背景下西方传教士所想象和憧憬的社会政治存在，或仅在宗教信仰或文化内容上带有基督教属性而不具备政治功能合法性的地域空间。新中国成立前，就基督教在该地区的宗教实践以及现实后果而言，西方传教士执意将基督教文化区建设成为一个具有固定边界的实体，并以此为基础不断向外扩展，这是其背后的利益主体所希望的。新中国成立后，西方传教士借助其跨境组织机构所煽动、策划的武装叛乱即可证明这一点，但是在面对中缅两国的国家权力重新崛起时，中缅跨境民族地区基督教文化区的构想与建构也只得接受国家政权的政治分割，而重新回到各自民族—国家的政治框架中。

二　失衡与隐秘：20 世纪 50—70 年代末基督教的跨境互动

20 世纪 80 年代前，中缅跨境民族地区主要以同族源民族信徒为传教主体、某些西方国家的政治势力为支撑、境外教会组织强势渗透的基督教跨境传播与互动为主，在延续前期的政治性、民族性等互动特征的基础上，呈现出隐秘性及互动失衡等新型特征。

（一）外部挑战、人口外迁与基督教跨境互动的失衡

新中国成立至 1978 年这一时期，中缅跨境民族地区经历了整体性的变迁。此时缅甸、中国相继摆脱殖民地、半殖民地的境地，确定了各自所属边境线，开启了民族国家建设进程。边境线作为政治权力的象征对基督教跨境互动产生了实质性的制约作用，切断了缅北与滇西基督教会的直接联系，也对西方传教士企图在该地区建构的基督教文化区实施了政治切割，使得中缅两国边疆地区的基督教会重新回归民族—国家的政治框架中。中缅跨境民族地区此后成为各政治主体间博弈斗争的“前沿阵地”。基督教长期活跃于中缅边境两侧，在该区域有着极为重要的组织基础以及意识形态控制。国际政治势力视基督教为嵌入在地缘政治互动棋谱中的战略棋子，意图凭借其“软性”实力左右地缘政治格局的博弈。

面对外部力量的挑战，新中国建立之初，为巩固新生政权，抵御境外敌对势力的渗透，作为帝国主义马前卒的外国传教士被驱逐出境，境内的基督教会开展“三自”革新运动，由信教群众接管教会组织，切断了与国外教会的联系。西方传教士及境外的教会组织不甘心放弃其既得利益，趁我国的国家力量在边疆少数民族地区立足未稳之际，策划攻击新生的社会主义政权。1949 年 10 月，福贡怒族信徒排阿六受原福贡县神召会传教士马道民的派遣由境外潜回福贡，秘密组织暴动计划，企图推翻福贡县刚成立不久的人民政权。同年，澜沧及周边区域的部分民族群众受永文生的教唆，成立以拉祜族、佤族、哈尼族、傣族为主的“四大民族同盟”，以“反汉独立”为运动口号，制造民族矛盾，以达到分裂国家的目的，结果以失败告终。不甘心就此失败的永文生等人于 1950 年勾结境外人士，再次密谋策划武装叛乱，在党和人民坚决的抵制下，最终也未能得逞。

外国传教士的阴谋遭到挫败后，党和国家对来自境外的宗教渗透更加警惕。此后，“文革”期间在境外基督教会的煽动诱惑下，我国境内的一些教牧人员及普通信徒迁往缅北地区。边境地区人口的外流，一方面造成劳动力短缺，直接影响边疆民族地区的社会经济发展；另一方面打破了基督教在滇西与缅北之间的平衡，使得滇西基督教会在此后的跨境互动过程中处于被动地位，加剧了境内民族信徒信仰的自卑心理，从而对缅北教会产生

盲目的推崇心理。正如笔者在2015年初调查时，贡山县基督教两会会长丰荣新牧师所言：“过去来了一个缅甸牧师的话，像来了一个天使一样，他说什么都听。”①

信徒盲目推崇心理之严重，如此可见一斑，其影响至今仍未消退。

（二）境内教会重心外移与境外隐秘性传教

新中国建立初期，滇西少数民族教会虽然实行“三自”爱国运动，宣布与外国差会断绝联系，努力实现教会活动重心内移。然通观境内跨境民族教会的实际运行，“三自”运动当时仅停留在制度框架的形式搭建上，对信徒的现实宗教生活状态而言，制度约束较弱。换言之，滇西跨境民族教会的活动重心仍是外倾的，仍在与境外基督教会的互动沟通过程中寻求自身教会的平稳发展。究其原因，主要有以下两个方面。

一是我国的国家政治权力在边疆民族地区处于功能调适的状态。新中国建立初期，我国在边疆民族地区开启政治现代化的进程，建设“国家能力”②，当时国家政权在边疆地区还处于结构设计和功能调适的状态，即国家政治权力的“渗透性”③ 不足，对境内基督教会缺乏有效管理。再者，因历史原因，边疆地区少数民族群众的国家意识淡薄，国家意识仍在建构过程中，对何谓“国家”仍缺乏基本的概念认识。因此，当时国家认同还未成为其实践活动的第一准则，认同单位还局限于民族及教会内部。当境外教会渗入境内传教时，有部分信教群众即忽视“三自”原则及国家的整体利益，积极协助境外传教人员秘密传教。甚至到了改革开放初期，这种情况仍然存在。如1980年缅北基督教会派遣外籍传教人员入境，境内原神召会信徒麻四、麻顺才、余正开等人积极配合境外传教人员，活动于盈江县弄坡寨、拱别寨以及目空寨等地，秘密发展信徒，建立教会组织。

二是基督教传播过程中所造成的神学自卑心理以及教会经济的钳制。过去境内的基督教徒在基督教传播发展过程中，长期遭受外国传教士的神学控制，在神学信仰方面，还未从其“母体”，即外国差会处“断奶”，对外国传教士的心理依赖甚重，缺乏信仰自信。F牧师坦言：“怒江地区在传教士时代曾经翻译了一本傈僳文版《圣经》，傈僳族也有参加，当时的傈僳人还处于在传教士面前不敢讲话的时代，所以传教士做出来以后问那些傈僳族传道员，你看这样子合不合你们傈僳族的语法，那么傈僳族的第一代传道员认为传教士是非常伟大的，他们做出来一定是正确的，所以完全接受了，现在我们看来有些是需要修改的，有语法颠倒的，也有重复的。”傈僳族对西方传教士盲目崇信的同时，也表现出对本民族文化缺乏自信。20世纪50年代，境内教牧人员及信徒的大规模外流极大地削弱了滇西教会的神学实力，更加剧了境内基督徒的神学自卑心理。此后，在教会建设、教牧人员按立、信徒洗礼及婚丧嫁娶等方面，对境内的跨境民族基督徒而言，仿佛唯有得到境外教

① 资料来源于2015年1月26日在怒江州福贡县鹿马登乡娃咀村民小组对丰荣新牧师的访谈所得。本文以下所引丰牧师之访谈材料，皆出自此处，故不再出注。

② 国家能力包括渗入社会的能力、调节社会关系、提取资源，以及以特定方式配置或运用资源四大能力。参见［美］乔尔·S. 米格代尔：《强社会与弱国家：第三世界的国家社会关系及国家能力》，张长东等译，南京：江苏人民出版社2009年版，第5页。

③ 罗斯金所言国家“渗透性”，即指国家实际上必须让所有人服从政府的法令，即使是在偏远的或文化迥异的地方。其概念意指与米格代尔所谓的“国家能力”之渗入社会的能力相近似。参见［美］迈克尔·罗斯金等《政治科学》（第九版），林震等译，中国人民大学出版社2009年版，第49页。

会及外籍传教士的认可与指导，方具备合法性。据资料记载，某年福贡教会的一女青年要同碧江教会的一男青年结婚，两县教会的负责人还派出专人到境外的马道民处作请示，尔后根据马道民的指示进行办理。又如，1954 年陇川县举办“基督教广山教区行政会议”，缅甸洋人街教会牧师顶仁诺参加并主持完成按立传道员及领洗教徒等仪式活动。

滇西教会自基督教传播之初，即依赖外国差会的经济援助。此后，西方传教士依各自差会的所属范围，建立跨境的财政网络体系，实行统一分配，财政权力掌握在外国传教士的手中。外国传教士撤至缅北地区后，其跨境财政网络机制仍然发挥作用。例如到 1956 年止，德宏地区属浸礼会的教会组织仍需将每年的全部收入上缴缅北地区的八莫总会和密支那总会，然后再由其统一分配。在境内一些特殊时期政治氛围日渐紧张，经济发展停滞不前，教会生存难以为继的艰难处境下，对境内的基督徒而言，来自境外的经济援助已经完全超出援助本身的经济意义。因此，中缅跨境民族地区滇西一侧的基督教会在完全实现教会经济制度的独立自主前，始终存在着基督教全球性援助对境内教会“三自”管理产生冲击和渗透的可能性。

面对中缅跨境民族地区整体形势的发展，此时由滇西撤至缅北地区的西方传教士，改变以往策略，以同族源的民族信徒为传教主体，派遣其潜入中国境内传教，妄图重新进入滇西少数民族地区，控制教会组织，恢复其在滇西少数民族教会的主导地位。此间，缅北地区基督教会在西方传教士的指导和操控下多以办学、探亲、援助等为名，派遣属同源民族的外籍传道员秘密潜入境内开展传教工作，发展信徒。如 1955 年，缅籍传教士道勒砍街与木然早光两人受缅甸八莫教会的指派前往陇川县以办学为名，进行秘密传教。1979 年，缅北教会派遣牧师木然诺、巴斯诺等人前往德宏盈江地区，以探访沟通为名，赠送信徒《赞美诗》《圣经》及基督教彩画，吸纳信徒。1981 年，缅甸籍克钦族女传道员岳木东受八莫教会的指派前往陇川广山，以举办“圣经讲习班”为名，实为传教，后经当地政府发现，勒令其出境。1982 年，缅甸密支那教会派遣缅甸籍克钦族 3 名传道员以办学为名到盈江县回龙寨传教，召集当地的景颇族 40 余名青少年，学习景颇文，在文字教授过程中大肆宣传境外基督教神学思想。

此外，境外基督教会还凭借自身的神学实力开办教会学校及短期神学培训班，吸引滇西跨境民族信徒前往学习、深造，在神学培训过程中，有意培养中国境内的少数民族信徒对境外基督教会的心理倾向性，从而将其塑造为联系境内外教会的“桥梁”，以此加强对滇西少数民族教会的神学输入，并对境内教会组织管理施以影响。如瑞丽县等戛寨前后有 23 人被送往缅甸教会学校，毕业回国 19 人。等戛寨人木然当于 1955 年从缅甸圣经大学毕业后，即被缅甸教会直接任命为瑞丽县教会负责人，在境外教会势力的指导下开展传教工作，在境内外教会的跨境互动与沟通过程中扮演着极为重要的角色。如此可见，境外教会对中国境内跨境民族信徒进行的神学培训，其真实目的乃是通过此手段达到对滇西跨境民族教会的重新控制。

1966 年缅甸民族主义情绪高涨，吴努政权趁机驱逐在缅的西方传教士，缅北地区基督教会由本土教牧人员接管，在一定程度上减轻了国际势力对缅北与滇西各民族跨境互动过程的政治干预。然而，缅甸军政府与缅北地区地方民族武装断断续续的军事冲突，导致缅北地区出现持续的局势动荡，并波及滇西民族地区。面对中缅跨境民族地区混乱失序的区域环境，西方敌对势力卷土重来，通过采取新的更加隐蔽的手段对中缅跨境民族地区基督教会实施渗透，使得中缅跨境民族地区基督教跨境互动陷入新的混乱当中。

三　20世纪80年代以来基督教跨境互动的现状及趋势

20世纪80年代以来，随着国内国际形势的变化，这一时期中缅跨境民族地区基督教跨境互动呈现出新的特征。一是随着国家综合国力的提升，滇西少数民族教会在稳定发展的同时，积极践行“走出去”战略，对境外进行神学输出，以重建滇西与缅北教会互动的平衡；二是现阶段中缅跨境民族地区基督教跨境互动呈现出类型的差异；三是国际势力采取新的手段渗入中缅跨境民族地区，干预区域内基督教的跨境互动，寻求新的战略利益。

（一）基督教跨境互动的平衡趋势

随着我国境内的民族宗教政策的调整和落实，边疆民族地区整体发展的加快，中国在跨境人口流动过程中已逐渐转变为接受方，尽管当前中缅边境地区跨境人口流动整体呈现出“双向对流特征明显”① 的特点，并且流入、流出人数在总量上大体持平，但是在人口流动总量持平的背后，是中国在综合国力、对外吸引力、对内向心力以及民众自信力的空前提升，与往昔已有质的区别。就跨境互动的博弈内涵而言，来自境外的神学吸引已有不同程度的削弱。在基督教跨境互动过程中，虽然境内的信徒在历史心理的基础上，对缅北地区基督教会仍较为向往，但随着国家综合国力的提升，目前中国境内的基督教会已陆续进入缅北地区开办神学培训，发展信徒，输入神学思想，重新寻找并维持中缅跨境民族地区基督教跨境互动的平衡，进而在基督教跨境互动过程中建构自身的主体优势。

改革开放以后，党和国家积极落实宗教信仰自由政策，全国工作重心也逐渐转移至发展经济，提高人民生活水平，增强国家的综合国力上来。随着国家整体发展战略的调整，政府在边疆民族地区也开始加大投入，发展少数民族经济，引导少数民族经济结构转型，改善民族群众贫困的生活状态。尤其是近年来，各地的经济发展和生活水平都得到了大幅度的提升。例如，2012年政府在沧源县勐角乡糯掌村启动“扶贫重点村”整村推进项目，时间限于2012年3月—2013年3月间项目建设总投资151.1万元，新建砖混结构文化活动室2幢140平方米，新建活动场地3块1650平方米，新建厕所4座，新建垃圾池6个，共计62平方米，举办农村实用技术培训25期，脱贫致富带头人职业技能培训5人。这种扶贫项目，近年来在整个滇西民族地区得到了较为普遍的推行。

随着边疆民族地区社会经济的持续发展，民族群众对国家的认同感及其向心力也在不断上升，国家意识不断提升，在面对境外敌对势力的挑唆时能自觉维护国家利益。社会经济发展奠定了物质基础，正确的民族宗教政策则为边疆少数民族教会及普通信徒的宗教生活营造了宽松的信仰氛围，并且在党和政府的正确引导下，滇西跨境民族教会积极开展神学建设，提升自身神学水平。例如怒江州基督教两会建立与行政体制并轨的教会培训体系，在对域内基督教发展实施有效掌控的基础之上，逐级、有序地提升信徒的神学思想，确保信徒神学思想的纯正性，有效抵制境外敌对势力的宗教渗透，护卫国家安全利益防线，并且在培训过程中表现突出者可送往内地高水平神学院深造，学成后返回本地教会，充实教会实力。总体而言，当前滇西少数民族基督教会整体处于平稳发展的上升阶段。

① 鲁刚：《中缅边境沿线地区的跨国人口流动》，《云南民族大学学报（哲学社会科学版）》2006年第6期。

在滇西地区平稳发展的同时，缅北地区却因长年的动乱导致经济发展停滞，生活水平低下，人民生活困苦不堪。缅北地区教会骨干不断迁往下缅甸的富庶地区，教会人才的流失极大地削弱了缅北基督教会的实力，加之中国境内神学水平的不断提升，造成滇西与缅北教会之间的实力差距正在不断缩小，缅北地区的福音光环已逐渐褪去色彩，过去失衡的天平也在不断地趋于平衡，甚至境内局部区域的教会发展已超过缅北，并且也得到了境外基督徒的认可。过去迁往缅甸的一些教牧人员曾多次向境内教会提出请求，希望能够到我国邻近地区讲道，担任教会牧师，结果多被婉拒。再如，怒江州两会组织编译的傈僳文解释本《圣经》，一经发行就在境外傈僳族教会内部引起极大轰动，争先抢购，这是在傈僳族教会史上未曾有过的。现今傈僳族、怒族、独龙族等所在的怒江及其周边区域与缅北同族源跨境民族教会在基督教跨境互动方面已逐渐占据主动及优势的地位，正如丰牧师所评价的："我们怒江州这边在神学方面已经很强势了，已经开始向缅甸那边传了，但是缅甸那边还没有向我们这边传呢！"

随着国力逐渐强盛，民族更加自信，在文化"走出去"战略的引导下，边疆少数民族教会开始将目光投向境外，化被动为主动，积极开展神学交流，输出神学思想及价值观念，扩大中国基督教会的影响力。因此，当前除向境外输出宗教经籍外，滇西部分教会已开始前往缅北地区传播基督教，开展神学培训，发展境外信徒。例如，保山龙陵教会 Y 牧师于 2014 年 2 月 28 日，前往缅北果敢地区，开办圣经培训班，发展果敢青少年 20 余名，后因战乱影响，培训班转入境内，来自果敢的学生被分别安置于保山龙陵教会和德宏陇川邦外圣经培训学校，继续学习、深造。耿马县孟定教会也在积极运作前往果敢难民区，通过宗教慈善的方式发展境外信徒。除此之外，据临沧两会 L 牧师介绍，当前境内的拉祜族牧师非常受缅北甚至泰国北部拉祜族教会的欢迎，经常邀请我国境内牧师前往讲道，L 牧师也正在筹划于 2016 年前往缅北、泰北拉祜族教会开展福音传播工作，以扩大滇西教会在境外的影响力，增强中国对境外同源跨境民族的吸引力。

尽管当前滇西地区基督教发展迅速，基督教跨境互动的天平也逐渐趋于平衡，但就客观而言，中国境内神学水平总体实力与境外相比仍有不小的差距，因此仍有部分民族信徒对境外怀有向往心理。当前，滇西少数民族教会教牧人才紧缺，因种种制度上的限制，边疆地区送往内地神学院学习深造名额有限，无法满足边疆少数民族地区对教牧人员的需求，并且教会整体神学水平仍处在不断提升的过程，加之境外教会提供各种优待条件，如免费就学并提供生活补助等，吸引境内少数民族信徒到境外的教会学校或神学培训班学习和深造。据调查，怒江州泸水县近年来出境"学经"和参加短期培训班的累积达 170 多人，全州合计不少于 300 人；德宏州盈江县更多，达 372 人，全州合计不少于 500 人。其中缅甸"浸信会"总会从 1999 年起，于每年 5 月举办以我国境内教会礼拜长、执事等教职人员为主要对象的"圣经培训班"，每期招生 80 人，培训 3—6 个月；同年，缅甸南桑样"神召会"派其牧师陈文利入境到盈江县昔马乡，招收了 60 多名信徒带到境外培训了 3 个月。同年，缅甸啦咋基督教会举办为期 7 天的宗教培训班，盈江县边境沿线的 80 余名信徒前往参加受训。与此同时，仰光华人基督教会也宣称，从 2000 年起每年向我国境内招收初中以上文化程度的青年男女信徒外出"学经"。[①]

总体而言，当前滇西、缅北两地随着整体形势的发展动态地重建着基督教跨境互动的

① 鲁刚等著：《社会和谐与边疆稳定》，中国社会科学出版社 2011 年版，第 130 页。

平衡，并且在很长时段内将处于过渡的博弈阶段，不过就整体趋势而言，滇西少数民族教会在基督教跨境互动进程中将会占据更加强势的地位。

（二）基督教跨境互动的类型差异

民族问题自缅甸开始民族主义革命时始终是主导缅甸国内政局稳定、经济发展、社会进步的主要因素。缅甸摆脱殖民统治以后，在经济方面，缅甸联邦政府在国内实行“地区经济殖民”的发展策略，国家发展重心集中在富庶的下缅甸地区，并且将缅北山区丰富的自然资源也源源不断地转移至下缅甸，而缅北山区少数民族的生活状况基本被忽视，造成缅甸境内南北经济发展差距过大，缅北地区民众对此怨声载道。而大缅族主义的盛行以及军人政府的强力镇压则是此一时期缅甸政治的主要特征，例如，2009 年的“果敢事件”，2011 年缅甸政府军相继与北掸邦军、克钦独立军发生军事冲突等。政治与经济问题的相互交织，导致缅甸境内地方民族主义的兴起，引发缅北少数民族地区的政治斗争乃至军事反抗。随着中国综合国力的提升，边疆民族地区的持续发展，缅北地区少数民族逐渐将目光转向中国境内的同源民族，民族日益成为缅北地区同源跨境民族行为实践的主要准则，也被认为是其生存发展的主要依靠，而滇西跨境民族在国家认同之下，以民族血缘关系为纽带区别性地回应来自缅北的诉求。

在基督教发展方面，因中国境内教会体制改革，消除教派的存在，民族性成为滇西基督教会的首要特征。尽管当前教派仍存在于缅北地区，但在滇西同源跨境民族教会的影响下，教派的地位下降，逐渐让位于民族。换言之，在历史发展的基础之上，教会的民族化已成为中缅跨境民族地区基督教发展的主要趋势。正如前文所述，滇西、缅北地区基督教跨境互动平衡的重建符合历史潮流，具有历史必然性，而中缅跨境民族地区内部发展的不平衡形塑了区域内基督教跨境互动的动态性。在民族成为中缅跨境民族地区基督教发展的基本边界的前提下，因所处的社会政治环境的不同，基督教在跨境互动方面明显表现出地域与民族的差异性。

以民族文化传承和保护实现民族的整合及身份认同的强化成为这一时期中缅傈僳族、怒族基督教会跨境互动的主要目标。上文已述及，在中缅边境北段，即傈僳族、怒族教会区域，滇西怒江地区及其周边区域在与缅北同族源跨境民族教会的互动过程中，已逐渐显现其在神学及组织方面的优势，并开始建构属于自己的宗教话语权。在教会的民族分化的趋势下，通过基督教跨境互动与民族文化的传承和保护双重实践路径，以民族整合为目标，强化其民族身份与认同，滇西基督教会在此过程中始终占据主导地位。

自基督教传入之初，傈僳族凭借其强势的族群地位以及与怒族杂居的地理优势，通过“傈僳化”① 的进程将怒族整合进傈僳族教会而成为其中之一。随着怒族民族意识的觉醒，文化自觉意识的苏醒，削减傈僳族文化对其的影响并走向民族建设和发展的道路成为怒族当前的首要任务，怒族文字的推行成为其跨出的第一步。在党和国家的支持下，怒族文字的创制也近成功，并于 2015 年开始试推行。随着怒文成为怒族民众日常生活的文字载体，必将加速怒族教会与傈僳族教会的分化。与此同时，受中国境内怒族的影响，缅北地区怒族也开始筹划摆脱傈僳族文化的影响，其中怒族学会从傈僳族学会中分离出来已进入实质

---

① 高志英：《宗教认同与民族认同的互动——20 世纪前半期基督教在福贡傈僳族、怒族地区的发展特点研究》，载何明主编《西南边疆民族研究》（第 6 辑），云南大学出版社 2009 年版，第 188 页。

阶段，随着中国境内怒族文字的推行成功，怒文通过基督教与其他非宗教的渠道输入缅北怒族聚居区只是早晚而已。傈僳族民族内部自身的文化传承和保护活动也在形成一种推力，推动着傈僳族与怒族的分离。例如，2015 年 10 月 17 日，于云南省维西县召开的“首届傈僳学术研讨会暨傈僳族服饰文化展演”，即通过文化符号强化民族集体意识，增强民族内部间的凝聚力，以民族文化展示着傈僳族与怒族间的差别。尽管因政治博弈的需要，缅北地区怒族与傈僳族还处于民族联合体中，并且还以傈僳族为对外统一称谓，但傈僳族与怒族的分离已成必然之事，在教会发展中则表现出民族化的特征。在基督教民族分化的历史趋势下，中缅跨境两侧的怒族教会间的跨境互动将会更加频繁、紧密。

缅北克钦族教会通过基督教的跨境互动以政治民族主义为目标不断干扰我国境内的景颇族教会。中缅边境中段景颇族（克钦族）地区，在基督教跨境互动进程中，缅北克钦族教会始终占据主动地位。正如上文所述，缅甸政府与地方民族势力之间的政治博弈与军事冲突，引发了缅北地区民族意识的苏醒，推动着缅北少数民族将目光转向中国境内。在克钦邦及其周边的克钦族聚居区，其民族意识的觉醒却走向了极端，产生政治民族主义，以寻求更多的政治利益。这一时期缅北克钦族教会及其背后的克钦独立组织正积极利用基督教跨境互动对中国境内景颇族教会施以影响，以达成其所追求的政治目的。缅北克钦邦内部当前对本地区未来走向持有多种看法，彼此争斗，或通过合法的政治斗争以及必要的军事行动谋求更多的自治权，其前提为缅甸联邦的统一性；或走分裂主义道路，不承认缅政府的合法性，通过军事行动从缅甸分裂出来，独立成国是其最终的政治目标。上述两者政治思想均以基督教为共同精神纽带，发挥其意识形态功能，整合缅甸境内的克钦族，提升凝聚力。但是对于后者而言，中国境内的景颇族教会是符合其政治目标范畴的，并且被视为可以依赖的组织力量，因此通过教会的跨境互动积极输入其政治思想，在最低程度上以获得来自中国境内同源民族的支援。中国境内景颇族教会，乃至一般的景颇族民众在党和国家的引导和支持下，在改善自身生活状况的同时，也在不断深化着对国家的认同，因此在面对境外极端思想输入时，境内的景颇族教会坚决抵制，自觉维护国家的利益安全。但是在共同族源的历史情感下，滇西地区景颇族教会也在积极筹措物资，送往缅北地区帮助受灾群众，通过宗教慈善的方式展示着中国基督教会的博爱与责任感，也表达着对同源跨境民族的民族情感。例如，2014 年 5 月，在云南丽江市束河古镇举办的“中国少数民族基督教研讨会”上，来自德宏盈江县的四位景颇族信徒，即在会议上呼吁为处于战乱中的缅北克钦族筹款，共筹得善款两万余元。因此，中缅景颇族（克钦族）地区的基督教跨境互动夹杂着来自缅北的政治民族主义的输入，在中国境内信徒的顽强抵制下，最终将其极端政治思想的影响范围缩减到最小。但在缅北克钦邦政治局势趋于缓和之前，上述情形还将延续下去。

中缅边境南段的拉祜族、佤族地区，基督教在滇西与缅北两地的跨境互动基本维持平衡，互动内容也限定在纯粹的神学信仰范围内，在跨境沟通过程中寻求民族身份的认同，但还未涉及文化自觉。缅北拉祜族、佤族主要集中分布于缅甸掸邦第二、四特区，自脱离缅共，并与政府达成和解成立特区后，第二、四特区基本处于和平发展时期，与克钦地区长年战乱相比，拉祜族、佤族所在地区稳定的政局在一定程度上限制了政治民族主义的发展。因此，滇西与缅北两地拉祜族、佤族教会更多通过基督教的跨境互动提升民族凝聚力，强化民族认同，但文化自觉意识不强，不及北段的傈僳族、怒族基督教会。例如，2010 年 1 月，缅甸小勐朗举办了一个中、缅、泰三方共同参与的拉祜族基督教交流会，决定从当年起，每年定期举行一次交流会，与此同时，每年也举办一次基督教年会，中、缅、泰等国家的拉祜族教会都会派代表参加。[①] 在基督教交流会上并没有提出有关民族文化的传承、保护及创新等方面的议题，足见其交流的基础以及实现的目标，除基督教信仰外，就只是对拉祜族的民族认同与归属而已。

中缅拉祜族、佤族对通过基督教跨境互动实现民族认同的态度和意识程度也是不同的。滇西地区拉祜族、佤族教会则更多地将重心放置在经济发展之上，在与境外的沟通过程中，有关基督教的内容才是其主要目标，主动参与民族认同建构的意识不强。笔者于2015年在澜沧县糯福教堂进行田野调查时，适逢缅北某拉祜族教会邀请糯福教会信徒前往培训吉他技术，通知一出，信徒积极响应，当被问及为什么这么想去缅甸那边的教会时，拉祜族信徒给出的答案是，“他们那边吉他弹唱技术非常厉害，而且他们写的拉祜歌也很好听”，其言谈并没有流露出与境外拉祜族教会的沟通交流带给他们的民族亲密感情，并且在沧源上永和佤族教会所得信息亦是如此。相较之下，在与中国经济发展的差距对比下，缅北地区的拉祜族教会、佤族教会，甚至包括泰国北部的拉祜族教会都更愿意通过基督教的跨境交流以此表达对拉祜民族、佤族的归属与认同，或主动邀请境内牧师前往讲道，或主动入境交流，以拉近与中国境内同源跨境民族的心理距离。在2004年至2009年间，在政府加强边境管理的形势下，仍有48起缅、泰教会前往澜沧班利傈僳族教会进行交流。2014年4月13日，澜沧县东福村举办新教堂落成典礼时，邀请了缅甸教会牧师两名，也有20余名缅甸村民前来参加。[②]

缅甸局势的持续动荡波及着中缅边境滇西一侧的跨境民族生活，并且不断对在缅的中国企业也造成经济损失，在中国与缅甸政府高层沟通出现障碍的情况下，中缅边境地区基督教的跨境互动为两国民间交往搭建相互理解、支持的桥梁。因为“‘高位政治’活动的不畅和阻塞同时也为文化、宗教等‘低位政治’活动在双边和多边关系中间层次的介入和疏通提供了一定的机遇。”[③] 在民间外交层面，宗教成为对外沟通的重要载体。通过宗教在民间的沟通和交流而产生的“宗教认同或求和的接触，宗教情感的自然流露和共鸣，往往成为不同国度及民族达到‘求同存异’或‘和而不同’的共在、共识的促进剂、润滑油”。[④] 基督教跨境互动的正功能我们应该给予事实承认，并加以有效利用，与此同时，其负功能也是不可忽视的。因此，在确保国家安全的前提下，应当积极转变思想观念，化被动为主动，以高位的姿态对外讲述中国宗教的故事，在国家综合国力的支持下，投射中国宗教的影响力，提升中国的宗教话语权，最终把握住基督教跨境互动的主动权。

（原文发表于《世界宗教文化》2016年第3期）

---

① 张锦鹏：《拉祜族跨境迁徙与互动中的宗教因素》，《云南社会科学》2012年第5期。

② 同上。

③ 徐以骅：《中国宗教走出去的重要意义》，《中国宗教》2014年第10期。

④ 卓新平等：《对话宗教与中国对外战略及公共外交》，《世界宗教文化》2012年第4期。

关于早期全真道诗词研究的若干问题*

罗争鸣**

提要： 早期全真道创立者“不倦写诗词”的根本动因是诗词的象征、隐喻、意象等与内丹修炼的宗教体验之间可以互相阐释说明，诗词创作在教化弟子、劝讽世俗方面也具有便于记诵、流传等各种方便。全真道诗词内容不能从“纯文学”立场划分，应结合全真道修行观念，从真功、真行两个层面切入。全真道描述劝讽世人、行善救济等外修“真行”类诗歌具有“俗文学”特质。王重阳对《乐章集》的接受是顺理成章的，对柳永的情色作品既不是刻意回避，也不是全盘认可，而是把这种描写内化在丹道修炼的宗教体验上，创造出大量异于《周易参同契》《悟真篇》的富有象征意味和情感体验的丹道诗词。金元南宋时期，丹道诗歌突破固有格式，走向世俗，发生重要转变。

关键词： 全真道　诗词　修道

前　言

全真道研究是一门国际性学问，中外学者已经取得很多成绩。民国时期，陈垣（《南宋初河北新道教考》《道家金石略》）等已为全真道研究做出了基础性贡献，而日本、欧美的汉学家也早有关注，如吉冈义丰、蜂屋邦夫①、姚道中（YaoTao - Chung）②、高万桑（Vincent Goossaert）③、康豹（Paul R. Katz）④ 等都有关于全真道的重要论著。⑤ 中国大陆

---

* 本文为教育部哲学社会科学后期资助项目“道教与古典诗词关系论稿”（13JHQo56）的阶段性成果

** 罗争鸣，华东师范大学古籍研究所研究员。

① 蜂屋邦夫的《金代道教研究：王重阳与马丹阳》由钦伟刚翻译，中国社会科学出版社 2007 年出版；2014 年齐鲁书社又翻译出版了蜂屋邦夫的《金元时代的道教：七真研究》。两部书体例接近，第一部分为史实论考，第二部分为资料整理。本文所引全真道诗词，多出自《金元道教研究：王重阳与马丹阳》一书。

② 姚道中是英语世界较早研究全真道的学者，博士论文为 ch' iiawchen：A New Taoist Sect in North China during The Twelfth and Thirteenth Centuries，University of Arizona，1980。

③ 高万桑（Vincent Goossaert），法国学者，著有 La creation du taoisme moderne L，ordre Quanzhen（《现代道教的创造：全真教》）。

④ 康豹（Paul R. Katz）20 世纪 90 年代著有 Images of the Immortal The Cult of Dongbin at the Palace of Eternal Joy，已经翻译为《多面相的神仙：永乐宫的吕洞宾崇拜》出版。

⑤ 关于日本、欧美学者的全真道研究，可参考张广保主编《多重视野下的西方全真教研究》，齐鲁书社 2013 年版。该书共收录西方学者全真道研究的 14 篇专论，时间跨度为 20 世纪 80 年代至今，较全面反映了西方学者的研究水平。另外，该书《编者的话》对西方全真教研究做了系统的学术回顾。

从上世纪八九十年代起，陈耀庭、张广保、卢国龙、王宗昱、吴亚魁等人曾就全真道历史、内丹方术及文献整理做过深入考察①。近年张广保主编的《全真学案》、香港青松观主持的《全真道研究中心丛书》等出版，部分成果影响深远，其中赵卫东的《金元全真道教史论》（齐鲁书社，2010 年）等相关论著令学界瞩目。

全真诸子留存了大量诗词等文学性作品，因这类文献兼具宗教与文学的双重特质，历来也不乏从文学角度的探究。黄兆汉的《全真教祖王重阳的词》（《东方文化》卷 19，第 1 期，1981 年）、《全真七子词述评》（《中国文化研究所学报》第 19 期，1988 年）是较早从词曲角度探究全真道词作的重要成果。② 詹石窗《南宋金元道教文学研究》第一章《金元全真道之诗词》（上海文化出版社，2001 年）、陶然《金元词通论》第六章《金元全真道教词》（上海古籍出版社，2001 年）、王昊《论金词创作的形态和群体特征》（《文学遗产》1998 年第 4 期）、徐翠先《金代全真诗简论》（《晋阳学刊》2003 年第 3 期）、吴光正《苦行与试炼：全真七子的宗教修持与文学创作》③ 等从宗教与文学角度对全真道诗词做了深入探讨。相关学位论文及在此基础上的出版物，主要有左洪涛的《金元时期道教文学研究：以全真教王重阳和全真七子诗词为中心》（人民出版社，2008 年）、申喜萍的《南宋金元时期的道教美学思想》（巴蜀书社，2009 年）等。美国康思奇（Louis Komjathy）的博士论文“Cultivating perfection：Mysticism and Self－transformation in Early Quanzhen Daoism”研究了早期全真道的宗教活动和神秘体验，并翻译了署名王重阳的内丹学著作《重阳真人金关玉锁诀》。2013 年，康思奇出版的 *The Wag of Complete Perfection A Quanzhen Daoist Anthology*（State University of New York Press）翻译了若干全真道文本，包括一些全真道诗词作品，这对英语世界的全真道文学研究至为重要。但总体上看，全真道诗词的文学性研究相对薄弱，或者说全真道诗词多被看作研究全真道的文献资料，而从文学角度的深入探讨相对较少。蜂屋邦夫在 1992 年为其《金代道教研究：王重阳与马丹阳》一书作序时，曾感慨“可以说，因为诗词本身难以理解，所以，到目前为止，几乎没有人做过研究”。④ 时隔 20 余年，我们对全真道诗词的深层解读，也许仍有很长的路要走。

全真派师徒因信仰传播的现实需要，撰写了大量具有极强冲击力、吸引力和想象力的诗词作品，这些作品，一定程度上已经遮蔽了他们作为一种文学体裁的审美意义，成为一种宣教工具和自神手段。可以说，全真道的崛起，离不开这些看似通俗，却又玄妙高深、甚至有些“故弄玄虚”的杂体诗和丹道术语。他们的诗词创作有特殊的文化背景与内在需求，这种“艺术化的修道”本身就值得思索，比如我们如何看待这类诗歌文献？文学的，还是宗教的⑤？雅文学还是俗文学？为什么早期全真道对柳永词情有独钟？全真道诗词体

---

① 陈耀庭、卢国龙编的《全真道学术研究报告》（香港青松出版社 2004 年版）、张广保的《金元全真道内丹心性学》（生活·读书·新知三联书店 1995 年版）、王宗昱的《金元全真教石刻新编》（北京大学出版社 2005 版）、吴亚魁的《江南全真道教》（上海古籍出版社 2012 年版）等都是这方面的重要著述。

② 这两篇文章后来都收在黄先生的《中国神仙研究》一书中，台湾学生书局 2001 年版。

③ 目前所见为昊光正教授的未刊稿。

④ 见蜂屋邦夫《金代道教研究：王重阳与马丹阳》之序言部分。

⑤ 胡传志《略论全真教教徒的诗学观》以为全真教的诗学观念“偏离诗言志的传统，偏离‘诗缘情而绮靡’的主流。他们的跨界创作言道有余，情采不足，既不是纯粹的宗教文献，也不是纯粹的文学作品，因此成了宗教界、文学界别样的风景”（《江苏大学学报》2012 年第 5 期）。

现了何种演进趋势？这类宗教文学角度的基础问题，还没有得到很好的梳理和思考。本文即在前人研究的基础上，以王重阳、马丹阳诗词为主，就全真道早期诗词创作的相关问题展开探讨。

一　早期全真道"不倦写诗词"的创教意识

全真道师徒创作的诗词作品是金、元文学的"大宗"。在《全金元词》中，王重阳存词670首，马钰881首，两位早期立教者的词作就达1500余首，而所有全真派词作则有7000多首[①]；诗歌方面，据各自留存文献统计，王重阳存诗550余首，马钰存诗530余首，王处一存诗520余首，刘处玄存诗500余首，丘处机存诗420余首。从数字看，全真道师徒——尤其王重阳、马钰等，都算得上"高产作家"。这个现象，在整个道教史或宗教文学史上，几乎是绝无仅有的。全真道创教者王重阳曾自云"不倦写诗词"[②]，那么如此勤于诗词创作的个中动因是什么？就这个问题，研究者做过各种归纳和分析，如左洪涛《金元时期道教文学研究：以全真教王重阳和全真七子诗词为中心》第三章第一节《金元时期全真道教诗词兴盛的原因》以为：

1. 出于宗教宣传的需要，诗歌易于记诵传唱，便于全真道的传播。
2. 全真道师徒大多"弃儒从道"，有扎实的写作训练和深厚的文学修养。
3. 两宋诗词创作风气的濡染。[③]

邓绍基主编《元代文学史》第一章第一节《全真教对文学的影响》以为金元时期，特殊的时代背景下，写作诗词的方式易于为士人接受。[④] 这些探讨，可以说都沾边，但总觉得没有切中肯綮。应该说，全真道早期创教者，有明确而强烈的"创宗立教"意识，在这种观念影响下，他们选择了诗词形式作为阐释教义、宣传教法、劝讽世俗的重要手段，而他们之所以主要选择诗词，而非小说、戏曲，也没有像六朝上清、灵宝一样热衷于经典的造构与注释等，此中除了表层原因，应该还有传统的深刻影响。

世界各大宗教在创始和传播过程中，都离不开诗歌或韵体文的传唱与流播。《圣经》中的说教诗歌（didactic poetry）、《古兰经》中的散体诗乃至佛教的歌诗，大多叶韵、对仗，易于口头记诵，而且寓意深广，这在传播渠道相对狭窄的古典时代，是宣传教义、吸引信徒最为有效的手段之一。

众所周知，道教没有确切的成立时间，也没有明确的创教者或是一部核心的教义经典，道教并非始于一时、一人。但是全真教的创立，则类似基督教、伊斯兰教、佛教等世界性宗教的创始过程：它有明确的教主王重阳，王重阳在世的时候，就有《重阳全真集》

---

① 据张松辉《元明清道教与文学》第六章《道教人士的文学创作》统计，《全金元词》共计1314页，全真道士所作词占600页左右，共收7300多首词，马钰一人就有880首。（海南出版社2001年版，第270—271页）左洪涛《金元时期道教文学研究》虽云"文学研究"，但主要研究对象还是全真七子的词作，通过此书，可以看出全真词的创作，数量和艺术成就均极可观，且对元曲的影响至为深远（人民出版社2008年版）。

② 这是王重阳写给马丹阳的一首词里提到的，见《重阳分梨十化集》卷下《报恩师》（《瑞鹧鸪》），下文详述。

③ 左洪涛：《金元时期道教文学研究》，人民出版社2008年版，第74—78页。

④ 邓绍基：《元代文学史》，人民文学出版社1991年版，第24页。

等教义经典的印行，并有马丹阳、谭长真、刘长生、邱长春等弟子的进一步推演和弘扬，全真教派随后风起云涌，成为一个成熟、严密而相对庞大的宗教团体。的确，全真教创教的时代，与东汉魏晋时期迥然不同，此时佛教早已渗透中原文化的肌理，佛教的宗教仪式、传教方式等对其他教派的崛起，应具有典范意义。道教吸收利用佛教宣教方式、护法传统，早在晚唐五代就已造其端。法国学者傅飞岚（Verellen Franciscus）的《道教灵验记——中国晚唐佛教护法传统的转换》一文，即以大量灵验故事说明道教利用佛教的护法模式挽救唐末五代道教遭遇的危机。[①] 金元时期，全真道创立者怀具强烈的创教意识，且手法娴熟，以大量的诗词创作敷衍教义、组建教团、扩大影响，从宏观来看，当有彼时佛教等成熟宗教的社会影响。

因全真教的这种革新面目，陈垣曾怀疑它的道教属性，《南宋初河北新道教考》卷1云：

> 全真之初兴，不过“苟全性命于乱世，不求闻达于诸侯”之一隐修会而已。世以其非儒非释，漫以道教目之，其实彼固名全真也，若必以为道教，亦为道教中之改革派耳。[②]

当然，全真道的核心教义还是落实在“成仙”上，只是成仙的意旨与前代有根本区别。但它“非儒非释”“固名全真”的事实，还是提醒我们格外注意全真教的特殊性。

全真教之所以选择诗词这种艺术化的方式作为修道、创教与宣教的手段，而不是小说，不是大量的经典造构与传统经典的注释，还要从汉语诗歌传统和特征上找原因。而这个原因，全真教创立者王重阳自己也曾有过反思。《重阳分梨十化集》卷下《报恩师》（《瑞鹧鸪》）云：

> 为何不倦写诗词？这个明因只自知。一笔书开真正觉，三田般过的瑞慈。
> 回光返照缘观景，固蒂根深恰及时。密锁玄机牢闭户，唤来便去赴瑶池。

马丹阳次韵：

> 今朝跪领本师诗，秘密玄机喜得知。勘破万缘忘假相，涤除六欲起真慈。
> 男婚女嫁休心日，意灭情忘舍俗时。恭从吾师云水去，将来决定到天池。[③]

这两首《瑞鹧鸪》是王重阳与马丹阳的唱和，可见王重阳自己对“不倦写诗词”也有自觉的反问，不过原因“只自知”，没有给出明确答复，但“这个明因只自知”随后两句“一笔书开真正觉，三田般过的瑞慈”还是揭示了“一笔书开”——诗词写作[④]与

---

① 傅飞岚：《道教灵验记——中国晚唐佛教护法传统的转换》，载饶宗颐主编《华学》（第五辑），中山大学出版社2001年版。

② 《民国丛书》第一编（13），上海书店1989年版，第11页。

③ 蜂屋邦夫：《金代道教研究：王重阳与马丹阳》，钦伟刚译，中国社会科学出版社2007年版，第518页。

④ 据上下文意，“一笔书开”的“书”当非“书法”，而是写作诗词。

“三田般过”—— 内丹修炼之间的密切关系。这种联系，王重阳的《解佩令 · 爱看柳词，遂成》（《重阳全真集》卷7）中也有所体现：

> 四旬七上，慧光崇兀。词中味、与道相谒。一句分明，便悟彻、耆卿言田，杨柳岸、晓风残月。①

王重阳等全真道士推崇柳永词是另一个值得探讨的话题，这里所谓“词中味、与道相谒”一句，最能说明诗词创作与全真教义之间的密切关系。“谒”者，白也，说明、陈述之意，即诗词的内在韵味与内丹道术之间可以相互发明与阐释。当然，以诗歌、韵语形式阐释丹道方术，从《周易参同契》就已开始，北宋有张伯端《悟真篇》，南宋又有白玉蟾的大量诗词等，全真道创教者只是极大地赓续发扬了这个传统。

为什么诗词和内丹道术可以相互发明？原因大概有两个：一方面，汉字的单音节、单形体以对仗、叶韵的格式巧妙地组合，往往能给人一种“奇妙天成”的感觉。接受者在读到这样的诗词作品时，往往对这种“神奇诗句”所传达的教义宗旨更加信服，起到特殊的崇信效果。《重阳全真集》《洞玄金玉集》中有大量藏头拆字诗、数字诗等，这种各施巧妙、别具智慧的“诗词游戏”很容易造成一种令人信服的信仰力量（下文详论）。另一方面，丹道方术本身神秘的直觉感悟及宗教体验，与诗词内在的“象征”“隐喻”功能第相契合。从《周易参同契》以下，丹道方术一向善以诗词形式阐释其精微而玄妙的丹道理论，而全真道师徒则把这一手段发挥到了极致。

全真道早期创立者以诗词创作阐释其丹道方术，与这种“妙用”相关联，诗词也用于教化弟子上。如上引《重阳分梨十化集》中的《报恩师》（《瑞鹧鸪》），马丹阳的次韵告诉我们，他们师徒间的诗词赠答带有仪式色彩，是神圣而神秘的，对于“本师”的赠诗，马丹阳需要“跪领”。马丹阳《渐悟集》卷上《西江月》又云：

> 地肺重阳师父，吕公专遣云游。秘玄隐奥访东牟，钓我夫妻两口。十化分梨匠手，百朝锁户机谋。千篇诗曲拽回头，万劫同杯仙酒。②

这首词叙述了王重阳教化马钰夫妇人道的过程，所谓“千篇诗曲拽回头”的“千篇”当是虚指，实际就是《重阳分梨十化集》中师徒二人的诗词往来之作。可见马丹阳的入道，“诗词”赠答所起的作用无疑是至关重要的。

与教化弟子相关，诗词创作也用于劝讽世俗大众、传播教义、扩大香火。最能体现全真道广泛运用诗词的例子，当属王重阳行乞街头也不忘在纸旗上书写诗词作品。《重阳全真集》卷10、卷13录两首曾经写在化缘纸旗上的诗词，随着行乞和云游四方，其传播效果可想而知。卷10《纸旗上书》云：

> 占得风来便有缘，朝朝赢得日高眠。

---

① 蜂屋邦夫：《金代道教研究：王重阳与马丹阳》，钦伟刚译，中国社会科学出版社2007年版，第432页。

② 同上书，第586页。

饥时街上来求乞，只要人间自肯钱。[①]

卷13《望蓬莱》：

边境静，乞觅得便宜。战鼓复为韶乐鼓，征旗还作化缘旗。便见太平时。那减舍，第一莫迟迟。王喆害风无忧子，当三折二小钱儿。伏愿认真慈。[②]

这种写在纸旗上的诗词，实际是行乞的“软性广告”，但内中不乏体道与传道的意蕴和目的。全真道师徒不放过每个以诗词形式阐道、传道的机会，应该说，还没有一个教派像全真道这样依凭于诗词的各种功能展开频繁而复杂的宗教活动。

总之，全真道创教者采用诗词的修道、传教方式，因素是多方面的，但从根本上看还是王重阳、马丹阳等早期创教者具有强烈的“创宗立教”意识，深切地把握并运用了汉语诗歌的特征。

二　全真派诗词的分类问题

在全真道诗词研究中，很多论述免不了要给作品内容做各种分类和总结。因划分的角度不同，有的具体，有的粗略，但总有以偏概全或不得要领之嫌。詹石窗教授把王重阳的诗词作品概括为劝诫、赠答、咏物、抒怀四类[③]，还有一些单篇论文，也有大同小异的划分。这都是典型地站在“纯文学”立场或习惯的划分，但仔细体会，就难免有相互抵牾的情形。比如“劝诫”与“赠答”类诗词，王重阳劝诫马钰就是以诗词往来赠答的方式展开的，那么《分梨十化集》中的作品属于劝诫还是赠答？这势必难以区隔。而所谓咏物与抒怀的划分，严格来说也不十分妥帖，因很多咏物诗词本身就是为了抒怀，抒怀又何曾不着于物？“情景交融”一向是传统诗词最常见的抒写方式之一。

全真派诗词有明确的宗教目的，是地道的“宣传文学”或“宗教文学”。对待这类作品，我们不能以纯文学观念做各种比勘和框定，要有深入的了解，还是要从文本本身出发，从信仰与修持的角度，客观认识他们的核心内容与大致类别。

全真道之所以能在道派林立的宋金乱世中脱颖而出，而且能组织起庞大的教团、产生深远的影响，最重要的因素是全真道能在隋唐成仙新说的基础上，因应时代变迁，对成仙思想做了彻底变革，刷新了旧传统的僵化面貌，从而获得全新的生命力。一般来说，“全真”大致有两意：一为洗百家流弊而全老子清静无为学说之真，二是摒弃各种幻妄而全人体性命之真。[④] 其中“全性命之真”使全真道摆脱了旧道教主张的“肉体飞升”并不能实现的尴尬处境，在“三教一家”的理论框架下，寻找到宗教发展的理论基础。在成就“性命之真”的成仙宗旨下，全真道发展了性命双修、先性后命为核心的修道观念，即全真道的“真功”。在真功之外，全

① 蜂屋邦夫：《金代道教研究：王重阳与马丹阳》，钦伟刚译，中国社会科学出版社2007年版，第462页。

② 同上书，第491页。

③ 詹石窗：《南宋金元道教文学研究》，上海文化出版社2001年版，第12页。

④ 卿希泰主编、詹石窗副主编：《中国道教思想史》第3卷第25章《金元时代全真道的产生及其思想》，人民出版社2009年版，第180页。

真七子还主张对生民社会广行善事、济困拔苦、传道度人等实践性的外修功行的“真行”。

全真派创始人王重阳多次提到真功与真行，《重阳全真集》卷4《苏幕遮·劝化诸弟子》：

> 气传清，神运秀。两脉通和，真行真功就。冲上晴空光猛透。方显无为，始见归无漏。①

卷5《豆叶黄》：

> 奉报英贤，早些出路。卜灵景，清凉恬淡好住。开阐长生那门户。便下手修持，真功真行，真性昭著。②

真功、真行从理论与实践两个层面概括了全真道的宗教活动，而借以展开活动的诗词创作，与此相应，也大致可分阐述真功与真行的两类内容。左洪涛《金元时期道教文学研究》对王重阳的词作做了分类，从类目上看，词作内容分为：

> 1. 立倡三教合一以促进本教发展；
> 2. 宣扬“全真”主旨以吸引教徒；
> 3. 阐述修道的内容和方法；
> 4. 自述生平事迹以增强传道的亲和力；
> 5. 与马钰夫妇入道的唱和词。③

此分类从具体内容出发，无可非议，且基本上可以涵盖诗作内容。王重阳以下的全真六子，虽然主张各有差异并形成不同的支派，但大要不离“全真”思想，且在诗词创作上，都有共同的倾向。左先生著作对马钰、谭处端、刘处玄、王处一、郝大通、孙不二等词作也有类似的划分，但深入到词作内容背后，实际讲的无非“真功”与“真行”两类，只是有的诗词作品二者集于一身难分彼此而已。六子中，年纪最小的丘处机对全真道发展的贡献最大，其《磻溪集》6卷，均为诗词歌颂类作品，计400余篇，主要内容也多是内在的性命双修与外在功行的宗教活动的记述。④

真功类诗词，即以诗词形式描述、阐释内丹修炼方法、修炼体验的诗词作品，这在全真道师徒作品中，占了很大比重，尤以全真道创始者王重阳、马钰等人为主。从文学批评、艺术审美的角度看，这类作品，虽然有论者指出他们特殊的美学意义⑤，但如实说，

---

① 蜂屋邦夫：《金代道教研究：王重阳与马丹阳》，钦伟刚译，中国社会科学出版社2007年版，第410页。

② 同上书，第419页。

③ 左洪涛《金元时期道教文学研究》第四章第二节《万变不离修道传教—— 词作的主要内容》对此有论述，第127—160页。

④ 丘处机诗词的内容风格，与王重阳、马钰等有所区别，部分词作有文人抒怀的倾向，不全是宣传教义之作。李闻的《金代全真道士词研究》（硕士论文，山东师范大学，2003年）等对丘处机的诗词风格有所论析。

⑤ 申喜萍的《内丹隐喻诗的审美解读》（《四川大学学报》2008年第1期）及徐翠先的《论金代全真丹道诗的审美特征》（《忻州师范专科学校学报》1999年第1期）对全真丹道诗的美学意味做了分析。徐文指出丹道诗神秘和朦胧的特征，中文以“内审美”的角度考察内丹道诗歌，很有新意。但是，一般来说，作为普通的读者，纯粹的丹道诗歌，读懂就很难，要体会所传达的艺术美感，更是难上加难。

大多缺乏一般意义上的“美感”，这也是经常为人诟病的地方。真行类诗词，即以诗词形式描写全真道在传播宗教、劝世行善过程中的一些体验和感受。这类作品更多关注的是人和社会，大多有深刻的人文关怀，对生命意义、人生目的的追寻，往往有一些发人深省的警句。从文学审美角度看，这类体现“真行”的作品，多有可观者，而且具有明显的传播效应。笔者儿时即知晓的民间（河北承德）流行语“儿孙自有儿孙福，莫与儿孙作马牛”，很可能就出自王重阳之手①，这种用于教化世人的诗作，至今仍流行民间，其影响可见一斑。

综上，面对全真道诗词，从“纯文学”立场的划分并不适合这种典型的宗教性文学作品，而应结合全真道修行观念，从真功、真行两个层面切入，然后再从文学角度作审美观照。而这一点，是我们在从事宗教文学研究中，极当注意的地方，即缺乏宗教研究基础，仅据文学史、文学批评中那些粗浅陈旧的范式分析宗教性文学文献，是无法深入理解，甚至会产生误解的。

三 全真道诗词研究的角度问题

如上文所述，阐述修性与炼命的“真功”类诗词作品，如果从文艺美学的角度看，缺乏足够的审美意义，也可以说这类诗词作品偏离了中国诗歌“抒情言志”的传统，只剩下诗词的“外壳”，乏善可陈。比如王重阳描述内丹修炼的词作《雨霖铃》：

> 东方甲乙，见青芽吐，早应时律。南阳正现红焰，初将炽、炎炎浓密。西动金风飒飒，致清爽、往来飘逸。北气候，祁寒严凝，聚结成冰瑞中吉。
>
> 肝心肺肾勿令失，四门开、莹彻都归一。金丹辏在空外，明耀显、五光齐出。上透青霄，唯占、逍遥自在宁谧。到此际、还得无为，永永绵绵毕。②

《黄莺儿》：

> 心中真性修行主。锻炼金丹，津液交流，浇淋无根，有苗琼树。常灌溉，润瑶枝，密叶黄莺语。莹灵声韵明眸，正觑婴儿，兑方骑虎。
>
> 堪诉，姹女跨青龙，四个同归去。本元初得，静里还辉回光，使胎仙舞。应出上现，昆仑得复，蓬莱处，我不妄想，云霞鸾鹤天然舆。③

《调笑令》：

> 山峭，日光照，碧汉盈盈圆月耀。森罗万象长围罩，一道清风袅袅。真灵空外天

① 此句出自彭致中《鸣鹤余音》卷1王重阳的词作《集贤宾》（《道藏》，文物出版社、上海书店、天津古籍出版社1988年版，第24册第260页），虽《重阳全真集》不见这首词，但仍有一定可信性。

② 蜂屋邦夫：《金代道教研究：王重阳与马丹阳》，钦伟刚译，中国社会科学出版社2007年版，第445—446页。

③ 同上书，第394页。

皇诏，住在蓬莱关要。[1]

这类词作在《重阳全真集》中还有很多，其他六子也基本如此。我们这里选取三首，就是希望读者能尝试性地"啃一啃"这种由繁复的丹道隐语和神秘描述写就的词作。显然，在我们摇头无奈的时候，发现文本的"祛魅"（Disenchantment）就是一道难关，等剥去丹道术语的层层障碍后，除了肤浅的文字游戏和部分带有"性暗示"的隐喻，一般文学意义上的"审美"或"美感"已经所剩无几。这一点，是全真道研究者应该正视的事实，不必为研究对象刻意地遮掩，甚至溢美。

但是，王重阳等全真七子的诗词作品自有一种美的感召力，那就是"俗文学"所具有的那种真诚、直白与浅俗！以"俗文学"看待全真道诗词，似乎面对一个"圣"（Sacred）与"俗"（Profane）较难两立的问题。迪尔凯姆（Emile Durkheim 1858—1917，又译作涂尔干）的"圣俗二元论"是基于西方基督教背景的判断，而对中国历史上以"三教合一"为特征的全真道而言，除了超越性的一面，形而下的世俗的一面是完全可以共存的，换句话说，"圣俗融通"更切合全真道的宗教特征。

据笔者有限的闻见，目前（2013 年 5 月）从俗文学角度研究全真派词作的论著很少，仅见王昊《论金词创作的形态与群体特征》及左洪涛《论王重阳道教词对宋代俗词的继承》等。其中王先生文章提出金代道士词应属于文人俗体词[2]，而左先生文章从模仿柳永谈起，指出王重阳词作继承了宋代俗词的语言、词韵和趣味性[3]。那么全真派诗词是否属于俗文学范畴？我们是否能从俗文学角度关照王重阳师徒的诗词作品？

俗文学是 20 世纪的显学，关于俗文学的定义和范围问题，郑振铎在《中国俗文学史》第一章《何谓俗文学》中说：

> 俗文学就是通俗的文学，就是民间的文学，也就是大众的文学。换一句话，所谓俗文学就是不登大雅之堂，不为士大夫所重视，而流行于民间，为大众所嗜好，所喜悦的东西。中国的俗文学包括的范围很广，因为正统的文学的范围太狭小了，于是俗文学的地盘便愈显其大。[4]

这个定义从"通俗的""民间的""大众的"三个层面界定俗文学，应该说带有一定的随意性，并不严谨，虽然后世广泛引用，但俗文学与民间文学等概念混淆、纠缠不清的流弊也是显而易见的。目前，最能廓清俗文学概念与特质的当属谭帆的《"俗文学"辩》一文。该文认为俗文学的"俗"应在传统文献中寻找依据，而世俗的"俗"则是俗文学的本质属性，其内涵与外延应包括如下几个层面：

> 1. 俗文学是一种文学现象，在"价值功能""表现内容""审美趣味"和"传播接受"等方面基本趋于一致，介于"雅文学"与"民间文学"之间。故"俗文学"

---

① 蜂屋邦夫：《金代道教研究：王重阳与马丹阳》，钦伟刚译，中国社会科学出版社 2007 年版，第 401 页。

② 见《文学遗产》1998 年第 4 期。

③ 见《中国韵文学刊》2009 年第 4 期。

④ 郑振铎：《中国俗文学史》，商务印书馆 1938 年版，第 1 页。

是一个“文类”概念。

2. 俗文学是指以受众为本位的文人加工、整理或创作的文学作品，是“书面文学”。

3. 俗文学以道德教化、宗教布道、知识普及和娱乐消遣为最基本的价值功能。

4. 俗文学是一种在表现内容、艺术形式和审美趣味上追求世俗化的文学作品。

5. 俗文学具有传播普及化的特性，具有一定的商业消费性。①

这个界定使俗文学从民间文学中剥离出来，而且“文类”的概念拓展了郑振铎先生早先确定的俗文学仅限于“小说”“戏曲”“讲唱文学”的领域，指出“只要符合俗文学之基本特性，凡诗、词、文、赋、戏曲、小说、讲唱文学等均可成为俗文学之研究对象”②。另外，我们看谭教授第3条界定，俗文学的价值功能之一就是“宗教布道”。结合上述论定，全真派诗词中，那些以“传教布道”为目的的、面向大众的、浅白而通俗的诗词，正是地地道道的“俗文学”。

另外，胡适的《白话文学史》在分析唐代白话诗的时候，认为白话诗有种种来源：一是民歌，二是嘲戏，三是歌伎演唱，四是宗教传播和哲理阐述。“白话文学”的概念已经隐退，虽然这一概念是从语言学角度创立的，但其隐括的范围与俗文学有很多交集。胡适在《白话文学史》中用了很大篇幅论述王梵志、寒山等僧人诗作，实际就是致力于宗教传播的带有俗文学特征的宗教诗歌。从这个角度看，王重阳等全真七子创作的大量诗词，正是以传道为目的的俗文学的一种。

综上，我们有理由认为王重阳、马钰师徒等的诗词作品，本身就属于俗文学范畴，一如佛教王梵志、寒山等诗僧，王、马等人是创作大量俗文学的道士诗人。

全真派师徒描述内丹修炼、修养心性的诗词作品，也即前揭“真功”类诗歌，大多淹没在繁复的隐语、深奥隐喻和神秘体验中，缺乏审美韵味。但那些描述劝讽世人、行善救济等外修的“真行”类诗歌，用语浅白，意象生动，感情真挚，应该成为俗文学史上的重要文本。我们且看王重阳的几首作品。

《重阳全真集》卷3《蓦山溪·叹驴儿》：

驴驴模样，丑恶形容最。长耳嘴偏大，更四只，脚儿轻快。肌肤粗傪，佗处不能留，挨车买，更驮骑，拽遍家家皑。

任鞭任打，肉烂皮毛坏。问你为何因，缘个甚、于斯受罪。忽然垂泪，下语向余言。为前□，忒跷蹊，欠负欺瞒债。③

这首词用拟人化的手法，以驴子的口吻诉说因缘业障，劝讽世人积善修德，脱离苦海。其中驴子的样貌描写，可谓诙谐幽默。针对世人贪图酒色财气的不觉悟，《重阳全真集》卷3《换骨骰·叹贪婪》也有形象生动的描述：

① 谭帆：《“俗文学”辩》，《文学评论》2007年第1期。

② 蜂屋邦夫：《金代道教研究：王重阳与马丹阳》，钦伟刚译，中国社会科学出版社2007年版，第81页。

③ 同上书，第395页。

叹彼人生，百岁七旬已罕。皆不悟、光阴似箭。每日家，只造恶，何曾作善？难劝，酒色财气恋。也兀底。

福谢身危，忽尔年龄限满。差小鬼、便来追唤。当时间，领拽到，阎王前面。憨汉，和骨骰软软。也兀底。[1]

再如《重阳全真集》卷13的《捣练子》词：

捣练子，十怎生，闲来闲去好修行。哆哩磅，哩罗磅
若逢迎，得圆成，从头一一说前程。哆哩咬，哩哆咬。
一为人，做凡身，四般假合怎生真。哆哩唛，哩哆噎。
搜玄路，出迷津，静中调养气精神。哆哩唛，哩唠咬。[2]

“差小鬼、便来追唤”一句浅明生动，可以说全篇都是这种俚语白话。“兀底”、“唠哩唛”本是北方方言中的虚词，后来成为元曲常用的发语词，这里用在词作当中。这多少可以窥见全真派词作在“词曲递变”中的过渡性作用。

王重阳的精彩之作，多是这类劝化世人的通俗作品，比如《重阳全真集》卷1中的“一字至七字诗”把酒、色、财、气的伤精败神，活脱脱地描述出来，读之不免有所戒焉。如《酒》篇：

酒，酒。恶唇，赃口。性多昏，神不秀。损败真元，消磨眉寿。半酣愁腑肠，大醉摧心首。于已唯恣猖狂，对人更没渐忸。不知不饮永醒醒，无害无灾修九九。

《色》篇：

色，色。多祸，消福。损金精，伤玉液。推残气神，败坏仁德。会使三田空，能令五脏惑。亡殒一性灵明，绝尽四肢筋力。不如不做永绵绵，无害无灾长得得。

《财》篇：

财，财。作孽，为媒。唯买色，会招杯。更令德丧，便惹殃来。积成三界苦，难脱九幽灾。至使增家丰富，怎生得免轮回。不如不要常常乐，无害无灾每恢恢。

《气》篇：

气，气。伤神，损胃。聘猩狞，甚滋味。七窍仍前，二明若沸。道情勿能转，王

---

① 蜂屋邦夫：《金代道教研究：王重阳与马丹阳》，钦伟刚译，中国社会科学出版社2007年版，第396页。

② 《重阳全真集》卷13共收《捣练子》12首，这里录两首，见蜂屋邦夫《金代道教研究：王重阳与马丹阳》，第496页。

法宁肯畏。斗胜各炫偻罗，争强转为乱费。不如不做好休休，无害无灾通贵贵。①

这种口语化的浅俗词作，与那些古奥难懂的丹道诗歌有决然的区别。我们在评价全真七子诗词作品的时候，往往以潜意识中的正统文学或“雅文学”批评水准评判这类作品，结论自然是负面的、可憎的。T. S. 艾略特在谈及道德评价与文学的关系时说：

于是我们实际上发现文学中“引起人们反感的东西”不过是我们当前这一代人所看不惯的东西，但那却是司空见惯的事，即这一代人所感震惊的事，却被下一代人泰然自若地接受了。②

我们现在看来似乎鄙俗不堪的全真派诗词，在那个时代却是司空见惯的，而且有其内在的理论渊源。

全真派诗词有明确的写作目的，那就是阐述教义、传播信仰、吸引信众，这种“传教”式的道教诗词正是俗文学研究中早先被忽略的大宗。王梵志、寒山等诗僧的白话俗诗，已有相当充分的整理和研究，尤其项楚的《王梵志诗校注》享誉学界，影响深远，把王梵志俗体诗研究推向新的阶段。但是，反观王重阳、马钰等全真七子的俗体传道诗词研究，往往陈陈相因，鲜有从“俗文学”角度的观照。

四　王重阳与柳永词作关系问题

王重阳、马钰等师徒喜爱柳永词，《重阳全真集》卷7《解佩令·爱看柳词，遂成》有云：

平生颠傻，心猿轻忽。《乐章集》、看无休歇。逸性摅灵，返认过、修行超越。仙格调、自然开发。③

“《乐章集》、看无休歇”，一部《乐章集》，王重阳几乎到了手不释卷的地步，这在《历世真仙体道通鉴续集》卷1《王嚞》篇也有详细记载，现引录如下：

友之因之就竭，师阅书而不为礼。问读何书，亦不答。就视，《乐章集》也。问：“全乎?”师曰：“止一帙尔。”友之曰：“家有全集，可观也。”即为送至。师自到京日，使马钰等四人乞钱于市，市及斤之鲤煮食之，秤不及则不食。友之颇惑，默念：“道人看《乐章集》已非所宜，又食鱼必其斤重，果何为哉?”他日，问：“《乐章集》彻乎?”师不言，但付其旧本。友之检阅，其空行间逐篇和讫，不觉叹曰：“神仙语也。”即还，沐浴更衣，焚香请教，日益加敬。④

① 蜂屋邦夫：《金代道教研究：王重阳与马丹阳》，钦伟刚译，中国社会科学出版社2007年版，第371—372页。
② ［英］T. S. 艾略特：《艾略特文学论文集》，李赋宁译，百花洲文艺出版社2010年版，第267页。
③ 蜂屋邦夫：《金代道教研究：王重阳与马丹阳》，钦伟刚译，中国社会科学出版社2007年版，第395页。
④ 《道藏》第5册，第417页。

王重阳对《乐章集》极为看重，不仅阅读，还逐篇唱和，但留存下来的恐怕不多。借柳韵唱和也影响了马钰，现在马钰仍存《玉楼春·借柳词韵赠云中子》《传妙道·本名花枝，借柳词韵》《五灵妙仙·借柳词韵》等。王重阳、马钰读柳永，仿柳永，势必对其创作产生影响。就此，左洪涛的《金元时期道教文学研究》已有过总结，指出王重阳词作俚俗的一面，深受柳永作品的熏染，柳永词作的铺陈手法，在王重阳作品中也有体现。① 这是从现象本身出发的总结性评述。王昊的《论金代全真道士词人对柳词的接受》以接受美学等西方理论分析王重阳等人对柳词的接受，有些提法富有启发，比如指出接受方式是通过柳词的"象喻性"以隐喻方式说明修真悟道的体验，接受的契合依据是全真道的"心游不离身游"的"游"观，接受的内核存在一种"否定论美学"的指向。② 这种偏重理论层面的推论富有启发，但有些概念表述不尽明了，似有隔靴搔痒之感。我们以为要真正理解全真道词与柳词的关系，还是要从文本本身出发，从具体的词作分析入手。

其实全真派师徒，尤其王重阳、马钰喜欢柳永词，不仅现在看来有悖情理，就是当时的孟友之见了也断定"道人看《乐章集》已非所宜"。这句话非常关键，在一般世人眼中，以修养心性为目的、整日劝化他人的道士，借用孔夫子的话，本该"非礼勿视、非礼勿动"而日诵仙经的，但王重阳看的却是"薄于操行"、好为淫词艳曲的柳永的《乐章集》。《乐章集》中狎妓、咏妓的词作俯拾即是，直接描写男女交媾过程的词作也相当赤裸。那么，王重阳为什么没有选择苏轼词？为什么没有选择其他影响更大、成就更高的词人，而是柳永的《乐章集》？这要从柳永和《乐章集》本身说起。

柳永活跃于北宋真宗、仁宗朝，正史无传，具体生卒年也众说纷纭，没有终解。柳永生前身后都是一个有故事、有争议的人。贬之者，说柳永是"薄于操行"的浪子；褒之者，谓柳永是"淡泊名利"的才子。其实柳永只是一个普通的古代文人仕宦，只是他更真实、更大胆，他的游南、北二巷，填词作曲，实有背后不得已的辛酸。《乐章集》中，柳永提到的妓女，比如师师、瑶卿、秀香、安安、英英、冬冬、楚楚等就有近20位。他大量创制这类淫词艳曲，据薛瑞生《乐章集校注》判断，很可能出于生计需要——讨润笔费，所谓"奉旨填词"，更可能是"奉妓旨填词"③。这类浮艳词作，在柳永生前就已经成了他的标签，成了传播的噱头，以致在那个时代就能有"凡有井水饮处，即能歌柳词"的传播效果。所以，柳词有一部分势必是世俗的、露骨的，甚至是翻新出奇的——"变旧声作新声"。

面对这样的《乐章集》，王重阳师徒如何看待取舍？我们一般都能认同，王重阳师徒词作中的"俗"的一面，与柳永不无关系。正是因为"戳骸从俗"，柳永词可以在大众中广泛传唱，而出于"传教"目的的全真派词作，如果一味古雅深奥，除了曲高和寡地自娱自乐，没有任何传播效用。而问题是，《乐章集》中的不少关于风情云雨之作，王重阳是否视而不见？抑或有选择地阅读？如果不是，我们无法回避"少欲寡欢"的苦修道人与"追欢买笑"的柳永之间是怎么契合的问题。现在有的文章提出，王重阳得道前自称"害风"，曾经放浪形骸，马钰也曾"披蓑携杖，坦荡逍遥"、"终日狂歌狂舞"，这与柳永的"抛掷云泉，狎玩尘土"有相似暗合之处。④ 还有文章指出，王重阳等全真道士词作，以

---

① 邓绍基：《元代文学史》，人民文学出版社1991年版，第161—163页。

② 王昊：《论金代全真道士词人对柳词的接受》，《兰州大学学报》2011年第1期。

③ 柳永撰，薛瑞生校注：《乐章集校注》，中华书局2002年版，第15页。

④ 同上书，第10页。

修行超越的道教精神，“悬隔”柳永的“酒色财气”而汲取他的洒脱精神①，也就是对柳永的接受是有选择的。然而总感觉这些说法有避重就轻的嫌疑，其实不必“为贤者讳”，也不必为研究对象讳。事实上，柳永对男女情色的大胆描写，与王重阳、马钰等全真道士的内丹修炼体验本身就存在“先天”的契合之处，他们对柳永这些“小儿科的东西”最了解不过。

柳永《乐章集》有大量描写两情相悦、相惜的词作，直接描写性爱场面的词作也有不少，比如《菊花新》：

> 欲掩香帏论缱绻。先敛双蛾愁夜短。催促少年郎，先去睡、鸳衾图暖。须臾放了残针线。脱罗裳、恣情无限。留取帐前灯，时时待、看伊娇面。②

又如《西江月》：

> 师师生得艳冶，香香于我情多。安安那更久比和。四个打成一个。
> 幸自苍皇未款，新词写处多磨。几回扯了又重按。奸字中心着我。③

《尉迟杯》：

> 宠佳丽。算九衢红粉皆难比。天然嫩脸修蛾，不假施朱描翠。盈盈秋水。恣雅态、欲语先娇媚。每相逢、月夕花朝，自有怜才深意。
> 绸缪凤枕鸳被。深深处、琼枝玉树相倚。困极欢余，芙蓉帐暖，别是恼人情味。风流事、难逢双美。况已断、香云为盟誓。且相将、共乐平生，未肯轻分连理。④

这几首在《乐章集》中就算描写比较赤裸的词作了，王定永《道教文化视域下的柳永艳情之作》以为柳永这类词作与房中修炼有某种契合，但略显牵强。⑤ 房中术并非一般人想象的道教各派都推崇并修炼此术，相反唐宋上清派道士等对以房中为名的淫欲、乱性都有批判⑥，而全真道更是主张断绝淫欲、宝精养气，如上文所引，王重阳的杂体诗《色》篇可以明乎此。但这并不妨碍王重阳从柳永这些情爱描写中，对内丹修炼的体验有所感悟，并在词作中加以表现。

《周易》之《系辞》篇云：

> 天地尊卑，乾坤定矣。……鼓之以雷霆，润之以风雨；日月运行，一寒一暑；乾

---

① 杨柏岭：《由柳永词看王喆等道士词的传播行为》，《民族文学研究》2006 年第 4 期。

② 柳永撰，薛瑞生校注：《乐章集校注》，中华书局 2002 年版，第 162 页。

③ 薛瑞生《乐章集校注》之《柳永词辑佚》，录自《全宋词》，第 256 页。

④ 柳永撰，薛瑞生校注：《乐章集校注》，中华书局 2002 年版，第 64 页。

⑤ 王定永《道教文化视域下的柳永艳情之作》指出柳永艳情词与道教房中术有一定关联，符合房中修炼的某些原则。载《学术交流》2010 年第 5 期。

⑥ 参阅罗争鸣《〈墉城集仙录〉采自〈列仙传〉篇目探析：兼论杜光庭对房中术的态度》，《古籍整理研究学刊》2003 年第 3 期。

道成男，坤道成女。[①]

这种天地阴阳交合的观念，早在《易传》中就已相当成熟。后世的丹道、房中等神仙修炼思想都援据于此，做各种发挥、丰富和想象。以阴阳交感、牝牡相须的道理说明金丹的炼制过程，东汉末号称“万古丹经王”的《周易参同契》已有论述，其《五相类》云：

乾刚坤柔，配合相包。阳禀阴受，雌雄相须。须以造化，精气乃舒。坎离冠首，光耀垂敷。玄冥难测，不可画图。[②]

后世针对外丹、内丹的各种阐释大致都是在“天地设位”“坎离匡郭”的宇宙模型基础上展开的。[③] 乾坤为天地之体，坎离为乾坤之用。坎为肾水、为汞、为青龙、为下；离为心火，为铅、为白虎、为上。道教丹术也即铅汞、龙虎之学，即以天地交媾、坎离相合而象喻炼丹有成，《参同契》谓：

天地媾其精，日月相撢持，雄阳播玄施，雌阴化黄包。[④]

这种天地阴阳、坎离水火的交运过程，具有浓厚的“男女情色”隐喻性，后世内丹道术更从坎离、阴阳生发出各种意向和隐喻，比如婴儿（肝）、姹女（肺）；金公、黄婆；白雪、黄牙；绿鬓佳人、朱衣姹女、白颜公子、乌冒婴儿等成组隐喻来描述炼丹的体验。《重阳全真集》中描写内丹修炼的若干诗词，如外行看热闹的话，很容易误解为男女情事，比如这首《调笑令》的上阕：

调笑，说玄妙，姹女婴儿舞跳。青龙白虎摇交叫，赤凤乌龟鐇绕。蓦然鼎汞召，性命从兹了了。[⑤]

显然这描述的是内丹修炼的神秘体验，但从字面看，姹女婴儿、青龙白虎的舞跳、交叫似乎刻意用这种情色隐喻的方式展现。看这首七言诗《问龙虎交媾》：

莫问龙儿与虎儿，心头一点是明师。
炁调神定呼交媾，心正精虔做煦熙。
平等常施为大道，净清不退得真慈。
般般显现圆光就，引领金丹采玉芝。[⑥]

① 高亨注：《周易大传今注》卷5，齐鲁书社1979年版，第504—505页。

② 萧汉明、郭东升：《〈周易参同契〉研究》下篇《〈周易参同契〉校释》，上海文化出版社2001年版，第269页。

③ 同上书，第66—70页。

④ 同上书，第252页。

⑤ 蜂屋邦夫：《金代道教研究：王重阳与马丹阳》，钦伟刚译，中国社会科学出版社2007年版，第401页。

⑥ 同上书，第366页。

再看《修行》之一：

倒颠交媾分机密，上下冲和得要枢。
好向深山最高处，怡然独放月轮孤。①

又如《玉堂春·锁门》其一：

玉性金真，人人皆可化。玉液金丹，频频迎迓。玉兔金乌，光光相次亚。照玉栏杆种玉芽。

琼蕊金茎，长长生不谢。玉女金童，常常看舍。玉锁金匙，门门开辟下。赏玉堂春对玉花。

其二：

有个王风，时时频睡卧。无梦无眠，无灾无祸。白虎青龙，自然交媾过。水火相逢上下和。

《解佩令》：

金郎察察，玉娘握握。堪同寿、方年二八。住在何方，一居水，一居山北。入离门、坎户皆劫。时时相拉，频频搜刮。九条街、坊坊俱达。寻得灵珠，取琼浆、神水浇沫。放光明、万道旋斡。②

“交媾”“冲和”“玉女”“金童”等隐喻，频繁出现在描写内丹修炼的全真道诗词中，虽然这与王重阳贬斥的“色欲”不同，但内丹道模仿阴阳交合、坎离化运的内在特质，决定了全真道仍离不开以男女情事寓指丹道修炼，而所成之“丹”，也正像男女交媾所生的婴儿，在王重阳诗词中，就有多处男子怀孕生子的比喻。王重阳有些描写内丹修炼的词作，不仔细分辨，还以为是普通的性情之作，比如这首《玉女摇仙佩》：

终南一遇，醴邑相逢，两次凡心蒙涤。便话修持，重谈调摄，莫使暗魔偷适。养气全神寂。禀逍遥自在，闲闲游历。览清净、常行穴迪。应用刀圭、节要开劈。三田会明灵，结作般般，光辉是绩。

先向天涯海畔，访友寻朋，得个知音成阒。直待恁时，将相同步，处处嬉嬉寻觅。暗里睊睊檄。觑你为作，如何锋镝。会举箭、张弓对敌。百邪千魅、战回纯皙。无愁感。方堪教可传端的。③

① 蜂屋邦夫：《金代道教研究：王重阳与马丹阳》，钦伟刚译，中国社会科学出版社2007年版，第370页。
② 同上书，第477页。
③ 同上书，第396—397页。

这类词作还有很多，如《戚氏》等。另外，《重阳全真集》中的词牌名与《乐章集》的词牌名，多有重合，笔者推测《历世真仙体道通鉴》所谓王重阳逐首唱和《乐章集》的事可信度极大。

因道教丹道修炼的内在特质，王重阳师徒对《乐章集》的接受是顺理成章的，对柳永情色作品既不是刻意回避，也不是全盘认可，而是把这种描写内化在丹道修炼的宗教体验上，创造出大量异于《周易参同契》《悟真篇》的富有象征意味和情感体验的丹道诗词。

五　早期全真道诗词在丹道诗歌传统中的定位问题

以韵文或歌诀形式阐释丹道方术及其修炼体验，在中国道教史和文学史上都可以说源远流长。尤其歌、诀、颂、诗、词等，从四言、五言，再到律诗、长短句，都“与时俱进”地用来阐释和描述外丹黄白与内丹心性之术，我们姑且把这类诗作称之为“丹道诗歌”①。全真派“真功”类诗词，绝大部分作品都属于这种诗歌，而且承前启后、蔚为壮观，少有匹敌者。

以诗歌形式描述丹道方术和修炼体验的作品，主要集中于明《道藏》和今人所纂《藏外道书》。另外，敦煌道经中也有数种不见载于《道藏》的丹道诗歌作品，比如P. 3093v 失题道经，内容为炼丹服食方法，末附《定风波》词三首，如图②：

据考，这部失题道经，大概出于唐宋之间③，背面这三首《定风波》词，用词的形式描述各种脉象，如这两句：

> 頬食伤寒脉沉迟，时时寒热□□□。（第二首）

① 当然，诗词歌赋不仅仅用来阐释丹道方术，诸多经戒也以诗歌形式写就，或夹杂大量诗作，如《真诰》等。

② 复制自国际敦煌项目网站：http：// idp. nlc. gov. cn/database/oo scroll h. a4d? uid = －6744767186；recnum = 60311；index =6。

③ 王卡《敦煌道教文献研究：综述·目录·索引》之目录篇著录此经，拟题《道教炼丹服食法诀》，认为是经约出于唐宋间，正面写佛教经文，背面行草书，为归义军时期抄本。（中国社会科学出版社 2004 年版，第 216 页）

风湿伤寒脉紧沉，遍身虚汗似汤淋。（第三首）

有所谓“医道同源”，这里描述脉象的《定风波》与道教养生、服食、炼丹等道教方术不无关系。这也体现了民间方士、道士运用诗歌体裁阐释丹道方术和宣传教义而因应时代的“随机性”。《道藏》三洞的“众术类”及“太玄部”“太清部”等保存大量丹道经书，也多以歌诀诗词形式写就，但仅仅是徒具诗歌的韵语形式，缺乏趣味性和可读性。这样的作品，我们在《道藏》三洞众术类或太玄部等部类中，很容易翻检，比如洞神部众术类的《太清玉碑子》《巨胜歌》等。

《太清玉碑子》《宋史艺文志》著录，题葛洪撰，但显然是托名葛洪，内中大量丹道歌诀为七言韵语，非晋代流行①，当为唐宋间人作品。其中的《瑶瓶歌》《杨真人歌》《大还丹歌》《金液大还丹歌》《五金歌》等多述内外丹方术，如《五金歌》：

家有紫河车，黄金满我家。
更有福相感，万事自荣华。②

《杨真人歌》：

损神终日谈虚空，不如归于胎息中，绵绵不住道自通。七元三老皆从功，我真不西亦不东。但当修习意莫穷，常令体里如微风。世人见一不识一，一回存想一神出。只知一心念一物，不知一日损一日。劝君修真需识真，人间道书多误人。开图醮策益乱神，此法不能留兆神。哀哉自有不自亲，明珠汩没放泥尘。③

这样的诗歌作品，较少趣味，但求“隐晦”而“巧妙天成”的神秘意味，且变化不多，从汉魏至北宋，虽然在诗歌体裁上随着时代演进出现了七律及词，但内容风格变化不大，如北宋张伯端的《悟真篇》。《悟真篇》上卷16首律诗综述丹功之要，中卷64首绝句从实践角度讲述丹功的修养、态度，下卷五律1首、《西江月》词13首、七绝5首，分别从炼精化气的核心、步骤、辨别异端等角度阐释丹道根本。整部《悟真篇》100余首诗词，延续了汉魏丹道诗的传统，充分利用了汉语言文字的象喻功能，以神秘的方式揭示深奥的丹道神功。④ 从表述形式上看，《悟真篇》中规中矩，文人化色彩很强，但这一特征到南宋金元时期开始打破，“走向世俗”的趋势势不可挡⑤，丹道诗歌也“俗趣”渐浓。南宋白玉蟾和金元全真道的丹道诗词均体现了这一特征。

---

① 《道藏提要》（第三次修订版），第921条提要，中国社会科学出版社2005年版，第421页。

② 《道藏》第19册，第314页。

③ 《道藏》第19册，第315页。

④ 《西江月》原本12首，刘一明以为象征十二月，“西”者“金”之方向，“江”者“水”之体，“月”者“丹”之用。转引自王沐《悟真篇浅解（外三种）》，中华书局1990年版，第135页。

⑤ 凌郁之的《走向世俗》（中华书局2007年版）一书以宋代文言小说为主要考察对象，从宏观上把握并描述唐宋小说史的流变，从唐宋文化转型及雅俗文学互动的视角，分析宋人小说与宋代文化文学转型的内在关联，文言小说向说话的倾斜、向戏曲的拓殖以及其间的融会，从而揭示了宋代小说的全面的存在形态及其走向世俗的态势和意义。从走向世俗的角度看诗歌演进，一定程度上，也存在这个趋势，比如由词到曲的过渡等。

白玉蟾的诗词有文人雅化的一面，这跟白玉蟾早年经历有关①，但白玉蟾的丹道诗词也流露出世俗的一面，且形式多样，其《武夷集》《上清集》《玉隆集》等较金丹南宗祖师张伯端的《悟真篇》，体裁形式更趋多样，词牌就有36个②，自制乐府诗题也有33个③，且内容多浅显、轻松，在世俗化的道路上已经走出很远。而基本同一历史阶段下，北方的全真道诗歌更在俗化的道路上愈走愈远。关于全真道诗词的俗文学特征，本文已有揭示，这里仅据全真道早期王重阳、马钰杂体诗的分析④，就可以看出丹道诗发展的新方向。

显然，杂体诗是相对正体而言的，正体无非四言、五言、七言诗的古诗和律诗，包括绝句和排律等，当然还包括后起的词等。《重阳全真集》《渐悟集》等收录的杂体诗，具体有这样几种：藏头拆字诗、数字诗、福唐体、联珠、迭字诗、嵌字诗（喝马诗）、复字诗、攒字诗（攒三字、攒二字、攒五字）、一至七字诗、同头诗、同尾诗、助字诗、五更词、四时词等十几种350余首。⑤ 这十几种诗体并不多见，现略举数首并做分析如下。

藏头拆字诗：

述　怀

□三一味独馨香，□日闲中道眼光。
□兀不侵除郁闷，□门俱得觉清凉。
□传三教谁能看，□觑三光我细详。
□说世人惟好贿，□谁认得这风狂。⑥

藏头拆字诗可能起于唐白居易《游紫霄宫》⑦，常见的藏头拆字方法是，首句第一个字，从末句最后一个字拆出，第二句的第一个字，从首句的最后一个字拆出，第三句首字从第二句的末字拆出，依此类推。这种藏头、拆分的过程，想来有这样三层意味：

1. 隐藏首字，具有某种神秘感；
2. 从前一句的末字拆出一个字，作下一句的首字，有巧妙天成之意；
3. 前一句末字拆出下一句首字，首尾衔接，整首诗形成一个循环往复的圆环。这种无始无终的“圆”，对于“道”的表述具有特殊意义。

我们依据上述拆分原则，把这首《述怀》拆补为如下一首诗：

---

① 罗争鸣《儒、道之间：白玉蟾的诗词创作与心路历程》（《海南大学学报》2013年第5期）对此有详论。

② 刘亮：《白玉蟾生平与文学创作研究》，凤凰出版社2012年版，第134页。

③ 同上书，第97页。

④ 据于东新《金代全真道士之杂体诗词刍论》（《集宁师范学院学报》2013年第1期）统计，王重阳与全真七子的杂体诗词，以王重阳、马钰数量最多，其次是谭处端、王处一，丘处机较少。孙不二诗词创作仅数首，没有杂体诗。

⑤ 于东新：《金代全真道士之杂体诗词刍论》，《集宁师范学院学报》2013年第1期。

⑥ 蜂屋邦夫：《金代道教研究：王重阳与马丹阳》，钦伟刚译，中国社会科学出版社2007年版，第376页。

⑦ 同上书，第25页。

王三一味独馨香→日日闲中道眼光→兀兀不侵除郁闷→门门俱得觉清凉→口传三教谁能看→目觑三光我细详→言说世人惟好贿→有谁认得这风狂

最后一个“狂”字拆分出“王”字，这样首尾相连。类似这种结构的还有藏头连珠体诗，如马钰这首《桃源忆故人·赠董先生藏头联珠》：

(准)予属付须当认，(认)取本源清净。
(净)清心除境。(境)灭心忘尽。
(尽)形八戒持来正。(正)洽灵灵心印。
(印)结光辉禅定。(定)是神仙准。①

这种首尾衔接相连的结构，用图可以表示为一个圆，比如这首《述怀》：

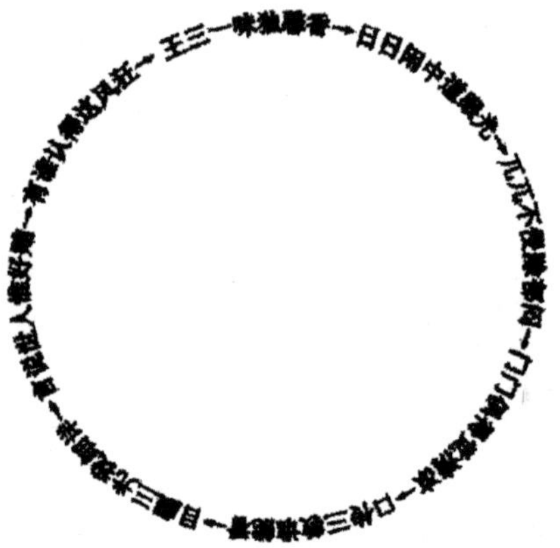

毋庸置疑，这是一种“文字游戏”，但游戏的难度并不小，不仅要考虑诗的寓意，还要考虑汉字拆分组合间的巧妙关系。这充分利用了汉字的形体特征，通过这种巧妙组合，丹道方术这种权势阶层才能“玩得起”的事情，开始富有趣味，走向世俗。这种文字游戏类的诗作还有数字诗，如马钰的《洞玄金玉集》卷8《赠刘小官》：

一青牛，二条尾。三只眼儿，仰观俯视。四个蹄、雪白如银，五方中嬉戏。六欲七情，俱总废。八味琼浆，饮来光明遍体。九鼎内、变作神丹，十分功圆备。②

还有迭字体诗，如王重阳《重阳全真集》卷13《恣逍遥》：

物物拈来，般般打破。惺惺用、玉匙金锁。沥沥澄源，炎炎焰火。盈盈处、上下倒颠换过。妙妙神机，玄玄性果。清清做、静中堪可。现现虚空，灵灵真个。明明

① 蜂屋邦夫：《金代道教研究：王重阳与马丹阳》，钦伟刚译，中国社会科学出版社2007年版，第376页。
② 同上书，第376页。

衮、光莹宝珠一颗。[1]

还有福唐体诗[2]，如刘处玄的《山亭柳》：

退道愚生。意乱心生。丧命尽贪生。不畏神明察目，千愆万过迷生。死多酆都苦苦，苦苦尽旁生。进道清真忘世梦，闲看圣教似书生。达理悟修生。气结神灵异，自然有、霞彩光生。宝鉴碧霄光耀，真个先生。[3]。

全真道诗词中，还有很多怪怪奇奇的杂体诗作，但他们有个总的创作目的，就是利用汉字的形体结构，制造一种“奇妙”和“趣味”，有时候甚至盖过了他们要表达的教义与方术内容。这种创作，显然更易吸引眼球，更具有广泛传播的特质。

总之，从汉魏至金元南宋时期，丹道诗歌发生重要转变。这种转变有内在因素的支撑，其一就是外丹衰落，内丹崛起，而内丹性命双修的隐秘的宗教性体验，更适合以诗歌形式阐释；其二是三教交融、唐宋文化形态的转变、世俗化加剧等宏观社会趋势的影响。这种转变，在金元时期的北方，最鲜明的体现就是全真道诗词。

余论：全真道诗词的宗教文学意义

本文从文本细读出发，从道教史、文学史的发展规律思考全真派诗词在游艺与修道之间的宗教文学问题。那么全真师徒创作的大量诗词，其文本意义究竟在哪里？

就文学来说，王重阳、马钰等全真道师徒完全出于宗教目的的“文学性”创作，拓展了文学书写的空间，对“纯文学”观念造成一定冲击。翻开《重阳全真集》和《渐悟集》，满眼的诗词作品，不禁会问：我们能因为“抒情和审美”就断然否定他们的文学性吗？所谓“抒情”就一定是花前月下、羁旅天涯的世俗情感才是“情”吗？如果通读并静静地体悟这些诗词作品，我们一样可以感知那个时代、那样一群宗教理想主义者——或者是悲观的乐观主义者，以“求道”为鹄的，放弃万贯家财、妻儿老小，尽扫一切社会地位和人格尊严，扛起一面纸旗沿街乞讨，挖出一个洞穴暂作“活死人”的刚毅和勇气，这种宗教情感亦足以令人动容。所以，当面对这些带有“工具性”的宗教文学作品，我们可以从宗教文学角度讨论他们艺术性的高低，分析他们是否为“次要诗歌”，但绝不能秉持“纯文学”的标准嗤之以鼻、置之不理，否则容易坠入促狭的研究视域。

就宗教来说，诗词在宗教领域的功能，得到进一步的拓展和发挥，除了“审美”，还成了宣教、立教、传教的有效手段。六朝道教成熟发展时期，诗歌就具有重要的道经书写与教义阐释作用。《真诰》中的大量降神五言诗，就是人神沟通的文本媒介，虽然仍旧是“人”的作品，但诗歌创作在道教传播中的地位已日趋巩固。此后，以诗歌形式敷演丹道经义、叙写仙人感应、仙界幻境的作品层出不穷。至两宋时期，张伯端、白玉蟾等都是这方面的代表性人物。但只有到了王重阳、马钰创教时期，全真道“三教一家”理论的阐

---

① 蜂屋邦夫：《金代道教研究：王重阳与马丹阳》，钦伟刚译，中国社会科学出版社2007年版，第376页。

② 福唐体的特点是通篇用韵，只用同一个字，故又称独木桥体。较早使用此体的是黄山谷的《阮郎归·茶》。

③ 唐圭璋编：《全金元词》（上），中华书局1979年版，第428页。

释、信徒俗众的劝化、教团教会的建构等几乎一切宗教活动，都离不开诗词。相比之下，全真道在创教与传播过程中，注释道经、阐发教义的“文”和“笔”只占了极少的比重，这与六朝隋唐时期也有极大的分别。真伪存疑的《重阳立教十五论》，一般看作全真教教义的第一手资料，但这15篇文字都很简略，与大量诗词作品形成鲜明对照。

总之，全真派师徒“不倦写诗词”的“艺术化”的修道方式，在宗教比较研究中也具有特殊意义。他们创作的大量诗词作品，是典型的宗教文学文本，蕴含着重要的历史文化信息，无论在宗教史还是文学史上，都是一个文化奇观。

（原文发表于《宗教研究》2016年第1期）

无像崇拜与破坏神像：圣经禁像传统在中国的诠释*

李炽昌**

摘要： 本文论述了圣经的禁像传统及其被中国开封犹太人与太平天国基督徒所挪用的特殊议题。论文呈现了希伯来圣经的禁像传统，分析了开封犹太人对这一传统的坚持，并能同本地人和平相处的现实，指出太平天国如何以极端的方式在中国形成了一个破坏神像的基督教革命派。通过探讨这两个群体对“不可为自己雕刻偶像”这一诫命的诠释与实践，我们更清楚地认识到外来宗教与中国本土宗教传统之间的相互尊重是何等重要。这对于认识和处理当今的宗教冲突与对话具有重要意义。

关键词： 无像崇拜　破坏神像　圣经诠释　开封犹太人　太平天国

一　导言

中国有漫长的关于将其他异族宗教转化或渗透进中国文化的历史：佛教、伊斯兰教、犹太教、基督教、拜火教及摩尼教。来自印度的佛教是一个绝佳的例子，展示了外来宗教通过长达数世纪的激烈冲突及互换从根本上被转化为带有中国特色的本土宗教。没有人可以否认现在佛教是一个渗透在中国多层次及多样式的本土宗教。佛教整合及融入中国文化母体的过程有时会被称作“佛教征服中国”，这也是许理和（Erik Zürcher，1928—2008）颇有影响力的著作的书名。①

尽管存在反对与抵制，但当宗教容忍被承认及确保，并较少受到来自官方之政治压抑时，新宗教进入另一个宗教—文化处境时往往会相互融合并丰富彼此。此融合也需取决于外来宗教的包容性程度，可以想象，越是排外的、对抗性的、野心勃勃的外来宗教，越不容易被本土文化接受，尤其是在已经有多种宗教传统供人们选择的中国。因此，研究当一神宗教如犹太教、基督教及伊斯兰教遭遇中国文化时的案例是有意义的。在此文中，由于篇幅的关系，我将暂时搁置伊斯兰教，着力于犹太—基督教传统。

我基本上会处理两个宗教团体，即开封犹太人及太平天国的基督徒，去考察他们是如何与中国的文化、宗教及政治发生连接的。在宗教容忍这一问题上，我将考察他们是如何

---

* 本文根据2015年9月8日在耶鲁大学神学院巴利特讲座（Barlett Lectureship）的演讲报告修改而成，感谢我的学生赵若云将之译成中文。

** 李炽昌，爱丁堡大学哲学博士，山东大学人文社科一级教授，原香港中文大学文化与宗教研究系教授。

① Erik Zürcher, The Buddhist Conquest of China: *The Spread and Adaptation of Buddhism in Early Medieval China*, (Leiden: Bril1, 1959, 2007). ([荷] 许理和著，李四龙、裴勇等译：《佛教征服中国：佛教在中国中古早期的传播与适应》，江苏人民出版社，2003年。)

看待及接受中国本土文化及宗教。根据记载，犹太人在一千多年前以经商、贸易的方式定居在中国，他们建立犹太会堂，成立教团，很好地适应了中国的处境。他们最初是被中国帝王邀请定居在北宋的首都开封，并在当时宽容的宗教环境中被允许保持他们的生活方式。他们得以保持他们社群的完整性，直到近代最后一位拉比逝世。但是，他们最终仍然消亡了，在当代中国仅有极小部分社群得以保留。多数学者认为他们丧失身份的理由有以下三点：中国文化的优越性完全压倒了犹太传统；异族通婚；以及在朝廷或军队谋求一官半职的渴望。我对此皆持有保留意见，他们的确欣赏中国文化且与当地中国人通婚，出于社会流动性及光宗耀祖的考虑，他们也被需要研习中国文化经典的科举制度所吸引。但是，他们仍然保留了对上帝无偶像的核心信仰，并毫无敌对意识地与中国居民和平共处。

与之相反，太平天国（1851—1864）则接受了基督教反偶像崇拜的神学观念，并且根据传教士对十诫之第二条的解释①，在中国实施破坏神像、寺庙及神殿等一系列反神像行动。他们激进的反偶像主义严重地侵害了中国人的宗教权利，不仅导致了这一运动的衰败，更加深之后中国人对基督教产生的敌意。基督教作为一种外来宗教，被视为会对当地文化之完整性造成威胁的异端。

在此文中，我将考察两个群体关于圣经中反对偶像崇拜的观点是如何与中国文化遭遇并交互的。通过了解他们如何理解及实践十诫中“不可为自己雕刻偶像”（出 20：3），我们得以更好地评价他们在中国的反响及处境。两个群体皆从他们各自的传统中继承了关于十诫的不同解读，并在中国处境中加以实践。我首先将对希伯来圣经中的十诫及其反对神像崇拜做一个简短的展示，这在《出埃及记》20 章、《申命记》5 章及《诗篇》115 都有相关内容。接下来则是依据 1850 年被持续的洪水及大火损坏的开封犹太会堂遗留下来的石碑石刻研究，对开封中国犹太教进行简短的讨论。最后一部分，我将分析坚信传教士带来的第二诫命教义传统的太平天国运动及这些反对偶像崇拜的太平基督徒。太平天国曾控制南部中国并于 1853 年在南京建都，但在 1864 年彻底灭亡。

二　在西亚处境中摩西十诫的无偶像传统

摩西十诫（出 20：1—22；申 5：6—21）第二条，明确了上帝直接对西奈民众说的话，道出禁止塑像。这一诫命代表了最为独特及突出的耶和华共同体之特征，它被认为是

① 根据犹太传统，“我是耶和华你的神，曾将你从埃及地为奴之家领出来”（出 20：2）构成了第一条诫命。不可有别神的禁令（“除了我之外，你不可有别的神”）和对形的否定结合在了一起（“不可为自己雕刻偶像”），组成了第二条诫命（出 20：3—4）。因此从西奈山上接受的上帝的“十句话”成为了圣经文本的十诫。以色列人民从埃及的奴役中解放出来的宣称，被看作上帝与其子民亲近关系的最重要的表达，这个表达形成了诫命中对耶和华独一信仰的基础。然而，基督教堂把从埃及的解放仅仅看作是十诫的序言，但是它们对十诫的记叙也是有区别的。罗马天主教和路德传统也把这两个诫命看作一个。参 Eduard Nielsen. *The Ten Commandments in New Perspective*（London：SCM Press，1968），pp. 10 – 13。改革后的新教传统同意将“不可为自己雕刻偶像”看作第二条诫命。参 Patrick D. Miller，*The Ten Commandments*，*Interpretation*：*Resources for the Use of Scripture in the Church*（Louisville，Kentucky：Westminster John Knox Press，2009），pp. 15 – 19。蒂盖（Jeffrey H. Tigay）在犹太圣经研究中关于《出埃及记》的评论，限制了对塑像的禁止，认为仅仅是作为崇拜对象的像，因此为像基路伯（出 25：18—20）和建造所罗门圣殿时的铜牛驮海（王上 7：25）存留了空间。参 Adele Berlin and Marc Zvi Brettter，*The Jewish Study Bible*，*Jewish Publication Society Tanakh Translation*（Oxford：CIxford University Press，2004），p. 150。关于十诫的研究，请参我指导的博士论文：田海华《希伯来圣经之十诫研究》（人民出版社 2012 年版）。

耶和华教团在以色列信仰中最独特的体现。[1] 冯·拉德（G. vonRad）的论述很好地说明了耶和华圈在宗教历史上的意义和不可思议：

> 旧约中关于雕刻偶像的禁令在整个宗教世界都是不常见的……这里无疑显示出以色列的神秘性来，也许是来自于她天性中是各个宗教的外来者和寄居者。任何虔心侍奉宗教并崇拜神灵的人，几乎无可能将他们转变为以色列的禁止偶像崇拜。[2]

事实上，学者们试图抓住禁止雕刻偶像的意义及理解此“非自然”禁令的企图从未间断，却没有找到令人满意的解释。这一关于雕塑的禁令在盛行各种人形及动物形态诸神的西亚宗教中更是显得“非自然”，而在现代关于形象及符号在宗教中的作用的科学研究中，这一禁令更是引人注目，甚至有点荒谬，它看起来似乎与人类的原始宗教冲动相反。

为了更好地理解禁止雕像的诫命，我们一起来看一下相关的文本（出 20：1—5）：

> 1. 神吩咐这一切的话说：
> 2. “我是耶和华你的神，曾将你从埃及地为奴之家领出来。
> 3. 除了我以外，你不可有别的神（אֱלֹהִים אֲחֵרִים）。
> 4. 不可为自己雕刻偶像（פֶּסֶל）；也不可做什么形象（תְּמוּנָה）仿佛上天、下地和地底下、水中的百物。
> 5. 不可跪拜那些像；也不可侍奉它，因为我耶和华你的神，是忌邪的神……”

在文学语境中理解第四节和第五节之间的关联有些问题。如文中所示，第四节是对第三节中对耶和华独一信仰的详细阐释，它特别指出耶和华是没有物质形象（תְּמוּנָה）的。如果没有第四节，第五节中的复数指代“那些”自然是指第三节中的“别的神”（אֱלֹהִים אֲחֵרִים），因为“雕刻偶像”（פֶּסֶל）及“形象”（תְּמוּנָה）在文中都是单数出现。此外，一般而言，“你不可跪拜那些像，也不可侍奉它”，都是与别的神相联系而非耶和华的形象（申 8：19）。[3] 第五节中关于耶和华是一位“忌邪的神”也是指向第三节中耶和华排他性的表述，耶和华不会对自己的形象产生嫉妒。跪拜、侍奉偶像被视为对禁止崇拜他神的破坏。在此文中，第四节上半部指代的并不仅仅是耶和华。施密特（W. Schmidt）

---

① G. Fohrer, *History of Israelite Religion*（London：SPCK, 1973）, p. 82. 以及 H. Ringgren, *Israelite Religion*（London：SCM Press, 1966）, p. 39。在古代近东的文本处境中，耶和华对以色列人民的独一神要求（出 20：3）并不是非常独特的，因为在那个地区的每一个民族都有自己的神，而且古代近东的宗教都有一种类似的朝向一神崇拜和一神主义的趋势。莫尔顿·史密斯（Morton Smith）描述了在古代近东有一种普遍的神学，参 Morton Smith, “The Common Theology of the Ancient Near East,” *Journal of Biblical Literature* 71（1952）, pp. 135 - 147。但是，这个无像的上帝耶和华，在古代近东偶像崇拜的历史和发展中是陌生的。冯·拉德（G. von Rad）认为“在整个宗教历史的发展中没有一种宗教是像这样的”。参其 *Deuteronomy*（London：SCM Press 1966）, p. 56. 以及他的 *God at work in Israel*（Nashville：Abingdon, 1980）, pp. 130 - 131. 施密特（W. Schmidt）也认为第二诫命将耶和华和其他的神区剐开来，及“将耶和华带出了普通的神学世界”。参其 *The Faith of the Old Testament*（Philadelphia：The Westminster Press, 1983）, p. 77。

② G. yon Rad, *Old Testament Theology*, *voll*（Louisville：W estminster John Knox, 2001）, pp. 214 - 215.

③ J. J. Stamm & M. E. Andrew, *The Ten Commandments in Recent Research*（London：SCM Press。1967）.

大胆地提出，考虑到在迦南的耶和华教圈所处的社会—宗教发展①，可将这两条诫命融合。他指出对塑像的禁止是为了抵制迦南影响而做出的回应，起初，其重点在于反对崇拜当地邻邦的其他神祇，然而稍后，对耶和华崇拜的威胁来自于对其他神祇的崇拜仪式而并非其他神灵本身，因此战斗转移为反对所有形象的崇拜活动，这也成为了以色列宗教与众不同的标志。

鉴于以色列不断遭遇的来自迦南宗教的新挑战和威胁，对塑像的反对逐渐实施及调整。耶和华的信仰一直处于容易受到当地文化元素威胁的情境中，新的事件诸如以色列的溃败、耶路撒冷的沦陷、圣殿被毁以及被掳流亡至异国他乡，都对以色列信仰的形成产生了深远的影响。根据纳撒尼尔·列弗托（Nathaniel Levtow）的近期研究②，为了讽刺以色列及上帝的敌人，并表达对失去的痛苦经历，形成了这一对塑像的反对，以此来作为圣经信仰中的神学主张。《诗篇》作者在第115篇中提到了无形的耶和华以及偶像的虚无：

1. 为何容外邦人说：他们的神在哪里呢？
2. 然而，我们的神在天上，都随自己的意旨行事。
3. 他们的偶像是金的，银的，是人手所造的，
4. 有口却不能言，有眼却不能看，
5. 有耳却不能听，有鼻却不能闻，
6. 有手却不能摸，有脚却不能走，有喉咙也不能出声。
7. 造他的要和他一样；凡靠他的也要如此。

禁令一开始含糊其辞，有多种解释且被松散地执行，但随着先知的坚持及申命学派的神学劝导（申4），此禁令变得愈发清晰及理想。在七十子译本中已经修复了希伯来原文中语义模糊的“雕像”（פֶּסֶל），而使用“εἴδωλου”，此词在七十子译本翻译五经的过程中共出现过12次，替换了7个不同的希伯来单词。在解读第二条诫命的过程中，将无形的上帝这一无形像传统与反对偶像崇拜结合起来。在下一章节，我将研究中国开封的犹太社群是如何在中国文化处境下处理无偶像禁令的传统。

三　开封犹太人对无偶像主义的保存

自17世纪外界知道中国犹太人存在以来，对这一话题的研究兴趣一直持续不断。③相关研究从第一个踏入中国的犹太社群的具体日期扩展到其他方方面面。对中国学者而

① W. Schmidt, *The Faith of the Old Testament*, p. 80。进一步推论第二条诫命是第一条，参见 C. R. North. “The Essence of Idolatry.” *Von Ugarit nach Oumran*, *Beihefte gut ZAW* 77（Berlin，1985），p. 156.

② Nathaniel B. Levtow, *Images of Others*: *Iconic Politics in Ancient Israel*（Winonalake：Eisenbrauns，2008）.

③ 米歇尔·波拉克（Michael Pollak）对从起初到1980年的开封犹太人的研究历史和发展做了一个有益的分析。参 Michael Pollak, *Mandarins*, *Jews*, *and Missionaries*: *The Jewish Experience in the Chinese Empire*（Philadelphia：Jewish Publication Society of America，1980）. 另参 Donald D. Leslie, *The Survival of the Cbinese Jews*: *The Jewish Community of Kaifeng*（Leiden：Brill，1972）.

言，犹太人的中国化则是他们的关注点。① 他们试图探寻犹太人在多大程度上被中国文化同化，他们是否试图抗争，如果有的话，又为何没有成功。事实上，中国的犹太人在巅峰期曾达到数千人之多，但如今只剩下非常少的人数。② 一些中国学者指出，中国文化由于其开放性、包容性及接受度，具有适应且征服任何外来文化的能力。③ 在漫长的流亡时期，犹太人大多数保持了他们共同的社群身份及宗教信仰，但许多人称由于异族通婚以及试图通过研习中国经典参加科举考试并进入中国官僚体系，他们在中国丧失了这一身份。记录显示中国的犹太人接受了中国儒家的教育及“学而优则仕”的理念，有不少精通中国文化的犹太人在政府高层也获得了一官半职。但我需要指出的是，他们的确将自身的信仰与儒家思想相调和，但并未完全放弃自己的核心信仰。从社群的记录出发，我将论证耶和华作为第二诫命中无形象的神，在典型的中国哲学和文本中得到了深刻的表达。这一概念不仅生机勃勃，还在新处境中做了调整。

我们研究开封犹太社群的资料，包括 3 块石碑④及来自犹太会堂的 17 块横向及纵向的牌匾。⑤ 牌匾由两块对立的对联组成，在圆柱上垂直着刻着字，它们被挂在牌坊、门廊或会堂的柱子上，它们中的 6 块约成文于 1663 年至 1676 年间。3 块来自会堂的石碑记录着第一次修建会堂及之后重修的历史。⑥ 第一块《重建清真寺记》立于 1489 年（明弘治二年）⑦，第二块《尊崇道经寺记》则来自 1512 年（明正德七年）⑧，第三块为 1663 年（清康熙二年）的石碑和第一块的题目一样（《重建清真寺记》）。⑨ 但是，与 1489 年认为第一批来华的犹太人是在宋朝的铭文不同，最后一块石碑将日期提前了近千年，追溯到周朝，而第二块石碑的日期则相对居中，认为第一批犹太人是在汉代进入中国的。开封犹太人进入中国的时间由于这些相互矛盾的记载至今成谜，有趣的是，年代越晚的石碑，声称

---

① Kaifeng Jews: Sinification and Persistance of Identity, in *Chinese and Jews, Encounters Between Cultures* (London, Portland, Or.: Vallentine Mitchell, 2008), pp. 22 - 38。另参 M. Avrum Ehrlich ed., *The Jewish - Chinese Nexus, A Meeting of Civilizations* (London and New York: Routledge, 2008)。除了中国学者，伊爱莲（Irene Eber）是其中一位对中国化问题感兴趣的犹太学者。

② XuXin, *The Jews of Kaifeng, History, Culture, and Religion* (Jersey City: KTAV Publishing House, 2003)。

③ Sidney Shapiro ed. and trans, *Jews in Old China Studies by Chinese Scholars* (New York: Hippocrene Books, 1984)。该著 2001 年扩版。

④ 参 Donals D. Leslie, *The Survival of the Chinese Jews: The Jewish Community of Kaifeng*, p. 132。成文于 1679 年（清康熙十八年）的第四块石碑，刻着“祠堂疏古碑记”，至今保留在开封，但已字迹模糊不能读。

⑤ 参 William C. White, *Chinese Jews: A Compilation of Matters Relating to the Jews of Kêai - fêng Fu*, with an introduction by Cecil Roth, vol. 2 (New York: Paragon Book Reprint Corp., 1942, Toronto: U niversity Press, 1966)。主教威廉姆·怀特（William C. Wbite）有最好的石碑记录，包括中文原文和他自己的翻译。虽然基于他的翻译，但是此文中的翻译在很多地方是与他不同的。

⑥ 参 Jordan Paper, *The Theology of the Chinese Jews, 1000 - 1850* (Waterloo: Wilfrid Laurier University Press, 2012), pp. 20 - 21。

⑦ 参 Michael Pollark, *Mandarins, Jews and Missionaries, The Jewish Experience in Chinese Empire*, p. 58。1489 年的石碑和 l512 年的石碑在同一块石头上，前一块在石头的正面，后一块在石头的背面。1912 年，主教怀特将其同 1679 年的石头一起在开封三一体会堂的地上竖立起来。这块石头有五尺高，三十英尺宽及五英尺厚。1489 年的石碑有 36 行碑文，每行有 56 个字，一共 2016 个字。

⑧ 这块石碑由 28 行碑文组成，每行有 44 个字，共有 1232 个字。

⑨ 参 Donals D. Leslie, *The Survival of the Chinese Jews: The Jewish Community of Kaifeng*, p. 131。它由 33 行碑文组成，每行 77 个字，共 2541 个字。石头背面有个标题“碑阴题名”。它常被缩写为 1663b。

他们进入中国的时间越早。大多数学者支持第一块石碑的观点，认为这个犹太会堂的建筑时间是宋孝宗隆兴元年，即1163年。石碑同时声称犹太人是被宋朝帝国邀请前往首府开封经商且定居，并可以保留他们自己的宗教习俗。17个不同姓氏的支派从天竺带来了自己的宗教，并遵照帝国的指令："归我中夏，遵守祖风，留遗汴梁。"①

由于开封在1127年被蒙古占领，犹太汉学家裴玄德（Jordan Paper）认为："在1000年左右，不超过数十年的误差，犹太人在中华文化繁荣的中心开封沦陷前一个多世纪进入了此地。"② 在蒙古人于1279年建立元朝后，裴玄德认为由于蒙古人更为开放的宗教政策，将中国置入更为广大的延伸至西亚及东欧的蒙古帝国并成为其中的一部分，犹太人在其统治下得到了扩张。③

让我们一起看一下这块1489年为了纪念之前犹太会堂重建的石碑内容：

> 阿无罗汉（亚伯拉罕），一赐乐业（以色列）宗教的奠基人，是盘古阿耽（亚当）的第十九世。从创造天地开始，族长们世世代代相传他们学到的传统。他们不塑于形象，不谄于鬼神，不信于邪术。在其时，鬼神无助于人，像态不保护人，其他宗教实践也无法带来好处。天上缥缈纯净，至尊无对，天道不言，而四时行而万物生。④

1489年石碑的作者声明自己是犹太人⑤，他精通中国的创造神话及犹太传统中的创造故事，很有趣的一点是他将中国和犹太传统融合形成了"盘古亚当"这个名字。需要注意的是1663年石碑的作者是一个声称盘古才是人类第一人，亚当只是盘古第十九世传入的中国人。1489年铭文的作者尊亚伯拉罕为第一个"悟此幽玄""实求正教"的人，他"参赞天真""一心侍奉，敬谨精专"，他建立了流传至今的教派。⑥ 开封的犹太人认识到五经是从上帝传达给摩西的，并且正统上传递给以斯拉。摩西被认为是直接从上帝处领受五经，而以斯拉则是圣人中正统的继承者，他们两位都使得真理在"清"及"真"方面有所长进。中国犹太人通过每日三次的礼拜来表达对先祖及上天的敬意：他们洁净自己的身体及衣物；接下来他们洁净自己的思想并规范自己的行为；他们带着极大的敬意来到"道"之经典面前。在碑文中，上帝的名字在中文里有两种不同的带有儒家世界观的称呼：

---

① 张绥：《犹太教与中国开封犹太人》，上海三联书店1990年版，第3页。张绥将三块石碑合为一体。参同上，第2—12页。

② Jordan Paper, *The Theology of the Chinese Jews*, 1000 - 1850, p. 72。如果犹太人到达的时间，如他们所认为的是在宋朝，那最早时间应是960年，即统治首都开封开始时。最晚时间是1126年，即开封在金兵手下陷落时。参 Donals D. Leslie, *The Survival of the Chinese Jews: The Jewish Community of Kaifeng*, p. 60，以及第374—375页的脚注9。

③ Jordan Paper, *The Theology of the Chinese Jews*, 1000 - 1850, p. 73。据说成吉思汗"鼓励了犹太人、基督徒、穆斯林商人和工匠移民，早在1219年建立了第一个促进商旅迁徙和西部移民的道路体系"。参 Michael Pollark, *Mandarins, Jews and Missionaries, The Jewish Experience in Chinese Empire*, pp. 55, 58。

④ 参 William C. white, *Chinese Jews: A Compilation of Matters Relating to the Jews of Kêai - fêng Fu*, Vol. 2, 8。在此略有修改。我译为"不信于邪术"，以取代怀特的"不信迷信"。最后一句是参考《论语》13篇，19章。

⑤ 参 William C. White, *Chinese Jews A Compilation of Matters Relating to the Jews of Kêai - fêng Fu*, vol. 3, p. 124。怀特的著作中有三卷是关于开封的谱系和文献数据。

⑥ William C. white, *Chinese Jews: A Compilation of Matters Relating to the Jews of Kêai - fêng Fu*, vol. 2, p. 35.

“道”和“天”。[①] 开封犹太人将圣经中的上帝转化为中国概念里同样至高且没有形态的天，三块石碑无一例外地将上帝与天相连，并用作特定的带有儒家术语的词汇：天、天道、天意、天主等。对天的尊重也体现在中国古代祭祀先祖的活动中。

这一运用中国宇宙观中关于“天”的概念来解释耶和华的“道”以及用“道经”指代五经的做法，显然是将希伯来经典与儒家传统做了比照。[②] 尽管儒家思想与希伯来宗教有许多不同，但在“敬天道，尊祖宗”[③] 上，二者却是大同小异的。犹太人与儒家思想在“道之大原出于天”以及建立在五伦基础上的对伦常的强调，都是二者之间的共性，也使得开封犹太人可以努力地适应中国文化。

1489 年的石碑至少在三处提到了圣经中禁止塑像的教导，但是，大多数学者忽视了第二诫命中无形的耶和华除了要求以色列民众只信奉一神，还将崇拜形式限定为无偶像崇拜的意义，二者共同构建出圣经一神论的本质特性。更多的例证可以在犹太会堂拱门上的 17 条横竖匾牌中发现。横的牌匾一般是由非犹太人的官员于 1656—1679 年间书写的四字横幅，而竖着的对联则更长，一般会达到 20 个汉字。这些对联“提供了足够的长度来解释词语的内涵”，且使我们“对上帝名称的诠释内涵有了更细微的了解”。[④] 由于这些对联是由信众于 1676—1688 年间书写的[⑤]，它们对研究开封犹太人的宗教特性更具有意义。

从牌匾上书写的“无象法宗”可以清晰地看出，开封犹太人仍然声明并遵守着第二诫命关于无形象的规定，此牌匾被认为是在 17 世纪中叶在朝政上获得成功且具有影响力的犹太人李广左（Li Kuang - tso）所写。威廉姆·怀特（William White）认为这块牌匾曾悬挂在西侧的第二个拱门处，可是他遗漏了这词最核心的意义而将其翻译为“法源自无形”。裴玄德将其翻译为“我们先祖的教导皆源自无形”也是有很大问题的。如果我们仔细研究怀特对此短语的解释，我们也许能稍微接近无形的上帝这一概念，但它变得更哲学化：产生法的神圣源泉，是无形的。[⑥] 如果对这块语义模糊的碑刻感到疑惑，我们可以找到开封犹太人对上帝无形像这一点更为清晰及确切的描述，“道无形像”[⑦]。还有第三块石板是由一位姓徐的人士所写，除了他是在黄河及河南水域一带的钦差大臣外，我们对他了解不多。石板上写着“教宗无相”[⑧]，作者无疑在此提到了犹太宗教中上帝没有具体形态的概念。怀特主教认为徐也许并非犹太人，但是一位对各宗教持开放态度的人。如果这是一个非犹太人，他向犹太会堂捐赠了一块体现了犹太宗教独特的上帝无形态观念的石碑，那就更令人惊奇了。下面还有几幅题字，如“道更在有无之外”“道居行气之先”“统天

---

① 参 Jordan Paper, *The Theology of the Chinese Jews*, 1000 - 1850, p. 101。裴玄德支持“道”用于希伯来上帝雅威，他认为这个词是“解释中国宇宙观所必须的”。

② 同上书，p. 101。“道教”的使用被发现于 1512 年的石碑上，即 1489 年的石头背面。

③ 张绥：《犹太教与中国开封犹太人》，第 5 页。

④ Jordan Paper, *The Theology of the Chinese Jews*, 1000 - 1850, p. 104。上帝的名字出现在 17 个牌匾中的 14 个里。

⑤ Donals D. Leslie, *The Survival of the Chinese Jews*: *The Jewish Community of Kaifeng*, pp. 136 - 137.

⑥ William C. White, *Chinese Jews*: *A Compilation of Matters Relating to the Jews of Kêai - fêng Fu*, vol. 2, p. 125.

⑦ 同上书，p. 36.

⑧ 参 William C. White, *Chinese Jews*: *A Compilation of Matters Relating to the Jews of Kêai - fêng Fu*, vol. 2, p. 125。这是成书于 1658 年的一个铭文，怀特译之为“教尊无形”（He Whom the Religion Honours Has No Form）。

地人物以为道不尚名象”。[①]

通过阅读碑文和题字，不难发现其中犹太概念与中国文化的融合，犹太社群通过多种方式进行了处境化。首先他们通过敬天的方式表达他们对中国帝王及王权的尊重和忠诚。其次，他们将犹太神学的概念以儒家的方式表达。在东边拱门的中间，于1678年完成的牌匾写着四个大字：“敬天祝国”[②]，表达同样内容的石碑，也出现在会堂前厅1656年的石碑上[③]，与之相反的西边拱门则挂着“尊经修纪”四个字[④]。关于只敬拜上帝一神的描述仅在少数地方可以看见，在龙亭门上书有四字横匾“尊上无二”[⑤]。下面的文字很好地体现了中国宗教词汇和概念带来的影响：“敬畏昊天”（1670）[⑥]、“奉天宣化”（1661）[⑦]、“教本于天”（1656）[⑧]、“生生不已常生主，化化无穷造化天”[⑨]。

无疑在宽容的、不干预的帝王宗教政策下，中国犹太人得以保存他们非偶像崇拜的传统。中国政府欢迎他们的出现并改善他们的生活，犹太人定居下来，建立了他们的会堂，在精神和物质生活上都繁荣起来。他们得以保持对没有形态的上帝的崇拜直至最后，整个社群的衰亡是由于在最后一个大拉比过世后缺乏宗教领袖，以及1642年彻底摧毁会堂的大洪水。开封犹太人实现了他们的宗教权利，并成功地适应了中国的文化和宗教。他们将神性理解为无形象之天道，这一反对塑像的无神像传统并未对充满了神像崇拜的中国宗教界产生敌意。与之相反的，中国的新教徒在处理禁止塑像问题上是另一番场景。建都于南京的太平天国（1851—1864），在中国实施了激烈的新教徒反偶像运动，他们声称自己崇拜的是基督教的上帝，并遵照了圣经的教导。

四 太平天国破坏偶像运动及中国宗教的摧毁

太平天国的领袖洪秀全阅读过一本关于基督教信仰的小册子，并于1847年跟随来华传教的浸信会传教士罗孝全（I. J. Roberts）牧师研习了两个月的圣经，之后，他皈依了基督信仰。[⑩] 这一切开始于洪秀全在科举考试中失败后生病，生病期间，他梦见天国的异象。在天国中他见到天父、天父的配偶天母、他的兄弟耶稣及耶稣的妻子他的大嫂，他声称自己是耶稣的弟弟并被上帝委托来到世间消除罪恶及建立公义。学者们一致认为，洪秀

---

① Jordan Paper, *The Theology of the Chinese Jews*, 1000 – 1850, p. 105.

② 参 William C. Whire, *Chinese Jews: A Compilation of Matters Relating to the Jews of Kêai – fêng Fu*, vol. 2, pp. 112 – 113, 128。有两个题字有这些相同的字符（题字1号与13号）。

③ 同上书，pp. 112 – 113. 有两个拱门题献给两个家族，即赵家与艾家。

④ 同上书，pp. 114 – 115.

⑤ 36 同上书，pp. 118 – 119.

⑥ 同上书，p. 126.

⑦ 同上书，p. 128.

⑧ 同上书，p. 131.

⑨ 参 William C. White, *Chinese Jews: A Cornpilation of Matters Relating to the Jews of Kêai – fêng Fu*, Vol. 2, pp. 137, 153。另参 Jordan Paper, *The Theology of the Chinese Jews*. 1000—1850, p. 108。怀特将“造化”译为“天的造工”。

⑩ Vincent Y. C. Shih, *The Taiping Ideology: Its Sources, Interpretations, and In uences* (Toronto: University of oronto Press, 1967), pp. 147 – 148.

全于 1836 在科举考场外收到的由第一位中国新教徒梁发①写的富有创意的《劝世良言》启发了他的这次异象。② 除了吸收基督教意识形态的概念和词汇外，洪秀全也接受了梁发强烈反对中国偶像崇拜的观点。这一观点在他“邪神将自身转化为恶蛇”③ 一章中得到了清晰的表达。洪秀全从十诫及如《诗篇》115 篇等经文中④，明确得到上帝反对偶像崇拜的观点。他吸收了他的两名亲属——洪仁玕及冯云山，一起创立了“拜上帝会”。“上帝”一词在被用作中国经典中崇拜对象的同时，也成为翻译圣经中“Elohim”的中文名称的一种。⑤ 洪秀全及其信徒坚信宗教小册子及圣经中关于反对偶像崇拜的描述，决定摧毁其教书的村落里所有的偶像，以此来行使上帝的旨意。他们持续不断地以上帝之名打碎神像、推翻寺庙及本地神社的神像，这一运动逐渐获得越来越多的宗教及军事力量，洪秀全最终于 1851 年称王，并建立了自己的天国王朝。

王朝的主要任务之一，仍是在基督教的意识形态下摧毁当地宗教及各种偶像崇拜，旧约中的摩西十诫是太平天国最重要的核心思想，以至于有时会被称作“十诫教”。洪秀全将十诫改编为“天条书”，与大多数新教传统一样，太平天国的天条书也按照新教的形式解读十诫的第一、第二条⑥：

1. 你们需要敬畏上帝；
2. 你们不可敬拜邪神。

十诫第二条的无偶像传统，在此明确地被解读为对崇拜其他神明的禁止，并且将这些神明称作“邪神”⑦，这些神明最终将被摧毁，而他们的崇拜者也将被清扫。这两条诫命在太平天国的使命中起到举足轻重的作用，从他们的口号“除邪扶正”中可见一斑，他们将此作为“太平天国最核心的宗教实践”。托马斯·赖利（Reilly）认为破坏偶像以及认为清朝政府对上帝的亵渎是构成太平信仰的关键部分，而这两点也构成太平天国对中国基

---

① 参 Alexander Wylie，*Memorials of Protestant Missionaries to the Chinese：Giving a List of their Publications and Obituary Notices of the Deceased*（Shanghai：American Presbyterian Mission Press，1867），pp. 21 – 25。梁发 Liang Afa（1789—1855）在 1816 年成为基督徒，并写了用以警告中国同胞的基督教宣传手册《劝世良言》。他致力于圣经的雕版印刷，并追随威廉姆·米伶进行传教，米伶是第一批从伦敦传道会到中国传教的传教士之一。随后，梁发又随其前往马六甲，从 1815 年起直到 1822 年米伶病逝。梁发于 1827 年受马礼逊委任，帮助其传教直到 1834 年马礼逊逝世。

② George H. McNeur，*Liang A – fa：China's First Preacher*，1789—1855（Pickwick Publications，1934，2014）.

③ Franz Michael，*The Taiping Rebellion：History and Documents in Collaboration with Chung – li Chang*，vol. II，（Seattle and London：University of Washington Press，1971），p. 150。本文引述的有关太平天国的文献，主要基于 Franz Michael 的英译，笔者有所改动。

④ Jonathan D. Spence，*God's Chinese Son：The Taiping Heavenly Kingdom of Hong Xiuquan*（New York：W. W. Norton，1997），pp. 96 – 109.（［美］史景迁著，朱庆葆译：《“天国之子”和他的世俗王朝：洪秀全与太平天国》，上海：远东出版社 2001 年版，参第八章“审判”。）

⑤ 参 Archie C. C. Lee（李炽昌），“The Names of God and Bible Translation：Engaging the Chinese Term Question in the Context of Scriptural Interpretation.” *Journal of Theologies and Cultures in Asia*，5（2006），pp. 1 – 17。关于圣经上帝之中文译名的论争。

⑥ Franz Michael，*The Taiping Rebellion：History and Documents in Collaboration with Chung – li Chang*，vol. II，pp. 119 – 120.

⑦ 参同上书，p. 120。在“天条书”中。

督教的影响。[1] 但是从中国文化及宗教的角度来看，太平天国的破坏偶像运动对当地的宗教机构及实践造成了巨大的破坏，是对人权及宗教权利的极大破坏。赖利对太平天国将基督信仰在中国处境化的认可，在中国多宗教环境的现实下是存疑的。尽管对太平天国反对偶像崇拜的热情以及禁烟禁酒的行为感到印象深刻，中国的传教士最终放弃了他们。

五 结语

在多宗教背景且有丰富偶像崇拜传统的中国生活的漫长历史中，犹太人得以保留他们的非偶像传统直至最后。他们从中国儒家及宗教世界中吸收了完整的祖先崇拜及伦理教导，却仍然保留了对无形象上帝的认知。当中国犹太人在宽松的政策及宗教包容性下被赋予了宗教权利时，他们吸收且接受了中国儒家的概念及词汇来表达自己的宗教信仰，甚至到了接受中国核心宗教观念并祭祀先祖的程度。他们成功地转化了自己的宗教，并将犹太教视为与儒家在哲学及伦理学层面上相类似。他们对中国经典的理解，有助于他们更好地将自己的宗教以儒家的语言和概念表达出来，另一方面也丰富和促进了自身的宗教世界。在维持他们对第二诫命的信仰时，并没有任何记录显示他们像在中国的新教徒一样，对多种宗教的混合信仰产生排斥。反过来，太平天国则在反偶像崇拜上采取一种极端激进的做法，以摧毁人们的庙宇和神像为目标。知名的中国传教士史学者柯文（Paul Cohen）提出了这样的问题：为什么理应为中国信众付出而非索取的传教士们，在中国“激起了巨大的恐惧和敌意”[2]，柯文指出问题的答案也许在于传教士对中国文化、宗教的负面态度，以及对反偶像崇拜的坚定立场：

> 传教士中的大多数人，新教徒及天主教徒，无法忍受中国文化，也不愿意或不能够为此做出有意义的调节。他们不知疲倦地将自己投入到改变他人宗教信仰的工作中，而将俗世意义上的改变有意降低到次要的层面。尽管在个人及宗教层面上很保守，但他们对中国产生的影响却恰恰相反。[3]

柯文进一步指出，这种西方文化帝国主义极大地挑战和威胁了中国传统文化秩序。他接下来说到，“正是由于这个原因，基督教比起其他宗教更让中国人感到威胁”。[4] 因此，在19至20世纪的传教时代，中国基督徒和所谓“偶像崇拜的中国人”之间有一段痛苦的斗争，严重地侵害了个人宗教权利。为了使新教徒的反偶像崇拜不再威胁到其他宗教及文化，我们一起看下面这段“圣书会”（Religious Tracts Society，AGM，1833）上的声明：

> 在我们的信仰实现到来的那日，当现在遍布地面使其黯淡无光的偶像崇拜不再盛

① Thomas H. Reilly, *The Taiping Heavenly Kingdom: Rebellion and the Blasphemy of Empire* (Seattle: University of Washington Press, 2004), pp. 164 – 171.

② Paul A. Cohen, “Christian Missions and their Impact to 1900.” in John K. Fairbank ed., *The Cambridge History of China*, *Late Ch'ing* 1800 – 1911, Part I, Vol. 10 (Cambridge: Cambridge University Press, 1978), p. 543.

③ Ibid., p. 543.

④ Ibid., p. 544.

行，当十字架降临战胜了最后一座异教徒的神庙或烧毁了最后一本异教徒的书籍，这堆书籍将由最后一个从异教皈依者亲手点燃，当此结束之时，我们应该聚集在一起并高呼和撒那（Hosanna)！(1833：294)

在中国的犹太人之境遇挑战了阿斯曼（Jan Assmann）关于圣经宗教是“对立宗教”的观点，他认为圣经对塑像的禁止“将世界两极化为朋友和敌人”。[①] 一神论宗教划分关系的旧和新，并不通过演化而是通过革命，并拒绝原有的及其他宗教，将其视为“异端”或“偶像崇拜”，一神论总是以对立宗教的形态出现。没有一条自然或者逐渐演化的途径能使偶像崇拜的错误走向一神论的真理，此真理只能通过来自外界革命的方式而实现。《出埃及记》的叙述强调了一神论与偶像崇拜在现世的对抗意义，埃及不仅代表了偶像崇拜，还代表了需要拒绝的过去。《出埃及记》描述了迁徙和改变信仰、转化与变革、停滞与发展、过去及未来的故事，埃及是古老的，而以色列则是全新的。[②] 他将错误和正确、自我与他者的严格宗教区分界限称为“摩西区分”，并声称埃及代表了偶像崇拜的标准形象。圣经中禁止塑像的“一神论界限”有可能是危险的，它可以被理解为一种“无偶像论”，因为上帝的形象无法用世间的物质来表达，但它也可以被理解为反对一切其他宗教的偶像崇拜的“破坏偶像主义”，对其他宗教的崇拜抱有敌意并且计划打倒其他诸神。开封犹太人选择了前者“无偶像论”的解读并与周围环境和平共处，不对其他宗教怀抱恶意，但太平天国则倾向于新教徒宣扬的后者，上文援引的圣书会的声明就体现了这种反对一切非教徒的好斗的神学观。在一个多元化的世界中，是否应该回归“无偶像论”而非继续新教这一带来敌意和破坏的“破坏偶像主义”？我希望这个回答是肯定的且会有更多的后续研究跟进。

（原文发表于《宗教学研究》2016 年第 1 期）

---

① Assmann, “what’s Wrong with Images?” in Josh Ellenbogen and Aaron Tugendhaft eds., *Idol Anxiety* (Stanford: Stanford University Press, 2011), pp. 19 – 31.

② Jan Assmarm, *Moses the Egyptian*: *The Memory of Egypt in Western Monotheism* (Cambridge: Harvflrd University Press, 1997), p. 7.

《四十二章经》新考[*]

杨维中[**]

提要：《四十二章经》在中国佛教的早期传播中起了较大的作用。现存《四十二章经》的版本也混入了不少大乘思想，特别是有些语句有明显的禅宗特色。这都是后来流传过程中好事者妄加进去的，不能依此来论说东汉、三国时期两种版本的面目，更不能依此而得出此经乃中土摘编而成的结论。中土撰述或在中土摘抄说缺乏基本的文献支持，不是出于误解史料就是查无实据。以道安《经录》未收来怀疑此经非汉代所翻译，是当代人自设的主观标准，不足凭信。

主题词：四十二章经　永平求法　摄摩腾传　竺法兰

在中国佛教史上，《四十二章经》具有特殊的地位。《四十二章经》主要阐述出家、在家应精进离欲，由修布施、持戒、禅定而生智慧，即得证四沙门果，文中包含了佛教基本修道的纲领，颇得汉魏时期佛教界的重视，在中国佛教的早期传播中起了较大的作用。它被古代的佛教史家当作中土第一部汉译佛经①。同时，近代学界争论百年也未能完全在其形成时间和真伪方面形成一致意见。笔者以为，《四十二章经》确实是一部早期的汉译佛经。

一　《四十二章经》的版本

在确定《四十二章经》确实是一部早期汉译的佛教经典之前，我们须对流传于世的《四十二章经》的版本源流做一考辨。

汤用彤先生的一个重要研究结论是，《四十二章经》译本有二，且现存的译本已经被改窜，因而才备受怀疑。“现存经本，文辞优美，不似汉译人所能。则疑旧日此经，固有二译。其一汉译，文极朴质，早已亡失。其一吴支谦译，行文优美，因得流传。”② 根据主要是隋代费长房《历代三宝纪》的记载。长房《录》除著录汉代的译本之外，在三国孙吴支谦名下也著录了《四十二章经》：“《四十二章经》一卷，第二出，与摩腾译者小

---

* 基金项目；国家社科基金一般项目“佛典汉译史的诠释学研究”（12BZJ0O4）、国家社科基金重点项目“汉传佛教解经学研究”（13AZD030）前期研究成果。

** 杨维中，南京大学中美文化研究中心、南京大学哲学系教授、博士生导师。

① 如前文所叙述，如果将口译包含在内，《浮屠经》应该是中土第一部见之记载的汉译佛典。但由于口译文献的非固化特质，古代佛教史籍中，大多以《四十二章经》为第一部汉译佛经。

② 汤用彤著：《汉魏两晋南北朝佛教史》，北京：中华书局 1983 年版，第 25 页。

异，文义允正，辞句可观，见《别录》。”[①] 此中所说的《别录》即《众经别录》。费长房《历代三宝纪》卷15说，他搜寻所得前代经录六家以及未尝目见二十四家。此《别录》在费长房所目见六家之中。关于此《别录》的编集时代，费长房说：“未详作者，似宋时述。”[②] 汤用彤据此说：“据此则刘宋时，《四十二章》犹存二译。一者汉代所译，一者吴支谦所出。《别录》作者谓此二本少异。汉译文句，想极朴质。而支谦所译，‘则文义允正，辞句可观’。刘宋以后，汉译辞劣，因少读者，或即亡佚。支谦所出，则以文章优美，而得长存。”古人写经，往往不著译人。“而摩腾译经为一大事，因遂误以支谦所出，即是汉译，流传至今，因袭未改。”[③] 而现存译本属支谦重译，因此，梁启超、吕澂等人以为其文字优美，不似汉代译人所能达到，也是事出有因。

本经有多种异本，现存主要有五种：一是《高丽藏经》本，二是宋真宗注本，三是唐《宝林传》本，四是明了童补注的宋守遂注本，五是宋代六和塔本。其中，《高丽藏本》是最古的本子，其后的诸种版本多有改编。

所谓《高丽藏》本《四十二章经》也就是收载于《高丽藏》中的《四十二章经》。《高丽藏》是以北宋初期雕刻于四川的《开宝藏》为蓝本刊刻而成的，《开宝藏》已经散失，而此藏所收《四十二章经》便成为《大藏经》系列中最早的版本。此后的几种《大藏经》如宋、元本所收与此本相同。此本《四十二章经》经文前面有序，与《出三藏记集》所载相同。

所谓“宋真宗注本”，是北宋真宗皇帝撰集《四十二章经注》所依据的本子，现行本前有宋真宗皇帝制的《注四十二章经序》。此本卷首没有“经序”，而另加序分“尔时世尊……为说真经四十二章”等97字。于第一章加了“识心达本，解无为法”两句，第一章后加“出家沙门断欲去爱，识自心源”一章。将《丽藏》本第八、九两章合为一章，第十一章天下“五难”增为“二十难”，第四十二章增加“视大千世界如一诃子”等十喻。又在经末增加“诸大比丘闻佛所说欢喜奉行”12字的流通分。此外与《丽藏》本相同的各章，文字上亦有些不同。现今坊间影印唐大历十三年怀素草书《四十二章经》，与此本同，似唐代宗时已有此本。房山石经明刻《四十二章经》，明正统五年（1440）德经等刻《四十二章经》及清乾隆印四体合璧本，皆与此本同。《明藏》亦收录此本经文及序。

宋真宗注本的重要改变在于加入了体现禅宗思想的语句。如第一章的“识心达本，解无为法”以及“出家沙门断欲去爱，识自心源”，禅宗色彩异常明显。而将《高丽藏》本《四十二章经》的“五难”修改补充为“二十难”，在后世及当代佛教中有一定影响。其文说：

> 佛言：天下有二十难。贫穷布施难，豪贵学道难，制命不死难，得睹佛经难，生值佛世难，忍色忍欲难，见好不求难，被辱不嗔难，有势不临难，触事无心难，广学博究难，除人灭我难，不轻未学难，心行平等难，不说是非难，会善知识难，见性学

---

① （隋）费长房撰：《历代三宝纪》卷5，《大正藏》，台北：财团法人佛陀教育基金会出版部1990年版，第49卷第57页下。下同。

② （隋）费长房撰：《历代三宝纪》卷15，《大正藏》第49卷，第125页中。

③ 汤用彤著：《汉魏两晋南北朝佛教史》，北京：中华书局1983年版，第26页。

道难，睹境不动难，善行方便难，随化度人难。①

其中，“触事无心难”与“见性学道难”当然可以说是与禅宗主张有着密切关联的产物。

1933年首次在山西赵城县霍山广胜寺发现、刊刻于金皇统九年（1149）至大定十三年（1173）的《赵城金藏》中收载有《宝林传》。在《宝林传》第一卷中，载有《四十二章经》（原卷首残缺6页）。根据学者研究，《宝林传》中收载的《四十二章经》在许多地方也已经被添加了禅宗特色的语句②。如《高丽藏》本有文说：

佛言：饭凡人百，不如饭一善人，饭善人千，不如饭持五戒者一人，饭持五戒者万人，不如饭一须陀洹，饭须陀洹百万，不如饭一斯陀含，饭斯陀含千万，不如饭一阿那含，饭阿那含一亿，不如饭一阿罗汉，饭阿罗汉十亿，不如饭辟支佛一人，饭辟支佛百亿，不如以三尊之教度其一世二亲。教亲千亿，不如饭一佛。学愿求佛，欲济众生也，饭善人福最深重。③

而《赵城藏》本则为：

佛言：饭恶人百，不如饭一善人，饭善人千，不如饭一持五戒者，饭持五戒者万，不如饭一须陀洹，饭百万须陀洹，不如饭一斯陀含，饭千万斯陀合，不如饭一阿那含，饭一亿阿那含，不如饭一阿罗汉，饭十亿阿罗汉，不如饭一辟支佛，饭百亿辟支佛，不如饭一三世诸佛，饭千亿三世诸佛，不如饭无念无住无修无证之者。

此中除细节的差别外，最主要的是突出了禅宗“无念、无住、无修、无证”的特色。同样的例子还有：“佛言，诸沙门行道，当如牛负行深泥中，疲极不敢左右顾。趣欲离泥以自苏息。沙门视情欲，甚于彼泥，直心念道，可免众苦。”④《赵城藏》本则为：“佛言：诸沙门行道，当如磨牛，无有休息。身虽行道，心道不行。心道若行，何用行道?”最后一句明显的是南宗禅的语句。此外，《宝林传》本第三十六章末增加“既发菩提，无修无证难”一句，也是掺入禅宗思想的例子。

关于《宝林传》和真宗注本的前后关系，不很清楚。但真宗注本新加的“十五难”和“十喻”，此本俱有。但《宝林传》比真宗注本更大量增加了禅宗思想的字句。《宝林传》是晚唐僧智炬所撰。尽管不能据此就说这些改变是其所为，但认定这些改变出自禅宗僧人是毫无问题的。

所谓“守遂注本”的《四十二章经》，是宋代青原派曹洞宗第十三世守遂禅师批注所

---

① 此处经文散见宋真宗《四十二章经注》，《大正藏》第39卷，第519页上—下。

② 汤用彤在《汉魏两晋南北朝佛教史》中已经指出过。其他，如日本学者柳田圣山在《宝林传本四十二章之课题》（《印度学佛教学研究》第3卷第2号，1959年）及《初期禅宗史书之研究》中，注意到由高丽本《四十二章经》（《大正藏经》第17卷）到《宝林传》本《四十二章经》所变更的内容。

③《大正藏》第17卷，第722页下。

④ 同上书，第724页上。

用。现在流行本是宋守遂注、明代了童补注《四十二章经注》1卷。此本的显著特点是：其一，其行文常用韵语，如“仰天唾章”云：“佛言：恶人害贤者，犹如仰天唾。唾不至天公，还从己身堕。逆风扬恶尘，不能污上人。贤者不可毁，祸必降凶身。”其二，与《宝林传》本相比，仅文字稍有出入。举凡守遂本所增加之新义，如“无念无住”“见性学道”诸语，均原见于《宝林传》本。

第五种是发现于杭州六和塔的宋绍兴二十九年（1159）石刻《四十二章经》。此本的末尾有西蜀武翊的《跋》，其文说：“迦叶、竺法译于前，智圆训于中，骆偃序于后。”石刻的经文与守遂注本大体相同。此处的智圆也即北宋天台宗孤山智圆，他的《四十二章经注》已佚失，但《佛祖统纪》卷50收载有他撰的《四十二章经疏序》。

从上述叙述可知，《四十二章经》在流传过程中，存在严重的随意删改增添的情况。这一点，与古人对待鸠摩罗什等通行译本的严谨态度相距甚远。这也为当代学者怀疑此经典的真实性提供了证据。从上述考辨可知，《高丽藏》本可能最接近支谦译本，但也存在在抄录过程中改换语词的情况，如将“浮图”改为“佛”等。因此，以现存版本来论定此经的真伪之时，首先应该严格地以现存最早的写本为依据，其次，也要注意即便是这一写本也有个别语词的改换问题。

二 《四十二章经》非抄自中土译籍

关于《四十二章经》的翻译，历代相传为东汉迦叶摩腾、竺法兰共译，然当代学者怀疑者颇多，并由此提出了各种假说。然近代以来，有不少人怀疑本经是东晋时的中国人撰述，又因《出三藏记集》说本经为《道安录》所不载，故疑此经非汉时译。如梁启超在《四十二章经辨伪》一文中说，这部经不是依据梵文原本翻译，而是人们在多种经内选择精要，依照《孝经》《老子》等书编撰而成的。汤用彤认为《四十二章经》既不是一部独立的经典，但也不是中土撰述，它是小乘佛教经典中记录佛教基本教义的“外国经抄”，由42段小经文构成，故名《四十二章经》。[①] 吕澂反对汤的说法，认为《四十二章经》是抄自吴支谦所译的《法句经》，时间大致为公元306年至342年之间。[②] 我们赞成汤用彤的说法。

此外，吕澂先生以为，《四十二章经》是从汉译《法句经》摘抄出来的，因此，其制作肯定要晚于《法句经》的汉译时间。吕先生并且依据这些，而将此经的“抄出”定在“最低年代不得迟于支录著成之年，即成帝末年（342）。又关于汉明求法故事的最初记载，现在见得到的是晋惠帝时王浮《老子化胡经》中间所引的一段，但是它并没有提到《四十二章经》，经抄当在后出，所以它最上的年限不能超过惠帝末年（306）。就在这短短三十几年中间（306—342），有法炬等《法句譬喻经》的新译，它也带着抄译的性质。此时会有《四十二章经》的抄出，无疑是受到它的启发”[③]。这一推理看似合理，其实最大的漏洞在于为何《四十二章经》不是在印度从梵文《法句经》摘抄出来的呢？这一问

① 汤用彤：《汉魏两晋南北朝佛教史》，第22—32页。

② 吕澂：《〈四十二章经〉抄出的年代》，载吕澂《中国佛学源流略讲》，中华书局1979年版，附录第276—282页。

③ 参见吕澂《〈四十二章经〉抄出的年代》一文。

题的不可排除，说明吕先生的推论中存在“结论后找论据”的问题。吕先生说襄楷奏折中所引经文并非出自《四十二章经》而是出自《增一阿含经》，遵循的也是同样的逻辑。

早在东汉延熹九年（166）襄楷上书桓帝时就曾引用此经。《后汉书》卷30《襄楷传》记载：

> 又闻宫中立黄老、浮屠之祠。此道清虚，贵尚无为，好生恶杀，省欲去奢。今陛下嗜欲不去，杀罚过理，既乖其道，岂获其祚哉！或言老子入夷狄为浮屠。浮屠不三宿桑下，不欲久生恩爱，精之至也。天神遗以好女，浮屠曰：“此但革囊盛血。”遂不眄之。其守一如此，乃能成道。今陛下淫女艳妇，极天下之丽，甘肥饮美，单天下之味，奈何欲如黄、老乎？①

这一段文字中，画线的两句与《四十二章经》所说很相似。对于上述相似性的来源问题，吕澂先生提出了独特的看法：“汉桓帝延熹九年（166）襄楷上疏里有‘浮屠不三宿桑下’‘天神遗以好女’两段，和《四十二章经》第二章、第二十四章很相像，似乎经抄早就有了，但事实却不然。襄疏的两段的意义并不完全和经抄相符，只是异常类似，而从此类似上也只见到它们有同出一源的关系而已。《法句经》的素材主要取自《增一阿含》，襄疏那两段也出于《增一阿含》（参照秦译本卷六、卷四十一）。在襄楷上疏时安世高就已有了《增一阿含百六十章》的译本，所以疏文可以别有出处，而不必依赖《四十二章经》。”② 吕先生的这一看法很耐人寻味。我们可以将相关材料罗列于后，然后再作分析。

其一，襄楷疏说“浮屠不三宿桑下，不欲久生恩爱，精之至也。”《四十二章经》说：“日中一食，树下一宿，慎不再矣。使人愚蔽者，爱与欲也。”③ 对此，吕澂先生说，襄楷此句不必一定来自于《四十二章经》，而来自于《法句经》。他举证说：《法集要颂经》卷2《利养品》：“芯刍远利誉，常足不贪求。但三衣饮食，真活命快乐。”④《法句经》卷2《爱欲品》：“所生枝不绝，但用食贪欲，养怨益丘冢，愚人常汲汲。”⑤ 前者是北宋时期来华的天息灾翻译的，后者是三国时期的支谦翻译的。吕先生还说这些的直接来源是《增一阿含经》卷6《利养品》：“尔时，世尊告诸比丘：受人利养甚为不易，令人不得至无为之处。所以然者，若修罗陀比丘不贪利养者，终不于法中舍三法衣而作居家。修罗陀比丘大作阿练若行，到时乞食，一处一坐，或正中食，树下露坐，乐闲居之处，著五纳衣，或持三衣，或乐冢间，憨身苦行，行此头陀。”⑥

其二，襄楷疏说：“天神遗以好女，浮屠日：‘此但革囊盛血’。遂不盼之。”

《四十二章经》说：“天神献玉女于佛，欲以试佛意，观佛道。佛言：革囊众秽，尔来何为。去，吾不用尔。”⑦ 吕澂等人提出襄楷疏这一句来源于《增一阿含经》。《增一阿

---

① 《后汉书》卷30，（宋）范晔撰：《后汉书》，中华书局1965年版，第4册，第1082—1083页。

② 参见吕澂《〈四十二章经〉抄出的年代》一文。

③ 《四十二章经》，《大正藏》第17卷，第722页中。

④ 《大正藏》第4卷，第783页下。

⑤ 同上书，第571页上。

⑥ （东晋）瞿昙僧伽提婆译：《增壹阿含经》卷6，《大正藏》第2卷，第571页上—中。

⑦ 《四十二章经》，《大正藏》第17卷，第723页中。

含经》卷41有文：

> 尔时，彼城中有婆罗门，名曰摩酰提利，善明外道经术，天文、地术靡不贯练，世间所可周旋之法，悉皆明了。彼婆罗门女，名曰意爱，极为聪朗，颜貌端正，世之希有。是时，婆罗门经籍有是语：有二人出世甚为难遇，实不可值。云何为二人？所谓如来至真等正觉、转轮圣王。若转轮圣王出世之时，便有七宝自然向应。我今有此女宝，颜貌殊妙，玉女中最第一。如今无有转轮圣王。又我闻：真净王子名曰悉迭，出家学道，有三十二大人之相、八十种好。彼若当在家者，便当为转轮圣王。若出家学道者，便成佛道，我今可将此女与彼沙门。是时，婆罗门即将此女，至世尊所。前白佛言："唯愿沙门受此玉女。"佛告婆罗门曰："止。止。梵志，吾不须此著欲之人。"时，婆罗门复再三白佛言："沙门，受此玉女。方比世界，此女无比。"佛告梵志："已受汝意，但吾已离家，不复习欲。"尔时，有长老比丘在如来后，执扇扇佛。是时，长老比丘白世尊言："唯愿如来受此女人。若如来不须者，给我等使令。"是时，世尊告长老比丘："汝为愚惑，乃能在如来前吐此恶意！汝云何转系意在此女人所？夫为女人有九恶法。云何为九？一者，女人臭秽不净。二者，女人恶口。三者，女人无反复。四者，女人嫉拓。五者，女人悭嫉。六者，女人多喜游行。七者，女人多嗔恚。八者，女人多妄语。九者，女人所言轻举。是诸比丘，女人有此九法弊恶之行。"①

将上述引文对照可知，正如吕澂自己承认的，襄楷疏所说与《四十二章经》"是异常类似"，但奇怪的是他的结论是："而从此类似上也只见到它们有同出一源的关系而已。"

然而，将吕先生所说的《法句经》和《增一阿含经》的几个段落与襄楷疏中的文字进行对照可见，第一例中，《法句经》与《四十二章经》的文字仅仅是大致关联而已。而第二例中，关联之处仅仅是意蕴而已。而在支谦所翻译的经典中却发现了与"革囊盛血"之语极其相似的表达。《太子瑞应本起经》卷1有文："太子听妻气息，视众伎女，皆如木人，百节空空，譬如芭蕉……太子遍观，视其妻，具见形体，发爪、髓脑、骨齿、髑髅、皮肤、肌肉、筋脉、肪血、心肺、脾肾、肝胆、肠胃、屎尿、涕唾，外为革囊，中盛臭处，无一可奇，强熏以香，饰以华彩，譬如假借当还，亦不得久计。"② 此外，汉代安世高翻译的《道地经》也有这一语词："止处臭恶，露一切骨节，卷缩在革囊。在腹内，血著身，在外处，大便肥长。"③ 这一句是对人身的描述，但并非襄楷所引用的"天神献玉女"引诱佛被拒绝的故事。

从上述叙述可知，吕澂先生所说《四十二章经》抄自《法句经》是缺乏任何直接或者间接证据的。他将襄楷疏文中所引文字归结为来源于汉末时期翻译出的《增一阿含经》类似的译本，特别是安世高翻译的《百六十品经》1卷（《增一阿含百六十章》），更是揣测之词。因为安世高翻译的《百六十品经》早已经散失，因而无从对证。

---

① （东晋）瞿昙僧伽提婆译：《增壹阿含经》卷41，《大正藏》第2卷，第769页中—下。

② （三国）支谦译：《太子瑞应本起经》卷1，《大正藏》第3卷，第475页中。

③ （汉）安世高译：《修行道地经》，《大正藏》第15卷，第234页下。

在襄楷疏之外，汤用彤先生以为三国时《法句经序》、东晋郗超的《奉法要》[①] 也曾经引用此经。三国时《法句经序》有文“惟佛难值，其文难闻”，汤用彤说这一句来源于《四十二章经》第十章“佛言天下有五难：贫穷布施难，豪贵学道难，制命不死难，得睹佛经难，生值佛世难”[②]。而吕澂以为《四十二章经》的这一章来源于吴译《法句经》卷下《广衍品》：“人当有念意，每食知自少。则是痛欲薄，节消而保寿。学难舍罪难，居在家亦难。会止同利难，难难无过有。比丘乞求难，何可不自勉。”[③] 但是，仔细阅读便会发现，《法句经》的此段文字并未包含《四十二章经》的“得睹佛经难，生值佛世难”两重意思。笔者在《法句经》卷下《述佛品》中找到了数句：“佛出照世间，为除众忧苦。得生人道难，生寿亦难得。世间有佛难，佛法难得闻。我既无归保，亦独无伴侣。积一行得佛，自然通圣道。”[④] 此中的“世间有佛难，佛法难得闻”与《法句经序》的文字较为接近，可见，《法句经序》中的“惟佛难值，其文难闻”一句，也可能直接来源于《法句经·述佛品》。

重要的是，《四十二章经》中所说的“五难”，在《三慧经》中有完整表述：

> 有五事难：一者，值佛世难。二者，闻经难。三者，得善师难。四者，得善人难。五者，得作人难。
>
> 有五难：一者，贫能布施难。二者，豪贵能忍辱者难。三者，有事对吏不欺者难。四者，与端正女人同床意不乱者难。五者，制人命不得伤害者难。[⑤]

将《三慧经》的上述内容与《四十二章经》所说的“五难”相对照即可发现，《四十二章经》的“五难”与《三慧经》的内容是同源的。可见，《四十二章经》原版抄本来源复杂，并不局限于《法句经》或《增一阿含经》。这部《三慧经》被僧祐列入《出三藏记集》卷3的“新集安公凉土异经录”中，可见，此经是东晋之前于凉州翻译而后流入内地的。因为未署译者名号，道安因此将其列入“凉土异经录”。这也间接证明《四十二章经》的译籍性质，中土撰述或在中土摘抄说缺乏基本的文献支持。

三 《四十二章经》翻译过程

在古代史籍中，《四十二章经》的翻译总是与永平求法相联系，而怀疑者则一并怀疑其真实性。关于《四十二章经》的翻译，《四十二章经序》说：

> 昔汉孝明皇帝，……即遣使者张骞、羽林中郎将秦景、博士弟子王遵等十二人，至大月支国，写取佛经《四十二章》，在第十四石函中，登起立塔寺。于是道法流

---

① 鉴于时代较晚，为节省篇幅计，不赘考。

② 《四十二章经》，《大正藏》第17卷，第722页下。

③ （吴）沙门维祇难等译：《法句经》卷下，《大正藏》第4卷，第569页下。

④ 同上书，第567页上。

⑤ 《大正藏》第17卷，第703页上。

布，处处修立佛寺。[①]

《理惑论》在回答“汉地始闻佛道，其所从出耶”的设问时说：

昔孝明皇帝，……遣使者张骞、羽林郎中秦景、博士弟子王遵等十二人，于大月支，写《佛经四十二章》，藏在兰台石室第十四间，时于洛阳城西雍门外起佛寺。

应该注意的是，这两种文献并没有说明此经的翻译情况，而仅仅说“至大月支国，写取佛经《四十二章》”“写《佛经四十二章》”。对此中的“写”的理解有分歧，汤用彤先生解释为：“若据其所言，斯经译于月氏，送至中夏也。”[②]《理惑论》的这一句是否可作如此理解，可再作斟酌。笔者以为此中“写”字应该是“抄写”的意思，即抄写原本送至汉地。至于翻译地点，《理惑论》并未提及。

现存文献中最早载录《四十二章经》译者的史籍是梁代僧韦占《出三藏记集》和慧皎的《高僧传》。《出三藏记集》卷 2 记载：

《四十二章经》一卷，《旧录》云“《孝明皇帝四十二章》”。安法师所撰《录》阙此经。

右一部，凡一卷，汉孝明帝梦见金人，诏遣使者张骞、羽林中郎将秦景到西域，始于月支国遏沙门竺摩腾译写此经，还洛阳，藏在兰台石室第十四间中，其经今传于世。[③]

此中的要点有二：其一，在《旧录》中此经被著录为《孝明皇帝四十二章》，而东晋道安《经录》中未著录此经。其二，此经是使者张骞、羽林中郎将秦景于月支国遇沙门竺摩腾译写此经，然后送至洛阳的。译者是竺摩腾，译地是洛阳。

略晚于僧祐的慧皎在《高僧传》卷 1 中设立了《摄摩腾传》和《竺法兰传》。《高僧传·摄摩腾传》记载：“摄摩腾，本中天竺人，善风仪，解大小乘经，常游化为任。昔经往天竺附庸小国，讲《金光明经》。会敌国侵境，腾惟曰：‘经云：能说此经法，为地神所护，使所居安乐。今锋镝方始，曾是为益乎？’乃誓以忘身，躬往和劝，遂二国交欢。由是显达。”[④] 这一段文字是同时或此前的现存文献所没有的。此后则叙述永平年中所发生的事情。其文如后：

愔等于彼遇见摩腾，乃要还汉地。腾誓志弘通，不惮疲苦，冒涉流沙，至乎雒邑。明帝甚加赏接，于城西门外立精舍以处之。汉地有沙门之始也。但大法初传，未有归信，故蕴其深解，无所宣述。后少时，卒于雒阳。[⑤]

① （南朝梁）僧祐撰：《出三藏记集》卷 6，《大正藏》第 55 卷，第 42 页下。
② 汤用彤著：《汉魏两晋南北朝佛教史》，北京：中华书局 1983 年版，第 22 页。
③ （南朝梁）僧祐撰：《出三藏记集》卷 2，《大正藏》第 55 卷，第 5 页下。
④ （南朝梁）慧皎撰：《高僧传》卷 1，《大正藏》第 50 卷，第 322 页下。
⑤ 同上书，第 322 页下—323 页上。

有《记》云：腾译《四十二章经》一卷。初缄在兰台石室第十四间中。腾所住处，今雒阳城西雍门外白马寺是也。①

这一段文字最引人注意的是，慧皎明确说《四十二章经》是摄摩腾到洛阳之后翻译出的。这与僧祐所说不同。

《高僧传·竺法兰传》记载：

竺法兰，亦中天竺人，自言诵经论数万章，为天竺学者之师。时蔡愔既至彼国，兰与摩腾共契游化，遂相随而来。会彼学徒留碍，兰乃间行而至。既达雒阳，与腾同止。少时便善汉言，愔于西域获经，即为翻译，《十地断结》、《佛本生》、《法海藏》、《佛本行》、《四十二章》等五部。移都寇乱，四部失本不传，江左唯《四十二章经》，今见在，可二千余言。汉地见存诸经，唯此为始也。……兰后卒于雒阳，春秋六十余矣。②

此种对于竺法兰的叙述，可疑点很多。如汤用彤先生所说："然《高僧传》复于摩腾之外，叙及竺法兰，则更为可怪。《冥祥记》无法兰之名。《祐录》著录《四十二章经》，并系之于竺摩腾，而于竺法兰所译经，概不列入。夫僧祐与慧皎先后同时，僧祐独不采取竺法兰出经事，则其怀疑可推而知。《高僧传》谓兰译经五部，有《十地断结》。按罗什以前十地通译十住，此曰十地，其伪可知。又兰所译书，不见两晋南北朝各家经录。"③由这些疑点判断，竺法兰参与翻译《四十二章经》并译有其他四部经典的记载不大可信。

关于《四十二章经》的翻译过程，隋费长房在《历代三宝纪》卷 4 说：

后汉《四十二章经》一卷，右一经一卷，明帝世中天竺国婆罗门沙门迦叶摩腾译，或云竺摄摩腾，或直云摄摩腾。群录互存，未详孰是。既未审知定何是姓，何者是名。先来弗译，所以备彰。……永平年，随逐蔡愔至自洛邑，于白马寺翻出此经。依录而编，即是汉地经之祖也。《旧录》云：本是外国经抄，元出大部，撮要引俗，似此《孝经》一十八章。道安《录》无。出《旧录》及朱士行《汉录》、僧祐《出三藏集记》。又载，但大法初传，人未归信，致使摩腾，蕴其深解，不复多翻。后卒洛阳。载其委曲，备朱士行《汉录》及《高僧》、《名僧》等传，诸杂记录。宝唱又云，是竺法兰译。此或据其与摄摩腾同时来耳。④

费长房此说是将有关《四十二章经》翻译问题的相关记载糅合在一起，叙述虽然芜杂，但仍然列出了根据：《旧录》、朱士行《汉录》、僧祐《出三藏集记》、《高僧传》、《名僧传》以及宝唱《录》。

综上所述，从现存史籍来说，《四十二章经》已经被著录，列出的根据是《旧录》并

① （南朝梁）慧皎撰：《高僧传》卷 1，《大正藏》第 50 卷，第 323 页上。

② 同上。

③ 汤用彤著：《汉魏两晋南北朝佛教史》，中华书局 1983 年版，第 19 页。

④ （隋）费长房撰：《历代三宝纪》卷 4，《大正藏》第 49 卷，第 49 页下—50 页上。

且说道安《经录》阙此经。道安于东晋宁康二年（374）撰成《综理众经目录》，此经录早已散失，有赖《出三藏记集》保存其大部。出于对此经录的极其信赖，当代学者对于道安《经录》未记载而仅见于其他史籍中的佛典翻译大多持怀疑态度。这一思路正是《四十二章经》晚出诸说以及中土撰述说的最主要根据。对于这一问题，汤用彤先生有清楚的疏解，极可注意。

首先，僧祐和费长房所说的《旧录》，是指东晋高僧支敏度编撰的经录。僧祐《出三藏记集》卷7载支敏度撰《合首楞严经记》一文说："今之《小品》、《阿阁贯》、《屯真》、《般舟》，悉谶所出也。"① 而僧祐《出三藏记集》卷2支谶录下有此数条：

> 《般舟般三昧经》一卷，《旧录》云《大般舟三昧经》，光和二年十月八日出。
>
> 《伅真陀罗经》二卷，《旧录》云《屯真陀罗王经》，《别录》所载，安《录》无，今阙。
>
> 《阿阇世王经》二卷，安公云出《长阿含》，《旧录》《阿阇贯经》。②

汤用彤先生指出："此云'伅'，《旧录》作'屯'。'世'，《旧录》作'贯'。均与支慜度《合首楞严经记》所载相符。可见僧祐所指之《旧录》，为慜度所作。其《录》在安《录》之前，或且作于江南。僧祐谓《四十二章》见于《旧录》，则安公时已有斯经，断可知也。"③

其次，"慜度均约与安公同时。而安公《经录》，竟缺此经，其故极难解索。然大凡翻译，后出者胜。吾人今于读西洋典籍，已不必求明、清二代之所译。而前代所译，因渐澌灭。今日求之，常最难得。东晋去东汉已三百年，古人传抄，流传已难。安公草创，智者千虑，究有遗失。"汤先生依据道安公《自序》所言分析说："今按此文所谓'值残出残'云云，疑谓安公就所亲见之经，无论残简全篇，均著于录。安公治学精严，非亲过眼，则不著录。故自知遗漏者不少。故谓若欲综理已出一切经典，自知非一人所能为。夫安公之世，《方等》风行，经出更多。《四十二章》，为常日所不备。安公固未见之，遂未著录，或亦意中之事也。（又据上文安《录》断自汉灵之世，《四十二章》出于灵帝之前，故未录也）。"④ 由此可见，以道安《经录》未收来怀疑此经非汉代所翻译，是当代人自设的主观标准，不足凭信。

综上所述，尽管现有史籍有关《四十二章经》翻译的记载不是很完备，因此有些叙述显得不大可信，但这些疑点并不能必然推出此经并非东汉翻译或者干脆认为是中土撰述的结论。本文认为，《四十二章经》确实是永平求法之后不久翻译出的佛教经典。

《四十二章经》基本属于小乘思想，但后来流传的本子的表述带有浓厚的儒道思想的特色。如宋真宗注解本《四十二章经》有文："世尊成道已，作是思维，离欲寂静，是最为胜，住大禅定，降诸魔道。于鹿野苑中，转四谛法轮，度陈如等五人而证道果，复有比

---

① （南朝梁）僧祐撰：《出三藏记集》卷7，《大正藏》第55卷，第49页上。

② （南朝梁）僧祐撰：《出三藏记集》卷2，《大正藏》第55卷，第6页中。

③ 汤用彤著：《汉魏两晋南北朝佛教史》，中华书局1983年版，第24页。

④ 同上书，第24—25页。此说首先由梁启超提出但他后来又放弃了。

丘所说诸疑，求佛进止。世尊教敕，一一开悟，合掌敬诺，而顺尊敕。”① 现存《四十二章经》的版本也混入了不少大乘思想，特别是有些语句有明显的禅宗特色。这都是后来流传过程中好事者妄加进去的，不能依此来论说东汉、三国时期两种版本的面目，更不能依此而得出此经乃中土摘编而成的结论。

（原文发表于《宗教学研究》2016 年第 2 期）

① 《大正藏》第 39 卷，第 517 页中。

塞哥维亚的后殖民圣经诠释

田海华*

提要：作为意识形态批判的一种声音，后殖民圣经诠释产生于20世纪90年代，塞哥维亚是这一批判理论的先驱者之一。本文论述了塞哥维亚的后殖民圣经诠释，突出他由文本到读者的范式转移，以及关于离散者的诠释学。塞哥维亚始终强调多元性与全球视域，关注西方世界边缘的少数族群，并努力呈现他们的现实与经验，体现了作为文化批评家的担当。在当今批判的时代，他呼吁在对话的基础上实现对新范式的建构。

主题词：塞哥维亚　后殖民圣经诠释　范式转移　离散者

赛义德（Edward Said）在其《东方主义》一书中，阐述了后殖民主义思想。[①] 在圣经与后殖民批判理论相遇的三十年间，有过殖民体验的圣经学者们不懈地推动了这一诠释方法。塞哥维亚（Fernando F. Segovia）即是推动者之一。塞哥维亚是美国著名的圣经批评家、文化批评家与神学家，现为范德堡大学新约与早期基督教研究领域的讲座教授。作为圣经批评家，他的研究志趣主要涉及《约翰福音》的研究、意识形态批判与圣经批判的历史与方法。作为文化批评家，他的研究包括后殖民研究、少数族裔研究与离散社群的研究。其中，后殖民批判是文化研究的多元形式之一。[②] 作为基督教神学家，他拥有圣母大学的神学博士学位，其研究集中于非西方的基督教神学，尤其是来自拉美与加勒比海的神学，以及西方世界的少数族裔的神学，比如美国西班牙裔的神学。他的学术兴趣同他出生于古巴的个人成长背景密切相关，同时，他频繁往来于拉美、北美、欧亚非各地的游学经历，也极大地造就和丰富了他的全球意识与视野。塞哥维亚对圣经诠释方法最为突出的学术贡献，就是将后殖民批判理论应用于圣经研究中，形成后殖民圣经诠释（postcolonial

---

* 田海华，四川大学道教与宗教文化研究所教授。

① Edward Said, *Orientalism* (New York: Vintage, 1979). 该著主要论述了殖民化对文化与社会的影响。

② 参 J. Cheryl Exum and Stephen D. Moore. "Biblical Studies/Cultural Studies", in idem, *Biblical Studies/Cultural Studies*, the Third Sheffield Colloquium (JSOTSup, 266; Sheffield: Sheffield Academic Press, 1998), p. 34, n. 54。塞哥维亚是最早将"文化研究"这一术语运用于其研究的圣经学者之一。他对不同文化之间的阅读充满自我意识（self - consciousness）。对圣经的文化研究，其两重分析主要包括圣经对西方文化的影响，以及西方文化对圣经诠释的影响。对圣经进行文化研究的目的，有以下四点：一是考察对圣经的文化利用，以及文化想象对诠释的影响；二是鼓励对圣经的阅读，要结合古今圣经之外的作品；三是提供一个对圣经文本与诠释中性别、种族、阶级进行文化分析的论坛；四是通过运用跨学科与多媒体的呈现，为圣经教学的新发展与圣经研究的新领域，提供一个论坛。参 Stephen D. Moore and Fernando F. Segovia, "Postcolonial Biblical Criticism: Beginnings, Trajectories, Intersections", idem eds., *Postcolonial Biblical Criticism Interdisciplinary Intersections* (London: T. T. Clark, 2005), p. 2。

biblical interpretation)。他历来关注他者，即非主流的边缘群体，诸如少数族裔，或离散社群。20 世纪 90 年代，在几经呈现这些群体的经验与声音之后，他开始以后殖民的视角，去揭示圣经诠释活动背后更为深刻的种族、阶级与政治的状况。[①] 他不仅关注对圣经文本的后殖民阅读[②]，而且，也提出对圣经研究的去殖民化，不能只以欧美圣经学者为中心，也应关注来自边缘的声音。[③] 这一批判方法兴起于 20 世纪 90 年代，是后现代圣经诠释浪潮的一部分。塞哥维亚与苏吉萨拉迦（Raiah. S. Sugirtharajah），同为后殖民圣经诠释理论的领军人物。

一 由文本到读者的范式转移

塞哥维亚圣经研究的学术生涯，始于 20 世纪 70 年代末。那时，传统历史批判依然左右着这一学科，是主流的研究方法。他自称经历和见证了圣经批判的急剧变化，包括观念、实践与教学等方面。他认为那是"一个名副其实的去殖民化与解放的过程"[④]。结果是，圣经诠释的理论与方法，呈现出从未有过的多样性，而且，文化与经验在其中扮演重要角色。世纪末，圣经诠释的历史批判模式，受到来自各方的挑战。在备受诟病之下，圣经批判出现了范式转移。对于塞哥维亚而言，他的圣经批判之范式转移的发生，基于以下四点缘由。第一，作为一个圣经批评家，这一转移与其自身生活经验相交织。他经历了各种历史批判的范式，诸如以文本为中心的编修批判、著述批判、文学批判，还有基于社会学与人类学视角的社会科学批判，再到以读者为中心的文化批判，论述与读者的社会文化处境与立场相关的问题。这种经验的优越性，在于读者本身是局内人，是实践者，最为知情，而且，有自我批判的参与。第二，这一转移同世纪末紧密相关。世纪末是个充满意义与象征的历史时刻。[⑤] 它引发人们对秩序与连贯性的盼望，不仅回顾过去，同时，展望未来。第三，在社会政治领域，这一转移同某种全球化的发展紧密相关，而且，在这些发展当中，塞哥维亚发现自己与生俱来地牵涉其中，无法逃脱。随着苏维埃帝国的解体，北半球的殖民势力，丧失了它们对南半球殖民地在社会政治上的支配地位，而被殖民者的声音

① Fernando F. Segovia, "Toward A Hermeneutics of the Diaspora: A Hermeneutics of Otherness and Engagement", in Fernando F. Segovia and Mary Ann Tolbert eds. , *Reading from this Place. lume 1 Social Location and Biblical Interpretation in the United States* (Minneapolis: Fortress Press, 1995), pp. 57 –74。另参 Fernando F. Segovia。"Biblical Criticism and Postcolonial Studies: Toward a Postcolonial Optic", in R. S. Sugirtharajah ed. , *The Postcolonial Bible* (Sheffield: Sheffield Academic Press, 1998), pp. 49 –65。以及 Fernando F. Segovia, "Postcolonialism and Comparative Analysis in Biblieal Studies" . in *Biblical Interpretation* 7: 2 (1999): 192 –196。国内对塞哥维亚学术思想的引介，参费南多 F. 斯果维亚：《圣经批评与后殖民主义研究：走向后殖民主义视角》，邱业祥译，载梁工主编《圣经文学研究》第二辑，人民文学出版社 2008 年版，第 273—290 页。另参梁工《后殖民圣经研究的基本主题》，《世界宗教研究》2010 年第 2 期，第 77—87 页。

② Fernando Segovia and R. S. Sugirtharajah eds. , *A Postcolonial Commentary on the New Testament Writings*, (New York T & T Clark, 2007).

③ Fernando F. Segovia, *Decolonizing Biblical Studies: A View from the Margins* (Maryknoll: Orbis Books, 2000).

④ Ibid. , p. ix.

⑤ 关于世纪末的概念，90 年代出现了一些社会政治研究方面的论著。参 Zbigniew Brzezinski, *Out of Control: Global Turmoil on the Eve of the Twenty –first Century* (New York: Scribner, s, 1993); Paul Kennedy, *Preparing for the Twenty –first Century* (New York: Random House, 1993); John Lukacs, *The End of the Twentieth Century and the End of the Modern Age* (New York: Ticknor& Fields, 1993)。

日益被表达出来。在这种叙述话语中，塞哥维亚发现了自身是殖民主义众多夹层中的一个主体。[①] 而这一社会政治处境，不可能不体现在他对圣经批判的思索中。第四，这一转移是塞哥维亚正在进行的批判课题的直接原因。因为这一课题的核心，就是要集中论述圣经诠释与诠释者之社会场景之间的关系。对真实的读者以及读者群体的关注，现在要开始成为探讨的重点。如此，那些曾经沉默的边缘人，现在要开始进入学科研究的视野。[②]

塞哥维亚引用《使徒行传》2 章中“他们说起别国的话来”，概述对范式转变的期待，从而反省圣经研究这一学科的当下处境。重要的是，他将《使徒行传》2 章 4—5 节的经文，改写成“人们（男女、读者与批评家）从天下各国来（来自世界所有的角落，具有世界上所有社会处境的结构），开始说他们自己的话（从他们自身的处境阅读和诠释圣经文本，不仅彼此述说，而且，向世界述说）”。括号中的内容，是塞哥维亚添加的。这生动形象地表达了他对圣经研究去殖民化的理解。用不同的语言说话，其结果是打破一种叙述话语为中心的局面，但是，这有可能产生无中心或多个中心的情形。在范式转移的起始阶段，会呈现方法论与理论上的多样性，接着，是涉及社会文化的多样性。塞哥维亚将这一过程视为寻求解放与去殖民化的过程，因为它疏离圣经批判这一学科对欧洲为中心的依赖与关注，当然，这并不意味着完全的摈弃，而是要寻索至今被忽略的其他叙述话语。[③]

塞哥维亚列举了四种不同的圣经诠释范式，来说明当代圣经批判中话语模式的争竞与对抗。第一种范式是被广泛接受的传统历史批判，也是 70 年代居于主导地位的批判范式。它包含不同的诠释方法与策略，比如，来源批判、宗教史批判、传统批判、形式批判与著述批判等。历史批判将文本作为手段，强调所指（the signified）的意义，即文本作为一种手段，对著述它的作者或者它所反映的世界的意义。它要试图呈现文本的历史本质，但是，不能表达文本与读者的互动，忽略读者的文化与经验，因此，塞哥维亚认为历史批判的模式“缺乏自我批判意识”[④]。历史批判模式对圣经文本的探讨，是将之看成是著述时期的历史依据，如此，文本成为是重构所论述的历史场景的直接手段。相关时期与地区的历史框架、社会制度、文化习俗、宗教表达的形式，以及各种文学作品，都被纳入对圣经文本进行历史研究的总体概念中。但是，塞哥维亚认为将文本作为文本的分析，不能构成方法论的逻辑，而且，对文本背后的世界或作者的分析，不会有助于任何类型的社会或文

① 塞哥维亚来自古巴，而长期以来，古巴遭受不同的殖民势力的统治：西班牙殖民主义（1492—1898 年）、美国殖民主义与新殖民主义（1898—1902 年）、受美国控制的古巴共和国（1902—1959 年）以及苏维埃殖民主义（1959— ）。参 Fernando F. Segovia. “ ‘And They Began to Speak in Other Tongues’: Competing Modes of Diseourse in Contemporary Biblical Criticism”, in idem, *Decolonizing Biblical Studies: A view from the Margins*, p. 5, No. 3。该文最初发表在 1995 年版的论文集《从这里开始读》第一卷中。参 Fernando F. Segovia and Mary A. Tolbert eds., *Reading from s Place, vol. 1: Social Location and Biblical Interpretation in the United States* (Minneapolis: Fortress Press, 1995), pp. 1 – 32。

② Fernando F. Segovia, “ ‘And They Began to Speak in Other Tongues’: Competing Modes of Discourse in Contemporary Biblieal Critieism”. pp. 3 – 6. 他认为历史批判是要抑制个人的声音，文化研究是要加入个人的声音，而后殖民研究是要防护与保证个人的声音。参 Fernando F. Segovia, “My Personal Voice: The Making of a Postcolonial Critic”, in idem, *Decolonizing Biblical Studies: A View from the Margins*, pp. 145 – 156。该文最初发表在《圣经研究中的个人声音》。参 Ingrid. R. Kitzberger ed., *The Personal Voice in Biblical Studies* (London: Routledge, 1998), pp. 25 – 37。

③ Fernando F Segovia, “ ‘And They Began to Speak in Other Tongues’: Competing Modes of Discourse in Contemporary Biblical Criticism”, p. 7.

④ Ibid., p. 11.

化理论。此外，历史批判认为文本的形成，是长期增补与编修的结果，而且，热衷于对客观的文本意义的建构，并对此持有强烈的乐观立场。但是，塞哥维亚认为历史批判具有霸权的性质。作为方法论的发展，当它不能论述与应对出现的新问题与挑战的时候，它就要没落。①

20 世纪 80 与 90 年代，新文学批判兴起，其中包括叙述批判、结构主义批判、修辞批判和心理学批判等。文学批判曾将文本视为中介，强调能指（the signifier）的意义，即文本充当作者与读者之间交流的信息，强调文本的美学与修辞特征。与历史批判不同，文学批判将圣经文本视为是一个统一与连贯的整体，而不是支离破碎的残缺。如此，对文本的艺术特征的关注，胜过其宗教与神学的方面。塞哥维亚认为文学批判所关注的作者与读者，是隐含的，而非真实的作者与读者，而且，对文本世界的分析，也是以概念为中心。他认为乐观主义或经验主义的时代还没有终结。因为对文学批判而言，文本意义依然被认为是普遍的与客观的，借着科学的方法论是可以复原的。但是，在新文学批判中，读者是匿名的，处在消极被动的地位，而且，相较于历史批判，文学批判在论及圣经诠释的多样性方面，开启了新的研究方向，而不只是强调文本的历史处境。塞哥维亚认为文学批判必须要妥协的，是面对真实的读者，是有血有肉的读者，是受限于历史与文化条件的读者。②

基本上与新文学批判同步，文化批判成为圣经批判的一种重要范式，与历史批判相匹敌。塞哥维亚认为文化批判沿袭不同的路线，包括深受新马克思主义影响的社会经济与意识形态的分析，以及社会学和文化人类学的进路。作为一种范式，他认为文化批判将文本视为中介与手段，更强调的是能指，即文本是在一个既定的处境中由作者到读者的一种信息媒介，强调交流中社会文化的因素。基于文化与经验，这一范式提倡对文本更为激进的处境化，也可称为是对读者的处境化。③ 对文化批判而言，圣经文本的经济、社会与文化的维度，远比其神学或宗教的特征更具吸引力。而且，相较于历史批判的普遍性，文化批判是一种更为具体的文化模式。依据新马克思主义的社会经济进路，读者不是个匿名的存在。正如文本被视为是意识形态的产物，文本背后的世界是斗争的平台，批判的任务同样是意识形态的，而读者是个有见识与偏见的批评家，要去挖掘文本中的社会经济意义，为压迫者的解放而斗争。"正是这个读者，沉浸于社会场景中，对文本进行阅读与诠释，提出对文本之世界的经济、社会与文化的重构，并专注于多种诠释模式之建构的过程。"④

塞哥维亚的第四种诠释范式是文化研究，是一种对各种文本与读者、视角与意识形态的批判研究。在这一范式里，读者完全成为诠释活动的中心，而文本的作用在于建构。塞哥维亚认为读者要真正成为读者，必须要涵盖构成读者的身份要素，譬如，读者的性别、民族或种族背景、所属的社会经济阶级、社会文化习俗、教育学识与意识形态的立场。考量读者的这些身份要素，是个重新人性化（rehumanization）的过程。因此，塞哥维亚指出

---

① Fernando F Segovia, "'And They Began to Speak in Other Tongues': Competing Modes of Discourse in Contemporary Biblical Criticism", pp. 13 – 16.

② Ibid., pp. 22.

③ Ibid., pp. 8 – 9. 塞哥维亚将社会科学批判视为是与文学批判并行的诠释进路，并将之纳入文化批判的阵营。参 Femando F. Segovia, *Decolonizing Biblical Studies: A View from the Margins*, p. 22。

④ Fernando F. Segovia, "'And They Began to Speak in Other Tongues': Co mpeting Modes of Discourse in Co ntemporary Biblical Criticism", p. 29.

历史批判“是一个新殖民主义的典型案例，其中，被殖民者或边缘人的利益，被奉献于殖民者或处于中心地位的人的利益”①。在70年代中期，这种新殖民主义被出现的文学与文化范式所摧毁。在文化批判的范式里，读者完全是有血有肉的，可以置身于自己的社会场景中。解放与去殖民化的过程，就是移入自身的社会文化领域的过程。不同的读者，不仅运用不同的诠释模式与阅读策略，而且，根据他们所属的社会群体而采取不同的阅读方式。这种阅读与诠释方式，受到后现代理论的深刻影响。这样的阅读，就是以自己的语言“说起别国的话”，是众多语言之间的批判对话，寻求真正的全球互动。② 通常，塞哥维亚称文化研究为意识形态批判，强调这一模式的建构与视角性质。他将之作为意识形态之叙述话语的模式，同时，也是基于他自身的经验而实践的范式。③

二　离散者的诠释学

离散者（the Diaspora），又称海外流散，或移民社群。其原初意义特别指涉被掳后的犹太人，离开他们历史上的家园，而散居在其他土地上或民族中。这种身份认同的持续性与力度，使得离散的犹太社群成为所有离散在外社群的“理想类型”。④ 但在文化研究中，对离散社群的界定，主要基于地理学的概念，是指那些自愿或被迫离开祖国而移居在新的地域的人们。对于塞哥维亚而言，离散社群的共同经验，在于地理位置的变换。他认为“离散社群构成整个帝国或殖民现象的一部分”⑤。因为，与西方帝国主义的发展相并行的殖民化的过程，不仅涉及大量的欧洲人分散到世界各地，并随之形成无数的“新欧洲”，而且，使大批的非西方人离开他们历史家园，当中有合法的移民，也有非法的。离散的与定居的形成交织的网络，也引发新的问题。而且，随着西方帝国的殖民扩张，尤其是在20世纪，基督教也被全球化。在基督教普世化的传教活动下，带动了亚非、拉美与加勒比海人口迁徙。⑥ 此外，塞哥维亚认为基督教研究，也开始全方位地影响到基督教的实践与信仰，尽管它对全球化的最终影响需要时间来确定。但是，“鉴于西方殖民现象带来的基督教在世界范围的扩张与迁移，后殖民研究会影响到基督教研究的各个方面，同时，对

① Fernando F. Segovia，“‘And They Began to Speak in Other Tongues’：Competing Modes of Discourse in Co ntemporary Biblical Criticism”，p. 31.

② Ibid.，p. 33.

③ Fernando F. Segovia，“Cultural Studies and Contemporary Biblical Critieism ：Ideological Criticism as Mode of Discourse”，in idem，*Decolonizing Biblical Studies：Aview from the Margins*，pp. 34 – 54. 该文最初发表在1995年版的论文集《从这里开始读》第二卷中。参 Fernando F. Segovia and Mary A. Tolbert eds.，*Reading from This Place*，vol. 2：*Social Location and Biblical Interpretation in Global Perspective*（Minneapo lis：Fortress Press，1995），pp. 1 – 17。

④ 研究离散现象的学者萨弗兰（wmiam Safran），将离散者界定为是“一个民族生活在祖国之外的一部分人”。他对各种离散社群进行了分类，并将犹太离散社群作为离散现象的典型范例。参 William Safran，“Diaspo ras in Modem Societies：Myths of Homeland and Return”，*Diaspora：A Journal of Transnational Studies* 1（1991）：83—99. 塞哥维亚认为自己从古巴来到美国，就是个离散者，符合萨弗兰的界定。参 Femando F. Segovia，“Interpreting beyond Borders：Posteolonial Studies and Diasporic Studies in Biblical Criticism”. in idem ed.，*Interpreting beyond Borders*（Sheffield：Sheffield Academic Press，2000），p. 17。

⑤ Ibid.，p. 18.

⑥ David B Barrett，*World Christian Encyclopedia：A Comparative Study of Churches and Religions in the Modern World*（New York：Oxford University Press，1982）. pp. 1 – 20.

这一扩张与迁移过程中所涉及的离散现象，特别是非西方基督徒在西方世界的日益增长，对这一社群的研究同样会影响到基督教研究的各方面”①。

塞哥维亚认为：“当基督教愈来愈全球化，当越来越多的非西方基督徒不断发现他们进入西方的方式，而且，当越来越多的非西方基督徒不断进入西方本身的学科体系，那么，离散的经验所提供的视角，将会持续地应用到我所谓的圣经批判的不同维度。”② 在圣经批判领域，对离散社群的早期诠释模式，是以保罗书信中论及散居犹太人的经文为中心，对当代犹太教的世界进行意识形态的分析，去建构后现代的犹太人身份。③ 塞哥维亚指出他对离散者的批判研究，基于他自身的经验与离散的现实。他出生在社会化的拉美，在加勒比语处境下的古巴共和国。由于社会政治的缘由，他和家人在60年代移居到美国。其结果是，他在发达的与殖民化的西方的核心地带，接受第二次的社会化。他感觉身处两地，同时又无处可属。这样的情景，促使他建构离散者的诠释学。④ 他认为可以从两方面研究离散现象：一是将之作为一种叙述话语进行离散者研究（Diaspora Studies），二是将之置于后殖民研究的话语框架里。他指出在殖民现象的核心之处，就是离散现象的现实与经验：不安定、旅居、重新安顿。因此，一旦后殖民的叙述话语开始在圣经批判中展开，有关离散的话语就会被调用。⑤

基于此，塞哥维亚提出了自己的理论框架与阅读策略，称之为离散者的诠释学（hermeneutics of the diaspora），或者他者的诠释学（hermeneutics of otherness），并将之同后殖民研究相关联，关注殖民形成过程中的跨文化与超越历史的现象。而且，他将这一地缘政治学的镜片，直接应用于文化研究之视域的各种圣经批判的维度。⑥ 通过这样的诠释模式，塞哥维亚坦言：“我发现了自己……我是个基督徒，受了洗礼，但同时，我也是个古巴人，一个拉美人，一个非西方人，一个古巴裔美国人，一个北美美国人与西方人。这种‘被分解’身份的感觉，并不是我想摆脱的。”⑦ 在有关离散者的诠释里，塞哥维亚强调的是一个有血有肉的真实读者，一个具有文化与经验的完全被处境化的读者。对离散者的关注，就是对他者的关注，而他者声音的呈现，起始于处境化，目标也是处境化。对于圣经批判而言，处境化的不只是圣经文本，还涉及读者的处境化。他认为离散者的诠释学所寻求的声音，是要解放和充权（empower）读者的人性，在阅读与诠释活动中，充分考量读

---

① Femando F. Segovia, “Interpreting beyond Borders: Postcolonial Studies and Diasporic Studies in Biblical Criticism”, p. 23.

② Ibid., p. 23.

③ Daniel Boyarin, *A Radical Jew Paul and the Politics of Identity* (Berkeley: University of California, 1994), pp. 251 – 258. 伯夷林（Daniel Boyarin）对理想化的犹太离散社群进行批评，认为那是拉比犹太教的建构，以及锡安主义的选择。Ibid., pp. 247 – 260。

④ Fernando F. Segovia, “Interpreting beyond Borders: Postcolonial Studies and Diasporic Studies in Biblieal Criticism”, pp. 29 – 30. 塞哥维亚始终关注自己的文化身份及其与圣经批判之关系。参 Fernando F. Segovia, “Toward Latino/A American Biblical Criticism: Latin (o/a) ness as Problematic”, in Randall C. Bailey, Tat – siong Benny Liew, and Fernando F. Segovia eds., *They Were All Together in One Place?: Toward Minority Biblical Criticism* (Atlanta Society of Biblical Literature, 2009), pp. 193 – 223。

⑤ Fernando F. Segovia, “Interpreting beyond Borders: Postcolonial Studies and Diasporic Studies in Biblical Criticism”, p. 14.

⑥ Ibid., p. 31.

⑦ Ibid., p. 32.

者的文化与经验。[①] 他认为这是论及他者的离散者诠释学的基础。为了寻索解放与去殖民化，离散者诠释学质疑任何对客观、科学、中立、整全与普遍的宣称。它选择人性化与多元化，而且，它也追求对他者的知识、尊重与允诺。[②]

离散者诠释学的核心概念，是他者（otherness）与参与（engagement）。前者反映了他者的现实与经验，这是由来自非西方文明的个体表现出来的。他自己长期居住于西方，但出生于拉美，而现在是美国的外籍居民，也是拉美裔美国人。他者这一概念具有负面的因素，暗含着一种无家，无声，也没有面孔的二元文化主义（biculturalism）。塞哥维亚指出："作为离开家乡的人，我们不再被家乡所接受，而作为不适应新环境的人，我们也不能被当下的家所接受。在我们当下的家里，我们发现了我们要去表演的剧本，以及我们要佩戴的面具。由此来看，伴随着殖民话语与实践的动力，我们发现我们自己在世上处于永久外来人与陌生人的位置。"[③] 这样的一群人，被定义为是无家可归的、沉默的并戴着面具的"他者"。而"参与"这一概念，同样是以生活在西方的非西方移民或难民的现实与经验为基础。这一概念被视为是呈现他者积极的一面，即拥有二元文化主义，表达他的家、声音和面孔，而且，他具有两个家，两种声音，两个面孔。塞哥维亚认为：这样的他者，还拥有所有被建构的现实：所有的家，所有的声音，所有的面孔，而且，具备处境性与观点性。同时，他者具有许多这样的现实或世界。作为建构，这些现实或世界，可以被批判地分析、质疑与改变。[④] 如此，我们在批判地参与（critical engagement）中发现了自己。依据我们自己的现实与经验，我们不仅建造了自己的家园、声音与面孔，而且，能够与其他的声音与面孔进行批判的对话。[⑤]

塞哥维亚将离散者诠释学，引入跨文化批判（intercultural criticism）中。他认为跨文化批判所要寻求的是超越帝国主义、客观主义、等级主义以及争强好胜。基于这些原则，跨文化批判提倡一种接近文本的进路与视角，主张阅读文本及其读者，将之作为美学的、策略的与政治的建构。这种阅读方式，对文本采取一种极其不同的态度，因此，跨越式阅读要诉诸参与和对话。[⑥] 质疑、评价与批评的过程，是跨越式阅读的中心，当中涉及解放的视角。总体而言，这种解放是为边缘的与受压迫的群体而设想的，因为它基于对他者的尊重。更确切而言，这样的解放是针对帝国主义与殖民主义的地缘政治世界而设定的，它倡导尊重那些被征服、被剥削和被诋毁为"他者"。由此，文本、文本的阅读以及文本的读者，如何维持其自身的尊严就是必要的。[⑦] 通过这样的方式，真正读者的声音在探讨中

---

① Femando F. Segovia, "Toward a Hermeneutics of the Diaspora: A Hermeneutics of Otherness and Engagement", in Femando F. Segovia and Mary A. Tolbert eds., *Reading from This Place*, vol. 1; *Social Location and Biblical Interpretation in the United States* (Minneapolis: F0rtress Press, 1995), pp. 66 –67.

② Ibid., p. 72.

③ Fernando F. Segovia, "Toward Intercultural Criticism : A Reading Strategy from the Diaspora", in Fernando F. Segovia and Mary A. Tolbert eds., *Reading from This Place*, *Vol. 2*: *Social Location and Biblical Interpretation in Global Perspective* (Minneapolis: Fortress Press, 1995), p. 322.

④ Ibid.

⑤ Ibid.

⑥ Femando F. Segovia, "Reading – Across: Intercultural Criticism and Textual Posture", in idem ed., *Interpreting beyond Borders* (Sheffield: Sheffield Academic Press, 2000), p. 65.

⑦ 塞哥维亚指出：这样的视角，完全是基于我自己对殖民和新殖民的他者的经验。Ibid., p. 67。

被建构，批判就成为是一种关涉伦理与政治的事情。如前所述，种族与少数族裔也是后殖民圣经诠释的重要内容，而且，这些族群通常与离散者的身份相关。他们不仅出现在圣经时代，而且，在全球化的今天，尤其是在西方世界，他们遍布在每一个角落，因此，这一议题日益突出。塞哥维亚通过地缘政治学的视角，论述了圣经研究中的种族与少数族裔的问题，呈现了他们的挣扎与诉求，表明了他们与圣经诠释之政治学的关系。①

三 结语

相较于传统的历史批判，后殖民圣经诠释是一种批判的运动。在圣经批判的文化研究的范式里，塞哥维亚致力于运用叙述话语的意识形态模式，力图实现圣经研究与后殖民研究的融会。塞哥维亚的后殖民研究，强调以读者为中心，认为圣经文本的读者是活生生的具有社会文化经验的读者。这个读者体现了多元文化、地域、身份与政治的现实，不同的读者，其对圣经的诠释引致多元的结果。纵观他的作品，我们发现他始终强调多元性与全球视域。塞哥维亚主张以多元的视角对圣经进行跨学科的研究，他提出：在阅读中，不仅要整合神学与宗教的传统，整合社会文化传统，同时，也要整合各学科间的参与。② 此外，作为一个圣经批评家，他坚守自己在当下处境中的使命与担当。在宗教与神学，以及社会与文化中，他认为批评家就是要充当寻求自由、正义、尊严与福祉的声音。而且，在充满冲突、混乱、压迫、不公正与堕落的世界里，批评家要去实践这样的声音。在这个实践当中，他认为圣经要充当一种工具，以诸多相互冲突的方式，譬如，古代的、现代的以及后现代的方式，去表述社会与文化。在全球与本土的处境里，圣经提供一种理论上的框架。③

2014 年，塞哥维亚当选为圣经文学会主席。在就职主题演讲中，他探讨了当今圣经批判存在的问题，以及在批判的时代，圣经批判的愿景与任务。④ 他回顾了 20 世纪的全球政治格局，指出圣经批判在后冷战时代的社会与文化中发挥的功能。在今天这个批判的时代，他聚焦于全球经济的大环境，将之视为提出批判立场的先决条件，探讨了如何去建构一个适应批判时代的理论框架。为了实现这个目标，他依旧坚持多元的维度，诸如批判的、政治的、圣经的与世界的维度之间的相互融合，具体到他的圣经批判研究，他称他依据了六种范式或维度，即历史的、文学的、社会文化的、意识形态的、文化的以及宗教与

---

① Fernando F. Segovia, "Racial and Ethic Minorities in Biblical Studies", in idem, *Decolonizing Biblical Studies: A View from the Margins*, pp. 157 – 177. 该文最初发表在《圣经诠释》有关族群与圣经的专号中。参 M. C. Brett ed., *Ethnicity and the Bible Biblical Interpretation* 19 (1996): 469 – 492。塞哥维亚不仅探讨种族与少数族裔研究的应用与意义，同时，也指出了这一研究的问题与困境。参 Fernando F. Segovia, "Toward Minority Biblical Criticism: A Reflection on Achievements and Lacunae", in Randall C. Bailey, Tat – siong Benny Liew, and Fernando F. Segovia eds., *They Were All Together in One Place? Toward Minority Biblical Criticism* (Atlanta: Society of Biblical Literature, 2009), pp. 365 – 394。

② Fernando F. Segovia, "Cultural Criticism: Expanding the Scope of Biblical Criticism", in Roland Boer and Fernando F. Segovia eds., *The Future of the Biblical Past Envisioning Biblical Studies on a Global Key* (Atlanta: Society of Biblical Literature, 2012), pp. 234 – 333.

③ Ibid., p. 336.

④ Fernando F. Segovia, "Criticism i。n Critical Times: Reflections on Vision and Task", *Journal of Biblical Literature* 2015 (1), pp. 6 – 29.

神学的。而且，这些维度同来自全球系统的影响是交织的。[①] 基于此，他总结称：圣经批判的目标，是要在同所有他者的对谈中实现一个新范式的建构。它能够更紧密地连接圣经批判与全球场景，能够突出批判愿景与任务的持续理论化，以及全球事态的理论化。总之，这个范式属于独特的、空前的与批判的时代，在其中，我们发现了我们自己。[②]

（原文发表于《宗教学研究》2016 年第 2 期）

---

① Fernando F. Segovia, "Criticism in Critical Times: Reflections on Vision and Task", *Journal of Biblical Literature* 2015 (1), pp. 25 – 26.

② Ibid. , p. 29.

尹志平《道德经》诠释理论探析

赵卫东[*]

提要： 尹志平的《道德经》诠释深受全真道“三教合一”思想的影响，主要有“以道解经”“以儒解经”和“以佛解经”三个诠释路向，而其中又以“以道解经”为主。在“以道解经”方面，尹志平的《道德经》诠释又表现出了经诠、理诠、言诠、事诠、身诠五个方面的特征，既有与中国传统经典诠释理论一致的地方，又表现出了全真道经典诠释的独特性，对于我们深入了解与把握全真道经典诠释理论具有重要的启示意义与理论价值。

主题词： 全真道　尹志平　道德经　诠释理论

全真道与老子《道德经》渊源极深，自全真道创立以来，这一点已成为教内外共识。元代全真道士姬志真曾称全真道“得老氏之心印”①，清代全真道士陈铭硅称“重阳为老氏之学”②，而且还以长春之学为“老氏之正传”③。教外人士也有几乎相同的看法，如元代文人王之纲认为，全真道“体老氏之玄言，悟蒙庄之微旨”④。尹志平作为全真道第三代弟子，深受王重阳与全真七子影响，曾精研《道德经》，《葆光集》卷下《贺圣朝》词云：“中宵不寐，云朋高会，参透玄玄。向五千文内契忘筌。”⑤《清和真人北游语录》是由尹志平弟子段志坚编集的尹志平语录，共分4卷，其中卷3、4乃尹志平逐章讲解《道德经》的记录，集中反映了尹志平《道德经》诠释理论的基本特征。下面拟以《清和真人北游语录》卷3、4为例，对尹志平的《道德经》诠释理论加以探析。

一　以道解经

王重阳在创立全真道之初，便打出了“三教合一”的旗帜，而且在教理教义上对儒、释二教多有借鉴。但从宗派归属来讲，全真道毕竟属于道教，其所谓“三教合一”是以道教为前提和基础的，即儒、释、道三教皆合一于全真道。这一立场不仅决定了全真道的宗派归属和宗教性质，而且还深深影响了其教理教义，同时在其经典诠释理论中也有体

* 赵卫东，哲学博士，山东师范大学齐鲁文化研究院教授。

① 陈垣编纂，陈智超、曾庆瑛校补：《道家金石略》，文物出版社1988年版，第589页。

② （清）陈教友著：《长春道教源流》卷1，《藏外道书》，巴蜀书社1994年版，第31册，第10页。

③ （清）陈教友著：《长春道教源流》卷2，《藏外道书》第31册，第23页。

④ 陈垣编纂，陈智超、曾庆瑛校补：《道家金石略》，文物出版社1988年版，第655页。

⑤ （金）尹志平著：《葆光集》卷下，《道藏》，上海书店、文物出版社、天津古籍出版社1988年版，第25册，第530页。

现。经典作为诠释的对象或文本，其一经形成便具有了开放性，其意义不再受原作者的控制，任何读者都可以从自身立场来对经典加以诠释，诠释的过程也是读者参与创造的过程。尹志平作为全真道士，其对《道德经》的诠释必然以全真道为立场，正因如此，其诠释才具有了不同以往的独特性。从《清和真人北游语录》来看，尹志平《道德经》诠释最明显的特征便是“以道解老”。

（一）以道家道教经典诠释《道德经》

尹志平作为全真道士，熟读道家道教经典，在诠释《道德经》时，便自然而然地经常引用这些经典，在《清和真人北游语录》卷 3、4 中，尹志平引用过的道家道教经典主要有《阴符经》《南华经》《冲虚经》和《道德经》，下面依次加以介绍。

1. 《阴符经》

尹志平在诠释《道德经》第一章“玄之又玄”时，曾提到《阴符经》。尹志平认为，道生万物，万物与人皆具有道性，此道性即人之本然之性，因受后天积习迷情所蔽，人之本性不能彰显，若要复性，就必须去除积习迷情，战胜一切物欲，只有这样才能达到玄之又玄的境界。其云：“《阴符经》三章：其一，神仙抱一，无为自然也；其二，富国安民，积行累功也；其三，强兵战胜，物欲染习，害吾正性，两者交战，能以道胜之，非有志者不能。《经》云：‘强行者有志。’又云：‘自胜者强。’凡己之爱恶，一能反过，苦于己，利于物，自损自卑，任物欺凌而不动，此自胜之道也。初则强行，久则纯熟，渐至自然，物欲净尽，一性空虚，此禅家谓之空寂，吾教谓之清静。此犹未也，至寂无所寂之地，则近矣。”① 尹志平此处提到《阴符经》的目的，是借用《阴符经》“强兵战胜”一章，来说明只有强立苦志、去除物欲，方可“物欲净尽，一性空虚”，在此基础上继续用功，直到“寂无所寂之地”，方达“玄之又玄”之境。

2. 《南华经》

《南华经》即《庄子》，尹志平在诠释《道德经》第 2 章中“圣人处无为之事”时，曾引用《庄子·逍遥游》“尧让天下于许由”的故事来说明无为与有为的关系。其云：“此非有为对待之无为，乃无为无所不为之无为也。故以尧让许由之事证之云：以迹观之，则尧有为，而许无为；以道论之，则尧未尝不无为，许未尝不有为也。尧虽居天下之大，如寄如托，而不有其天下，故虽天下之大，而不能累其心，其让非无为何？许之辞曰：子治天下，天下既已治也，吾不为名，名者，实之宾。遂不受。且天下既已治，则故不受；或当天下之未治，则许将若之何？亦必有所为也。尧许同道，易地则皆然。故曰：尧未尝不无为，许亦未尝不有为也。惟其应变随时，处之合道，初无心于其间，是以并称圣人。”② 在《道德经》第 2 章中，老子认为，世人往往执着于美丑、善恶、有无、难易、长短、高下、音声、前后等各对矛盾，看不到这些矛盾的相对性与不确定性，而圣人与此不同，其充分认识到了以上矛盾的相对性与不确定性，所以不执着于任何一方，而是“处无为之事，行不言之教”。在这里老子指出了世人与圣人的不同，即世人有为，圣人无为，而圣人的无为并非与有为相对的无为，而是“无为而无不为”的“无为”，即圣人的无为是超越于无为与有为对立之上的“无为”。圣人之无为即是有为，圣人之有为即是

① （元）段志坚编集：《清和真人北游语录》卷 3，《道藏》第 33 册，第 168 页。

② 同上书，第 168—169 页。

无为，无为有为关键在于心中是否有所执着，只要心中无为，做什么都是无为，只要心中有为，不做任何事仍然是有为。这就像尧和许由一样，尧身为天子，日理万机，但因其心无执，所以其有为即无为；许由隐居山林，执着于避世，所以其无为乃有为。有为无为关键是从什么立场来看，若以迹观之，尧有为而许由无为，若以道观之，则尧无为而许由有为。但“尧许同道，易地则皆然”，两人境界并无高低，只是时势使然。

3.《冲虚经》

《冲虚经》即《列子》，尹志平在诠释《道德经》第13章“宠辱若惊”时，曾经引用《列子·周穆王》“郑人得鹿”的故事来说明世间宠辱得失皆梦幻泡影的道理。尹志平为弟子讲《道德经》，当讲到“宠辱若惊”一章时，弟子郭志全提到《列子》“郑人得鹿”一章，尹志平言：“人多不识得梦，祖师有云：‘梦中识破梦中身，便是逍遥、达彼岸头人。’梦有根念为之，根念有真假，梦亦如之，如影附形也。不止夜梦为梦，念念皆梦也。何者为真假？惟不伤道德神气者为真，此外莫非假与妄也。虽圣人亦岂无念？然应万念曾不失其真，真为根源故也。”[①]《道德经》第13章中认为，世人认假为真，认物为己，丧失自我，所以陷入了“宠辱若惊”的纠结与矛盾。尹志平赞成弟子郭志全的看法，这就像《列子·周穆王》中所记载的郑人一样，真假颠倒，梦醒不分。在尹志平看来，世间万物万事皆有真假，“不伤道德神气者为真”，其余皆假，只有认清真假，弃假求真，方可认清根源，脱离“宠辱若惊”的人生窘境。

4.《道德经》

以经典的各章节互解是经典诠释中常用的一种方法，也是最具说服力的一种方法，尹志平在诠释《道德经》时经常使用这种方法。比如，他在诠释《道德经》第1章“玄之又玄”时，便引用了第33章中的“强行者有志”和“自胜者强”来说明立志、克己的重要性。

（二）以前人注疏诠释《道德经》

尹志平自幼熟读经书，曾自称：“吾生三岁，其见闻之事耿耿不忘于怀，五岁入学，不出冬三月，能记《孝经》《论语》二经，虽使日记千余言，犹有余力。先祖通阴阳之学，吾求学之，祖不许曰：一日中能记花甲子而后可。吾坚请，过午授之，比日没，已能通诵。”[②] 弟子也称其“广读书穷理”[③]。因此，他对于历代《道德经》注释非常熟悉，其对《道德经》的讲解乃是“会集诸家之解”[④]。但作为全真道士，其对以往的《道德经》注释有自己的选择，就《清和真人北游语录》卷3、4来看，其在讲解《道德经》时，曾经提到了《老子河上公注》、苏辙《道德经解》、宋徽宗《御解道德真经》三种注解，并对以上三种注释持肯定态度。

1.《老子河上公注》

《老子河上公注》是目前所见最早的《道德经》注本，而且其注释立场是黄老学，黄老学是道教产生的思想源头之一，所以该《注》被收入《道藏》，一直被视为道教经典，并得到了历代道士们的普遍认可，尹志平对其也有极高评价。其言：“诸家之说各有理。然河上

① （元）段志坚编集：《清和真人北游语录》卷3，《道藏》第33册，第172页。

② （元）段志坚编集：《清和真人北游语录》卷2，《道藏》第33册，第164—165页。

③ 同上书，第160页。

④ （元）段志坚编集：《清和真人北游语录》卷3，《道藏》第33册，第170页。

公，神人也。故其注于性命则详，于外事则略，却如诸家罕言治内之事也。修行人听受得用最多者，莫如河上公。"① 显然，在尹志平看来，虽然历来《道德经》的注释者甚众，而且皆自成其理，但在所有这些注释中，河上公的注释对于修行人最有用，所以其在讲解《道德经》时曾多次引用河上公注。比如，其在讲解《道德经》第6章时便提到了河上公的注解，云："修行人听受得用最多者，莫如河上公。夫谷神不死一章，为道用之极致，而初学者便欲为用，则失之矣。吾谓必先行尽前五章之义，始可用此谷神之道，是故为第六章。"② 再如，其直接引用《河上公注》解释《道德经》第50章"出生入死"，《清和真人北游语录》卷3云："弟子问经中出生入死之义，师曰：'河上公注可取。十有三者，盖言十之有三，四体九窍，或七情六欲是也。出之，则生之道；入之，则死之道。惟人以生生之厚，则动而之死地，故善之生者，使无死地，虽虎兕甲兵，俱不能为害。'"③ 河上公解释"出生入死"云："出生谓情欲出［于］五内，魂定魄静，故生。入死谓情欲入于胸臆，精劳神惑，故死。"④ 解释"生之徒十有三，死之徒十有三"云："言生死之类各有十三，谓九窍四关也。其生也，目不妄视，耳不妄听，鼻不妄嗅，口不妄言，［舌不妄味］，手不妄持，足不妄行，精不妄施。其死也反是。"⑤ 通过对比可以看出，尹志平此处直接引用了河上公对"十之有三"的解释，并采纳了河上公对该章的整体理解。

2. 苏辙《道德经解》

除《老子河上公注》外，尹志平还两次运用苏辙《道德经解》来讲解《道德经》，并对《道德经解》的注释多有肯定。比如，《清和真人北游语录》卷4云："讲执大象一章，引诸家之说内苏子由云：大象即淡乎无味，视听不足见闻之大道也。上执此道，则天下无不往者。乐饵，治术也。一时之善治，非不能使人亲附，如过客之止，然不可以久。师曰：'解经人悟道本，故不费辞，子由为当。'"⑥ 再如，《清和真人北游语录》卷4云："讲勇于敢则杀，勇于不敢则活章。诸家之说，或利或害，有云勇于不敢则利，勇于敢则害是也。苏子由总解云：'不敢则生，敢则死，此物理之大常，然或敢者得生，或不敢者得死，此或然耳。世遂侥幸其或然，而忽其常理，以耳目观天，见其曲而不睹其全，未有不疑天网之疏而多失也。惟能要其终始，而尽其变化，然后知其恢恢广大，虽疏而不失也。师曰：子由之说得之。'"⑦ 在上一段话中，尹志平直接引用了《道德经解》的注释，而在本段话中则是对苏辙的注释加以了肯定。

3. 宋徽宗《御解道德真经》

尹志平在与弟子郭志全讨论《道德经》"执大象"章时，曾对宋徽宗的《御解道德真经》做出评价。《清和真人北游语录》卷4云："志全曰：五十四注多宗政和，政和多引《易》《庄》。师曰：三玄本一，宋徽宗道性本自高，故取焉。"⑧ 以上说明，尹志平曾经读过宋徽宗的《御解道德真经》，而且对其有较高的评价。

---

① （元）段志坚编集：《清和真人北游语录》卷3，《道藏》第33册，第170页。

② 同上。

③ 同上。

④ 王卡点校：《老子道德经河上公章句》，中华书局1993年版，第191页。

⑤ 同上书，第92页。

⑥ （元）段志坚编集：《清和真人北游语录》卷4，《道藏》第33册，第177页。

⑦ 同上书，第178页。

⑧ 同上书，第177—178页。

（三）以王重阳和全真七子言论事迹诠释《道德经》

王重阳与全真七子皆熟读《道德经》，并且对《道德经》有很多论述，尹志平曾学宗马钰、刘处玄、王处一、郝大通、丘处机五师，深得全真道精髓，对于王重阳与全真七子的思想、言论与事迹极为熟知，所以，他在讲解《道德经》时便自觉或不自觉地引用王重阳与全真七子的言论和事迹，这也成为了其诠释《道德经》的一大特色。因《清和真人北游语录》卷3、4中引用王重阳与全真七子言论和事迹的地方很多，下面以表格的形式罗列如下。

《道经德》相关章节	所涉及人物	言论或事迹
“玄之又玄”章	丘处机	吾闻师父尝言，道气化生天地，长养万物，其中把握有至圣存焉。得其大者为圣贤，小者为常人，飞潜蠢动之属，止得其偏者耳。①
“不尚贤”章	丘处机、王处一、马钰	1. 尝记师父大定间宣见时，论及诸功法，惟存想下丹田为最。然止一法耳，于道则未也。② 2. 玉阳大师尝言：太古师二十八岁山东卖卜，一日偶书一诗，其语意非得道人莫能及，后遇祖师入道，便言为道不难，沃州桥下四十日了道，非有宿积之功，能至此乎?③ 3. 吾住玉清观，境中见天门开，吾尝以问师父。师父曰：此犹未也，比之了道，如此妙境不可具言，道气内充，恍恍惚惚，正如乾卦九四或跃在渊之理，深信大光明罩紫金莲也。④ 4. 丹阳师父初开教门，止言道之易成，门人敬信其言，或三数年不见其验。一日众集，上问曰：师言为道之易，弟子等尝观得道人，皆是宿缘所致，非一世所能成。师嗔目大喝曰：既知，如何不下手速修？众皆退，服其言。⑤
“谷神不死”章	丘处机	1. 尝记师父潍州时，游息于花园草亭，吾与赵虚静先生、老萧先生及龙虎千户侍，师尝授此章之大义云：俺于大定间入见时，进词毕，承旨求道，俺心许传谷神一章。以万乘之君，恳心求道，况乃实有德行，亦足以传。然必能持戒七日而后可，曰：不能；减至五日，又曰：不能；又减至三日，近侍犹以为难，遂止。俺与丹阳同遇祖师学道，令俺重作尘劳，不容少息，与丹阳默谈玄妙。一日，闭其户，俺窃听之，正传谷神不死调息之法，久之推户入，即止其说。俺自此后，尘劳事毕，力行所闻之法。行之虽至，然丹阳二年半了道，俺千万苦辛，十八九年犹未有验。祖师所传之道一也，何为有等级如此，只缘各人所积功行有浅深，是以得道有迟速。丹阳非一世修行，至此世功行已备，用此谷神之道当其时耳，故速见其验。俺之功行未备，纵行其法，久而无验，固其宜也。⑥

① （元）段志坚编集：《清和真人北游语录》卷3，《道藏》第33册，第168页。

② 同上书，第169页。

③ 同上。

④ 同上书，第169—170页。

⑤ 同上书，第170页。

⑥ 同上。

续表

《道经德》相关章节	所涉及人物	言论或事迹
“谷神不死”章	丘处机	2. 昔日山东堂下有一客来参问，本西路富商，有遇正阳真人传授微诀，即日尽弃其财，世欲淡然，自忘于心。师父惟教之积福，慎勿驰骋于外，外人既知，则必加尊重，久而有所损折，难以成道。①
“出生入死”章	王处一、马钰、丘处机	1. 玉阳大师有言最切，云：欲要修行骂假躯。盖言使人业根不绝而有死地者，皆为此假躯也。能断诸业根，使无其死地者，惟丹阳师父一人而已。② 2. 故师父有云：列碎中间一点，便超得岸神舟。凡人心上物无碍，方是圆成，若有一物过不得，则犹未也。师父初学道，下志列心，纵有难列之习，不过百日，未有不净尽者。自言：俺无惧于猛虎，见神杀泥像而有惧心，时时故往见之，或就宿其庙，如此者三年，惧心方尽，故知人心上应有难过底事，无非客情，以志列之，未有不能克胜者，惟患无志。③
“载营魄”章	王处一、刘处玄	1. 玉阳大师得道后方看《道德经》，然欲讲演，则必假于言。此载营魄一章，如引握人手教之修行之事。④ 2. 玉阳大师自居家时，不知欲事，出家不漏。后在铁楂山，忽一夕有漏，哭泣至恸，意欲食之，感诸天以布冲和之气，后三日，乃得心地。此后方是千磨百炼，曾于沙石中跪而不起，其膝磨烂至骨，山多砺石荆棘，赤脚往来于其中，故世号铁脚云。如此三年，旧业始消尽。⑤ 3 师曰：玉阳大师见吾观马，叹曰：马曾做人，人亦曾作马，俺第二十七劫曾为牛，故今生之性犹昏，而不识文字，牛毋尝来求拔荐于我，佛教云得道人能超三世父母，俺谓能超亿曾万祖。⑥ 4. 师曰：长生师父预言未兆之事甚多，未易一举，似如呼老冀先生来堂下，不数日化去；朱二官人亦无故召至，七日化。冀公人号冀山冈，为其家以阴阳二宅为业，弃妻子出家，有大志，住神山十五年，不复窥其门。长生师父问人曰：莱州谁氏为极富？人以其极富者，师曰：俱不富于冀山冈先生，此公已得清静果，虽满地金玉，如何买得此？非极富者乎？⑦

① （元）段志坚编集：《清和真人北游语录》卷3，《道藏》第33册，第170页。

② 同上书，第171页。

③ 同上。

④ 同上。

⑤ 同上书，第171—172页。

⑥ 同上书，第172页。

⑦ 同上。

续表

《道经德》相关章节	所涉及人物	言论或事迹
“宠辱若惊”章	丘处机、王重阳	1. 师父有云：应念随时，到了无障碍，自有根源。① 2. 师曰：人多不识得梦，祖师有云：梦中识破梦中身，便是逍遥、达彼岸头人。②
“视之不见”章	丘处机、马钰、谭处端、刘处玄	师父尝云：俺今日些小道气，非是无为静坐上得，是大起尘劳作福上圣贤付与。得道之人，皆是功行到，圣贤自然与之。丹阳师父，因乞饭中闻道；长真师父，路中行次得之；长生师父，坐于洛阳瓦市中至七年得之。③
“古之善为士”章	丘处机	当时大有尘劳，师父一一亲临，至于剥麻之事，亦为之。堂下人亦曰丘大翁。④
“致虚极”章	丘处机	1. 往日，山东李道人善谈理性之妙，人谓之李长老，与赤脚老刘先生为道伴。一日，问于师曰：人之性得于父邪？得于母邪？师父聊复答之，盖亦难言也。李后至五十八岁，疑心尚在，遂退而还俗，故知学道必须穷理，然亦不可求之太过，太过则正如物之芸芸矣。⑤ 2. 师父有云：遽蘧觉闲想因缘。⑥ 3. 师父言：俺惟与祖师结缘素深，昔在磻溪日，至于不令食盐，未至夜半不令睡，比细事亦蒙一一点检。忽一夕，境中见祖师膝上坐一婴儿，约百日许，觉则有悟，于心知吾之道性尚浅也。半年，复见如前境，其儿已及二岁许，觉则悟吾道性渐长。在后，自觉无恶念一年，又如前境，其儿三四岁许，自能行立，后不复见。乃知提挈直至自有所立而后已。⑦
“太上、大道废、绝圣、弃智”	马钰、丘处机	此三章之义，本明道气下衰，圣人设教随时，自失道而后以三章德，至于用礼，皆不得不然。如全真教门，丹阳师父教法与长春师父甚有不同，亦不得不然耳。⑧
“绝学无忧”章	马钰	尝记马禅师有十劝，其四云：劝君四，广学、多闻、心上剌情忘见、尽绝驰求。⑨

① （元）段志坚编集：《清和真人北游语录》卷3，《道藏》第33册，第172页。
② 同上。
③ 同上书，第173页。
④ 同上书，第173—174页。
⑤ 同上书，第174页。
⑥ 同上。
⑦ 同上。
⑧ 同上书，第175页。
⑨ 同上。

续表

《道经德》相关章节	所涉及人物	言论或事迹
“孔德之容”章	王处一、丘处机	1. 玉阳大师有言更亲切，云：着物太深者，至灭其性。师父亦曾说：人尸上实精英，棺椁多年，化为魍魉，岂不是有光明邪?① 2. 有人曾问道于师父，答曰：外修阴德，内固精神。② 3. 师父有诗云：莫问天机事怎生，惟修阴德念长更，人情反覆皆仙道，日用操持尽力行。③ 4. 师父每见人过，欲加教训，而必先言曰彼此众生性，然后方言其过，其意谓：彼与我皆有众生性，我先觉者，是以先觉后觉也。其教人之道，曲尽如此。④
“跂者不立、有物混成”二章	王处一、丘处机、马钰、刘处玄	1. 学道至识心见性得真空才是，要尽力行持，玉阳大师有云：自从得遇真空伴，都把尘情拼长生。师父尝走笔作《瑞鹧鸪》一百二十首，内有云：心未验，色心魔，牢捉牢擒越念多。丹阳师父云：牢捉牢擒生五彩。与此正相好。长生师父言：未得真空时，越把捉则越念多矣。丹阳师父言，已得真空则内容开，要功夫把握，故云牢捉牢擒生五彩。长春师父要离生灭，词云：既得性珠天宝，勘破春花秋月。此得真空之地也。复云：恁时节，鬼难呼。惟有神仙捉挈。⑤ 2. 玉阳大师曾说：一道人不肯修持，云我打无为，癫狂自纵，惹起官魔棒死，当时待打无为，却被无为倒打死。又说：见性有二，真空亦有二，悟彻万有皆虚幻，惟知吾之性是真，此亦为见性；既知即行，行之至，则又为见性。初悟道为真空，直至了处亦为真空，既至真空，功行又备，则道暴自然一发通过，道气居身中，九窍无心而自闭，至此际，则方是真受用。一手执吾手，一手书空，三横一竖二作丌样，云：无门无户，四通八达，是元始地面。若众生性未尽，欲凭心力闭塞九窍，则左闭而右发，互相变乱，不可制御矣。⑥
“知人者智”章	王处一	玉阳大师尝云：贤人死而为鬼，下愚则逐物迁化。⑦

① （元）段志坚编集：《清和真人北游语录》卷3，《道藏》第33册，第175页。
② 同上书，第176页。
③ 同上。
④ 同上。
⑤ 同上。
⑥ 同上书，第177页。
⑦ 同上。

通过以上表格可以看出，尹志平在诠释《道德经》时提到了王重阳、马钰、谭处端、刘处玄、丘处机、王处一和郝大通，其中“全真七子”就提到了六位。在全真七子中，其引用言论和事迹最多的是丘处机，其次是王处一，这也说明，以上两人对其影响最大。

（四）以全真道教理教义诠释《道德经》

全真道的基本教理教义主要有“三教合一”“性命双修”“功行双全”和“全真而仙”等几个方面，尹志平在诠释《道德经》时，主要运用了前三个方面。而其中关于“三教合一”的运用，本文第二、三部分还会专门提到，在此不再赘述。下面主要就尹志平运用全真道“性命双修”“功行双全”的理论来诠释《道德经》加以探讨，以发掘其《道德经》诠释的全真道特色。

1. 以性命理论诠释《道德经》

全真道虽然主张“性命双修”，但在性命的地位和先后上却有“重性轻命、先性后命”的倾向，而且这种倾向到了丘处机时表现得更为明显。长期跟随丘处机的尹志平，被视为丘处机最得意的弟子，完全继承了丘处机的衣钵，在全真道工夫理论上，虽然仍坚持“性命双修”的宗旨，但谈得更多的是修性，而很少谈到修命的问题。《清和真人北游语录》卷1云：“师曰：初学之人，不知性命，只认每日语言动作者是性，口鼻出入之气为命，非也。性命岂为二端？先须尽心，认得父母未生前真性，则识天之所赋之命。易曰：穷理尽性以至于命。”[①] 这一思想也反映在其《道德经》诠释上，比如其在讲解《道德经》“不尚贤”章时，曾言：“尝记师父大定间宣见时，论及诸功法，惟存想下丹田为最。然止一法耳，于道则未也。近年隰州王道人以此为至极，以授诸人，曾不知有为之伪法，终不可入于真道。吾尝言：如以术能开诸花卉于寒冬之时，然终不能结其实。尝来参问，吾以真实告之，出而有言曰：言性不及命，此是何言邪？一物不累，清虚其心，十二时中，皆是福德，不求腹实，而腹自实也。损之又损，一念不生，其志弱矣。志弱则骨强，亦莫非自然之道也。此外，又复有所谓命者，则吾不知也。”[②]“不尚贤”章本来阐发的是老子“无为而治”的治国理念，但尹志平认为，治国如理身，其理一致，治国崇尚无为，而理身亦应以无为为主。就丹道理论而言，性功无为，命功有为，隰州王道人只修有为之法，不修无为之功，遭到了尹志平的批评。在尹志平看来，修命不能代替修性，而修性却可以代替修命，只要在心地下功，做好性功的修炼，即可“志弱骨强”，合自然之道。再如，在讲解“谷神不死”章时，尹志平言：“修行人，必先全抛世事，齐修万行，使一物不累，一心致虚，至寂无所寂之地，功行兼备，则福至。福至则心开，一点光明透入，即天地之根，二物自然合而为一，方用绵绵之道以存养之，使之充实，则永劫不死矣。”[③] 以上所言“全抛世事，齐修万行，使一物不累，一心致虚”仍然主要是指性功的修炼，但尹志平认为，只要性功修到一定程度，即心修到“寂无所寂之地”，肉体必然得以脱胎换骨，即使不修命功，仍可以达到“永劫不死”之境。

2. 以功行理论诠释《道德经》

王重阳因受晋真人的影响，自创立全真道之初便提出了“功行双全”的口号，提倡

① （元）段志坚编集：《清和真人北游语录》卷1，《道藏》第33册，第157页。

② （元）段志坚编集：《清和真人北游语录》卷3，《道藏》第33册，第169页。

③ 同上书，第170页。

"真功真行"，把"功行双全"视为成仙的前提。王重阳所说的"功行双全"，本来就包括了修性和修命，但丘处机却以"内外日用说"来解释"功行双全"，把"功行双全"主要阐释为积功累行，并进而视积累功德为成仙的必要条件。显然，这一点尹志平也完全继承了。他在诠释《道德经》时，便经常用功行理论。比如，尹志平在诠释"载营魄"章时便言："尝记病王先生学道，立志苦卓，忘形忘世，食不暇择，但充肠而已。如此者四年，所行甚合此章之义。愚一日静中觉气候冲溢，顶上作一声，其顶开裂，而甘液沛降，自此后，殊无消息，遂生疑心，就师父堂下参问，凡住者有问疑心，未尝不受师父嗔喝，意谓学道复有何疑？师父素知此人之诚，故容参问。师曰：岂不见《道德经》所云天门开阖乎？此后师父时时问及，知其再无消息，即令住观院接待积功行，是知虽有苦修而无功行，终不能成。"① 道教诠释者历来把"载营魄"章视为老子提倡丹道修炼的证据，而用全真道的理论来说，该章主要是讲命功修炼的。尹志平在诠释这一章时，却通过王先生的例子说明了只修命不积累功行的弊病。王先生依本章大义修炼，开始初有成效，顶门打开，甘露降下，照此下去，本可以很快成功，但接下来却再无消息。因此去向丘处机请教，丘处机让他住宫观接待积累功行。在尹志平看来，王先生之所以修炼到一定程度不再有进展，主要是因为其功行积累不够，即"苦修而无功行，终不能成"。显然，他是借诠释本章的机会，申说了积功累行在修道过程中的重要作用。再如，他在诠释"致虚极"章时，再次强调积功累行的重要性，其言："凡人能恳心学道，必遇至人开发，然则非有真功实行，则不能遇。修行人，积福一分，心上一分安爽。一切事来，皆要消息，凡有大宠辱，人皆难过，众所不容者，己都能轻省过去，及能忍纳包容，此之谓消得，实学道之福也。"② "致虚极"章与"载营魄"章一样，主要讲的是丹道修炼，而尹志平却反其道而解之，不讲丹道修炼，反而提倡积累功行，充分体现出了其全真道的立场。又如，尹志平在讲解"上德不德"章时言："学道以积德为大本。必有实德，然后有所味，道家谓受用，学人皆能知心无杂念，气候冲和，即为受用，然少有得其味者，以其不知重积德也。不有真功德为本，实无所得，劳心极想，虽至终年，至十年，乃至百年，亦终无所得，功德既积，不求所得而自得。"③ "学道以积德为大本"一句，直接表明了尹志平的观点，即积累功德是得道的必要条件，不积功德，终无所得，功德既积，不求即得。尹志平所谓的功德，主要是指暗德，他在解释"治人事天莫若啬"章时言："以教门中所行事说，最为易见，云暗积功行，不求人知，则是不自以为德，既不自德，是谓上德，不使人知则若失其德，吾谓外其德而德愈存，岂不是实有其德？故曰是以有德。若有功行，即使人知，则若不失其德，即为下德，人知则必加敬重，其德渐损，故曰是以无德。"④ 尹志平把功德分为了暗德与明德，明德即使人知之功德，而暗德则是不使人知之功德，他认为，明德为下德，暗德为上德，下德无德，上德才是真正的功德。

二　以儒解经

前面提到，尹志平自幼熟读三教经典，对儒家经典更是有极深的理解。同时，因受王

① （元）段志坚编集：《清和真人北游语录》卷3，《道藏》第33册，第171页。

② （元）段志坚编集：《清和真人北游语录》卷4，《道藏》第33册，第174页。

③ 同上书，第178页。

④ 同上。

重阳与全真七子“三教合一”思想的影响，他对儒家没有偏见，认为三教之理实可相通，所以在给弟子讲道时经常引用儒家经典。我们知道，“平常即道”是尹志平提出的一个重要命题，可以代表其心性论思想的核心，但他在论述“平常即道”时，却引用儒、释经典加以说明。其言：“师曰：平常，即真常也。心应万变，不为物迁，常应常静，渐入真道，平常是道也。世人所以不得平常者，为心无主宰，情逐物流，其气耗散于众窍之中。孟子之说为至，云：志者，气之帅也。人能以志帅气，不令耗散，则化成光明，积之成大光明。师父有云：大光明罩金莲。莲，喻心也，神明处焉。必先平常而后能致此。此孔子说‘中道’，亦平常之义。又有云：佛性元无悟，众生本不迷，平常用心处，即此是菩提。”① 为了阐明“平常”之义，尹志平在以上这段话中引用儒、释经典加以说明，儒家经典主要引用了《孟子》和《论语》，并认为孔子所说的“中道”即“平常”。藉于尹志平的以上认知，其在诠释《道德经》时，也时不时地引用儒家经典和孔孟思想，下面略举几例来加以说明。

（一）在诠释“玄之又玄”章时，尹志平曾引用《论语》中的话。《清和真人北游语录》卷3云：“癸巳冬十月，义州通仙观，命郭志全讲《道德经》首章，有云‘玄之又玄’，志全云：无极之妙也。师曰：大凡书中重称之辞，皆不尽意，此非《论语》时哉时哉之类也，以明天中复有天之妙理。”② 以上所引“时哉时哉”出自《论语·乡党》，其云：“色斯举矣，翔而后集。曰：‘山梁雌雉，时哉！时哉！’子路共之，三嗅而作。”在《论语·乡党》中，“时哉！时哉！”是孔子的感叹之词，重称的目的是为了加强语气，表达一种无法言传的内在感受。尹志平认为，《道德经》首章“玄之又玄”，玄字重称，与《论语·乡党》“时哉”重称用意相同，皆是表达了一种不可言传之妙。实际上，虽然正如尹志平所言，“玄之又玄”与“时哉时哉”的重称，都是为了表达不可言传之意，但两者并不完全相同。“玄之又玄”之重称是一种后“玄”对前“玄”的超越，是一种对形上之域的表达。在老子看来，“道可道，非常道，名可名，非常名”，形上的本体之道因其超越性而难以言传，故以“玄之又玄”来表达其玄妙难言之境。然而，《论语·乡党》的“时哉时哉”之重称，前后之间并无超越与提升，而只是对自我无法言传的内在情感的一种情绪表达。所以，尹志平把两者相比拟，并不是太恰当。

（二）在讲解《道德经》“太上、大道废、绝圣弃智”三章时，尹志平曾运用过孔子的思想。其言：“此三章之义，本明道气下衰，圣人设教随时，自失道而后以德，至于用礼，皆不得不然。如全真教门，丹阳师父教法与长春师父甚有不同，亦不得不然。孔子以仁义礼智为教，然则孔子之道又岂止于仁义礼智哉？圣人怀道而不弃仁义礼智者，要应一时之用，应过则复于道。修行人，内含其真，在仁为仁，在义为义，在礼为礼，在智为智，而不失其真，任世下降，而独能复于古。学人止要内守其真，应一切之用，而无所着也。”③《道德经》第18章云：“大道废，有仁义；智慧出，有大伪；六亲不和，有孝慈；国家昏乱，有忠臣。”在郭店楚简出土之前，历来的诠释者皆以此章为道家反对儒家仁义孝慈的证据，然而，尹志平站在全真道立场上所做出的以上解释却别出心裁，让人耳目一新。尹志平从全真道所提倡的“三教合一”宗旨出发，认为《道德经》之所以如此说，目

---

① （元）段志坚编集：《清和真人北游语录》卷1，《道藏》第33册，第155—156页。

② （元）段志坚编集：《清和真人北游语录》卷3，《道藏》第33册，第168页。

③ 同上书，第175页。

的并不是要批评儒家，道家的圣人与孔子一样，并不弃仁义礼智，不过，与孔子不同的是，他们在肯定仁义礼智的同时，又不执着于仁义礼智，根据时势的需要，“在仁为仁，在义为义，在礼为礼，在智为智”。在尹志平看来，老子与孔子在提倡仁义礼智方面并没有差别，只是因两者所处时势与立场不同，老子站在道的立场上讲“大道废，有仁义”，孔子则站在“礼崩乐坏”“周文疲弊”的时局下大讲仁义，圣贤易地而皆然，若时空对换，老子亦如孔子，孔子亦如老子。经尹志平这样一解释，本来一直困扰学者们的一段公案，轻而易举地解决了，全真道“三教合一”的宗旨也得到了贯彻，其“以儒解经”的这一方式得以充分体现。

（三）在诠释《道德经》“绝学无忧”章时，尹志平又引用孔子之语，并再次贯通儒道。其言：“圣贤广说详说，欲人知而行之，奈何不知不学，则终无所知而已。学而知者，泥于学而不行其所知，皆虚度也。上智不行，与下愚相去何远？过犹不及，正谓此也。无学者，不知圣经之义，多恶其有学者，闻绝学无忧之言，则愈谓为学者非也。不道不学者更不是。圣人岂不欲人为学？所以戒者，戒其学而既知，尚不能忘其学。然学者或有理义难通处，且当放过，时下不得，后或自得，既知其不知，即是知矣。孔子曰：知之为知之，不知为不知，是知也。戒不可以强为知也。经云绝学无忧者，戒知而不能忘，则有忧矣。若云便当绝学，圣人何为说五千言，道人虽未能广学，《阴符》《道德》《清静》三经，又岂可不学？”[①]《道德经》第20章讲“绝学无忧”，第48章又讲“为学日益，为道日损”，所以一般的诠释者皆认为老子排斥学与知，与孔子主张“学而时习之”“学而不厌”正相反，这也呈现出了儒、道两家在对待知识态度上的不同。尹志平在诠释“绝学无忧”章时，引用孔子在《论语·为政》中的“知之为知之，不知为不知，是知也”一句来说明，《道德经》讲“绝学无忧”，并不是要否定学习和知识的重要性，而是像孔子所说的那样，反对强不知以为知，同时亦有反对执着于学或知之意。这样一来，他便再次把儒、道在对待学习和知识态度上的差异化为无有，实现了“三教同理”。

（四）在诠释“知人者知”章“强行者有志”时，尹志平又引用孟子之语来强调立志对于人的重要性。其言：“人有万神，非志不能帅，大志既行，如大帅之行也。满身之气皆助之，何事不能克胜，孟子曰：志者，气之帅也。”[②] 在尹志平看来，立志对于修行至关重要，其言“修行人，降心进道，专以志为主，志不立者，至于一食非美，则胸中不纳，是万神不纳也。有志者，虽每恶食不为病，志既壮而万神从之，物亦随之而变，不知其味恶也”[③]。有志方可强行，一个人只有立了志，才能把全身之气力汇聚一处，不被任何外在事物所干扰，而这对于修道来说正是不可或缺的。尹志平此处引用孟子的话，正是要说明志能帅气的道理。

（五）在诠释“跂者不立、有物混成”章时，尹志平曾运用《周易·乾卦》爻辞来说明修道过程中圣贤提挈的重要性。其言：“乾卦六龙，初九潜龙勿用，确乎不可拔；九二见龙在田，光明自见；九三终日乾乾，夕惕若厉，始得无咎；九四则亲上与神明交接，或

---

① （元）段志坚编集：《清和真人北游语录》卷3，《道藏》第33册，第175页。

② （元）段志坚编集：《清和真人北游语录》卷4，《道藏》第33册，第177页。

③ 同上。

上或下，有时而隐，有时而见，故云或跃在渊，跃则升上也，在渊则复在下也，恍恍惚惚，正欲圣贤提挈；至于九五，始得变化无穷，前必身心百炼，而后神仙提挈，方能至此。学道之人，不先百炼身心，便欲求道，岂可得邪?”① 乾卦六爻，自初爻至上爻，经过了潜龙勿用、见龙在田、终日乾乾、或跃在渊、飞龙在天、亢龙有悔等六个阶段，象征着事物酝酿、产生、发展、成熟、兴盛和衰落的过程。尹志平认为，前五个阶段与修道的历程相类似，所以他借用乾卦前五爻来象征整个修道的过程，其中九五爻代表事物发展的最鼎盛状态，从爻位上讲，九五爻属帝王之位，象征圣贤，他以九五爻来比喻修道过程中的“圣贤提挈”。

三 以佛解经

无论是从教理还是教义方面，全真道皆深受佛教禅宗的影响，尤其在出家制度、修持戒律以及心性理论等方面，表现得更为突出。尹志平对佛教也有一定的了解，他曾自称“吾少时读佛氏《莲华经》”②，这说明他对佛教经典是熟悉的，而且其心性理论曾受到过禅宗的影响，比如其最具有代表性的理论“平常即道”，便脱胎于佛教禅宗马祖道一的“平常心即道”。他在阐释“平常即道”时，也曾引用禅宗理论“佛性元无悟，众生本不迷，平常用心处，即此是菩提”。当弟子对此提出疑问时，他说：“以理即无异也。佛说、吾说、俗说，皆存妙理，只要自己心性上会得，则自然照见，恁时和心性也不要。有云：也无心，也无性，无性无心，方得神通圣。”③ 在他看来，在心性层面上，佛说、吾说、俗说皆存妙理，实可以相通，重要的是在心性上有没有体悟，到了最高的境界，万法皆可归于一理。藉于以上认识，他在诠释《道德经》时，经常引用佛教经典。

（一）诠释“天下皆知”章时，尹志平曾引用《永嘉证道歌》中的话。其言：“圣人有经营之迹，无经营之心。凡所经营者，皆迹也。一着于迹，则便有对待，能不着一物，透入虚空，方可出于对待。吾尝有云：踏破虚空离六对。又永嘉云：诸行无常一切空，此是如来大圆觉。修行人，体至于此，则入未始有物之地。”④ 在解释“圣人处无为之事”时，尹志平讨论了无为与有为的关系，在他看来，无为与有为重在有无执着，若有执着，无为即有为，若无执着，有为即无为。此处引用永嘉大师《证道歌》之语，目的就是要说明，诸行无常，一切皆空，既然如此，世间并没有什么值得执着的。

（二）诠释“出生入死”章时，尹志平再次引用《永嘉证道歌》来说明因果报应的道理。其言：“凡人既有所积恶业，则便有死地，自有恶气随之，故遭恶对，皆是还报宿债也。人无恶债，与人交则自然得和，和亦非一，有面和，有神和。颜色相和而无恶者，面和也，然犹有离间；神和者，面未熟而神先和，则无间矣。此无他，素无恶积故也。永嘉有云：了则业障本来空，未了应须还宿债。善恶皆有还报，且如我以和悦之色奉人，则人

① （元）段志坚编集：《清和真人北游语录》卷4，《道藏》第33册，第176—177页。

② （元）段志坚编集：《清和真人北游语录》卷2，《道藏》第33册，第160页。

③ （元）段志坚编集：《清和真人北游语录》卷1，《道藏》第33册，第156页。

④ （元）段志坚编集：《清和真人北游语录》卷3，《道藏》第33册，第169页。

亦以和悦答我；我以暴慢之色加彼，则彼亦必以暴慢复我矣；自然之道也。小逆小顺，尚必还报，果有损人害物之恶，岂得无报？必欲无报，莫如无业，业从身出，有身则有业，七情六欲，内外交攻，尽心制御，尚有不能，若或纵之，动成其咎。”① 尹志平认为，善恶皆有报，人之所以有死地，乃是因为宿有恶债。只要有恶债，就会有死地，若无恶债，则无死地。为了说明善恶终有报的道理，其引用了永嘉大师《证道歌》中的“了则业障本来空，未了应须还宿债”一句。

（三）诠释“载营魄”章时，为了说明老庄之书言不尽意的道理，尹志平对禅与老庄进行了对比。《清和真人北游语录》卷3云：“师曰：老庄之书，言不尽意，非得道人，难以知其微。禅语如谜，令人难解，亦非故为如此，其理有不容名言处，是以不得不耳。志全曰：禅家近似老庄之言。师曰：禅家专明宗性，其妙处不出老庄之所云，故假其言以传其妙，非其言则无以拈弄，其语言三昧，人人游戏，若非得道之士，未有能忘之者。又得道之人，岂一一皆自经教中来？未有经教时，岂无得道之士？”② 尹志平认为，在言不尽意这一点上，老庄与禅宗一致，即“禅家近似老庄之言”，因此，读老庄与禅书一样，贵在忘言，若不能忘言，则必执着于文字，难达大道。

除此之外，尹志平在诠释“不尚贤”章、“孔德之容”章和“跂者不立、有物混成”二章时，也曾提到佛教，不过有的是肯定，有的则是批评。比如，他诠释“不尚贤”章时言：“学人必先通异名异象，而后看诸经文，则少惑。如龙虎婴姹等语，不出元气阴阳，如释氏曰教，又曰禅，名殊而理一也。还能心上转换过，则无不为己所用。”③ 他认为，道教与佛教一样，都有一些异名异象，只有先通了这些异名异象，方可以读懂经典，这显然是肯定佛道之同。再如，诠释“孔德之容”章时，其言：“禅家有一说，一妇人乘车过门，一僧偶见之，伫目凝视，其车遂增重，盖其精神已被车载得去也。”④ 这是借用佛教的一个故事，来说明精神若专注于外则必然散失的道理。还如，诠释“跂者不立、有物混成”二章时，其言：“禅家以真空便为了彻，故每笑此词云：既得性珠天宝矣，又何复云神仙提挈邪？吾谓其实未知也。”⑤ 这是站在全真道的立场上对佛教批评的回应，从一个侧面体现了全真道与佛教禅宗之间的差异。

四　结语

通过以上分析可知，受全真道“三教合一”思想影响，尹志平的《道德经》诠释具有“以道解经”“以儒解经”和“以佛解经”三个路向，而其中又以“以道解经”为主，表现出明显的道教诠释特征。就“以道解经”而言，尹志平的《道德经》诠释又表现出以下五个方面的特征：1. 经诠，即以道家道教经典诠释《道德经》；2. 理诠，即以全真道教理教义诠释《道德经》；3. 言诠，即以王重阳与全真七子的言论来诠释《道德经》；

① （元）段志坚编集：《清和真人北游语录》卷3，《道藏》第33册，第170—171页。

② 同上书，第171页。

③ 同上书，第169页。

④ （元）段志坚编集：《清和真人北游语录》卷4，《道藏》第33册，第175页。

⑤ 同上书，第176—177页。

4. 事诠，即以王重阳与全真七子的事迹来诠释《道德经》；5. 身诠，即以自己修道的经历和体验来诠释《道德经》。以上五个方面，既有与中国传统经典诠释理论一致的地方，同时又表现出了全真道经典诠释的个性化特征，对于我们深入了解与把握全真道经典诠释理论具有重要的启示意义与理论价值。

（原文发表于《宗教学研究》2016 年第 3 期）

赣南罗祖教神仙谱系的初步考察

惟　善*

提要： 宗教图像在一定意义上可以说是信众思想和心态的直观反映，很多时候图像能透露出文字无法传达给我们的信息。在本文所调查的赣南罗祖教神祇图像中，初步发现通俗文学作品、戏剧及木版年画等艺术形式对民间宗教的神祇创造和形象塑造起到了重要作用。图像中所显示的二者的这种关联或许能为我们从事民间宗教研究开启更广阔的视野。

主题词： 赣南罗祖教　神祇　通俗文学　戏剧　戏出年画

南柯梦断，回首百年！神仙的踪迹总是散落在绿野红尘中！清代文人李百川的《绿野仙踪》讲述了主人公冷于冰“从红尘世界到上界天堂求仙访道的历历‘仙踪’”，以及他“向道心诚，普行善事、济贫救难的种种德行”。[①] 而本文所涉及的赣南罗祖教（以下简称罗教）中的不少神仙也是足迹遍历各处，例如许逊为治水而竖铁柱以镇蛟龙、铸铁链以锁地脉。如今在南昌象湖景区新建的万寿宫前的牌坊上，赫然刻着“铁柱仙踪”四个大字。可见神仙也离不开红尘，他们与红尘相对而存在。

笔者因一偶然机缘对罗教神祇产生浓厚兴趣，于是对赣南罗教所供奉的神祇体系进行了一次调查。“罗教，始称无为教，创教祖师罗梦鸿（1442—1527），或称罗孟洪，道号无为居士，有的史料称为罗清、罗因，后世门徒则称之为罗祖，故其教又俗称罗教、罗道教、罗祖教。”[②] 中国社会科学院的马西沙、韩秉方、李志鸿，日本的泽田瑞穗、美国的欧大年、台湾地区的郑志明等学者均有研究，但这些研究多集中在文献上，对图像关注较少。笔者在江西赣州于都县的深山旧宅及镇上乡民家中，寻得四套绘于纸牌上的罗教神像，调查了两三处罗教的佛堂或古经堂。

一　赣南罗教的神仙谱系

笔者调查所得四套罗教神像在文中分别用 A 套、B 套、C 套、D 套表示。在这四套神像中除了有个别大幅卷轴画外，基本都是 A4 纸大小的纸牌画，形式与麦积山瑞应寺所藏

---

* 惟善，中国人民大学佛教与宗教学理论研究所副教授。

① 李黎：《亦真亦幻的说部大山水—— 清代小说〈绿野仙踪〉评析》，《伊犁师范学院学报》2009 年第 3 期，第 108 页。

② 马西沙、韩秉方：《中国民间宗教史》，中国社会科学出版社 2004 年版，第 132 页。

清代纸牌水陆画相似。① 这种纸牌画小巧易携带，装入经箱，便可随着斋公走街串巷，为功德主家做法事。笔者所得之 A 套神像，来自正在举行法事活动的村民家中。两只经箱可装下法事活动必需的所有物品—— 除了神像外还包括经书（“五部六册”)、法服、法器等。经箱内格分上下两层，上面一格较宽，大约占箱内四分之三的空间，可放经书、纸牌神像画、插放纸牌的小铁桶、法服等物，上有垂板护栏，可防止开箱取物品时里面的东西散落，具有美观和实用的双重功能。下面一格较小，摆放一些法事必用的法器物品等。这两个箱子也不仅仅是容器，再加上挑箱子用的扁担，它们可一同构成摆放神像的“神龛”(图 1)。纸牌神像的布置大致分三层，经箱的提梁和扁担可以稳固最上层一排的纸牌神像；箱体用一块红布遮住，几个小铁桶内盛满米，一字排开摆在箱前，纸牌神像画由双层较厚的纸板制成，两层纸板间夹有一根可拉伸的长竹片（图 2)，摆放时将竹片拉出插

图 1　设置神像过程中的经箱

图 2　纸牌神像背面伸出的竹片

① 夏朗云：《麦积山瑞应寺藏清代纸牌水陆画的初步整理》,《文物》2009 年第 7 期。受罗教神祇纸牌画使用方式的启发，笔者觉得瑞应寺这套纸牌水陆画的使用应该不仅限于寺院，它便携的特点，或许说明僧人曾带着它前往施主家中进行有针对性的水陆法会。

入米桶，此为神像的中间层；最下面一层的纸牌神像则靠在米桶前。从箱内的隔板结构，到箱体、箱上的提梁，再到扁担，每一部分都物尽其用，没有一丝浪费。两只经箱就这样构成了罗教的一个可移动神坛。正是这种便携式“神坛”，对罗教在民间的传播起到了非同小可的作用，它使得信众无须前往经堂或庙宇，在家中便可起坛作法，最大限度地方便了信众，满足他们的需求。

设置好的神坛共分三层（图3、图4），释迦牟尼佛（或三世佛）位于最上层中心位置的小龛内，佛像两侧是御制文，小龛的两扇门上是两位护法伽蓝菩萨。龛之两侧分别是两两相对的十八罗汉和二十四诸天（按：图像左侧紧挨小龛的应为十八罗汉，外侧为二十四诸天。此为摆放时的疏忽）。中间层左起分别为韦陀、普贤、罗祖、释迦佛、观音、文殊。下层左起分别是功曹、罗祖之女佛广、许逊（许真君）、唐僧师徒（唐僧、孙悟空、猪八戒、沙僧、白龙马）、天地水三官、罗祖之子佛正，以及跨越中、下两层的真武

图3　斋会所供诸神

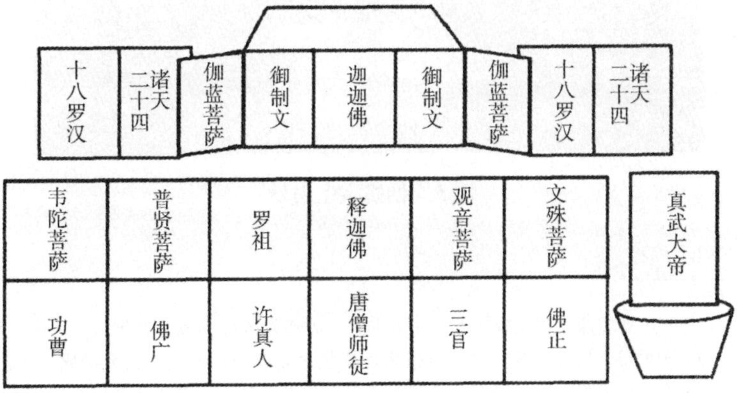

图4　斋会所供诸神示意

大帝像。真武像的摆放比较特殊，真武像被插在红色的米桶内，桶里摆放着拂尘、镜子、尺子、笔、墨水、剪子、梳子和写在红纸上的一道符咒等物品。此真武大帝的小坛，被称之为师坛，可见此地区对真武信仰的重视。由于地方狭小有限，神像中没有摆放地藏菩萨、弥勒菩萨和右侧的功曹，这二三张纸牌神像被留在经箱内，可见这种移动神坛摆放时具有相当的灵活性。

此套罗教神祇则较新，据斋公讲是一二十年前他们镇上一小学美术老师所绘，其中十八罗汉所据画稿是晚清至民国时著名画家和美术理论家马骀所著的《马骀画宝》中的十八罗汉。马骀的这套自习画谱流传非常广泛，这位美术老师在受邀画神像时，应当是根据自己掌握的罗汉图像资源，代替了原来构图比较呆板的直立式人物形象。

这种可移动神坛的神像布置并非随意摆放，它与罗教的经堂或小庙内的神像布局基本一致。图5是仙鹅宝山大殿内景，正中神龛内最上层是横三世佛（阿弥陀佛、释迦牟尼佛、药师佛），中层有罗祖、佛正、观音、佛广等像①，下层有地藏、弥勒、真武、送子观音及一尊未知名神祇像。神龛左右，上层为二十四诸天，下层为十八罗汉。在殿门内的两侧，分别是韦陀和关羽二位护法伽蓝。此殿堂内神像布局与可移动神坛神像布局的结构基本一致，佛像位于诸神像陈列中的最上层，下面是佛道教其他神祇及罗教特有的神祇，两侧是十八罗汉和二十四诸天。我们在上面图片中看到，可移动神坛放置佛像之犀形龛的两扇门上是护法伽蓝，此位置正对应大殿门内两侧的伽蓝。在笔者调查的其他两座经堂大门内的两侧也是同样布置，可见此种布局当是此地殿堂内神像的常态布局，而移动的神坛则是将立体的神像格局压缩到了一个平面内（图6）。

图5　仙鹅宝山内景

① 佛正、观音、佛广三尊塑像外观比较接近，其中中间一尊塑像所戴宝冠上有化佛，从这一明显的标志上判断当为观音菩萨。虽在神龛内的最下层亦有观音像，但很明显下层之观音为送子观音、为瓷质，当是后来摆放上去的，与泥塑金身者并非一套。在其他神像间也插缝摆放着两尊类似观音像。佛广、佛正两尊像几乎完全相同，所区别者佛正手中捧剑，佛广手中捧经书，剑与书是他们的图像特征。在笔者搜集的四套神像中佛正、佛广也均是分别捧剑与书，但他们的坐骑则是龙与凤，然而仙鹅宝山中的这两尊像则都是骑于形象塑造得如鹅一般的凤鸟之上，故对于他们的身份未敢贸然定论，在其名后加问号以记之。

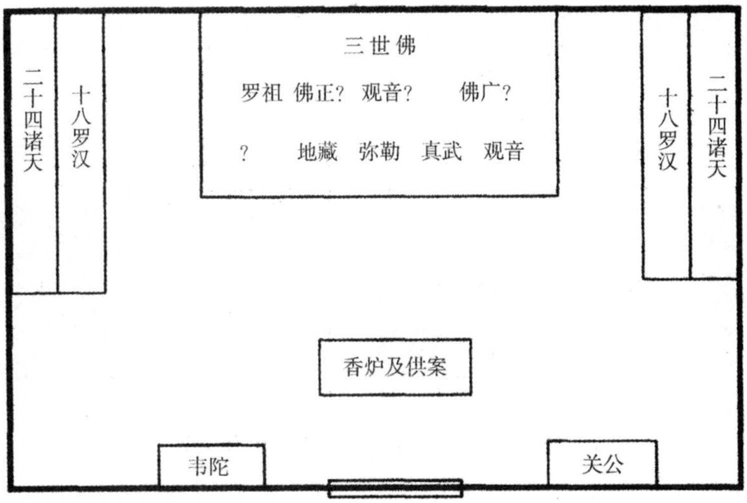

图6 仙鹅宝山神像平面布局示意

二 赣南罗教神系图像志

笔者所见这四套罗教神祇图像中的人物基本相同，仅有个别人物只见于某一套中。多数情况是组合人物的变化，在不同的套别中或分或合，如唐僧师徒，有的是师徒四人组合出现，有的则是两两出现。另有一种情况是把组合人物中的某个形象单独描绘出来，如天地水三官的组合，有的是将天官放大，突出在重要中心位置，地官水官形象很小，被安置在画面下方的两个角落里；有的则是只绘出天官的形象，当然也可能是地水二官也单独绘出，只是可能遗失了。在某一套神像中也有不少形象是重复的，有的有两个玉皇大帝，或两三个观音菩萨。在这四套罗教神祇中，不少是当代人所绘，时间大约不过二三十年，且绘制水平不高。相较之下B套多数神像绘制比较精良，且年代较早，恐为清末或民国时所绘，下页表图像志以B套为主，出现其他套别的图像则单独注明。

三 图像中所反映的问题

在这些罗教神祇纸牌画中，笔者发现一些有趣的现象，如作为罗教重要神祇的无生老母，在笔者所调查地区供奉的神祇中却没有出现；而比较闽西和赣南的罗教神祇，则又会发现赣南罗教神祇有一些“跨界”人物，很难单纯将其归为佛教、道教或地方神明等类别中（参见附表），而且通过比较我们还会发现．文字所述神祇虽无所不包，但真正落实到视觉形象上则具有明确的选择性，即使是同一区域的不同村镇，所供神祇也会有所不同。[①] 当然，这里最引人关注的现象还是罗教神祇中的一些人物和形象与明清通俗文学、

① 例如李希在《于都县宝卷讲唱调查报告》中所调查的水仙庙，所供神明有：“释迦牟尼、观音、文殊、普贤、地藏、韦陀、罗汉、接引、二十四诸天、罗主、功曹、真君、赖公、张公、龙王、仙公、天兵天将。”（李希：《于都县宝卷讲唱调查报告》，《戏剧之家》（上半月）2012年第1期。）同是于都地区，但神明中无佛广、佛正，而多赖公、张公、龙王等。

戏剧以及木版戏出年画的关系。

罗教神祇图像志

佛	释迦牟尼佛	弥勒佛	佛陀及护法
		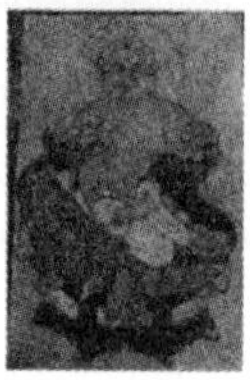	
	佛陀结跏趺坐于莲台上，双手似禅定印般置于腹前，上托摩尼宝珠。佛发绀青色，上有红色髻珠。脑后有头光。	此 D 套弥勒佛，为袒胸露腹的大肚弥勒形象，绘制工细，毛发毕现。红衣蓝裤，衣有金色花纹。裤有梅竹纹样。弥勒面带微笑，其头顶有红色顶珠，脑后有头光，左腿盘膝右腿竖起坐于台座之上，右手捏念珠置于右膝上，左手提衣襟置于腹前。	主佛立于莲台上，头上有伞盖，莲台下有云龙。佛左手托摩尼宝珠于胸前，右手施与愿印，指端有云气流出，与龙头接。左右为二护法，均立于莲台上，双掌合十。两侧为武将装束的二护法，均脚踏莲台。
四大菩萨	观音　文殊　普贤		地藏
	 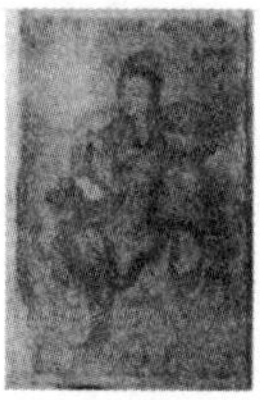 		
	观音、文殊、普贤三菩萨人物形象十分接近，均穿黑边白袍，头戴后边长至颈肩的蓝色风帽。不同者，观音结跏趺坐于莲台上，右手当胸捻杨枝，左手托净瓶；文殊普贤均一手执拂尘一手执长茎莲花，莲上置经书，二者的区别仅是座下一为青狮，一为白象。三人头后均有头光。		地藏菩萨结跏趺坐，右手执锡杖，左手当胸单掌合十。菩萨所戴黑色之帽似为毗卢帽之简化形式。只有三尖，正面有卷云式装饰。
罗汉诸天	十八罗汉	二十四诸天	

	十八罗汉分绘两张纸牌上，每张各九人，分三行，每行三人。罗汉脚下及空隙间绕以祥云，领口袖口及头光描以金边。罗汉形象已是明清以来同定之样式。	二十四诸天亦绘于两张纸牌上，每张三行每行四人。二十四诸天男女神祇皆有，形象亦为明清以来同定样式。人物头光、衣边等多以金线勾勒。服饰绘制较简略，女性外貌服饰多雷同。	

续表

<table>
<tr><td rowspan="3">罗教祖师</td><td colspan="4">罗祖</td><td colspan="4">佛广</td><td colspan="4">佛正</td></tr>
<tr><td colspan="4"></td><td colspan="4"></td><td colspan="4"></td></tr>
<tr><td colspan="4">罗教创始人罗梦鸿，头戴“佛法僧”三宝冠，脑后有头光，颏下三缕长髯。垂足端坐于太师椅上，右手持拂尘，左手捻挂于颈上的红色念珠。</td><td colspan="4">罗梦鸿之女，胯下骑凤，双手托一函红色经书。所戴首饰似桥梁钗，但更长，中间有两个竖起之红绒球。脑后有头光。</td><td colspan="4">罗梦鸿之子，胯下骑龙，双手托一函蓝色之经书。头戴儒巾，脑后有头光。</td></tr>
<tr><td rowspan="3">道教神祇</td><td colspan="3">玉皇大帝</td><td colspan="3">天地水三官</td><td colspan="3">许真君</td><td colspan="3">真武大帝</td></tr>
<tr><td colspan="3"></td><td colspan="3"></td><td colspan="3"></td><td colspan="3"></td></tr>
<tr><td colspan="3">四御之一，民间信仰中多被视为天界最高神。玉皇头戴冕冠，五绺墨髯，脑后有头光，端坐于铺有绣着莲花织物的椅上，右手抚膝，左手持笏板。</td><td colspan="3">治理天地水三界，职司考校天人功过众生祸福。三官品字布局，均头戴梁冠，脑后有头光。五绺墨髯，手持笏板端坐太师椅上。</td><td colspan="3">许逊，四大天师之一。端坐于太师椅上，双手于胸前执笏板。头戴乌纱折上巾，五绺墨髯，脑后有头光。</td><td colspan="3">跣足坐于石上，右足踏赤蛇，左足踏玄龟。身披铠甲外罩素袍。右手举剑，左手当胸掐诀。披发，墨髯五绺，脑后有头光。</td></tr>
<tr><td rowspan="3">护法功曹等</td><td colspan="3">韦陀</td><td colspan="5">四值功曹</td><td colspan="4">鬼王</td></tr>
<tr><td colspan="3"></td><td colspan="5"> </td><td colspan="4"></td></tr>
<tr><td colspan="3">佛教护法。立像，身着铠甲武将装束，脑后有头光。左手叉腰，右手拄金刚杵。</td><td colspan="5">从事掌记功劳、传递文书之事务的小神。分绘两张纸牌上，一幅两人，均骑马，马蹄下祥云缭绕。手托文书，武官小官吏装束，脑后均有头光。</td><td colspan="4">通身蓝色，系领巾，腰围虎皮裙，穿粉红短裤。头上双头骨突出似角，耳后生红毛，脑后有头光。左肩倚幡杆，上书“南无甘露王如来”。左手捧碗，内盛米状物，右手抓之上举。</td></tr>
</table>

续表

唐僧师徒		唐僧位于画面中心的最高处，头戴红色简化形式之毗卢帽，右手执拂尘，左手当胸，单掌合十。其左下方为猪八戒，猪面，戴金箍，双手捧经书一函。下方为孙悟空。猴面，戴金箍，右手持金箍棒背于身后，左手叉腰。其右侧为沙僧，头陀相，戴金箍，肩挑一担经书。沙僧右上方为哪吒，头梳双髽髻，右手臂夹火尖枪，左手持乾坤圈，足踏风火轮。众人均有头光，脚下祥云环绕。
法界全图		最上部为阿弥陀佛、释迦牟尼佛和药师佛，此三尊横三世佛，释迦佛的两侧分别是迦叶和阿难；佛像下中间为观音菩萨，其身后两侧分别是骑青狮、白象的文殊和普贤菩萨，观音莲座两侧是散财童子和龙女；观音下边是地藏菩萨，地藏座前两侧为闵公和道明，两边四大天王环拱。地藏下为大肚弥勒佛，两侧是二护法，其左手边为韦陀，右边武将装束之护法，络腮胡须，与上表佛像右边之护法形象相似。

（一）许逊形象的帝王化以及罗教部分神祇形象的戏剧化

在罗教神祇中，地方神祇是重要一类。闽西罗教神仙谱系中所列地方神明人物众多，但在笔者调查的赣南神系图像里只有一位，那就是许逊（许真君）—— 江西的守护神。许逊字敬之，南昌人。[①] 根据《净明忠孝全书》中关于许逊的记载，他生活在东晋，曾任旌阳县令[②]，故世人称其为许旌阳。许逊早年潜心修道，后用所学济世救人，在江西南昌治理水患，斩蛟屠龙，福泽一方。“一人得道，鸡犬升天”的典故，说的便是许逊。后人在其拔宅飞升之所建祠祀之，初名许仙祠，后改游帷观、玉隆观。北宋真宗年间升观为宫，徽宗时钦赐“玉隆万寿宫”之名，这便是今天南昌西山的玉隆万寿宫，之后“万寿宫”几乎就成了许逊信仰的代名词，也成为“赣鄱大地的文化象征”[③]。

许逊从东晋时以忠孝闻名的人，逐渐被神化成一尊神，位列四大天师之一，并被道教净明派奉为创教祖师，宋徽宗封其为“神功妙济真君”，元成宗加封号“至道玄应神功妙济真君”，到元代的《净明忠孝全书》则直接将其认定为太阳帝君的化身。许逊从人到神再到至尊神的形象被一步步构建起来。[④] 在古代关于许逊的图像中，比较多见的是仙风道骨的道士形象，如宋代铜镜中的许真君（图 7）。但越到晚近，特别是在江西一带，许逊的形象俨然就是一位正襟危坐的帝王，如图 8 和图 9 中的许逊。

许逊形象从道士到君王的转化，大约始于北宋。王安石《重建许旌阳祠记》有这样一段文字：

---

① （宋）张君房编，李永晟点校：《云笈七籤》，中华书局 2007 年版，第 5 册第 2311 页。

② 经考证非是四川旌阳而是湖北旌阳县，见张泽洪：《许逊与吴猛》，《世界宗教研究》1990 年第 1 期。

③ 李星：《论许真君民间崇拜的文化特质》，《江西社会科学》2008 年第 11 期。

④ 郭武：《〈净明忠孝全书〉研究》，中国社会科学出版社 2005 年版，第 132—163 页。

图7　宋许逊降龙镜（《收藏》2013年）

图8　B套许真君

图9　现代象湖万寿宫许逊像（笔者摄）

公（许逊）有功于洪，而洪祀之处且久。祥符中，升其观为宫，而公亦进位于侯王之上。于是州吏峻其严祀之宫室与王者等，兹固侈其功而答其赐也。①

许逊的王者形象与宋皇将其道观升为宫密切相关。B套神像中的许逊头戴乌纱折上巾，其服饰为明代皇帝的常服。或谓，既然许逊有帝君之高位，为何不戴冕旒？这或许是因为在天界还有一位最高神—— 玉皇大帝，而玉皇大帝一般则是以头戴冕旒的帝王形象出现。在《净明忠孝全书》中许逊一家拔宅飞升前，有两位仙人传玉皇之诏，可见许逊

① （宋）王安石撰：《重建许旌阳祠记》，《全宋文》卷1408，上海辞书出版社、安徽教育出版社2006年版，第65册第63页。

地位还是在玉皇之下。但聪明的许逊信仰者将帝王的常服给许逊穿上，以显示其崇高的地位。

虽说是帝王的常服，但感觉那乌纱折上巾还是与真实物件有所区别，特别是其上的红绒球，北京明十三陵出土的帝王服饰可为参照物。的确，神像中许逊的装束并非直接来自现实生活，而是来源于舞台戏剧的人物形象。下图是清代河北武强木版年画《打金枝》，图中唐王形象可说与神像中的许逊并无二致，包括服饰还有长方脸型和五绺墨髯。

图 10　河北武强木版年画《打金枝》

资料来源：王树村主编：《中国美术全集 · 绘画编 · 民间年画》，北京：人民美术出版社 2006 年版，第 84 页。

除了许逊外，赣南罗教神祇中还有几位女神或祖师的形象也存在这种戏剧化的现象，如二十四诸天中的鬼子母等几位女神以及罗祖的女儿佛广等（图 11）。她们头上都戴着一个类似今天发卡似的金色饰物，而且上面还装饰着一两颗红绒球，这与《打金枝》年画中公主和皇后的头饰一样，这几位女性神祇整体装束的感觉也与版画人物相似，可见二者之关联。今人所绘之 D 套佛广，则完全就是一个“粉墨登场”的人物形象了。

B 套二十四诸天中的两位女神　　B 套佛广　　D 套佛广

图 11　罗教部分女性神祇

笔者以为，赣南罗教部分神祇形象出现这种戏剧化的倾向，正是其民间性的一种重要视觉表现。戏曲在明清以来是民间百姓重要的娱乐方式。正如廖奔所说：“戏曲兴起并普及后，成为中国民间最受欢迎的通俗文艺品种。一般小民特别是妇女没有条件念书，他们的历史知识大多从看戏中来，而戏曲演出又能给他们带来娱乐。”① 当然这种方式既娱人也娱神，就以江西众多的万寿宫来说，几乎每处都有戏台，在重要的祭祀日子便会请来戏班唱戏。② 今天在象湖万寿宫（原铁柱万寿宫，因南昌市内的万寿宫商城拆迁改造而迁于象湖景区）真君殿里，真君大像前便供奉着一尊完全是戏装打扮的真君像（图9）。

另外还有一种艺术形式也影响到神祇形象的塑造，而它也与戏剧关系密切，这就是民间年画。这从王树村在其《戏出年画》叙论里关于“戏曲对戏出年画的启发”的讨论中可见一斑。③ 自宋代以来，中国逐渐形成了几个重要的年画制作基地。如河南朱仙镇、河北武强、天津杨柳青、苏州桃花坞、福建漳州、四川绵竹等。张贴年画是民间新年习俗，而且每年都要更换，需求量大。那些门神、故事、戏出年画等，便会在辞旧迎新之际飞入千家万户，而那些在年画中经过加工的艺术形象，便轻而易举成为信徒塑造神像的粉本。例如在上文图像志中释迦佛两边的护法伽蓝，一为韦陀，另一个则俨然就是门神年画中尉迟恭的形象。

（二）三大士与《大悲香山传》等系列观音文学

赣南罗教神系中有佛教的四大菩萨（观音、文殊、普贤和地藏）。在罗教神系的这几套纸牌画里，地藏菩萨的形象是头戴昆卢帽身穿袈裟、手持锡杖和摩尼宝珠结跏趺坐的形象，与正统佛教寺院里的地藏像无异。观音也无异常，一般是坐在莲台上手持净瓶和杨枝的形象，为观音诸相之一。但罗教神祇中的文殊和普贤则不然，除了二人骑青狮白象、手持的莲花上有经书和宝珠这些菩萨的标志性特征外，罗教的文殊、普贤形象俨然就是世间富贵家女子的形象。如果你指着她们的图像问是谁，老斋公会告诉你她们是观音的姐妹。

观音有姐妹之说较早见于河南汝州香山寺刻于碑石上的《香山大悲菩萨传》。该碑刻于北宋元符三年（1100），汝州太守蒋之奇撰、蔡京书。《香山大悲菩萨传》讲的是观音成道的故事：妙庄王原有三个公主，妙清、妙音和三女儿妙善，长女、次女先后出嫁，唯小女喜修行不愿出嫁。后妙庄王将其关入白雀寺做苦力，欲使其断绝出家之念。但妙善坚定的志向激怒了父王。妙庄王火烧白雀寺但未能将妙善烧死，于是欲将其斩首。妙善魂魄游历冥司后被送回阳间，从此妙善隐居深山修行。后来妙庄王重病，妙善用自己的手眼医好其病，国王和王后前往深山拜谢，才发现原是自己的女儿妙善。在这个故事中，观音虽有两个姐姐，但并未与文殊普贤扯上关系，将她们附会成文殊普贤的，是后来的一系列观音文学作品。托名普明禅师的《香山宝卷》对后世影响深远，作用甚于正统佛经④，之后又有管道升的《观音菩萨传略》，以及相关的宝卷、戏剧、小说等，其中重要的一部当为明代署名朱鼎臣的小说《南海观音菩萨出身修行传》。该小说“不是完全创作型的小说.而是在宋代普明禅师《香山宝卷》的基础上进行修改、加工并做局部再创作而成的作品”⑤，例如小说中多出了妙善的两个姐姐被青狮白象二怪掳走，但并未屈服于二怪等情节，同时书中也明确写出妙善的两位姐姐与文殊普贤的关系。小说最后这样写道：

---

① 廖奔：《中国戏曲史》，上海人民出版社2014年版，第179页。

② 李星：《万寿宫庙会与乡民习俗——以考察西山万寿宫为例》，《南昌大学学报》2009年第4期。

③ 王树村：《戏出年画》，北京大学出版社2007年版，第23—27页。

④ 韩秉方：《〈香山宝卷〉与中国俗文学之研究》，《北京科技大学学报（社会科学版）》2007年第3期。

⑤ 程国赋、李阳阳：《〈南海观音菩萨出身修行传〉作者探考》，《明清小说研究》2010年第3期。

（妙善）封为大慈大悲救苦救难南无灵感观音菩萨，赐与莲花宝座一副，求作南海普陀岩道场之主。其姐妙清、妙音初耽世味，后能改行迁善，修行慕道，遇难不污。妙清封为大善文殊菩萨，赐与青狮，出入骑坐；妙音封为大善普贤菩萨，赐与白象，出入骑坐；求作清凉山道场之主。其父庄王封为善胜菩萨，都仙官，其母封为万善菩萨，都夫人。其善才龙女封为金童玉女。呜呼！千叫万应普度众生，合家封赠万年香火。①

下面看罗教神祇中的观音、普贤和文殊菩萨，她们的标志性特征与小说中描写的一般不二。但重点不在于这三大士的标志性特征，而在于文殊普贤鲜明的贵族妇女形象。因为正统佛教中文殊骑狮普贤骑象，观音坐于莲台，早已是比较固定的模式，明清文学作品是基于佛教先有此类菩萨形象的基础，然后再将故事附会其上。上文提及罗教的一些神祇形象具有戏剧化倾向，其实也包括文殊和普贤形象在内。D 套中的文殊和普贤（图 12、图 13）挽着发髻，头上也戴着一个类似现代发卡之类的金色饰物，她们的装饰和衣着与上文《打金枝》中戏剧人物的形象颇为相似。细看还会发现，在第三幅《打金枝》图中，任性的公主将自己头上戴的这个发卡式的头饰摘下以“威胁”皇帝和皇后，可见这件头饰是与公主的高贵身份相匹配的。文殊、普贤同样戴着这类具有身份象征意义的饰物，而二者在成菩萨前的身份也正是公主。

图 12 D 套普贤

图 13 D 套文殊

在赣南罗教神祇中，为了强调文殊普贤的姐妹关系。特意将此二人的形象绘制得几乎一模一样。另外，在 B 套和 C 套里的文殊普贤形象，都与图 14 的观音一样戴着淡蓝色风帽，她们的形象装束与观音一致，只是姿态和坐骑不同。这种风帽，上面笼住发髻，下面披于肩膀，也是后世妇女冬季戴的一种帽子，因是观音所戴，故名观音兜。但在正统佛教中，文殊、普贤并无戴观音兜的形象，这或许也是罗教神祇中强调此为观音三姐妹的又一种图像表达方式。另外，在前文罗教图像志的“法界全图”中，观音菩萨身后一左一右是形体略小的骑青狮白象的文殊和普贤，二人作宫中女子形象，穿着打扮相同。正统佛教中

① （明）朱鼎臣：《南海观音菩萨出身修行传》，文化艺术出版社 2012 年版，第 75 页。

三大士图像虽也是观音居中，但像的形体大小则相同。在罗教神祇中观音地位突出、形体较大，这很可能与在观音文学作品中，妙善的两位姐姐是借由妙善的关系而位列仙班有关。

图 14　B 套观首

此例可看出，通俗文学作品与民间宗教信仰的密切关联，民间信仰的思想源泉更多是从喜闻乐见的艺术形式中获得，而不一定是宗教精英层的深奥经典。罗教神祇中还有一组图像也颇能说明此点，这便是唐僧师徒形象。

（三）罗教神系中的唐僧师徒

在罗教神祇中格外引人注意的一组形象是唐僧师徒。罗教对经书格外重视，尤其是罗祖所创之“五部六册”，是罗教的核心经典。但何以《西游记》中的唐僧师徒会出现在罗教神祇谱系中？查阅五部六册，原来它亦有经典出处（图 15）。

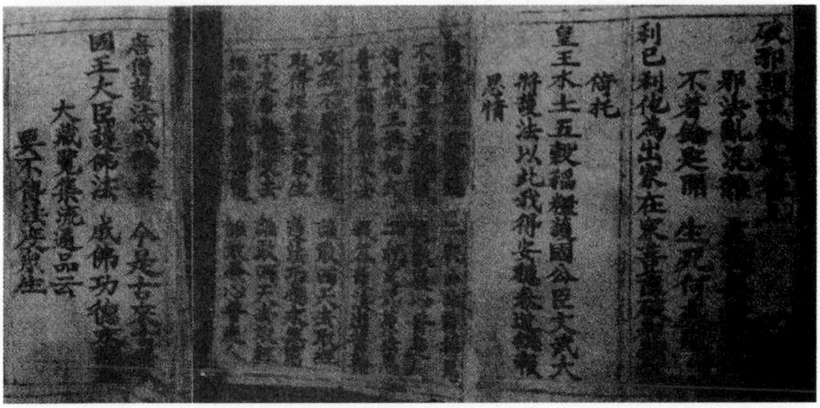

图 15　《破邪显证钥匙论》卷上书影（笔者摄）

《破邪显证钥匙论》卷上开头部分这样写道：

> 取经不是圣者护，谁敢西天去取经。取得经来度众生，护法功德用无穷。

不是唐王牒文去，谁敢西天去取经。经卷不是龙牌护，谁敢发心普度人。
唐僧护法成佛去，今是古来古是今。国王大臣护佛法，成佛功德用无穷。

这段文字很明显是针对唐僧取经之事说的。这里强调了取经人唐僧、护持取经人的圣者，以及唐王命人取经的牒文，从这几点要素很容易判断出这不是玄奘取经的史实，因为真正的玄奘取经是偷渡国境，根本没有什么唐王牒文，也没有专门配备的护持者，这段文字显然是从《西游记》故事而来。再看C套唐僧师徒的画像（图16），唐僧居中，四边环绕八戒、悟空、沙僧和白龙马。除了沙和尚外，其余三人皆兽首人身，似唐代生肖俑。而白龙马的出现则更可以确知此为明代吴承恩的《西游记》之故事，并非史实。《西游记》故事自诞生以来便在民间广为流传，以至于人们认为《西游记》中的唐僧就是历史上真实的玄奘。至今我们在南方的很多明清古建上仍能看到以《西游记》为题材的装饰。在B套唐僧师徒的图像上，不见白马却出现了哪吒（图17）。按哪吒在《西游记》中的地位并不突出，虽也曾帮唐僧师徒擒过妖，但出场的戏份并不多，且帮唐僧师徒擒妖的神也不止他一个，何以罗教信徒会将他画入其中？笔者以为这或许跟明代另一神魔小说《封神演义》有关，哪吒三太子的故事在这里有详尽的描述。哪吒是一个惩奸除恶的英雄，特别是哪吒闹海的故事，他惩治恶龙为民除害，颇与许逊有几分相似，那么以许逊为江西守护神的赣南罗教信徒将哪吒纳入神系自在情理之中。赣南罗教神系中出现唐僧师徒，则是文学创作与民间信仰间存在密切关系的又一例证。此外，关于罗教神祇形象的戏剧化倾向，在唐僧的服饰上也有清晰的反映，那便是唐僧的毗卢帽。毗卢帽又叫五佛冠，正规的五佛冠上有五个莲瓣状冠叶，上绘五佛图像。而在戏出年画如四川戏出年画《高老庄》中唐僧所戴的五佛冠（图18）则是一种造型简化了的样式①，罗教神像所戴之五佛冠均是此类。

图16 C套唐僧师徒

图17 B套唐僧师徒

① 王树村：《戏出年画》，北京大学出版社2007年版，第127页。

图 18　清末四川戏出年画《高老庄》中的唐僧

四　结束语

民间宗教系统庞大而复杂，所以对它的研究也应是多元多视角的。有时图像可以说是信众思想和心态的直观反映，于这些图像上能透露出文字无法传达给我们的信息。在笔者调查的这些罗教神祇图像中，初步发现通俗文学作品与戏剧及木版年画等艺术在对民间宗教的神祇创造和形象塑造过程中起到重要作用，二者的这种关联或许能为我们从事民间宗教研究开启更广阔的视野，对民间宗教有更加全面的了解。当然，本文认识还比较粗浅，但希望能抛砖引玉，以待其他学者更深入的研究。囿于笔者对民间宗教及民间文化了解有限，文中舛误之处望方家指正。

附表　　赣南、闽西罗教神系对照表①

类别	闽西罗教神系	赣南罗教神系
佛教神明	灵山会上人天教主千百亿化身本师释迦牟尼佛	
	过去七佛、十方十佛、五十三佛、百七十佛、庄严劫千佛、现在贤劫千佛、未来星宿劫千佛	三世佛（阿弥陀佛、释迦牟尼佛、药师佛）、弥勒佛
	清净法身毗卢遮那佛、圆满报身卢舍那佛、西方接引阿弥陀佛、当来下生弥勒尊佛、十方三世一切诸佛	观音、文殊、普贤、地藏、韦陀、十八罗汉、二十四诸天
佛教神明	文殊师利菩萨、大愿地藏王菩萨、普贤菩萨、大势至善菩萨、观世音菩萨、清净大海众菩萨、十方菩萨	唐僧师徒（唐僧、孙悟空、猪八戒、沙悟净、白龙马）、哪吒（亦属三教圣贤）

① 闽西罗教神系分类采用李志鸿《新见罗祖教〈五部六册〉宝卷及宣卷仪式》，《世界宗教研究》2013 年第 3 期。

续表

类别	闽西罗教神系	赣南罗教神系
罗教本派祖师	雾灵山得道悟空罗老祖、佛正、佛广、太宁祖师、春雷祖师，传灯会上历代传法派祖师，梁明谷、林应贤、李太宁、刘本通四位护法	罗祖、佛广、佛正
三教圣贤	儒释道三教圣贤、前朝古今历代圣贤、玉皇大帝、太乙救苦天尊、元始天尊、太上老君、三元三品三官大帝、三百六十应感天尊	玉皇大帝、天地水三官、真武大帝
地方神明	天下名山显应浮邱王郭三仙、熊刘二仙、王马元帅、取阳祖师、五谷真仙、天台山五公菩萨、地母娘娘、老佛、二佛、十八位伽蓝、天上人间地府三界内外一切有感尊神、财神老爷、千贤万圣、本省本府本县本乡本村神主、社稷真官、门神尉、井灶神君、本家历代先祖先妣一脉宗亲千千诸神万万圣贤	许真君（亦属三教圣贤） 护法伽蓝（关羽等，似不属地方神明）、四值功曹（既不属三教贤圣也不属地方神明）

（原文发表于《宗教学研究》2016 年第 3 期）

第五篇

年度著作

2016年度宗教学研究类十大著作

陈粟裕　编

《论积极引导宗教》

作者：卓新平，甘肃民族出版社2016年版

内容简介：积极引导宗教与社会主义社会相适应，是中国共产党宗教工作基本方针的核心精神，对这一精神的正确理解和贯彻执行已经到了非常关键的时机。该书分为：积极引导宗教及其现实意义、依法管理宗教、坚持中国化方向、“一带一路”与宗教四个部分，深入探讨了积极引导宗教的现实意义。

《宗教学学术史问题研究》

作者：朱东华，清华大学出版社2016年版

内容简介：该书首先探讨宗教现象学的一些具有里程碑意义的概念，同时阐明了舍勒、奥托、列欧、伊利亚德等人在宗教现象学发展史上的贡献和地位。该书的第二部分探讨狄奥多若、奥古斯丁、波爱修、阿奎那等古典宗教思想家以及施特劳斯、桑德尔等当代政治哲学家在宗教伦理方面的理论贡献。

《出土文献与早期道教》

作者：姜守诚，中国社会科学出版社2016年版

内容简介：早期道教与民间信仰、方术及丧葬礼俗的关系，是一个重要且颇具难度的前沿性课题。该书立足于考古新材料，结合有关传世文献，广泛借鉴前人成果，运用缜密的逻辑分析，通过翔实的文献梳理和考证，就某些重要议题加以论述和概括，提出若干新见解，丰富和发展了早期道教史的理论建构，对出土文献研究亦有积极意义。在研究方法上，该书援入多种手法展开跨学科、立体式的综合研究，遵循“二重证据法”的原则和精神，注重收集出土文献及考古实物，深入发掘材料背后蕴含的丰富信息，并将其与传世文献进行比对和参证，借此拓宽了以前比较单一的研究视野，有力佐证了早期道教对世俗社会的深远影响及其与中华传统文化的密切联系。

《丹道薪传（修订版）》

作者：张义尚，社会科学文献出版社2016年版

内容简介：该书收录了张义尚先生丹道方面的著作，包括养生蠡测篇、气功保健的研究和实践、气功溯源集、仙道漫谈、心气秘旨诀中诀、养生极则、顶批《金丹真传》等部分。该书由张义尚弟子、中国社会科学院哲学研究所胡孚琛研究员整理。

《隋唐长安佛教社会史》

作者：季爱民　中华书局2016年版

内容简介：该书借鉴宗教社会学的观念，依据西域文献、出土铭文和传世

资料，以个案的形式分析佛教对于都城政治与社会生活的意义，在此基础上考察佛教与社会关系的变迁过程。分为秩序和理性两个主题：前者从多角度讨论了佛教在长安社会秩序形成与转变中的意义，后者展现了盛唐以降传统信仰方式与理性信仰对于居民生活的不同影响。从社会史的角度克服宗派史视角的缺陷，有助于讨论佛教思想的社会意义。作者立足于多元史料的排比，考订僧侣行实、世俗社会的供养事迹以及寺院史迹，揭示都城佛教社会史的新面貌，清晰呈现了从隋初到唐末长安寺院的历史脉络，对于中古宗教与社会的关系、初期禅宗史研究都有学术推进。

《文本与历史：藏传佛教历史叙事的形成和汉藏佛学研究的建构》

作者：沈卫荣、侯浩然，北京大学出版社 2016 年版

内容简介：该书以对藏文文献的介绍和研究入手，通过对各种类型的藏传佛教文献分别在不同时期的出现、形成和发展的描述，来讨论藏传佛教之各种历史叙事的内容，及其建构和变化的过程，从而说明藏传佛教文本的形成与藏传佛教历史的建构之间的紧密关系。同时从对源自西夏、元、明时代的汉译藏传密教文本的研究出发，运用以通过多语种佛教文本的对勘和分析来构建历史的学术方法，成功地构建了藏传密教于西夏、元、明三代传播的历史，并为汉藏佛学研究这一新学科的建构建立了一个可以效仿的榜样。此外，该书还对国际藏学界于近二三十年来对藏文文献和藏传佛教历史的研究及其成果，做了全面的介绍和评论，可以为相关从事藏学研究的学者开展研究提供一个翔实的参考和明确的起点。

《伊斯兰文明的反思与重构——当代伊斯兰中间主义思潮研究》

作者：丁俊，中国社会科学出版社 2016 年版

内容简介：当代伊斯兰“中间主义”思潮是伊斯兰世界日渐具有广泛影响的宗教文化思潮，该思潮的勃兴与发展，反映了伊斯兰世界立足现实，着眼未来，试图探索适合自身实际的发展道路，重建富有时代精神与民族特色的核心价值体系的积极努力。该书在追溯和考察有关历史背景与理论渊源的基础上，着重梳理和阐释了伊斯兰“中间主义”思潮的一系列思想主张，简要介绍了该思潮的代表性人物、重要研究机构与学术活动，评析了该思潮的发展态势及其对伊斯兰世界政治改革、社会变革、宗教维新以及文化创新与文明重构的现实意义与影响，并从跨文化研究的视野出发，就伊斯兰文明与中华文明的中正和谐之道作了相应的比照分析，认为蕴含于东方文明中的中正、中和之道，对于应对和化解当今人类社会面临的一系列危机，维护世界文明的多样性，推动不同文明间的交流互鉴，促进地区稳定与世界和平，营造共生共荣的人类命运共同体，均具有重要的现实意义和宝贵的借鉴价值。

《中国伊斯兰先贤：马注思想研究》

作者：金宜久，社会科学文献出版社 2016 年版

内容简介：在中国伊斯兰教研究中，有“回族四大著作家”（王岱舆、马注、刘智、马复初）的说法。马注思想之所以值得重视和研究，在于他出生于回族世家，自幼受儒学教育从而在融合伊斯兰与儒家思想方面做出了重要贡献。他的《清真指南》堪称伊斯兰教中国化方面的杰出代表作。当前，世界范围内伊斯兰教的赛莱菲耶极其活跃。它在国际政治领域，已经产

生了可见的危害；同样不应低估它在思想、文化、宗教领域的流传，以及可能产生的严重影响。

《近当代伊斯兰宗教思想家评传》

作者：吴云贵，中国社会科学出版社2016年版

内容简介：近代以来，伊斯兰教解释主体呈现多元化的趋势，但精通经训的宗教学者和密切关注现实的宗教思想家们依然是重要的解释主体。该书在以往研究的基础上，对哲马鲁丁·阿富汗尼、穆罕默德·阿布杜、阿布尔·阿拉·毛杜迪等六位有代表性的伊斯兰宗教思想家的生平、著述、思想、活动及其社会历史地位、作用和影响，做了全面、深入系统的论述和评价。该书作者强调，一个时代、一个国家、一个社团组织的宗教思想，在很大程度上也反映宗教领袖和宗教思想家们的思想。了解他们在社会历史关键时刻的心路历程，有助于人们深入了解近现代伊斯兰教思潮与运动的发展态势、本质特征和历史影响，从而在总体上深化对伊斯兰文化社会政治功能的理解和认识。

《国家正祀与地方民间信仰互动研究：宋以后海洋神灵的地域分布与社会空间》

作者：王元林，中国社会科学出版社2016年版

内容简介：作者以中国海洋神灵为研究对象，以宋以后国家正祀与民间信仰的互动关系为主旨，以国家信仰逐渐被地方祠神信仰接受、沿海不同地域祠神信仰的“国家化”与“儒家化”为线索，探讨国家不同层次正祀系统与民间信仰系统的互动关系。力图利用民间信仰长期积淀的社会文化内涵，揭示沿海不同地域的“社会空间”，展现国家与沿海地方海洋神灵互动关系，有助于研究国家层面与区域文化的关系，检讨沿海区域文化的互动关系。该书不仅可以开拓礼仪文化的研究内容，而且进一步拓展海洋文化的地域空间；不仅可以窥探海洋神灵在国家政权建设、地方社会安定的作用，而且还可以揭示国家法律对淫祀的管制的实质。以史为鉴，整理传统的海洋文化，为今天合理利用民众的信仰，为国家权力在民间的认同和维护地方的稳定作一定的诠释。

第六篇

年度人物

2016年度人物

1. 赵学义

赵学义，1955年生。法学硕士。1986年至1998年中央统战部民族宗教局工作。1998年至2010年在国家民委工作，期间担任办公厅副主任，研究室主任，中国民族报社社长。2010年至2015年任中央统战部民族宗教局局长。2016年退休。现任中国宗教学会副会长。

2004年承担国家社科基金重点课题《中国少数民族非物质文化遗产抢救、保护和人的发展政策研究》；2008年策划出版《当代中国宗教研究精选丛书》（8卷本），2017年荷兰博瑞出版公司（BRILL）将其中的六本翻译为英文版，在世界发行。在担任《中国民族报》报社社长期间组织创办宗教周刊；策划组织电视连续剧《茶马古道》（2005年），《金凤花开》（2008年）均获“五个一工程奖”。先后组织、策划多部电视专题片，其中在中央电视台播放的有《活佛转世》（1996年），《走向繁荣之路》（2005年）。2009年9月底，策划、组织由中央宣传部、中央统战部、国家民委联合主办的《爱我中华》晚会。

2. 朱越利

（1）个人简历

朱越利，1944年生，河北人。1961年毕业于北京市三十九中。1966年毕业于中央民族学院藏语言文学专业。1981年毕业于中国社会科学院研究生院道教学专业，获哲学硕士学位。

（2）入选理由

朱越利曾任《中国西藏》杂志社副总编，现任四川大学道教与宗教文化研究所兼职教授、博士生导师，并任华侨大学兼职教授、中国道教学院特聘教授、香港道教学院特聘教授；同时还担任国际易学联合会老子学院院长、中国道教文化研究所研究员、中国佛教文化研究所研究员。

专著有《道经总论》《道教答问》《道教要籍概论》《道藏分类解题》《神奇之由——探究雪域佛教》《道藏提要》（合著）、《道教学》（合著）、《道教（共三卷）》（译著）等，论文集有《回首集》和《道教考信集》；译著有《真诰校注》；点校有《墨子点校》；并主编《道藏说略》《今日中国宗教》《当代中国宗教禁忌》《理论·视角·方法——海外道教学研究》《中国道教宫观文化》和《少数民族宗教信仰与禁忌》（合编）等。另外，朱越利主编的《道教学译丛》，已经组织翻译出版了20种海外道教学著作，产生广泛影响。

3. 周燮藩

（1）个人简历

周燮藩，浙江慈溪人，1945年生。1967年毕业于北京大学历史系。1978年入中国社科院研究生院宗教研究系伊斯兰教专业，1981年毕业，获哲学硕士学位，并留世界宗教所伊斯兰教研究室工作。1987—1988年应瑞典对外学术文化交流委员会邀请，赴瑞典隆德大学宗教史系交流一年。1989年评为副研究员，1994年任研究室副主任。1997 年评为研究员，1998 年任研究室主任。2000 年后任所学术委员，院哲学片评委。

（2）入选理由

周燮藩主要从事伊斯兰教研究，在早期伊斯兰教研究、伊斯兰教法研究、苏非主义研究、近现代伊斯兰教研究等方面做出重要贡献。参加完成国家社科七五规划项目成果《当代伊斯兰教》《阿拉伯哲学史》；八五规划项目成果《近现代伊斯兰教思潮和运动》；中华社科基金项目成果《犹太教概论》；国家级项目成果《中国大百科全书》（简明版），《四库全书存目丛书》（古籍整理）。多次获得国家级和省部级奖励。专著有《真主的言语——〈古兰经〉简介》、《近现代伊斯兰教思潮和运动》、《伊斯兰教的先知穆罕默德》（合著）、《伊斯兰教》、《当代伊斯兰教》、《中国的基督教》、《犹太教概论》等，另外，编撰《伊斯兰教词典》《宗教大词典》（伊斯兰教词条）等。

4. 袁志鸿

（1）个人简历

袁志鸿，1955 年生，江苏句容人。袁志鸿 1982 年入道，同年 10 月始于中国道教协会“道教知识专修（首期）班”学习；1985 年被江苏省茅山道教协会选任为副会长兼秘书长；1989 年 7 月借调中国道教协会，组建协会教务处，任副主任（主持工作）；1991 年，正式调中国道协任教务处主任；1996 年，于中央社会主义学院学习；1997 年，于中央统战部苏州培训中心佛道教人士培训班学习；1998 年，任中国道协副秘书长兼教务处主任；2001 年 9 月至 2003 年 9 月，在中央民族大学宗教学专业修完“研究生课程班”全部课程；2007 年 9 月至 2007 年 12 月，在中国人民大学“爱国宗教界人士（第二期）研修班”修完全部课程；2008 年元月中旬，任北京东岳庙住持；2010 年 4 月，任北京市道教协会副会长。

（2）入选理由

袁志鸿现任中国道教协会副会长、北京市道教协会副会长、北京市政协委员兼市政协民族与宗教委员会副主任、中国传记文学学会副会长、中国傩戏学研究会副会长、北京史记学会副会长。同时担任北京东岳庙住持、庙务民主管理委员会主任。

袁志鸿在弘扬道教文化方面做出很大贡献，主要著作有《道教神仙故事》《当代道教人物》《凝眸云水》，与他人合作《道教宫观文化》，并发表《道教节日》《道教正一派授箓与全真派传戒比较研究》《道教的社会伦理思想和人文精神体现》等文章，参与了 2001 年中国社科院重大课题 A 类“引导宗教与社会主义社会相适应的理论与实践”项目，完成论文《中国道教在当代社会的传承和适应》；并在《中国宗教》《上海道教》《三秦道教》《中国道教》等报纸杂志发表有论文、访谈、散文、游记等类文章近百篇。

2010 年 3 月被四川大学老子研究院聘为教育部哲学社会科学重大课题攻关项目、国家 985 工程重大项目“百年道学精华集成”学术委员会委员。

5. 魏道儒

（1）个人简历

魏道儒，1955 年生，河北景县人。1981 年本科毕业于西北大学历史系，1984 年研究生毕业于西北大学历史系，1985 年 1 月至 1987 年 9 月在西北大学历史系任教，先后担任助教、讲师。1990 年 6 月毕业于中国社会科学院研究生院，获哲学博士学位。1990 年 8 月至今，在中国社会科学院世界宗教研究所工作。1992 年 8 月任副研究员，1998 年 8 月任研究员。1999 年 10 月至 2000 年 10 月在美国夏威夷大学访问研究。2002 年 9 月受聘为中国社会科学院研究生院博士生指导教师。2002 年 6 月享受国务院政府特殊津贴。2011 年 3 月当选中国社会科学院学部委员。现任中国社会科学院世界宗教研究所研究员，博士生导师，中国社会科学院佛教研究中心主任。学术专长为佛教。

（2）入选理由

魏道儒多年来从事佛教研究，著有《中国华严宗通史》《中华佛教史·宋元明清史卷》《华严学与禅学》《唐宋佛学》《宋代禅宗文化》《禅宗无门关》《佛教史话》《坛经译注》等，合著有《中国禅宗通史》《佛教史》《中国佛教基础知识》《中国五大宗教知识读本》等，合译有《早期佛教与基督教》《宗教生活论》，主编有《普贤与中国文化》《佛教护国思想与实践》《世界佛教通史》，各类文章百余篇。

魏道儒的主要学术研究领域是佛教，主要研究成果有五个方面的内容。第一，印度佛教研究。从攻读博士学位开始，研究重点逐渐从印度佛教转移到中国佛教。第二，禅宗研究。代表作《宋代禅宗文化》是我国学术界第一部宋代禅宗文化的断代史著作，首次利用翔实的第一手资料论述了宋代禅宗的发展阶段；《中国禅宗通史》于 1995 年获全国古籍类图书出版二等奖，1996 年获中国社会科学院第二届优秀科研成果奖。第三，华严宗研究。代表作《中国华严宗通史》是迄今为止国内学术界唯一的华严宗通史著作，被认为不仅在华严宗的学术研究进程中具有里程碑意义，而且对于深入认识整体佛学，深入认识中国传统文化的功能和结构都具有重要启发作用。第四，宋元明清佛教史研究。对佛教在中国第二个千年发展过程进行的贯通性研究，在我国学术界是第一次。第五，主编《世界佛教通史》。《世界佛教通史》是一部佛教的世界通史，论述佛教从起源到 20 世纪在世界范围内的兴衰演变主要过程，在国内外学术界属于首创。该书由 14 卷 15 册构成。《世界佛教通史》提出的问题、洞见的规律、形成的观点是对作为世界三大宗教之一的佛教的全面认识、系统阐述和深度开发，能够为认识和处理当今国内外错综复杂的宗教问题，为建设社会主义精神文明，为践行社会主义核心价值观，为实施“一带一路”倡议提供可资参考的历史借鉴和理论依据。

6. 王卡

（1）个人简历

王卡，1956 年生于河北广宗，1978 年毕业于四川大学，同年考入中国社会科学院研究生院，师从王明先生。1989 年获哲学博士学位。入选中国社会科学院长城学者，担任中国社会科学院道家与道教文化中心主任，中国社会科学院世界宗教研究所研究员，四川大学兼职教授，华中师范大学特聘教授，中国道教学院特聘教授，博士生导师。

（2）入选理由

王卡主要从事道教历史、教义及文献学等方面研究，是中国道教学研究的重要学者，国际知名的道教研究权威。撰有《敦煌道教文献研究——综述·目录·索引》、《老子道德经河上公章句》（古籍整理）、《道教经史论丛》、《道教史话》、《新译道门观心经》、《三洞拾遗》（主编）、《洞经乐仪与神马图像》、《道家学术思想概述》（待出）等论著。其在道教文献研究上造诣颇深，主编《中华道藏》《三洞拾遗》《中华大典·宗教典·道教分典》等大型道教古籍整理项目。主持并完成国家社科基金重点项目成果《敦煌道教文献图录编》，国家重点项目成果《清史·宗教志·道教篇》，国家重大文化出版工程《中华大典·宗教典·道教》等项目。多年来发表《王屋山上方真元道派续考》《雍正皇帝与紫阳真人——兼述龙门派宗师范青云》等学术论文百余篇。

王卡的代表著作《敦煌道教文献研究——综述·目录·索引》，利用敦煌藏经洞发现的道教文献，考察隋唐时期敦煌地区道教发展的历史概况、并全面整理敦煌道教文献，解决道教研究中诸多悬而未决的问题。其搜索世界各国收藏的敦煌遗书，考订并分类著录其中的道教文献，编制一份尽量完整并且实用的文献目录和收藏索引。该书是敦煌学界和道教学界的学者查阅或利用敦煌道教文献资料的必备书目。《道教经史论丛》一书，分《经史篇》《敦煌篇》《域外篇》《现代篇》四部分，收录作者研究道教文献和历史的论文三十余篇。该书亦体现了作者在道教历史、教义及文献学等方面多年研究的学术贡献。

7. 张志刚

（1）个人简历

张志刚，1956 年 12 月 25 日生于山东青岛。“文革”后通过首届高考，考入北京大学（1977 级），获哲学学士、硕士学位，毕业后一直留校任教。现任北京大学人文特聘教授，哲学系、宗教学系教授，博士生导师，宗教学与基督教教研室主任，北京大学宗教文化研究院院长；国务院特殊津贴专家，国家社科基金评审组专家，中央统战部专家咨询组专家，国家宗教事务局特聘专家，中国宗教学会副会长等。兼任北京大学外国哲学研究所、中国人民大学佛教与宗教学研究所、山东大学犹太教与跨宗教研究中心等教育部重点基地研究员。曾任哈佛大学世界宗教研究中心资深研究员，法兰克福大学 DAAD 客座教授等。主要研究领域：宗教学、宗教哲学、基督教、宗教与文化、中西哲学与宗教比较研究、当代中国宗教与政策研究等。

（2）入选理由

主要代表作：《宗教学是什么》、《宗教哲学研究——当代观念、关键环节及其方法论批判》、《宗教文化学导论》、《猫头鹰与上帝的对话——基督教哲学问题举要》、《走向神圣——现代宗教学的问题与方法》、《理性的彷徨——现代西方宗教哲学理性观比较》、《当代宗教冲突与对话研究》（合著）、《宗教研究指要》（主编）、《宗教学前沿问题研究》等。主编：《北京大学宗教学文库》、《跨文化思想者文库》、《基督教中国化研究丛书》（张志刚、卓新平总主编）、《世界宗教评论》（张志刚、金勋主编）等。主要科研项目：教育部重大课题攻关项目“当代宗教冲突与对话研究”（首席专家），中央统战部委托“马工程”项目“宗教关系研究”（首席专家之一），国家社科基金九五规划重点项目“理性与信仰的冲突——西方宗教哲学史基本矛盾研究”（负责人），教育部十五国家级规划教材《宗教学导论新编》（负责人）、教育部重点基地重大项目“中西宗教哲学比较的几组关键问题”（负责人）等。曾获全国优秀博士学位论文提名奖指导老师、中国高校人文社会科学研究优秀成果奖、中国高校人文社会科学研究优秀成果普及奖等。

8. 杨慧林

（1）个人简历

杨慧林，男，1954 年生，汉族，北京人，中共党员，教授，博士生导师。1969 年参加工作，1990 年在中国人民大学获得文学硕士学位后留校任教，1993 年晋升为副教授，1999—2002 年博士就读于中国人民大学哲学系，获哲学博士学位。1999 年晋升为教授，2005 年任文学院院长，2009 年 5 月（应为 2008 年 12 月）任中国人民大学副校长。主要研究方向为比较文学与世界文学、西方文艺理论、宗教学、基督教等。

（2）入选理由

杨慧林主要从事比较文学与宗教学领域的研究，主持多项国家社科基金、教育部重点研究基地课题以及国际合作项目。多部学术著作被收入《中国学术年鉴》《中国宗教研究年鉴》等，国外学术刊物也有专文介绍其学术研究。主要社会兼职有：中国比较文学学会会长、国家社科基金专家评审组成员、中国宗教学会副会长、教育部中文学科教学指导委员会副主任等。主要著作有：《神学诠释学：圣言？人言》、《基督教的底色与文化延伸》、《欧洲中世纪文学史》（与黄晋凯合著）、《追问上帝：信仰与理性的辩难》、《罪恶与救赎：基督教文化精神论》、《在文学与神学的边界》、《意义》、China，Christianity and the Question of Culture（Baylor University Press）等。主讲课程“西方文艺理论史”获国家级精品课程、“西方文艺理论史”获国家级教学团队奖，并被评为北京市高等学校教学名师。

9. 张践

（1）个人简历

张践，1953年出生，1982年1月毕业于中国人民大学哲学系，1992年调到中国人民大学成人高等教育学院任教，1998年评为教授。长期从事中国宗教史，中国哲学的研究工作。

（2）入选理由

1982年毕业于中国人民大学哲学系，到中央民族学院哲学系担任教师工作。1992年调到中国人民大学成人高等教育学院任教，现兼任教育部佛教与宗教学研究基地研究员，中央民族大学客座教授，中国道教学院客座教授、国际儒学联合会理事、中国实学研究会副会长。

主要研究领域：中国宗教史、哲学史。主要著作：《中国宗教通史》、《中国历代民族宗教政策》、《宗教·政治·民族》、《中华文明史·宗教卷》（1—10卷）、《中国宋辽金夏宗教史》。主持国家社科基金项目“中国古代政教关系研究”，参加国家社科基金八五重点项目“民族与宗教”、国家社科基金重大项目“宗教与中国文化”、中国社会科学院重点项目“中国经学思想史”、教育部十五科研项目“中国政教关系研究”等。

10. 阿地里江·阿吉克力木

（1）个人简历

阿地里江·阿吉克力木，维吾尔族，1965年出生，新疆乌鲁木齐人。1991年7月参加工作，埃及爱资哈尔大学毕业，本科学历。现任第十二届全国政协委员，中国伊斯兰教协会副会长，兼任中国伊斯兰教经学院常务副院长，《中国穆斯林》杂志维吾尔文版主编。

1976年9月至1981年6月在新疆乌鲁木齐第十四中学学习。1982年3月至1991年6月在埃及爱兹哈尔大学学习，期间被我国驻埃及大使馆教育组评为优秀留学生。1991年7月起在中国伊协工作，历任国际部翻译、副主任，教务部主任。2006年5月至今任中国伊协副会长，兼任中国伊斯兰教经学院副院长（主持日常工作），《中国穆斯林》杂志维吾尔文版主编。

（2）入选理由

1995年被选为中华全国青年联合会第八届委员会委员。1998年7月经北京市委、市政府批准评为第四届首都民族团结进步模范。1997年当选为中国维吾尔历史文化研究会理事。2005年11月至今任中国伊斯兰教教务指导委员会第二届委员会委员，2007年当选为中国宗教学会理事。2008年9月当选为中华海外联谊会第三届理事。2008年12月经北京市委、市政府批准评为第六届首都民族团结进步模范。

2009 年当选为中国宗教界和平委员会第三届委员会委员。曾多次出席阿拉伯—伊斯兰国家举办的国际伊斯兰会议和亚欧论坛——不同信仰间文明对话会议，撰写、翻译发表了与伊斯兰教有关的学术论文。参加《新编卧尔兹演讲集》第一、二、三、四辑的编写和维吾尔语的翻译，参加《不列颠百科全书》（修订版）相关伊斯兰教条目的翻译工作。

第七篇

年度新闻

2016年度十大宗教新闻

司　聃　编

1. 中国南传佛教时隔60年再升座帕松列和帕祜巴

2月19日，云南省西双版纳州在时隔60年后，再次举行帕松列和帕祜巴升座庆典法会。中国佛教协会副会长祜巴龙庄勐长老升座为帕松列，都罕听等五位长老升座为帕祜巴。

此次帕松列和帕祜巴升座庆典法会，距1956年西双版纳总佛寺大长老祜巴勐晋升为松列·阿戛牟尼已经60年。当日的升座庆典法会上，信众从西双版纳一广场迎请6位升座高僧，乘花车前往西双版纳总佛寺。随后，在12个国家（不包括中国）佛教界代表共同见证下，8位金童玉女、高僧大德为他们沐浴，南传12位高僧为他们念经，汉传、藏传、南传高僧为6位新升座的高僧诵祈福经并滴水回向，帕松列和5位帕祜巴为信众祈福。

2. 全国宗教工作会议召开

全国宗教工作会议4月22日—23日在北京召开。中共中央总书记、国家主席、中央军委主席习近平出席会议并发表重要讲话。他强调，新形势下，我们要坚持和发展中国特色社会主义宗教理论，全面贯彻党的宗教工作基本方针，分析我国宗教工作形势，研究我国宗教工作面临的新情况新问题，全面提高宗教工作水平，更好组织和凝聚广大信教群众同全国人民一道，为实现“两个一百年”奋斗目标、实现中华民族伟大复兴的中国梦而奋斗。

3. 中国伊斯兰经学院成立60周年纪念会举行

5月13日，中国伊斯兰教经学院成立60周年纪念会在北京人民大会堂举行。国家宗教事务局局长王作安，中央统战部副部长斯塔，中国伊斯兰教协会会长、中国伊斯兰教经学院院长陈广元大阿訇参加了纪念会。

60年来，中国伊斯兰教经学院共培养了1500多名本科和各类学员，为我国伊斯兰教事业健康发展提供了有力的人才支撑。教师代表穆卫宾是经学院96级学生，2000年毕业留校任教至今，走过了从学生到老师的转变历程。他介绍说，中国伊斯兰教经学院遵循中国伊斯兰千年来的哈奈斐教法传统，在传统教育中加入现代文化教育方式，既强调传统经典，又看重时代精神；在宗教功课方面，严格要求学生恪守五功。经学院不仅注重教书育人，还引导教师成为教学和研究兼备的人才，鼓励他们不断提高教学与研究水平，加强伊斯兰教学术研究，使中国伊斯兰教经学院成为国内教学基地、培训基地和研究基地。

4. 伊斯兰教中道思想国际研讨会在乌鲁木齐召开

7月20日—21日，“伊斯兰教中道思想国际研讨会”在新疆乌鲁木齐市举行。来自中国、俄罗斯、哈萨克斯坦、塔吉克斯坦、吉尔吉斯斯坦、乌兹别克斯坦等6国的知名伊斯兰教界人士、著名专家学者和政府官员近百名代表参加会议。大会以“倡导中道思想，反对极端主义”为主题，就伊斯兰教所面临的严峻现实，针对世界一些地方频发的暴力恐怖活动，从经典教义角度，深入研讨伊斯兰教的中道思想，分享各国反对极端主义的成功经验。

5. 中国佛学院举行建院60周年纪念会暨新校区奠基仪式

9月20日上午，中国佛学院成立六十周年纪念会在北京举行。全国政协副主席马飚、中央统战部副部长斯塔，国家宗教局局长王作安，全国政协民宗委驻会副主任晓敏，国家宗教局副局长张彦通等莅会祝贺。王作安局长作重要讲话。

中国佛学院成立于1956年，是在党中央、国务院的亲切关怀下，以及佛教界人士和广大信教群众的共同努力下，由中国佛教协会组建的新中国第一所培养高级佛教僧才的全国性宗教院校，为我国佛教界的最高学府。喜饶嘉措大师、法尊法师、赵朴初居士、一诚长老、传印长老等先后担任院长。巨赞、正果、明真、周叔迦、王恩洋、虞愚、黄念祖、刘峰等佛学大家曾在此执教。

中国佛学院早期开设有专修、本科等课程，1959年，设立研究生班。1966年，因受“文革”冲击，教学工作被迫全面中断。1980年，恢复办学，是年12月，中国佛学院成立第一所分院——苏州灵岩山分院。1983年，成立南京栖霞山分院。2011年，中国佛学院普陀山学院正式挂牌。2014年，经国家宗教事务局批准，中国佛学院首次招收博士研究生，建立了完整的本、硕、博三级学位僧才培养体系。60年来，中国佛学院培养了千余名爱国爱教、具有一定佛学造诣的教职人员队伍，为各级佛教协会、佛学院校和寺院输送了一大批佛学人才骨干。

6. 全国性宗教团体联席会议成立会议

10月10日，全国性宗教团体联席会议成立会议在国家宗教局召开，标志着全国性宗教团体联席会议制度正式建立。这是贯彻落实全国宗教工作会议精神的创新举措，为各宗教团体搭建了一个相互交流、彼此借鉴和共同促进的重要平台，有利于加强宗教团体自身建设，有利于发挥宗教团体的积极作用，有利于构建积极健康的宗教关系。

国家宗教事务局局长王作安说，要把全国性宗教团体联席会议建设成为一个学习平台，当前着重学习全国宗教工作会议精神，特别是习近平总书记在全国宗教工作会议上的重要讲话精神，促进共同提高；把全国性宗教团体联席会议建设成为一个交流平台，交流借鉴经验，研究解决问题，促进相互借鉴；把全国性宗教团体联席会议建设成为一个合作平台，在完成共同任务、处理共性问题上加强合作，形成正向合力；把全国性宗教团体联席会议建设成为一个对话平台，对涉及宗教关系的问题进行协商沟通，创造具有中国特色的宗教对话模式，增进相互理解。

7. 云南纪念少数民族文字《圣经》翻译10周年

10月21日，云南基督教少数民族文字《圣经》翻译10周年庆典于昆明三一国际礼拜堂举行。云南省基督教两会自2006年成立少数民族圣经翻译事工部以来，在国家宗教事务局、中国基督教两会、联合圣经公会和云南省民宗委的支持下，已翻译并出版了6种少数民族文字《圣经》，再版了两种、正在翻译3种少数民族文字《圣经》，包括苗文《新旧约圣经》、东傈僳文《新旧约圣经》、佤文《新旧约圣经》、黑彝文《新旧约圣经》、白彝文《新约圣经》、西傈僳文注释本《新旧约圣经》。再版了景颇文《新旧约圣经》和拉祜文《新旧约圣经》，正在翻译的有甘彝文《新旧约圣经》、白彝文《旧约圣经》和景颇族载瓦文《新旧约圣经》。

8. 中国道教协会恢复全真道传戒活动

11月14日—12月12日，中国道教协会在武汉长春观举办为期28天的全真道传戒活动，这是时隔14年之后中国道教界首次举办此项重大教务活动。此次传戒活动的举办，对于振奋道教界精神、延续全真派道脉、培养中青年人才、加强道教教风建设、推动教务建设走向规范化具有重大意义。

9. 中国伊斯兰教第十次全国代表会议

11月26日—28日，中国伊斯兰教第十次全国代表会议在北京举行，杨发明当选新一届中国伊协会长。与会代表发出倡议：坚持正确方向，勇担社会责任，深入学习贯彻全国宗教工作会议精神，服务经济社会发展。倡议书说，中国伊斯兰教要坚持中国化方向，在法律法规范围内开展活动，主动作为，勇于在反对极端、倡导中道、维护和平的历史使命中履职尽责，在促进经济发展、文化繁荣、社会和谐中积极奋斗，在赈灾救灾、扶贫济困、捐资助学等公益慈善活动中主动奉献。

10. 中国天主教第九次全国代表会议

12月27日—29日，中国天主教第九次全国代表会议在北京召开。会议审议通过了中国天主教“一会一团”第八届委员会工作报告和《中国天主教爱国会章程》（修正案）、《中国天主教主教团章程》（修正案），选举产生了中国天主教“一会一团”第九届委员会和新一届领导班子。

第八篇

年度会议

2016年度宗教学研究十大会议

王鹤琴　编

1. 首届南传佛教高峰论坛

2月17—19日，由中国社会科学院世界宗教研究所、云南省佛教协会主办，西双版纳总佛寺等单位承办的“首届南传佛教高峰论坛暨帕松列和帕祜巴升座庆典”在云南省西双版纳州景洪市举办。这是中国南传佛教史上最高规格的国际盛会。此次南传佛教高峰论坛以“慈悲济世，和平共荣”为主题，旨在搭建南传佛教国际文化交流平台，让世界了解中国，让中国更好地与世界对话，为我国“一带一路”倡议的实施营造良好的社会文化氛围和国际合作环境，专家学者们在四个分论坛分别以南传佛教发展与文化交流、南传佛教与社会发展、南传佛教理论研究和南传佛教传播与教育为主题，展开八场高水平的南传佛教学术讨论。丰硕的学术成果不仅进一步推动了中国南传佛教学术研究，而且为政府有关部门的工作提供了高质量的政策参考。

2. 宗教社会学论坛（2016）

6月21—22日，由中国社会科学院世界宗教研究所与山西太原龙泉寺联合举办的“宗教社会学论坛（2016）”在太原召开。这是中国学界召开的第四届“宗教社会学论坛”，本届论坛的主题是“宗教组织的社会学研究”，承接前三届宗教社会学论坛，意在加深对宗教组织的社会学研究，夯实学科基础，推进学科积累。

3. 宗教心理学论坛（2016）

6月23—24日，由中国社会科学院世界宗教研究所主办，山西太原龙泉寺合办的“宗教心理学论坛（2016）”在太原龙泉寺召开。来自全国各地高校和科研院所的专家学者共计50人，针对“宗教和心理健康”的主题，以及宗教心理学未来的发展和学科建设展开了研讨，为宗教心理学未来的发展和学科建设，为丰富和发展中国特色社会主义宗教理论做出了积极的贡献。

4. “对话：中国宗教与信仰”国际学术研讨会

7月10日，“对话：中国宗教与信仰”国际学术研讨会在北京召开。会议由北京大学儒学研究院、什刹海书院以及美国价值与哲学研究委员会共同举办。来自中国、美国、瑞士、印度、意大利等国家的学者及宗教界人士出席会议。与会学者围绕中国几大宗教思想与人类精神信仰的关系进行了深入讨论。

5. “宗教与人类命运共同体”高层论坛暨2016年中国宗教学会年会

7月16日，“宗教与人类命运共同体”高层论坛暨2016年中国宗教学会年会在北京召开。此次论坛由中国宗教学会、中国社会科学院世界宗教研究所主办，以“宗教与人类命运共同体”为主题，中国社会科学院院长、党组书记王伟光，全国政协文史和学习委员会副主任叶小文等出席开幕式。来自中央统战部、国家宗教事务局以及各省市民族宗教事务部门的有关领导，中国社会科学院、国务院发展研究中心、北京大学、复旦大学、中国人民大学等近30家研究机构和大学的专家学者，以及来自五大全国性宗教团体的教界人士近百人参加会议。

7月17日，中国宗教学会进行了换届选举，世界宗教研究所所长卓新平当选会长，曹中建、郑筱筠当选常务副会长。中国宗教学会是全国宗教研究者的群众性学术团体，成立于1979年，会址设于中国社会科学院世界宗教研究所。学会遵循“百花齐放、百家争鸣”的方针，发扬实事求是和理论联系实际的学风，开展国内外学术交流和友好活动。任继愈、赵复三、孔繁曾任会长。

6. 伊斯兰教中国化论坛

8月18日，“伊斯兰教中国化”论坛在银川开幕，论坛由宁夏统一战线理论研究会、宁夏社会主义学院、中国社会科学院世界宗教研究所、中国宗教学会主办。全国宗教研究领域40余位知名专家学者将集中两天时间共同探讨伊斯兰教中国化的理论成果和实践路径。

7. 中国社会科学论坛（2016·宗教学）

8月31日—9月1日，中国社会科学论坛（2016·宗教学）在北京召开。此次论坛由中国社会科学院世界宗教研究所、中国宗教学会主办，以文明对话与人类命运共同体为主题，来自中国社会科学院世界宗教研究所、哲学研究所、国务院发展研究中心民族发展研究所、北京大学、中国人民大学、北京师范大学、中央民族大学、上海社会科学院、华东师范大学、上海外国语大学、上海大学、山东大学、四川大学、西北大学、香港圣公会明华神学院、香港亚太宗教文化交流中心等单位的中方学者，以及美国杨百翰大学、乔治敦大学、宾夕法尼亚大学、印第安纳大学、欧洲教会联盟、加拿大温尼伯大学、德国马普研究院社会人类学研究所、以色列佩雷斯学术中心、澳大利亚墨尔本大学、皇家墨尔本理工大学、阿德莱德大学、意大利锡耶纳大学、新西兰惠灵顿维多利亚大学、印度阿米蒂高级法律研究所等国外大学及研究机构的专家学者近70人参与此次论坛讨论。

8. 第五届东南亚宗教研究高端论坛

11月5日，第五届“东南亚宗教研究高端论坛”在北京召开。此次会议由中国社会科学院世界宗教研究所、中国宗教学会和中国社会科学院邪教问题研究中心主办，主题为“‘一带一路’与东南亚宗教”，来自海内外的专家学者围绕会议主题展开深入研讨。随着“21世纪海上丝绸之路”重大设想的深化与落实，构建和平稳定周边环境，拓展经济发展空间，促进沿线国家共同繁荣，成为东南亚宗教研究的重要时代背景。与此同时，东南亚作为海上丝绸之路的咽喉孔道，它的社会历史发展与海上丝绸之路的兴衰有着密切联系。为此，中国社科院世界宗教研究所特举办此次论坛，探讨如何发挥东南亚宗教区位优势，分享东南亚宗教研究成果，促进东南亚宗教研究，助力“21 世纪海上丝绸之路”建设。

9. 首届海峡两岸道教高峰论坛

11 月 8 日，“首届海峡两岸道教高峰论坛”在台北召开。会议由台湾中华道教总会主办，应台湾中华道教总会徐文保邀请，中国道教协会副会长、湖南省道教协会会长黄至安道长率团出席。此次论坛安排的内容丰富、形式多样，通过书画展览、道教音乐武术及传统科仪等方式展现道教的独特魅力，以座谈、论坛等方式探讨道教经典教理教义、两岸携手推动道教前行和发展。

10. “基督教中国化与中华民族命运共同体的建设”高层论坛

11 月 24 日，“基督教中国化与中华民族命运共同体的建设”高层论坛在北京召开。此次会议由中国社会科学院世界宗教研究所、北京市基督教两会、中国宗教学会、中国社会科学院基督教研究中心主办。来自中国社会科学院、国家宗教事务局、中央统战部、上海社会科学院、北京大学、清华大学、中国人民大学、浙江大学、郑州大学、中南大学、燕京神学院、香港中文大学、芬兰赫尔辛基大学、澳大利亚墨尔本大学、北京市基督教两会、新加坡圣经公会等国内外学术机构及宗教团体、媒体的 100 余人参加此次论坛。此次“基督教中国化与中华民族命运共同体的建设”高层论坛，旨在对基督教与中华民族命运共同体的形成进行历史回顾，探求如何让基督教更好地发挥积极作用，同时思考基督教在世界文明与中华文明对话及沟通中的意义及作用，将有力地推动国内关于基督教中国化问题的研究。

第九篇

年度研究数据

2016 年度宗教研究专业学刊目录

2016 年度《世界宗教研究》目录

《世界宗教研究》2016 年第 1 期

专稿

论积极引导宗教的现实意义/卓新平

谈汉文佛教文献数字化总库建设/方广锠

专题研究

“一带一路”愿景下跨欧亚大陆的反极端主义中欧合作——一种可能性的分析/章远

译释与传抄：丝路汉文密教文献中的外来药物书写/陈明

论中印佛教戒律学的哲学转型/夏德美

瑶族游梅山书的宗教叙事与族群记忆/张悦、张泽洪

道教内丹学论“生命的演化”/戈国龙

金元大道教史续考——从一宗著名公案说起/赵建勇

张三丰、胡濙陇南踪迹考/蔡副全

最初的古典哲人的人格神信仰：施特劳斯解读下的苏格拉底、柏拉图与色诺芬/刘洋

清末民初知识界对严译《天演论》的批判与反思——以李问渔的《天演论驳义》为中心/薛玉琴、徐华博

领事、教士及教徒：晚清美国驻闽领事与地方基督教关系初探/朱峰

不同国度、相同情怀：英敛之与雷鸣远的交往述略/周萍萍

经学大师舍蕴善“十八条”主张考述/马超

信仰·知识·人格——王曾善（1903—1961）与中国—土耳其的人文交往/刘义

约旦圣战萨拉菲主义基本思想与发展/李茜、黄民兴

当代后藏农区的宗教实践：以日喀则白朗县例/蒋净柳

综述

宗教对话的“超越”与“回归”——星川启慈宗教对话理论述要/陶金

《世界宗教研究》2016 年第 2 期

马克思主义宗教观研究

马克思宗教观视域中的恩格斯圣经理解/唐晓峰

对宗教、民族、国家安全的统一考量——试论习近平的宗教工作思想的理论特色与理论内涵/李晓龙

专稿

宋初儒者孙复、石介的排佛论/杨曾文
天堂法像——洛阳天堂大佛与唐代弥勒大佛样新识/罗世平

专题研究

从“大邑”到“天室”——殷周之交宗教哲学的深度转换/顺真
不空罥索密法探源/周广荣
从“胜军比量”到“唯识比量”——玄奘对简别语“自许”的使用/傅新毅
清代妈祖封号附会碧霞元君问题新探/李俊领、甘大明
《历代神仙通纪》初探/尹志华
《太平经》“善—美“思想刍议/张丽霞
莆田先天教现状初探/余黎媛
反抗与叛逆的基督教——恩斯特·布洛赫的圣经观/金寿铁
骗人的妖怪与忠诚的上帝——辨析上帝在《第一哲学沉思集》中的地位/李琍
迈蒙尼德论律法、智慧与城邦政治/赵同生
关于西北门宦中“二十五辈圣裔”的考证/王雪梅
本教九乘与四门一库/同美

书评

新范式道教史给道教研究带来的新思考——小林正美《新范式道教史的构建》评述/姜守诚

系统研究全真教历史的新范式——读张广保教授的《全真教的创立与历史传承》/孙瑞雪

综述

近三十年来西方人类学的基督宗教研究综述/钟鹭艺
“伊斯兰教与中国社会”会议综述/李林、马景
关于当前道教研究的若干思考——“青城山道教学术研究前沿问题国际论坛”综述/盖建民、孙伟杰

《世界宗教研究》2016 年第 3 期

专稿

中国特色社会主义宗教理论的内涵和外延/叶小文
认真领会习近平总书记在全国宗教工作会议重要讲话的意义/卓新平
如何深入理解“坚持中国化方向”？——学习习总书记讲话的体会/牟钟鉴
“宗教中国化”义理沉思/张志刚

论中国特色社会主义宗教理论的形成发展及实践/何虎生

马克思主义宗教观研究

艾思奇的马克思主义宗教观及其当代意义探论/隋金波

专题研究

边疆宗教治理研究/张桥贵、孙浩然
我国宗教活动场所产权制度设计的学术建议/张明锋
从宗教到个人——美国宗教判例的变迁/陈斯彬
方以智追问自我及元声/张昭炜
寻绎苏洵的文化信仰——一种以历史理性精神为视角的阐释/古屿鑫
晋宋之际玄禅背景下中国山水画的兴起/何劲松
理论与现实：从杖打透视佛教律学本土化/孙桂彬
福州福寿宫摩尼教神祇探原/彭晓静、杨富学
灶神信仰的家庭伦理观及其当代启示/黄永锋、林銮生
《齐云山志》版本考/汪桂平
洛阳唐代景教经幢表现的母爱主题/葛承雍
卜弥格《中国地图册》中的基督宗教史料/王永杰
当代非洲苏非主义——挑战与出路/李维建

书评

道教张天师研究的新成果——《中国历代张天师评传》读后/李海林

综述

海外藏人移居美国与藏传佛教在美国的传播和发展/黄云静
“大中华地区区域宗教系统的形成”会议综述/欧阳楠

专稿

关于中国特色社会主义宗教理论的几个问题/叶小文
回望伊斯兰历史长河中的“赛来非耶”/吴云贵

《世界宗教研究》2016 年第 4 期

专题研究

湖南江永水龙祠壁画的发现报告/刘灿姣、林伟
湖南江永勾蓝瑶寨水龙祠壁画释读/胡彬彬、吴灿
明初儒者方孝孺的辟异端思想/吕诗尧
禅宗祖师像的图像模式研究——以禅宗三祖僧璨像为中心/陈粟裕
论吉藏对《中论》“三是偈”的四种诠释/苏畅
广府民间信仰中的女神信仰探略/贺璋瑢、蔡彭冲

元代城隍信仰：以《全元文》为中心的考察/赵晓寰
清乾嘉时期北京白云观事考论/林巧薇
许昌天宝宫与明代全真华山派/张方
重考平冈治——以文本批评和田野考察为中心/胡锐
阿奎那自然法的现代争论/周伟驰
经济全球化背景下的华人移民基督教：欧洲的案例/曹南来、林梨君
十八世纪北京耶稣会士开办钱庄研究/康志杰

书评

宗教史的新界碑——品读《近代中国宗教文化史研究》/何卓恩
从《小的是美好的》看佛教经济学家舒马赫的思想洞见/张锦冬
《三武一宗抑佛综合研究》评介/范进庭

综述

新世纪以来中国学者对于犹太教的研究/张倩红、张佩佩
中国穆斯林朝觐活动研究述评/张建芳、敏俊卿
“玄奘与丝绸之路”学术研讨会综述/梁富国
全真道与老庄学研究的突破与展望——第三节全真道与老庄学国际学术研讨会述要/刘固盛、王悦迪
马来西亚槟城“道学与科学”国际学术研讨会综述/吕锡琛、徐陶

《世界宗教研究》2016 年第 5 期

马克思主义宗教观研究

简论马克思主义与宗教：兼议宣传无神论与信徒能否入党的两场争论/陈村富

专稿

清代康、雍、乾三朝对民间宗教的政策及其后果/马西沙
中国本土宗教的虚神信仰/王卡

专题研究

宋元明清肖像式妈祖图像的综合考察/肖海明
佛法与众生法的协和：从佛教中国化论人间佛教及其价值取向/董平、盛宁
人间佛教：中国佛教的机遇与挑战/成建华
藏传佛教密续学述略——以布顿·仁钦珠《续部总论》为例/尕藏加
历史宗教地理学视阈下九华山佛教文化体系的构建——以寺院为中心/王开队
罪魂·鬼王·神将——秦将白起的宗教化形象建构/姜守诚
佛经三分结构及其对道教《灵宝经》的影响/王皓月
《神应经》的归属和性质问题/欧阳镇、肖爱娇
企业家与民间信仰的“标准化”——以闽南地区为例/范正义

威尔豪森的《以色列史导论》与现代圣经批评——历史记忆、断裂与重构中的《摩西五经》/成祖明

从合儒、补儒到超儒——利玛窦《交友论》与卫匡国《逑友论》试论/石衡潭

中国天主教教区历史沿革及发展的回顾与反思/刘志庆

从尊重孔子到今世完人：明清时期穆斯林知识分子的孔子观/仇王军

札付、官府、清真寺：从札付看明朝政府对清真寺的管理/丁慧倩

郑和宗教参与多样性及其对海上丝绸之路各国的友好影响浅析/张俭松、叶蕾

书评

世界的眼光　中国的话语——读魏道儒主编的《世界佛教通史》/洪修平

综述

管东溟三教思想述评/王硕

从地藏到十王——评张总十王信仰研究的系列成果/王大伟

理论反思　方法建构——首届国际道教文化前沿论坛与当前道教研究的新方向/秦国帅

“21 世纪海丝佛教福建论坛”综述/雷斐然

修行人类学视野下的宗教与社会——第二届宗教人类学工作坊会议综述/沈阳

马克思主义宗教观研究

论马克思主义对卡尔·巴特神学政治的影响及其反思/李志雄

马克思如何理解关于上帝存在的宇宙论证明/文学平

《世界宗教研究》2016 年第 6 期

专稿

“一带一路”战略与宗教风险研究——基于可能性和必要性视角/郑筱筠

专题研究

整合理性与信仰的易学模式（上）/卢国龙

存神过化与修行动力学——以近现代济度宗教团体为例/陈进国

牟宗三对佛学研究的两次转变及其意义/徐波

北凉写本《金光明经》题记的释读/王丁

论当阳玉泉寺铁塔地宫铭文对弘景禅师研究的补史意义/高继习

佛教早期目录学的发展——《综理众经目录》和《出三藏记集》对目录学术语的不同诠释/王鹰

“日本的道教”抑或“道教在日本”——百年来有关道教在日本研究的回顾与反思/孙亦平

根植与传承：现代家庭中的民间信仰神圣空间——以福州市临水夫人信仰为例/胡晓容、郑衡泌

鲁迅校勘古籍《岭表录异》与古代南方少数民族铜鼓文化/孔含鑫
金元全真教书法家及其作品辑研——以金石文献为例/申喜萍
巴黎外方传教会“科学传教”与西南边疆研究的近代转型/曾志辉
近代华人天主教徒的西文著作及其影响——以《汉学丛书》为例/王国强
论海舍尔宗教哲学对象征主义的理解/陈玉梅
论后人本主义心理学与宗教的关系/陈明
教法何以随国法？——从国法与教法关系看伊斯兰教的中国化/李林
明清回儒译著中的四元素说/毛思敏、董修元

综述

再谈关于汉、梵《药师经》的若干问题/方广锠
首届“丝绸之路与泾川文化”学术研讨会综述/景天星

2016年度《世界宗教文化》目录

《世界宗教文化》2016年第1期

理论前沿　宗教对话

宗教对话的难题与突破困境的方法——基于语言哲学视角的宗教对话用语“层次化”问题考察/［日本］星川启慈著、陶金译

日本佛教与基督教对话的历史和成果——以东西宗教交流学会为中心/［日本］渡边学著、王皓月译

专家论坛　宗教与民族热点研究

归类与整合之间的宗教认同/何其敏

傈僳族基督教信仰的本土化与民族身份认同/黑颖、杨莉

宗教信仰结构与民族文化认同——以滇西景颇族原生性宗教信仰及其变迁为例/蔡江帆、张可佳

现状研究

当代中国基督教现状管窥：基于CGSS和CFPS调查数据/卢云峰、张春泥

基督教在中国高校的发展情况及大学生的态度/李丁

大学生基督徒信仰历程研究——以北京市大学生基督徒个案研究为例/包胜勇、姜婷婷

国际视野

马来西亚四会籍华人的阮梁圣佛信仰/石沧金

苏莱曼酋长运动组织：菲律宾新恐怖主义研究/辉明

历史语境下的“学”与“修”关系初探——以斯里兰卡佛教为例/惟善

学术专题　萨满教研究

萨满文化遗产的“面”与“里”——以韩国为例/孟慧英、范冬敏

中国萨满教研究百年回眸/色音、乌云格日勒

蒙古地区萨满教及克旗祭敖包的特点/嘉木扬·凯朝

民族融合视角下的丰宁满族剪纸与萨满宗教研究/李涛、郑新涛

深度解读

金丹与中医比较研究/霍克功

佛陀本怀、中国经验与全球视域——佛教文学百年回顾与展望/任传印
贾玉铭生平考释/王德龙
叙利亚语主祷文中的“和罪句”/柳博赟

学海扬帆
论中国基督教信仰的弥散性/张凤池
私人性与公共性：民间信仰管理法治化的一个分析框架/姜裕富

《世界宗教文化》2016 年第 2 期

特稿　纪念任继愈先生诞辰一百周年
当自觉接受马克思主义指导的学问家——纪念任继愈先生诞辰一百周年/王伟光
在“纪念任继愈先生诞辰一百周年座谈会”上的致辞/卓新平
“纪念任继愈先生诞辰一百周年座谈会”综述/陈粟裕

理论前沿　宗教极端主义研究
“伊斯兰国”与中国国家安全/张崇富
中亚宗教极端势力对“一带一路”建设的影响及我国的应对/史谢虹
圣战式“吉哈德”的三维考论/侯宇翔、赵九之

专家论坛　南传佛教研究
试论南传佛教的区位优势及其战略支点作用/郑筱筠
重视云南南传佛教工作　更好地为我国经济文化发展服务/黄夏年
南传佛教的历史地位与现实社会意义/宋立道
日本的上座部佛教研究——兼评马场纪寿《上座部佛教思想的形成——从佛陀到觉音》/张文良

国际视野
论越南高台教宗教信仰融合的体现/谢昂
“谁动了我们的宗教?”——以美国土著奥吉布瓦教为例/宋赛南、王艳艳
论非洲圣灵抵抗军兴起的宗教背景及其宗教理念/王涛

现状研究
新疆南疆地区穆斯林宗教生活与自我和谐、幸福度的关系研究/张淼
台湾地区南部灵宝道派的引魂过桥仪式/姜守诚、李海龙

学术专题　萨满教研究
从中华宗教模式及其当代发展看达斡尔族萨满仪式的重建/萨敏娜
《钦定满洲祭神祭天典礼》对满族萨满教规范作用的考辨/姜小莉
满族萨满教艺术的存续性与民族文化产业融合发展研究/宋小飞

深度解读

儒学、孔教与现代社会——以康有为思想为中心/王士良
圣人的感生与同祖——郑玄、王肃关于殷周始祖出生故事的争论/李晓璇
论吉祥万字的右旋与左旋/张远
法藏：阐释、因果与分体关系/［美］尼古拉斯·琼斯著、何亚琴译
论支遁即色思想与其诗歌创作的背反/韩扬文
20 世纪初期西方列强的国家利益与罗文藻的坎坷祝圣路/张化
试论神学和世俗两种力量对基督宗教教会的影响——以亚历山大里亚教会为例/彭睿

学海扬帆

晚唐至金国初期五台山地区的佛教状况/［美］罗伯特·M. 詹密罗著、冀培然编译

《世界宗教文化》2016 年第 3 期

特稿

略论东方哲学与宗教/洪修平
“一带一路”建设与文明对话互鉴/吴云贵
清代道士傅金铨小考/朱越利

理论前沿　东方宗教思想研究

印度《大林间奥义书》“密部”宇宙论解析/樊沁永
印度“梵我不二”视域下的如来藏思想解析/苏磊
日本佛教《法华秀句》卷中研究/杨剑霄

专家论坛　佛教研究

韩国九山禅师向西方人的传法及其禅宗思想/杨健
梁武帝变革佛教戒律新探/夏德美
试论谭嗣同对佛学创造性的阐释/蔡双全

国际视野　非洲宗教研究

苏瓦里传统与西非伊斯兰教的地方化/李维建
浅析伊斯兰教对非洲民族国家构建的影响/李文刚
撒哈拉以南非洲基督教的历史与现实/郭佳
19 世纪至 20 世纪利比里亚的伊斯兰教与基督教及其关系史探究/刘宇

现状研究　中缅宗教热点问题研究

中缅跨境民族地区基督教跨境互动的历史形态与阶段特征/徐祖祥、刘欢
中缅边境地区基督教治理研究/苏翠薇
缅甸佛教极端势力对中缅关系的影响及应对/戴永红、王俭平

中国穆斯林跨国慈善——以马来西亚的中国穆斯林赴缅甸罗兴亚难民营援助为例/钟大荣

学术专题　萨满教研究

达斡尔人祖先神“霍卓尔·巴日肯”的类型系统/孟盛彬

文化与宗教的多元认同——以土族民间信仰的萨满教遗俗“孛”为例/祁进玉

满族萨满教的祖先神信仰研究/于洋

深度解读

提倡“两个离不开”的理念　建设和谐社会——中国天主教爱国组织与教务（区）组织关系的调研/田悦阳

丝绸之路宗教艺术视野下的新疆有品乐器研究/夏凡

《太平经》“共生”思想的现代意义/孙国柱

德国天主教神学家拉纳的死亡观研究/宗晓兰

日本“水子供养”研究/田园

学海扬帆

宗教法舞“查玛”之研究现状综述/龙梅

《世界宗教文化》2016 年第 4 期

特稿

对“圣战”的简略考察/金宜久

伊斯兰教与世俗化理论及实践困境/马景

理论前沿　互联网宗教研究

佛教互联网舆情指数的构建与互联网舆情评估/向宁、王于鹤

互联网$^{+}$时代的宗教新形态/张华、张志鹏

“四全媒体”与“神圣网络”：当代西方基督教会“网络传教”行为分析/赵冰

互联网时代萨满教的公众关注及存在形态研究/王伟

公众如何关注基督教和天主教？——基于关键词采集技术的大数据分析/王术

专家论坛　宗教文学研究

忽必烈藩府文人与元代宗教政策及对文学的影响/任红敏

文学与神学的交融——新约、汉译与文化交流/周复初、刘伟伦、吕启萱

论藏族传记文学的分类及其文体特征/才让加

圣经在苏联时代的文学魅力——索尔仁尼琴的道德诉求之根据/许传华

佛经翻译文本的文学性研究/闫艳

《威克里夫圣经》译者考辨及其文学史意义/王任傅

国际视野

宗教助力国家发展的一种经验探讨——基于巴西巴哈伊教的个案研究/陶染春、［美国］凯瑟琳·赫尼曼

现状研究

制度变迁与传统再造——兼论当代西南民族民间信仰的复兴或重组/肖云泽、李向平

云南德宏广山：从学校到村落——一个文化认同事项的宗教人类学分析/马居里

学术专题　民族宗教问题研究

从阿吡力教派出发：问题与范式的讨论/李东红

没有鬼神的神路图——从纳木依人的神路图看原始宗教信仰/赵丽明

浅析藏彝走廊带本波教丧葬朵玛祭祀习俗——以阿坝州松潘县川主寺镇祁命村民间丧葬为例/索忠、才旦

深度解读　宗教与法治研究

原生性宗教与国家治理问题探究/蔡华

当代中国宗教活动管理的理论与实践——以宗教行政法的建构为例/汪燕

宗教自由的司法保护：基于欧洲人权法院判例的观察分析/张明锋

府际关系视角下的省界宗教活动场所治理——以赣鄂边界Y宫为例/文卫勇、刘天宇

学海扬帆

近十年我国大学生基督教信仰研究现状评述——以CNKI收录的论文为例/刘影

《世界宗教文化》2016年第5期

特稿

文殊信仰发展的主脉——从印度佛教到中国佛教/魏道儒

中国民间信仰研究的“他山之石”——以欧大年的理论探索为例/张志刚

理论前沿　互联网宗教研究

关于我国网络宗教事务管理问题的思考/董栋

网络宗教、网络社会与社会治理研究——以S市调研为例/石丽

网络的宗教使用和宗教的网络复兴——国外宗教与网络研究综述/吴越

专家论坛　马克思主义宗教观研究

中国共产党与宪法性文献中关于宗教问题的规定/毛胜

马克思与尼采宗教批判思想比较探析/胡志刚

马克思恩格斯宗教思想的另面观/胡义清

国际视野　宗教与教育研究

神圣与世俗的融合：土耳其与伊朗中小学的宗教教育实施现状/白娴堂
印度婆罗门教历久常新的“古儒库拉”教学模式/曹彦
英国宗教教育的历史与现状/张嵘
美国高校的宗教学科刍议/陶飞亚、梁珊

现状研究

论武陵山区傩坛的组织形态/许钢伟
梅州客家香花仪式的研究状况以及对相关问题的反思/张小燕

学术专题　宗教与移民研究

移民与近代广东基督教文化圈的形成/薛熙明
宗教与族群：理论关联的综述/［美国］丽贝卡·基姆著、范丽珠译
移民的困境与宗教的补偿作用——关于“百合团契”的初步研究/陈纳
迁移境外的傣泐人南传佛教文化观研究——以泰北南王村寨为例/饶睿颖
“双重脱嵌”与新移民个体意义体系的建构——社会流动视角下的青年多元信仰实践/邢婷婷

深度解读　解读《世界佛教通史》

皇皇巨著创新章——读魏道儒教授主编的《世界佛教通史》/张风雷
十年寒窗　鸿篇巨制——喜读魏道儒学部委员主编：《世界佛教通史》/班班多杰、孙悟湖
佛教发展历史的恢宏展示和创新性研究/姚卫群
《世界佛教通史》的几大特色/董群
溯源探赜　观水望云——读《世界佛教通史》/俞学明
佛教“共相”与“殊相”的全面展示——《世界佛教通史》书评/刘成有

学海扬帆

肖像画影响下的九莲菩萨像/金延林
国外宗教社会学研究知识图谱/汪玉兰、邓国民

2016年度《宗教学研究》目录

《宗教学研究》2016年第1期

道教研究
关于早期全真道诗词研究的若干问题/罗争鸣
六朝“浑天说”思想与葛洪神学宇宙论的构建/孙伟杰
唐代邵州道士申泰芝考略/伍成泉
唐代医家王冰与道教关系再研究/金权
赵宜真、刘渊然嗣派净明问题再探讨/许蔚
宋元时期龙虎山道士对民间信仰的利用和扶持——以贵溪自鸣山神为例/吴小红
赵孟頫“道教人物画”述略/申喜萍
国图藏敦煌道经校正三则及相关问题考释/谢明
道教隐喻研究的内涵与价值/赵静

佛教研究
宗杲的看话禅及其对士大夫习禅学的疏导/麻天祥
《真实摄经》之三种汉译本所记金刚界大曼荼罗比较研究/党措
汉语巴利语《四大天王经》对比研究/蒲成中
中观学派对部派佛教时间学说的辩破/陈群志
南宋高僧灵隐慧远行实考察/黄豪
中国古代刺血书经之风——兼论九华山海玉和尚血书《华严经》/尹文汉
佛教木刻版画《佛祖道影》源流考/叶宪允
禅数学与中国佛教修学的初步形成/许潇
印度“现结芒果”术的佛教渊源及中土流变/施晔

民族宗教与西部边疆研究
侗族萨崇拜的祭坛与仪式研究/石开忠
魂聚与魂移：侗族传统民居堂屋的共魂意象表征/赵巧艳
白马藏人苯教法师“北布”调查研究/王万平、王志豪
东部苗族土地神崇拜调查研究/霍晓丽
湘西咱河土家族村“生死过渡”仪式中的“佛教道士”探析/张晗、覃娜娜
南传佛教与傣族民间信仰的依存——孟定傣族“摆维桑”仪式研究/莫力、马祯

基督教研究

无像崇拜与破坏神像：圣经禁像传统在中国的诠释/李炽昌
论保罗信心思想的发展/陈曦
论“精神”概念在黑格尔神学思想中的地位/熊径知
论弗兰西斯·哈奇森的“神”/李家莲
历史与启示视域中的莱辛宗教思想研究/原海成
温州艺文大学堂：中国教会大学史上的遗珠/张真

宗教学理论与其他宗教研究

挽劫救世：中国民间宗教的社会关怀/濮文起、梁家贵
“世界宗教”视野下的中国民间信仰/邱永辉
莆田金幢教现状初探/俞黎媛、陈松青
建设“中国宗教学”：意指、概念与问题意识/杨普春
“神圣性”问题在宗教学中的理论演进/包力维

书评与信息

国际道教研究的问题与视野——评美国学者柏夷《道教研究论集》/王宗昱
竭泽而渔，推陈出新——评《古典禅研究：中唐至五代禅宗发展新探》/陈建芳
祝贺四川大学宗教学研究所成立三十五周年/黄心川
《宗教学研究》2015 年总目录/何江涛

《宗教学研究》2016 年第 2 期

道教研究

古代国家祭祀与汉唐道教“八节斋”渊源论考（上）——兼对吕鹏志博士一系列质疑的答复/王承文
柳永游仙词与北宋真宗时期道教文化/刘方
唐宋外丹新类型初探/盖菲
日僧成寻入宋巡礼途中所见道教/王丽萍
《黄帝阴符经》自然神性观论析/赵芃、梁琛
萨守坚形象建构研究/熊威
龙虎山志源流考略/罗琴
论道教风水观念对越南社会的影响/宇汝松
女性大美与道教养生的现代意义解读/杨燕
道教服食特征探析/徐刚
川西法言坛中元法会的考察研究/徐菲
民间道教的礼仪传承与实践——以湖南湘乡丧礼为例/龙晓添、萧放

佛教研究

《四十二章经》新考/杨维中
浅议晋宋时期从般若“空”到涅槃“有”佛学思潮的转变/崔峰、李利安
浅析 8 至 10 世纪敦煌尼僧居家生活/石小英
论古代泗州僧伽像僧、佛、俗神的演化进程/牛长立
佛教民间化的构筑、播散与沉淀——对崇祀李通玄的历史考察/侯慧明
从常住碑记看明末清初云南鸡足山的寺田面积/张庆松
民国佛教的监狱教诲研究/明成满
民国时期湖北的保学制度与庙产纷争/刘魁
抗战时期南岳佛道救难协会研究/李湖江
庄证佛兮佛解庄——南亭长老对《庄子》的融会贯通/韩焕忠

民族宗教与西部边疆研究

民主改革前西藏阿里宗教朝拜活动考察/刘复生
藏族苯教婚姻神话探析/刘军君
重构与发展：南传佛教、基督教信仰对丙叶寨佤族文化的塑造/徐祖祥
从碑刻看清水江流域苗族、侗族招龙谢土的生态意蕴/严奇岩
人类学视野中的羌族圣树崇拜与族群生活/李祥林
腾冲胆扎傈僳族丧葬仪式钻蓬的人类学解读/侯兴华
阿昌族史诗《遮帕麻和遮米麻》及其宗教内涵探析/杨荣涛

基督教研究

塞哥维亚的后殖民圣经诠释/田海华
“因信称义”与“带业往生”比较会通/李细成
天主教共融教会论：定义、历史及卢巴克的观点/梁家荣
在教会与国家之间：东正教政治理念辨析——兼评俄罗斯教会之依附性悖论/吴舒屏
基督教在中亚的传播/侯典芹
贾玉铭的寓意解经方法研究/赵盼
19 世纪美国传教士中国观建构之文化心态论析/吴巍巍

宗教学理论与其他宗教研究

视觉文化·妈祖信仰·社会性别——以中国传统木版年画为中心/侯杰、王凤
河西民间宗教宝卷的叙事体制/程瑶
清代以来川西地区的金华太子崇拜/陈志刚
北宋景灵宫国忌行香略论/王蒙
荣格宗教心理观述评/刘佳佑

书评与信息

反思与参酌——郑灿山教授新著《六朝隋唐道教文献研究》评述/李海林

东南道教研究的新收获——《浙江道教史》读后/邓国均

《宗教学研究》2016 年第 3 期

道教研究

尹志平《道德经》诠释理论探析/赵卫东

古代国家祭祀与汉唐道教“八节斋”渊源论考（下）——兼对吕鹏志博士一系列质疑的答复/王承文

老子生育思想探微/贾来生、盖建民

汉晋之际道教与乡里秩序/陈克标、熊铁基

《真诰·阐幽微》的冥界观/程乐松

隐没的先真：北宋高道于元隐行迹略考/赵建勇

道教“抟颊”仪式考证/忻丽丽

台南灵宝道派的开通冥路科仪/姜守诚

论陶弘景的驱邪法器与驱邪病方/刘永霞

试析魏尧与赵避尘的内丹性命论/丁常春

苏州城镇化进程中的道教信仰/黄新华

梵呗起源于道教考论/张培锋、曹磊

佛教研究

《道行般若经》译本考释/方广锠

《杂阿含经》传译再考/屈大成

古代纸质衣物与僧伽生活考释/夏金华

唐代神僧万回考论/崔小敬

辽代圆寂道场述论/常峥嵘

明代成都地区佛教研究/王大伟

东北佛教金顶毗卢派的历史传承和发展现状/王佳

成都佛教团体的近代激变：以四川省佛教会为例/吴华

当代伦理视野下的佛教“邪淫”观/张海滨、高新文

契嵩的《中庸》诠释/张培高

民族宗教与西部边疆研究

梅山教文化圈与南岭走廊多元宗教研究/张泽洪

腊尔山苗族祭坛“炯”的空间分布及文化内涵探讨/陆群、蒋欢宜

云南西双版纳傣族多元宗教信仰论析/王静、吴之清

俫家人“哈戎”仪式的通过阈限与象征意义/李技文

彝族宗教语言的内涵与功能研究/徐秋平

巍山圣谕坛疏文表诰宗教内涵研究/杜新燕

基督教研究

论当代天主教新自然法学派的行为观/林庆华
奥古斯丁之“灵魂能力等级”观念探析/寇振成
文本互读建构神学——克鲁尼比较神学思想探析/富瑜
苏吉萨拉迦的后殖民圣经诠释/吴华
早期拜占廷帝国非基督徒与基督徒的共存与交流探析/董晓佳
9—14 世纪北方草原地区基督教初探/李荣辉、袁刚

宗教学理论与其他宗教研究

赣南罗祖教神仙谱系的初步考察/惟善
论先秦以来官方祭祀中的海与四海/牛敬飞
《鬼谷子》游说思想探析/屈燕飞
宋元以来珠三角地区观音信仰研究/刘正刚
论宗教生活质量/王进
试论赫尔曼·柯亨的“耶—雅和解”及其限度/高山奎

信息

玄奘摄各界　丝路通古今——玄奘与丝绸之路学术研讨会综述/李心苑

《宗教学研究》2016 年第 4 期

论马克思、恩格斯《神圣家族》中的宗教观/卓新平
中国特色社会主义宗教理论研究的意义/曾传辉
从“三教一贯”到“仙佛判决”——《扬善半月刊》的风格转变及其原因/郭武
龙虎山法派考/张崇富
对“游历仙境”神话和早期仙传故事的“神话—原型批评”研究/苟波
黄鹤楼与道教关系之历史研究/梅莉
试论《老子》书中的“慎”观念/夏绍熙
李荣《道德真经注》中的庄学精神/刘鹤亭
《龙虎山志》的编纂及元本、张本、娄本间的承变/王文章
灵济道书综考/王福梅
《太平经》乐论思想疏考/韩伟
论六朝道教之德性伦理与道德教育思想/杨子路
至道与至美：魏晋“清玄”书风与道教美学实践/沈路
论佛教传统丛林教育的利与弊/段玉明
汉传因明的“能立”概念/汤铭钧
支僧载及其《外国事》综议/阳清
《诸经要集》与《法苑珠林》成书时间及相关问题考辨/王侃
宋元清规儒家化考论/杨逸

明初高僧释宗泐行实新考/孙海桥
印光法师“格物致知”思想初探——兼谈“格物致知”诠释说的流变/苏相君、陈兵
入世之风:《现代僧伽》视野下的民国佛教改革/朱勤滨
美国对佛教与科学关系的研究/冯涛、顾明栋
彝族宗教“三灵”研究/吴秋林、郎丽娜
西南少数民族药王信仰的内涵和文化意义/廖玲
“瑶传道教”的仪式功能及其象征意义——基于贵州东南部过山瑶村寨的田野调查/聂森
瑶族宗教与道教关系研究综述/袁君煊
彝族图腾崇拜研究评述及再思考/陈自升
安多藏区二郎神信仰源流考/仁增拉青旺姆
清代伊犁锡伯族关帝信仰研究/唐智佳
“文本/共处”的诠释方法:从希伯来传统及中国经典解读耶稣/李炽昌
哈茨霍恩与儒耶对话中的“内在与超越”/王计然
阿奎那的基督教德性伦理学及其对现代中国道德建构的意义/梁卫霞
拉萨宗座代牧区成立史实考述/刘瑞云
入乡随俗:抗战前河南教会医院本土化原因探析/谭备战
巴塘教会的最后时期及本土化特色/赵艾东、朱晓陵
萨满—祭司二分理论的误区/曲枫
宗教“神圣”论——以涂尔干的宗教学理论为中心/王萌
论原始宗教的经济理性/李静玮、王卓
“跽”式体姿:三星堆文化中的通神仪式探析/李为香
古代中国与近代老、越山地泰族春季节仪的比较研究/马伯乐、胡锐
上帝归来——段正元的上帝观及其现代意义/韩星
三大宗教会议与犹太教改革派的初步形成/胡浩
区域道教研究碑刻史料的新成果——《云南道教碑刻辑录》述评/盖建民、孙伟杰
溯黄老遗迹,述道学新命——第二届昆仑高峰论坛暨老子道学文化研究会 2016 年年会综述/孟祥兴、陆杰峰

2016年度宗教学及宗教类新版图书简目

陈粟裕　编

宗教理论与概况

《宗教社会学（第四辑）》/金泽、李华伟编，社会科学文献出版社2016年/380页

《中国社会中的宗教》/［美］杨庆堃著，范丽珠译，四川人民出版社2016年/320页

《儒释道耶与中国文化（汉英对照）》/汤一介著，外语教学与研究出版社2016年/329页

《东南亚宗教研究报告：东南亚宗教的转型与创新》/郑筱筠编著，中国社会科学出版社2016年/536页

《科学与宗教的领地》/［澳］彼得·哈里森著，张卜天译，商务印书馆2016年/388页

《宗教与美国社会（第十三辑）》/徐以骅主编，时事出版社2016年/329页

《马克思宗教批判思想及其当代启示》/杨淑琴著，中国人民大学出版社2016年/153页

《哲学与宗教学研究》/吕大吉著，中国社会科学出版社2016年/560页

《中西宗教文化比较》/谢屏著，中国旅游出版社2016年/227页

《西北宗教论丛（第五辑）》/才让、牛宏编，甘肃人民出版社2016年/241页

《宗教学是什么（人文社会科学是什么）》/张志刚著，北京大学出版社2016年/322页

《康德宗教哲学文集（注释版）》/［德］康德著，李秋零译，中国人民大学出版社2016年/431页

《科学、宗教与人文传统》/马建钊、夏志前编，广东人民出版社2016年/257页

《黑格尔早期神学著作》/黑格尔著，贺麟译，商务印书馆2016年/518页

《历史的逻辑：主流信仰的理论培育》/王天思著，上海大学出版社2016年/271页

《日本宗教史》/［日］末木文美士著，周以量译，社会科学文献出版社2016年/268页

《宗教经典汉译研究（第2辑）》/任东升、雷雨田主编，社会科学文献出版社2016年/237页

《神话与古史：中国现代学术的建构与认同》/谭佳著，社会科学文献出版社2016年/242页

《宗教学学术史问题研究》/朱东华著，清华大学出版社2016年/443页

《马克思主义宗教观概论》/王来法著，浙江大学出版社2016年/232页

《新疆的宗教信仰自由状况》/中华人民共和国国务院新闻办公室著，人民出版社2016年/25页

《宗教哲学读本》/姜宗强著，金城出版社2016年/308页

《无神论》/竹下节子著，中国友谊出版公司2016年/280页

《境外宗教渗透论》/段德智等著，经济科学出版社2016年/421页

《马克思主义宗教观在当代中国的运用与发展研究》/洪源渤、王静琦等著，中国社会科学出版社2016年/182页

《中国宗教报告（2015）》/邱永辉编，社会科学文献出版社2016年/327页

《中国宗教研究年鉴（2014）》/曹中建编，中国社会科学出版社2016年/511页

《迈蒙尼德宗教哲学思想研究》/赵同生著，上海三联书店2016年/263页

《世界宗教史》/［日］加藤玄智著，河南人民出版社2016年/204页

《中国传统文化与儒道佛》/徐小跃著，江苏人民出版社2016年/295页

《现代性和中国佛耶关系（1911—1949）》/周晓微著，巴蜀书社2016年/248页

《论成为人：神学人类学专论》/［美］雷·S. 安德森著，上海三联书店2016年/295页

《当代西方汉学研究集萃：宗教史卷》/姚平主编，上海古籍出版社2016年/358页

《文化与上帝之死》/［美］特里·伊格尔顿著，宋政超译，河南大学出版社2016年/254页

《“一带一路”战略与宗教对外交流》/卓新平、蒋坚永编，社会科学文献出版社2016年/348页

《宗教、法治与中国传统》/俞学明、钱雪松主编，当代中国出版社2016年/216页

《马克思主义无神论研究（2014年第4辑）》/习五一编，中国社会科学出版社2016年/465页

《宗教与美国社会（第十二辑）》/徐以骅著，时事出版社2016年/333页

《宗教与哲学（第5辑）》/金泽、赵广明主编，社会科学文献出版社2016年/418页

《自己的上帝（宗教的和平能力与潜在暴力）》/［德］乌尔利希·贝克著，李荣荣译，上海译文出版社2016年/198页

《马克思的宗教批判与现代性批判》/袁芳著，上海大学出版社2016年/223页

《世界史视野下的宗教》/刘义、陶飞亚编，上海大学出版社2016年/158页

佛教

《中观学概论》/弘学著，四川巴蜀书社有限公司2016年/194页

《佛典语言及传承》/［日］辛嶋静志著，裘云青译、吴蔚琳译，中西书局2016年/432页

《禅的历史》/［日］伊吹敦著，张文良译，国际文化出版公司2016年/301页

《佛典入门》/李英武著，弘学编，巴蜀书社2016年/443页

《佛经故事图文选》/缪留根著，上海辞书出版社2016年/304页

《云门匡真禅师广录研究》/曹瑞锋著，冯焕珍编，上海古籍出版社2016年/440页

《先驱：忆普佑法师诺那呼图克图》/陈声汉、石夹辅著，中央民族大学出版社2016年/306页

《西樵观音信仰研究》/郑健宏著，广西师范大学出版社集团有限公司 2016 年/192 页
《虚空粉碎》/圣严法师著、单德兴译，中国友谊出版公司 2016 年/227 页
《唐君毅佛教哲学思想研究》/张云江著，高等教育出版社 2016 年/477 页
《显正法藏》/帕奥禅师著，园慈等译，社会科学文献出版社 2016 年/392 页
《无法之法》/圣严法师著，单德兴译，中国友谊出版公司 2016 年/185 页
《智慧妙吉祥：文殊其人与文殊信仰》/卢晓容著，中原出版传媒集团，大地传媒，中州古籍出版社 2016 年/117 页
《华峰山志/岭南古寺志丛刊》/仇江编，钟稚鸥注，广东教育出版社 2016 年/58 页
《吐蕃敦煌抄经研究》/张延清著，郑炳林、樊锦诗编，民族出版社 2016 年/364 页
《禺峡山志/岭南古寺志丛刊》/仇江、曾燕闻、马德鸿注，广东教育出版社 2016 年/259 页
《重刻灵山正宏集》/释本果撰，陈琳藩、郭思恩整理，暨南大学出版社有限责任公司 2016 年/106 页
《大圆满禅定休息简说》/南怀瑾著，东方出版社 2016 年/388 页
《中国禅宗典籍丛刊：正法眼藏》/大慧宗杲著，董群注，中州古籍出版社 2016 年/616 页
《王阳明佛教观研究："同异"与"是非"之辨》/熊贵平著，社会科学文献出版社 2016 年/338 页
《佛教心理学》/陈兵著，陕西师范大学出版总社有限公司 2016 年/1113 页
《永觉元贤禅师》/马海燕著，中国社会科学出版社 2016 年/373 页
《佛境梵韵·隆务寺》/唐涓著，青海人民出版社有限责任公司 2016 年/127 页
《西藏摄政策墨林活佛传略》/杨世宏、卢永林、卢红娟编著，社会科学文献出版社 2016 年/228 页
《佛教与中外交流》/［加］陈金华主编，中西书局 2016 年/347 页
《弘一法师书信（增订版）》/林子青编，生活·读书·新知三联书店 2016 年/575 页
《弥勒信仰研究》/王雪梅著，上海世纪出版股份有限公司 2016 年/225 页
《坛经》/慧能著，丁福保注，哈磊整理，上海古籍出版社 2016 年/340 页
《汉译佛典偈颂研究》/王丽娜著，商务印书馆 2016 年/333 页
《仙佛奇踪》/洪应明撰，中华书局 2016 年/305 页
《中国佛教与佛学》/洪修平著，南京大学出版社 2016 年/300 页
《华严五教章》/徐绍强著，东方出版社 2016 年/324 页
《林光明佛教语文学论文集》/林光明著，中国藏学出版社 2016 年/307 页
《熊十力的新唯识论与胡塞尔的现象学》/张庆熊著，上海人民出版社 2016 年/272 页
《白化文文集：敦煌学与佛教杂稿》/白化文著，中国书籍出版社 2016 年/341 页
《白化文文集：汉化佛教法器与服饰》/白化文著，中国书籍出版社 2016 年/217 页
《白化文文集：汉化佛教与佛寺》/白化文著，中国书籍出版社 2016 年/275 页
《南怀仁〈教要序论〉训诂学研究》/张玉梅著，上海古籍出版社 2016 年/580 页
《寒山寺史话》/温波编著，社会科学文献出版社 2016 年/125 页
《本焕长老年谱》/熊召政编著，陕西师范大学出版总社有限公司 2016 年/290 页
《曹溪通志/岭南古寺志丛刊》/杨权、张红、仇江注，广东教育出版社 2016 年/

239 页

《佛教/季羡林学术著作选集》/王树英编，新世界出版社 2016 年/318 页

《新量法师与万佛阁》/性康著，上海社会科学院出版社 2016 年/166 页

《国际佛学论丛（第 4 辑）佛性》/夏坝降央克珠、魏德东编著，中国社会科学出版社 2016 年/320 页

《唯识研究（第四辑）》/杭州佛学院编著，中国社会科学出版社 2016 年/281 页

《桑奇三塔：西天佛国的世俗情味》/扬之水著，人民美术出版社 2016 年/245 页

《宗镜录大纲（上下影印本雍正御选）》/杨航编，西北大学出版社 2016 年/806 页

《庐山慧远与中国哲学心性本体论的建立》/解兴华著，西南师范大学出版社 2016 年/183 页

《唯识学与儒学的双重变奏——王恩洋儒佛思想研究》/王俊杰著，西南师范大学出版社 2016 年/212 页

《简明佛教文化通览》/王宏涛著，山东齐鲁书社出版有限公司 2016 年/226 页

《不空著述辑要》/宽旭编，中华书局 2016 年/1383 页

《扣冰藻光禅师/福建历代高僧评传》/释本性著，厦门大学出版社 2016 年/303 页

《西方哲学家的禅悟实录：箭术与禅心》/［德］奥根·赫立格尔著，鲁宓译/云南人民出版社 2016 年/112 页

《佛经汉译之路：〈长阿含·大本经〉对勘研究——中古汉土的期待视野》/［法］金丝燕、［法］法宝著，北京大学出版社 2016 年/356 页

《印顺法师佛学著作系列：佛法是救世之光》/释印顺著，中华书局 2016 年/278 页

《禅宗十五讲》/孙昌武著，中华书局 2016 年/370 页

《禅是什么》/［日］铃木大拙著，张乔译，海南出版社 2016 年/173 页

《观音造像海外遗珍》/马元浩摄，浙江摄影出版社 2016 年/440 页

《楞伽经集注》/释正受、释普明注，上海世纪出版股份有限公司 2016 年/344 页

《二十世纪中国佛教的两次复兴》/汲喆、田水晶、王启元编，复旦大学出版社 2016 年/267 页

《虚云和尚全集》/净慧编著，国家图书馆出版社 2016 年/3501 页

《汉传佛文化演生史丛稿》/张槩弓著，社会科学文献出版社 2016 年/474 页

《佛教新出碑志集萃》/丁明夷编，东方出版社 2016 年/348 页

《佛学与科学论文集》/梁乃崇等编，东方出版社 2016 年/422 页

《涅槃思想研究》/张曼涛著，东方出版社 2016 年/224 页

《终南幽境：秦岭人文地理与宗教》/高从宜、王小宁著，西北大学出版社 2016 年/295 页

《第五届弘一大师研究国际学术会议论文集：一月千潭》/丰子恺研究中心编，上海三联出版社 2016 年/487 页

《佛教与中国文化（增订本）》/汤一介著，中国人民大学出版社 2016 年/288 页

《中国佛学（总第 39 期）》/中国佛学编委会、中国佛学院学报编，社会科学文献出版社 2016 年/292 页

《隋唐长安佛教社会史》/季爱民著，中华书局 2016 年/350 页

《西藏丹萨替寺历史研究》/黄春和著，文物出版社 2016 年/464 页

《龟兹历史与佛教文化》/薛宗正、霍旭初著，商务印书馆 2016 年/250 页

《印度—西藏的佛教密宗》/［法］罗伯尔·萨耶著，耿昇译，中国藏学出版社 2016 年/261 页

《藏传佛教大圆满传承史》/旦增·龙多尼玛著，热哈·罗珠桑波译，藏文古籍出版社 2016 年/554 页

《愿力：杨仁山与金陵刻经处》/申赋渔著，李玉祥摄，江苏凤凰美术出版社 2016 年/184 页

《大乘起信论校释》/真谛著，高振农注，中华书局 2016 年/226 页

《从“非本体”到“心性本体”：唯识学种子说在中国佛学中的转向》/沈庭著，武汉大学出版社 2016 年/279 页

《文本与历史（藏传佛教历史叙事的形成和汉藏佛学研究的建构）》/沈卫荣、侯浩然著，中国藏学出版社 2016 年/484 页

《青州龙兴寺》/庄明军、王华庆著，济南出版社 2016 年/153 页

《锦州北普陀寺史话》/张秀云著，社会科学文献出版社 2016 年/172 页

《汤用彤论著集：汤用彤学术论文集》/汤用彤著，中华书局 2016 年/421 页

《中观思想》/［日］梶山雄一著，李世杰译，贵州大学出版社 2016 年/302 页

《〈金刚经〉史话》/全根先、林世田著，国家图书馆出版社 2016 年/175 页

《应用佛学——佛教对中国社会生活方式的影响》/陈坚著，江西人民出版社 2016 年/357 页

《佛教文学对中国小说的影响》/永祥著，人民东方出版传媒有限公司 2016 年/220 页

《关帝信仰与格萨尔崇拜：以藏传佛教为视域的文化现象解析》/加央平措著，社会科学文献出版社 2016 年/272 页

《清水润生：第八届海峡论坛清水祖师文化论集》/谢庆云、刘家军编，厦门大学出版社 2016 年/337 页

《汉文佛典疑难俗字汇释与研究》/郑贤章著，巴蜀书社 2016 年/486 页

《俱舍论颂疏表释》/世亲菩萨、圆晖法师著，智敏上师编，上海古籍出版社 2016 年/405 页

《中国的佛教》/麻天祥著，人民东方出版传媒有限公司 2016 年/617 页

《青原法派研究》/徐文明著，中国社会科学出版社 2016 年/460 页

《文化的输入与演变：鸠摩罗什长安弘法研究》/崔峰著，中国社会科学出版社 2016 年/398 页

《原始佛教的实践哲学》/［日］和辻哲郎著，原始佛教的实践哲学编委会译，贵州大学出版社 2016 年/263 页

《西夏佛经序跋译注》/聂鸿音著，上海古籍出版社 2016 年/242 页

《唐宋禅录句式研究》/祁从舵著，中国社会科学出版社 2016 年/239 页

《阿拉善寺庙与宗教神迹》/政协阿拉善盟文史学习委著，宁夏人民出版社 2016 年/263 页

《呼和浩特现存寺庙考》/迟利著，远方出版社 2016 年/207 页

《中观哲学导论》/胡伟希著，北京大学出版社 2016 年/604 页

《印度佛教史略》/吕澂著，河南人民出版社 2016 年/144 页

《藏汉蒙对照六大金刚修持法》/散木丹著，民族出版社 2016 年/24 页

《从法身至佛性：庐山慧远与道生思想研究》/史经鹏著，人民出版社 2016 年/369 页

《中国佛教史》/蒋维乔著，中国书籍出版社 2016 年/400 页

《萨迦派三律仪论集释》/四川省藏文古籍搜集保护编务院编，国家图书馆出版社 2016 年/1081 页

《雪山中的曼荼罗——藏传佛教大型佛塔研究》/周晶、李天著，中国建筑工业出版社 2016 年/211 页

《西藏佛教寺院事务管理研究：以拉萨三大寺为例》/次旦扎西、顿拉著，社会科学文献出版社 2016 年/312 页

《智敏上师著述集：阿毗达摩俱舍论略注》/世亲菩萨造、玄奘法师译、智敏上师注，上海古籍出版社 2016 年/1120 页

《日本佛教史——思想史的探索》/［日］末木文美士著，涂玉盏译，上海古籍出版社 2016 年/222 页

《菩提道次第广论四家合注（上中下）》/跋梭天王·曲吉坚参、卡若堪钦·阿旺饶丹、嘉木样协巴·阿旺尊哲著，宗峰、缘宗译，中国社会科学出版社 2016 年/1112 页

《东去西来（11—14 世纪藏传金铜佛像精品展）》/熊文彬著，文物出版社 2016 年/157 页

《萨迦世系史：藏族史籍》/阿旺贡噶索南著，陈庆英、高禾福、周润年译，中国国际广播出版社 2016 年/500 页

《藏彝走廊北部地区藏传佛教寺院研究》/李顺庆著，巴蜀书社 2016 年/283 页

《近代以来中国佛教慈善事业研究》/李湖江著，巴蜀书社 2016 年/317 页

《庐山慧远教团研究》/李勤合著，社会科学文献出版社 2016 年/249 页

《西域佛教演变研究》/彭无情著，巴蜀书社 2016 年/530 页

《北宋五子心性论与佛教心性论关系研究》/耿静波著，中国社会科学出版社 2016 年/191 页

《格鲁派主属寺系统的历史文化研究（以明清时期青海境内的寺院为例）》/拉先加著/中国藏学出版社 2016 年/262 页

《藏传佛教判教研究》/何杰峰著，巴蜀书社 2016 年/232 页

《人本佛教的当代价值》/李尚全著，人民出版社 2016 年/295 页

《中国佛学（总第 38 期）》/中国佛学编委会编，社会科学文献出版社 2016 年/224 页

《岭南古寺志丛刊：丹霞山志》/仇江著，广东教育出版社 2016 年/210 页

《印顺法师佛学著作系列：无诤之辩》/释印顺著，中华书局有限公司 2016 年/167 页

《丝路佛风：西域佛教史》/熊江宁著，中州古籍出版社 2016 年/128 页

《普陀学刊（第三辑）》/中国佛学院普陀山学院著，上海古籍出版社 2016 年/320 页

《同一主体的基本权利冲突：傣族佛寺教育与义务教育关系研究》/郑毅著，法律出版社 2016 年/390 页

《法相辞典（上下）》/朱芾煌编，上海世纪出版股份有限公司 2016 年/1474 页

《大乘起信论校释》/真谛译、高振农著，中华书局 2016 年/195 页

《佛教与印度哲学研究》/姚卫群著，中国大百科全书出版社 2016 年/428 页

《藏传佛教史话》/尹邦志著，社会科学文献出版社 2016 年/205 页

《汉地民俗佛教的哲学思考：以唐宋为中心》/宇恒伟著，中国社会科学出版社 2016 年/201 页

《佛教社会哲学与佛教伦理学研究》/释心举著，中华书局 2016 年/435 页

《中国佛学（2015 年总第 38 期）》/中国佛学编委会编，社会科学文献出版社 2016 年/224 页

道教

《道教神学概论》/陈耀庭著，宗教文化出版社 2016 年/295 页

《整合转型升华——道教史论集之一》/李刚著、汤伟侠编，四川大学出版社 2016 年/617 页

《洞经乐仪与神马图像》/王卡、汪桂平著，社会科学文献出版社 2016 年/264 页

《平乡论道：太平道研究论丛（二）》/谢路军编，齐鲁书社 2016 年/311 页

《太清：中国中古代早期的道教和炼丹术》/［意］玄英著，韩吉绍译，山东齐鲁书社出版有限公司 2016 年/386 页

《敦煌道经目录篇》/［日］大渊忍尔著，隽雪艳、赵蓉译，山东齐鲁书社出版有限公司 2016 年/1041 页

《许地山：道教史》/许地山著，吉林出版集团股份有限公司 2016 年/119 页

《民间信仰的湖州镜像（一种区域社会视野下的公共知识探究）》/施敏锋著，浙江工商大学出版社 2016 年/193 页

《朝鲜道教史》/［朝鲜］李能和述，孙亦平译，齐鲁书社 2016 年/301 页

《道教典籍选刊：无上秘要》/周作明点校，中华书局 2016 年/1354 页

《潘雨廷著作集》/潘雨廷著，上海古籍出版社 2016 年/5176 页

《道枢》/曾慥著，中央编译出版社 2016 年/448 页

《仙与道：神仙信仰与道家修养》/干春松著，海南出版社 2016 年/255 页

《道法自然论——道德经通解》/田先进著，巴蜀书社 2016 年/403 页

《太上感应篇集释》/李昌龄、郑清之等著，中央编译出版社 2016 年/502 页

《云笈七笺》/张君房辑，山东齐鲁书社出版有限公司 2016 年/684 页

《道教图像艺术的意象与思想研究》/李俊涛著，四川教育出版社 2016 年/384 页

《王重阳学案》/郭武著，齐鲁书社 2016 年/550 页

《道教在日本》/孙亦平著，南京大学出版社 2016 年/341 页

《道教与传统文化》/文史知识编辑部编，中华书局 2016 年/368 页

《敌基督者——对基督教的诅咒》/［德］尼采著，商务印书馆 2016 年/84 页

《三十年来中国基督教现状研究论著选》/李华伟编，社会科学文献出版社 2016 年/547 页

《自由精神哲学：基督教难题及其辩护》/［俄］尼古拉·别尔嘉耶夫著，上海三联书店 2016 年/277 页

《改革中的人民：新英格兰清教及公共生活转型》/［美］戴维·D. 霍尔著，张媛译，译林出版社 2016 年/252 页

《道教农学思想史纲要》/袁名泽著，人民出版社 2016 年/315 页

《广东释道著述考》/冼玉清著，广西师范大学出版社 2016 年/600 页

《出土文献与早期道教》/姜守诚译，中国社会科学出版社 2016 年/432 页

《道教医世思想溯源》/杨洋著，巴蜀书社 2016 年/396 页

《明清以来江西道教与地方音乐文化研究：以宜春、南昌、鹰潭为中心》/黄剑敏著，光明日报出版社 2016 年/237 页

《〈太平经〉政治思想研究》/张鸿著，南开大学出版社 2016 年/398 页

《道教与唐代科技》/刘芳著，中国社会科学出版社 2016 年/153 页

《中国道教史》/傅勤家著，中国文史出版社 2016 年/209 页

基督宗教

《基督教神圣谱：西方冠“圣”人名多语同义词典》/啸声著，广西师范大学出版社 2016 年/396 页

《曹圣洁口述历史》/曹圣洁、罗伟虹著，上海书店出版社 2016 年/252 页

《基督教与中国社会文化——第六届国际青年学者研讨会论文集》/陶飞亚、赖品超著，广西师范大学出版社 2016 年/252 页

《自由之三维 · 力量、爱和正义：R. 尼布尔政治神学研究》/方永著，人民出版社 2016 年/446 页

《清教徒的革命：关于激进政治起源的一项研究》/［美］迈克尔 · 沃尔泽，王东兴、张蓉译，商务印书馆 2016 年/384 页

《古代（公元 1—800 年）经注（卷二)》/［美］马可 · 谢雷登编，石敏敏译，华东师范大学出版社 2016 年/648 页

《基督教学术（第十五辑)》/徐以骅、张庆熊编，上海三联书店 2016 年/387 页

《唐代敦煌汉文景教写经研究》/王兰平著，民族出版社 2016 年/357 页

《论莫尔特曼的“希望”范畴》/郭郁著，科学出版社 2016 年/171 页

《一个历史学家的宗教观》/［英］阿诺德 · 汤因比著，刘建荣注，晏可佳、张龙华译，上海人民出版社 2016 年/335 页

《雅各书注释》/梁康民著，上海三联书店 2016 年/154 页

《寻访利玛窦的足迹》/余三乐著，世界图书出版广东有限公司 2016 年/394 页

《古代经注（公元 1—800 年）（三)》/黄锡木、卓新平主编，华东师范大学出版社 2016 年/608 页

《闽台基督宗教关系研究》/吴巍巍著，福建教育出版社 2016 年/311 页

《宗教改革史》/［英］托马斯 · 马丁 · 林赛著，刘林海、徐洋、秦远好、姜守明译，商务印书馆 2016 年/1244 页

《方济各传阿奎那传》/［美］G. K. 切斯特顿著，王雪迎译，生活 · 读书 · 新知三联书店 2016 年/288 页

《无执之道：埃克哈特神学思想研究》/［德］文森著，郑淑红译，华夏出版社 2016 年/261 页

《剩余的时间：解读〈罗马书〉》/［意］吉奥乔 · 阿甘本著，钱立卿译，中央编译出版社 2016 年/210 页

《全球地域化视域下的天津青年会研究（1895—1949)》/王小蕾著，中国社会科学出版社 2016 年/220 页

《背弃圣约：处于考验中的美国公民宗教》/［美］罗伯特·贝拉著，郑莉译，商务印书馆 2016 年/206 页

《基督教史》/［美］胡斯托·L. 冈萨雷斯著，赵城艺译，上海三联书店 2016 年/1036 页

《早期基督教与希腊教化》/［德］瓦纳尔·耶格尔著，上海三联书店 2016 年/105 页

《路德书信集：马丁·路德研究原始文献选编：1507—1519》/黄保罗著，山东大学出版社 2016 年/158 页

《北美的中国基督教史研究述论》/王德硕著，上海人民出版社 2016 年/397 页

《天主教研究论辑（第 12 辑）》/俞学明、钱雪松主编，当代中国出版社 2016 年/296 页

《马可福音》释经默想/［美］莱尔（J. C. Ryle）著，梁曙东译，生活·读书·新知三联书店 2016 年/334 页

《保罗政治神学》/［德］陶伯斯著，吴增定译，华东师范大学出版社 2016 年/304 页

《宗教改革史》/［英］托马斯·马丁·林赛著，商务印书馆有限公司 2016 年/681 页

《美国基因：新英格兰清教社会的世俗化》/张媛著，中央编译出版社 2016 年/253 页

《跨文化接触——基督教与近代中西对话》/张先清著，中国社会科学出版社 2016 年/288 页

《晚明以来的天主教研究》/肖清和编，上海大学出版社 2016 年/301 页

《天主教研究论辑（第十二辑二〇一五）》/赵建敏编，当代中国出版社 2016 年/296 页

《汉语文献与中国基督教研究》/陶飞亚、杨卫华编，上海大学出版社 2016 年/670 页

《中世纪法国民间宗教思潮研究（以卡塔尔教派为中心）》/王首贞著，上海人民出版社 2016 年/390 页

伊斯兰教

《圣战与文明：伊斯兰与西方的永恒冲突》/张锡模著，生活·读书·新知三联书店 2016 年/255 页

《穆斯林与激进主义》/方金英著，时事出版社 2016 年/507 页

《文明的交融与和平的未来：穆斯林“去激进化”理论与实践伊斯兰哲学与国际安全研究》/方金英著，时事出版社 2016 年/622 页

《穆斯林圣训实录全集》/［阿拉伯］穆斯林·本·哈贾吉著，祁学义译，商务印书馆 2016 年/1648 页

《中国伊斯兰教典籍选续编》（全 12 册）/王建平、金伟宏著，上海古籍出版社 2016 年/7360 页

《马克斯·韦伯的伊斯兰教理论及其哲学之维》/冯璐璐著，社会科学文献出版社 2016 年/193 页

《当代美国黑人穆斯林运动研究》/林玲著，世界知识出版社 2016 年/221 页

《伊斯兰文明的反思与重构（当代伊斯兰中间主义思潮研究）》/丁俊著，中国社会科学出版社 2016 年/306 页

《中国伊斯兰先贤：马注思想研究》/金宜久著，社会科学文献出版社 2016 年/454 页

《近当代伊斯兰宗教思想家评传》/吴云贵著，中国社会科学出版社 2016 年/280 页

《〈智慧珍宝〉翻译、注释与研究》/王希、王俊荣著，社会科学文献出版社 2016 年/560 页

《古篩勒苏菲论集》/［古阿拉伯］艾布·嘎希姆·古篩勒著，潘世昌译，商务印书馆 2016 年/568 页

《基于社会主义和谐社会视域下的伊斯兰和谐思想研究》/马文祥著，中国社会科学出版社 2016 年/227 页

《阿汉古兰经词典》/赵连合编，商务印书馆国际有限公司 2016 年/379 页

《古兰经伦理思想研究》/顾世群著，宁夏人民出版社 2016 年/196 页

《城市化进程中的中原回族伊斯兰教研究》/马晓军著，甘肃人民出版社 2016 年/250 页

其他

《论儒道禅之情：以〈论语〉〈庄子〉〈坛经〉为中心》/朱松苗著，武汉大学出版社 2016 年/236 页

《王阳明与明末儒学》/［日］冈田武彦著，吴光、钱明、屠承先译/重庆出版社 2016 年/432 页

《二人转与萨满研究》/杨朴、杨旸著，社会科学文献出版社 2016 年/379 页

《妈祖文化与当代社会》/张国栋著，厦门大学出版社 2016 年/378 页

《通往自由之路：马克思哲学思想研究》/安启念著，中国人民大学出版社 2016 年/369 页

《史前艺术史、图腾艺术史》/岑家梧著，河南人民出版社 2016 年/444 页

《不朽·我的宗教：胡适论人生》/胡适著，北京大学出版社 2016 年/304 页

《以日本〈古事记〉中“伊耶那岐命”、“伊耶那美命”为中心的几个神话的考察》/唐更强著，世界图书出版广东有限公司 2016 年/156 页

《巴哈伊文献集成》/蔡德贵、卓新平、宗树人、于维雅等编著，山东大学出版社 2016 年/2388 页

《帕坦伽利瑜伽经之光》/［印］艾扬格（B. K. S. Iyengar）著，王东旭、朱彩红译，海南出版社 2016 年/449 页

《中国人类起源神话母题实例与索引》/王宪昭著，中国社会科学出版社 2016 年/1981 页

《儒释道三教关系研究论文选粹》/张广保、杨浩著，华夏出版社 2016 年/534 页

《人观身份与意义：清江流域土家族“打喜”仪式研究》/王丹著，中国社会科学出版社 2016 年/267 页

《神与兽的纹样学：中国古代诸神》/［日］林巳奈夫著，常耀华、王平、刘晓燕、李环译，生活·读书·新知三联书店 2016 年/259 页

《妈祖文化年鉴 2013》/莆田学院妈祖文化研究院编，人民出版社 2016 年/340 页

《满族说部的萨满女神神话研究》/张丽红著，中国社会科学出版社 2016 年/272 页

《妈祖文化教育概论》/谢金森、张国栋、柯力等，厦门大学出版社 2016 年/199 页

《壮族民间信仰的传说学管窥》/陈金文著，中国社会科学出版社 2016 年/224 页

《妈祖文化导论》/任清华编著，厦门大学出版社 2016 年/149 页

《中国中世纪的鬼节》/［美］太史文著，侯旭东译，上海人民出版社 2016 年/238 页

《中国仙话与仙人信仰研究》/郑土有著，上海人民出版社 2016 年/253 页

《变迁之神：南宋时期的民间信仰》/韩森著，中西书局 2016 年/213 页

《上海三官神话与信仰研究》/雷伟平著，中国言实出版社 2016 年/178 页

《沁河流域的成汤信仰》/郭俊红著，山西人民出版社 2016 年/234 页

《搜神记（沁河流域的村庄神明）》/郭永平著，山西人民出版社 2016 年/250 页

《洪水神话的文化阐释》/尹荣方著，上海人民出版社 2016 年/328 页

《中西并存：鼓浪屿上的多种信仰》/周彪、新历史合作社著，福建人民出版社 2016 年/142 页

《苯教祖师语录（藏文）》/更登磋编，甘肃文化出版社 2016 年/258 页

《天神与天地之道：巫觋信仰与传统思想渊源》/郭静云著，上海古籍出版社 2016 年/919 页

《徽州民间信仰》/樊嘉禄、张孝进、赵懿梅、张小明著，安徽大学出版社 2016 年/300 页

《妈祖文化研究论丛（四）》/福建省妈祖文化传承与发展协同创新中心、莆田市湄洲妈祖祖庙董事会编，人民出版社 2016 年/388 页

《中国民间造神：内丘神码与民间信仰实践》/耿涵著，广西师范大学出版社 2016 年/360 页

《唐代女性与宗教》/焦杰著，陕西人民教育出版社 2016 年/316 页

《印度诸神的世界——印度教图像学手册》/［德］施勒伯格著，范晶晶译，中西书局 2016 年/272 页

《种姓与印度教社会》/尚会鹏著，北京大学出版社 2016 年/320 页

《神话与自然宗教：中国云南省少数民族的精神世界》/［日］冈部隆志著，张正军译，上海交通大学出版社 2016 年/215 页

《女神的语言：西方文明早期象征符号解读》/［美］马丽加·金芭塔丝著，苏永前、吴亚娟译，社会科学文献出版社 2016 年/418 页

《国家正祀与地方民间信仰互动研究：宋以后海洋神灵的地域分布与社会空间》/王元林著，中国社会科学出版社 2016 年/509 页

《漳州民间信仰与闽南社会》/林国平、钟建华编，中国社会科学出版社 2016 年/738 页

《青海民间信仰：以多民族文化为视角》/鄂崇荣著，中国社会科学出版社 2016 年/270 页

《仪式传统与地方文化建构：广西上林师公的历史人类学研究》/覃延佳著，社会科学文献出版社 2016 年/339 页

《台湾宗教单元之社会动能研究：一个比较的视角》/黄飞君著，上海人民出版社 2016 年/283 页

《海外华人文献与中华文化传承：新马德教紫系研究》/陈景熙著，社会科学文献出

版社 2016 年/394 页

《俗民生活世界的建构：以女娲民俗为核心的民间生活》/常玉荣著，人民出版社 2016 年/236 页

《先农崇拜研究（精）》/董绍鹏著，学苑出版社 2016 年/638 页

2016年宗教学研究会议简介

王鹤琴　编

一月

1月9—10日，“人间净土与弥陀净土”国际学术研讨会在香港中文大学召开。此次研讨会由香港西方寺与香港中文大学人间佛教研究中心及中华佛教文化院主办，香港大学佛学研究中心、辽宁大学永惺佛学研究中心、佛光大学、南华大学、珠海学院、香港菩提学会、佛光山人间佛教研究院、智度会弘法慈善基金及观音讲堂等国际多家大学协办。来自中国大陆与台湾地区及香港特别行政区、日本、马来西亚、澳门、韩国、美国、英国、澳洲、越南、新加坡等世界多所大学的专家学者共60人参会，递交论文59篇。

1月28日，国家宗教事务局召开“我国宗教文化遗产保护和利用”研讨会。中国社会科学院、中国人民大学等高校的专家学者和在京全国性宗教团体、北京市基督教两会负责人共10人参加会议。蒋坚永副局长出席会议并讲话。宗教研究中心张训谋主任主持会议。

二月

2月1日，海峡两岸佛医会议在京举行发布会暨佛医药健康发展研讨会。会议由中国社科院欧洲研究所、中国社科院台港澳研究中心、中国宗教学会、中国世界政治研究会、北京中医药大学海峡两岸中医药交流与合作研究所、厦门市海沧台商投资区管委会共同主办，厦门市民族与宗教事务局、厦门市佛教协会、福建民俗学会协办，中国社科院台港澳研究中心、厦门市石室禅院、国行融投（北京）投资管理有限公司联合承办，中华全国台湾同胞联谊会、中国社科院为会议指导单位。

2月17—19日，由中国社会科学院世界宗教研究所、云南省佛教协会主办，西双版纳州民族宗教事务委员会、西双版纳州佛教协会、西双版纳总佛寺承办的“首届南传佛教高峰论坛”在西双版纳州景洪市举办。此次论坛以“慈悲济世，和平共荣”为主题。

2月28日，复旦大学禅学会年会在上海隆重举行，该届年会主题为“网络阅藏和网络佛教”，来自佛教界和社会各界近百位嘉宾参加了年会。

三月

3月12日，老子道学文化研究会胡耀贞分会成立暨纪念胡耀贞诞辰137周年大会在北京举行。老子道学文化研究会、中国社会科学院道教与民间宗教研究中心、北京大学、北京中医药大学、首都体育学院和北京市中医药管理局等单位的专家学者、政府官员，以及来自全国各地的该分会成员共100余人出席了会议。

3月19日，由台湾佛光山人间佛教研究院主办，佛光祖庭大觉寺承办的“第四届星云大师人间佛教理论实践学术研讨会”在宜兴举行。海峡两岸40多位教授参加了此次会议。

3月22日，由成都市道协会、成都青羊宫道观主办，四川大学道教养生文化研究中心协办的“道教养生文化产业化学术研讨会”在成都市青羊宫开幕。来自全国各地道教界、文化界、学术界的30余名专家学者参加此次会议，就道教养生文化品牌打造、人才培养、养生培训、食药研发等多种产业方向进行深入研讨。

3月25日，博鳌亚洲论坛“宗教领袖对话”分论坛在博鳌亚洲会议中心成功举行。主题是“心平天下平——同愿同行亚太梦”，旨在探讨跨文化的佛教传播与文化认同，彰显佛教文化现代价值的独特魅力和重要作用，为当今世界的经济互联互通、文化交流互鉴提供坚强有力的价值支撑。

3月25—27日，由华中师范大学道家道教研究中心与香港青松观全真道研究中心主办的“第三届全真道与老庄学国际学术研讨会”在上海华中师范大学召开。来自美国、日本、比利时、马来西亚、墨西哥、韩国、中国港台地区以及中国大陆的120余位专家、学者、道长与会。

3月25—28日，“当代新儒家与当代中国和世界”学术研讨会在湖北黄州召开。来自海峡两岸的40余名学者围绕“当代新儒家与当代中国和世界”主题，以对熊十力、徐复观二位先生之思想的研究为中心，在当代新儒家思想研究及现代意义等诸多领域进行了广泛而深入的探讨。

四月

4月8日，陕西韩城宗教文化研究会召开成立大会。韩城市政府领导与来自西安和印度的专家学者，韩城宗教界代表齐聚一堂，就韩城宗教、文化、旅游进行了座谈交流，主题鲜明，内容充实，对韩城如何整理、挖掘、提升、开发宗教文化资源，打造韩城宗教文化品牌提出了建设性意见。

4月9日，由中国玄奘研究中心、陕西省铜川市政协、中国社科院东方文化中心等单位主办的“弘扬玄奘精神　建设四个铜川暨《唐僧译经记》研讨会”在北京召开。

4月9日，“海峡两岸佛医会议暨佛医药健康产业发展研讨会”在厦门召开。会议由中国社科院台港澳中心与中国宗教学会等共同主办，以“健康发展”为主题，邀请了两岸学术界、宗教界、医药界专家学者齐聚一堂，共话中华医药学的传承和发展。

4月12日，中国社会科学院世界宗教研究所召开了“纪念任继愈诞辰一百周年座谈会”，以回顾任继愈先生的学术贡献，忆念任继愈先生的大家风范。中国社会科学院院长、党组书记王伟光发来致辞，高度赞扬任继愈先生的丰功伟绩。

4月19日，由清华大学廉政与治理研究中心、山东省曲阜市纪委共同主办的儒家廉政思想与“廉洁曲阜”建设研讨会在曲阜举行。来自清华大学、北京大学等高校廉政研究机构的专家学者，围绕如何弘扬儒家廉政思想、廉洁城市建设的思路与对策等进行研讨。

4月20日，“首届中华敬天法祖信仰高峰论坛”在海南召开。此次论坛以“中华敬天法祖信仰”为会议主旨，由中国社会科学院世界宗教研究所、四川大学国际儒学研究院、海南省玉蟾宫南宗道教研究中心主办。

4月21日，由北京大学哲学系主办、北京大学佛学教育研究中心承办，本焕学院、河北禅学研究所协办的“东亚佛教的宗派与地域传统”学术研讨会在北京大学召开。来自韩国、日本、中国台湾地区以及中国大陆的佛教领域专家学者约50人参会。此次会议系东亚四校（北京大学、东京大学、东国大学、台湾大学）佛学交流项目。

4月23日，由中国人民大学国学院西域历史语言研究所卫拉特学·托忒学研究中心举办的“藏传佛教与卫拉特历史文化：纪念卫拉特蒙古皈依佛教400周年国际学术研讨会”在北京召开。来自中国、日本、蒙古、美国、俄罗斯等国家的60余名专家学者宣读论文、深入探讨藏传佛教与卫拉特历史、文献、文学、语言等诸多问题。

4月23—24日，“两岸四地儒学研讨会”在香港召开，海内外30余位学者与会。此次会议以儒学价值为主题，围绕“儒学的内涵与当代价值”“儒学与其他学派、地域文化及外来文化的比较”“儒家思想的历史影响及世界意义”“儒家思想的传承与责任担当”等论域展开交流与讨论。

4月26日，来自北京、天津、河北、山东、辽宁等北方五地的妈祖文化研究专家和学者齐聚河北曹妃甸，以“对接‘一带一路’文化创造价值”为主题进行了学术研讨。与会专家一致同意成立中国北方妈祖文化研讨中心，共同对妈祖文化进行理论探讨和研究。

五月

5月1—2日，三门多宝讲寺举办了“智敏上师《俱舍论略注》出版发布会暨《俱舍论》学术研讨会”。这是国内第一次举办《俱舍论》的专题学术研讨会，来自全国各地的佛教界和学术界代表参与了此次会议。

5月3日，中国社会科学院世界宗教研究所举办“学习贯彻习近平总书记在全国宗教工作会议上的讲话精神学术研讨会”。中国社科院副院长、党组成员张江出席研讨会并作重要讲话。与会学者围绕习近平总书记讲话精神展开了热烈的讨论，结合自身的研究专长发表了对讲话精神的理解。

5月7日，“2016首届上海儒学大会”在嘉定召开，期间以“儒学与当代中国”为主题的学术会议，汇集了来自上海高校及相关领域的儒学研究、教育与传播者，从中国所面临的众多问题切入，探讨儒学如何为当代中国社会提供更多的思想资源。

5月21—22日，中国儒学与法律文化研究会2016年会暨“儒学复兴与法律文化重建”学术研讨会在山东曲阜隆重召开。此次会议由中国儒学与法律文化研究会、山东省法学会法律史研究会主办，曲阜师范大学法学院和曲阜师范大学区域法律文化研究所承办，来自全国各地25家单位的50多位专家学者参加了会议，围绕“儒学与法律文化”的理论内涵和发展历程展开了讨论。

5月29日，由杭州灵隐寺主办的“第五届灵隐佛教文化论坛——纪念巨赞法师诞辰一〇八周年学术研讨会”在杭州召开，50多位专家学者参加了此次会议。

六月

6月2日，“中国佛教造像艺术的传统与传承——塑造本焕长老昆仑佛玉等身像专业研讨会”在湖北大洪山召开。此次研讨会由海南省佛教协会、深圳市佛教协会主办。

6月3日，中国非遗庙会文化遗产论坛在大连举行了以“内善外和——佛教思想和传播模式论坛”为主题的佛教文化分论坛。

6月5日，由国家发展与战略研究院、法学院主办，中国人民大学法律与宗教研究中心、北京联合大学北京膜拜团体与宗教文化研究中心承办的“中国宗教法治高端论坛2016”在北京召开。此次论坛邀请到了国内外多家单位近百位专家和研究人员参加，他们的研究领域包括法学、政治学、社会学、哲学等。

6月11日，“中国儒学学科建设暨儒学教材编纂”座谈会在四川大学国际儒学研究院复性书院举行。来自全国各地高校及科研院所的众多学者专家30余人，围绕中国儒学学科的建设、儒学教材的编纂以及儒学人才的培养等问题进行研讨。

6月12日，2016“崂山论道”主题论坛与专题研讨在崂山太清宫弘道院举行，来自全国各高校、有关科研单位及道教界的40余名专家学者参加。该活动以“弘扬优秀传统文化，涵养核心价值观”为主题，议题包括《道德经》的当代诠释、道教洞天福地与环境保护、道教文化在当代的创造性转化与创新性发展。

6月13—14日，以“弘扬正信　远离极端”为主题的伊斯兰教经学思想研讨会在新疆喀什召开。会议倡导伊斯兰教爱国、和平、团结、中道的真精神，批驳宗教极端思想歪理邪说，引领广大穆斯林群众正信正行，为加强民族团结、维护社会稳定、促进伊斯兰教健康发展贡献智慧和力量。

6月15日，由木鱼基金会联合敦煌研究院、中国文化院主办，察哈尔协会协办的“汉传佛经传译国际学术研讨会”在敦煌研究院拉开帷幕。来自20多所欧美著名高校的80多位佛经研究领域的权威学者，和国内著名高校、研究机构的40余位学者和法师参加了此次研讨会，就汉传佛教在中国“一带一路”倡议中的作用展开研讨。

6月17日，中国社会科学院世界宗教研究所召开了“互联网宗教数据分析与统计方法”学术研讨会。来自中国社会科学院、国家宗教事务局、国务院发展研究中心、北京大学、江苏省民族宗教研究中心、上海市社会科学院宗教研究所、中国知网、北京拉布科技、《中国民族报》、《中国社会科学报》等高校和科研院所的研究人员约30人参加了此次会议。

6月21—22日，由中国社会科学院世界宗教研究所与山西太原龙泉寺联合举办的“宗教社会学论坛（2016）”在太原召开。这是中国学界召开的第四届“宗教社会学论坛”，承接前三届宗教社会学论坛，意在加深对宗教组织的社会学研究，夯实学科基础，推进学科积累。

6月23日，由中国佛教协会主办，五台山佛教协会承办，山西省佛教协会、《法音》杂志社协办的“法显大师——一带一路先行者”研讨会在山西五台山召开，来自中国和斯里兰卡的佛教界和学术界的专家学者近30人出席。

6月23—24日，由中国社会科学院世界宗教研究所主办，山西太原龙泉寺合办的“宗教心理学论坛（2016）”在太原龙泉寺召开，来自全国各地高校和科研院所的专家学者共计50人，针对“宗教和心理健康”的主题，以及宗教心理学未来的发展和学科建设展开了研讨。

6月28日，《青原法派研究》新书发布暨学术报告会在井冈山大学隆重举行。此次发布会由中共吉安市青原区委、青原区人民政府、井冈山大学庐陵文化研究中心主办，江西省社会科学院宗教研究所、青原区民族宗教事务局和青原山景区管委会承办，青原山净居寺协办，来自江西省内外的专家学者近30人出席了会议。

6 月 29 日，《中国宗教》杂志社在京召开“200 期，《中国宗教》如何应对新媒体时代”座谈会，来自宗教领域的专家学者、媒体代表和国家宗教局各业务司室 30 多位代表，就新媒体时代如何做好宗教宣传工作展开讨论。

七月

7 月 1 日，“第六届圣严思想国际学术研讨会”在台湾召开。会议由台湾法鼓山财团法人圣严教育基金会主办，设立“近现代佛教”“佛教经济学”及“医学与佛学”论坛，发表论文 74 篇。与会学者从圣严法师的教导和思想出发，深入探讨佛教与社会的关系论题。

7 月 5 日，“金陵刻经处与近现代佛教义学研讨会”在南京召开。会议由中国佛教协会、南京市人民政府主办，南京大学中华文化研究院、金陵刻经处、中国佛教文化研究所、南京牛首山文化旅游区管委会联合承办。来自全国各地高校院所和科研机构的近百名专家学者，参加了研讨会。

7 月 9—10 日，长白山学术论坛——新时期萨满文化遗存传承、抢救与保护国际学术研讨会在长春召开。此次会议由长春师范大学主办，来自国内外高等院校、研究机构的 50 余位专家、学者参会。会议研讨了新时期萨满文化遗存的相关问题，探讨新的历史条件下萨满文化遗存传承和保护。

7 月 10 日，“对话：中国宗教与信仰”国际学术研讨会在北京召开。会议由北京大学儒学研究院、什刹海书院以及美国价值与哲学研究委员会共同举办。来自中国、美国、瑞士、印度、意大利等国家的学者及宗教界人士出席会议。与会学者围绕中国几大宗教思想与人类精神信仰的关系进行了深入讨论。

7 月 13—14 日，第 13 届宗教社会科学年会在北京召开。该届年会由中国人民大学国际佛学研究中心、佛教与宗教学理论研究所、人大哲学院、宗教高等研究院、调查与数据研究中心联合主办。年会的主题是“宗教与公共生活”，近百名学者出席了会议，交流论文 60 余篇。

7 月 14 日，青海省委统战部、省民宗委组织召开专家学者专题研讨会，交流探讨新形势下伊斯兰教事务管理工作的新情况、新问题和新举措。青海省人大、省委党校、省社科院、青海民族大学和青海师大有关专家学者参加会议。

7 月 16 日，“宗教与人类命运共同体”高层论坛暨 2016 年中国宗教学会年会在北京召开。论坛由中国宗教学会、中国社会科学院世界宗教研究所主办。此次论坛以“宗教与人类命运共同体”为主题，围绕宗教与人类命运共同体意识、宗教与文明对话、宗教对话与互鉴、宗教与中国特色社会主义、中华文明与传统宗教、宗教与“一带一路”建设等主题展开 6 场学术专题讨论，来自高等院校和研究机构的专家学者及宗教界人士近百人参加会议。

7 月 16 日，“第三届横山道教论坛”在江苏省召开。该届论坛由省民族宗教研究会、省道教协会主办，常州横山白龙观道院承办。论坛共收到 34 篇论文，来自全国各地的道教界、学术界代表近百人围绕“道教发展与当代课题”这一主题，就道教发展如何与中国特色社会主义社会发展相适应、如何与中国特色社会主义文化相适应、如何与践行核心价值观相适应等三个方面展开研讨。

7 月 19 日，五台山佛教国际研究院成立暨第二届五台山信仰国际学术研讨会在山西五台山召开。此次活动由山西省佛教协会、五台山佛教国际研究院主办，伦敦大学国王学院、清华大学道德与宗教研究院、复旦大学佛学论坛、英属哥伦比亚大学佛学论坛协办，并由五台山大圣竹林寺承办。来自中国以及欧美亚三大洲国家和地区 33 所大学及研究机构的 35 位学者以及 70 多位来自全球各大著名院校的学员参加此次研讨会。此次研讨会通过国内外专家学者对寺院的综合研究，重要僧人的历史、思想研究，重要著作的文献与思想研究，论述了五台山信仰多文化、跨宗教的特征及其国际影响力。

7 月 20 日，“伊斯兰教中道思想国际研讨会”在新疆维吾尔自治区首府乌鲁木齐举行。此次研讨会由中华宗教文化交流协会和中国伊斯兰教协会共同举办，来自国内外的伊斯兰教界人士、著名专家学者和政府官员等近百名代表参加会议。与会代表围绕此次研讨会主题“倡导中道思想，反对极端主义”，就伊斯兰教所面临的严峻现实，针对世界一些地方频发的暴力恐怖活动，从经典教义角度，深入研讨伊斯兰教的中道思想，分享各国反对极端主义的成功经验，探讨维护伊斯兰教良好形象。

7 月 21—22 日，“2016 年普陀山观音文化学术研讨会”在中国佛学院普陀山学院召开。此次研讨会由普陀山佛教协会主办，中国佛学院普陀山学院承办，华东师范大学中国佛学院普陀山学院教研实践基地、华东师范大学宗教文化研究中心、中国佛学院普陀山学院国际观音文化研究中心协办。国内外近 30 名知名学府的专家教授，以及佛教知名学者与会，并宣讲了研究论文。

7 月 19—20 日，“第二届宗喀巴学术研讨会”在青海民族大学召开。会议由青海民族大学、中国社会科学院世界宗教研究所和中国宗教学会联合主办，由青海民族大学宗喀巴研究院承办，来自国内高等院校和研究机构的 54 位专家学者参加了这次会议。

7 月 23—24 日，“中国伊斯兰教传承与发展——先贤刘智思想及金陵学派思想研讨会”在南京召开。此次会议由江苏省伊斯兰教协会、南京市伊斯兰教协会主办，南京市伊斯兰教协会承办，主旨是：纪念先贤刘智，弘扬伊斯兰教中正思想，传承伊斯兰教金陵学派“爱国爱教”传统，展现当代爱国爱教精神。

7 月 29—31 日，首届“国际道教文化前沿论坛”在湖南省召开。论坛由中国人民大学和美国罗格斯大学联合主办、岳阳市道教协会承办、岳阳市天岳幕阜山旅游开发有限公司协办，来自国内高校和科研机构，以及美国、日本、法国和我国港澳台地区的道教领域专家学者，道教界代表等 200 余人参加论坛，共同探讨传承、弘扬道教优秀文化。

八月

8 月 2 日，“多元社会框架下应对宗教极端思想”研讨会在上海举行。会议由上海市宗教学会、上海社会科学院宗教研究所和新加坡南洋理工大学拉惹勒南国际问题研究院共同举办。来自新加坡和中国的与会专家学者结合各自的研究领域和实际工作，深入分析了宗教极端思想的本质、特点及社会危害性，并就如何抵御宗教极端思想的渗透，维护国家安全和民族团结，进行了交流和探讨。

8 月 2 日，“第六届北京（国际）藏学研讨会”在北京中国藏学研究中心召开。会议由中国西藏文化保护发展协会、中国藏学研究中心和西藏自治区社会科学院共同举办。研讨会为期 3 天，共收到论文 416 篇，325 位代表出席，其中国内代表 216 人，海外代表 109 人。研讨会按照“一带一路”与面向南亚开放重要通道建设组、社会转型与变迁组等 19 个专题开展小组研讨，开展国内外学术交流，展示藏学研究最新成果，进一步探讨藏学发展规律。

8 月 5—6 日，“黄山论坛”——基督教中国化理论思考与实践探索研讨会在安徽黄山召开。此次论坛由安徽省基督教两会主办，安徽、江西、山东、江苏等省教会负责人 60 余人参加了会议。

8 月 6 日，“融合 · 传承 · 创新”2016 中国（温州）新媒体和道教文化发展高峰论坛在浙江温州召开。此次论坛由中国道教协会、浙江省道教协会指导，温州市道教协会、道教之音网站主办，温州天然道观承办。

8 月 11 日，第三届中韩儒学交流大会在山东济南召开。会议由山东社会科学院、韩国国立安东大学共同主办，山东省人民政府外事办公室、中国孔子基金会、中国孔子研究院、韩国驻青岛总领事馆、韩国成均馆大学、韩国国学振兴院支援，山东社会科学院国际儒学研究与交流中心和韩国国立安东大学孔子学院承办。来自中韩两国高等院校和研究机构的 60 多位儒学研究专家学者，围绕着会议主题“一带一路”倡议与儒家大同思想，进行了深入探讨。

8 月 13 日，“一带一路”中国佛教文化继承与发展高峰论坛在河南少林寺召开。此次活动由中国文化书院和少林寺等联合主办，旨在以“禅武”文化名片与“一带一路”沿途友好国家广结“佛缘之路”。

8 月 16—17 日，江苏省基督教第三届“基督教中国化”神学研讨会在南京召开。此次会议由江苏省基督教两会和江苏神学院联合主办。会议围绕伦理建设、神学教育、抵御异端邪说、教会经验与中国神学建设等方面进行探讨。海内外专家学者、宗教界外代表 100 余人参加了研讨会。

8 月 17—18 日，“中国佛教与孝道文化论坛”在安徽九华山召开。此次活动由九华山西来禅寺主办、中华宗教慈善基金会全力支持。

8 月 18 日，“伊斯兰教中国化”论坛在银川开幕，论坛由宁夏统一战线理论研究会、宁夏社会主义学院、中国社会科学院世界宗教研究所、中国宗教学会主办。全国宗教研究领域 40 余位知名专家学者将集中两天时间共同探讨伊斯兰教中国化的理论成果和实践路径。

8 月 18 日，“汉风藏韵——汉藏佛教艺术与国家文化认同学术论坛”在浙江美术馆召开，论坛由浙江美术馆和普陀山佛教造像研究院联合举办。

8 月 19—20 日，“陕西省道教第四届‘玄门讲经暨天竺论道’”活动在山阳县召开。活动由陕西省道教协会主办、商洛市道教协会承办、山阳县道教协会协办，来自省内外的专家学者、道教界人士近 300 人参加了此次活动。

8 月 21 日，“水西佛教文化论坛”在安徽省泾县召开。此次论坛由安徽省佛教协会指导，宣城市佛教协会主办，泾县佛教协会、泾县宝胜禅寺承办，邀请国内学者 50 余人，研讨中国佛教文化、把脉皖南佛教文化、继承与发扬水西佛教禅宗文化，旨在推动禅宗文化的学术研究与皖南地区的佛教文化发展。

8 月 26 日，“文殊信仰暨能海上师诞辰 130 周年国际学术论坛”在山西五台山召开，宗教界和学术界嘉宾 1000 余人参加。此次论坛由山西省佛教协会、五台山佛教协会主办，五台山塔院寺、圆照寺、文殊洞承办，腾讯佛学协办。

8 月 26—29 日，第五届宗教哲学论坛——“苏菲与道宗教哲学论坛”和“康德宗教哲学研究”在青岛召开，会议由中国社会科学院世界宗教研究所、中国宗教学会与山东大学哲学与社会发展学院联合举办。

8月28日，“文殊信仰的中国化表达”——2016中国佛教讲经交流研讨会在山西五台山召开，此次研讨会由中国佛教协会主办，山西省佛教协会、中国佛教讲经交流基地协办。

8月30日，“首届草原佛教研讨会”在呼伦贝尔市召开。

8月31日—9月1日，中国社会科学论坛（2016·宗教学）在北京召开。此次论坛由中国社会科学院世界宗教研究所、中国宗教学会主办，以文明对话与人类命运共同体为主题，来自国内外的60余位专家学者出席论坛，围绕文明对话与人类命运共同体这一主题展开了讨论。

九月

9月3日，复旦大学上海儒学院成立大会暨学术研讨会在上海召开，来自国内以及香港、韩国、日本等地的70多位学者出席了此次大会，并围绕“儒学与世界文明对话”“儒学与传统文化创新”等主题展开学术研讨。

9月5日，“方外之宾：纪念慧远大师圆寂1600年学术研讨会”在山西五台山召开，会议由山西省佛教协会主办，五台山大圣竹林寺、五台山佛教国际研究院承办。

9月5日，“第四届中日临济禅学术研讨会”在河北省石家庄市召开，会议由中国佛教文化研究所、日本灵云院国际禅交流友好协会主办，河北省佛教协会承办，正定临济寺、赵县柏林禅寺、《禅》刊编辑部协办。

9月5日，“佛教古籍保护与利用研讨会”在北京龙泉寺召开，会议由中国佛教协会、国家古籍保护中心主办，来自中国佛教协会、地方佛教协会、佛教院校及各大寺庙的60余位负责人，围绕佛教古籍的保护与利用，展开了务实深入的交流研讨。

9月6—9日，首届丝绸之路（敦煌）国际文化博览会系列活动——中国（瓜州）第五届玄奘文化国际学术研讨会在瓜州召开。此次研讨会由中国玄奘研究中心、甘肃敦煌学学会、瓜州县人民政府主办，来自国内研究机构和高校的专家学者100余人与会，共提交论文39篇。共同探讨玄奘文化、瓜州历史文化、丝绸之路历史文化，旨在交流玄奘精神、弘扬中华文化。

9月9日，“巨赞法师爱国爱教思想研讨会”在北京召开。会议由中国民族报社、杭州灵隐寺、杭州佛学院联合主办，来自各大高校的专家学者及相关单位代表50余人参加了研讨会。

9月9—11日，“纪念房山石经与云居寺创建1400周年暨中国佛教协会发掘拓印房山石经60周年国际学术讨论会”在北京召开。会议由中国佛教文化研究所、房山石经与云居寺文化研究中心共同举办。

9月17日，“首届东海药师文化论坛”在浙江宁波召开。论坛由浙江省佛教协会、宁波市佛教协会指导，由慈溪市民族宗教事务局、慈溪市佛教协会主办，浙江省社会科学院宗教研究中心协办，慈溪市伏龙寺承办。20余位专家学者围绕着以药师法门与生态佛教、药师净土与海洋生态、药师信仰与当代人生佛教、药师文化与浙东民俗等议题发表论文。

9月17日，“宗教学学科建设专家咨询会”在山东大学召开。会议由山东大学犹太教与跨宗教研究中心与《世界宗教研究》编辑部联合主办，来自中国社会科学院、北京大学、中国人民大学、山东大学等机构的30余位学者参加了会议。与会学者围绕宗教学的历史和定位、宗教学与哲学的关系、宗教学的中国特色、宗教学专业建设等方面进行了深入交流。

9 月 17—18 日，第十二届全国因明学术研讨会在陕西省铜川市召开。此次会议由中国逻辑学会因明专业委员会主办、陕西省铜川市人民政府研究室承办，中国藏学研究中心、杭州佛学院协办，来自全国社科、出版系统和大专院校的 70 多名因明学研究专家参加。

9 月 19 日，“纪念中国佛学院成立六十周年学术研讨会”在北京召开。此次研讨会共分为四场，与会法师、专家学者分别围绕“中国佛学院与当代佛教”“中国佛教教育的现状、未来与发展”“近现代佛教教育的回顾与展望”“僧伽教育的现状与展望”四个主题展开讨论。

9 月 23—25 日，“首届嵩山道教文化论坛”在河南省登封市召开，来自中国社科院、北京大学、北京师范大学、四川大学、山东大学、厦门大学、郑州大学等百余位专家学者出席会议并进行了热烈探讨。

9 月 24 日，“道安论道 · 佛教文化与当代生活——保定人间佛教二十年耕耘纪念论坛”在河北保定召开。论坛由中国社会科学院世界宗教研究所、中国宗教学会、中国社会科学院道家与道教文化研究中心主办，中国道教协会、河南省道教协会、河南社科院历史与考古所协办，中岳庙、河南省嵩山管理委员会承办。

9 月 24 日，2016 崇圣论坛在大理崇圣寺召开。论坛由云南省佛教协会、云南东南亚南亚佛教文化交流中心和大理崇圣寺联合主办，来自 23 个国家和中国港澳台地区的佛教界、学术界代表，共同探讨时代特色人间佛教的理论与实践。

9 月 24—25 日，修行人类学视野下的宗教与社会暨第二届宗教人类学工作坊在江苏召开。此次会议由金坛茅山乾元观、中国社科院世界宗教研究所、南京大学人类学研究所和华东师范大学人类学研究所四家单位联合主办，来自国内外各学术机构的 40 多位学者参加了会议。

9 月 24—25 日，“跨文化交往与文明对话”国际研讨会在北京大学召开。此次研讨会由北京大学和沙特伊斯兰事务部共同主办，旨在通过文明对话的形式，消除不同文明和宗教间的误解，搭建跨文化沟通的桥梁，推动建设一个更加和谐与宽容的世界，来自中国、沙特、美国、法国等国高校、智库等 40 多个机构的近 70 名学者和官员参加了研讨会。

9 月 26 日，首届中国（吉林市）道教文化艺术周真武文化论坛在吉林召开。此次活动由中华宗教文化交流协会指导，吉林省宗教文化交流协会和吉林市宗教文化交流协会支持，中国道教协会主办，吉林省道教协会协办，吉林市道教协会和吉林市玄帝观承办，来自全国各地高校、科研机构的专家学者与道教界人士，从真武大帝信仰的历史和地域特色、真武信仰的文化功能和道德教化功能、真武经典和图画的思想文化特色、真武信仰蕴含的道教修炼思想等方面，进行了深入的交流。

9 月 26 日，“坚持我国宗教中国化方向”研讨会在北京召开。会议由国家宗教事务局主持召开，旨在深入贯彻落实全国宗教工作会议精神和习近平总书记重要讲话精神，积极引导宗教与社会主义社会相适应，支持我国宗教坚持中国化方向。各全国性宗教团体负责人，宗教界人士，宗教学、民族学和法学领域的有关专家学者，部分省（区、市）宗教工作部门有关同志参加会议。

9 月 27 日，山东社科论坛——儒学与当代诚信体系建设学术研讨会在山东曲阜召开。

会议由光明日报社、中共山东省委宣传部、山东省社会科学界联合会、曲阜师范大学等联合主办，曲阜师范大学历史文化学院具体承办，来自全国13个省市的100余名专家学者，就儒学诚信理论、儒学诚信思想的当代价值和诚信体系建设等问题进行了交流和探讨。

十月

10月8—9日，“儒学、治理与新兴经济秩序”国际学术研讨会在北京召开。此次会议由北京外国语大学东西方关系中心与澳大利亚邦德大学东西方文化与经济研究中心联合主办。与会的20位国内外专家学者就儒学带给未来新兴世界秩序什么影响、儒家及中国文化与其他文化的融合关系、中国现行经济反映什么传统文化内涵、中国将是新兴世界经济秩序重要推动者、“一带一路”是人类共同体合作共赢的伟大尝试等几个重要议题，提出了一系列新观点。

10月9日，“人类学视野中的民族与宗教”学术研讨会在内蒙古自治区呼和浩特市召开。此次研讨会由内蒙古师范大学、中国人类学民族学研究会宗教人类学专业委员会共同主办，来自高等院校和研究机构的70余位专家学者，从宗教人类学角度，探讨了如何发挥民族地区宗教积极的社会功能和作用。

10月10日，由中国社会科学院世界宗教研究所儒教研究中心、《光明日报》国学版主办的“乡村与社区祠堂祭礼研讨会”在北京召开。

10月11日，“首届福建地方道教与民间信仰田野调研研讨会”在福建师范大学召开，中国社会科学院长城学者、中国社会科学院道家与道教文化研究中心主任、世界宗教研究所研究员王卡率团参加。

10月12—13日，由中国天主教“一会一团”神学研究委员会主办的“第四届天主教本地化暨中国化神学论坛”在北京中国天主教神哲学院召开。

10月13日，首届东亚儒学威海论坛——儒学与东亚文明暨君子之道国际学术研讨会在威海市召开。研讨会由山东社会科学院、国际儒学联合会、中国孔子基金会、威海市人民政府主办，山东社会科学院国际儒学研究与交流中心、中国孔子基金会学术部、威海市委宣传部联合承办，来自美国、韩国、日本、蒙古国、台湾地区、内地高校及儒学研究机构的专家学者、威海市党政机关代表等共计150余人参加。

10月14日，中国·湖北第六届黄梅禅宗文化高峰论坛在黄梅召开。此次论坛由湖北省民族宗教事务委员会、黄冈市政府主办，湖北省佛教协会、黄冈市民宗局、黄梅县政府、黄梅禅宗文化研究会承办，来自内地、港台地区及德国、韩国、日本、新加坡等海内外近200名知名专家学者和佛教界人士与会。

10月15日，“净影寺慧远大师与东亚佛教学术研讨会”在河南焦作召开。此次研讨会由中国人民大学、中央民族大学、焦作市净影旅游开发有限公司等单位联合发起，主旨为总结近代以来关于净影寺慧远的研究成果，深入考察和探究净影寺慧远的佛学思想及其影响，增进理解东亚佛教史的发展和演变，来自国内与日本、泰国等著名高校、研究机构的40余专家学者参加了会议。

10月15日，河北省第二届道教文化研讨会暨首届中国·邯郸道教文化研讨会在河北省临漳县召开。活动由河北省道教协会、邯郸市道教协会主办，河北省民族宗教研究基地协办，临漳县鬼谷观承办，以“鬼谷文化”为主要研讨内容。

10月16日，首届万寿宫庙会文化研讨会在江西南昌召开。会议由江西省道教协会、南昌市宗教文化交流协会主办，南昌市道教协会承办，西山万寿宫、江西科技师范大学万寿宫文化研究中心协办。

10 月 17 日，“鸠摩罗什与东亚知识的迁移学术研讨会”在北京外国语大学召开。会议由北京外国语大学全球史研究院、世界亚洲研究信息中心、泰国国际佛教大学联合主办。

10 月 18 日，第四届全国儒学社团联席会议暨“儒学核心价值观及其当代意义”学术研讨会在西安召开。该届大会由陕西省文化厅和中国孔子基金会主办，陕西师范大学、陕西孔子学会等机构承办，来自全国各地的 150 多位专家学者出席会议。

10 月 18 日，陈撄宁道教思想与养生文化论坛在安徽怀宁县召开。此次研讨会在中国道教协会和中国宗教杂志社的支持指导下，经国家宗教事务局批准，由安徽省道教协会、怀宁县政协联合举办。

10 月 21 日，全真道与齐鲁地方社会国际学术研讨会暨《丘祖西行》大型纪录片审评会在山东文登召开。活动由中国道教协会指导，山东省齐鲁文化研究院、香港道教学院全真道研究中心主办，山东省道教协会协办，威海市道教协会、威海市文登区道教协会和陕西德芳文化传播有限公司承办，来自全国道教代表、国内外专家学者出席了会议。

10 月 21—23 日，“道统思想与中国哲学”国际学术研讨会在成都召开。会议由中华朱子研究会、四川师范大学、中国人民大学孔子研究院和张浚张栻思想研究会联合主办，来自海内外的 100 余位学者出席会议并展开了热烈讨论。

10 月 22 日，第四届福寿文化周暨海峡两岸“药师如来与人间佛教”论坛在福山合卢寺召开。论坛由山东省佛教协会主办，烟台市佛教协会、福山合卢寺承办，来自国内外的专家学者、佛教界代表近 300 多人参加了论坛。

10 月 22 日，“佛教研究新趋势国际学术研讨会”在杭州举行。此次会议由浙江大学佛教资源与研究中心、哈佛大学内亚与阿尔泰研究系、哈佛大学南亚学系和哈佛燕京学社联合主办。研讨会就佛教资源的数字化、佛教多语种文献的合作研究、佛教哲学思想的跨区域研究和佛教研究的未来发展等议题展开讨论。

10 月 23 日，第二届中国佛教名山名寺法律问题研讨会在四川峨眉山召开。会议由乐山市律师协会主办，四川仙山律师事务所、峨眉山佛教协会协办。会议主要研讨寺院与景区、管理机构的法律关系问题，寺院管理、发展中的法律实务等。

10 月 27—28 日，首届“一带一路”沿线国家《心经》文化论坛在南京召开。会议由中国外文出版发行事业局指导，《人民中国》杂志社和江苏省佛教协会主办，来自“一带一路”沿线国家的宗教界人士、专家学者、使馆官员以及留学生代表共 240 余人出席论坛。

10 月 29 日，第二届佛教义学研讨会暨“印顺法师佛学思想研讨会”在无锡召开。此次研讨会由佛教义学研究会、华东师范大学宗教文化研究中心、无锡惠山寺联合举办，惠山寺承办。旨在纪念印顺法师为中国佛教所做的贡献，缅怀佛门先贤深入经藏、阐扬佛法的丰功，同时也对印顺法师的人间佛教思想予以考察、抉择。

10 月 30 日，第二届东方山药师信仰高峰论坛在黄石召开。此届论坛由湖北省佛教协会主办，黄石市佛教协会、东方山药师文化中心承办，主题为“药师信仰与大众健康”，来自海内外的专家学者、大德法师与省市各级领导 100 多人参加。

十一月

11 月 2—5 日，“共建人类命运共同体——宗教与科学的角色”国际学术研讨会在澳门大学召开。此次会议由中国社会科学院世界宗教研究所巴哈伊研究中心、巴哈伊澳门总会联合主办，澳门大学人文学院哲学及宗教学系，全球文明研究中心，澳门特区政府社会文化司，澳门基金会协办，来自国内外的 50 余位专家学者出席会议。

11 月 4—7 日，由径山万寿禅寺、浙江大学佛教文化研究中心承办的第四届“佛教文献与文学国际学术研讨会”在杭州召开。此次会议共收到论文 66 篇，内容涉及日本古写经、域外佛教文献、佛教目录、佛教版本、佛教文学、佛道教经典交涉影响等方面。

11 月 5 日，由浙江大学、中国社会科学院世界宗教研究所、中国宗教学会主办，浙江大学汉藏佛教艺术研究中心、世界宗教研究所《世界宗教研究》编辑部、世界宗教研究所宗教文化与艺术研究室承办的“图像学与风格史：亚洲宗教美术研究方法论”学术研讨会在浙江杭州召开，来自高校、科研机构的 40 余名专家、学者参加了此次会议。

11 月 5 日，由中国社会科学院世界宗教研究所、中国宗教学会和中国社会科学院邪教问题研究中心主办的第五届“东南亚宗教研究高端论坛”在北京召开。此次会议主题为“‘一带一路’与东南亚宗教”，来自海内外的专家学者围绕会议主题展开深入研讨。

11 月 5—6 日，“近百年中国佛教的学术史回顾与前瞻——首届现代佛教论坛”在中国人民大学召开。论坛由中国人民大学哲学院及佛教与宗教学理论研究所主办，广东省翁源东华禅寺协办，来自国内外及海峡两岸的 16 位专家学者，就中国近现代佛教史的研究问题进行了集中探讨。

11 月 5—6 日，由老子道学文化研究会、南京大学道学与东方文化研究中心主办，上海江村市隐文化专修学院协办的“第二届昆仑高峰论坛”暨老子道学文化研究会 2016 年年会在陕西西安召开，学术界、宗教界、企业界代表共 70 余人出席了会议。

11 月 5—6 日，第八届“黄河学”高层论坛暨“回族伊斯兰文化与黄河文明”学术研讨会在河南大学召开。此次会议由河南大学、中国回族学会、中国地理学会黄河分会主办，河南大学黄河文明与可持续发展研究中心、黄河文明传承与现代文明建设河南省协同创新中心承办，以“回族伊斯兰文化与黄河文明”为主题。

11 月 7 日，“2016 藏传佛教教义阐释工作研讨会”在北京召开。此次研讨会以“藏传佛教与和谐思想”为主题，藏传佛教界代表、研究专家等 100 余人参加研讨。

11 月 8 日，由台湾中华道教总会举办的“首届海峡两岸道教高峰论坛”在台湾召开。会议以座谈、论坛等方式探讨道教经典教理教义、两岸携手推动道教前行和发展。

11 月 11—14 日，“百年华严　百城烟水——第二届华严论坛”活动在常熟召开。此次论坛由常熟市佛教协会主办，兴福寺、法界学院承办，以“百年华严，百城烟水”为主题。

11 月 18 日，汉传佛教祖庭文化国际学术研讨会在陕西省西安市召开。此次研讨会由中国佛教协会和中华宗教文化交流协会主办、陕西省组委会承办、北京大学和陕西师范大学协办，以“祖德流芳　共续胜缘”为主题，来自 17 个国家和地区的佛教界代表、专家学者 200 多人与会。

11 月 20 日，由中国宗教学会、中国社科院世界宗教研究所主办，中国社科院佛教文化新媒体调研基地、佛教在线承办的“首届佛教文化与新媒体高峰论坛”在北京召开。此次论坛以“机遇与挑战”为主题。

11 月 21 日，“一带一路背景下的宗教与中国周边外交”学术研讨会在上海召开。此次会议由复旦大学中国与周边国家研究中心、复旦大学宗教与中国国家安全研究中心、上海交通大学国际与公共事务学院、中共上海市委党校发展研究院联合主办，旨在整合国内各单位、各学科的研究资源和优势，为深化“一带一路”研究贡献智慧。

11 月 22—23 日，由中国人民大学基督教文化研究所、香港原道交流学会和河北信德文化学会联合举办的第六届“基督教在当代中国的社会作用及其影响”研讨会在中国人民大学召开，海内外 70 余位政界、学界和教界人士围绕“‘一带一路’的宗教文化与公共外交”“宗教对话”“中梵关系展望与观察”等主题进行了研讨。

11 月 24 日，由中国社会科学院世界宗教研究所、北京市基督教两会、中国宗教学会、中国社会科学院基督教研究中心主办的“基督教中国化与中华民族命运共同体的建设”高层论坛在北京召开，来自国内外学术机构及宗教团体、媒体的 100 余人参加此次论坛。

11 月 25—28 日，由中国人民大学佛教与宗教理论研究所、萍乡学院、中央民族大学东亚佛教研究中心、萍乡市民族宗教事务局、上栗县人民政府主办的 2016 首届杨岐禅学思想学术研讨会在江西召开，20 余所高校和研究机构的 30 余名专家学者出席了此次会议。

11 月 26 日，“一带一路在南亚”国际学术研讨会在山东大学召开。此次会议由山东大学南亚研究中心、山东大学政治学与公共管理学院、山东大学犹太教与跨宗教研究基地共同举办，来自国内外高校及科研院所的专家学者出席会议，旨在探讨南亚地区在中国“一带一路”战略中占据的重要地位。

11 月 26—28 日，由北京大学高等人文研究院和世界伦理中心主办的以“儒家思想在启蒙时代的译介与接受”为主题的国际学术研讨会于北京大学召开。来自德国、法国、美国、加拿大、澳大利亚、日本及国内各高校的 28 位专家学者会聚一堂，对启蒙时代儒家经典在西方的译介与接受、传播与诠释等问题进行了深入探讨。

11 月 26—27 日，第二届希伯来圣经研讨会于上海大学召开。此次会议由上海大学文学院历史系、山东大学犹太教与跨宗教研究中心、山东大学饶宗颐宗教与文化研究所联合举办，20 余位专家学者围绕希伯来圣经与中国经典诠释、中国圣经研究之前景等问题展开了探讨。

11 月 26—27 日，《天府新论》编辑部、弘道书院与敦和基金会在曲阜举办了主题为“儒学与社会重建：实践与义理”的研讨会，来自多所高校和研究机构的十位学者依从儒家义理，从不同角度探讨了社会重建的路径。

11 月 27 日，“河北宗教：过去、现在与未来”学术研讨会在河北师范大学召开。此次研讨会由河北师范大学、河北省哲学学会主办，河北师范大学宗教文化研究所、马克思主义学院、历史文化学院、法政与公共管理学院、河北省民族宗教研究基地承办，来自省内外宗教界专家、学者共计 60 余人参加了研讨会。

11 月 29 日，国家宗教事务局外事司与复旦大学宗教与中国国家安全研究中心在沪联合举办“赵朴初先生和丁光训主教对外民间交流思想与实践研讨会”，50 多位宗教界代表和专家学者参加了研讨会。

11 月 29 日，由《中华大藏经（汉文部分）·续编》编委会、中华书局主办，东方哲学与宗教文化研究中心承办的“大藏经编纂的文化意义与时代价值”学术座谈会在南京大学召开。

十二月

12 月 2—3 日，由香港中文大学人间佛教研究中心、香港佛光道场、佛光山人间佛教研究院联合主办的“人间佛教在东亚与东南亚的实践”国际学术研讨会在香港召开，来自 12 个地区的 50 多位学者及法师发表论文演说，探讨人间佛教在东亚和东南亚的实践与影响。

12 月 2—4 日，由中国人民大学与韩国高等教育财团联合主办的“国际儒学论坛·2016”在中国人民大学召开。此次会议的主题是：“儒家视域中的家国天下”，来自世界各地的 120 多位专家、学者参加会议。

12 月 2—5 日，“当代宗教经济与宗教传播”学术交流会在宜春召开，40 名专家参加了此次学术交流会。

12 月 3 日，元代北京汉藏佛教研究学术研讨会在北京召开。北京佛教文化研究所、北京雍和宫、清华大学道德与宗教研究院、《佛学研究》年刊社联合举办了此次研讨会，旨在为促进首都文化的建设和繁荣贡献力量。

12 月 3 日，“佛教文化与 21 世纪海上丝绸之路”国际学术研讨会在上海召开。此次研讨会由上海玉佛禅寺与华东师范大学哲学系联合主办，邀请 38 位海内外专家、学者，共同分析探讨海上丝绸之路在连接中外文化交流中的重要作用，及其对佛教文化传播的现代意义。

12 月 5 日，由云南大学佛教与现代宗教理论研究所、云南大学公共管理学院哲学系、重庆市华岩文教基金会合举办的第五届西南佛教文化学术研讨会在云南大学召开。

12 月 5 日，第六届长三角地区道教论坛在杭州举办，200 余名嘉宾参加了此次活动，教界和学界围绕上述问题展开交流和探讨。此次论坛由中国道教协会指导，浙江省道教协会主办，上海市道教协会、江苏省道教协会协办，杭州市道教协会承办。论坛的主题是“道教教义体系的现代建构——道教文化的传承与弘扬”。

12 月 8—9 日，第三届黄寺论坛在北京举行。此届黄寺论坛以“藏传佛教文化——黄寺与紫禁城”为主题，由中国藏语系高级佛学院与北京故宫博物院共同主办。

12 月 9—11 日，由中央民族大学宗教研究院、中央民族大学“比较经学与宗教间对话”创新引智基地、中央民族大学哲学与宗教学学院联合主办的“跨信仰对话：中国宗教准备好了吗?”学术研讨会在北京召开，就跨信仰对话的相关议题进行了研讨交流。

12 月 10 日，由中国社会科学院世界宗教研究所、中国宗教学会主办，由中国民俗学会中国地域民俗文化研究中心、牡丹江市民间文艺家学会、牡丹江海东青文化传播发展有限公司承办的“第二届民间信仰研究高端论坛暨宁安萨满文化学术考察活动”在黑龙江省牡丹江市召开，两岸专家学者约 40 余人出席该届论坛。

12 月 10—11 日，由中国社会科学院世界宗教研究所、中国宗教学会、中国社会科学院佛教研究中心和义乌市政协主办的“2016 义乌双林佛教文化论坛”在浙江省义乌市召开，国内众多专家学者和佛教界代表共同探讨义乌弥勒信仰的源流演变和现代意义。

12 月 11—13 日，由中国社会科学院世界宗教研究所、爱德基金会、中华基督教两岸交流协会主办，粮惠世界、苏格兰教会、美国卫理公会、荷兰基督教发展合作社、江苏省基督教两会等单位支持协办的“宗教与可持续发展国际论坛”暨第二届两岸宗教公益论坛在江苏南京召开，来自政界、学术界、宗教界人士 200 多人参加此次会议。

12 月 13 日，由中国观音文化研究中心、政协平顶山市委员会主办，河南省宗教文化交流协会、河南省佛教协会协办，河南盛润控股集团平顶山大香山文化旅游有限公司承办的第四届中国观音文化研讨会在平顶山召开。研讨会邀请了国内观音文化研究领域的专家、学者和嘉宾 120 人参加，就观音文化的深刻思想内涵，观音文化在中国传统文化中的历史地位和当代价值，“一代一路”建设中的观音文化研究等展开研讨交流。

12 月 15 日，由武汉大学文学院、武汉大学中国宗教文学与宗教文献研究中心主办的第三届“宗教实践与文学创作暨《中国宗教文学史》编撰”国际学术会议在武汉大学召开，80 余名中外学者就《中国宗教文学史》的编撰及相关问题进行研讨。

12 月 16 日，云南道教文化（国际）学术研讨会在昆明召开。来自中国大陆与台湾地区、香港与澳门特别行政区及六个国家的道教研究专家学者出席会议。此次研讨会由省民族宗教委、省社科院、省道教协会主办，省民族宗教委宗教业务四处、省社科院宗教研究所、省道教文化传播中心、云南大学历史与档案学院承办，昆明市紫云青鸟·云南文化创意博览园、《民族时报》社协办。

12 月 16—18 日，由中国宗教学会、中国中东学会共同举办的“伊斯兰教与一带一路”暨第二届全国伊斯兰教学术研讨会在北京召开，各界代表 130 余位参加此次会议。

12 月 16—18 日，佛光山人间佛教研究院第四届人间佛教座谈会在台湾召开，海峡两岸及世界各地 40 余名佛教学者，以议题发表、主题演说等方式，探讨人间佛教的理论和实践，以及对星云大师著作的解读。

12 月 17—18 日，由中国社会科学院世界宗教研究所与中国宗教学会主办、《世界宗教研究》编辑部与英文季刊《中国宗教研究》承办的首届“全球史视阈中的宗教研究”国际学术研讨会在北京举行，来自国内外 30 多个研究机构、大学的 60 多位有关专家学者参加了研讨会。

12 月 18 日，由中国佛教文化研究所主办、清华大学道德与宗教研究院协办、北京佛教文化研究所承办的“2016 佛教思想建设研讨会”在北京什刹海书院隆重举行。

12 月 18 日，首届道教科仪音乐高峰论坛暨道教书籍文化展在武汉召开，来自全国各地的政界、道教界、学术界代表出席了此次活动。

12 月 18—20 日，由圣严教育基金会主办的“第二届近现代汉传佛教论坛”于台湾召开，来自中国、法国、美国等近 20 位学者，从佛教教育出发，讨论汉传佛教现代化的问题与危机以及未来的契机和方向。

12 月 22 日，由中国社会科学院佛教研究中心主办，广东东华禅寺、佛教在线承办，北京福慧公益基金会支持的“禅宗文化现状与发展论坛”在中国社会科学院世界宗教研究所召开。

12 月 24 日，由中国社会科学院道家与道教文化研究中心、中国社会科学院世界宗教研究所、中国宗教学会主办的“首届中国本土宗教研究论坛”在北京召开。会议着重探讨了中国本土宗教研究的新问题与新方法，论坛议程分为论文发表探讨阶段和中国本土宗教研究暨《中国本土宗教研究》创刊座谈会阶段。

12 月 25 日，“全真道研究中心成立仪式暨态度与方法——道教研究反思与展望高端学术论坛”在济南山东师范大学举行，全真道研究中心主任赵卫东教授介绍了研究中心的基本情况。

第十篇

论文索引

2016年马克思主义宗教观研究论文索引

谢添　编

中国特色社会主义宗教理论的形成和发展/叶小文/人民论坛/2016.15

中国特色社会主义理论的宗教篇如何布局/叶小文/人民论坛/2016.25

中国特色社会主义宗教理论的内涵和外延/叶小文/世界宗教研究/2016.3

马克思主义宗教观探究/卓新平/世界宗教文化/2016.3

认真领会习近平总书记在全国宗教工作会议重要讲话的意义/卓新平/世界宗教研究/2016.3

论马克思、恩格斯《神圣家族》中的宗教观/卓新平/宗教学研究/2016.4

积极引导宗教与社会主义社会相适应的理论创新/卓新平/中国宗教/2016.4

论积极引导宗教的现实意义/卓新平/世界宗教研究/2016.1

当代中国宗教工作理论发展的全新里程碑/卓新平/中国宗教/2016.6

在“纪念任继愈先生诞辰一百周年座谈会”上的致辞/卓新平/世界宗教文化/2016.2

努力建设当代中国特色宗教理论/牟钟鉴/西北民族研究/2016.3

我国主流宗教观的历史变迁与当代创新/牟钟鉴/西北民族大学学报（哲学社会科学版）/2016.4

丰富和发展中国特色社会主义宗教理论是学者的神圣使命/牟钟鉴/中国宗教/2016.5

中国特色社会主义宗教理论研究的意义/曾传辉/宗教学研究/2016.4

做好新时期宗教宣传工作的根本指针　学习贯彻习近平总书记在党的新闻舆论工作座谈会上的重要讲话/刘金光/中国宗教/2016.3

推进理论创新　服务科学发展　胡锦涛同志对宗教工作的重要贡献/刘金光、胡绍皆/中国宗教/2016.11

马克思主义宗教观中国化的最新成果/何虎生/中国宗教/2016.5

论中国特色社会主义宗教理论的形成发展及实践/何虎生/世界宗教研究/2016.3

论中国特色社会主义宗教理论的核心内涵/何虎生、刘福军、张杰/科学社会主义/2016.3

论中国特色社会主义宗教理论的发展历程/何虎生、王超/中国特色社会主义研究/2016.6

论习近平对中国特色社会主义宗教理论的丰富和发展/何虎生、张杰/思想理论教育导刊/2016.6

新世纪以来党和国家宗教工作的理论与实践　十五年宗教工作成就回眸之五/何虎生/中国宗教/2016.2

毛泽东认识宗教的历史轨迹/毛胜/毛泽东思想研究/2016.2

中国共产党对政教关系的创造性探索——纪念中国共产党成立 95 周年/毛胜/上海市社会主义学院学报/2016. 4

中国共产党与宪法性文献中关于宗教问题的规定/毛胜/世界宗教文化/2016. 5

邓小平与宗教领域的拨乱反正/毛胜/重庆社会主义学院学报/2016. 4

影响新疆宗教和谐的因素分析/彭无情/实事求是/2016. 6

新疆宗教和谐的路径探析/彭无情/新疆社科论坛/2016. 4

马克思宗教观视域中的恩格斯圣经理解/唐晓峰/世界宗教研究/2016. 2

新时期高校应加强对大学生进行马克思主义宗教观教育/王永智/思想理论教育导刊/2016. 4

关于马克思主义宗教观当前面临挑战的几点思考/王永智/毛泽东邓小平理论研究/2016. 12

论大学生马克思主义宗教观教育/马莉/山东行政学院学报/2016. 2

论马克思主义宗教观中国化的两次历史性飞跃/刘福军/广东省社会主义学院学报/2016. 1

关于对高校大学生进行马克思主义宗教观教育的若干思考/徐菲/郑州轻工业学院学报（社会科学版）/2016. 2

高校马克思主义宗教观课堂教育存在的问题与对策/都基辉、张卫冬/学校党建与思想教育/2016. 2

艾思奇的马克思主义宗教观及其当代意义探论/隋金波/世界宗教研究/2016. 3

贵州民族高校马克思主义宗教观的教育引导机制研究/陈彩利/教育观察（上半月）/2016. 3

“三元交互决定论”在高校对大学生进行马克思主义宗教观教育中的运用研究/于淼/法制与社会/2016. 3

马克思主义宗教观及其人文价值/马文萍、靳凤凰/山西高等学校社会科学学报/2016. 6

大学生马克思主义宗教观调查研究/吕晓丽、张卫冬/内蒙古师范大学学报（教育科学版）/2016. 10

广西大学生马克思主义宗教观教育探究/梁宇、贺争平/传承/2016. 11

高校马克思主义宗教观教育及现实路径初探/张洁、吕振华/华北水利水电大学学报（社会科学版）/2016. 4

浅析马克思主义宗教观在中国的发展/王向云/世纪桥/2016. 2

大力加强马克思主义宗教观教育/王来法/观察与思考/2016. 5

马克思主义宗教观之内涵/赵瑜/学理论/2016. 1

浅谈引导大学生树立马克思主义宗教观/高扬/新西部（理论版）/2016. 3

民族宗教对地方民族高校马克思主义宗教观教育的影响——基于贵州省内的调查与分析/陈彩利/现代教育科学/2016. 4

坚持马克思主义宗教观是防范非法宗教渗透的基础/陈发扬/新西部（理论版）/2016. 19

思想政治理论课教学中的马克思主义宗教观教育研究/王常静/亚太教育/2016. 7

高校思想政治理论课教学中马克思主义宗教观教育的实然与应然/王常静/太原城市职

业技术学院学报/2016. 2

马克思主义宗教观研究的学科创新——以 2015 年为例/黄奎/世界宗教文化/2016. 6

贵州高校马克思主义宗教观教育引导要点研究/陈彩利/学理论/2016. 5

谈新形势下大学生思想政治教育的有效途径——以营口职业技术学院为例/刘化/辽宁师专学报（社会科学版）/2016. 6

列宁社会主义宗教观再认识/李杰、马英杰/云南社会主义学院学报/2016. 2

从比较视角探析中国特色社会主义宗教理论特色内涵/刘福军/世界宗教文化/2016. 6

大学生马克思主义宗教观教育探析/勇天奇/文学教育（下）/2016. 8

加强马克思主义宗教观研究意义重大/王利涛/中国宗教/2016. 12

论医学高等教育中的马克思主义宗教观的培育/郑晓玲、唐宋文/学理论/2016. 7

高职学生马克思主义宗教观教育研究/杨清荧/理论观察/2016. 11

李大钊对马克思主义宗教观的重要贡献/李岁科/中共太原市委党校学报/2016. 2

恩格斯《费尔巴哈论》的宗教观及其现代价值/罗来文/理论月刊/2016. 12

论马克思主义对卡尔·巴特神学政治的影响及其反思/李志雄/世界宗教研究/2016. 6

当前高校加强宣传思想工作者宗教观和宗教政策教育的有效路径/周守高、周良书/社会主义核心价值观研究/2016. 6

高校信教大学生思想政治教育工作研究/马文萍、靳凤凰/山西高等学校社会科学学报/2016. 10

弗洛姆的马克思主义宗教观——读弗洛姆的《说爱》/邹剑波/学理论/2016. 9

坚持和发展中国特色社会主义宗教理论/马玉堂/西北民族大学学报（哲学社会科学版）/2016. 5

宗教消亡问题再审视——从宗教是掌握世界的一种方式的视角/廖微、张云阁/吉林省教育学院学报/2016. 2

宗教渗透对新疆职业院校大学生思想政治教育的影响/张玉荣/职教通讯/2016. 20

思想政治教育视阈中大学生宗教信仰问题探究/孟兆怀/四川文理学院学报/2016. 4

“90 后”大学生宗教信仰特点及影响因素分析/马文萍、靳凤凰、李先/山西广播电视大学学报/2016. 4

“宗教是人民的鸦片”再议——从《宗教批判也是马克思批判思想的前提吗?》说起/韩敬/大连大学学报/2016. 4

恩格斯《费尔巴哈论》的宗教观及其现代价值/罗来文/中共云南省委党校学报/2016. 5

后现代主义视阈下的大学生网络宗教问题研究/邢国忠/马克思主义研究/2016. 11

西南边疆民族地区高校加强马克思主义意识形态教育的困境与对策——以百色学院为例/刘繁荣/高教学刊/2016. 10

筑起大学生抵御校园宗教渗透的思想防线/韩轶、戴艳军、郭起飞/思想理论教育导刊/2016. 6

毛泽东与邓小平宗教观的比较研究/王靓靓/延边党校学报/2016. 4

简论马克思主义与宗教：兼议宣传无神论与信徒能否入党的两场争论/陈村富/世界宗教研究/2016. 5

恩格斯在《费尔巴哈论》中对费尔巴哈的批判及其启示/常克省/大连干部学刊/2016. 7

马克思宗教本质观的六种解读之辨析/汪信砚、李成龙/求是学刊/2016. 2

《1844年经济学哲学手稿》中马克思宗教观研究/王美定/社科纵横/2016.9

高校思想政治教育对宗教心理功能的批判性反思/季岐卫/思想政治教育研究/2016.6

坚持和发展中国特色社会主义宗教理论　三论学习贯彻全国宗教工作会议精神/陈宗荣/中国宗教/2016.6

中国共产党对宗教规律认识的新境界/蒲长春/科学社会主义/2016.3

马克思主义意识形态视角下中国宗教问题之"本""位""术"/王勤瑶/甘肃理论学刊/2016.4

艺术类高校大学生宗教信仰调查及教育对策/张方圆/理论观察/2016.11

高校统战与校园信仰问题研究/刘修志、段志国、朱秀平、贾涵/文化学刊/2016.4

从宗教产生的根源到克服宗教的途径——论马克思对费尔巴哈宗教观的批判/杨得雨/漯河职业技术学院学报/2016.6

习仲勋宗教工作思想探析/詹鹏/党史文苑/2016.6

国内近二十年宗教起源研究综述/吴娇/文化学刊/2016.2

互联网+时代大学生宗教信仰对高校思想政治教育的影响及对策/刘慰/知识经济/2016.23

积极引导宗教与社会主义社会相适应理论的形成与创新发展/陈凤林/辽宁省社会主义学院学报/2016.4

马克思主义信仰与宗教信仰关系研究/张博/党史博采（理论）/2016.6

中国共产党对伊斯兰教宗教思想认识的历史演进述论/马文祥/青藏高原论坛/2016.3

做好新形势下宗教工作的行动指南/王作安/法音/2016.8

高校少数民族大学生理想信念教育的探索/刘英杰、张艳波/黑龙江高教研究/2016.7

费尔巴哈宗教观研究述评/胡水清/理论与现代化/2016.1

做好新形势下宗教工作的行动指南　深入学习贯彻习近平同志系列重要讲话精神/王作安/中国宗教/2016.8

汤因比共产主义"宗教论"：辩护与批判/梁惟/华侨大学学报（哲学社会科学版）/2016.2

大学生宗教信仰现状分析/刘燕/学校党建与思想教育/2016.3

新世纪中国特色社会主义宗教理论的发展　十五年宗教工作成就回眸之六/龚学增/中国宗教/2016.2

网络宗教在高校的传播及其影响研究/陈国成、谢婷婷/黑河学院学报/2016.5

论高校开展马克思主义科学无神论教育的重要性/周吉珍/社科纵横/2016.10

"学习全国宗教工作会议精神"笔谈/孔陈焱、张志鹏、李峰、李睿、涂怡超/重庆社会主义学院学报/2016.4

始终保持马克思主义无神论在人民群众思想中的主导地位/朱晓明/红旗文稿/2016.17

教育引导新疆高校学生正确认识和对待宗教问题/李国良/新疆社会科学/2016.4

从文本对比中理解《关于费尔巴哈的提纲》中的宗教观点及其发展脉络/汪璐/社科纵横/2016.5

浅评费尔巴哈爱的宗教的唯心性/孙婷/吉林广播电视大学学报/2016.4

依法推进高校宗教工作探析/左鹏/思想理论教育导刊/2016.12

习近平总书记统一战线重要思想的宗教篇/张强/重庆社会主义学院学报/2016.5

中国本土宗教的虚神信仰/王卡/世界宗教研究/2016. 5

校园文化视角下创新西藏高校“四观”教育模式探讨/梁军莉/中国培训/2016. 20

稳定与连续、阶段与时代、继承与创新、平等与包容——执政党对待藏传佛教的主要特征/米广弘、谭融/西北民族大学学报（哲学社会科学版）/2016. 4

发挥统一战线优势 为维护新疆社会稳定和长治久安凝心聚力/黄景睿、代小红/河北省社会主义学院学报/2016. 2

贯彻落实会议精神 推动伊斯兰教工作再上新台阶/杨发明/中国宗教/2016. 7

党对宗教工作认识的新高度/本刊编辑部/中国宗教/2016. 6

新媒体时代少数民族大学生思想政治教育面临的挑战及对策/王文霞/青海民族研究/2016. 3

马克思的宗教批判思想及其现实启示/黄亦君/中国井冈山干部学院学报/2016. 3

全面提高新形势下宗教工作水平的纲领性文献——学习习近平总书记在全国宗教工作会议上的重要讲话/毛国庆/攀登/2016. 4

西藏高校《马克思主义“四观”教育概论》课教学现状调查分析/梁军莉/西藏教育/2016. 11

《新疆历史与民族宗教理论政策教程》专题化教学在民族团结教育中的意义/阿依努尔·海热拉/高教学刊/2016. 16

宗教与社会关系和谐论/沈桂萍/科学社会主义/2016. 3

新形势下高校应对宗教渗透问题的思考/李坤/法制博览/2016. 8

四论学习贯彻全国宗教工作会议精神 深刻理解宗教工作的本质是群众工作/张彦通/中国宗教/2016. 7

中国公派留学抵御防范宗教渗透对策研究/蒋兴礼/学术论坛/2016. 1

大力加强“中国文化引导”，深入促进宗教发展“中国化”/李向平/西北民族大学学报（哲学社会科学版）/2016. 4

深入学习贯彻习近平总书记重要讲话精神 扎实做好新形势下宗教工作/孙春兰/民族论坛/2016. 8

宗教的引导及其规范机制分析——对“积极引导宗教与社会主义社会相适应”的几点认识/孟宪平/广西社会主义学院学报/2016. 2

高校思政课信仰教育面临的问题与对策研究/付瑶、罗宝旭/辽宁教育行政学院学报/2016. 3

“中国梦”视域下的宗教中国化路径分析——学习习近平在全国宗教工作会议上的重要讲话体会/黄文渊/中国领导科学/2016. 12

新形势下高校如何防范宗教渗透/田俊萍/许昌学院学报/2016. 6

宗教对大学生思想道德影响研究/陈刚/现代交际/2016. 2

我国西南地区大学生宗教信仰认知状况初探/陈良兵、韩文华/重庆三峡学院学报/2016. 4

建设“中国宗教学”：意指、概念与问题意识/杨普春/宗教学研究/2016. 1

对宗教、民族、国家安全的统一考量——试论习近平的宗教工作思想的理论特色与理论内涵/李晓龙/世界宗教研究/2016. 2

关于中国特色社会主义宗教理论的几个问题/叶小文/世界宗教研究/2016. 4

以中国特色社会主义宗教理论引导西藏地区宗教健康有序发展/刘洁/中国边疆史地研究/2016.3

推进我国宗教中国化发展的两个理论问题/潘宏纹/广西社会主义学院学报/2016.6

关于“新疆历史与民族宗教理论政策教程”教学改革的思考/郭颖/中国市场/2016.41

坚持马克思主义无神论是思想战线的一项重要任务/朱晓明/实践（思想理论版）/2016.9

如何辩证看待我国宗教的社会作用/刘福军/广州社会主义学院学报/2016.4

马克思恩格斯宗教思想的另面观/胡义清/世界宗教文化/2016.5

深入学习贯彻习近平总书记重要讲话精神　扎实做好新形势下宗教工作/孙春兰/中国宗教/2016.8

南阳地区高校大学生宗教信仰应对机制研究/张涛/现代商贸工业/2016.33

对我国“宗教中国化”的几点思考/甘肃省委统战部课题组、王玺玉/江苏省社会主义学院学报/2016.1

古巴共产党处理宗教问题的主要做法/胡柳娟、张军/当代世界与社会主义/2016.2

浅析马克思主义信仰的政治信仰本质/范迎春/学理论/2016.7

批判与超越：奈保尔宗教意识研究/俞曦霞/上海师范大学学报（哲学社会科学版）/2016.1

践行延安精神筑牢价值高地抵御宗教分裂势力/刘权政/河北青年管理干部学院学报/2016.4

民族地区大学生马克思主义信仰教育研究/刘国栋/内蒙古师范大学学报（教育科学版）/2016.1

关于毛泽东宗教思想的再认识/阚国华、敖祖辉/边疆经济与文化/2016.4

宗教渗透视阈下大学生宗教信仰问题研究/侯英杰/开封教育学院学报/2016.7

成人高等学历教育学生宗教信仰现状的调查与分析——以中央民族大学继续教育学院学生为例/赵丽红、蔡武越、王玉沿/大理大学学报/2016.11

严明“共产党员不得信仰宗教”的政治纪律/田心铭/红旗文稿/2016.14

神学人格的逻辑解构——重思黑格尔到马克思的宗教批判线索/张添翼/中南大学学报（社会科学版）/2016.6

浅谈马克思主义信仰教育在宁夏回族大学生成长成才中的作用/韩冀宁/经济研究导刊/2016.11

新时期做好宗教工作的新指针——学习习近平在全国宗教工作会议上的重要讲话/黄伟、余鲲/探索/2016.3

按照“走在前列”要求　把全国宗教工作会议精神学习贯彻好/马文艺/中国宗教/2016.5

边疆民族地区宗教工作法治建设探讨——基于云南宗教工作实践的思考/董国菊/云南社会主义学院学报/2016.1

深入学习贯彻全国宗教工作会议精神　全面提高湖北宗教工作水平/柳望春/民族大家庭/2016.4

指引中国宗教事业健康发展的“道路、真理与生命”/刘元龙/中国宗教/2016.7

大学生宗教信仰现状与德育方式解析/席云鹏/湖北函授大学学报/2016.13

宗教事务依法管理的路径及基础——以四川藏区依法治理为视角/王允武、才让旺秀/民族学刊/2016. 5

简论马克思的宗教观/张茂泽/华夏文化/2016. 4

大学生宗教认知的社会维度解析/覃辉银/湖北民族学院学报（哲学社会科学版）/2016. 3

历史唯物主义视阈下马克思“宗教思想批判性”探析/任国腾/才智/2016. 17

宗教信仰对农村社区治理的影响/王先伟/新西部（理论版）/2016. 9

积极发挥宗教界代表人士“举旗手”作用/许烨/中央社会主义学院学报/2016. 5

坚持宗教中国化方向，促进当代中国发展/许烨、吴靓宇/云南社会主义学院学报/2016. 3

创新社会治理方式 进一步做好新形势下基层宗教工作/云国盛/内蒙古统战理论研究/2016. 5

促进新形势下宗教工作水平提高的纲领性文献——学习领会习近平同志的全国宗教工作会议讲话/张明锋、王珅/法音/2016. 9

严复宗教思想探析/周至杰/福建师范大学学报（哲学社会科学版）/2016. 3

新疆高校防范和抵御宗教极端思想渗透的对策思考/朱丽颖/中共伊犁州委党校学报/2016. 4

坚持我国宗教发展的中国化方向的对策建议/吴星辰/天津市社会主义学院学报/2016. 3

运用法治思维和法治方式推进宗教工作/冯玉军/中国宗教/2016. 3

社会治理体系现代化中的宗教利用分析——基于治理现代化的视角及需求溢出理论的逻辑/刘太刚/中共贵州省委党校学报/2016. 1

以新的思维方式 开创宗教工作新局面——参加“学习贯彻全国宗教工作会议精神培训班”的思考/孔元元/民族大家庭/2016. 5

新疆师范类高校抵御和防范宗教向校园渗透工作现状研究/吴敏/兵团党校学报/2016. 1

主动作为 敢于担当 全面提高新形势下宗教工作水平/贾瑞琴/中国宗教/2016. 6

宗教史的新界碑——品读《近代中国宗教文化史研究》/何卓恩/世界宗教研究/2016. 4

毛泽东与新中国宗教事务管理/李晓东/湘潮（下半月）/2016. 2

当代大学生宗教信仰问题的对策研究/宋玉静/辽宁广播电视大学学报/2016. 1

家校合作对抵御宗教向校园渗透的路径探析/李莲花/科技经济导刊/2016. 19

融合与认同 方志文化与宗教中国化/曾荣/中国宗教/2016. 10

法治视阈下宗教极端主义的中国治理/张庆麟/贵州警官职业学院学报/2016. 6

从大学生宗教信仰现状探索高校社会主义核心价值观培育思路/刘爱萍/教育教学论坛/2016. 37

我国宗教事务管理法治化探析——从宗教信仰自由的角度/高岩、邱磊/东岳论丛/2016. 10

民族地区高校社会主义核心价值观教育现状与对策/申忠玲/大连民族大学学报/2016. 2

牢牢坚持党的宗教工作基本方针 二论学习贯彻全国宗教工作会议精神/蒋坚永/中国宗教/2016. 6

法治化方向下加强宗教事务管理问题研究/黄颂凯、黄海鹰/广西社会主义学院学

报/2016. 3

大学生宗教信仰原因及对策研究/李佳/经营管理者/2016. 19

提高宗教工作法治化水平的理论侧重与现实指向——关于习近平总书记宗教工作法治化指导思想的学习体会/李晓龙/公民与法（法学版）/2016. 1

大学生民族宗教信仰现状以及如何抵御非法宗教校园渗透研究/邢丹/湖北函授大学学报/2016. 8

试论当代中外宗教交往的社会角色及中国的应对态度/李东清/宁夏社会科学/2016. 4

当代大学生宗教信仰的现状及引导策略——以上海师范大学为例/时臻/文化学刊/2016. 10

我国宗教事务治理的战略考量/孙宝林/宁夏社会科学/2016. 5

宗教极端思想对新疆高职院校少数民族学生的危害/海丽其姑丽·亚森、吾甫尔·艾买提江/中国校外教育/2016. 9

简论中国的宗教与宗教学/李天纲/天津社会科学/2016. 1

新形势下如何防范宗教思想对高校的渗透/甘甜/重庆与世界（学术版）/2016. 1

当前我国网络宗教发展态势及对策研究/王娜娜/中央社会主义学院学报/2016. 3

以法治思维和法治能力贯彻宗教工作法治化/俞学明/中国宗教/2016. 7

当前依法管理宗教事务的意义、问题及对策/雷火剑/上海市社会主义学院学报/2016. 6

冀域宗教文化研究现代启示/贾建梅；袁媛；徐雪冰/河北能源职业技术学院学报/2016. 3

论宗教社会性的三重意蕴/张强/汕头大学学报（人文社会科学版）/2016. 3

当代中国宗教活动管理的理论与实践——以宗教行政法的建构为例/汪燕/世界宗教文化/2016. 4

抓本务实　趋利避害　积极做好高校民族和宗教工作/李智/民族大家庭 2016. 4

怎样认识马克思主义信仰与宗教信仰的关系/郑敬斌/思想理论教育导刊/2016. 3

民族学生马克思主义信仰教育的问题及方法研究/刘晓娟/贵州民族研究/2016. 7

2016年佛教研究论文索引

韩笑　编

中国佛教抗战文学的精神新质与艺术探寻/谭桂林/中国社会科学/2016.1

佛教僧侣视野中的游客、旅游和旅游业/甘露、陈娜、刘丽君、刘少林/旅游学刊/2016.5

龟兹佛教与石窟研究的新收获/霍旭初/新疆师范大学学报（哲学社会科学版）/2016.6

天竺与中土：何为天地之中央——唐代僧人运用佛教空间结构系统整合中土空间的方法研究/李智君/学术月刊/2016.6

中国佛教社会工作的伦理与实践——基于文化和历史传统的本土经验/杜立婕/云南师范大学学报（哲学社会科学版）/2016.5

对佛教起源的再思考——佛教：从中国传到印度经中亚、中国汉代西域再回到中国（内地）/张如柏、张玉玉、张善云、刘天佑、杨庆林/成都理工大学学报（社会科学版）/2016.1

明代万历年间江南民众的佛教信仰——以万历十七年至二十年五台山方册藏施刻文为中心的考察/章宏伟/清华大学学报（哲学社会科学版）/2016.5

"善有善报"与"善不受报"——佛教善恶"因果"观辨析/陈坚/湖南大学学报（社会科学版）/2016.5

中国近代佛教的主要内容及其时代特色/纪华传/西南民族大学学报（人文社科版）/2016.3

甘肃泾川佛教遗址2013年发掘简报/吴荭、王永安、张俊民、周静、蒋超年/文物/2016.4

泰国佛教介入政治冲突的表现形式及其原因探析/李宇晴/东南亚研究/2016.4

佛教法文化的变迁及其当代价值/陈晓聪、何勤华/上海师范大学学报（哲学社会科学版）/2016.3

综说佛教前期对婆罗门教优势之因素/严耀中/复旦学报（社会科学版）/2016.1

人间佛教的神圣性与社会性——以星云大师的佛教思想为中心/李向平、郭理/上海大学学报（社会科学版）/2016.5

文化回馈：人类文明交流的新境界——以"佛教中国化"为例/张志刚/北京大学学报（哲学社会科学版）/2016.2

论人间佛教的历史必然性/程恭让/西南民族大学学报（人文社科版）/2016.10

认识如何可能？——从有部到经部的佛教认识论思想考察/傅新毅/南京大学学报（哲学·人文科学·社会科学）/2016.1

隋唐佛教与书法美学/吴功正/齐鲁学刊/2016. 3

"农禅并重"的农业伦理意境与佛教中国化/陈坚/兰州大学学报（社会科学版）/2016. 5

西双版纳南传佛教教育与傣族文化发展/刘晓巍/教育学报/2016. 2

法门寺及其文化景区佛教文化旅游景观表达探究/陈祺、陈佳/南方农业/2016. 7

归义军时期敦煌地区的佛教与军事关系研究/陈双印、赵世金/西北民族大学学报（哲学社会科学版）/2016. 3

佛法与众生法的协和：从佛教中国化论人间佛教及其价值取向/董平、盛宁/世界宗教研究/2016. 5

浅谈我国佛教旅游开发现状及发展前景/王苗、王芝玉/经营管理者/2016. 2

明代成都地区佛教研究/王大伟/宗教学研究/2016. 3

藏传佛教寺院治理的历史演进及当代启示/马明忠、张科/青海民族研究/2016. 2

佛教旅游地文化生态旅游开发策略研究——以九华山为例/文静/中南林业科技大学学报（社会科学版）/2016. 3

中古时期的佛教与民族边界/吴洪琳/思想战线/2016. 2

谈藏传佛教文化与"一带一路"战略/王长鱼/西藏民族大学学报（哲学社会科学版）/2016. 1

论汉传佛教的"慈悲"美德精神/张有才/东南大学学报（哲学社会科学版）/2016. 2

感生、异表和胁生——由纬书及相关文献看西汉时期佛教对中土的影响/孙尚勇/四川大学学报（哲学社会科学版）/2016. 5

藏传佛教事务法治化的必要性——基于中央第六次西藏工作座谈会精神/牛绿花/西藏大学学报（社会科学版）/2016. 1

论佛教文化对清代中国园林的影响——以扬州瘦西湖为例/金川、田跃萍/中国园林/2016. 9

论新世纪华语功夫电影与佛教文化/任传印/当代电影/2016. 5

中国近年佛教医学的研究概况/平海兵、曹继刚/环球中医药/2016. 2

清初佛教变化及其对佛教史学编撰的影响/曹刚华/河北学刊/2016. 1

佛教跨文化东传与中国佛寺命名/张宜民/学术界/2016. 5

何谓佛教本位的义学研究/吴可为/西南民族大学学报（人文社科版）/2016. 1

当代佛教组织管理之道——以佛光山教团与法身寺教团为例/李湖江/青海民族大学学报（社会科学版）/2016. 2

中国现代佛教文学研究的回顾与展望/贾国宝/贵州社会科学/2016. 8

佛教视域中"逍遥"观念的考察/师瑞/中国哲学史/2016. 3

人间佛教：中国佛教的机遇与挑战/成建华/世界宗教研究/2016. 5

佛教网站对高校大学生的影响及正确对待方法/陈国成/莆田学院学报/2016. 1

湘西咱河土家族村"生死过渡"仪式中的"佛教道士"探析/张晗、覃娜娜/宗教学研究/2016. 1

掣肘与开放：网络弘法视域下的佛教组织变迁/薛一飞、邢海晶/四川大学学报（哲学社会科学版）/2016. 1

规范藏传佛教寺院经济活动是依法治藏的关键切入点/刘航颖/四川警察学院学

报/2016. 1

中国现代文学中的佛教人物形象塑造/任传印/哈尔滨工业大学学报（社会科学版）/2016. 6

宗喀巴大师佛教教育实践及其思想探微/何杰峰、周润年/民族教育研究/2016. 5

论鲁迅《野草》的终极关切与佛教文化/任传印/中南大学学报（社会科学版）/2016. 1

族群政治中的宗教对抗：斯里兰卡的佛教国家化与国家意识形态/张敦伟/南亚研究季刊/2016. 1

一行禅师的入世佛教观/阮氏锦/西南民族大学学报（人文社科版）/2016. 3

中原佛教音乐的历史地位衍变与区域特征/刘英丽/音乐研究/2016. 3

旅游业与塔尔寺藏传佛教文化保护传承问题之思考/先巴/青海民族研究/2016. 4

新形势下加强和改进藏传佛教寺庙管理的思考/王少明、普布次仁、张广亮/西藏研究/2016. 1

缅甸佛教极端势力对中缅关系的影响及应对/戴永红、王俭平/世界宗教文化/2016. 3

日本佛教题材文学的演变及当代转型/匡伶、邱雅芬/日本问题研究/2016. 6

佛教时间观嬗变的现象学式发微——基于龙树、僧肇和法藏/肖德生/中山大学学报（社会科学版）/2016. 3

魏晋南北朝时期的海路佛教传播/刘林魁/宝鸡文理学院学报（社会科学版）/2016. 4

历史宗教地理学视阈下九华山佛教文化体系的建构——以寺院为中心/王开队/世界宗教研究/2016. 5

论佛教般若与玄学美学的本体论演革/赵建军/河北学刊/2016. 3

论《红楼梦》中女性悲剧与佛教的关系/褚国香/广东技术师范学院学报/2016. 10

论佛教旅游资源文本英译的问题和策略——以福建地区著名寺庙为例/陈爱钗、叶曼雯/外国语言文学/2016. 3

宋儒的佛教识度与儒佛关系/李承贵/福建论坛（人文社会科学版）/2016. 4

自然、宗教和隐喻：汉地佛教文化中的菌类/芦笛/云南社会科学/2016. 1

文化视阈下佛教与中国电影关系思辨/王彦霖/现代视听/2016. 3

融合中的冲突：佛教对湿婆神的吸收与批判/丛振、吕德廷/聊城大学学报（社会科学版）/2016. 2

陕西麟游县喇嘛帽山千佛院佛教造像调查/常青/考古与文物/2016. 3

藏传佛教与近代甘青藏区的社会经济/杨红伟/青海民族研究/2016. 1

佛教与魏晋六朝鬼故事/金官布、刘生良/华侨大学学报（哲学社会科学版）/2016. 4

大雁与佛教信仰/孙英刚/读书/2016. 1

十六国至北魏时期的邺城佛教史迹/何利群/中原文物/2016. 2

五台山佛教的发展概述/沈翠梅/忻州师范学院学报/2016. 3

遂宁市佛教文化旅游资源特点及开发对策研究/姜之未、姜涛、陈旭黎、李姝、AhmadHassan/西昌学院学报（自然科学版）/2016. 2

试探民国成都的藏传佛教高僧及其社会影响/吴华/青海民族大学学报（社会科学版）/2016. 1

尼泊尔赤尊公主与吐蕃佛教/德吉卓玛/中国藏学/2016. 2

从现存辽代佛教古迹看辽代佛教信仰/王贺/辽宁工程技术大学学报（社会科学版）/2016. 5

从隋唐佛教传播看中国和朝鲜半岛之间的文化交流/王志鹏/石河子大学学报（哲学社会科学版）/2016. 2

佛教初传于阗研究——以《日藏经·护塔品》为中心/朱丽双/文史/2016. 4

音声还是音乐——对当下“佛教音乐”惯称的重新定位/孙云/中国音乐学/2016. 3

儒释之间：唐宋时期中国哲学思想的发展特征——以儒学的佛化与佛教的儒化为中心/张新民/文史哲/2016. 6

《牟子理惑论》对佛教与儒、道关系的调和及其启示/吴全兰/广西社会科学/2016. 4

川印佛教文化交流及展望——基于中印佛教外交背景的思考/陈兰馨、郭丹/中华文化论坛/2016. 10

古印度大乘佛教艺术的圣树图像/刘芊/南京艺术学院学报（美术与设计）/2016. 3

民国佛教的监狱教诲研究/明成满/宗教学研究/2016. 2

日本的上座部佛教研究——兼评马场纪寿《上座部佛教思想的形成——从佛陀到觉音》/张文良/世界宗教文化/2016. 2

论藏传佛教的慈悲观及其社会作用/贡保扎西/西南民族大学学报（人文社科版）/2016. 8

民国时期河西地区佛教衰落原因探析/武海龙/聊城大学学报（社会科学版）/2016. 2

现代藏传佛教系统初探/文厚泓、索南才让/西藏研究/2016. 3

基于都纲法式演变的内蒙古藏传佛教殿堂空间分类研究/韩瑛、李新飞、张鹏举/建筑学报/2016. 2

巴蜀早期佛教考——以《高僧传》为中心/邓新航、王玲娟/理论月刊/2016. 8

宋代成都佛教义学及其与巴蜀禅僧的关系/段玉明/西南民族大学学报（人文社科版）/2016. 4

浙江地区佛教海洋文化述评/稂荻/盐城师范学院学报（人文社会科学版）/2016. 5

藏传佛教与心理学的互主性实践——分析心理学、超个人心理学与现代藏传佛教/王玥玮/民族艺林/2016. 2

儒家思想在山西佛教雕塑中的表现形式及造型特点/章林/西北美术/2016. 1

内向传播视域中的佛教心性论/谢清果、季程/扬州大学学报（人文社会科学版）/2016. 4

南传佛教的历史地位与现实社会意义/宋立道/世界宗教文化/2016. 2

南传佛教与傣族民间信仰的依存——孟定傣族“摆维桑”仪式研究/莫力、马祯/宗教学研究/2016. 1

佛教譬喻故事“略要本”在西域和敦煌的流传——以敦研256号写卷为例/陈明/文史/2016. 4

汉唐海上丝绸之路与佛教传播/刘正刚、王熳丽/韶关学院学报/2016. 3

南朝佛教造像背光研究——以成都及周边地区石刻造像为例/金建荣/中国国家博物馆馆刊/2016. 11

论民国居士作家的白话佛教文学——以夏丏尊、丰子恺、废名为例/任传印/南京晓庄学院学报/2016. 5

成都佛教团体的近代激变：以四川省佛教会为例/吴华/宗教学研究/2016.3

清代藏传佛教在满族中的传播/王硕、李德山/黑龙江社会科学/2016.2

福建佛教寺院藏书的历史渊流及影响考略/林霞/福建论坛（人文社会科学版）/2016.3

藏传佛教的历史分期及其重要特征新探/赵炳活/青海师范大学民族师范学院学报/2016.1

基于RMP分析的桂林佛教文化资源旅游开发研究/文冬妮、杨姗姗/桂林师范高等专科学校学报/2016.2

论民国白话佛教文学的意义创构——以民国佛教期刊为中心/任传印/武陵学刊/2016.4

妙玉与佛教三题/林宪亮/红楼梦学刊/2016.6

晚清民国时期三大政治运动对佛教和道教的影响/孔令宏/武汉科技大学学报（社会科学版）/2016.5

浅议新疆佛教壁画人物造型特点的形成因素/刘芳、鲍丙峰/塔里木大学学报/2016.2

赵朴初的佛教和平理念及其实践/周兰兰/广西社会主义学院学报/2016.1

海南佛教文化“私人订制”旅游产品的现状及开发策略/杨樨、白翕竹/现代商业/2016.19

长安佛教六大祖庭对日本奈良七大寺的影响——长安华严寺与奈良东大寺的发展脉络研究/曹铭婧/文博/2016.3

中国传统佛教绘画视野下的丰子恺佛教题材绘画/陈星/艺术百家/2016.4

印度早期佛教乞食制度的衰落及其影响/王航/云南社会科学/2016.5

试论南传佛教的区位优势及其战略支点作用/郑筱筠/世界宗教文化/2016.2

西藏藏传佛教与社会主义核心价值观的融通/洪涛、施广强/江苏省社会主义学院学报/2016.2

人间佛教的思想渊源与早期实践/谢重光/宁德师范学院学报（哲学社会科学版）/2016.1

佛教民间化的构筑、播散与沉淀——对崇祀李通玄的历史考察/侯慧明/宗教学研究/2016.2

佛教哲学思想影响下的少林武术观审视/蔡峰、张建华、张健/体育成人教育学刊/2016.6

麦积山石窟的分期、造像题材与佛教思想/魏文斌/中国文化遗产/2016.1

“一带一路”与佛教文化的国际交流传播——《文明的对话——中国佛教在“一带一路”中的文化纽带作用》读后/刘军峰/法音/2016.2

早期敦煌佛教歌辞研究史/郑骥；伏俊琏/西华师范大学学报（哲学社会科学版）/2016.4

佛教融入当代中国社会的新途径——以北京龙泉寺为例/田奇/山西社会主义学院学报/2016.1

困境与突破：我国佛教寺院的法人制度建构——兼评法学会《民法典·民法总则专家建议稿》第84条/吴昭军/西北民族大学学报（哲学社会科学版）/2016.1

凉州会盟与西夏藏传佛教——兼释新见西夏文《大白伞盖陀罗尼经》发愿文残叶/史

金波/中国藏学/2016. 2

当代伦理视野下的佛教“邪淫”观/张海滨、高新文/宗教学研究/2016. 3

传统与现代：当下中国电影的佛教禅宗/陈林侠/艺术广角/2016. 3

论北方草原民族在佛教文化东传过程中的历史作用/双宝、那仁毕力格/西部蒙古论坛/2016. 3

南京市佛教文化旅游资源开发研究/汤馨怡、奚悦/江苏科技信息/2016. 13

缅甸居民保护佛教文化资源原真性行为的影响因素分析/刘亚萍、潘柳榕/广西大学学报（哲学社会科学版）/2016. 4

佛教音乐对唐代诗词音韵的影响/林媛媛/文艺争鸣/2016. 3

新乡北朝佛教史迹刍议/何利群/华夏考古/2016. 3

民国时期川边土司与藏传佛教寺院矛盾调处机制研究/贾霄锋、马千惠/青海民族研究/2016. 4

佛教动物观及其生态环保意义/陈红兵、王博识/现代哲学/2016. 6

百年青海藏传佛教研究/参看加/青藏高原论坛/2016. 3

中观学派对部派佛教时间学说的辩破/陈群志/宗教学研究/2016. 1

佛教饮食观对中国饮食文化的影响/仇明春/河北旅游职业学院学报/2016. 3

由点到面——云南茶马古道佛教音乐地域流布、选点考察与文化特征/和云峰/云南艺术学院学报/2016. 2

授戒法系视域下台湾佛教史新论/马海燕/台湾研究集刊/2016. 3

重构与发展：南传佛教、基督教信仰对丙叶寨佤族文化的塑造/徐祖祥/宗教学研究/2016. 2

论芥川龙之介文学中的佛教地狱思想——兼与《西游记》比较/潘贵民/广州大学学报（社会科学版）/2016. 9

西夏佛教文学作品的特点与价值/赵阳/甘肃社会科学/2016. 1

能海法师的藏传佛教教育实践及其价值/何杰峰/中华文化论坛/2016. 7

金山寺佛教文化旅游资源价值评估及宣传策划探论/陈怀松、罗昌印/四川文理学院学报/2016. 1

外输至东亚佛教地区的中原意匠——“柄香炉”溯源与东亚传播辨析/程雅娟/民族艺术/2016. 3

当前河北佛教中国化现状及经验总结——基于对河北省 125 家佛教活动场所的问卷调查/李剑锋、时江玲/河北省社会主义学院学报/2016. 4

对郑和佛教信仰质疑的驳议——兼述郑和佛教信仰的新发现与新认识/邵磊/南京晓庄学院学报/2016. 2

藏传佛教在美国传播的田野考察/白玛措/中国藏学/2016. 3

佛教在当代中国的文化价值/李四龙/中国宗教/2016. 1

民国时期佛教报刊出版特征与分期/蔡迎春/出版发行研究/2016. 8

中国佛教音乐文化/袁静芳/中国音乐学/2016. 2

印度佛教的抄经及佛经翻译中的抄译现象/王飞朋/四川图书馆学报/2016. 3

武则天与佛教的关系探析/郭昊/西昌学院学报（社会科学版）/2016. 4

梁武帝变革佛教戒律新探/夏德美/世界宗教文化/2016. 3

佛教“正命”经济伦理的内涵与困境/周湘雁翔/学术探索/2016.7

重视云南南传佛教工作更好地为我国经济文化发展服务/黄夏年/世界宗教文化/2016.2

佛陀的象征：古印度早期佛教艺术的圣树图像/刘芊/美术学报/2016.2

佛教互联网舆情指数的构建与互联网舆情评估/向宁、王于鹤/世界宗教文化/2016.4

论佛教与儒家的会通于善/代训锋/重庆科技学院学报（社会科学版）/2016.2

晋北佛教造像发展脉络/杨俊芳/山西大同大学学报（社会科学版）/2016.2

论佛教心性本体论对宋明儒学的影响/杨维中/江苏行政学院学报/2016.4

巴米扬佛教美术的早期研究探讨——以法国独占阿富汗考古时期的调查经纬为中心（1922—1952）/邵学成/美术研究/2016.6

妙香佛国彰慈善茶马古道作调研——中国佛教协会慈善调研云南边境行纪实/陈星桥/法音/2016.3

文殊信仰发展的主脉——从印度佛教到中国佛教/魏道儒/世界宗教文化/2016.5

佛教文化遗产保护的问题及对策/桑吉、李星海/中国宗教/2016.1

民国高僧大德与白话佛教文学/任传印/江南大学学报（人文社会科学版）/2016.5

佛教和合文化与“海上丝路”的和平发展/左金众/攀登/2016.5

北魏政权与佛教发展的关系因素议析/李光明/山西大同大学学报（社会科学版）/2016.5

丝竹杂伎皆由旨给——解析国家在场视域下的佛教用乐来源/孙云/音乐研究/2016.3

禅数学与中国佛教修学的初步形成/许潇/宗教学研究/2016.1

《红楼梦》中的民众佛教信仰/赵伟/东方论坛/2016.5

试论瓦德尔对藏传佛教活佛转世制度的误读/刘一南/中国藏学/2016.2

《南瀛佛教》与日据时期台湾佛教改革思潮/李湖江/闽台文化研究/2016.3

南北朝佛教造像背光关系研究——以龙门石窟古阳洞杨大眼造像龛为例/金建荣/南京艺术学院学报（美术与设计）/2016.4

基督教与藏传佛教的相遇：德国摩拉维亚传教士在西喜马拉雅地区活动考/赵光锐/四川大学学报（哲学社会科学版）/2016.6

魏晋佛教对老庄“自然”说的理解与运用/圣凯/清华大学学报（哲学社会科学版）/2016.4

藏传佛教高僧传：神圣性的建构/王守斌、才让/西北民族研究/2016.1

成都市下同仁路遗址南朝至唐代佛教造像坑/易立、张雪芬、江滔/考古/2016.6

论南传佛教诵经音声系统的动态综合构成——以沧源县班老佤族总佛寺大殿开光仪式为例/董宸/中国音乐/2016.4

佛教寺院素食文化的人类学研究——以厦门南普陀寺为例/王宏涛/自然辩证法研究/2016.12

礼仪之传统与现代——中国佛教礼仪介绍/邓若愚/戏剧之家/2016.8

“阿咤力教”散议——关于“人间佛教”的一点认识/马德/大理大学学报/2016.1

巴蜀佛教石窟艺术与周边佛教艺术之关系——以唐以前的巴蜀石窟为例/龙红、邓新航/中国国家博物馆馆刊/2016.12

佛教中国化的启示/楼宇烈/中国宗教/2016.10

台湾地区佛教图书馆的发展和启示/蔡益群/新世纪图书馆/2016.5

《中国南传佛教音乐文化》（杨民康著）/黄凌飞/中央音乐学院学报/2016.2

近代中国佛教发展的困境及其复兴的内在契机/丁晓慧/五台山研究/2016.1

佛教对魏晋南北朝志怪小说冥界观念的影响/金官布/青海师范大学学报（哲学社会科学版）/2016.3

藏传佛教密续学述略——以布顿·仁钦珠《续部总论》为例/尕藏加/世界宗教研究/2016.5

印度笈多风格佛教乐舞图像意义考——以阿旃陀石窟为中心/许薇、叶笛/北京舞蹈学院学报/2016.5

论藏传佛教对藏族民族心理的影响/张俊明/兰州文理学院学报（社会科学版）/2016.4

藏传佛教在新媒体平台上的发展动态——以新浪微博为例/俸裕程/新丝路（下旬）/2016.3

现存最早编年体佛教通史《隆兴佛教编年通论》价值略述/郭琳/中国典籍与文化/2016.4

杭州玉皇山天龙寺佛教摩崖造像/常青/文博/2016.1

北宋佛教慈恩宗大家——通照大师之碑考略/刘友恒/文物春秋/2016.1

丝路佛教文化的传播与跨文化道德准则的建构/彭瑞花/青海社会科学/2016.2

论"一带一路"战略背景下中原佛教文化的挖掘与当代重建问题/杨冬/美与时代（下）/2016.5

五凉时期河西走廊上繁荣的西域佛教文化/左金众/吕梁学院学报/2016.1

论荣荣诗歌中的佛教形象——以《放下》《大热天的释正进》《皈依》等为例/任传印/温州大学学报（社会科学版）/2016.2

浅析大钦茂时期渤海国佛教信仰的发展/于卓/齐齐哈尔大学学报（哲学社会科学版）/2016.5

唐代长安西明寺与日本佛教/湛如/中国宗教/2016.1

藏传佛教生态朝圣旅游试析/田富强/云南社会主义学院学报/2016.1

缅甸佛教造像艺术发展的四个阶段（上）/张翔/美与时代（上）/2016.7

藏传佛教在卓尼藏区的传播和影响/丹曲/青藏高原论坛/2016.3

《金刚般若经颂科次纂要义解略记》序及西夏汉藏佛教的一面/索罗宁/中国藏学/2016.2

从认知视角看《心经》和《金刚经》中的概念隐喻/蓝纯、高秀平/外语教学与研究/2016.1

斯里兰卡的佛教艺术探索/郑为时/艺术与设计（理论）/2016.5

20世纪以前佛教音乐文献研究综述/贾冬/音乐时空/2016.10

佛教对"孝道"与"家"观念的吸纳——以佛教慈济宗门为例/何日生/湖北工程学院学报/2016.4

抒情中的人道主义——马华佛教散文中汉译、汉传佛典的再呈现/刘雅琳/华文文学/2016.1

四川康北地区藏传佛教文化资源旅游开发对策研究/银元、杨爽、赖芳、李忠权、李

晓琴/成都理工大学学报（社会科学版）/2016. 6

历史语境下的“学”与“修”关系初探——以斯里兰卡佛教为例/惟善/世界宗教文化/2016. 1

汉传佛教与缅甸华人的相互依存关系研究/陈丙先、冯帅/法音/2016. 8

韩国古典小说《兴夫传》中体现的佛教思想/舒畅/中华文化论坛/2016. 12

浅析杭州佛教文化旅游/瞿葆/中国市场/2016. 10

隋唐时期佛教与科技发展关系浅论/徐颖、缪方明/民族论坛/2016. 11

论佛教思想、实践对生态人格培养的意义/张晓滢/南京林业大学学报（人文社会科学版）/2016. 2

谈汉文佛教文献数字化总库建设/方广锠/世界宗教研究/2016. 1

维摩手段·娑婆渡舟——马来西亚居士佛教的形成与发展/陈秋平/北京化工大学学报（社会科学版）/2016. 1

佛陀本怀、中国经验与全球视域——佛教文学百年回顾与展望/任传印/世界宗教文化/2016. 1

管窥佛教文化对天目山民俗活动的影响/董鸿安/兰台世界/2016. 12

吉县挂甲山金代浅浮雕佛教图像分析/李秋红/文物世界/2016. 3

论裕固族藏传佛教信仰的形成/张海娟、杨富学/中国藏学/2016. 3

民国太虚法师的居士佛教思想/张雪梅/西安文理学院学报（社会科学版）/2016. 1

试谈中国佛教音乐/刘江平/当代音乐/2016. 23

西藏墨竹工卡县藏传佛教宗教经济活动的调查研究/杨涛/中国藏学/2016. S1

古代佛教法对当代的影响与启示/陈晓聪/学术界/2016. 7

旅游景区佛教文化文本英译策略研究——以峨眉山—乐山大佛景区为例/雷唯蔚/兰州教育学院学报/2016. 8

论唐代佛教在安史之乱前后的变化/李广沛/忻州师范学院学报/2016. 6

藏传佛教北传及其对北方草原民族的影响/双宝、那仁毕力格/广播电视大学学报（哲学社会科学版）/2016. 3

从判教看太虚大师的人生佛教思想/邓莉雅/法音/2016. 2

加强佛教文化交流夯实“一带一路”建设的人文社会基础/蒋坚永/中国宗教/2016. 2

清代宫廷藏传佛教信仰研究述评/崔欣/兰州文理学院学报（社会科学版）/2016. 3

老挝佛教建筑艺术风格探讨——以万象、琅勃拉邦、占巴塞地区为例/邓海霞/法音/2016. 1

云南南传上座部佛教壁画艺术及其文化意蕴/王艳琦/赤峰学院学报（汉文哲学社会科学版）/2016. 11

从出土佛教题材汉画看东汉宗教生态格局的变迁/刘克/广西师范大学学报（哲学社会科学版）/2016. 6

从三个诗学命题看苏东坡文论的佛教背景/高云鹏/西华大学学报（哲学社会科学版）/2016. 6

陈垣与中国佛教史研究的现代转型——运用王国维创立的“新历史考证学”方法研究中国佛教史/张荣芳/船山学刊/2016. 1

中国南传佛教壁画艺术巡旅之——广允寺/赵云川/东方艺术/2016. 11

吐蕃王朝佛教寺院管理初探/张生寅/青海民族大学学报（社会科学版）/2016. 2

中国南传佛教壁画艺术巡旅/赵云川/东方艺术/2016. 15

巫佛道之争与魏晋南北朝民间佛教信仰/储晓军/宝鸡文理学院学报（社会科学版）/2016. 2

佛教的卜筮信仰——以藕益智旭卜筮活动为中心/孙桂彬/湖南大学学报（社会科学版）/2016. 5

日本佛教与基督教对话的历史和成果——以东西宗教交流学会为中心/渡边学、王皓月/世界宗教文化/2016. 1

"德运之山"与"咫尺神州"：《清凉传》论述背后的佛教圣山观念/王骏光、乔新华/五台山研究/2016. 4

德国汉学家哈克曼论中国佛教/王婉秋/国际汉学/2016. 3

新发现泾川窖藏佛教造像的初步认识/吴荭、孙明霞/文物/2016. 4

佛教旅游文化发展中的问题研究/崔烜/经营管理者/2016. 21

大乘佛教中菩萨"布施"思想研究——以《普门品》为例/王小蕾/文化学刊/2016. 5

试论汉魏六朝时期佛教医学成就/梁玲君、李良松/中医文献杂志/2016. 1

论唐宣宗复兴佛教进程中的信仰因素/李熙/中华文化论坛/2016. 11

试论佛教中国化与中国固有文化的关系/何军海/安徽文学（下半月）/2016. 10

云冈石窟窟顶西区北魏佛教寺院遗址/张庆捷、张焯、黄继中、李白军、江伟伟/考古学报/2016. 4

缅甸佛教造像艺术发展的四个阶段（下）/张翔/美与时代（上）/2016. 8

杨仁山：中国近代佛教史的开创者/黄伟、赵立文/齐齐哈尔大学学报（哲学社会科学版）/2016. 10

浅谈藏传佛教寺院的修习方法及其作用/于丽萍/青藏高原论坛/2016. 4

当代佛教参与慈善事业研究回顾/丁文文/改革与开放/2016. 12

南传佛教中国与东南亚交流的天然纽带/梁晓芬/中国宗教/2016. 4

发挥佛教在中印文化交流中的纽带作用——以戴季陶访印期间的两块碑志为例/章立明/南亚研究季刊/2016. 2

浅析佛教发展成为吐蕃社会主流文化的原因/李艳/文化学刊/2016. 6

海外藏人移居美国与藏传佛教在美国的传播和发展/黄云静/世界宗教研究/2016. 3

中国佛教公共外交研究述评/张波、刘佳佳/公共外交季刊/2016. 3

天人共缘起，宇宙无主宰——原始佛教缘起学说解读/毛忠贤/宜春学院学报/2016. 1

佛教东传与图像流转——日本法隆寺东院梦殿观音手持佛具探究/林静静/艺术工作/2016. 4

"大小乘之辨""显密乘之别"与"大乘显宗之合"——比较视域下南传、汉传和藏传佛教研究/苏建强/五台山研究/2016. 4

台湾法鼓山佛教文化园区规划理念与实践/林维斌、杨宇亮/华中建筑/2016. 2

试论汪曾祺对佛教思想的误读/郭战涛/兰州教育学院学报/2016. 12

早期佛教与婆罗门教的思想渊源/王小蕾/学理论/2016. 6

藏传佛教觉囊派发展史述评/旺多/西藏大学学报（社会科学版）/2016. 1

佛教影响下的魏晋隋唐本土动物变形故事的新变/张瑞芳/渭南师范学院学报/2016. 23

以“全球史观”看佛教的共相与殊相/宗喀·益西丹佛/世界宗教文化/2016.6

浅析藏传佛教生死观视域下的临终关怀/岳琦琳/新西部（理论版）/2016.17

论中古时期民间佛教结社及历史意义/梁霞/青海师范大学民族师范学院学报/2016.2

蜀地佛教神通与文人禅：宋元图像中的竹杖渊源/施锜/民族艺术/2016.6

中国佛教伦理思想与当代社会道德文明的建设/朱海瑞/新西部（理论版）/2016.15

《佛教文化与国际交流》课程建设初探——以钦州学院为例/侯艳/钦州学院学报/2016.2

论萨哇嘉·德哇对吐蕃佛教的贡献/索南/西藏大学学报（社会科学版）/2016.1

岷州大崇教寺兴衰及其对藏传佛教文化的影响/彭晓静/青海民族大学学报（社会科学版）/2016.2

20世纪80年代以来大陆人间佛教建设之思/缪方明、徐颖/广西社会科学/2016.5

从汉译之“禅”字看佛教的顺俗流传/高伟军/湖北社会科学/2016.5

佛教史视阈下康僧会译经之儒学化及其意义/张富春/中州学刊/2016.5

儒家“尊母”理念对佛教中国化的影响/彭华/福建论坛（人文社会科学版）/2016.4

朱熹诚信思想对佛教因果报应说的疏离研究/兰浩/宁夏社会科学/2016.6

台湾汉传佛教音乐研究的历史与现状/周景春/人民音乐/2016.11

汉传佛教禅学思想对构建中华现代文明的意义——发掘优秀传统文化资源，增强中华民族文化自信/马治国/西安交通大学学报（社会科学版）/2016.5

试论清代调整佛教和道教的法律制度及其特点/刘炳涛/西安石油大学学报（社会科学版）/2016.5

清醒的佛教宣扬者——戚继光/王丽华/淮北职业技术学院学报/2016.2

浅谈南朝画家在佛教绘画艺术中的本土化意义/华传斌/工业设计/2016.8

藏传佛教对社会工作的启示——以RG民族文化宫为例/荣增举/青海民族大学学报（社会科学版）/2016.1

试论近代中国佛教僧制思想的“复古派”——以欧阳竟无和吕澄师徒的僧制思想为中心/郭文/中华文化论坛/2016.2

佛教文献释词补苴/王长林/语言科学/2016.2

明清徽州佛教文化的“空间”诠释/赵元元/黄山学院学报/2016.1

佛舍利崇拜的地理困境与感应舍利之起源——对佛教偶像崇拜历史分流之认识/尚永琪/文史哲/2016.4

智者大师与佛教中国化/宣方/中国宗教/2016.9

当代中国佛教文化的四大危机及其转型发展的方向/程恭让、朱玉盛/世界宗教文化/2016.6

神圣与世俗：女性的信仰实践与生命价值——基于浙东农村佛教信仰实践的分析/李永萍、钟梅燕/北方民族大学学报（哲学社会科学版）/2016.1

“有诗为证”的佛教渊源——也谈古代白话小说韵散结合文体的成因/卞清波/江南大学学报（人文社会科学版）/2016.5

人间佛教在都市寺院的实践与弘扬——以昆明宝华寺为例/萧霁虹/云南社会主义学院学报/2016.3

六朝隋唐佛教对道教“自然”说的批判/圣凯/哲学动态/2016.7

陕西发现佛教供奉塔、造像塔和画像砖塔述要/刘合心、徐进/文博/2016.6

民间规约之限制分析——以近代佛教规约为例/祖伟、邱玉强/甘肃广播电视大学学报/2016.3

浅释佛教对“空”的义解/于由/宜春学院学报/2016.7

藏汉佛教判教思想比较论——基于两地佛教教派判教的审视/何杰峰/甘肃理论学刊/2016.2

论《现观庄严论》对藏传佛教中观学止观理论与实践的影响——以对能取、所取的分析为例/覃江/西南民族大学学报（人文社科版）/2016.4

儒释道的合流——以佛教传入对中国传统文化的影响为视角/张琳惠怡/法制博览/2016.11

从广泛的“社会性慈善”到精准扶贫佛教界参与扶贫济困的探索与实践/演觉/中国宗教/2016.1

佛教世俗化下的宋代节日/孙谦/边疆经济与文化/2016.1

《水浒传》与宋元佛教/潘守皎、王莹/菏泽学院学报/2016.3

美国对佛教与科学关系的研究/冯涛、顾明栋/宗教学研究/2016.4

中国南传佛教壁画发展现状述评/赵云川、安佳/艺术教育/2016.1

泉州宋代五塔岩佛教遗存探析/曾文国/福建文博/2016.2

佛教“共相”与“殊相”的全面展示——《世界佛教通史》书评/刘成有/世界宗教文化/2016.5

扎实推进各项工作开创佛教中国化的新境界/刘威/中国宗教/2016.11

“东林佛号”的仪式音声研究——兼谈梵呗与佛教音乐/冯桂华/五台山研究/2016.1

喇嘛“斗法”考——兼论忽必烈及元皇室独尊藏传佛教的由来/李文泰/西藏研究/2016.5

现代音乐与佛教音乐的对话——谈马丽《天籁妙音》专辑的音乐美/黎静豫/音乐时空/2016.9

东北佛教金顶毗卢派的历史传承和发展现状/王佳/宗教学研究/2016.3

元代佛教石刻分类及其相关问题探析/戎龙超/中国书法/2016.20

试论梵净山的灵山朝拜——兼论佛教心灵环保与生态和谐/何则阴/贵州大学学报（社会科学版）/2016.4

佛教寺庙经济与公益慈善/李继武/中国宗教/2016.3

帕松列和帕祜巴升座的重大意义兼论中国南传佛教僧阶制度/郑筱筠/中国宗教/2016.3

中国南传佛教壁画艺术巡旅——年轻长老的“五戒”图说——勐准佛寺壁画/赵云川/东方艺术/2016.17

初谈藏传佛教“四摄法”教育之借鉴意义/才让加/西北民族大学学报（哲学社会科学版）/2016.6

佛教与民族主义——缅甸如何走出民族主义的泥淖/钦佐温/南洋问题研究/2016.1

多重脉络下的福州近代佛教——以清末民初古田天王寺为中心的研究/魏德毓/福州大学学报（哲学社会科学版）/2016.1

大同下华严寺佛教彩塑艺术研究/雷琳/法音/2016.2

皇权·预兆·庇护——东亚佛教理想皇权“转轮王”图像的演变研究/程雅娟/南京艺术学院学报（美术与设计）/2016.4

中国古代佛教传播过程中佛经插图变化/刘耀/现代商贸工业/2016.12

迁移境外傣泐人南传佛教文化观研究——以泰北南王村寨为例/饶睿颖/世界宗教文化/2016.5

清代藏传佛教寺志章法研究/彭祥琦/哈尔滨学院学报/2016.9

论佛教四谛学说对李煜诗词创作的影响/王文婷、高明扬/南昌教育学院学报/2016.6

解析上海出土文物中的藏传佛教因素/徐汝聪/东南文化/2016.5

明代藏传佛教在“洮河岷”地区的发展——以卓尼石门寺为例/杨士宏、山聪/中国藏学/2016.3

吉隆沟中的塔式神殿——西藏境内尼泊尔风格藏传佛教建筑研究/周晶、李天/建筑与文化/2016.8

唐宋福建海上交通与对外佛教文化交流/谢重光/福州大学学报（哲学社会科学版）/2016.3

佛教文化旅游区植物的选择/刘元旦/现代园艺/2016.17

走近南传佛教/玛欣德/中国宗教/2016.4

甘肃泾川大云寺舍利石函铭与佛教塔基考古研究/赵超、邱亮/考古/2016.6

佛教孝亲思想探究/高佩佩、张慧竹/西部学刊/2016.2

佛教词汇“中国化”的文化心理研究/张烨、辛志风/黑河学刊/2016.3

三山五园建成前各园佛教元素概况/郭一超/经济研究导刊/2016.10

“皇帝即如来”·昙曜·云冈石窟北魏平城时代的佛教造像/石松日奈子、筱原典生/紫禁城/2016.10

洋县佛教音乐探析/崔雅/音乐时空/2016.6

汉传佛教纹样在版式设计中的应用/南希/艺术科技/2016.1

新时期藏传佛教学经人员院校教育刍议/房继荣/甘肃高师学报/2016.7

佛教家具对中国起居方式变革的影响探析/常成勋；楚庆/家具与室内装饰/2016.6

藏传佛教文化的意蕴与价值/班班多杰/中国宗教/2016.6

佛教的义学——以《护国司南抄》为实例/侯冲/西南民族大学学报（人文社科版）/2016.1

铁岭圣水寺僧团对佛教音乐的创新/胡东辉/人民音乐/2016.2

觉悟·解脱·超越——试析《凤凰涅盘》中的“涅盘”与全诗的佛教意蕴/萧浩乐/郭沫若学刊/2016.2

拉卜楞寺与安多藏区藏传佛教艺术的体系化传承/牛乐；高莉/内蒙古大学艺术学院学报/2016.4

佛教“舍身饲虎”与基督教“爱仇敌”理念比较与现实意义探析/许家进/安徽文学（下半月）/2016.3

《易筋经义》中的佛教历史观/何振鹏、宇恒伟/宝鸡文理学院学报（社会科学版）/2016.4

周世宗禁佛与北宋初期佛教政策的转变/潘其光/开封大学学报/2016.2

佛教文化与“非遗”/王月清、雒少锋/理论学刊/2016.1

从扬州史料解读“佛教有益于群治”的具体举措/马越/文化学刊/2016.9

镜花水月——佛教艺术史的研究及断想/颜娟英/书城/2016.9

中国南传佛教壁画艺术巡旅——曼春满佛寺的金水壁画寺壁画/赵云川/东方艺术/2016.21

灵石县资寿寺佛教空间的象与意/路艳红/艺术教育/2016.5

佛教禅修与基督教灵修的对比/李心苑/法音/2016.1

佛教西天语境中的胡腾舞、胡旋舞与柘枝舞/王毓红、冯少波/宁夏师范学院学报/2016.2

南传佛教人文关怀实践在心理治疗中的独特价值/吴正荣/玉溪师范学院学报/2016.1

互助土族藏传佛教信仰现状研究——基于对互助佑宁寺与信众之间互动关系的观察/徐长菊、蔡秀清/西藏大学学报（社会科学版）/2016.4

《伽婢子》中浅井了意佛教思想初探/蒋云斗/宁夏大学学报（人文社会科学版）/2016.4

小众佛教艺术品拍卖市场探微以金刚铃杵拍卖为例/王慧/收藏家/2016.2

佛教文化在培育和践行社会主义核心价值观方面的积极作用研究/李敏、赵洪波/湖北省社会主义学院学报/2016.4

论中原佛教音乐的特征与教育价值/刘英丽/中国成人教育/2016.5

当代中国佛教教育的机遇与挑战/刘元春/法音/2016.10

6世纪前期北方地区维摩诘经变的演变——兼论与南朝佛教图像的关联/于向东/艺术设计研究/2016.4

佛教思想对盛唐女性服装纹样的影响/沈瑶/设计/2016.17

西夏佛教灵验记探微——以黑水城出土《高王观世音经》为例/赵阳/敦煌学辑刊/2016.3

浅谈佛教寺院数字档案室与图书馆建设/慧旭/档案与建设/2016.9

互联网对佛教传播的影响探析/能超/通讯世界/2016.4

罗凯什·钱拉德及其《藏传佛教造像》/王启龙、王越/西藏民族大学学报（哲学社会科学版）/2016.2

西域佛教哲学思想浅析/翟羽佳/新西部（理论版）/2016.1

汉传佛教祖庭与中国实践——中国禅宗的创立与传承/释明生/法音/2016.12

“本觉”与“无我”——佛教“心性论”的主体与非主体之辨/张震/世界哲学/2016.1

四川新龙县色威乡藏传佛教与苯教和谐关系调查/崔琛琛、刘金、扎西翁加/四川民族学院学报/2016.3

南传佛教的义理和特色/宋立道/中国宗教/2016.4

浅析中国佛教装饰纹饰之魅力——以藏地唐卡为例/高盟盟、唐康/大众文艺/2016.16

崔致远佛教思想刍论/余国江/东北史地/2016.3

西哈努克“佛教社会主义”政治特点探析/李轩志/东南亚纵横/2016.1

“亚”佛教电影中女性形象塑造冷思考/全芳兵、刘成新/戏剧之家/2016.12

《黄帝内经》与佛教生命观比较研究/平海兵、曹继刚/时珍国医国药/2016.3

在峨眉山市旅游综合改革中突出佛教文化元素/杨艳辉、范泽东、刘柯显/中共乐山市

委党校学报/2016.6

《游园惊梦》中的平行技巧及其佛教思想/陈盈/河北北方学院学报（社会科学版）/2016.3

试析土尔扈特蒙古东归的藏传佛教原因/张晋峰/吕梁学院学报/2016.1

丝绸之路青海道佛教文化交流功能述略/李健胜、宋义岳/青海师范大学学报（哲学社会科学版）/2016.5

浅析南传佛教音乐研究的意义与技术难点/朱海鹰/星海音乐学院学报/2016.4

浅谈佛教仪式中的音声——以早课为例/张晓阳/戏剧之家/2016.19

魏晋士大夫对佛教大乘思想的选择/侯宾/桂林师范高等专科学校学报/2016.1

浅析魏晋南北朝时期佛教艺术的汉化/路瑶函/美术教育研究/2016.15

佛教与心理治疗/张海滨/法音/2016.5

以东光铁佛寺为例分析汉传佛教建筑特色/王雪/沧州师范学院学报/2016.2

黑龙江地区近现代汉语系佛教文献研究利用考述/孙雪峰/科教文汇（中旬刊）/2016.12

佛教造像艺术的传承与发展/何雷/大众文艺/2016.21

藏传佛教认识论评析/次仁央金、桑杰端智/西藏研究/2016.3

理论与现实：从杖打透视佛教律学本土化/孙桂彬/世界宗教研究/2016.3

佛教初传吐蕃并发展的原因分析/郭万杰/安徽文学（下半月）/2016.2

做好基层佛教工作的若干思考/刘海民、常彦红/中国宗教/2016.9

佛教美术初探/苏海东/科教文汇（中旬刊）/2016.10

践行佛教精神勇担扶贫重任/释智文/法音/2016.1

大美佛乐教化心声——第七届北京传统音乐节“寺院的声音”佛教音乐学术活动述评/胡晓东/人民音乐/2016.1

汉晋时期长江流域佛教造像背光研究/金建荣/艺术百家/2016.4

日僧圆仁《入唐求法巡礼行记》中的山东半岛佛教状况/唐新艳/名作欣赏/2016.9

印度“现结芒果”术的佛教渊源及中土流变/施晔/宗教学研究/2016.1

推动管理规范化和科学化促进藏传佛教健康发展/蒋坚永/中国宗教/2016.1

世界佛教文化遗产旅游体验价值研究/王志华/旅游纵览（下半月）/2016.2

皇家气度绽放西土汉藏风韵闪耀欧洲——欧洲2016年上半年佛教艺术品拍卖略述/孙涛/文物天地/2016.9

论佛教对日本传统美学意识的影响/李彦/蚌埠学院学报/2016.3

论佛教陶瓷雕塑装饰的神韵/毛录贵/佛山陶瓷/2016.7

四川佛教造像的渊源及信仰/雷玉华/紫禁城/2016.10

襄阳承恩寺地区佛教遗迹之考察（上）/邢东风/湖北文理学院学报/2016.10

论佛教对爱情和家庭的圆融观/金刚师红（刘蕻）/南京晓庄学院学报/2016.1

九世纪中日佛教交流/唐新艳/社科纵横/2016.5

泰国学校礼仪中的佛教文化/马艳/科教文汇（上旬刊）/2016.9

抗战时期中国佛教界抗日活动述论——以《海潮音》与《佛化新闻报》为中心/曾友和/江汉大学学报（社会科学版）/2016.6

浅谈中国佛教建筑与景观设计的联系/王悠悠/艺术科技/2016.6

俗曲佛用、释俗嬗变——以五台山佛教音声为例的微观解析/孙云/中国音乐/2016.4

论中国佛教文化对日本的政治文化发展的影响/欧阳登科/求知导刊/2016.3

《千金翼方》中的佛教医药探论/李良松/亚太传统医药/2016.3

“21世纪海丝佛教福建论坛”综述/雷斐然/世界宗教研究/2016.5

论泰国佛教建筑文化与中国传统建筑文化的渊源/温宏岩、黄华明/美与时代（上）/2016.5

世界的眼光中国的话语——读魏道儒主编的《世界佛教通史》/洪修平/世界宗教研究/2016.5

论儒释嬗变对越南汉文小说的影响——以黎朝作品为中心/朱洁/江西财经大学学报/2016.3

陕西榆林市藏传佛教石窟及摩崖石刻调查/李俊、乔建军/考古与文物/2016.3

入世之风:《现代僧伽》视野下的民国佛教改革/朱勤滨/宗教学研究/2016.4

藏传佛教学衔的设定探微/丹曲、于丽萍/西藏民族大学学报（哲学社会科学版）/2016.6

奉台佛教文化交流广度和深度进一步拓展/两岸关系/2016.10

佛教究竟何时传入中国/曾纪鑫/书屋/2016.3

造像记所见北朝妇女的佛教信仰/邵正坤/吉林师范大学学报（人文社会科学版）/2016.6

辩经原非诤弘法方便成——2016佛教辩经会侧记/李星海/法音/2016.6

“新学者”与“真信仰”——杨仁山居士与近代佛教革命/李向平/法音/2016.7

唐代佛教中的龙畏醋观念/贾鸿源/寻根/2016.5

浅谈佛教中的弥勒造像/张远景/艺术科技/2016.2

全国佛教界认真学习全国宗教工作会议精神/本刊编辑部/法音/2016.5

试论清代藏传佛教骨雕服饰艺术与文化/宋卫哲/艺术设计研究/2016.3

东晋佛教“敬王之争”/卢川、周子强/地方文化研究/2016.2

抗战时期的中国国际佛教访问团研究/李仲良、杨铭/中华文化论坛/2016.10/

《中国西藏佛教寺院仪式音乐研究》（格桑曲杰著）/田联韬/中央音乐学院学报/2016.2

藏传佛教与中蒙关系/杨晓燕/中北大学学报（社会科学版）/2016.5

恒河拾沙——浅析藏传佛教法器/苏昊/文物鉴定与鉴赏/2016.5

青海省藏传佛教寺院内设藏医医疗机构状况调查——以支扎寺、千卜录寺等为例/端智/青海师范大学学报（哲学社会科学版）/2016.1

古青州地区北朝单体佛教造像梳论/王瑞霞/紫禁城/2016.10

晚唐至金国初期五台山地区的佛教状况/罗伯特·M.詹密罗、冀培然/世界宗教文化/2016.2

新媒体环境下佛教音乐对佛教传播产生的影响/徐茂豪/新闻研究导刊/2016.19

佛教的圆融精神与科技的互通之路“无锡开原寺·互联网+时代的宗教生活”系列之二/能超/中国宗教/2016.11

改信佛教与贱民的身份重构——安倍德卡尔的新佛教思想的内涵和意义/刘海玲/长治学院学报/2016.4

宗教传播与社会治理——以佛教在中国的传播与《东西洋考每月统记传》为例/胡晓娟/学习与探索/2016. 3

11—15 世纪佛教艺术中的神系重构（二）——以白伞盖佛母为中心/廖旸/故宫博物院院刊/2016. 5

藏传佛教的身体观/熊桂玉/五台山研究/2016. 1

佛教运用互联网科技的历程“无锡开原寺·互联网＋时代的宗教生活”系列之三/能超/中国宗教/2016. 12

中国佛教协会南传佛教福慧袈裟布施仪式在云南临沧举行/金明/法音/2016. 12

试析弥勒信仰在西域佛教中的地位/张敬全/陕西教育（高教）/2016. 9

西域的世俗与宗教绘画（下. 佛教绘画）/谷新春/美术/2016. 7

佛教教育的目标、发展阶段与设立学位、职称的意义/释圣凯/法音/2016. 10

藏传佛教对藏族社会生活的影响/闫蕾蕾/现代经济信息/2016. 10

刘文辉处理与康区藏传佛教僧人关系的策略/陈金龙/法音/2016. 6

云南省佛教协会南传佛教工作委员会会议召开/康南叫/法音/2016. 7

浅谈发展山西佛教文化旅游的问题及对策/刘秀芳/山西财政税务专科学校学报/2016. 4

创新福建佛教对外交流打造海丝文化精品——21 世纪海丝佛教·福建论坛成功举行/雷斐然/政协天地/2016. 10

藏传佛教对藏文化现代化的作用/和春燕、索南才让/边疆经济与文化/2016. 8

公元八至九世纪敦煌壁画“文殊及侍从图”中佛教节日主题元素/张惠明/中华文史论丛/2016. 3

中国南传佛教研究的新收获读《中国南传佛教研究》/赵纪彬/中国宗教/2016. 12

中国近代佛教慈善事业的逆势飞扬/张少利/文史博览（理论）/2016. 8

南昌佑民寺建筑装饰艺术的审美及佛教文化研究/高婷/大众文艺/2016. 19

藏传佛教文化在漆器中的表现以沈阳故宫博物院藏清代漆器为例/张莹/收藏家/2016. 2

佛教“六和敬”思想探析/彭瑞花/青海师范大学学报（哲学社会科学版）/2016. 4

跨文化传播：冲突与融合——以汉传佛教与中国传统文化为例/陈寿富、赵立敏/兰州学刊/2016. 9

云冈二、三期佛教造像汉化之比较/范鸿武/文艺争鸣/2016. 11

佛教生态伦理思想探析/潘丹丹/周口师范学院学报/2016. 4

试分析我国古代刑法与佛教戒律的异同/王梦珂/法制与社会/2016. 10

印度早期佛教的象征图样/罗简、朱明健/设计艺术研究/2016. 2

武汉市现存佛教建筑艺术考察/郑蓓蓓、杜宇婧/美与时代（城市版）/2016. 4

内蒙古藏传佛教的建筑与装饰艺术/潘春利/内蒙古艺术/2016. 2

宗教影响、控股股东与过度投资：基于中国佛教的经验证据/杜兴强、蹇薇、曾泉、常莹莹/会计研究/2016. 8

陕西省佛教协会：多层面、多维度推进陕西佛教发展/法音/2016. 3

佛教发展历史的恢宏展示和创新性研究/姚卫群/世界宗教文化/2016. 5

敦煌莫高窟：见证佛教的荣光与世界文化遗产/释法宝、王平先/敦煌研究/2016. 6

2016 中国佛教讲经交流会在五台山隆重举行/王丽心/法音/2016.9

德育功能视角下佛教教育对泰国语文教育的影响/许琳/赤子（上中旬）/2016.16

古朴浑厚神秘超然——中国北魏时期佛教雕塑艺术研究/关立新/艺术教育/2016.11

老舍演讲佚文《灵的文学与佛教》续考与补正/徐慧文/东岳论丛/2016.9

江南佛教初传三杰之一——牟子/胡晓明/唯实/2016.10

时光·文旅演绎《时代建筑》无锡灵山“佛教文化园区”论坛综述/姜冰/时代建筑/2016.6

青海佛教文化与多民族民间信仰间的互动与共融/鄂崇荣/青藏高原论坛/2016.3

宗教法维度下的佛教法初探/周敏/法制博览/2016.7

《大般涅盘经》对构建中国佛教道德形上学的价值意义——以涅盘与佛性为中心的探讨/周天策/五台山研究/2016.3

刻写在树叶上的传承南传佛教贝叶经的源流与特点/周娅/中国宗教/2016.4

《山法了义海论》所引佛教经论藏汉译文比较研究之十一/班班多杰/中国藏学/2016.1

东北亚佛教交流的回顾与展望——在第十九次中韩日佛教友好交流会议上的发言/释怡藏/法音/2016.11

从宇宙观的角度看汉传大乘佛教与中国道教思想的融合/马骁/科技展望/2016.24

元代佛教经济研究的珍贵史料——扬州出土元《江淮营田提举司钱粮碑》的重新录文与考释/顾寅森/中国经济史研究/2016.2

佛教中的生态和谐思想及其现代意义——以《梵网经》为例/李亮/西部学刊/2016.1

“知性”相通：敦煌与佛教的中国化/刘再聪/历史教学（下半月刊）/2016.10

佛教与谢灵运的山水诗/任仲夷/戏剧之家/2016.15

从韩愈诗看其对佛教之态度/郑济洲/大众文艺/2016.21

近代日本佛教在闽传布的实质探析/黄庆法/闽南师范大学学报（哲学社会科学版）/2016.3

近年来中国佛教寺庙音乐民族志热点问题与思考/冯桂华/当代音乐/2016.4

新时期藏传佛教学经人员教育状况及其思考/房继荣/阿坝师范学院学报/2016.4

河北佛教把握正确导向坚持特色创新/中国宗教/2016.3

关于张载心性论与佛教关系的几点思考——基于佛教视角所作的考察/马骁/科技展望/2016.24

敦煌石窟归义军首任都僧统洪辩供养像考——兼论中古佛教僧人生活中的随侍现象/沙武田、梁红/敦煌学辑刊/2016.2

佛教生死观与隋唐丧葬习俗/王霞/新西部（理论版）/2016.21

佛教在西班牙——“基督禅”视角下对佛教本土化的思考/王玖玖/法音/2016.4

终南山佛教的养生思想及其现代价值/冀晓斌、刘勇/山西农经/2016.11

简析藏传佛教格鲁派寺庙的分布发展/牛婷婷/西安建筑科技大学学报（社会科学版）/2016.6

来自佛教界全国人大代表、政协委员的声音——大众媒体对 2016 全国“两会”佛教界代表及委员采访报道集锦/法音/2016.3

浅析藏传佛教文化对藏族舞蹈的影响/向娜/大众文艺/2016.23

谈李贤墓壁画中的佛教因素/柳真/大众文艺/2016. 20

佛教手舞与中国传统艺术的融合之美/陈雯/中国宗教/2016. 9

佛教词语的始见年代与可疑佛经的鉴别/方一新/合肥师范学院学报/2016. 4

云冈石窟佛教造像与中古时代的“指啸”艺术——兼论阮籍长啸与呼麦之关系/范子烨/晋阳学刊/2016. 2

英藏敦煌西域古藏文非佛教文献的刊布与研究/杨铭/西域研究/2016. 3

“第九届亚太地区佛教音乐学术研讨会”综述/郭娜/人民音乐/2016. 7

碑文所见明代在甘青地区弘扬藏传佛教的客观条件/吴景山、贾竞阳/中国藏学/2016. 3

现代企业管理伦理与传统佛教文化/王冬/宜春学院学报/2016. 10

古代敦煌地区的东岳泰山信仰及其与道教和佛教之间的关系/刘永明/敦煌学辑刊/2016. 3

甘肃泾川出土 5 件佛教造像彩绘分析及相关研究/梁嘉放、吴荭、张勇剑、赵西晨、夏寅/文物保护与考古科学/2016. 4

中国佛教代表团访问斯里兰卡/桑吉扎西/法音/2016. 9

早期佛教美术中的三宝标图像/李雯雯/南京艺术学院学报（美术与设计）/2016. 6

中国佛教协会代表团赴泰国出席第十三届“联合国卫塞节”国际佛教大会/罗喻臻/法音/2016. 6

试论藏传佛教的度母信仰/王小蕾/新西部（理论版）/2016. 6

发展与演变——浅谈中国古代佛教雕塑艺术/邓河/大众文艺/2016. 18

敦煌佛教文献《大乘无量寿经》缀合研究/张磊、左丽萍/敦煌研究/2016. 1

福建古代佛教与“海上丝绸之路”/王荣国/福建史志/2016. 5

祖德流芳共续胜缘——汉传佛教祖庭文化国际学术研讨会在西安举行/陈长松/法音/2016. 12

中国汉传佛教寺院装饰纹样的设计研究/林鸽、马超/艺术科技/2016. 6

金代佛教寺院经济生活探析/王德朋/中国农史/2016. 5

丝路佛教音乐的“交响与变奏”克孜尔石窟与云冈石窟天宫伎乐图像比较/吴洁/艺术教育/2016. 11

让海丝佛教助力中华文化走向世界 21 世纪海丝佛教·福建论坛成功举行/雷斐然/中国宗教/2016. 9

语言接触视域下的佛教外来词——以回鹘文《弥勒会见记》为例/郑玲/昌吉学院学报/2016. 5

《萨迦格言》中藏传佛教伦理观研究/于涛/开封教育学院学报/2016. 11

中韩日三国佛教历史渊源及对未来的展望/释明生/法音/2016. 11

藏传佛教觉囊派在四川藏区的传播与发展/梁银林/民族学刊/2016. 4

遵戒守法整顿教务持律合规提振教风——中国佛教协会第九届理事会汉传佛教教务教风委员会第一次会议在舟山召开/李星海/法音/2016. 4

祖德流芳共续胜缘——汉传佛教祖庭文化国际学术研讨会学术成果综述/伍先林/法音/2016. 12

某框架佛教建筑的结构安全鉴定/朱克、赵宝生、刘有军/四川建筑/2016. 4

六十年来的佛教教育探索与实践（下）——纪念中国佛学院成立六十周年/释学诚/法音/2016. 11

中国油画创作中的佛教图示运用/李宁/大众文艺/2016. 2

中国佛教天台宗的相传与继承——以慧文、慧思、智顗的相承为中心/西郊良光/法音/2016. 11

中国佛教协会西藏分会向孟加拉国国阿底峡灵塔工程捐赠 100 万元/金明/法音/2016. 9

法音宣流光照大千读《世界佛教通史》/温金玉/中国宗教/2016. 8

溯源探赜观水望云——读《世界佛教通史》/俞学明/世界宗教文化/2016. 5

“人间佛教”与“生活禅”何建明教授追忆净慧长老/柴爱新/中国宗教/2016. 4

首届南传佛教高峰论坛在西双版纳隆重举行/陈星桥/法音/2016. 3

元代藏传佛教的传播及对蒙藏关系的影响/韩聪/文化学刊/2016. 12

林丹汗改信藏传佛教萨迦派的政治意义/樊永贞、钢土牧尔/西部蒙古论坛/2016. 2

精进正当时佛教的钟文化/刘晓玉/中国宗教/2016. 11

清净之音佛教音乐漫谈/李美群、胡远慧/中国宗教/2016. 11

元代藏传佛教在五台山传播探析/鲁显礼/黑河学院学报/2016. 6

藏传佛教对《卫拉特法典》立法的影响/康书恒、陈庆云、潘跃佳/法制与社会/2016. 2

黑龙江地区近现代佛教文献研究/孙雪峰/理论观察/2016. 12

“21 世纪海丝佛教·福建论坛”在福州隆重举行/陈星桥/法音/2016. 9

藏传佛教十善法在构建社会主义和谐社会中的积极作用/仁青吉/西部学刊/2016. 10

佛教盂兰盆节的民俗化及其对外传播/郭凯/三门峡职业技术学院学报/2016. 2

在 2016 中国佛教协会庆祝佛诞节活动上的讲话/释宗性/法音/2016. 5

“2016 中国佛教讲经交流会巡讲活动”在辽宁、湖南、福建、山西举行/法音/2016. 5

从佛教文化中汲取精进的智慧/向祖文/民族大家庭/2016. 3

藏传佛教哲学思想对藏区社会和谐稳定的功用探析/刘俊哲/民族学刊/2016. 4

佛教天台宗祖庭考古：浙江天台山佛教崖刻/项超英/大众考古/2016. 2

关于《汉传佛教教职人员资格认定办法（修订草案）》和《汉传佛教寺院传授三坛大戒管理办法（修订草案）》的说明/释正慈/法音/2016. 10

祖德流芳共续胜缘汉传佛教祖庭文化国际学术研讨会在西安成功举行/本刊编辑部/中国宗教/2016. 11

论藏传佛教的生态理念及其践行方式/梁霞/青海师范大学学报（哲学社会科学版）/2016. 6

基于山东生态村建设的佛教寺院项目现状与发展对策研究——以济宁嘉祥县姜太公庙建设为例/黄淋雨/智能城市/2016. 12

在第十九次中韩日佛教友好交流会议上的发言/提卡达希/法音/2016. 11

浅论傣族佛教艺术中“象”造型的演变和形成/黄苹/艺术科技/2016. 4

弥勒发冠演变过程——从印度佛教初期到我国北魏时期/龙忠/雕塑/2016. 4

佛教文化文房用品设计/张欣、李丹青/包装工程/2016. 2/

浅谈梵藏翻译过程及认知科学与佛教间的关系/洛桑次仁/西藏科技/2016. 5

论中国南传佛教音乐的文化圈和文化丛特征/张红英/艺术科技/2016. 2

中国佛教协会 2016 佛诞节庆祝活动在京隆重举行/本刊编辑部/法音/2016. 5

“第一期全国佛教古籍保护管理研修班”在北京灵光寺举办/李百晟/法音/2016. 9

中国佛寺布局中心由“佛塔”向“佛殿”转化原因浅析/和瑞欣/甘肃广播电视大学学报/2016. 3

试析魏齐时期佛教造像风格的两次变更及启示/叶原/美术/2016. 3

北宋法远禅师与浮山佛教文化的兴盛/宋豪飞/池州学院学报/2016. 1

佛教的共生智慧/孙国柱/中国宗教/2016. 5

敦煌佛教文书的收藏与保护/钱光胜/中国宗教/2016. 1

中国佛教协会西藏分会举行成立六十周年纪念会/全柏音/法音/2016. 12

浅析佛教与越南传统文化之相同点/叶成洁、谭于慧/戏剧之家/2016. 18

中国南传佛教资料辑录/薛宝/云南民族大学学报（哲学社会科学版）/2016. 3

东北亚佛教交流的过去、未来和展望——在第十九次中韩日佛教友好交流会议上的发言/道觉/法音/2016. 11

“佛牙舍利与中斯佛教文化交流”座谈会在北京灵光寺举行/陈长松/法音/2016. 7

刍议戴逵的佛教造像——兼论其信仰问题/黄鑫/美术大观/2016. 8

转物觉生能仁调御沈阳故宫藏明清佛教人物画选粹/冯维/收藏家/2016. 10

在中国佛教协会第九届常务理事会第二次会议上的讲话/王健/法音/2016. 10

南诏国佛教述评/周云/现代交际/2016. 18

论中印佛教戒律学的哲学转型/夏德美/世界宗教研究/2016. 1

发挥南传佛教在“一带一路”建设中的独特优势/萧霁虹/中国宗教/2016. 4

藏传佛教的消极作用在旧西藏社会中的表现/仁青卓玛/西藏发展论坛/2016. 5

藏传佛教辩经智慧的磨砺/刘欣荣/中国宗教/2016. 2

论重玄学对佛教否定思维方式的吸收和转换/黄家庭/浙江海洋学院学报（人文科学版）/2016. 2

第八届闽台佛教文化交流周暨佛教自身建设与祖师禅研讨会在福州举行/桑吉/法音/2016. 11

林清玄散文与佛教文化/王泉/写作（上旬刊）/2016. 4

古代佛经翻译理论与佛教文本外译/秦琼芳/齐齐哈尔大学学报（哲学社会科学版）/2016. 1

东方主义与主体间性——关于藏传佛教全球化的两个解释范式/王玥玮/民族艺林/2016. 4

稳定与连续、阶段与时代、继承与创新、平等与包容——执政党对待藏传佛教的主要特征/米广弘、谭融/西北民族大学学报（哲学社会科学版）/2016. 4

南传上座部佛教对傣族佛寺壁画的影响/赵琛/艺术教育/2016. 3

五凉时期的凉州佛教/冯金戈/发展/2016. 10

无净之辩 2016 佛教辩经会观察/本刊编辑部/中国宗教/2016. 6

浅谈如何完善佛教寺院财产的监管制度/陈思/法制博览/2016. 9

在第十九次中韩日佛教友好交流会议开幕式上的致辞/伊藤唯真/法音/2016. 11

日本福原隆善长老被授予“中日佛教友好使者”、中国佛学院“名誉教授”荣誉称

号/李贺敏、陈长松/法音/2016. 11

法乳千秋一脉相承——第十九次中韩日佛教友好交流会议宁波大会侧记/陈星桥/法音/2016. 11

历代帝王与五台山佛教/张静/五台山研究/2016. 3

挖掘佛教文化资源丰富桂林旅游文化内涵/彭石军/旅游纵览（下半月）/2016. 3

佛教古籍保护与利用研讨会在北京龙泉寺成功召开/李百晟/法音/2016. 9

绽放在青藏高原上的艺术奇葩——评藏传佛教艺术精品《中国热贡艺术精粹》/欧阳近人/环境经济/2016. ZA

浅析佛教在南北朝隋唐时期没有成为国教原因/符雪花/戏剧之家/2016. 2

《世界佛教通史》的几大特色/董群/世界宗教文化/2016. 5

全国政协副秘书长张秋俭一行到中国佛教协会走访慰问/李星海/法音/2016. 2

日本佛教大学一行来访/李星海/法音/2016. 11

丝绸之路与麦积山石窟的营建/项一峰/中国文化遗产/2016. 1

新媒体视域下的宗教传播与社会治理研究：以佛教网络群体为线索/吴华、任雅仙/新闻界/2016. 17

浅析初唐佛教的“和顺”思想——以《法苑珠林》“和顺篇”为研究对象/范习加/世界宗教文化/2016. 6

论儒佛对“生生”的不同理解/尚荣、吕昂/南通大学学报（社会科学版）/2016. 5

佛塔演变和丧葬文化海外学者对古印度佛教擦擦的研究/田军、郭牧/收藏/2016. 19

佛教研究的另一种思路：太史文《〈十王经〉和中国中世纪佛教地狱观念的形成》评介/张贤明/牡丹江大学学报/2016. 8

漫谈佛教艺术中的哺乳图——从当代社会关于公共场所哺乳问题的争论谈起/胡同庆/美育学刊/2016. 5

利玛窦佛教观的转变及影响/周黄琴/北方论丛/2016. 5

藏传佛教十善法在构建社会主义和谐社会中的积极作用/仁青吉/前沿/2016. 8

受命于佛——佛教政治理论与武周政权的正统性构建/吴为、刘振琳/现代交际/2016. 24

伽蓝遗珍——故宫博物院藏河北曲阳修德寺佛教造像/王磊/荣宝斋/2016. 12

2016 年藏传佛教教义阐释工作研讨会召开/本刊讯/法音/2016. 12

印度佛教中的那伽：从蛇到龙的转变/濮阳职业技术学院学报/2016. 4

煌煌巨著创新章——读魏道儒教授主编的《世界佛教通史》/张风雷/世界宗教文化/2016. 5

辽代铜镜上的佛教艺术/付崇、许忆/东方收藏/2016. 7

民国的汉藏佛教与现代国家/励轩/读书/2016. 5

论永靖炳灵寺藏传佛教艺术“道果法”祖师毗瓦巴图像——炳灵寺石窟印度成就师图像研究之一/王玲秀/敦煌学辑刊/2016. 2

安多藏传佛教寺院与社区关系的调查研究/李正元/青藏高原论坛/2016. 4

《苏知县罗衫再合》中的佛教思想/苏丹/濮阳职业技术学院学报/2016. 5

中国佛教协会慈善慰问团赴西藏捐赠藏经/金明/法音/2016. 9

加拿大佛教会一行访问我会/李星海/法音/2016. 11

馆藏藏传佛教泥像“擦擦”之鉴赏/王博、王玉/文物鉴定与鉴赏/2016. 3

贵阳大兴国寺举行“黔台佛教文化交流会”暨心照法师升座法会系列活动/明远/法音/2016. 10

社区化时代裕固族地区藏传佛教的功能转向——以皇城镇为例/安惠娟、周琳、蒋兴国、王正坤/新丝路（下旬）/2016. 8

日本佛教大学松田和信教授访问我会/陈长松/法音/2016. 8

浅论西藏佛教艺术“莲花生曼荼罗类”成因/央拉、扎曲/西藏艺术研究/2016. 2

梵净山佛教音乐的基本特征及当代价值/林春菲、易亚辉/文史博览（理论）/2016. 7

佛教、道教界学习全国宗教工作会议精神研讨班在京举办/法音/2016. 6

庄严法相心性理趣嘉兴博物馆藏佛教文物赏析/刘云峰/收藏家/2016. 6

刍论北宋太宗朝峨眉山普贤道场的确立/韩坤/中华文化论坛/2016. 1

湖北成立首个以山为依托区域性佛教协会组织/向祖文/民族大家庭/2016. 2

佛教、道教界学习全国宗教工作会议精神研讨班在京举办/惠晶/中国道教/2016. 3

日本佛教《法华秀句》卷中研究/杨剑霄/世界宗教文化/2016. 3

对“看客”的嘲弄和来自佛教的启示——我看《生死疲劳》/夏雨/牡丹江大学学报/2016. 3

藏传佛教活佛查询系统上线发布/金明/法音/2016. 2

荷如来慧命弘南传佛教记新升座的帕松列龙庄勐/孙云霞、梁晓芬/中国宗教/2016. 4

佛教与初唐小说探说大纲/吴玥瑶/文学教育（上）/2016. 5

试论青海古寺安琼南宗对吐蕃佛教发展的影响/万么项杰/青藏高原论坛/2016. 2

宗教教职人员队伍建设现状及思考——以常州市佛教教职人员队伍建设为例/常州市宗教教职人员队伍建设课题组/江苏省社会主义学院学报/2016. 4

信仰与教育：裕固族的藏传佛教教育的人类学解读/安惠娟/河西学院学报/2016. 4

中国流行音乐与佛教音乐的融合趋势/刘铮/戏剧之家/2016. 17

中国佛教代表团出席日本阿含宗桐山靖雄葬礼/李贺敏/法音/2016. 11

佛教在日本的受容与展开/持田日勇/法音/2016. 11

论佛教传统丛林教育的利与弊/段玉明/宗教学研究/2016. 4

把握佛教院校思想政治课程教学的原则与契合点/高永顺/中国宗教/2016. 3

长安北魏佛教造像分期研究——以纪年造像为中心/于春/故宫博物院院刊/2016. 5

关于元代藏传佛教噶当派的几个问题/陈庆英/西藏研究/2016. 4

社会学视角的禅宗研究——日本著名佛教学者伊吹敦教授访谈录/伊吹敦、沈艺、孙乙/国际汉学/2016. 4

台湾“中华人间佛教联合总会”代表团参观国家博物馆/董清、马洁辰/中国国家博物馆馆刊/2016. 10

白族佛教艺术的瑰宝——南诏大理国阿嵯耶观音赏析/高国平/收藏界/2016. 3

互联网＋佛教：龙泉寺贤二机器僧诞生记/杨静/办公自动化/2016. 9

自我与人格同一性——佛教自我论对人格同一性的回答/熊桂玉/湖北民族学院学报（哲学社会科学版）/2016. 1

心灵环保世界和谐记 2016 中国梵净山生态文明与佛教文化论坛/惠晶/中国宗教/2016. 7

《汉语大词典》词语佛教语源补正五则/刘鸿福/语文学刊（外语教育教学）/2016.2

十年寒窗鸿篇巨制——喜读魏道儒学部委员主编：《世界佛教通史》/班班多杰、孙悟湖/世界宗教文化/2016.5

元代诸帝尊崇五台山考/刘锦增/五台山研究/2016.2

日本浅草佛教会访华团访问我会/王丽心/法音/2016.10

从佛教量论视角看布伦塔诺的自明性判断/景灿灿/贵州师范学院学报/2016.4

中国佛教协会一年来的工作总结和今后一段时间的重点工作/释演觉/法音/2016.10

浅议佛教与高科技的结合“无锡开原寺·互联网+时代的宗教生活”系列之一/能超/中国宗教/2016.9

“东亚佛教的宗派与地域传统”学术研讨会在京举行/陈长松/法音/2016.5

在汉传佛教祖庭文化国际学术研讨会上的致辞/王作安/法音/2016.12

在第十九次中韩日佛教友好交流会议开幕式上的致辞/杨立平/法音/2016.11

世纪以来《法华经》研究综述/党晓龙/哈尔滨工业大学学报（社会科学版）/2016.2

佛教义学研究新局的启动——论杨文会之思想开创意义/邓子美/法音/2016.7

佛教对苦难的认知——基于《慈悲地藏忏法》的考察/黄凯/五台山研究/2016.3

佛教文化内涵在当代设计中的体现/陈永顺/中国包装工业/2016.6

和合为上佛教的会议制度与精神/刘翔/中国宗教/2016.9

台湾“中华人间佛教联合总会”代表团一行来大陆参访/王丽心/法音/2016.10

跨宗教交流与教育——基督教、佛教与儒教的三次历史性相遇/许美德/现代教育论丛/2016.4

第二届赵朴初人间佛教思想暨太湖禅宗文化学术研讨会隆重举行/郭兵/法音/2016.1

中国佛教协会为台湾地震灾区举行祈福超荐法会并募集善款/陈长松/法音/2016.2

在汉传佛教祖庭文化国际学术研讨会上的致辞/胡和平/法音/2016.12

佛教文化在现代艺术与科技中的再体现/宁煜航/中国包装工业/2016.6

弘法济众饶益有情积极引导佛教界为江西经济社会发展做出贡献/张勇/中国宗教/2016.4

《民国时期佛教革新研究（1919—19）》简评/郭亚平/宁夏师范学院学报/2016.4

在第十九次中韩日佛教友好交流会议开幕式上的致辞/王作安/法音/2016.11

藏传佛教中的擦擦/张鹰/收藏/2016.19

穿越藏传佛教圣地青海塔尔寺/王新同/资源与人居环境/2016.3/

山东临朐县古代佛教造像的调查/宫德杰/考古/2016.10

“不二法门”在中土理论形态的变迁/徐明生/江苏科技大学学报（社会科学版）/2016.4

汉传佛教僧衣漫谈/孙茂霞/中国宗教/2016.8

中国佛教协会代表团应邀出席尼泊尔佛诞节系列活动/韩立鹤/法音/2016.6

佛国寻踪孟加拉国国毗诃罗普尔佛教遗址发掘记/莫林恒、贾英杰、柴焕波/大众考古/2016.3

玉树州佛教协会成立三十周年庆祝大会在玉树举行/桑吉扎西/法音/2016.8

在第十九次中韩日佛教友好交流会议开幕式上的致辞/慈乘/法音/2016.11

中国佛教协会第九届常务理事会第二次会议在北京举行/常正/法音/2016.10

论藏传佛教影响下摩梭人的死亡观和临终关怀传统/严梦春、宋萍/西藏大学学报（社会科学版）/2016. 3

僧侣在佛教弘传中的贡献/马库拉维·威玛拉/法音/2016. 7

藏传佛教活佛官邸的建筑形制与美学特征——以甘肃拉卜楞寺嘉木样寝宫为例/黄跃昊、杨林平/西北民族大学学报（哲学社会科学版）/2016. 2

甘肃秦安“诸邑子石铭”考析——甘肃馆藏佛教造像研究之三/张铭、魏文斌/敦煌研究/2016. 5

试论藏传佛教大圆满法与汉地禅的关系问题/落桑东智/法音/2016. 4

《普门品》六度思想研究/王小蕾/黑河学院学报/2016. 6

抗战时期湖南佛教僧众的抗日救亡壮举/曾友和/档案时空/2016. 1

明内府刊佛教版画考略/王秋菊/文物天地/2016. 8

襄阳承恩寺地区佛教遗迹之考察（下）/邢东风/湖北文理学院学报/2016. 12

佛教在贵州的传播与茶叶生产的发展及饮茶/管家骝/贵州茶叶/2016. 2

魏晋南北朝墓葬图像与佛教图像之间关系探析/王江鹏/荣宝斋/2016. 9

斯里兰卡佛教学与巴利语大学副校长苏玛长老访问我会/韩立鹤/法音/2016. 4

陆羽《茶经》中的三位佛教人物茶事考/舒曼/农业考古/2016. 5

全国政协民宗委主任朱维群一行到中国佛教协会走访慰问/刘东/法音/2016. 2

藏传佛教“众生平等”与传统女权主义“男女平等”之比较——以藏族《格萨尔》为例/伦珠旺姆、黄敏/青海社会科学/2016. 6

敦煌城与莫高窟的历史概观/荣新江/敦煌研究/2016. 5

上海佛教界向今夏河北受灾地区捐赠棉被/曹曙红/法音/2016. 11

《红楼梦》中的佛教意蕴/赵伟/北京教育学院学报/2016. 4

丝路扬帆禅舟起航——海丝佛教论坛与发起人本性法师/戎戒/统一论坛/2016. 5

明清佛教与全真道传戒研究发微/马海燕/法音/2016. 4

首届南传佛教高峰论坛举行/杨波、郑新强/今日民族/2016. 2

宗教活动场所管理的创新与规范之举评佛教道教活动场所基本信息公告和挂牌/圣凯/中国宗教/2016. 2

国家宗教事务局召开佛教道教活动场所基本信息公告工作座谈会/陈长松/法音/2016. 1

山东临朐豹子崮石佛堂歪头崮佛教造像/宫德杰/中原文物/2016. 4

爱国爱教服务社会发挥佛教的积极作用/演觉/中国宗教/2016. 6

2016 中国梵净山生态文明与佛教文化论坛在铜仁梵净山举行/全柏音/法音/2016. 7

藏传佛教格鲁派活佛转世化身谱系建立现象探析/王晓晶/西藏研究/2016. 5

日本阿含宗中国事务局史博康一行到访中国佛教协会/段林燕/法音/2016. 5

尼泊尔驻华大使玛斯基一行到访中国佛教协会/韩立鹤/法音/2016. 5

浅谈杭州佛教寺庙园林的空间营造——以永福寺的设计格局为例/徐岩星/江西建材/2016. 15

“河北幽居寺与北魏佛教座谈会”在中国人民大学举行/王丽心/法音/2016. 7

2016年基督教研究论文索引

蒋森　编

“祈祷”与人类学的基督教研究/黄剑波/湖北民族学院学报（哲学社会科学版）/2016. 6

基督教中国化的理论建构/苏志明/中国宗教/2016. 12

中华文明第三期：新的千年对话——从“大文明观”看中华文明的“天问”与“天对”/潘知常/上海文化/2016. 12

1901—1925年基督教在冀宁道的传教活动及原因探析/贾瑞霞/长治学院学报/2016. 6

基督教视角下的中国心理咨询发展新途径/陈静若/世界宗教文化/2016. 6

论莎剧中基督教传统与人文主义精神的双声糅合——以《暴风雨》为中心/赵峻/江苏社会科学/2016. 6

论马克思、恩格斯《神圣家族》中的宗教观/卓新平/宗教学研究/2016. 4

同心聚力汇流成溪——厦门基督教青年会两岸交流与社会服务纪实/郑超/中国社会组织/2016. 23

美国中西部华人基督教会调查——以科罗拉多州丹佛都会区为例/庞卫东/华侨华人历史研究/2016. 4

基层政府治理基督教教会策略研究/韩颂博/郑州大学学报/2016. 4

论舍勒的基督教社会主义/吴琳/马克思主义与现实/2016. 6

论G. K. 切斯特顿对青年胡适的影响/郑鸿升/上海交通大学学报（哲学社会科学版）/2016. 6

抗战爆发初期的《教务杂志》/杨哲兴/美与时代（下）/2016. 11

《圣经》、中国现代文学与跨文化交流/马立安·高利克、刘燕/江汉学术/2016. 6

从“基督之爱”到“理性之爱”——论黑格尔“理性”思想之宗教起源/陈士聪/西南大学学报（社会科学版）/2016. 6

基督教与藏传佛教的相遇：德国摩拉维亚传教士在西喜马拉雅地区活动考/赵光锐/四川大学学报（哲学社会科学版）/2016. 6

宁愿慢发展，也不要破坏环境/卓新平/中国人民大学学报/2016. 22

马科斯政府时期美国政府与菲律宾基督教组织关系探讨/冯雷/东南亚研究/2016. 6

中国基督教音乐的民族元素/于涛/中国宗教/2016. 11

基督教中国化的历史必然和进路/徐晓鸿/中国宗教/2016. 11

从1916年末梁启超的演讲词考察其“人格自觉”的思想内涵——兼及梁启超与中华基督教青年会的关系/高龙彬/鲁东大学学报（哲学社会科学版）/2016. 6

培育与践行社会主义核心价值观——坚持基督教中国化方向的必然途径/耿卫忠/天

风/2016.11

认同、适应可避免误解/林超群/天风/2016.11

近代基督教与中国伊斯兰教互动研究述略/樊静/北方民族大学学报（哲学社会科学版）/2016.6

荒废建筑改造为多层级照护中心——台湾屏东基督教医院护理之家的成功蜕变/陈伯桢/中国医院建筑与装备/2016.11

孙中山的基督教葬礼为何鲜为人知/宋时娟/世纪/2016.6

保护公民宗教信仰自由有独特意义/卓新平/人民政协报/2016.11.10（003）

关于伊斯兰教中国化的思考/卓新平/回族研究/2016.4

一个清末基督教知识分子的报业情怀/张燕清、黄乃裳/福建论坛（人文社会科学版）/2016.11

论近代基督教在辽宁的医疗活动/郭文深/渤海大学学报（哲学社会科学版）/2016.6

抗战时期的辽县基督教友爱会及其医院/刘安荣/中北大学学报（社会科学版）/2016.5

中世纪欧洲厌女主义的发展及其影响/李桂芝/史学理论研究/2016.4

民主的悖论是基督教的悖论/王义桅/中华读书报/2016.10.26（023）

我国基督教中国化问题研究/顾传勇/江苏省社会主义学院学报/2016.5

近代西南民族地区基督教的民族社会融入/袁博/贵州民族研究/2016.10

建设具有中国特色、适合中国国情的基督教/傅先伟/中国宗教/2016.10

我国宗教坚持中国化方向的必要性/卓新平/中国宗教/2016.10

师法自然，回归天性——华兹华斯诗歌中的自然观及其基督教情怀之解读/赵晶/佳木斯大学社会科学学报/2016.5

论党的群众路线对西方文化的扬弃/赵化民、赵艳、李学迎/山东行政学院学报/2016.5

简析中世纪英国基督教善行/王彤彤/边疆经济与文化/2016.10

14世纪初期基督教世界政治的变化——以1337年《和平宣言》的解读为中心/卢兆瑜/世界历史/2016.5

移民与近代广东基督教文化圈的形成/薛熙明/世界宗教文化/2016.5

论艾丽丝·沃克契合超验主义的创作思想/李韶丽、崔东辉/湖北函授大学学报/2016.19

郭嵩焘使西前后对基督教的认识——基于郭嵩焘《伦敦与巴黎日记》的观察/汪彧/赤子（上中旬）/2016.20

精致的馈赠——从装帧看明清北京基督教团西文藏书的来源及其保护修复/赵大莹/中国典籍与文化/2016.4

吉林省基督教家庭教会现状及政府宗教管理工作研究/孙笑宇/吉林大学学报/2016

四清运动前后威宁地区的基督教/马玉华/江苏大学学报（社会科学版）/2016.5

基督教与西方钢琴音乐文化/应桃/艺术评鉴/2016.8

抗拒上帝的信仰者——周作人书话对基督教的选择和接纳/赵普光/常州大学学报（社会科学版）/2016.5

基督教中国本土化《圣经》汉译策略研究/胡亚伟/海外英语/2016.15

弘扬传统茶文化基督教信仰表达中国化的新尝试/高明/中国宗教/2016.9

青岛探索基督教管理新模式/董美琴/中国宗教/2016.9

固本强身传递基督教好声音福建基督教两会积极贯彻全国宗教工作会议精神/岳清华/中国宗教/2016.9

《圣经》的汉译历史与特点研究/康迪/开封教育学院学报/2016.9

嵌入与再生产——一个华北村落基督教信仰的民间逻辑/赵斯羽/民俗研究/2016.5

当文化成为信仰以后——《张马丁的第八天》的基督教叙事/王本朝/南方文坛/2016.5

神学与传统（续五）/陈永涛/天风/2016.9

回眸《中国基督教教会规章》/孙琪/天风/2016.9

坚持独立自主自办推进基督教中国化/傅先伟/天风/2016.9

9.14 世纪北方草原地区基督教初探/李荣辉、袁刚/宗教学研究/2016.3

《床畔》中的基督教文化色彩/吴嘉俐/名作欣赏/2016.27

基督教视阈下的底层民众——重读北村《我和上帝有个约》/吴泰松/名作欣赏/2016.26

简析民国汉语基督教期刊出版地的分布概况——以上海市档案馆、上海市图书馆馆藏为主/曾嘉玲/浙江档案/2016.8

晚清温州基督教与本土文化的冲突与调适——以《晚清温州纪事》为中心的考察/石杨柳、孙邦金/温州职业技术学院学报/2016.3

河湟流域基督教传播与民间信仰的互动/鄂崇荣/青海社会科学/2016.4

基督教中国化的实践途径/苏志明/中国民族报/2016.8.30（006）

寻找失落的精神"伊甸园"——基督教文化视域下《百年孤独》的原罪意识/唐超/湖南人文科技学院学报/2016.4

浅析宗教与哲学的关系——以中世界基督教哲学为例/崔佳/赤峰学院学报（汉文哲学社会科学版）/2016.8

卢沟桥事变前日本基督教界的反战言行及其本质/徐炳三/民国档案/2016.3

基督教文化对福克纳小说人物创作的影响/许睿/新丝路（下旬）/2016.7

社会秩序视角下基督教传播的依法治理与引导/卿瑜/广西社会主义学院学报/2016.3

风雨九十载自立逾百年记山东中华基督教自立会教堂与自立运动/徐中林/中国宗教/2016.8

《东西洋考每月统记传》的宗教传播策略/郭秀文/学术研究/2016.8

浅谈英国中世纪戏剧中的基督教意识/蒋丽琴/戏剧文学/2016.8

论许地山小说中不同宗教文化的结合/吴竟红/中国现代文学研究丛刊/2016.8

论"非基督教运动"对教会大学图书馆的影响/王一心/国家图书馆学刊/2016.4

"四全媒体"与"神圣网络"：当代西方基督教会"网络传教"行为分析/赵冰/世界宗教文化/2016.4

近十年我国大学生基督教信仰研究现状述评——以 CNKI 收录的论文为例/刘影/世界宗教文化/2016.4

经济全球化背景下的华人移民基督教：欧洲的案例/曹南来；林黎君/世界宗教研究/2016.4

公众如何关注基督教和天主教？——基于关键词采集技术的大数据分析/王术/世界宗教文化/2016.4

《去吧，摩西》中的圣经元素/周冰清/黄冈师范学院学报/2016.4

跨宗教交流与教育——基督教、佛教与儒教的三次历史性相遇/许美德/现代教育论丛/2016.4

惠州市基督教两会中心关键技术的设计/黄振华/工程建设与设计/2016.9

儒家和英国基督教生死观之比较/郭院林、潘晨/常州大学学报（社会科学版）/2016.4

基督教视域下朝鲜族的认同状况研究——以沈阳市朝鲜族为例/何艺、夏妍/兰州大学学报（社会科学版）/2016.4

良心、信仰和律法：基督教良心观解析/张庆熊/复旦学报（社会科学版）/2016.4

麦都思神学思想初探/刘林海/北京师范大学学报（社会科学版）/2016.4

云南少数民族基督教文化涵化的中国化理解研究/张建成/贵州民族研究/2016.7

《圣经》中的正义思想辨析/何建华/上海师范大学学报（哲学社会科学版）/2016.4

近20年"基督教与中国现代文学"研究的趋势与问题——基于学术专著的考察/韦华/当代作家评论/2016.4

谭嗣同对儒家"天道—人伦"秩序的重塑——基督教对谭嗣同《仁学》"天"概念的建构意义/张晓林/甘肃社会科学/2016.4

基督教与傈僳族村寨的社会秩序研究/许娟/中南民族大学学报（人文社会科学版）/2016.4

分离还是分立：台湾原住民地区的政教关系初探/陈建樾/中南民族大学学报（人文社会科学版）/2016.4

盐城市农民基督教信仰的历史社会学分析/陆玉芹、李晓杰/盐城师范学院学报（人文社会科学版）/2016.4

试论梁廷枏的宗教观/郭秀文/江汉论坛/2016.7

爱与救赎：《小妇人》与《圣经》的互文性诠释/刘智/深圳大学学报（人文社会科学版）/2016.4

夕阳下的欢笑——记山东省济南市基督教敬老院/田素良/天风/2016.7

神学与传统（续三）/陈永涛/天风/2016.7

瓜达卢佩圣母研究——16—17世纪天主教与萨满教的文化互动/乔国存/青海民族大学学报（社会科学版）/2016.3

基督教爱的思想在小说《爱》中的体现/郑侠/河南机电高等专科学校学报/2016.4

公共外交视阈下的东南亚华人基督教社团/张鹏/东南亚研究/2016.3

李贽与西学/许苏民/北京行政学院学报/2016.4

积极引导宗教的关键在于"导"/卓新平/人民日报/2016.7.10（005）

传教士汉文小说的发展及其作为宗教文学的启示意义/宋莉华/武汉大学学报（人文科学版）/2016.4

基督教政治观与世俗秩序的自我证成/吕建明/山西师大学报（社会科学版）/2016.4

论《店员》中犹太教与基督教原型的混合/苗青/名作欣赏/2016.20

教堂钟声的音声境域与基督教本土化——以福州地区为例/林静/东南学术/2016.4

杜伊威尔的社会政治哲学研究/郝涛/中共中央党校/2016/

谈思嘉/趙冬/女性神学思想述评/山东女子学院学报/2016.4

理性的潜隐：传统基督教哲学中的“信仰”与“理智”/吴伦水、张利周/淮海工学院学报（人文社会科学版）/2016.6

对日本近代女性思想的考察/哈园园

欧洲中世纪抄本绘画的装饰性研究/张宛歆

在皖大学生基督教观及英语课程教学对其的正向影响与引导/刘雪琪/教育教学论坛/2016.26

我为什么放弃基督教加入共产党/杨嗣信、丁洁/中国纪检监察/2016.12

志贺直哉的宗教转变与《暗夜行路》/戈宇轩/安徽文学（下半月）/2016.6

滇东北地区近代基督教信徒家族化个案分析/唐靖；邓天丽/昭通学院学报/2016.3

基督教传入中国的过程、机制及成因/郭继民/中国石油大学学报（社会科学版）/2016.3

努力推进基督教中国化促进中国教会和谐健康发展/傅先伟/中国宗教/2016.6

当代中国宗教工作理论发展的全新里程碑/卓新平/中国宗教/2016.6

第一本中文基督教义手册的历史——汉学肖像/德礼贤、谢明光/国际汉学/2016.2

好莱坞电影运作中的基督教/刘洋风/安徽广播电视大学学报/2016.2

论基督教对美国的影响/韩玫/山东行政学院学报/2016.3

拜占庭帝国早期的体育治理/赵毅/体育科学/2016.6

格里高利一世对西方早期基督教音乐的贡献/张丽娜/乐府新声（沈阳音乐学院学报）/2016.2

基督教在中亚的传播/侯典芹/宗教学研究/2016.2

贾玉铭的寓意解经方法研究/赵盼/宗教学研究/2016.2

重构与发展：南传佛教、基督教信仰对丙叶寨佤族文化的塑造/徐祖祥/宗教学研究/2016.2

近代士绅视角下的基督教、教民和义和拳——以刘大鹏《退想斋日记》为中心的考察/李荣/长治学院学报/2016.3

撒哈拉以南非洲基督教的历史与现实/郭佳/世界宗教文化/2016.3

19世纪至20世纪利比里亚的伊斯兰教与基督教及其关系史探究/刘宇/世界宗教文化/2016.3

《马克思主义宗教观探究》/卓新平/世界宗教文化/2016.3

中缅跨境民族地区基督教跨境互动的历史形态与阶段特征/徐祖祥、刘欢/世界宗教文化/2016.3

中缅边境地区基督教治理研究/苏翠薇/世界宗教文化/2016.3

认真领会习近平总书记在全国宗教工作会议重要讲话的意义/卓新平/世界宗教研究/2016.3

学习习总书记在全国宗教工作会议上讲话之体会（1）让基督教更好地融入中国文化的土壤/徐晓鸿/天风/2016.6

西方基督教对我国思想政治教育的启示/张晓婧

近代广州基督教青年会对社会公德建设的参与/郑利群/中国民族报/2016.6.7（007）

弥撒曲的西欧中世纪文化软实力控制探究/赵迪/学理论/2016.6
中国基督教青年会的电影放映活动初探（1907—1937）/张隽隽/当代电影/2016.6
《国韵诗篇百首》研究/李松；武百祥
北平育英学校歌咏队研究（1929—1952）/郭丽娜
欧洲中世纪手抄本插图图像研究/刘思含
民国时期之江大学宗教教育的历史考察/李云
马克思主义视域下的境遇伦理学研究/梁月
论《海与毒药》中远藤周作的“无神人世”批判/吴楠
论联邦德国两大政党影响下的国家外交战略（1949.1969）/张黎月
基督教在贵州社会活动的历史考察（1877—1949年）/刘义恩
美国南北浸会在华教会大学的地方化实践/朱婳玥
青岛近代基督宗教教堂建筑历史文化研究/宋红艳
欧美电影中的基督教思想探析/郭红玲
德尔图良信仰主义神学认识论研究/聂晶晶
社会工作介入基督教社会服务的探讨/任溶
基督教音乐在中国的历史研究/车学文
清末至民国江西省基督教（新教）传播的时空特征/曹瑞
史芳树/论现代公共图书馆的基督教思想根源/方嘉珍/内蒙古科技与经济/2016.10
内蒙古东部蒙汉聚居区蒙古族宗教信仰现状调查研究/陈颖
基督教社会服务组织的身份建构/罗培锋
论新时期以来的汉语基督徒写作/杨念泽
论北村小说中的生命救赎/侯建魁
论基督教对犯罪的预防作用/李儒群
内蒙古地区正在传播中的基督教研究/那不其
第一次世界大战期间的英国随军牧师/钟安庆
基于传播学视域的江西禅宗与基督教的传播比较/魏军/宜春学院学报/2016.5
15~16世纪基督教希伯来学的兴起与发展/朱晓/史学月刊/2016.5
基督徒社会身份研究/侯亦珠
基督教家庭教会婚姻制度研究/胡勇
面向韩国小学生“人称代词”教学研究/蔡晨
弘扬大爱致力慈善杭州基督教青年会服务社会、关爱人群纪实/贾红亭/中国宗教/2016.5
旅法华人移民基督教：叠合网络与社群委身/曹南来/社会学研究/2016.3
孔子与耶稣政治伦理思想之比较/靳浩辉
长沙基督教青年会社会服务研究（1913—1945）/王琳
试论康斯坦丁对基督教建设的贡献/戴马
北京协和医院：基督教会的西医东输/刘海涛/中国民族报/2016.5.17（007）
盎格鲁—撒克逊文学中的荒野/张涛
从铃木大拙论禅看禅宗与基督教的爱观差异/王美定/盐城师范学院学报（人文社会科学版）/2016.3

《老子》之“道”与“有”“无”关系新探——兼论与基督教“三位一体”之同异/周建强/商丘师范学院学报/2016. 5

基督教在华传教士 1877 年上海会议的新闻学意义/王海、王海潮/新闻春秋/2016. 2

中华圣公会救主堂：北京近代基督教建筑演变与更新/杨柳/北京规划建设/2016. 3

论金东里《巫女图》中的东方文化观/刘玉/齐齐哈尔大学学报（哲学社会科学版）/2016. 5

民国时期回族宗教学者对基督教的认识与批评——以四大阿訇为例/杨晓春/北方民族大学学报（哲学社会科学版）/2016. 3

衰落与转型：罗马帝国晚期的艺术走向/徐进伟/大众文艺/2016. 9

好莱坞电影中的基督教印记——以电影《功夫熊猫》（Ⅰ、Ⅱ）为例/李凯航/大众文艺/2016. 9

甲午战争前后闽台基督教教育的变迁/林孝斌/海峡教育研究/2016. 2

近代早期基督教希伯来学的兴起与发展/朱晓

基督教大学里的新文学：“五四”时期圣约翰大学的国文教育改革初探/凤媛/文学评论/2016. 3

论基督教文化对苏雪林与冰心文学创作的影响/汪文华

西方法律信仰的历史追溯/林彩霞

十字架图形的形式语言与意义探究/郑蓓思

奥登的思想历程及其诗歌创作研究/梁斌

多元文化视阈下的箫乾研究/孙艳艳

侯活士的“品格”概念研究/尤冉

小约翰·柯布生态伦理思想研究/李雪姣

“意义的输入与选择”：基督教在高校的传播研究/刘高见

远藤周作文学中的“罪意识”/董春玲

苏雪林的创作与基督教文化的关系研究/周爱湘

舒婷诗歌与基督教文化/何文群

论张爱玲小说与基督教文化的关系/常洪欢

中国大陆基督教音乐现状研究/韩露健

波罗的海十字军征服与东欧地区的社会变迁（12—14 世纪）/刘巧月

美国北长老会在湘传教事业研究（1888. 1937）/龚春丽

基督教视野下的民国新女性观/张云杰

福音在城镇/张娅青

试论皮科·米兰多拉的宗教思想/雷莹

莫尔特曼生态神学思想研究/张元龙

走进城墙的基督——宗教市场理论下的大理古城基督教研究/韦芳婧

刘廷芳“中国基督教”思想研究/徐文静

宗教历史书籍翻译实践报告/王文兴

论犹太教与基督教的救赎观/邬晶灵

让基督教更好地融入中国文化的土壤/徐晓鸿/中国民族报/2016. 4. 26（006）

坚持和发展中国特色社会主义宗教理论/卓新平/中国社会科学报/2016. 4. 26（001）

二十世纪二十年代中共与山东非基督教运动述论/吕薇/党史研究与教学/2016. 2

透过《神曲》看基督教文化对人的本质的揭示/李如雪/语文教学通讯 · D 刊（学术刊）/2016. 4

西方基督教对近代中国的影响/张君法/宿州教育学院学报/2016. 2

当前基督教信仰对高校的渗透及其预防对策/吴正东/蚌埠学院学报/2016. 2

“三堂三员”扶智扶志河南省周口市基督教会技能扶贫的探索/方万政/中国宗教/2016. 4

积极引导宗教与社会主义社会相适应的理论创新/卓新平/中国宗教/2016. 4

论弗莱彻境遇伦理思想/林霁玥

20 世纪 90 年代以来豫西基督教的发展——以豫西渑池县为例/韩婷/郑州航空工业管理学院学报（社会科学版）/2016. 2

坚持马克思主义无神论，开展科学的宗教研究/卓新平/中国民族报/2016. 4. 19 (007)

耦合与创化：铁凝作品中的基督教文化因素/牛娟/党政干部学刊/2016. 4

儒家人性本善与基督教人性本罪之比较/靳浩辉/南华大学学报（社会科学版）/2016. 2

创新教牧管理力求神人共悦——福建省基督教两会教牧人员认定年检管理工作情况总结/岳清华/天风/2016. 4

泉州市基督教音乐初探/王淼/艺术科技/2016. 4

吐鲁番基督教文本的书写实践/马克 · 迪更斯、刘慧/西域研究/2016. 2

志贺直哉自我意识的觉醒——从文学与基督教角度的分析/吴艳/景德镇学院学报/2016. 2

明清之际基督教入华与耶儒之争/高阳/齐齐哈尔大学学报（哲学社会科学版）/2016. 4

多丽丝 · 莱辛笔下的狗与她眼中的西方文明/刘玉环、周桂君/当代外国文学/2016. 2

宗教文化对动画艺术的影响——以基督教对西方动画的影响为例/李卫蓉、米姗、李静/设计艺术（山东工艺美术学院学报）/2016. 2

反抗与叛逆的基督教——恩斯特 · 布洛赫的圣经观/金寿铁/世界宗教研究/2016. 2

在“纪念任继愈先生诞辰一百周年座谈会”上的致辞/卓新平/世界宗教文化/2016. 2

1860—1937 年直隶（河北）地区的基督新教研究/阴亚龙

20 世纪“基督受难”图像解析——以乔治 · 鲁奥为例/李思影/西北美术/2016. 2

哈佛—燕京图书馆藏汉语基督教赞美诗集研究/倪斯文

基督教的传入与文化变迁——以泰国清莱府湄岁县湄岁区阿卡族为例/柏敏/红河学院学报/2016. 2

1 至 3 世纪基督教主教制的起源与确立/吴芮

圣严法师的早期佛耶比较观研究/鲍玲菲

近代武汉宗教慈善事业研究/李晓梅

印尼华裔学生课外汉语环境对汉语学习的影响/杨莉

对外汉语教学中回避现象的研究/吴明

印尼初中级汉语文化教学研究/朱芳娴

印尼小学生汉语学习习惯的调查研究/李亚

当代中国大陆学术界的司徒雷登形象建构研究/李晓晗

生态神学对“环境悬崖”问题的反思与回应/张生/南京林业大学学报（人文社会科学版）/2016.1

宗族、乡邻与基层信众——近代福建基督教华人牧师的人际网络关系初探/吴巍巍/福建师范大学学报（哲学社会科学版）/2016.2

林语堂宗教思想影响下的文学创作研究/王颖茹

钟爱华以医疗服务淮安人民二十五年之久/子昕/中国民族报/2016.3.29（007）

圣经新译与汉语基督教话语更新/任东升；高玉霞/外语研究/2016.1

十七世纪爱的形而上学概念/加波尔·鲍罗斯、吴树博/复旦学报（社会科学版）/2016.2

佛教“舍身饲虎”与基督教“爱仇敌”理念比较与现实意义探析/许家进/安徽文学（下半月）/2016.3

浅析阿克顿基督教民族主义理论/王晓兰/江苏第二师范学院学报/2016.3

把握特点和方向，发挥基督教的社会服务功能/赛勤/中国民族报/2016.3.22（006）

清末中国伊斯兰教与基督教的对话研究——以马联元《辩理明证语录》为考察点/季芳桐/云南社会科学/2016.2

城镇化背景下基督教在白族地区的传播和发展——以对云南省大理市凤仪镇的调查为例/张睿/云南社会科学/2016.2

按照“三自”原则建设和谐、健康发展的中国教会——中国基督教十五年工作回眸/傅先伟/中国宗教/2016.3

爱邻如己基督教的伦理旨归/花威/中国宗教/2016.3

跨文化语境下的信仰困惑——李彦《羊群》中的基督教文化/李娜/濮阳职业技术学院学报/2016.2

文化激进主义者与新儒家对基督教道德的吸收——以陈独秀和贺麟为例/孙尚扬/学术月刊/2016.3

穆德的基督教国际主义思想与近代中国/王浩/理论与现代化/2016.2

超越文化帝国主义：文化理论、基督教传教使团与全球现代性/唐日安、史凯/国际汉学/2016.1

福建旧志中基督教资料的史料价值评析/李莉/中国地方志/2016.3

基督教在尼日利亚的发展历程研究/郭冬冬

恩斯特·布洛赫视野中的波斯思想——波斯思想对犹太、基督教弥赛亚思想的作用与影响/金寿铁/浙江学刊/2016.2

海外基督教会对华“网络传教”问题分析——以华人教会为切入点的考察/赵冰/中共浙江省委党校学报/2016.2

基督教音乐的社会文化启示及其互动/段奕辰/陕西学前师范学院学报/2016.3

信仰的阶序建构——一个“黑苗”群体的基督教归信与宇宙观重建/蒲涛/北方民族大学学报（哲学社会科学版）/2016.2

基督教教义与中国的传统文化有相通之处/汤士文/天风/2016.3

历史与启示视域中的莱辛宗教思想研究/原海成/宗教学研究/2016.1

近 30 年来有关中国女性与基督教研究述评/刘文娜/妇女研究论丛/2016.2

孟子与保罗的对话——儒学与基督教思想之异同与会通/朱小明/孔学堂/2016.1

晚清国家基督教治理中的官教关系/陶飞亚、李强/中国社会科学/2016.3

传承与超越——试论本·琼生《森林集》中的古典主义/吴美群/外语学刊/2016.2

思想过激者的遭遇：沈嗣庄其人及其思想/曾庆豹/福建论坛（人文社会科学版）/2016.3

同文书史：韩国汉语基督教文献/舒健/中国社会科学报/2016.3.4（007）

比较视野下的海外华人基督教——以北美和东南亚为例的分析/密素敏/华侨华人历史研究/2016.1

华人新移民社会资本构建与基督教会——美国 P 州 P 市本土教会与华人教会的比较分析/张华/华侨华人历史研究/2016.1

犹太教历史背景下的基督教——亚伯拉罕·盖革论基督教的起源/胡浩/河南大学学报（社会科学版）/2016.2

加尔文的犹太观：宗教改革语境下的相对宽容/朱晓/河南大学学报（社会科学版）/2016.2

文化民族性与大学关系历史研究/汤谦繁

晚清基督教传教士证道寓言 Parable 研究/李佳林

浅析摩登舞双人舞技术的文化来源/牛佳

关于宗教与文化战略关系的思考/卓新平/中国民族报/2016.3.1（006）

顾约瑟被依规罢免省基督教协会会长职务/张丽/浙江日报/2016.3.1（001）

幸德秋水《基督抹杀论》在近代中国的传播和影响/李长银/中南大学学报（社会科学版）/2016.1

严歌苓小说叙事与基督教文化/袁欢/昭通学院学报/2016.1

基督教对景颇族群体认同的影响/李叶、徐祖祥/昭通学院学报/2016.1

走动的慈善不息的爱心——福建基督教会开展公益慈善事业的探索/岳清华；林超群/中国宗教/2016.2

《哈利·波特》中的《圣经》原型探析/刘雪晴/开封教育学院学报/2016.2

论弗兰克基督教人道主义/丁海丽、索春艳/哈尔滨学院学报/2016.2

正确对待中国传统风俗加快基督教中国化的进程/肖安平/天风/2016.2

也谈基督教的人性观/管云秋/重庆交通大学学报（社会科学版）/2016.1

当代基督教普及文本的英汉翻译观：传承与创新/丁树亭/青岛农业大学学报（社会科学版）/2016.1

《本教外篇》中的基督教术语翻译探究/孙逊/陕西教育（高教）/2016.2

基督教中的刑罚目的及其借鉴/刘悦/山东科技大学学报（社会科学版）/2016.1

基督教家庭教会婚姻仪式的调研报告——以山东省 M 镇为例/胡勇/佳木斯职业学院学报/2016.2

基督教背景下伯格曼电影中的神话思维/张宇/艺术科技/2016.2

2000 年汉诺威世博会基督教馆沃尔肯罗达重建/曼哈德·冯·格康、约阿西姆·蔡斯/建筑创作/2016.1

论积极引导宗教的现实意义/卓新平/世界宗教研究/2016.1

当代中国基督教现状管窥：基于 CGSS 和 CFPS 调查数据/卢云峰、张春泥/世界宗教文化/2016. 1

大学生基督徒信仰历程研究——以北京市大学生基督徒个案研究为例/包胜勇、姜婷婷/世界宗教文化/2016. 1

基督教在中国高校的发展情况及大学生的态度/李丁/世界宗教文化/2016. 1

论中国基督教信仰的弥散性/张凤池/世界宗教文化/2016. 1

日本佛教与基督教对话的历史和成果——以东西宗教交流学会为中心/渡边学、王皓月/世界宗教文化/2016. 1

傈僳族基督教信仰的本土化与民族身份认同/黑颖、杨莉/世界宗教文化/2016. 1

领事、教士及教徒：晚清美国驻闽领事与地方基督教关系初探/朱峰/世界宗教研究/2016. 1

东西方信仰之差异（之二）——以儒教与基督教为例人格完善机制/王文元/社会科学论坛/2016. 2

貌似神离：基督教在印度的传播及其本土化特点/杨旭彪/贵州社会科学/2016. 2

《麦田里的守望者》中霍尔顿圣愚式形象解读/姚斌洁/淮海工学院学报（人文社会科学版）/2016. 1

滇中苗村基督教会纠纷解决机制研究/苏斐然/怀化学院学报/2016. 1

从宗教与斋戒看饮食发展/周惠民/常州大学学报（社会科学版）/2016. 1

19 世纪中晚期英国基督教世俗化原因初探/张超昆鹏/贵州师范学院学报/2016. 1

基督教中国化之方法论的可能性探索/苏志明/中国民族报/2016. 1. 26（006）

佛教禅修与基督教灵修的对比/李心苑/法音/2016. 1

农村妇女基督教信仰研究述评/刘淑君、张力/天水师范学院学报/2016. 1

大学生信仰基督教的特征、问题及对策研究/杨学良、李艳红/天水师范学院学报/2016. 1

中国近代史上的基督教与帝国主义——以张亦镜为考察中心/曾天雄、范大明/哲学研究/2016. 1

医院文化传承与创新发展——访台湾彰化基督教医院/王德/中国医学人文/2016. 1

群策群力服务社会基督教界扶贫济困的探索/阚保平/中国宗教/2016. 1

扶贫济困是社会责任和爱国情怀的表达中华基督教青年会、女青年会的实践/金蔚/中国宗教/2016. 1

索隐天学：马若瑟的索隐神学体系研究/肖清和/学术月刊/2016. 1

以“爱”和“公义”之名——天津青年会义工运动与近代中国社会改良评析/侯杰、马晓驰/社会建设/2016. 1

慈善语境下的宗教对话与文化交融/洪伟、李淑环/社会建设/2016. 1

苗族“灵歌”简析——黔西北大花苗基督教会音乐文化研究之一/陈蓓/中国音乐学/2016. 1

云南少数民族基督教仪式音乐的本土化与现代化研究/杨民康/中国音乐学/2016. 1

陕西榆林地区天主教、基督教的历史演进和发展现状考察/马举魁、张渊/榆林学院学报/2016. 1

信仰基础：理解农民宗教信仰区域差异的一个框架/杨华、欧阳静/民俗研究/2016. 1

中国基督教新闻/天风/2016.1

回顾与展望——中国基督教两会本届委员会第二次会议侧记/邱云、房赢、吴新望/天风/2016.1

为教会思考作育英才——基督教神学教育中国化的历程和展望/徐以骅/天风/2016.1

明清之际基督教文化对中国文化的影响探讨/李波燃/艺术科技/2016.1

探讨中国民族地区基督教社会变迁史的力作——评秦和平教授《20 世纪 50—90 年代川滇黔民族地区基督教调适与发展的研究（上、下）》/方天建/民族学刊/2016.1

鲁迅精神与基督教思想/王雨海/绵阳师范学院学报/2016.1

基督教与伊斯兰教在西北地区的早期相遇/刘继华/青海民族大学学报（社会科学版）/2016.1

警惕打着基督教旗帜的邪教组织/习五一/党政视野/2016.1

攀枝花地区基督教文化发展和生存现状研究/彭正良/攀枝花学院学报/2016.1

莫言与民族主义者的寓言/内森·C. 法里斯、余婉卉/长江学术/2016.1

基督教中国化：中国基督教健康发展的必然选择/蔡凌云/四川统一战线/2016.1

基督教传教士与宁波早期音乐教育/宫宏宇/星海音乐学院学报/2016.1

东西方信仰之差异（之一）——以儒教与基督教为例好奇心的趋同与信仰的多元化/王文元/社会科学论坛/2016.1

中世纪欧洲观念的基督教渊源/姚勤华/社会科学/2016.1

自力与他力：关于儒家与基督教的道德超越观念的检审/田薇/道德与文明/2016.1

"全球视野下澳门、香港与海上丝绸之路"学术研讨会召开/新经济/2016.1

宗教是意识形态对话的桥梁/卓新平/联合时报/2016.1.5（004）

基督教信仰与希腊哲学的思想张力/赵林/世界哲学/2016.1

神圣的疼痛：15 世纪意大利圣徒受难图像研究/周姗姗

阿奎那自然法的现代争论/周伟驰/世界宗教研究/2016.4

新时期诗歌对政治的加法和减法——政治与诗歌的互相介入/周伟驰/长沙理工大学学报（社会科学版）/2016.4

洪秀全对太平天国革命的圣经解读/周伟驰/学术月刊/2016.3

从合儒、补儒到超儒——利玛窦《交友论》与卫匡国《逑友篇》试论/石衡潭/世界宗教研究/2016.5

阿奎那自然法的现代争论/周伟驰/世界宗教研究/2016.4

新时期诗歌对政治的加法和减法——政治与诗歌的互相介入/周伟驰/长沙理工大学学报（社会科学版）/2016.4

电影也需思想　娱乐不是惟一——从电影《百鸟朝凤》说起/石衡潭/关东学刊/2016.5

作为文学的《钦定本圣经》接受史研究/王任傅/首都师范大学学报（社会科学版）/2016.6

十字架上的爱——《圣经》的意义/康洁/中国天主教/2016.6

贺清泰《古新圣经》初探/王硕丰/国际汉学/2016.4

跨文化传播视域下的盐井天主教传播/刘新利、周晓艳/西藏大学学报（社会科学版）/2016.4

浅谈山西省天主教的现状、问题与趋势——从经验观察的视角看/王美秀、刘安荣/世

界宗教文化/2016.6

论马克思、恩格斯《神圣家族》中的宗教观/卓新平/宗教学研究/2016.4

历史视角下迈蒙尼德对理性和信仰的调和/刘蔚然/现代商贸工业/2016.33

廷代尔圣经翻译与神学思想研究/牟彩霞

欧化白话与中国现代民族共同语的开始：以圣经官话译本为中心的思想解读/赵晓阳/晋阳学刊/2016.6

关于伊斯兰教中国化的思考/卓新平/回族研究/2016.4

论贾玉铭释经学的西学渊源/王德龙/淮北师范大学学报（哲学社会科学版）/2016.5

我国宗教坚持中国化方向的必要性/卓新平/中国宗教/2016.10

威尔豪森的《以色列史导论》与现代圣经批评——历史记忆、断裂与重构中的《摩西五经》/成祖明/世界宗教研究/2016.5

Made：生存即实践——对《旧约·创世纪》“造物”神话的哲学分析/何光顺/现代哲学/2016.5

早期犹太释经/田海华/学海/2016.5

挪亚的预言与美国奴隶制/高峰枫/中山大学学报（社会科学版）/2016.5

世纪转型——十九世纪圣经研究/钟志清/东吴学术/2016.5

苏吉萨拉迦的后殖民圣经诠释/吴华/宗教学研究/2016.3

威廉·廷代尔圣经翻译之历史地位与影响/牟彩霞/东岳论丛/2016.9

发展中国特色的宗教学/卓新平/中国社会科学报/2016.8.16（004）

圣经《创世纪》中“伊甸园”的生态美学/曾纳/佳木斯职业学院学报/2016.8

《威克里夫圣经》译者考辨及其文学史意义/王任傅/世界宗教文化/2016.4

阿奎那自然法的现代争论/周伟驰/世界宗教研究/2016.4

《圣经》法哲学思想解析/徐伟学、强昌文/学术界/2016.8

康德与《圣经》——以康德早年生活与晚期宗教思想为中心/马彪/北京社会科学/2016.8

《圣经》中的正义思想辨析/何建华/上海师范大学学报（哲学社会科学版）/2016.4

希伯来圣经和上帝的起源/张楠/文汇报/2016.7.22（W09）

神圣家族的融合：甘肃孔子家谱与耶稣基督家谱比较研究/王怡、韩思艺/北方民族大学学报（哲学社会科学版）/2016.4

新时期诗歌对政治的加法和减法——政治与诗歌的互相介入/周伟驰/长沙理工大学学报（社会科学版）/2016.4

壮英信仰下凌云壮族巫调与《圣经·诗篇》的跨文化对比/李尚凤/宿州教育学院学报/2016.3

当代中国宗教工作理论发展的全新里程碑/卓新平/中国宗教/2016.6

文学与法律之间：对《圣经》中法律与法律文化建构的认识与解读/张立新/外国语言文学/2016.2

贾玉铭的寓意解经方法研究/赵盼/宗教学研究/2016.2

塞哥维亚的后殖民圣经诠释/田海华/宗教学研究/2016.2

《马克思主义宗教观探究》/卓新平/世界宗教文化/2016.3

认真领会习近平总书记在全国宗教工作会议重要讲话的意义/卓新平/世界宗教研

究/2016. 3

民国时期之江大学宗教教育的历史考察/李云/杭州师范大学/2016

名垂不朽：儒家与早期犹太教的永生观/傅晓微；王毅/孔子研究/2016. 3

论犹太教的“罪”/饶本忠/经济社会史评论/2016. 2

近代早期基督教希伯来学的兴起与发展/朱晓

敬畏与智慧：希伯来智慧观研究/谢丁坚

论犹太教与基督教的救赎观/邬晶灵

坚持和发展中国特色社会主义宗教理论/卓新平/中国社会科学报/2016. 4. 26（001）

《新约》伦理动机辨析/沈佳宁/阴山学刊/2016. 2

色彩的思辨：俄罗斯东正教圣像艺术解析/刘左元、马相飞/中国宗教/2016. 4

积极引导宗教与社会主义社会相适应的理论创新/卓新平/中国宗教/2016. 4

坚持马克思主义无神论，开展科学的宗教研究/卓新平/中国民族报/2016. 4. 19（007）

反抗与叛逆的基督教——恩斯特·布洛赫的圣经观/金寿铁/世界宗教研究/2016. 2

马克思宗教观视域中的恩格斯圣经理解/唐晓峰/世界宗教研究/2016. 2

在“纪念任继愈先生诞辰一百周年座谈会”上的致辞/卓新平/世界宗教文化/2016. 2

没有神的神的弥赛亚王国/金寿铁/社会科学战线/2016. 4

《圣经》中圣石崇拜的影响/王宁/洛阳师范学院学报/2016. 3

英国宗教改革渐进过程获证实/赵媛/中国社会科学报/2016. 3. 23（003）

洪秀全对太平天国革命的圣经解读/周伟驰/学术月刊/2016. 3

无像崇拜与破坏神像：圣经禁像传统在中国的诠释/李炽昌/宗教学研究/2016. 1

论保罗信心思想的发展/陈曦/宗教学研究/2016. 1

论“精神”概念在黑格尔神学思想中的地位/熊径知/宗教学研究/2016. 1

从概念到象征：利科论原罪/花威/中国社会科学报/2016. 3. 8（006）

犹太教历史背景下的基督教——亚伯拉罕·盖革论基督教的起源/胡浩/河南大学学报（社会科学版）/2016. 2

加尔文的犹太观：宗教改革语境下的相对宽容/朱晓/河南大学学报（社会科学版）/2016. 2

关于宗教与文化战略关系的思考/卓新平/中国民族报/2016. 3. 1（006）

圣经中的城市/张兆成

超越与内化、自由与必然的张力——斯宾诺莎泛神论思想研究/潘玉龙

《利维坦》的背面：霍布斯论黑暗的王国/兰洋/天中学刊/2016. 2

圣经对“法律”的神学诠释及现实启示/周小雄/中国天主教/2016. 1

论积极引导宗教的现实意义/卓新平/世界宗教研究/2016. 1

叙利亚语主祷文中的“和罪句”/柳博赟/世界宗教文化/2016. 1

《圣经·旧约》之爱与儒家孝慈之比较/闫保平、舒红霞/渭南师范学院学报/2016. 3

“神话创世”解读——上帝“实存性”叙事艺术赏析/赵建宇/新西部（理论版）/2016. 2

“直译”的政治——论马士曼《孔子的著作》（第一卷）/高志强/暨南学报（哲学社会科学版）/2016. 2

后殖民主义视角下的第三世界圣经阐释/高顺洁/安徽文学（下半月）/2016.1
浅谈《论语》与《圣经》“交托神明”思想之异同/王珊/才智/2016.3
试论一位神教在美国的发展演变/杨天虎/新西部（理论版）/2016.1
作为文学的《钦定本圣经》接受史研究/王任傅/首都师范大学学报（社会科学版）/2016.6
出自吐鲁番的回鹘文叙利亚语赞美诗集/马克·狄更斯·茨默、唐莉芸/河西学院学报/2016.6
十字架上的爱——《圣经》的意义/康洁/中国天主教/2016.6
礼物与利玛窦的传教策略/高阳/西部学刊/2016.12
跨文化传播视域下的盐井天主教传播/刘新利、周晓艳/西藏大学学报（社会科学版）/2016.4
三地教缘冲突落差对“文明冲突论”的证伪/曹兴/世界宗教文化/2016.6
历史视角下迈蒙尼德对理性和信仰的调和/刘蔚然/现代商贸工业/2016.33
新型城镇化视阈下农村宗教信仰的现状与对策研究——以江西新余为例/谢禾生/新余学院学报/2016.6
恩格斯《费尔巴哈论》的宗教观及其现代价值/罗来文/理论月刊/2016.12
苏北五市农村留守群体基督教信教情况调查/鲍婷婷、冯青青/文学教育（上）/2016.12
基要派与滕县华北神学院/王德龙/枣庄学院学报/2016.6
美国中西部华人基督教会调查——以科罗拉多州丹佛都会区为例/庞卫东/华侨华人历史研究/2016.4
东方乐土：“儒教中国”与欧洲思想现代性/黄丽娟/沈阳师范大学学报（社会科学版）/2016.6
近年来大陆中华内地会研究述评/陶飞亚、戴婉琦/济南大学学报（社会科学版）/2016.6
浅析《圣经》元素在英美文学创作中的体现/赵洁/兰州教育学院学报/2016.11
白银时代新宗教意识运动的缘起、演变和精神旨趣/丁海丽/哈尔滨学院学报/2016.11
斯宾塞福音：李提摩太译《大同学》及其对梁启超的影响/姚达兑/中山大学学报（社会科学版）/2016.6
空巢老人、灵性资本与民族教会的宗教实践——一个多元宗教现代性视角的研究/聂家昕/浙江学刊/2016.6
近代基督教与中国伊斯兰教互动研究述略/樊静/北方民族大学学报（哲学社会科学版）/2016.6
黄乃裳：一个清末基督教知识分子的报业情怀/张燕清/福建论坛（人文社会科学版）/2016.11
论近代基督教在辽宁的医疗活动/郭文深/渤海大学学报（哲学社会科学版）/2016.6
英国不再是一个基督教国家/王恩铭/中国社会科学报/2016.11.1（003）
抗战时期的辽县基督教友爱会及其医院/刘安荣/中北大学学报（社会科学版）/2016.5
我国基督教中国化问题研究/顾传勇/江苏省社会主义学院学报/2016.5

近代西南民族地区基督教的民族社会融入/袁博/贵州民族研究/2016.10

论贾玉铭释经学的西学渊源/王德龙/淮北师范大学学报（哲学社会科学版）/2016.5

简析中世纪英国基督教善行/王彤彤/边疆经济与文化/2016.10

移民的困境与宗教的补偿作用——关于“百合团契”的初步研究/陈纳/世界宗教文化/2016.5

马克思恩格斯宗教思想的另面观/胡义清/世界宗教文化/2016.5

移民与近代广东基督教文化圈的形成/薛熙明/世界宗教文化/2016.5

管东溟三教思想述评/王硕/世界宗教研究/2016.5

西方传教士在湖北地区的活动及影响研究/祝东江、陈梅、张希萌/郧阳师范高等专科学校学报/2016.5

吉林省基督教家庭教会现状及政府宗教管理工作研究/孙笑宇

四清运动前后威宁地区的基督教/马玉华/江苏大学学报（社会科学版）/2016.5

犹太教最重要的崇拜活动是祈祷/徐新/中国社会科学报/2016.9.27（006）

早期犹太释经/田海华/学海/2016.5

奥古斯丁之“灵魂能力等级”观念探析/寇振成/宗教学研究/2016.3

文本互读建构神学——克鲁尼比较神学思想探析/富瑜/宗教学研究/2016.3

苏吉萨拉迦的后殖民圣经诠释/吴华/宗教学研究/2016.3

早期拜占廷帝国非基督徒与基督徒的共存与交流探析/董晓佳/宗教学研究/2016.3

9—14 世纪北方草原地区基督教初探/李荣辉、袁刚/宗教学研究/2016.3

美国白人基督徒人数大滑坡/王恩铭/中国社会科学报/2016.9.13（004）

20 世纪初期美国基督新教在华医疗事业——以公理会汾阳医院为中心/刘鹏/山西师大学报（社会科学版）/2016.5

晚清温州基督教与本土文化的冲突与调适——以《晚清温州纪事》为中心的考察/石杨柳、孙邦金/温州职业技术学院学报/2016.3

河湟流域基督教传播与民间信仰的互动/鄂崇荣

圣经《创世纪》中“伊甸园”的生态美学/曾纳/佳木斯职业学院学报/2016.8

《威克里夫圣经》译者考辨及其文学史意义/王任傅/世界宗教文化/2016.4

《圣经》法哲学思想解析/徐伟学、强昌文/学术界/2016.8

“四全媒体”与“神圣网络”：当代西方基督教会“网络传教”行为分析/赵冰/世界宗教文化/2016.4

近十年我国大学生基督教信仰研究现状述评——以 CNKI 收录的论文为例/刘影/世界宗教文化/2016.4

经济全球化背景下的华人移民基督教：欧洲的案例/曹南来、林黎君/世界宗教研究/2016.4

新世纪以来中国学者对于犹太教的研究/张倩红、张佩佩/世界宗教研究/2016.4

公众如何关注基督教和天主教？——基于关键词采集技术的大数据分析/王术/世界宗教文化/2016.4

云南德宏广山：从学校到村落——一个文化认同事项的宗教人类学分析/马居里/世界宗教文化/2016.4

儒家和英国基督教生死观之比较/郭院林、潘晨/常州大学学报（社会科学

版）/2016.4

康德与《圣经》——以康德早年生活与晚期宗教思想为中心/马彪/北京社会科学/2016.8

良心、信仰和律法：基督教良心观解析/张庆熊/复旦学报（社会科学版）/2016.4

麦都思神学思想初探/刘林海/北京师范大学学报（社会科学版）/2016.4

利玛窦《天主实义》中“人性善”一说的经院学背景/江璐/现代哲学/2016.4

“两希”文明哲学研究不能简单叠加/潘玥斐/中国社会科学报/2016.7.25（001）

希伯来圣经和上帝的起源/张楠/文汇报/2016.7.22（W09）

张謇与美国基督会/施建红、朱江/档案与建设/2016.7

唐代耶稣名号和形象的入华及其结局/冯英、林中泽/宁夏社会科学/2016.4

中华内地会与徽州的渊源——基于教会刊物 China’s Millions 的解读/陈海容、隋红升/安徽史学/2016.4

人性之爱——朱莉娅·克里斯特瓦宗教观的透视/王慧/北方论丛/2016.4

李安宅的宗教社会学思想/汪洪亮/齐鲁学刊/2016.4

“三个苹果”中宗教与科学的异同/朱涛、张骏/山西师大学报（社会科学版）/2016.4

基督教政治观与世俗秩序的自我证成/吕建明/山西师大学报（社会科学版）/2016.4

俄罗斯东正教与俄语语言/杨岚/俄语学习/2016.4

文学与法律之间：对《圣经》中法律与法律文化建构的认识与解读/张立新/外国语言文学/2016.2

“因信称义”与“带业往生”比较会通/李细成/宗教学研究/2016.2

基督教在中亚的传播/侯典芹/宗教学研究/2016.2

19 世纪美国传教士中国观建构之文化心态论析/吴巍巍/宗教学研究/2016.2

塞哥维亚的后殖民圣经诠释/田海华/宗教学研究/2016.2

撒哈拉以南非洲基督教的历史与现实/郭佳/世界宗教文化/2016.3

19 世纪至 20 世纪利比里亚的伊斯兰教与基督教及其关系史探究/刘宇/世界宗教文化/2016.3

洛阳唐代景教经幢表现的母爱主题/葛承雍/世界宗教研究/2016.3

中缅边境地区基督教治理研究/苏翠薇/世界宗教文化/2016.3

西方基督教对我国思想政治教育的启示/张晓婧/山西财经大学/2016.3

东西方信仰之差异（之六）——以儒教与基督教为例：自然与上帝/王文元/社会科学论坛/2016.6

论现代日本人的宗教意识结构的变化/王丹/鲁东大学/2016.5

“和平”观念与“九一八”事变前后在华传教士对中日关系之认识——以《教务杂志》为中心/安军杰/枣庄学院学报/2016.3

民国时期之江大学宗教教育的历史考察/李云/杭州师范大学学报/2016.4

近代东正教在我国东北地区的传播及影响/耿旭/鲁东大学学报/2016.8

美国南北浸会在华教会大学的地方化实践/朱娅玥/上海社会科学院学报/2016.9

尼采“敌基督”思想研究/金音/湖南师范大学学报/2016.1

清末以降国家宗教政策的变迁与基督教教会的应对/赵鑫/湖南师范大学学报/2016.8

吉林省农村妇女基督教信仰现状调查分析/倪冲/长春师范大学学报/2016.11

马礼逊学校与中西文化交流/乐璐璐/江西师范大学学报/2016.2

清末至民国江西省基督教（新教）传播的时空特征/曹瑞/江西师范大学学报/2016.3

内蒙古东部蒙汉聚居区蒙古族宗教信仰现状调查研究/陈颖/内蒙古大学学报/2016.4

基督教社会服务组织的身份建构/罗培锋/华侨大学学报/2016.7

明末清初来华传教士气象史实的文化解读/吴春彦/求索/2016.5

美国20世纪宗教危机："上帝之死"理论/Davit Stepanyan（大为）

名垂不朽：儒家与早期犹太教的永生观/傅晓微、王毅/孔子研究/2016.3

谈天说地论神人——从《古新圣经·化成之经》前二篇看贺清泰的解经学/李奭学/学术月刊/2016.5

加尔文的犹太观：宗教改革语境下的相对宽容/朱晓/河南大学学报（社会科学版）/2016.2

圣经中的城市/张兆成/上海社会科学院/2016

2016年儒学研究论文索引

李晓璇　编

走出韦伯神话——《儒教与道教》发表百年后之反思/苏国勋、黄万盛、吴飞、何蓉、梁治平、马小红、泮伟江、赖骏楠、高超群、吴增定、陈明、方朝晖、任锋、姚中秋/开放时代/2016.3

中学西传的典型个案：19世纪“儒教”（Confucianism）一词的发明/田海、施晔/上海师范大学学报（哲学社会科学版）/2016.4

韦伯《儒教与道教》引用有关中国文献略考/王水涣/浙江社会科学/2016.2

儒教重建：走儒教发展的民间道路——由韩星教授《儒教的现代传承与复兴》引起的思考/解光宇/学术界/2016.3

近代孔教运动与现代儒教重建——评《儒教的现代传承与复兴》/解光宇/中国图书评论/2016.3

新教、儒教与资本主义精神/景晶/哈尔滨工业大学学报（社会科学版）/2016.6

瑞士传教士韶波《儒教衍义》的文献价值/吴青/文献/2016.3

东方乐土：“儒教中国”与欧洲思想现代性/黄丽娟/沈阳师范大学学报（社会科学版）/2016.6

论李炳宪的儒教思想/李浩然/哲学研究/2016.3

儒教之“教”的语义辨析/徐子健/哈尔滨职业技术学院学报/2016.5

当代中国的儒教复兴：实践类型与内在逻辑/张晓艺、李向平/齐鲁学刊/2016.5

论宗教意识形态与资本主义发展的关系——基于《儒教与道教》的分析/刘伟兵；鲁世林/海南热带海洋学院学报/2016.6

从朱子《白鹿洞书院揭示》看纲常儒教/李明/人文天下/2016.15

1912年前《泰晤士报》中的儒教形象/张云、李新德/浙江万里学院学报/2016.6

分化与合流：当代中国的儒学与儒教/李向平、张晓艺/人文天下/2016

跨宗教交流与教育——基督教、佛教与儒教的三次历史性相遇/许美德/现代教育论丛/2016.6

松永尺五伦理思想之形成及其儒教实践/王明兵/外国问题研究/2016.1

东西方信仰之差异（之一）——以儒教与基督教为例好奇心的趋同与信仰的多元化/王文元/社会科学论坛/2016.1

东西方信仰之差异（之二）——以儒教与基督教为例人格完善机制/王文元/社会科学论坛/2016.2

康有为、李炳宪交往和思想关系论考——兼及民初孔教运动跨越中韩之传播与取向问题/彭春凌/近代史研究/2016.3

《红王妃》中的文化二元对立/黄青青/湖北第二师范学院学报/2016. 3

浅论雍正皇帝崇儒教民的手段/王利明/文学教育（上）/2016. 1

中西经济伦理分殊与文化差异——基于韦伯问题的再审视/刘海龙/河南社会科学/2016. 4

论："儒家"是不是"宗教"/赵曼/郧阳师范高等专科学校学报/2016. 3

近代以来儒学宗教化路径中的西方范式与中国问题/卞程秀、廖永林、李先敏/宁夏社会科学/2016. 6

论儒家思想及其核心理念生存与传承手段/谭清华、袁名泽/经济与社会发展/2016. 4

从德川到维新初期的"攘夷论"之三重变奏/张崑将/外国问题研究/2016. 1

中国民间观音信仰研究/田萌/文物鉴定与鉴赏/2016. 10

和辻哲郎的传统与"近代"思想的转化/徐兴庆/外国问题研究/2016. 1

宗教翻译中译者主体的概念整合机制——以《红楼梦》霍译本为例/胡杨/华北理工大学学报（社会科学版）/2016. 5

《孟子》的尴尬/董灏智/读书/2016. 2

论儒释嬗变对越南汉文小说的影响——以黎朝作品为中心/朱洁/江西财经大学学报/2016. 3

韦伯与中国文化专题/苏国勋/学术交流/2016. 1

历史城市的中华文化传统的传承——南海神庙、老住宅和扬州的私家小园/阮仪三/城市规划学刊/2016. 1

韦伯中国命题新解：中国宗教之当代经济意义初探/罗牧原、陈婉婷/社会学评论/2016. 2

东亚文明圈中的日本思想、日本儒学——以 18 世纪末以降为中心/桂岛宣弘、刘晓军/深圳大学学报（人文社会科学版）/2016. 2

朝鲜王朝初期对"两班"层的整顿及其历史意义探析/朴晋康/延边大学学报（社会科学版）/2016. 4

传统中国"中央集权制"的认识和评价——"现代化转型视角下的中央与地方关系研究"之二十三/宣晓伟/中国发展观察/2016. 6

丁韪良《汉学菁华》中的中国/何辉/国际公关/2016. 1

日本终身学习体系的问题及启示考量/陈君/继续教育研究/2016. 12

韦伯的中西方民族性研究及其当代启示意义/张忠/宁夏社会科学/2016. 5

文化激进主义的矛盾与局限——新文化运动百年沉思/高力克/人民论坛·学术前沿/2016. 6

海上丝绸之路上的宗教交流——《海上丝路叙事》系列之四/张诗雨/中国发展观察/2016. 4

徽州木雕的人文精神与审美趋向探究/陈克云/安徽商贸职业技术学院学报（社会科学版）/2016. 2

中国礼仪之争中的儒家宗教性问题/王定安/学术月刊/2016. 7

儒家教育的实践主体与目标——"士"与"士大夫"精神的内涵与特质/李宁宁/九江学院学报（社会科学版）/2016. 4

由韩国儒学到"主知"的韩国/崔英辰/世界知识/2016. 14

论儒家思想文化的非宗教性/吴迪/文化学刊/2016. 4

十九世纪末二十世纪初越南北部三角洲村社组织管理中的乡约/武维绵、阮友心/地方文化研究/2016. 3

韩国电视节目如何传播儒家文化/李兰/青年记者/2016. 2

试论樋口一叶《大年夜》中“罪”与“罚”的文学主题/林陈平/龙岩学院学报/2016. 4

宋儒大家执鞭教育的价值取向及对传统文化再造辉煌的深远意义/冉毅/船山学刊/2016. 6

《礼记》哲学诠释的四个向度——以《礼运》《王制》为中心的讨论/郭齐勇/复旦学报（社会科学版）/2016. 1

天竺与中土：何为天地之中央——唐代僧人运用佛教空间结构系统整合中土空间的方法研究/李智君/学术月刊/2016. 6

“近代化”范式中的中国公益慈善史研究：一个述评框架/林光祺/兰州财经大学学报

二十世纪美国法律史/劳伦斯·弗里德曼、周大伟/政法论坛/2016. 1

时间化的礼乐教化活动及中华美学精神的复兴——论贺麟的美学思想/刘彦顺/中国社会科学院研究生院学报/2016. 4

论“生活儒学”与“生活的儒学”/黄玉顺/中州学刊/2016. 10

儒学形态与功能的历史演变及现代转化——李锦全先生儒学史观片论/李维武/学术研究/2016. 9

明代浙江城隍周新信仰成立考——兼论省城隍神的诞生/朱海滨/上海师范大学学报（哲学社会科学版）/2016. 3

明代中后期宗教通俗文学的意图叙事分析/王昊/厦门大学学报（哲学社会科学版）/2016. 2

建功利生：清初遗民僧会通佛儒的一种途径——以晦山戒显为代表/李瑄/中山大学学报（社会科学版）/2016. 3

关于中国礼文化研究的思考/邹昌林/湖南大学学报（社会科学版）/2016. 5

论儒家思想对中国传统民间戏曲的影响/徐进、张晓颜/戏剧文学/2016. 4

论元初社会的儒治特点及文人的用世情怀/何跞/兰州学刊/2016. 4

从合儒斥佛到融佛疏儒——利玛窦与艾香德的传教方略比较/孙尚扬/江汉论坛/2016. 7

“多文之谓儒”——以《原教》篇为中心看朱彝尊之“文章尔雅”/张宗友/苏州大学学报（哲学社会科学版）/2016. 4

中华文明与当代宪制诸论平议/姚中秋/中国法律评论/2016. 2

儒学对书法传播的干预：兼论馆阁体的积极价值/路云亭/江南大学学报（人文社会科学版）/2016. 2

试论汉代政治思维的特点与发展转向/林存光/中原文化研究/2016. 5

唐玄宗御注“三经”述评/王双怀/唐都学刊/2016. 4

理想与现实：儒家之道的价值序列/朱汉民/中国文化/2016. 2

论元代文人的雅俗双栖创作/张艳/北方论丛/2016. 4

南北融通与初唐史官对文统的构建/于涌/天中学刊/2016. 2

明清以来丰都城市祠庙演变探究/杜芝明/三峡大学学报（人文社会科学版）/2016. 5

浅析朝鲜初期建国理念/金爱华/赤峰学院学报（汉文哲学社会科学版）/2016. 1

“乡村儒学与乡土文明”学术研讨会综述/赵法生/哲学动态/2016. 4

两宋之后“禅宗话语”阐释主体的变迁及“误读”现象/刘天杰/宜春学院学报/2016. 5

她们何以会矢志不渝？——以《宁阳县志》记载的明清 8 位贞女为例/魏伯河/山东女子学院学报/2016. 5

论儒家思想对中国传统民间戏曲的影响/徐进、张晓颜/大众文艺/2016. 3

简论中国的宗教与宗教学/李天纲/天津社会科学/2016. 1

略论孔子形象的近现代变迁——以《左传》与《青年杂志》为例/蒙雨/衡阳师范学院学报/2016. 1

新农村背景下建立广西农村信仰的多元化格局/杨梠/城市学刊/2016. 1

浅谈儒家思想对朝鲜时代四大礼仪服饰的影响/王红梅/南宁职业技术学院学报/2016. 1

儒家伦理对中国人尚武精神遏制的价值再议/路云亭/武术研究/2016. 11

从出土佛教题材汉画看东汉宗教生态格局的变迁/刘克/广西师范大学学报（哲学社会科学版）/2016. 6

如何认识和理解三纲五常的历史含义/林存光/政治思想史/2016. 4

礼教浓熏下的多维艺术语境——山东嘉祥宋山小石祠画像石艺术赏析/李国新、葛娇、杨蕴菁/艺术教育/2016. 4

“沟通中西文化的第一人”——利玛窦/邵红能/科普研究/2016. 4

日本近代女子教育及其影响/褚文扬/科技展望/2016. 10

民族焦虑与文化误读——简评亨廷顿儒家文明威胁论/杨芸/艺术科技/2016. 5

主持人语/李承贵/贵阳学院学报（社会科学版）/2016. 2

论摘/羽原/美术观察/2016. 6

儒家思想对高校管理工作的影响分析/蔡君/亚太教育/2016. 15

古代官员以学促政/王一/人才资源开发/2016. 11

读《新教伦理与资本主义精神》有感/李虹/赤峰学院学报（汉文哲学社会科学版）/2016. 6

“国民”的隐现——沦陷后期周作人的反启蒙姿态/袁一丹/华东师范大学学报（哲学社会科学版）/2016. 2

理论分析与中国经济：韦伯经济社会学实用指南/理查德·斯威德伯格、李兴华/广西民族大学学报（哲学社会科学版）/2016. 1

中国的“世俗文化”与“类资本主义精神”——以改革开放以来第一代温州商人为例/张翼飞、吴娜/学术交流/2016. 1

世纪韩国中小学儒学教育探析——以韩国汉文教材为中心/戴红贤、罗庆云/山东社会科学/2016. 11

天命信仰与诸神崇拜——咸阳碑碣文献的个案研究/肖雁/世界宗教文化/2016. 6

当代德国的君子观研究/孙君恒、杨国哲/周口师范学院学报/2016. 6

《本教外篇》中的基督教术语翻译探究/孙逊/陕西教育（高教）/2016. 2

师儒与官绅：传统中国治水社会的士绅研究述评/蓝薇、汤芸/民族学刊/2016.6

韩国高校礼仪修养教育对中国高等教育的启示/高雅/河北企业/2016.12

韩愈潮州祭鳄的历史语境和文化反思探讨/谢小雄/大众文艺/2016.1

个人主义与集体主义文化纬度对比研究——基于经济基础视角/杜纯、黄平林、刘岩、蔡莉/现代经济信息/2016.8

儒学激进主义的歧途与儒学发展的当代思考——大陆新儒家思潮最新动向研判/乔瑞/学术论坛/2016.12

2016年道教研究论文索引

王皓月　编

论道教之自由观与隐微教诲/杨子路/陕西师范大学学报（哲学社会科学版）/2016.1

从序跋看道藏仙传编撰动因及意图/李蕊芹/商丘师范学院学报/2016.1

从“死而复生”到“起死回生”——论巫术与道教影响下的死而复生故事/王晶波/中国典籍与文化/2016.1

土家族地区的民间巫术道教化研究——以湖北恩施东桩村为例/周建新、侯曙光/青海民族大学学报（社会科学版）/2016.1

道教和谐思想的当代价值/叶丹/井冈山大学学报（社会科学版）/2016.1

明初道士周玄真事略考/黄新华/苏州科技学院学报（社会科学版）/2016.1

多重脉络下的福州近代佛教——以清末民初古田天王寺为中心的研究/魏德毓/福州大学学报（哲学社会科学版）/2016.1

素王、方仙与赤龙——谶纬中所见的儒家与道教之互动/程乐松/云南大学学报（社会科学版）/2016.1

王羲之书帖中所见的“五斗米道”——中古士人道教信仰形态之一探/程乐松/四川大学学报（哲学社会科学版）/2016.1

论五斗米道的“官僚性”特质/冯渝杰/四川大学学报（哲学社会科学版）/2016.1.20

道教文化遗产保护刍议/冯鹤/中国宗教/2016.1

全真道三教合一理论的逻辑基础/刘晓民/南京晓庄学院学报/2016.1

白云观与近代北京社会/苏明强/北京档案/2016.1

葛洪《肘后备急方》对针灸学的贡献/张永臣、贾红玲、韩涛、汤继芹/山东中医药大学学报/2016.1

试论中国道家思想文化对中江兆民的影响/江小娟/郑州师范教育/2016.1

云南甲马信仰的道教文化考辨/刘燕/湖南大学学报（社会科学版）/2016.1

陈明霦与民初白云观/付海晏/华中师范大学学报（人文社会科学版）/2016.1

吕洞宾信仰与道教生命观/陈杉/中华文化论坛/2016.1

清代观念性禁戏之手段与形式考述——以功过格为中心/王亚楠/宁夏大学学报（人文社会科学版）/2016.1

道教文化与“非遗”/董熠/理论学刊/2016.1

道教文化与百年中国电影/周仲谋/枣庄学院学报/2016.2

罗浮山道教建筑文化及其发展研究/林超慧、程建军/华中建筑/2016.2

“俗情断处法缘生”——道教小说中的考验叙事/万晴川、万思蔚/商丘师范学院学

报/2016. 2

张伯端“三教合一”思想探微/李玉用、陆杨/商丘师范学院学报/2016. 2

灵宝道情皮影戏的艺术价值与文化传承/王艳/戏剧文学/2016. 2

唐宋道教史学编纂思想探析/林国妮/兰台世界/2016. 2

《抱朴子》语言研究综述/郑琳/柳州职业技术学院学报/2016. 2

齐云山道教音乐形态及地域特色探究/周善美/铜陵学院学报/2016. 2

湘西保靖宝卷抄本的整理研究/刘晓蓉/贵州工程应用技术学院学报/2016. 2

魏晋时期三教合流与道教崇拜的偶像化/邢千里/艺术生活（福州大学厦门工艺美术学院学报）/2016. 2

秦汉以来的鬼神信仰与仙话研究/黄剑华/地方文化研究/2016. 2

瑶族游梅山书的宗教叙事与族群记忆/张悦、张泽洪/世界宗教研究/2016. 2

金元大道教史续考——从一宗著名公案说起/赵建勇/世界宗教研究/2016. 2

道教内丹学论“生命的演化”/戈国龙/世界宗教研究/2016. 2

敦煌本《老子变化经》新探/孙齐/中国史研究/2016. 2

敦煌本道教《十戒经》考论/刘永明/历史研究/2016. 2

《太上洞渊神咒经》异文考辨/牛尚鹏/长江师范学院学报/2016. 2

明清文人画中的道教思想探究/张春新/中华文化论坛/2016. 2

沈亚之小说的道教蕴涵及其思想矛盾与意义/李腾飞/忻州师范学院学报/2016. 2

吴筠道教文学思想浅析/罗明月/语文知识/2016. 3

中国早期文献及考古材料中黄帝形象的研究/苏晓威/文史哲/2016. 3

太一教二代教主嗣教及教派分合考证/宋福利/新乡学院学报/2016. 3

从斋戒规范论古代国家祭祀对汉晋道教的影响——兼对吕鹏志博士一系列论著的商榷/王承文/中山大学学报（社会科学版）/2016. 3

清规还是国法：1946 年北京白云观住持安世霖火烧案再研究/付海晏/南京社会科学/2016. 3

明代话本小说所反映的巴蜀信仰民俗/伏漫戈/社科纵横/2016. 3

论道教文化在唐传奇中的文学体现/李娜/陕西学前师范学院学报/2016. 3

唐代医家王冰与道教关系再研究/金权/宗教学研究/2016. 3

赵宜真、刘渊然嗣派净明问题再探讨/许蔚/宗教学研究/2016. 3. 15

赵孟頫“道教人物画”述略/申喜萍/宗教学研究/2016. 3

道教隐喻研究的内涵与价值/赵静/宗教学研究/2016. 3

印度“现结芒果”术的佛教渊源及中土流变/施晔/宗教学研究/2016. 3

莆田金幢教现状初探/俞黎媛、陈松青/宗教学研究/2016. 3

国际道教研究的问题与视野——评美国学者柏夷《道教研究论集》/王宗昱/宗教学研究/2016. 3

想象与传播：高罗佩对“道”思想的释解/温军超/井冈山大学学报（社会科学版）/2016. 3

宋代文人对《抱朴子内篇》的接受/张振谦/兰州学刊/2016. 3

论贵州土司与道教的关系/赖全、兰秋林/大众文艺/2016. 3

敦煌吐鲁番道经残卷拾遗/郜同麟/敦煌学辑刊/2016. 3

在调和与融通之间：唐宋变迁视野下的三教互动/虞云国/河北大学学报（哲学社会科学版）/2016.3

《周易参同契》若干学术问题探析/章伟文/国学学刊/2016.3

陈莲笙的道教文学创作研究/曾小明、雷丽茹/哈尔滨工业大学学报（社会科学版）/2016.3

古琴与修行——以宋代白玉蟾的诗文为例/陈进国/文化遗产/2016.3

云南宣威民间道教三教融合现状论述/申晓虎/新西部（理论版）/2016.3

《真诰》中的仙人、灵媒与学道者——兼从“灵媒更替事件”论《真诰》文本的真实性/李硕、董铁柱/学术月刊/2016.3

道家道教的西方大众接受——以美国为例/蔡觉敏/阜阳师范学院学报（社会科学版）/2016.3

中韩道教交流方式与特点研究/黄勇/四川大学学报（哲学社会科学版）/2016.3

白玉蟾金丹派南宗与朱熹理学关系新考/盖建民/湖北大学学报（哲学社会科学版）/2016.3

道教碑文之史料价值初探——以明《道藏》为例/黄海德/西华师范大学学报（哲学社会科学版）/2016.3

《文昌延嗣经》生育思想初探/贾来生/天水师范学院学报/2016.3

唐代道教对儒、佛的融汇之道/刘亮红/文史博览（理论）/2016.3

论中国洞经古乐的源和流/沙马拉毅/中华文化论坛/2016.3

道教医学伦理思想与医学生的人文素质培养——以孙思邈为例/贾婀娜、袁小洪/湖南科技学院学报/2016.4

试论海上神仙传说/李显光/宗教与民族（第十辑）/2016.4

陆游的道教思想及其对仙道诗文创作的影响/孙岩/兰台世界/2016.4

灵宝道情皮影乐器艺术的传承与保护/郭芳/当代音乐/2016.4

儒道融合视域中的道教治国理民思想/陆畅/商丘师范学院学报/2016.4

清代以来四川道教广成坛使用的科仪与音乐——从《广成仪制》《雅宜集》谈起/甘绍成/音乐探索/2016.4

早期道教济世度人思想的作用/田正波/郧阳师范高等专科学校学报/2016.4

永乐宫壁画墙体制作探析及临摹中的底色制作/刘晓非/艺术工作/2016.4

面对新时代的教义诠释与创新《道德真经章句训颂》初论/刘仲宇/中国道教/2016.4

汉代天厨贻食信仰与道教施食炼度科仪之起源/姜生/中国道教/2016.4

推动岭南黄大仙信仰发展的普庆坛/陈晨/中国道教/2016.4

闵一得的女丹思想/陈云/中国道教/2016.4

新范式道教史给道教研究带来的新思考——小林正美《新范式道教史的构建》评述/姜守诚/世界宗教研究/2016.4

系统研究全真教历史的新范式——读张广保教授的《全真教的创立与历史传承》/孙瑞雪/世界宗教研究/2016.4

《历代神仙通纪》初探/尹志华/世界宗教研究/2016.4

台湾地区南部灵宝道派的引魂过桥仪式/姜守诚、李海龙/世界宗教文化/2016.4

《孔雀东南飞》中的道教因素/余康/史林/2016.4

明清佛教与全真道传戒研究发微/马海燕/法音/2016.4

财神赵公明里籍考/张新河、张海宽/洛阳师范学院学报/2016.4

道教的自由生命之境与现代社会生存困境破解/赖平/求索/2016.4

郑州大学图书馆藏刻本《三茅宝卷》叙录/韩洪波、叶飞/中北大学学报（社会科学版）/2016.4

内丹道的历史嬗变与文化内涵/李玉用、陈悦/中华文化论坛/2016.4

南朝道经分类的文学、宗教与品鉴的三元合一——以陆修静为中心/蒋振华、戴文霞/湖南师范大学社会科学学报/2016.5

唐朝皇帝尊崇道士原因探析/李哲/绥化学院学报/2016.5

明清时期五仙道观与金花信仰揆析/罗燚英/广东第二师范学院学报/2016.5

嵇康的道教观与游仙诗创作/梁保建/兰台世界/2016.5

从葛洪《抱朴子》看魏晋士人的个体价值观/袁济喜、杨康/中国高校社会科学/2016.5

试析张宇初的生命美学思想/姜约/四川文理学院学报/2016.5

中国古代道教语录体散文的文学史意义/蒋振华/文学评论/2016.5

从学术史的角度看道教"道性论"的发展/石丽娟/商丘师范学院学报/2016.5

试析宋代新儒学对道教思想的融摄/王蕾/商丘师范学院学报/2016.5

刘一明丹道养生思想的认识论和方法论初探/贾来生/商丘师范学院学报/2016.5

清代私家修史背景下的《金盖心灯》/赖全/铜仁学院学报/2016.5

汉朝墓室画像石上的道教符号——西王母及其附属物象/范绿涵/大众文艺/2016.5

《红楼梦》中的道教文化内涵/张丽荣/哈尔滨师范大学社会科学学报/2016.5

道家思想与两汉政治/李哲/五邑大学学报（社会科学版）/2016.5

彭启丰与道教关系初探/黄新华/常熟理工学院学报/2016.5

《老子河上公章句》研究概述/马莲/保定学院学报/2016.5

老子道教祖身份的确立及原因探析/李哲/南阳理工学院学报/2016.5

论唐代宰相与道家及道教的关系/刘军华、傅绍良/甘肃社会科学/2016.5

老庄学的时代精神：从《节解》到《道德经义疏》的道教思想/强昱/中国哲学史/2016.5

道性与盗机：道教生态伦理思想新诠/杨子路/中国哲学史/2016.5

观念复合与宗教神权——道教"神仙"观念的建构/曾建华/江淮论坛/2016.5

相与为一——宋末道士郑思肖地理思想/李海林/湖南大学学报（社会科学版）/2016.5

道教文化研究/盖建民/湖南大学学报（社会科学版）/2016.5

道教学视野中的酆都/张泽洪/湖南大学学报（社会科学版）/2016.5

东晋上清经派仙传叙述内涵与特质析论/谢聪辉/湖南大学学报（社会科学版）/2016.5

斋醮与星命：杜光庭《广成集》所见天文星占文化述论/孙伟杰、盖建民/湖南大学学报（社会科学版）/2016.5

全真道心性修养的道德内涵及其养生价值研究/陈明/湖南社会科学/2016.5

哲学阐释学视野下的《道德经》英译本比较研究/史学冬/中华文化论坛/2016.5

从“成仙”到“成礼”——道教仪式音乐的审美观及转变过程探微/吴俊廷/中华文化论坛/2016.5

近代以来丰都鬼神文化研究综述/陈云、苏东来、陈世松/中华文化论坛/2016.5

《夷坚志》所见宋代僧道的另一面（下）/刘树友/渭南师范学院学报/2016.6

《道德经》的静心之道——文崇斌道长专访/若淑/商业文化/2016.6

东汉中后期太平道在河北地区形成研究/左金众/邢台学院学报/2016.6

潘德冲与永乐宫三清殿建筑和壁画/赵伟/中国美术/2016.6

“逍遥归上玉京山”——由仙台母题观察元明文人画中的道教性格（上）/刘子琪/艺术工作/2016.6

清代中晚期满族精英日常生活与道教——以顾太清、奕绘夫妇为中心/梅莉/江汉论坛/2016.6

道教女性崇拜与李商隐诗歌的女性化特色/易思平/社科纵横/2016.6

从《华阳国志》看巴蜀神仙道教的起源与发展/刘茜、朴基成/兰台世界/2016.6

古代国家祭祀与汉唐道教“八节斋”渊源论考（上）——兼对吕鹏志博士一系列质疑的答复/王承文/宗教学研究/2016.6

柳永游仙词与北宋真宗时期道教文化/刘方/宗教学研究/2016.6

道教服食特征探析/徐刚/宗教学研究/2016.6

川西法言坛中元法会的考察研究/徐菲/宗教学研究/2016.6

反思与参酌——郑灿山教授新著《六朝隋唐道教文献研究》评述/李海林/宗教学研究/2016.6

唐宋外丹新类型初探/盖菲/宗教学研究/2016.6

日僧成寻入宋巡礼途中所见道教/王丽萍/宗教学研究/2016.6

《黄帝阴符经》自然神性观论析/赵芃、梁琛/宗教学研究/2016.6

萨守坚形象建构研究/熊威/宗教学研究/2016.6

论道教风水观念对越南社会的影响/宇汝松/宗教学研究/2016.6

东南道教研究的新收获——《浙江道教史》读后/邓国均/宗教学研究/2016.6

女性大美与道教养生的现代意义解读/杨燕/宗教学研究/2016.6

民间道教的礼仪传承与实践——以湖南湘乡丧礼为例/龙晓添、萧放/宗教学研究/2016.6

明清道教神灵真武大帝的水神功能研究/郑民德/华北水利水电大学学报（社会科学版）/2016.6

甘肃省民乐县童子寺石窟内容总录/丁得天、焦成/敦煌研究/2016.6

略论道教的“杂而多端”——道教史新思考之一/熊铁基/学术界/2016.6

《齐云山志》版本考/汪桂平/世界宗教研究/2016.6

道教张天师研究的新成果——《中国历代张天师评传》读后/李海林/世界宗教研究/2016.6

《太平经》“共生”思想的现代意义/孙国柱/世界宗教文化/2016.6

五显神的源流与信仰/孔令宏/地方文化研究/2016.6

元好问的僧道碑铭文略论/赵彩娟、吴扬/辽宁师专学报（社会科学版）/2016.6

试论《水浒传》的道教思想/陈琳/西昌学院学报（社会科学版）/2016.6

楚巫术及其对长江流域道教之影响/叶子葳/文化学刊/2016.6

从“宗教四要素”论太平道的历史承启/董琳/湘潮（下半月）/2016.6

道教人物丁令威在武宁的遗迹/吴国富/琼州学院学报/2016.6

《日本灵异记》中的神仙道教因子/刘九令/渤海大学学报（哲学社会科学版）/2016.7

中和之道:《太上洞玄灵宝中和经》思想研究/王玲霞/商丘师范学院学报/2016.7

浅论唐代道教戒律对儒释道法的融摄/李帮/商丘师范学院学报/2016.7

论东方朔形象的道教化/蒋波/商丘师范学院学报/2016.7

唐玄宗御注“三经”述评/王双怀/唐都学刊/2016.7

南宋《无上黄箓大斋立成仪》音乐资料研究/蒲亨强/音乐探索/2016.7

略论道教海外传播中的本土化/田烨/北方论丛/2016.7

明代中后期《穆天子传》的传播与接受——以王世贞为中心/刘伏玲、王齐洲/齐鲁学刊/2016.7

近年道教音乐研究之综述（2008—2015）/胡军/歌海/2016.7

《全真正韵》的形成与江浙道教——《全真正韵》形成江浙说/任宗权/歌海/2016.7

湖北恩施火居道“度职”仪式音乐考察与研究/龚道远/歌海/2016.7

南岳道教“早晚课”仪式中音乐的运用与形态/袁野璐/歌海/2016.7

唐五代的道教仪式音乐/蒲亨强、陈文安/艺术百家/2016.7

上清珠：佛道文化汇流的文学趣例——兼论与玉龙子故事之异同/李小荣/浙江大学学报（人文社会科学版）/2016.7

玉真公主、李白与盛唐道教关系考论/丁放/复旦学报（社会科学版）/2016.7

《三国演义》之道教思想倾向管窥/易思平/安徽文学（下半月）/2016.7

顾欢《夷夏论》与宋齐之际的夷夏之争/许栋、许敏/长治学院学报/2016.6

论日本神道教对道教的借鉴与吸收——以吉田神道为例/孙亦平/华中师范大学学报（人文社会科学版）/2016.7

宋代道教医疗与日常生活——以《夷坚志》为中心/张园园/科学经济社会/2016.9

道教文化旅游与和谐社会建设——以武当山为例/徐荣珍、邹绍华/旅游纵览（下半月）/2016.7

道家、道教与危机管理/孔令宏/商丘师范学院学报/2016.8

《太上感应篇》伦理思想的现实意义/赵玉玲/商丘师范学院学报/2016.8

齐云山道教旅游发展研究/孙坤、汪淑敏、杨莉/芜湖职业技术学院学报/2016.6

《文昌延嗣经》生育思想初探/贾来生/天水师范学院学报/2016.3

试论唐代道教哲学的思想渊源/黄海德、周丽英/社会科学研究/2016.7

汉水流域道教发展的文化地理条件初探/路旭斌/荆楚学刊/2016.7

论儒道侠对羌族诗人董湘琴诗歌创作的影响/张宗福/四川文理学院学报/2016.7

《长生殿》蕴含的道教文化/李赛萍、谢春梅/广西职业技术学院学报/2016.6

《三国演义》之道教思想倾向管窥/易思平/安徽文学（下半月）/2016.7

基于“洞天福地”的中国“福地”分布探究/李会敏、杨波、周亮、郑群明、王凯/湖南师范大学自然科学学报/2016.7

青城山天师洞建筑艺术探析/李星丽、李欣遥/文艺争鸣/2016.8

《道藏》与医籍传播/杨东方、周明鉴/长春中医药大学学报/2016. 8

南宋《无上黄箓大斋立成仪》音乐资料研究/蒲亨强/音乐探索/2016. 7

道藏本《太上感应篇》俗讹字校释举隅/周学峰/晋中学院学报/2016. 8

清水道教音乐的表演形式和艺术特征研究/杨秦生/黄河之声/2016. 5

道教思想对中国传统音乐文化的影响——以清水道教音乐文化为例/范琳琳/黄河之声/2016. 5

清水道教音乐的地域性特征研究/杜新平/黄河之声/2016. 5

"逍遥归上玉京山"——由仙台母题观察元明文人画中的道教性格（下）/刘子琪/艺术工作/2016. 8

徽州道教文化空间与现代运用研究/周蓉蓉/黄山学院学报/2016. 8

忘与不忘：庄子坐忘论的神经生理基础/孔丽维、Robin Wang、郭晨/商丘师范学院学报/2016. 10

六朝道教上清经系中的戒律思想——基于《上清洞真智慧观身大戒文》的研究/张晓立/商丘师范学院学报/2016. 10

略论道教的"杂而多端"——道教史新思考之一/熊铁基/学术界/2016. 6

汉画像中道教神仙世界/刘振永/博物馆研究/2016. 9

秦汉以来的鬼神信仰与仙话研究/黄剑华/地方文化研究/2016. 2

略论道教海外传播中的本土化/田烨/北方论丛/2016. 7

道教全真派南无拳的养生机理与价值取向/吴飞飞、丁杰/当代体育科技/2016. 8

张陵与江西道教医学萌芽考/彭贵珍、左志坚/江西中医药/2016. 8

广西容县真武阁的道教文化探析/梁达华/玉林师范学院学报/2016. 8

道教闾山派与客家祖先崇拜亦畲亦汉混融特质/王天鹏/云南民族大学学报（哲学社会科学版）/2016. 9

唐宋道教传奇之差异及原因/刘明哥、路燕霞/甘肃广播电视大学学报/2016. 8

清代皇家道观大高殿档案/高换婷/历史档案/2016. 8

试论庄周写《庄子》及内外杂三篇的形成时代/萧登福/湖南大学学报（社会科学版）/2016. 7

葛洪环境美学思想研究/张丽霞/湖南大学学报（社会科学版）

敦煌本道教《十戒经》考论/刘永明/历史研究/2016. 2

唐前仙道小说中的变化法术与动物意象/张瑞芳/南京师范大学文学院学报/2016. 9

元好问的僧道碑铭文略论/赵彩娟、吴扬/辽宁师专学报（社会科学版）/2016. 6

论道教上清派存思术对宋前小说创作的影响/万晴川/文艺理论研究/2016. 5

明代中后期《穆天子传》的传播与接受——以王世贞为中心/刘伏玲、王齐洲/齐鲁学刊/2016. 7

《齐云山志》版本考/汪桂平/世界宗教研究/2016. 6

沉郁与欢娱：唐长安节假日里的佛、道之争/张美侨/石河子大学学报（哲学社会科学版）/2016. 8

魏晋至唐道教师徒与道观的教学功能/楼劲/许昌学院学报/2016. 7

"进乎技矣"：莱州寒同山道教石窟之建造及生态干预保护技术/姜生、王茹/四川大学学报（哲学社会科学版）/2016. 9

从阴阳五行说看道教宇宙生成观及其生态意义/谭清华/社科纵横/2016. 10

跨宗教交流与教育——基督教、佛教与儒教的三次历史性相遇/许美德/现代教育论丛/2016. 8

道教导引术的历史演变探析/魏燕利/四川大学学报（哲学社会科学版）/2016. 9

道教张天师研究的新成果——《中国历代张天师评传》读后/李海林/世界宗教研究/2016. 6

关于当前道教研究的若干思考——“青城山道教学术研究前沿问题国际论坛”综述/盖建民、孙伟杰/世界宗教研究/2016. 4

全真道龙门派传入甘肃之年代考辨/路尧/文化学刊/2016. 8

《太平经》“共生”思想的现代意义/孙国柱/世界宗教文化/2016. 6

《历代神仙通纪》初探/尹志华/世界宗教研究/2016. 4

广州出土五代南汉刘氏二十四娘买地券考/易西兵/东南文化/2016. 6

发挥国际道教论坛公共外交正能量/陈冠桥/公共外交季刊/2016. 6

信仰的公共知识基础——两汉时期宇宙图式的信仰价值/程乐松/安徽大学学报（哲学社会科学版）/2016. 9

正续《道藏》所见数术文献刍议/牟玄/北方论丛/2016. 9

成玄英的自然观：从《道德经义疏》到《庄子疏》的发展/强昱/自然辩证法研究/2016. 10

道教承负思想对徽州建筑营造影响之研究/陈泓/怀化学院学报/2016. 8

道书《太平经》的方所介词系统/王用源/新余学院学报/2016. 10

瑶族神像画中的音乐图像/肖文朴、张铭铭/中国音乐/2016. 10

水陆画中的雷神研究/李黎鹤/中华文化论坛/2016. 9

民国时期新疆道教文化特征与地域特点/郭胜利/中国边疆史地研究/2016. 9

老庄学的时代精神：从《节解》到《道德经义疏》的道教思想/强昱/中国哲学史/2016. 5

孝以长生——论《太平经》中孝思想的发展/张晓立/湖北工程学院学报/2016. 10

“文昌”的人神演化与中国的祖先崇拜信仰/吴晓梅、吴秋林/北方民族大学学报（哲学社会科学版）/2016. 9

道教内丹学论“生命的演化”/戈国龙/世界宗教研究/2016. 2

台湾地区南部灵宝道派的引魂过桥仪式/姜守诚、李海龙/世界宗教文化/2016. 4

府际关系视角下的省界宗教活动场所治理——以赣鄂边界 Y 宫为例/文卫勇、刘天宇/世界宗教文化/2016. 8

再论道家和道教在杜诗中的不同作用——以《老子》及其相关典故为例/黄学义/杜甫研究学刊/2016. 9

从唐朝忠臣到护佑北京——宋元明时期二徐真人信仰的发展历程/周中梁/北京社会科学/2016. 10

王道士名称考/方广锠/敦煌研究/2016. 8

五显神的源流与信仰/孔令宏/地方文化研究/2016. 6

《神应经》的归属和性质问题/欧阳镇；肖爱娇/世界宗教研究/2016. 10

《历世真仙体道通鉴》中的仙歌类型/李蕊芹/盐城师范学院学报（人文社会科学

版）/2016. 11

唐五代的道教仪式音乐/蒲亨强、陈文安/艺术百家/2016. 7

试论中国道教对现代日本社会的影响——以星辰信仰为中心/梁桂熟、杨乔君/牡丹江大学学报/2016. 11

宋代道教驱邪模式与世俗政治关系初探/张悦/史林/2016. 10

道教神仙学说与西王母形象的建构/张泽洪/华中师范大学学报（人文社会科学版）/2016. 11

道教养生旅游吸引物解析/逄礼文/旅游学刊/2016. 11

用事：王重阳词对柳永俗词的融摄/左洪涛/求索/2016. 10

论赵佶词与道教文化之关系/刘晓梅/绥化学院学报/2016. 11

罪魂・鬼王・神将——秦将白起的宗教化形象建构/姜守诚/世界宗教研究/2016. 10

晚清民国时期三大政治运动对佛教和道教的影响/孔令宏/武汉科技大学学报（社会科学版）/2016. 10

永恒与不朽：老子与葛洪的生命观比较/唐超/人文天下/2016. 10

佛经三分结构及其对道教《灵宝经》的影响/王皓月/世界宗教研究/2016. 10

日本天皇“四方拜”与中国古代北斗信仰、道教科仪/管宁/日本研究/2016. 9

《太平经》法哲学思想研究/王谋寅/社会科学研究/2016. 11

论道教的世俗性/高秀昌/商丘师范学院学报/2016. 11

论全真道的生命观/周建强/商丘师范学院学报/2016. 11

早期道教教团内的权威与惩罚/特里・弗・克里曼、李同奇、陈霞/商丘师范学院学报/2016. 11

《太平经》中的韵文及用韵/夏先忠/重庆文理学院学报（社会科学版）/2016. 11

《老子河上公章句》研究概述/马莲/保定学院学报/2016. 5

试论清代调整佛教和道教的法律制度及其特点/刘炳涛/西安石油大学学报（社会科学版）/2016. 10

2016年伊斯兰教研究论文索引

王伟　编

关于伊斯兰教中国化的思考/卓新平/回族研究/2016.11

近年来国内伊斯兰教前沿研究回顾/葛壮/新疆社会科学/2016.5

新疆穆斯林宗教民俗中伊斯兰教整合作用探析——基于维吾尔、哈萨克萨满文化的比较/王建新、德力米拉·道吾提别克/西北民族研究/2016.8

伊斯兰教中国化及其动力机制——以回族地区伊斯兰教为例/马宗保/黑龙江民族丛刊/2016.6

我国普遍信仰伊斯兰教民族族际婚姻的变迁/刘中一、张莉/西南民族大学学报（人文社科版）/2016.3

适时本土化：伊斯兰教中国化的人类学解读/马强/回族研究/2016.11

伊斯兰教什叶派与维吾尔族麻扎文化关系研究——以和田伊玛目麻扎为例/阿布力米提·亚森/西北民族研究/2016.8

从伊斯兰教的"一元性"看其"包容性"——以《玛斯纳维》为考察对象/穆宏燕/西北民族大学学报（哲学社会科学版）/2016.1

伊斯兰教在东南亚的初传和流布/曹庆锋、马濯华/回族研究/2016.2

"去中国化"误读：以中国伊斯兰教建筑为中心的考察/周传斌/回族研究/2016.11

西藏伊斯兰教的历史与现状考察/徐志民/回族研究/2016.11

20世纪80年代以来伊斯兰教教派门宦研究综述/周晓燕、马玉燕/陕西社会主义学院学报/2016.7

伊斯兰教中国化的实践者：马联元及其思想要义/马佳/北方民族大学学报（哲学社会科学版）/2016.7

法人类学视角下当代中国伊斯兰教"口唤"制度研究——以甘宁青穆斯林民族地区为例/马敬/甘肃政法学院学报/2016.7

伊斯兰教在新疆的族群适应——从近代西方探险家笔下的麻扎叙事谈起/周耀明/北方民族大学学报（哲学社会科学版）/2016.3

论新形势下伊斯兰教核心理念的价值/马少卿/西北民族大学学报（哲学社会科学版）/2016.5

伊斯兰教与世俗化理论及实践困境/马景/世界宗教文化/2016.8

伊斯兰教苏非派乃格什班底耶探析/王雪梅、马平虎/青海民族大学学报（社会科学版）/2016.1

俄罗斯非穆斯林地区居民的伊斯兰教印象——基于阿穆尔州问卷调查结果的分析/李昕、E. A. Воронкова/世界民族/2016.8

中国伊斯兰教金陵学派的影响及当代意义/米寿江/西北民族研究/2016. 11

早期中国伊斯兰教遗迹引发的思考/王宇洁/西北民族大学学报（哲学社会科学版）/2016. 1

安萨里与伊斯兰教的正信/周燮藩/中国穆斯林/2016. 3

中国共产党对伊斯兰教宗教思想认识的历史演进述论/马文祥/青藏高原论坛/2016. 7

论伊斯兰教的公益慈善思想/庾荣/洛阳师范学院学报/2016. 1

基督教与伊斯兰教在西北地区的早期相遇/刘继华/青海民族大学学报（社会科学版）/2016. 1

伊斯兰教传统节日的德育功能探析/李璐/学理论/2016. 3

苏瓦里传统与西非伊斯兰教的地方化/李维建/世界宗教文化/2016. 6

弘扬伊斯兰教优良传统　助推“一带一路”战略/王文杰/广东省社会主义学院学报/2016. 7

我国伊斯兰教国保单位的类型与价值/杨文棋/中国穆斯林/2016. 1

吉尔吉斯斯坦宗教格局及伊斯兰教在该国的未来走势/艾山江·阿不力孜；地木拉提·奥迈尔/新疆社会科学/2016. 9

近代基督教与中国伊斯兰教互动研究述略/樊静/北方民族大学学报（哲学社会科学版）/2016. 11

浅析伊斯兰教和谐思想与新疆和谐社会建设之关系/詹成林/淮海工学院学报（人文社会科学版）/2016. 4

抗美援朝运动中的新疆伊斯兰教界爱国义举/郑惠英/云南民族大学学报（哲学社会科学版）/2016. 3

浅析伊斯兰教对非洲民族国家构建的影响/李文刚/世界宗教文化/2016. 6

论伊斯兰教在爪哇岛的传播与发展/向佳桦/广西民族大学/2016. 5

伊斯兰教学者马注对异端思想的认知述论/姚文永/西北民族大学学报（哲学社会科学版）/2016. 5

正确认识和把握新疆伊斯兰教的特殊性/杨瑛/实事求是/2016. 11

宁夏伊斯兰教教职人员课程体系设置研究/周晓燕、余震梅/天津市社会主义学院学报/2016. 9

伊斯兰教对宁夏回族穆斯林群体生活的影响探讨/桂琬玥/新西部（理论版）/2016. 4

伊斯兰教与儒学会通三题——以明末清初“回儒”群体为中心/金刚/中南民族大学学报（人文社会科学版）/2016. 7

哈萨克斯坦东正教与伊斯兰教的历史与现状/陆迪雅/宁夏师范学院学报/2016. 2

辽、金、元时期伊斯兰教在蒙古地区传播初探/马宁/内蒙古统战理论研究/2016. 8

极端主义不是伊斯兰教/马品彦/中国宗教/2016. 8

中国伊斯兰教的本土经验和当代使命/杨桂萍/中国宗教/2016. 8

试论伊斯兰教对回族人口特点的影响——基于第六次人口普查数据分析/王丽宏/回族研究/2016. 2

伊斯兰教教育的特点和成效及其对思想政治教育的启示研究/魏寒梅/牡丹江大学学报/2016. 2

19 世纪至 20 世纪利比里亚的伊斯兰教与基督教及其关系史探究/刘宇/世界宗教文

化/2016.6

"11—19世纪伊斯兰教与新疆社会发展"研究评述/祖力亚提·司马义/社会科学战线/2016.2

伊斯兰教与边疆治理关系研究——以云南红河沙甸区实践为例/李兴权、崔茜/红河学院学报/2016.2

伊斯兰教与儒家慈善伦理之比较/吴静/回族研究/2016.5

坚持问题导向　明确目标任务　引领中国伊斯兰教健康发展/王作安/中国宗教/2016.12

引导伊斯兰教与社会主义社会相适应的实践路径研究/杨志文/中央社会主义学院学报/2016.4

当代伊斯兰教背景的宗教极端思想主要流派及其成因"去极端化"系列之二/刘阳/中国宗教/2016.3

新世纪的硕果　十五年来中国伊斯兰教解经工作成就/郭承真/中国宗教/2016.3

清代杭州伊斯兰教史事辑述/马建春、胡思远/回族研究/2016.2

中亚伊斯兰教的复兴及其原因/刘振宁/理论观察/2016.11

坚持中国化方向是伊斯兰教发展的时代要求/从恩霖/中国宗教/2016.12

儒家思想与中国伊斯兰教西道堂的经济实践/张建芳、丁钰梅/西北民族研究/2016.11

从依附哲麻尔提到自由选择——当代维吾尔族社会伊斯兰教的转型/阿布力克木·斯地克/北方民族大学学报（哲学社会科学版）/2016.9

论《罗兰之歌》对伊斯兰教的深度误读——以关于"偶像崇拜"的情节为例证/刘一南/安徽大学学报（哲学社会科学版）/2016.3

西海固地区回族宗教的社会学研究——兼论伊斯兰教的社会适应性/王维东、惠庆/宁夏师范学院学报/2016.10

伊斯兰教消费观与回族穆斯林消费行为研究——以石河子乡六宫村为例/李芳、马荣荣/人民论坛/2016.4

伊斯兰教人士价值认同教育的实践与思考——以宁夏吴忠市为例/杨志文/中国穆斯林/2016.5

伊斯兰教信仰功修代治的价值与对穆斯林身心的影响/马瑜/产业与科技论坛/2016.5

清真书报社与伊斯兰教报刊出版/马景/回族研究/2016.8

"伊斯兰教与中国社会"会议综述/李林、马景/世界宗教研究/2016.4

浅谈伊斯兰教信仰对陕西回族社会生活的影响/马健君/西部学刊/2016.8

中国穆斯林国际交往的历史传统与现实意义/丁俊/西北民族研究/2016.2

抗战时期伊斯兰教界的反侵略祈祷活动/李晓瞳/回族研究/2016.8

继承和发扬伊斯兰教中国化的传统/郭承真/中国宗教/2016.11

中国伊斯兰教传承与发展研讨会在南京召开/金强/中国穆斯林/2016.7

清末中国伊斯兰教与基督教的对话研究——以马联元《辩理明证语录》为考察点/季芳桐/云南社会科学/2016.3

伊斯兰教中国化要以社会主义核心价值观为引领/穆可发/中国宗教/2016.9

走近阿拉善信仰伊斯兰教的蒙古族——关于阿拉善盟信仰伊斯兰教蒙古族的社会调查报告/靳生瑞/内蒙古统战理论研究/2016.6

伊斯兰教协会教务工作的内涵与主要任务初探/王德才/中国穆斯林/2016. 11
对“中间主义”的研究是伊斯兰教研究领域的新开拓/吴云贵/西北民族大学学报（哲学社会科学版）/2016. 1
民国时期上海伊斯兰教慈善公益事业建设/杨荣斌/兰台世界/2016. 5
伊斯兰教和谐理念与穆斯林公民意识/马文云/中国宗教/2016. 8
伊斯兰教的和谐理念与穆斯林的公民意识/马文云/中国穆斯林/2016. 9
甘肃伊斯兰教界人士积极作用发挥的实践及其建议/马仲荣/中国穆斯林/2016. 9
中国伊斯兰教第十次全国代表会议开幕词/洪长有/中国穆斯林/2016. 11
伊斯兰教是和平善意的宗教/L. H. 朔伊金/中国宗教/2016. 8
伊斯兰教经学思想研讨会在新疆喀什召开/马利强、敏俊卿/中国穆斯林/2016. 7
弘扬中道思想　促进伊斯兰教健康发展/蒋坚永/中国宗教/2016. 7
承担起培养伊斯兰教人才的重要使命和职责/王作安/中国穆斯林/2016. 5
从中国伊斯兰教本土化历史看宗教中国化/高占福/中国民族报/2016. 6
仁爱慈善是穆斯林追求的崇高境界　伊斯兰教界参与扶贫济困的探索与实践/阿地里江・阿吉克力木/中国宗教/2016. 1
中国伊斯兰教经学院的业绩与贡献/马云福/中国穆斯林/2016. 5
认真学习贯彻全国宗教工作会议精神　开创中国伊斯兰教健康发展的新阶段/郭承真/中国穆斯林/2016. 5
我国伊斯兰教界在“一带一路”战略中的责任担当——上海的视角/金宏伟/中国穆斯林/2016. 1
倡导中道思想　反对极端主义——伊斯兰教中道思想国际研讨会倡议书/中国穆斯林/2016. 7
阿拉伯国家知名伊斯兰教人士代表团应邀访华/马杰/中国穆斯林/2016. 11
弘扬伊斯兰教优良传统　践行社会主义核心价值观/赛大富、魏国明/民族大家庭/2016. 8
凝聚正能量　推动伊斯兰教教育事业健康发展/王作安/中国宗教/2016. 6
七论学习贯彻全国宗教工作会议精神　努力做好伊斯兰教领域重点工作/马劲/中国宗教/2016. 9
伊斯兰教理念与社会主义核心价值观/周晓燕/内蒙古统战理论研究/2016. 2
教务工作要围绕伊斯兰教中国化方向的精神积极实践/郭承真/中国穆斯林/2016. 9
顺应形势迎接挑战　坚定新疆伊斯兰教的中国化方向/彭无情/中国民族报/2016. 7
关于中国伊斯兰教及其现代转向的思考/尤佳/中国民族报/2016. 3
伊斯兰教是谨守中道的宗教/阿不都力提甫・阿不都热依木/中国宗教/2016. 8
坚持伊斯兰教中国化方向　合力共筑伟大中国梦/陈广元/中国宗教/2016. 5
回望伊斯兰历史长河中的“赛来非耶”/吴云贵/世界宗教研究/2016. 8
坚持文化自信　走好伊斯兰教中国化道路/赛大富/民族大家庭/2016. 10
当代非洲苏非主义——挑战与出路/李维建/世界宗教研究/2016. 6
世俗主义与印尼国家整合——以苏加诺、苏哈托时期为例/付海梅/思想战线/2016. 1
伊斯兰教中国化的历史进程与当下实践（上）/马建福/中国民族报/2016. 1
继承和发扬伊斯兰教中国化方向的优良传统/陈广元/中国宗教/2016. 10

一个伊斯兰教团体对社区建设的启示/张欣、答嘉逸/中国穆斯林/2016.7

伊斯兰教中国化的历史进程与当下实践（下）/马建福/中国民族报/2016.2

由佛入伊：清代诗人俞楷的信仰转变/仇王军/北方民族大学学报（哲学社会科学版）/2016.11

团结和引导伊斯兰教界和穆斯林群众合力共筑中国梦/郭承真/中国宗教/2016.6

清真、罩袍与伊斯兰教的现代性/马建福/中国民族报/2016.5

古代儒家与伊斯兰教和谐相处的历史经验/张践/中国民族报/2016.7

为推进“一带一路”建设作出新贡献/冯今源/中国民族报/2016.11

始终坚持伊斯兰教中国化方向不动摇/黄选平/人民政协报/2016.11

伊斯兰教提倡恪守孝道/李祥乐/中国穆斯林/2016.9

我国伊斯兰教界开展法治宣传教育的主要内容及其途径/韩积善/中国穆斯林/2016.7

伊斯兰教中国化的传承与发展——先贤刘智及金陵学派思想研讨会/西北民族研究/2016.11

对伊斯兰教被“工具化”保持警醒/周少青/中国民族报/2016.11

去政治化的中亚伊斯兰教/高占福/中国民族报/2016.1

弑母暴行将“伊斯兰国”与伊斯兰教彻底切割/周少青/中国民族报/2016.1

伊斯兰慈善概念探析/马海成、马菊香/西北民族大学学报（哲学社会科学版）/2016.1

伊斯兰教不同流派的特点与诉求/高尚涛/学习时报/2016.3

麦地那恐袭凸显伊斯兰教解经的困境/周少青/中国民族报/2016.7

谁在代表伊斯兰教“出镜”？/周少青/中国民族报/2016.7

沙特女性权利受非伊斯兰教因素制约？/周少青/中国民族报/2016.6

弘扬爱国和平团结中道的真精神/敏俊卿/中国民族报/2016.6

始终坚持伊斯兰教中国化方向/郭承真/中国民族报/2016.4

为印尼伊斯兰教组织的理性点赞/马建福/中国民族报/2016.11

论圣史学的兴起、发展及其现实意义/马铁才/西北民族大学学报（哲学社会科学版）/2016.1

伊斯兰生态存在美学思想的发展/张红杰/宁夏社会科学/2016.5

《古兰经》的哲学思想研究/霍艳娟、梅德明/回族研究/2016.8

论当代我国伊斯兰文化的传承/赵国军/甘肃社会科学/2016.1

明教阐理　厥声琅琅　金陵学派的集大成者刘智/米寿江/中国宗教/2016.11

民国时期回族宗教学者对基督教的认识与批评——以四大阿訇为例/杨晓春/北方民族大学学报（哲学社会科学版）/2016.5

伊斯兰生态伦理思想论略/张红杰/黑河学院学报/2016.6

论清代伊斯兰教派纷争的法律治理/姜歆/宁夏师范学院学报/2016.8

黔中伊斯兰文化的发展与变迁研究——以青山镇穆斯林为例/张微微、张炼/当代教育实践与教学研究/2016.1

本体与属性：正统教义学与苏非认主学的融合——从马联元的《天方性理》阿拉伯文译本看/马正峰/中国穆斯林/2016.5

试析美国穆斯林组织的作用/王丰、刘婵/延安大学学报（社会科学版）/2016.10

寿县留犊坊清真寺建筑特色研究/尹思源、吴运法、季文媚/安徽建筑大学学报/2016.10

“先贤刘智及金陵学派思想研讨会”综述/金强/中国穆斯林/2016.9

散杂居地区回民婚俗文化探析——以山东地方镇为例/李华/民俗研究/2016.3

北京的清真饮食文化/徐燕/北京档案/2016.11

正本清源　彰显正信　共同反对和防范极端主义/王作安/中国宗教/2016.7

中国伊斯兰教正信正行的本土经验和当代使命/杨桂萍/中国穆斯林/2016.9

正本清源　彰显正信　共同反对和防范极端主义/王作安/中国穆斯林/2016.7

经学大师舍蕴善“十八条”主张考述/马超/世界宗教研究/2016.2

如何担负清真寺寺管会职责/赛大富/中国穆斯林/2016.1

《古兰经》中的经济思想及其评价/周建波、梅亚冲/云南财经大学学报/2016.6

中国穆斯林朝觐活动研究述评/张建芳、敏俊卿/世界宗教研究/2016.8

哲玛提影响下的维吾尔族生命周期礼仪仪式——以新疆鄯善农村调查为例/司马义·热西提/长江大学学报（社科版）/2016.2

关于西北门宦中“二十五辈圣裔”的考证/王雪梅/世界宗教研究/2016.4

新疆南疆地区穆斯林宗教生活与自我和谐、幸福度的关系研究/张淼/世界宗教文化/2016.4

临夏回族砖雕　体现宗教意蕴的雕刻艺术/丁钰梅/中国宗教/2016.2

回族穆斯林社会行进中的困惑/高占福/中国穆斯林/2016.1

郑和宗教参与多样性及其对海上丝绸之路各国的友好影响浅析/张俭松、叶蕾/世界宗教研究/2016.10

论《古兰经》中的生命观/闫新红/新疆社会科学/2016.7

关于穆斯林女性面纱文化的历史解读/周晓燕/湖北省社会主义学院学报/2016.10

西安回坊清真寺建筑装饰研究/马岚/艺术科技/2016.3

建设繁荣富裕团结和谐的回民区/徐钢、王丹、刘秉承、张晶、田旭东/实践（思想理论版）/2016.2

弘扬中道思想　反对极端主义/陈广元/中国宗教/2016.8

宗教语言在我国古代西北地区的传播透视/李琼/甘肃广播电视大学学报/2016.12

《福乐智慧》诗段引用的《古兰经》经文/热孜娅·努日/中国穆斯林/2016.11

伊斯兰生态美学思想探究/张红杰/湖南工业职业技术学院学报/2016.4

伊斯兰中间主义对穆斯林世界影响的四个维度/周丽娅/中国穆斯林/2016.11

中华慈善的传承与转型发展/周秋光/经济社会史评论/2016.2

选择与嬗变：运河回商与伊斯兰文化中国化/杨志娟/西北民族研究/2016.5

文化多元视域下的回族习惯法及其未来演化方向/廉睿、李娜、马辉/喀什大学学报/2016.3

清代治理新疆时期宗教政策的特点分析/李丽萍/佳木斯大学社会科学学报/2016.2

《古兰经》和圣训中的中道思想/丁俊/中国宗教/2016.8

本土化视阈下近代回族教育传承与革新/丁明俊/西北民族研究/2016.2

清朝治理新疆地区宗教政策探析（1755—1884）/李丽萍/兰台世界/2016.9

扬州伊斯兰文化与新丝绸之路建设/张世海/北方民族大学学报（哲学社会科学

版）/2016.3

圣训在中国的传播/马俊平、马俊智/中国穆斯林/2016.1

和平　宽容　诚信　远离极端——《古兰经》蕴含的中道思想/黄世福/中国宗教/2016.9

清真寺汉语楹联文学的内涵与类型/马梅萍/中国穆斯林/2016.11

阿富汗重建中的哈扎拉人研究/张燕军/世界民族/2016.8

以“导”的思维和方式扎实开展教务工作/张彦通/中国穆斯林/2016.9

《元典章》中的“做速纳”一词/姚桂林、杨占武/回族研究/2016.11

论胡塞尼《群山回唱》中的负罪意识/刘毕琼/文学教育（上）/2016.2

做爱国守法的穆斯林/阿地里江·阿吉克力木/中国宗教/2016.12

再论中东剧变的背景、发展阶段和主要特点/黄民兴/史学集刊/2016.5

携手弘扬中道思想　共同反对极端主义/陈广元/中国穆斯林/2016.7

倡导中道反对极端是我们的共同责任/蒋坚永/中国穆斯林/2016.7

明代蔚州将门马氏补阙/陈亮、王娜/回族研究/2016.2

福德图书馆创建始末及文化意义/马景/中国穆斯林/2016.9

当代我国伊斯兰经学教育的几点思考/郭承真、贾建萍/中国穆斯林/2016.7

《心灵史》中的回民形象谱系及其文学价值研究/吴玲/名作欣赏/2016.9

庞士谦先生与其阿拉伯文著作《中国与回教》/马保全/回族研究/2016.2

宗教极端主义思想根源与“去极端化”领域国际合作/马丽蓉、李景然/西亚非洲/2016.6

“伊斯兰国”的极端主义意识形态探析/刘中民、俞海杰/西亚非洲/2016.6

新疆北疆维吾尔族群众宗教信仰调查研究/姚学丽、周普元/新疆社会科学/2016.3

关于我国西北地区清真标识泛化问题的几点思考/汪景涛/湖南警察学院学报/2016.12

清真食品消费研究回顾、综述及展望/范公广、施杰、马静、孟飞/世界农业/2016.10

不同地域宣礼歌的音调类比/乔国辉/艺术教育/2016.9

浅析西安清真寺建筑雕刻纹样/王雨馨、李永轮/美术大观/2016.6

教务工作应在“导”字上下功夫/中国穆斯林/2016.9

凤城清真寺装饰艺术研究/杨茗涵、唐建/设计/2016.5

以史为鉴　和谐燕赵　评《河北宗教史》丛书/惠晶/中国宗教/2016.11

维吾尔族的临终关怀传统/严梦春/中国穆斯林/2016.7

穆斯林移民在欧洲：身份认同及其冲突/宋全成/西亚非洲/2016.2

当代伊斯兰极端主义兴起的原因及其影响/阿不力孜江·沙吾提、古力斯坦·亚生/宁夏社会科学/2016.3

宁夏同心清真大寺建筑艺术研究/王茜/艺术科技/2016.9

浅议洪水泉清真寺的文化独特性及其价值/李懿/艺术科技/2016.11

族群认同和国家认同的断裂与冲突——马来西亚华人穆斯林身份转换的现象和本质/马进、王瑞萍、刘建宁、周芳/世界民族/2016.8

2016年民间信仰研究论文索引

杨莉　编

民间信仰与村庄边界——以广东潮州凤凰村为中心的研究/周大鸣、黄锋/民俗研究/2016. 3

“世界宗教”视野下的中国民间信仰/邱永辉/宗教学研究/2016. 3

青海土族民间信仰分层研究/王默/西北师大学报（社会科学版）/2016. 1

礼俗互动与民间信仰内涵置换的逻辑——“孝女”的曹娥和“水神”的曹娥/陈志勤/民俗研究/2016. 11

一种可能的新视角——从博弈论看民间信仰与世俗国家、制度性宗教的互动/吴重庆、陈韵如/山东社会科学/2016. 9

潮汕民间信仰的历史、现状与管理探略/贺璋瑢/山东社会科学/2016. 9

民间信仰之于民众日常生活建构的逻辑与国家在场/张祝平/青海民族大学学报（社会科学版）/2016. 1

畲族民间信仰研究综述/袁泽锐、陈晓毅/丽水学院学报/2016. 7

当代中国民间信仰中的道德伦理与公民认同/朱萌、关海庭/社会科学战线/2016. 9

民间信仰与非物质文化遗产——兼论刘锡诚对于民间信仰的文化思考/邢莉/西北民族研究/2016. 11

农村丧葬礼仪中的民间信仰现状研究——以湖北省G村为例/阙祥才、王思、任莹莹/湖北社会科学/2016. 6

赣南客家民间信仰的地方性传承——基于传承主体视角/陈晓清、温小兴/龙岩学院学报/2016. 6

“一带一路”背景下客家民间信仰资源的旅游开发/邹春生/赣南师范学院学报/2016. 1

民间信仰宫庙的当代发展探究——以泉州通淮关岳庙为例/肖健美/文化遗产/2016. 3

论民间信仰在民族地区乡村治理中的功能——基于那坡县黑衣壮聚居区的田野调查/李何春、包丽红/广西师范大学学报（哲学社会科学版）/2016. 6

民间信仰的当代建构与信仰实践——基于津、闽、粤三地妈祖信仰的比较研究/张晓艺、李向平/河北学刊/2016. 5

民间信仰的现代性境遇——以即墨金口妈祖信仰为中心的考察/赵秀丽、王靖/山东农业工程学院学报/2016. 1

当代中国人给后代起名时折射出的民间信仰成分/张昊天、尹昊、袁玉琢、李朝旭/社会心理科学/2016. 2

民俗学视野下民间信仰的社会治理功能探析——对贵州响水乡白族本主崇拜的田野考

察/何瑞娟、祝国超/重庆理工大学学报（社会科学）/2016.8

广府民间信仰中的女神信仰探略/贺璋瑢、蔡彭冲/世界宗教研究/2016.8

政府管控与民间信仰——以1912—1931年间辽宁演戏酬神为例/李书源、王辉/民国档案/2016.5

企业家与民间信仰的“标准化”——以闽南地区为例/范正义/世界宗教研究/2016.10

灵、份与缘：民间信仰观念与人群结合——以保生大帝信仰为例/王立阳/民俗研究/2016.1

功利性社会视觉下的民间宗教信仰守望与转换——以福建南平市樟湖镇宗教信仰问题为例/刘芝凤、王煌彬、宋媛、徐辉/广西师范学院学报（哲学社会科学版）/2016.5

宋元时期龙虎山道士对民间信仰的利用和扶持——以贵溪自鸣山神为例/吴小红/宗教学研究/2016.3

我国民间葬礼中的民间信仰/赵志辉、赵凯宾/社会心理科学/2016.3

河湟流域基督教传播与民间信仰的互动/鄂崇荣/青海社会科学/2016.8

论民间信仰及其社会治理/方轻/陕西社会主义学院学报/2016.4

族群认同视阈下的民间信仰研究——以白马藏人祭神仪式为例/王万平/西北民族研究/2016.2

尽快提高民间信仰事务管理的法治化水平/赵翠翠/西北民族大学学报（哲学社会科学版）/2016.7

明代豫西民间信仰体系、调控及其特征/陈洋/求索/2016.9

壮族民间信仰的隐喻与概念整合认知研究/梁燕华/广西民族研究/2016.8

从娱神到娱人：民间信仰及其艺术载体的文化转型及发展策略——以南京高淳地区“出菩萨”及木雕魁头为例/王会莹/晋中学院学报/2016.4

私人性与公共性：民间信仰管理法治化的一个分析框架/姜裕富/世界宗教文化/2016.5

论民间信仰治理问题与出路/方轻/福建省社会主义学院学报/2016.2

深嵌于民间信仰的非物质文化遗产及其保护——以沙湾飘色为例/王首燕/北方民族大学学报（哲学社会科学版）/2016.7

日常生活、景观与民间信仰——基于湖北远安嫘祖传说的考察/毛巧晖/江汉论坛/2016.5

正统意识与民间信仰对《单刀会》创作的双重渗透/张勇风、梁菁菁/戏剧艺术/2016.8

试析个人崇拜中隐性的民间信仰——以小说《芙蓉镇》为例/何佩雯/凯里学院学报/2016.10

民间信仰的发展现状与管理路径探析——以湖州为中心的考察/李秀娟/湖州师范学院学报/2016.9

改土归流与少数民族民间信仰的嬗变——以土家族为例/田清旺/青海民族研究/2016.7

试论大理白族民间信仰中诸因素的融合/杨国兴、罗鸣春/普洱学院学报/2016.2

剪纸艺术在民间信仰变迁环境下的传承与发展/李丽环/西昌学院学报（自然科学

版）/2016. 9

社会主义核心价值观下大学生民间信仰的认知与调适——基于浙江台州籍大学生的调查/冯伟/浙江树人大学学报（人文社会科学）/2016. 5

秦汉时期民间信仰与社会救助/张弘、陈仁兴/咸阳师范学院学报/2016. 1

浅论彝族民间信仰与彝区基层社会治理/李金发/红河学院学报/2016. 10

白族民间传统信仰组织莲池会的场域空间与惯习/赵静/科学经济社会/2016. 3

青海佛教文化与多民族民间信仰间的互动与共融/鄂崇荣/青藏高原论坛/2016. 7

粤东梅州客家人民间信仰初探/贺璋瑢/经济社会史评论/2016. 8

黄龙客家古村落民间信仰空间与村落环境的有机融合/谷娟、王珊/中外建筑/2016. 6

民间信仰与元明以降淮北地区社会变迁/梁家贵/安徽理工大学学报（社会科学版）/2016. 5

民间信仰与现代村际空间链接的人类学考察——以隆德县北联池庙会为个案/何粉霞/民族艺林/2016. 5

从民间信仰的“三教合流”看关羽形象演变/王运涛/徐州工程学院学报（社会科学版）/2016. 7

榕台两地宗教与民间信仰交流的成效与政策建议/刘冬/福建省社会主义学院学报/2016. 4

明代甘肃民间信仰探析/彭拜/新西部（理论版）/2016. 7

我国民间葬礼中的民间信仰/赵志辉、赵凯宾/社会心理科学/2016. 5

试析三峡地区民间信仰的多元特征及其原因/王友富、程嘉伟/遵义师范学院学报/2016. 4

论苗族民间信仰的社会意义及社会功能探析/刘自学、赵文敏/中小企业管理与科技（中旬刊）/2016. 12

南传佛教与傣族民间信仰的依存——孟定傣族“摆维桑”仪式研究/莫力、马祯/宗教学研究/2016. 3

论民间信仰观下观音造像审美认同——以安岳紫竹观音为例/何明、许伟/重庆与世界（学术版）/2016. 5

壮学与传说学研究的新成果——评陈金文的《壮族民间信仰的传说学管窥》/林安宁/河池学院学报/2016. 12

温州古民居中的人、鬼、神民间信仰/林丽娥/温州职业技术学院学报/2016. 2

从临水夫人信仰看福建民间信仰文化的特色/林国平/海峡教育研究/2016. 2

清代晋西北地区的农业自然灾害与民间信仰风俗关系/李小琴、耿占军/唐都学刊/2016. 3

民间信仰的现代适应——以广西三江侗族“拉牛上树”为例/曹庆、程瑶/现代交际/2016. 2

民间信仰传承的困境分析——基于福建 M 村的调查/赵可欣/商/2016. 2

明清时期上党宗族与民间信仰/陈华、秦利国/长治学院学报/2016. 6

客家民间信仰与民众生活的适应与背离——以石城县伊公庙与后稷庙的兴衰为例/陈晓清/客家文博/2016. 8

文化的表征与文化的变迁——关于闽台民间信仰节俗新闻报道的阐释/胡丹/新闻战

线/2016. 6

《夷坚志》所见南宋四川的民间信仰与民生/杨宗红/求索/2016. 9

中国民间信仰研究的“他山之石”——以欧大年的理论探索为例/张志刚/世界宗教文化/2016. 10

民间信仰复兴中的空间政治——基于广东省 A 市龙母信仰的研究/张晓艺、李向平/广西社会科学/2016. 8

旅游语境下的客家民间信仰重构——以粤东灵村的惭愧祖师信仰为例/黄平芳/赣南师范大学学报/2016. 10

闽南粤东有关宋末民间传说及其信仰习俗/连心豪/海交史研究/2016. 6

新城镇化视阈下的民间信仰生态功能研究/令昕陇、徐伟/淮海工学院学报（人文社会科学版）/2016. 4

河湟民间信仰中的吉祥文化——以河湟地区口传文学为例/耿英春/青海师范大学学报（哲学社会科学版）/2016. 7

城镇化视阈下少数民族民间信仰的困境和调适探析——以滇越边境地区为例/侯莹/经营管理者/2016. 10

从和静县蒙古人民间信仰礼俗看长调民歌与民俗的关系/梁米娅/黄河之声/2017. 1

发挥民间信仰在弘扬社会主义核心价值观中的积极作用/高月娟/河北企业/2016. 12

“中国民间信仰研究”反思——从田野调查、学术症结到理论重建/张志刚/学术月刊/2016. 11

新时期客家民间信仰的特点与趋势分析/张凯云、陈晓清/中国市场/2016. 1

略论民间信仰的当代社会价值——以四都镇总管信仰为例/李栋材、钟娉雯/衡阳师范学院学报/2016. 8

神意与民意——明清江南地方宗教中裹挟的社会意识与民众选择/裴艾琳/苏州大学学报（哲学社会科学版）/2016. 8

浅析《白蛇传》的民间信仰和民间叙事特色/董丽燕/名作欣赏/2016. 4

相似的民间信仰——迟子建小说与哈代小说之比较/盛永宏/语文学刊（外语教育教学）/2016. 9

制度变迁与传统再造——兼论当代西南民族民间信仰的复兴或重组/肖云泽、李向平/世界宗教文化/2016. 8

浙东乡土小说中的民间信仰景观叙事与文化批判/谢秀琼/名作欣赏/2016. 7

从神灵“移民”看民间信仰的传承动力与演化逻辑/江帆/中原文化研究/2016. 12

闽台民间信仰交流发展刍议/何小花/福建艺术/2016. 11

传播仪式观下闽台民间信仰节俗的当代嬗变/胡丹/厦门理工学院学报/2016. 12

山西岚县“岚城供会”的民间信仰及保护/白宁、靳凤仙/文化学刊/2016. 4

范庄龙牌会与两种文本中的信仰表达/赵旭东、朱天谱/民俗研究/2016. 9

要高度重视民间信仰的引导和管理/贺璋/中国宗教/2016. 8

论三明列西村谢佑信仰文化生态与现代性启示/蔡登秋/黄河科技大学学报/2016. 9

贺州土瑶人的家族社会、民间信仰和村落空间——以广西贺州市沙田镇大冷水村为例/党延伟、陈容娟/重庆科技学院学报（社会科学版）/2016. 10

民间信仰仪式中的“蜈蚣阁”研究/郭强、郭学松、秦丹/湖北体育科技/2016. 1

闽南文化的新思考——评《漳州民间信仰与闽南社会》/施沛琳/闽台文化研究/2016.12

仡佬族民间信仰与民族凝聚力的关系/余群/传承/2016.1

简析民间信仰对基督教的影响/诸红军/天风/2016.6

仡佬族民间信仰之源再探/余群/大理大学学报/2016.5

口头传播与民间信仰——以山西临县三弦书盲艺人为个案/杨谨瑜/江汉论坛/2016.8

淮北地区的民间信仰和宗教/马跃/淮北职业技术学院学报/2016.4

浅谈民间信仰的虎文化/王智洪/艺术科技/2016.3

民间信仰的异域传播与在地化/黄涛/温州大学学报（社会科学版）/2016.7

国家权力与地方社会在民间信仰中的整合——以明清南方地区龙母信仰为例/袁坤、陈娜/攀枝花学院学报/2016.7

探析民间信仰作用下的社区公共生活——基于山西省大同市净觉寺的实地调查/武继龙/商/2016.8

民间信仰的流变和文化融合——以河湟宝卷与嘛呢经为例/商文娇/青海社会科学/2016.9

宗教、秩序与隐喻：读《中国社会中的宗教与仪式》/刘超/民族学刊/2016.7

关于民间信仰在藏区文化发展中的作用——藏区民间信仰管理的同仁模式/热贡·卡尔泽杰、索南旺杰/青藏高原论坛/2016.10

开平泮村民间信仰初探/宋旭民/五邑大学学报（社会科学版）/2016.8

明清鄱阳湖地区民间水神信仰初探/程宇昌/南昌工程学院学报/2016.10

民间信仰仪式中的社会心理建构/陈静/海峡教育研究/2016.8

嵌入与再生产——一个华北村落基督教信仰的民间逻辑/赵斯羽/民俗研究/2016.9

文化与宗教的多元认同——以土族民间信仰的萨满教遗俗"孛"为例/祁进玉/世界宗教文化/2016.6

民间信仰及儒释道对乐平传统民间戏俗风情影响研究/徐进、张晓颜/大众文艺/2016.1

民间信仰中的传统舞蹈以福建民间信仰为例/黄建铭/中国宗教/2016.5

"魅"与"非魅"特点辨析/杨清虎/牡丹江大学学报/2016.4

多元文化视域下民间信仰的依法治理与疏导——基于浙江省长兴县的调查/郭庭楠/经济师/2016.8

论大连地区民间信仰对宗教文化传播的影响/赵箭平/新闻传播/2016.11

土家族地区的民间巫术道教化研究——以湖北恩施东桩村为例/周建新、侯曙光/青海民族大学学报（社会科学版）/2016.1

河洛地区的民间信仰与台湾神教崇拜之渊源——以馆藏木雕神像为例/李鑫、王钰/文物天地/2016.5

山西离石的天贞观与民众生活——天贞观的由来/梁淑荣、王守恩/吕梁教育学院学报/2016.6

云南特少民族民间故事与宗教信仰之关系探析——以生态文化为研究视点/于敏/大理大学学报/2016.3

简论中国的宗教与宗教学/李天纲/天津社会科学/2016.1

比较视野下的海外华人基督教——以北美和东南亚为例的分析/密素敏/华侨华人历史研究/2016. 3

“文创”神偶之显圣性及实现——台湾南投县个案/陈丹/民族艺术/2016. 2

迷信还是俗信：概念、关系与转向/章顺磊/华中师范大学研究生学报/2016. 12

两岸民间信仰与侨乡社区发展——厦门“闽台小镇”的调查研究/陈琮渊/八桂侨刊/2016. 9

农村居民土地神信仰行为研究——基于江苏省泰州市L村的调查/张卫、刘佳/江苏省社会主义学院学报/2016. 6

中国民间信仰与儒道的互补通和/游斌/中国宗教/2016. 11

“拜亲爷”的寄名习俗——以永嘉县“拜丐老”习俗为例/冀洪雪/温州职业技术学院学报/2016. 2

民间宗教信仰与乐平传统戏俗风情/徐进、张晓颜/寻根/2016. 9

云南甲马信仰的道教文化考辨/刘燕/湖南大学学报（社会科学版）/2016. 1

“礼”与“事儿”：信仰体系与实践的存在机制探析——以鲁中洼子村为例/张帅/民俗研究/2016. 7

民间宗教信仰对乐平传统戏俗风情的影响/徐进、张晓颜/中国戏剧/2016. 2

冀南醮仪中“功”的逻辑与实践——兼论民俗语汇作为民俗学研究的一种可能路径/李生柱/民俗研究/2016. 11

《史记》王泽三神考——兼谈民间信仰中的神灵指代规则/王尧/中国文化/2016. 5

历史、文学与民间信仰——不同视野下的关公形象及其演变/单晓芳/北方文学（下旬）/2016. 12

彝族民间故事中的信仰文化述略/苏斐然/楚雄师范学院学报/2016. 8

文化共生视域下藏区英语教学与国家意识整合的几点研究——兼谈民间信仰与国家认同的互动/叶小军/当代教育论坛/2016. 2

在孔子家乡传教：圣公会在山东历史探析/胡卫清/东岳论丛/2016. 1

神圣与世俗：女性的信仰实践与生命价值——基于浙东农村佛教信仰实践的分析/李永萍、钟梅燕/北方民族大学学报（哲学社会科学版）/2016. 1

多重力量下信仰文本的生成与重构——以辽宁本溪王大仙姑信仰为例/王琨/文化遗产/2016. 9

四川民间信仰的现代解读意义/孙和平/四川文理学院学报/2016. 5

台湾与南洋华人的民间神道信仰：同源、在地分流与互动/王琛发/闽台文化研究/2016. 9

中国民间观音信仰研究/田萌/文物鉴定与鉴赏/2016. 10

全面建成小康社会视野下法律与民俗的冲突和融合/季龙明/攀登/2016. 2

稀见民间宝卷《和合宝卷》考述/韩洪波/兰台世界/2016. 12

河北涉县女娲祭典的文化研究/王小荣/河北工程大学学报（社会科学版）/2016. 12

川北地区民间信仰的多重结构——以“猪神菩萨”造像为例/李浥/内蒙古大学艺术学院学报/2016. 6

日本“水子供养”研究/田园/世界宗教文化/2016. 6

花山女神信仰的复苏与变迁——湖南江永县花山庙的人类学考察报告/伦玉敏/地方文

化研究/2016.6

馆藏民间药王信仰与史料追溯/孙文岩/文物天地/2016.5

当代社会中黎族民间宗教信仰主持人的田野调查/林日举、高泽强（昂·德威·宏韬）/广西民族师范学院学报/2016.12

全面建成小康社会视野下的应用民俗研究/季龙明/文史博览（理论）/2016.1

从苗族民间法看苗族的“多神信仰”/唐乐飞/佳木斯职业学院学报/2016.3

从民间故事论壮族的风俗信仰/韦黄丹/文学教育（上）/2016.2

对《米脂县志》“重修关帝庙记”的解读/王芳/延安大学学报（社会科学版）/2016.6

论晋东南汤王崇拜对古代地方社会的影响/蔡敏/文化遗产/2016.5

伍子胥信仰中的灵验故事探析/徐海/苏州科技学院学报（社会科学版）/2016.1

闽台青山王信仰的发展与变迁——以台北艋舺青山宫为中心的分析/谢贵文/闽台文化研究/2016.6

巫佛道之争与魏晋南北朝民间佛教信仰/储晓军/宝鸡文理学院学报（社会科学版）/2016.4

明清时期处州地区妈祖信仰的传播及其演变考/莫莹萍/丽水学院学报/2016.7

北江流域客家地区的生计模式变迁与特色民俗旅游展望/黄韧、贾鸿鸣、邓文/赣南师范大学学报/2016.10

东南亚华人民间宗教信仰与建设21世纪海上丝绸之路/李慧芬/学术评论/2016.4

从“七军皆没”到“水淹七军”/胡以存/湖北理工学院学报（人文社会科学版）/2016.1

民俗视野下寿峰寺建筑遗存探析/白雪红/大众文艺/2016.4

“马路”背后的文化边界——甘肃南部农牧结合区的文化边界与地方性知识研究/严学勤/青海民族大学学报（社会科学版）/2016.4

徽州祖先崇拜的常态化和渗透性/赵懿梅、樊嘉禄/安庆师范学院学报（社会科学版）/2016.11

信仰认同及其“认同半径”的建构——基于津、闽、粤三地妈祖信仰的比较研究/张晓艺、李向平/东南学术/2016.11

皖西安阳山“大山奶奶”信仰研究/周静/安徽大学/2016.4

广元地区猪神信仰考论/张莉铃/内江师范学院学报/2016.11

远去的神灵——广西昭平县仙回瑶族乡茅坪村社王信仰研究/高崧耀、覃思琰/广西民族师范学院学报/2016.2

边疆民族地区二元宗教的互融共生及其意义——基于布朗族祭寨心仪式的考察/黄彩文、子志月/云南师范大学学报（哲学社会科学版）/2016.5

信仰基础：理解农民宗教信仰区域差异的一个框架/杨华、欧阳静/民俗研究/2016.1

论地母文化的多元性/闫向莉、宋喜斌/职大学报/2016.6

女神信仰民俗和转型社区生活共同体重塑——以温州S村为例/陈秋/中央民族大学学报（哲学社会科学版）/2016.1

人类学视野下的武山县水帘洞庙会考察研究/马向阳/西北民族大学学报（哲学社会科学版）/2016.11

从唐朝忠臣到护佑北京——宋元明时期二徐真人信仰的发展历程/周中梁/北京社会科学/2016.10

"借身人"信仰：神启现象的社会学分析/刘炜/中国农业大学学报（社会科学版）/2016.6

浅论民间祭神仪式音乐的文化内涵与民族音乐学价值——评《杠天神仪式音乐研究》/郭德华/教育理论与实践/2016.3

佛寺与凡仙——靖远法泉寺五教和谐现象思考/金云峰/宗教与民族（第十辑）/2016.4

晋东南的七佛殿与七佛信仰/张君梅/文物世界/2016.1

理解民间宗教：乡土中国的内生逻辑/刘泳斯/文化纵横/2016.4

近代社会变迁背景下的南昌许逊崇拜/张志军/南昌工程学院学报/2016.10

人群与神明：清水江下游地域社会的家族互动与信仰建构/罗兆均/北方民族大学学报（哲学社会科学版）/2016.3

明清时期浙江慈城环境崇拜的解构/邹赜韬、陈名扬/浙江水利水电学院学报/2016.2

唐崖土司文化研究献疑——基于民俗信仰的视角/萧洪恩、侯春燕/湖北社会科学/2016.11

浙东士人妈祖书写的人文精神/潘承玉/绍兴文理学院学报（哲学社会科学版）/2016.5

闽南读书会之三——几种"社会"研究的视角/罗杨、罗攀、陈敏红、吴银玲、孙静、金婧怡/西北民族研究/2016.8

略论道教的"杂而多端"——道教史新思考之一/熊铁基/学术界/2016.6

五显神的源流与信仰/孔令宏/地方文化研究/2016.6

东部苗族土地神崇拜调查研究/霍晓丽/宗教学研究/2016.3

朝鲜半岛土公信仰考/张丽山/浙江理工大学学报（社会科学版）/2016.10

深圳赤湾天后宫重建中的几个问题/邓璐/文化遗产/2016.5

多种信仰共存：以藏彝走廊东缘多续藏族为中心的个案研究/陈东、袁晓文/中南民族大学学报（人文社会科学版）/2016.1

我国公民海洋意识的培养模式探讨/贾春颖、高建平/管理观察/2016.7

明清时期聊城地区水神信仰述略/胡梦飞/聊城大学学报（社会科学版）/2016.2

永安大腔傀儡戏《海游记》流传探略/罗金满/闽江学院学报/2016.1

冼夫人信仰与妈祖信仰传播演变比较研究/罗远玲/广东石油化工学院学报/2016.4

明清时期开封地区黄河水患与河神信仰/胡梦飞/华北水利水电大学学报（社会科学版）/2016.2

天后北传与漕运贸易——一个文化资本的视角/张小军/南京大学学报（哲学·人文科学·社会科学）/2016.7

从《安东县志》管窥丹东地方满族信仰习俗/白以娟/辽东学院学报（社会科学版）/2016.4

闽南漳州文化向台湾传播的作用研究/吴育清、陈光辉、黄翠萍/福建师大福清分校学报/2016.5

侗族春节祭祀调查报告——以贵州省天柱县溪口村为例/潘丽凤/寻根/2016.11

非物质文化遗产视域下的文化传统与文化记忆——兼论广西田阳布洛陀文化的重构/毛巧晖/贺州学院学报/2016. 6

《泰山天仙圣母灵应宝卷》漫录/车锡伦/民间文化论坛/2016. 1

明清时佛山社会文化与神功戏探析/李婉霞/佛山科学技术学院学报（社会科学版）/2016. 1

人神对话：明清《祈雨文》透视/罗明先/哈尔滨师范大学社会科学学报/2016. 1

西府民间壁画调查研究/李强/内蒙古大学艺术学院学报/2016. 6

文化生态视域下的壮族花婆信仰与乡村仪式演剧共生研究/金乾伟/戏剧文学/2016. 3

34 区域信仰的形成与现代建构——基于豫西薄太后信仰的讨论/吴琦、陈洋/广西民族大学学报（哲学社会科学版）/2016. 3

现代化语境下阿尔及利亚官民伊斯兰主义的政治博弈/张楚楚/四川大学学报（哲学社会科学版）/2016. 3

明清时期漕运对苏北地方信仰风俗的影响/胡梦飞/淮阴工学院学报/2016. 4

越南的城隍信仰与乡村城隍事迹文本化过程/丁克顺、阮文海/温州大学学报（社会科学版）/2016. 7

马坊牛王会祀神社事活动的田野考察/郭冰庐、贺智利/文化遗产/2016. 1

从天琴琴师称谓论中越边境布傣人的宗教信仰/黄美新/广西师范大学学报（哲学社会科学版）/2016. 2

荆州三国文化在高中语文教学中的开发应用/肖蓁蓁/华中师范大学学报/2016. 9

地主信仰认同机制下的畲汉历史关系——以文成县培头民族村苏三公信仰调查为例/孟令法/福州大学学报（哲学社会科学版）/2016. 3

清水江文书整理的语言学分类标准探究/张新杰/原生态民族文化学刊/2016. 9

信仰与教化之间：元明清文昌神附祀庙学的原因/白娴棠/云南社会科学/2016. 11

花亡配婚：广西南宁地区的冥婚——兼与香港、台湾冥婚的比较/吕永升/民俗研究/2016. 9

抗战时期沦陷区的红卍字会/高鹏程、刘平/安徽史学/2016. 3

豫西北明清戏曲碑刻所见民间戏剧史料述论/李海安/戏剧文学/2016. 12

海棠花馆藏江西新出宋元买地券整理与研究/李桥/河北师范大学学报/2016. 5

从药王信仰透视道教发展存在的问题与根源/朱寰/青岛行政学院学报/2016. 10

论毘沙门天王信仰的流变及其世俗性倾向/王树平、包得义/中华文化论坛/2016. 7

邹鲁文化视角下的“阴阳板”研究/杨柳/山东艺术学院学报/2016. 6

略论江西万寿宫文化/汪红亮/江西广播电视大学学报/2016. 9

齐天大圣信仰在族群中的传承与嬗变——以南靖县三下村为例/尤丽雪/福建文博/2016. 6

妈祖信仰传入琉球研究/李宏伟、阳阳/八桂侨刊/2016. 6

论“人文宗教”——中国宗教史的核心范畴与研究领域/李四龙/北京大学学报（哲学社会科学版）/2016. 5

泰国的魂信仰/马银福/成都大学学报（社会科学版）/2016. 12

新型城镇化视阈下农村宗教信仰的现状与对策研究——以江西新余为例/谢禾生/新余学院学报/2016. 12

民族民间宗教问题及其治理研究——以云南边疆民族地区为例/孙浩然/吉首大学学报（社会科学版）/2016. 12

巍山“甲马”的制作、使用及宗教功能变迁研究/褚苗伊/云南大学学报/2016. 5

城市化背景下的庙会文化变迁/韦明杏/华东师范大学学报/2016. 4

在国家与地方之间：普庵信仰的生根、扩散/袁坤/上饶师范学院学报/2016. 10

论“小传统”——民间生态文化的传承、改造与提升/赖章盛/南京林业大学学报（人文社会科学版）/2016. 12

古代徽州地区祈雨习俗考论——以清代、民国所修徽州地区方志为中心/程诚/黄山学院学报/2016. 12

结社的断裂与重建：当代北京香会的多元生态/张青仁/民族文学研究/2016. 12

《风俗通义》的志怪小说属性——兼论汉代小说的类别特征/姚圣良/郑州大学学报（哲学社会科学版）/2016. 7

中国龙的特征及其象征意义的民间概念研究/赵志飞/曲阜师范大学学报/2016. 3

新农建设中以乡土文化传承来保护湘西民族传统村落研究/罗明金/西南民族大学学报（人文社科版）/2016. 12

湖漕之神：明清时期高邮康泽侯信仰的历史考察/胡梦飞/河北师范大学学报（哲学社会科学版）/2016. 11

明清时期关帝信仰在晋南社会中的建构/秦利国、李荣/长治学院学报/2016. 12

黄大仙信仰在岭南的初传及其本土化——以广州普济坛为例/陈晨/世界宗教文化/2016. 12

佛教民间化的构筑、播散与沉淀——对崇祀李通玄的历史考察/侯慧明/宗教学研究/2016. 6

莆田金幢教现状初探/俞黎媛、陈松青/宗教学研究/2016. 3

乡村治理视野下的现代潮汕善堂研究/石恩宇/华南农业大学学报/2016. 6

发掘民间俗信资源为社会管理服务/王秀石/辽宁行政学院学报/2016. 12

闽南“抢孤”习俗的文化价值/何巧忠/东方艺术/2016. 7

宋代孝女文化转型论略——以曹娥与朱娥并祀为中心的历史考察/易素梅/中山大学学报（社会科学版）/2016. 11

山西洪洞地区的二郎传说与信仰调查报告/王尧/民间文化论坛/2016. 3

豫西北青龙神相关传说与信仰互动研究/唐霞/河南科技大学学报（社会科学版）/2016. 5

雷州半岛的石狗文化/谭海清/小康/2016. 9

苏州城镇化进程中的道教信仰/黄新华/宗教学研究/2016. 9

第十一篇

年度信息

2016年宗教研究发展大事记

杨莉　编

一月

1月2日，中南大学道学国际传播研究院与马来西亚道教学院、马来西亚华人协会，在马来西亚槟城联合主办“道学与科学”国际学术研讨会。

1月4日，挖掘机施工，竟挖出一座石壁，石壁上刻有精美的壁画。近日，四川省巴中市文物局副研究馆员汪信龙告诉记者，发现在巴州区大溪口村的这面摩崖佛雕壁画，初步推断绘于唐宋时期。

1月9日，皖西南人文学者聚会天柱山三祖禅寺法堂探讨禅文化研究。三祖禅寺住持宽容法师主持并做主旨发言。

1月9日，国家级古籍修复技艺传习中心山西传习所在山西省图书馆成立，并启动山西省国家珍贵古籍修复项目，修复金代皇统九年山西榆次雕版印刷的《大方广佛华严经》（120卷）。其中一卷等21件为国家一级珍贵佛教古籍。

1月9—10日，“人间净土与弥陀净土”国际学术研讨会在香港中文大学康本国际学术园隆重举行。

1月12日，中国社会科学院世界宗教研究所召开了《中国宗教研究年鉴》工作会议，会议由世界宗教研究所副所长郑筱筠研究员主持，所长卓新平研究员出席了会议。

1月13日，第29届伊斯兰团结国际大会日前在伊朗首都德黑兰伊朗国家会议中心举行，来自70个国家的近300名代表和伊朗国内500余名宗教人士出席该届会议。

1月14日，加州威斯蒙特学院教授 Raymond F. Paloutzian 在世界宗教研究所小会议室做题为《全球视野下的宗教心理学》的专题讲座。

1月14—15日，2016年全国宗教局局长会议在京召开。

1月19日，《世界宗教研究》编委会扩大会议在世界宗教研究所大会议室举行。

1月23日，五台山佛教协会《清凉文化丛书》——《五台山传志八种》出版首发仪式举行。

1月24日，中国社会科学院世界宗教研究所经过研究，批准中国社会科学院佛教研究中心在东华禅寺设立禅宗文化调研基地，揭牌仪式在东华禅寺宝墨园举行。

1月28日下午，借由蒋坚永副局长负责的国家社科基金重点项目《我国宗教文化遗产保护与利用》结项之际，国家宗教事务局召开“我国宗教文化遗产保护和利用”研讨会。

1月，崂山方志文化系列丛书再添新成果——《道教寻踪》出版发行。

二月

2 月 18 日，由中国社会科学院世界宗教研究所、云南省佛教协会主办，西双版纳州民族宗教事务委员会、西双版纳州佛教协会、西双版纳总佛寺承办的“首届南传佛教高峰论坛”在西双版纳州景洪市举办。此次论坛以“慈悲济世，和平共荣”为主题。

2 月 28 日，山西省佛教文化研究会在太原成立。

2 月 28 日，复旦大学禅学会年会在上海天平宾馆隆重举行，此届年会主题为“网络阅藏和网络佛教”。

三月

3 月 1 日，由世界宗教研究所基督教研究室和宗教理论研究室联合主办的学术座谈在世界宗教研究所大会议室举行。此次座谈的嘉宾是德国慕尼黑大学社会学系赫勒（Horst J. Helle）教授，主题为“西美尔与韦伯宗教社会学思想比较”。

3 月 17 日上午，国家宗教事务局召开民间信仰专家学者座谈会，就贯彻落实中央有关进一步做好民间信仰工作精神，听取专家学者意见建议。

3 月 17 日，浙江大学佛教资源与研究中心成立。

3 月 22 日，道教养生文化产业化学术研讨会在成都市青羊宫开幕。

3 月 25 日下午，令人充满期待的“宗教领袖对话”分论坛在博鳌亚洲会议中心成功举办。

3 月 25—27 日，由华中师范大学道家道教研究中心与香港青松观全真道研究中心主办的“第三届全真道与老庄学国际学术研讨会”在华中师范大学召开。

四月

4 月 9 日，由中国社科院台港澳中心与中国宗教学会等共同主办的“海峡两岸佛医会议暨佛医药健康产业发展研讨会”在厦门召开。

4 月 20 日，中国社会科学院基督教研究中心福建神学院调研基地暨中国人民大学宗教学（福建神学院）教学基地成立大会在福建神学院举行。

4 月 21 日，由北京大学哲学系主办、北京大学佛学教育研究中心承办，本焕学院、河北禅学研究所协办的“东亚佛教的宗派与地域传统”学术研讨会在北京大学英杰交流中心召开。

4 月 22—23 日，全国宗教工作会议在北京召开。

4 月 23 日，由中国人民大学国学院西域历史语言研究所卫拉特学·托忒学研究中心举办的“藏传佛教与卫拉特历史文化：纪念卫拉特蒙古皈依佛教 400 周年国际学术研讨会”在人民大学国学院举行。

4 月 26 日，来自北京、天津、河北、山东、辽宁等北方五地的妈祖文化研究专家和学者齐聚河北曹妃甸，以“对接‘一带一路’文化创造价值”为主题进行了学术研讨。

4 月 29 日，“美美与共——广东宗教文物展”在广东省博物馆正式开幕。

4 月，赵敦华的《圣经历史哲学》在江苏人民出版社出版。

4 月，中共中央统战部原常务副部长、全国政协民族和宗教委员会主任朱维群先生首部文稿集《民族宗教工作的坚持与探索》由四川人民出版社出版。

五月

5 月 1—2 日，三门多宝讲寺举办了“智敏上师《俱舍论略注》出版发布会暨《俱舍论》学术研讨会”。

5 月 3 日，中国社会科学院世界宗教研究所举办“学习贯彻习近平总书记在全国宗教工作会议上的讲话精神学术研讨会”。

5 月 12—14 日，蒋坚永副局长率团赴奥地利维也纳参加由国家宗教事务局和奥地利外交部共同举办的“中奥《道德经》研讨会”。

5 月 21—22 日，中国儒学与法律文化研究会 2016 年会暨“儒学复兴与法律文化重建”学术研讨会在山东曲阜隆重召开。

5 月 26 日，中华华夏文化交流协会沈智慧理事长等一行访问中国社会科学院世界宗教研究所。世界宗教研究所所长卓新平、党委书记曹中建、副所长郑筱筠等与之会谈，并就双方合作事宜进行了亲切而友好的交流。

5 月 31 日，中国佛教协会副会长觉醒法师赴哈萨克斯坦首都阿斯塔纳出席“宗教反对恐怖主义”国际大会，并在会议上发表题为“弘扬佛教慈悲理念，反对一切恐怖主义”的讲话。

5 月 31 日，中国社会科学院世界宗教研究所举办学习贯彻习近平总书记“5·17”重要讲话精神座谈会。

5 月，首届中华敬天法祖信仰高峰论坛在海南省玉蟾宫文笔峰书院隆重召开。

六月

6 月 2 日，“中国佛教造像艺术的传统与传承——塑造本焕长老昆仑佛玉等身像专业研讨会”在湖北大洪山召开。

6 月 3 日，中国非遗庙会文化遗产论坛在大连达沃斯会议中心举行了以“内善外和——佛教思想和传播模式论坛”为主题的佛教文化分论坛。

6 月 5 日，由国家发展与战略研究院、法学院主办，中国人民大学法律与宗教研究中心、北京联合大学北京膜拜团体与宗教文化研究中心承办的“中国宗教法治高端论坛 2016”在人民大学举行。

6 月 8 日，三件晚唐五代木版雕刻印刷品首次亮相“民族记忆　精神家园——国家珍贵古籍特展”的预展。这三件珍贵文献是近年来中国的重大古籍新发现，在世界印刷史上具有重要标志意义。

6 月 12 日，“崂山论道”活动在青岛崂山太清宫开幕。

6 月 12 日，中国佛教圣地五台山成立国际研究院，并举行第二届“五台山信仰”国际学术研讨会。

6 月 13—14 日，中国伊斯兰教协会在新疆喀什召开了以“弘扬正信　远离极端”为主题的伊斯兰教经学思想研讨会。

6 月 15 日，中国敦煌汉传佛经传译国际学术研讨会在敦煌研究院举行，会上决议，在莫高窟创建 1650 周年之际，敦煌佛学研究中心在敦煌研究院成立。

6 月 17 日，中国社会科学院世界宗教研究所召开了“互联网宗教数据分析与统计方法”学术研讨会。

6 月 21—22 日，由中国社会科学院世界宗教研究所与山西太原龙泉寺联合举办的

“宗教社会学论坛（2016）”在太原龙泉寺顺利举行。

6月23日，“法显大师——一带一路先行者”研讨会在中国佛教名山——山西五台山举行。

6月23日，2016中国梵净山生态文明与佛教文化论坛新闻发布会在贵阳举行。

6月23—24日，由中国社会科学院世界宗教研究所主办，山西太原龙泉寺合办的“宗教心理学论坛（2016）”在太原龙泉寺召开。

6月24日，“道教教育的历史与现状”座谈会在上海浦东绿地假日酒店隆重举行。

6月28日，《青原法派研究》新书发布暨学术报告会在井冈山大学隆重举行。

6月28日，美国明尼苏达州圣奥拉夫学院宗教学教授约翰·巴伯（John D. Barbour）和弗吉尼亚理工大学宗教与文化系副教授倪湛舸在中国社会科学院世界宗教研究所做学术报告。

6月29日，《中国宗教》杂志社在京召开“200期，《中国宗教》如何应对新媒体时代”座谈会。

七月

7月1日，“第六届圣严思想国际学术研讨会”在台大集思国际会议厅揭幕。三天研讨会发表74篇论文，另有“近现代佛教”“佛教经济学”及“医学与佛学”论坛。

7月2日，鸠摩罗什三藏译著——《童寿文集》辑校项目启动仪式在陕西省社会科学院隆重举行。

7月5日，值此金陵刻经处创立150周年之际，由中国佛教协会、南京市人民政府主办，南京大学中华文化研究院、金陵刻经处、中国佛教文化研究所、南京牛首山文化旅游区管委会联合承办的金陵刻经处与近现代佛教义学研讨会在南京丽湖雅致酒店隆重召开。

7月5—6日，由中国佛教协会、南京市人民政府主办，中国佛教协会第九届理事会文化艺术委员会、中国佛教文化研究所、中国艺术研究院宗教艺术中心和南京市文投集团联合承办的佛教非物质文化遗产研讨会在南京大报恩寺遗址博物馆隆重召开。

7月8日，益阳市梅山道教文化研究院成立大会在安化县银莲大酒店隆重召开。

7月9—10日，长白山学术论坛——新时期萨满文化遗存传承、抢救与保护国际学术研讨会在长春师范大学召开。

7月10日，由北京大学儒学研究院、什刹海书院以及美国价值与哲学研究委员会共同举办的“对话：中国宗教与信仰”国际学术研讨会在京召开。

7月11日，北京联合大学召开《北京民族宗教史话》出版座谈会。

7月13—14日，第13届宗教社会科学年会在中国人民大学召开。

7月16日，“宗教与人类命运共同体”高层论坛暨2016年中国宗教学会年会在北京召开，论坛由中国宗教学会、中国社会科学院世界宗教研究所主办。

7月16日，《瑜伽师地论》网络精品课程的开发座谈会在法门寺佛学院举行。

7月16日，第三届横山道教论坛在江苏省常州市召开，此届论坛的主题是《道教发展与时代课题》。

7月19日，五台山佛学与东亚文化国际研究院（五台山国际研究院）将在五台山大圣竹林寺隆重成立。

7月20日，伊斯兰教中道思想国际研讨会在新疆维吾尔自治区首府乌鲁木齐举行。

7 月 19—20 日，由青海民族大学、中国社会科学院世界宗教研究所和中国宗教学会联合主办，由青海民族大学宗喀巴研究院承办的第二届宗喀巴学术研讨会在青海民族大学隆重召开。

7 月 22 日，中华电子佛典协会（CBETA）于台北市法鼓德贵学苑举办成果发表会。

7 月 23—24 日，由江苏省伊斯兰教协会、南京市伊斯兰教协会主办，南京市伊斯兰教协会承办的“中国伊斯兰教传承与发展——先贤刘智思想及金陵学派思想研讨会”在南京净觉寺召开。

7 月 28 日，福建省佛教艺术交流促进会成立大会在福州市隆重举行。

7 月 29—31 日，世界佛教徒联谊会（World Fellowship of Buddhists）东南亚区域会议在马来西亚吉隆坡金马大皇宫举行，会议主题为“Many Traditions One Dhamma”即“不同传统　同一佛教”。

7 月，《中国梵呗传承法要》简称《梵呗法要》，是中国首部完整记录佛教中国化梵呗文化体系的传承保护教程，由著名鱼山梵呗国家级非物质文化遗产代表性传承人、梵呗寺开山沙门永悟禅师创作，由国家宗教事务局宗教文化出版社出版。

八月

8 月 2 日，由上海市宗教学会、上海社会科学院宗教研究所和新加坡南洋理工大学拉惹勒南国际问题研究院共同举办的“多元社会框架下应对宗教极端思想”研讨会在沪举行。

8 月 2 日，由中国西藏文化保护发展协会、中国藏学研究中心和西藏自治区社会科学院共同举办的第六届北京（国际）藏学研讨会在北京中国藏学研究中心开幕。

8 月 5—6 日，由安徽省基督教两会主办的“黄山论坛”——基督教中国化理论思考与实践探索研讨会在徽文化发源地黄山举行。

8 月 11 日，从甘肃省民族事务委员会获悉，甘肃舟曲境内所发现的大量罕见苯教古文献，经专家组研究认为，该苯教文献极有可能抄写于 10—13 世纪，但其所属内容历史更悠久，或可追溯到藏族古代文明的源头，主要涉及天文历算、节候气象、祈祷文献等方面，具有重要的历史文化价值、文物收藏价值和学术研究价值。

8 月 16—17 日，江苏省基督教第三届“基督教中国化”神学研讨会在南京举行。会议围绕伦理建设、神学教育、抵御异端邪说、教会经验与中国神学建设等方面进行探讨。

8 月 17—18 日，“中国佛教与孝道文化论坛”“西来禅寺公益慈善晚宴”及“禅寺大雄宝殿上梁庆典法会”系列活动在安徽九华山隆重举行。

8 月 18 日，由宁夏统一战线理论研究会、宁夏社会主义学院、中国社会科学院世界宗教研究所、中国宗教学会主办的“伊斯兰教中国化”论坛在银川开幕，全国宗教研究领域 40 余位知名专家学者共同探讨伊斯兰教中国化的理论成果和实践路径。

8 月 18 日，在杭州 G20 峰会召开之际，《汉风藏韵——中国古代金铜佛像艺术特展》在浙江美术馆隆重开幕。当天下午“汉风藏韵——汉藏佛教艺术与国家文化认同学术论坛”隆重召开。

8 月 19—20 日，由陕西省道教协会主办、商洛市道教协会承办、山阳县道教协会协办的“陕西省道教第四届‘玄门讲经暨天竺论道’”活动在山阳县天竺山云盖观道文化广场拉开帷幕。

8月21日，由安徽省佛教协会指导，宣城市佛教协会主办，泾县佛教协会、泾县宝胜禅寺承办的“水西佛教文化论坛”在泾县红星国际大酒店举行。

8月23日，2016年云冈国际佛教雕塑艺术大展举办新闻发布会，宣布大展预期将于9月26日在大同和阳美术馆拉开帷幕。

8月24日，星云文化教育公益基金会在江苏省宜兴市大觉寺举办中华传统文化交流暨《人间佛教——回归佛陀本怀》新书发布会。

8月26日上午，“文殊信仰暨能海上师诞辰130周年国际学术论坛”在五台山万豪国际酒店隆重开幕。

8月26—29日，由中国社会科学院世界宗教研究所、中国宗教学会与山东大学哲学与社会发展学院联合举办的第五届宗教哲学论坛——“苏菲与道宗教哲学论坛”和“康德宗教哲学研究”顺利举行。

8月27日，由中国东方文化研究会佛教文化遗产保护委员会、中华文化促进会佛教文化艺术委员会主办，究竟缘文化承办的第一期佛教文化遗产沙龙在北京举行。

8月28日，中国佛教协会在五台山举办了以“文殊信仰的中国化表达”为主题的讲经交流研讨会。

8月30日，首届草原佛教研讨会在呼伦贝尔市海拉尔区万佛寺庄严开幕。

8月31日至9月1日，由中国社会科学院世界宗教研究所、中国宗教学会主办的中国社会科学论坛（2016·宗教学）在北京召开。

九月

9月1—4日，“21世纪海丝佛教福建论坛”在福州举行，主旨为：慈悲、智慧、忍让、包容、中道、圆融、和合、共生。

9月5日，由中国佛教文化研究所、日本灵云院国际禅交流友好协会主办，河北省佛教协会承办，正定临济寺、赵县柏林禅寺、《禅》刊编辑部协办的以“临济禅与世界和平”为主题的“第四届中日临济禅学术研讨会”在河北省石家庄市举行。

9月5日，“方外之宾：纪念慧远大师圆寂1600年学术研讨会”在山西五台山举行。

9月6—9日，首届丝绸之路（敦煌）国际文化博览会系列活动——中国（瓜州）第五届玄奘文化国际学术研讨会在甘肃瓜州隆重召开。

9月7日，中共中央政治局常委、全国政协主席俞正声出席省部级干部统一战线理论政策与宗教工作专题研讨班学员座谈会，并发表重要讲话。

9月9日，中国民族报社、杭州灵隐寺、杭州佛学院在北京联合主办禅门宗师巨赞法师爱国爱教思想研讨会暨杭州武林佛学院创办70年纪念活动。

9月9—11日，为了更好地保护、研究和利用房山石经这一珍贵的文化瑰宝，进一步拓宽和提升学术研究的渠道和水平，由中国佛教文化研究所、房山石经与云居寺文化研究中心共同举办的纪念房山石经与云居寺创建1400周年暨中国佛教协会发掘拓印房山石经60周年国际学术讨论会在房山云居寺召开。

9月10日，适逢教师节，著名学者、中国社会科学院荣誉学部委员、世界宗教研究所教授、博士生指导教师杨曾文先生，中国社会科学院世界宗教研究所研究员、中国社会科学院研究生院教授纪华传先生应邀为大开元寺僧俗大众分别作了题为《苏东坡与佛教》《禅宗精神与人生智慧》的专题讲座。

9 月 12 日，中国伊斯兰教协会在北京新疆大厦举行招待会，庆祝伊斯兰教传统节日古尔邦节。

9 月 17 日，首届东海药师文化论坛（药师法门与生态佛教）在药师殿内开幕。

9 月 17—18 日，第十二届全国因明学术研讨会在陕西省铜川市举行，共有来自中国社科院、北京师范大学、甘肃民族出版社等全国社科、出版系统和大专院校的 70 多名因明学研究专家参加。

9 月 19 日，纪念中国佛学院成立六十周年学术研讨会在中国佛学院祇园会议厅举行。

9 月 24 日，“道安论道 · 佛教文化与当代生活——保定人间佛教二十年耕耘纪念”论坛在河北保定大佛光寺隆重召开。

9 月 24—25 日，修行人类学视野下的宗教与社会暨第二届宗教人类学工作坊在江苏茅山乾元观顺利召开。

9 月 24—25 日，“跨文化交往与文明对话”国际研讨会在北京大学英杰交流中心成功举办。

9 月 25 日，黑龙江省道家文化研究院在哈尔滨成立，并举行了隆重的揭牌仪式。

9 月 26 日，首届中国（吉林市）道教文化艺术周真武文化论坛举办。

9 月 27 日，山东社科论坛——儒学与当代诚信体系建设学术研讨会在孔子故乡山东曲阜召开。

9 月 28 日，山东省曲阜市，丙申年祭孔大典在孔庙大成殿举行。

9 月 30 日，中国路径的“道”与“本”——“余敦康学术思想与成就研讨会”在北京师范大学会议室召开。

十月

10 月 8—9 日，北京外国语大学东西方关系中心与邦德大学东西方文化与经济研究中心在北京联合举行“儒学、治理与新兴经济秩序”国际学术研讨会。

10 月 10 日，由中国社会科学院世界宗教研究所儒教研究中心、《光明日报》国学版主办的“乡村与社区祠堂祭礼研讨会”在北京召开。

10 月 11 日，在牙含章先生诞辰 100 周年之际，为纪念先生对当代中国民族理论、藏学和马克思主义无神论研究所做出的巨大贡献，中国社会科学院在北京中央民族大学举办了“中国社会科学论坛：中国民族理论的继承、发展与创新——纪念牙含章先生诞辰 100 周年”学术研讨会。

10 月 11 日，中国社会科学院长城学者、中国社会科学院道家与道教文化研究中心主任、世界宗教研究所王卡研究员率团前往福建师范大学参加“首届福建地方道教与民间信仰田野调研研讨会”。

10 月 12—13 日，由中国天主教“一会一团”神学研究委员会主办的“第四届天主教本地化暨中国化神学论坛”在北京中国天主教神哲学院举办。

10 月 13 日，首届东亚儒学威海论坛——儒学与东亚文明暨君子之道国际学术研讨会在威海市东山宾馆隆重召开。

10 月 14 日，中国 · 湖北第六届黄梅禅宗文化高峰论坛在黄梅隆重举行。

10 月 15 日，由中国人民大学、中央民族大学、北京大学、焦作市净影旅游开发有限公司等单位联合发起的“净影寺慧远大师与东亚佛教学术研讨会”，在河南焦作净影寺召开。

10月15日，河北省第二届道教文化研讨会暨首届中国·邯郸道教文化研讨会，在河北省临漳县鬼谷观隆重举行开幕仪式。

10月16日，首届万寿宫庙会文化研讨会在江西南昌举行。

10月17日，由北京外国语大学全球史研究院、世界亚洲研究信息中心、泰国国际佛教大学联合主办的“鸠摩罗什与东亚知识的迁移学术研讨会”在北京外国语大学举行。

10月18日，第四届全国儒学社团联席会议暨“儒学核心价值观及其当代意义”学术研讨会在西安召开。

10月18日，陈撄宁道教思想与养生文化论坛在安徽怀宁县会展中心盛大开幕，来自全国各地的领导嘉宾、高道大德、专家学者出席了此次盛会。

10月21日，全真道与齐鲁地方社会国际学术研讨会暨《丘祖西行》大型纪录片审评会在山东文登开幕，来自全国的道教代表、国内外知名专家学者出席了会议。

10月21日，“道教与术数学研究中心”在中央民族大学哲学与宗教学院举行了揭牌仪式。该中心依托中央民族大学哲学与宗教学学院，通过开展中华道学与术数学的古籍翻译整理、系统研究、专题培训、社会实践与文化交流，在全球范围内普及和传播中华道学文化与术数文化。

10月23日，第二届中国佛教名山名寺法律问题研讨会在峨眉山大佛禅院举行。

10月26日，首届“中华民族香文化学术研讨会”在云南民族大学举办。

10月30日，第二届东方山药师信仰高峰论坛在黄石磁湖山庄举行。

十一月

11月2—5日，“共建人类命运共同体——宗教与科学的角色”国际学术研讨会在澳门大学成功举办。

11月5日，由浙江大学、中国社会科学院世界宗教研究所、中国宗教学会主办，浙江大学汉藏佛教艺术研究中心、世界宗教研究所《世界宗教研究》编辑部、世界宗教研究所宗教文化与艺术研究室承办的“图像学与风格史：亚洲宗教美术研究方法论”学术研讨会在浙江杭州紫金港大酒店举行。

11月5—6日，首届中国现代佛教论坛海峡两岸会议在广东省东华禅寺隆重举行。

11月6日，“江阴市巨赞法师研究会”成立大会在江苏江阴举行。

11月8日，由台湾中华道教总会举办的“首届海峡两岸道教高峰论坛”盛大开幕。应台湾中华道教总会徐文保邀请，中国道教协会副会长、湖南省道教协会会长黄至安道长率团出席。

11月13日，笔者从阆中市政协书画院获悉：为了用镜头反映该市的宗教文物景点和文化资源，在今年两会前夕，阆中政协将出版《五大宗教在阆中》一书，该书以仙道祖源、佛法西来、基督福音、天主上帝、清真神韵等五个章节，上百幅图片展示我市浓郁的宗教文化和宗教文物景点，以供广大政协委员和文史爱好者收藏研究，目前该书已经编排完毕，正在进行修改和完善之中。

11月15日，中国社会科学院世界宗教研究所伊斯兰教研究室的“伊斯兰学术名家讲坛”邀请到上海市伊斯兰教协会会长，小桃园清真寺教长金宏伟先生，在世界宗教研究所做了题为“践行之路、心中之光——上海伊斯兰教历史与现状”的专题讲座。

11 月 17 日，汉传佛教祖庭文化国际学术研讨会新闻发布会在陕西西安曲江宾馆举行。

11 月 17 日，“中国社会科学院佛教研究中心密宗文化研究基地”揭牌仪式在大兴善寺礼堂内隆重举行。大兴善寺方丈宽旭法师介绍了研究中心的基本情况并为研究中心揭牌。

11 月 20 日，中国社科院世界宗教研究所道教与中国民间宗教研究室主办、北京大学哲学系协办的第 11 期“道教学术研究沙龙”在北京大学举行。

11 月 22—23 日，由中国人民大学基督教文化研究所、香港原道交流学会和河北信德文化学会联合举办的第六届“基督教在当代中国的社会作用及其影响”研讨会在中国人民大学举行。

11 月 24 日，由中国社会科学院世界宗教研究所、北京市基督教两会、中国宗教学会、中国社会科学院基督教研究中心主办的“基督教中国化与中华民族命运共同体的建设”高层论坛在北京召开。

11 月 25—28 日，由中国人民大学佛教与宗教理论研究所、萍乡学院、中央民族大学东亚佛教研究中心、萍乡市民族宗教事务局、上栗县人民政府主办的 2016 首届杨岐禅学思想学术研讨会在萍乡学院举行。

11 月 26—28 日，由北京大学高等人文研究院和世界伦理中心主办的以“儒家思想在启蒙时代的译介与接受”为主题的国际学术研讨会于北京大学隆重召开。

11 月 26—27 日，第二届希伯来圣经研讨会于上海大学宝山校区顺利召开。此次会议由上海大学文学院历史系、山东大学犹太教与跨宗教研究中心、山东大学饶宗颐宗教与文化研究所联合举办。

11 月 26—27 日，举办了主题为“儒学与社会重建：实践与义理”的研讨会。

11 月 27 日，“河北宗教：过去、现在与未来”学术研讨会在河北师范大学举办。此次研讨会由河北师范大学、河北省哲学学会主办。

11 月 29 日，国家宗教事务局外事司与复旦大学宗教与中国国家安全研究中心在沪联合举办“赵朴初先生和丁光训主教对外民间交流思想与实践研讨会”。

11 月 29 日，由《中华大藏经（汉文部分）·续编》编委会、中华书局主办，东方哲学与宗教文化研究中心承办的“大藏经编纂的文化意义与时代价值”学术座谈会在南京大学哲学系召开。

十二月

12 月 2—4 日，由中国人民大学与韩国高等教育财团联合主办的“国际儒学论坛·2016”在中国人民大学国学馆隆重举行。此次会议的主题是：“儒家视域中的家国天下”。

12 月 3 日，“佛教文化与 21 世纪海上丝绸之路”国际学术研讨会在上海玉佛禅寺开幕。

12 月 3 日，由北京大学宗教文化研究院主办、北京和合天地文化发展有限公司承办、宗教艺术网协办的“2016 中国宗教音乐雅集”在北京大学开幕。

12 月 2—3 日，由香港中文大学人间佛教研究中心、香港佛光道场、佛光山人间佛教研究院联合主办的“人间佛教在东亚与东南亚的实践”国际学术研讨会，分别在香港佛光道场及香港中文大学举行。

12 月 5 日，由云南大学佛教与现代宗教理论研究所、云南大学公共管理学院哲学系、重庆市华岩文教基金会合办的第五届西南佛教文化学术研讨会，在云南大学翠湖校区科学馆举行。

12 月 6 日，“慈悲与宽恕”跨宗教论坛在法国佛光山举行。

12 月 6 日，国家社科基金重大项目“‘一带一路’战略实施中的宗教风险研究”的系列讲座在中国社会科学院世界宗教研究所正式启动。

12 月 9—11 日，由华夏老子学研究联合会、中国道教协会、北京大学道教研究中心等机构主办的“理解与运用：老子及道家和道教的生活之道”学术研讨会暨“华夏老子学研究联合会”成立大会在京举行。

12 月 10 日，由中国社会科学院世界宗教研究所、中国宗教学会主办，由中国民俗学会中国地域民俗文化研究中心、牡丹江市民间文艺家学会、牡丹江海东青文化传播发展有限公司承办的“第二届民间信仰研究高端论坛暨宁安萨满文化学术考察活动”在黑龙江省牡丹江市召开。

12 月 10—11 日，为期两天的“2016 义乌双林佛教文化论坛”在浙江省义乌市幸福湖国际会议中心举行。

12 月 11—13 日，由中国社会科学院世界宗教研究所、爱德基金会、中华基督教两岸交流协会主办，粮惠世界、苏格兰教会、美国卫理公会、荷兰基督教发展合作社、江苏省基督教两会等单位支持协办的“宗教与可持续发展国际论坛”暨第二届两岸宗教公益论坛、第三届江苏省宗教公益慈善培训班，在江苏南京隆重举行。

12 月 13 日，第四届中国观音文化研讨会在鲁山县召开，此届研讨会由中国观音文化研究中心、政协平顶山市委员会主办，河南省宗教文化交流协会、河南省佛教协会协办，河南盛润控股集团平顶山大香山文化旅游有限公司承办。

12 月 13 日，由北京师范大学哲学学院宗教与文化研究所、外国哲学与文化研究所联合主办的北京师范大学—辅仁大学汉语哲学与神学工作坊系列讲座第 12 讲“比较宗教学视野中的儒教”举办。

12 月 13 日，由中国宋庆龄基金会事业发展中心主办、中国宋庆龄基金会丝路文化保护基金承办的“丝路文化保护与传承高层学术峰会暨玉刻《开宝藏》工程启动仪式”在北京举行。

12 月 15 日，由武汉大学文学院、武汉大学中国宗教文学与宗教文献研究中心主办的第三届“宗教实践与文学创作暨《中国宗教文学史》编撰”国际学术会议在武汉大学召开。

12 月 16 日，云南道教文化（国际）学术研讨会在昆明启幕。

12 月 16—18 日，由中国宗教学会、中国中东学会共同举办的“伊斯兰教与一带一路”暨第二届全国伊斯兰教学术研讨会在京举行。

12 月 16—18 日在佛光山举行，集结海峡两岸及世界各地 40 余名佛教学者，以议题发表、主题演说等方式，探讨人间佛教的理论和实践，以及对星云大师著作的解读等。

12 月 17—18 日，由中国社会科学院世界宗教研究所与中国宗教学会主办、《世界宗教研究》编辑部与英文季刊《中国宗教研究》承办的首届“全球史视阈中的宗教研究”国际学术研讨会在北京举行

12 月 18 日，由北京福慧公益基金会主办，中央民族大学藏学研究院、佛教在线协

办，西安大兴善寺、诺那华藏精舍支持的近现代中国密宗文化暨《先驱——忆普佑法师诺那呼图克图》图书出版学术座谈会在中央民族大学举行。

12 月 22 日，由中国社会科学院佛教研究中心主办，广东东华禅寺、佛教在线承办，北京福慧公益基金会支持的“禅宗文化现状与发展论坛”，在中国社会科学院世界宗教研究所举行。

12 月 24 日，由中国社会科学院道家与道教文化研究中心、中国社会科学院世界宗教研究所、中国宗教学会主办的“首届中国本土宗教研究论坛”在北京开幕。

12 月 27—29 日，中国天主教第九次全国代表会议在北京举行。

2016 年中国社会科学院世界宗教研究所大事记

刘玉萍　编

一　科研成果获奖评奖概况

科研成果获奖 1 项，如下：

中国社会科学院世界宗教研究所陈进国博士主编《宗教人类学》荣获社会科学文献出版社 2016 年度优秀集刊三等奖。本届参选集刊共 170 种，其中荣誉奖 2 名，一等奖 5 名，二等奖 6 名，三等奖 7 名。

《宗教人类学》是中国社会科学院 2009 年—2015 年度的特殊学科项目，是中国宗教人类学领域的权威集刊，作者群汇集了中国及世界各地活跃的宗教人类学家，其中不乏像伊迪丝·特纳（Edith Turner）、魏乐博（Robert P. Weller）、乔尔·罗宾斯（Joel Robbins）等海外名家。近年来，《宗教人类学》积极引领中国宗教人类学学科的理论进展。特别是 2013 年以来，陈进国、黄剑波、杨德睿等三位宗教人类学者共同倡导“修行人类学”，期待以修行实践为中心，重新探讨宗教人类学研究的某种内在主体转向的可能性。该研究群汇集了一批国内外同行，在海内外获得较广泛的学术影响。

二　学术会议

2016 年度该所共举办国际学术会议 1 场，国内学术会议 27 场。

（一）国际学术会议

2016 年 11 月 2—5 日，“共建人类命运共同体——宗教与科学的角色”国际学术研讨会在澳门大学成功举办。此次会议由中国社会科学院世界宗教研究所巴哈伊研究中心、巴哈伊澳门总会联合主办，澳门大学人文学院哲学及宗教学系、全球文明研究中心、澳门特区政府社会文化司、澳门基金会协办。来自中国社会科学院、国家宗教事务局宗教研究中心、中央民族大学、澳门大学、山东大学、上海社会科学院、四川大学、四川社会科学院、澳门城市大学、南京大学、深圳大学、西南政法大学、香港中文大学、香港大学、宁夏大学、新加坡理工大学、浙江大学、河南大学、广州大学、山东社会科学院、长沙理工大学等共计 50 余位专家学者出席会议。

在主办单位代表巴哈依教澳门总会江绍发和中国社会科学院世界宗教研究所巴哈伊中心邱永辉研究员简短的致辞后，大会开始主要议题。正如中国社会科学院世界宗教研究所所长卓新平研究员在会议论文中指出，“共建人类命运共同体”必须尊重宗教，积极发挥宗教的作用，悟出宗教文化蕴涵的价值及其现实运用的可能，从而穿透其神秘包装而对宗教整体观加以科学评价。与会专家学者围绕“宗教”与“科学”之角色问题，畅言如何构建共建人类命运共同体。中国社会科学院世界宗教研究所的邱永辉（《重识瑜伽——人类命运共同体语境下的思考》、陈进国（《内含天下的中国与外延中国的天下》）、唐晓峰（《认知与良知——个体认知发展在个体道德意识形成过程中的作用评析》）、晏琼英（《伊斯兰视角的多元主义——伊斯兰现代主义者对传统与现代性的双重批判》）和张宏斌（《大道之行、天下为公——大同社会与个人价值》）参加了会议，并在会议上发言。

（二）国内学术会议

1. 2016 年 1 月 12 日，中国社会科学院世界宗教研究所召开了《中国宗教研究年鉴》工作会议，会议由世界宗教研究所副所长郑筱筠研究员主持，所长卓新平研究员出席了会议。参加会议的还有世界宗教研究所各研究室主任、副主任，以及世界宗教研究所部分专家学者等。

《中国宗教研究年鉴》自 1996 年开始编撰，如今已经历 20 载春秋。会议总结了《中国宗教研究年鉴》20 年来的成果和贡献，并围绕着《中国宗教研究年鉴》的编撰工作展开讨论。郑筱筠副所长在发言中指出，《中国宗教研究年鉴》集中反映了中国学术界宗教研究状况，是对年度中国学术界宗教研究的最新动态、成果与进展的全面总结，致力于为宗教研究者提供详实而富有参考价值的信息和数据，为此，《年鉴》编撰应该站在中国宗教研究的高度，使读者能够通过《年鉴》更全面、深刻地了解和把握当今宗教研究的前沿问题和未来趋向。

《中国宗教研究年鉴》由中国社会科学院世界宗教研究所曹中建主编、郑筱筠执行主编，是国内第一部集中反映中国学术界宗教研究状况的大型文献性、资料性工具书。《中国宗教研究年鉴》的 20 年历程，凝聚了宗教所领导、各研究室主任、副主任以及各位专家学者的集体智慧，也得到了其他学术机构专家学者的大力支持。《中国宗教研究年鉴》秉承学术性、前沿性、权威性的宗旨，洞悉时代发展脉搏，内容丰富、翔实，全方位、多角度、深层次地反映中国学术界宗教研究全貌。既是重要的学术资源，也是广大专家学者、宗教研究人员的重要工具，堪称国内宗教研究的“百科全书”，具有不可替代的权威地位。

《中国宗教研究年鉴》迄今共出版 10 卷，全面反映了中国宗教学科的历史发展过程。在栏目方面，设有“政策法规”“研究综述”“年度论文”“年度推荐论文”“年度著作”“年度人物”“年度新闻”“年度会议”“年度研究数据”“论文索引”以及“年度信息”等栏目。“政策法规”栏目主要介绍本年度发布的宗教政策法规，其他栏目着重梳理宗教学各分支学科的研究概况，收集整理了与宗教相关的年度热点新闻、人物、观点、会议和大事件等。其中，在学科研究综述中，对本年度已经公开发表的论文、专著等研究成果，以及学术会议、相关政策等重要事件，予以总结与梳理，并对学科未来发展趋势进行分析与展望。在研究数据方面，着重推出年度重要论文和专著、年度十大热点新闻和宗教学研究十大会议等内容，汇集了我国宗教学研究的几个重要刊物如《世界宗教研究》《世界宗教文化》《宗教学研究》《中国宗教》等期刊，《宗教与哲学》《宗教人类学》等辑刊的年度目录，以及我国宗教学及宗教类年度新版图书、研究论文目录，并对年度我国宗教学界的重要事件进行简要回顾。《中国宗教研究年鉴》最初两年出版 1 卷，自 2014 年开始，

《中国宗教研究年鉴》每年出版1卷，在栏目上增设了年度人物等内容，更加全面地对上一年度国内宗教学术研究情况进行总结与回顾。

卓新平所长对《中国宗教研究年鉴》的编撰工作进行了高度肯定，进一步指出《年鉴》编撰的重要意义，并希望与会学者建言献策，在未来的《年鉴》编撰工作中贡献智慧。与会学者认为，作为宗教学研究的学术前沿窗口，《中国宗教研究年鉴》全面、系统、客观地记录着中国宗教研究的发展历程，融权威性、时效性、系统性、连续性为一体，在人文社会科学领域内有极高的学术影响力和号召力，为宗教学术研究领域成功搭建了一个高水平的学术交流平台，为繁荣和推动学术研究的发展做出了积极贡献。

2. 2016年1月19日下午，由中国社会科学院世界宗教研究所课题组负责的“宗教学名词审定”项目结项会在世界宗教研究所大会议室顺利举行。中国社会科学院世界宗教研究所所长卓新平研究员、党委书记曹中建、副所长郑筱筠研究员以及韩秉芳研究员、周燮藩研究员、冯今源研究员、黄陵渝研究员、邹昌林研究员、北京大学宗教文化研究院院长张志刚教授、清华大学哲学系王晓朝教授、名词委专家邱碧华等参加了会议。

结项会由世界宗教研究所所长卓新平研究员主持，专家、学者们充分肯定了本次宗教学名词编写的意义，并就宗教学名词编写过程中遇到的问题一一展开讨论，逐步达成共识，进一步完善了宗教学名词的编写、审定工作。

3. 2016年1月20日，在所大会议室举行“《中国大百科全书》第三版宗教学科编委会”，卓新平研究员、周燮藩研究员、韩秉芳研究员、邱永辉研究员、唐晓峰研究员、李林副研究员，以及来自北京大学的张志刚教授、李四龙教授，来自山东大学的傅有德教授和大百科全书出版社的相关负责人出席了会议。

4. 首届南传佛教高峰论坛于2016年2月17—19日在云南顺利举办，并圆满闭幕。这次论坛是为深入贯彻落实习近平总书记考察云南重要讲话精神，由中国社会科学院世界宗教研究所、云南省佛教协会联合主办，由西双版纳州民族宗教事务委员会、西双版纳州佛教协会、西双版纳总佛寺承办，云南省社会科学院宗教研究所、云南大学贝叶文化研究中心、云南民族大学云南省民族文化研究院、云南大学宗教文化研究所等单位协办举行。此次论坛的举办得到了国家宗教事务局、云南省省委统战部、云南省民族宗教事务委员会、西双版纳州州委、州政府、景洪市市委、市政府等各级部门的支持。

此次论坛是国内外学术界首次举办的高规格的南传佛教学术研讨会，以“慈悲济世，和平共荣”为主题，围绕南传佛教与国际和平、南传佛教与文化交流、南传佛教与环境保护、南传佛教黄金纽带的传承与弘扬等议题展开研讨。

此次论坛开幕式由中国社会科学院世界宗教研究所副所长郑筱筠研究员主持，国家宗教事务局副局长蒋坚永，中共云南省委统战部部长黄毅，中国社会科学院世界宗教研究所党委书记曹中建，西双版纳州委副书记、州长罗红江，云南省佛教协会会长刀述仁，中国佛教协会副会长祜巴龙庄勐长老等分别致辞。来自中国、泰国、老挝、缅甸联邦共和国、柬埔寨、斯里兰卡、孟加拉国、尼泊尔、美国等国家的佛教界代表也出席了开幕式。

继开幕式之后的大会由中国社会科学院世界宗教研究所党委书记曹中建主持，所长卓新平研究员、副所长郑筱筠研究员、北京大学楼宇烈教授做主旨发言。

在接下来的各个发言论坛中，来自中国社会科学院世界宗教研究所、北京大学、复旦大学、中国人民大学、中央民族大学、华东师范大学、云南大学、云南省社会科学院、云南师范大学、云南民族大学以及美国佛蒙特大学、德国汉堡大学、澳大利亚国立大学、泰国玛哈朱拉隆功佛教大学、新加坡等中外科研机构及高等院校的专家学者、高僧大德近200人分别就南传佛教发展与文化交流、南传佛教与社会发展、南传佛教理论研究和南传佛教传播与教育等多个主题展开热烈深入的探讨，取得了丰硕的成果，进一步推动了国际学术界南传佛教学术研究。

5. 在著名哲学家、宗教学家、教育家、中国历史文化研究的一代宗师任继愈先生诞辰一百周年之际，中国社会科学院世界宗教研究所召开了“纪念任继愈诞辰一百周年座谈会”，以回顾任继愈先生的学术贡献，忆念任继愈先生的大家风范，寄托我们对任继愈先生的崇高敬意和深切缅怀。

中国社会科学院院长、党组书记王伟光发来致辞，高度赞扬任继愈先生的丰功伟绩。全国人大常委、中国社会科学院学部委员、世界宗教研究所所长卓新平；任继愈先生的儿子、北京大学任重先生；中国社会科学院世界宗教研究所副所长郑筱筠；中国社会科学院世界宗教研究所荣誉学部委员、原党委书记吴云贵；中国社会科学院荣誉学部委员杨曾文、金宜久；中国社会科学院世界宗教研究所原副所长金泽、中国社会科学院网络中心原主任张新鹰；中国社会科学院世界宗教研究所编辑部原主任李富华等老一辈专家学者及世界宗教研究所全体在职研究人员出席了座谈会。

王伟光院长在致辞中谈到，今年是任继愈先生诞辰一百周年，纪念任先生百年诞辰有深刻的意义。任先生是我国著名的哲学家、宗教学家、历史学家、图书馆学家和教育家，是我国著名的哲学社会科学学者。纪念任先生百年诞辰，最根本的是学习他坚持以马克思主义指导哲学社会科学研究，对中国的哲学社会科学事业的发展、对中国哲学史、宗教学、图书馆学等学科的发展做出了卓有成效的贡献。王伟光院长回顾了任先生与世界宗教研究所的创建、发展的渊源，指出任先生从担任世界宗教研究所所长，至1987年担任国家图书馆馆长，并兼任世界宗教研究所名誉所长，前后一共45年。可以说，中国社会科学院世界宗教研究所的发展离不开任先生。任先生是世界宗教研究所的奠基人，也是马克思主义宗教学的创建人。接下来王伟光院长从四个方面概括了任继愈先生的一生与贡献：第一，以马克思主义的立场、观点、方法指导中国哲学史研究。第二，奠定了马克思主义宗教学的基础。第三，运用马克思主义世界观方法论研究分析中国传统文化。第四，马克思主义的哲学社会科学教育家。今天我们纪念任先生诞辰一百周年，一方面深切缅怀任先生，另一方面也希望世界宗教研究所能够继续坚持任先生所坚持的马克思主义立场、观点和方法，继续坚持任先生做学问的宗旨，进一步推动马克思主义宗教学研究的发展，进一步推动世界宗教研究所的发展。

卓新平所长在讲话中指出：任继愈先生是中国当代著名学者，是影响了新中国整整一代人的哲学家和宗教学家。正是任继愈先生在宗教研究上的深邃思想和理论开拓，才引起了毛泽东主席的高度注意和重视，毛主席于1959年10月曾邀请任先生到中南海长谈，随之对任先生有着“凤毛麟角”的不凡评价，从而在1963年底关于创办一批新的研究机构的文件中建议研究世界宗教、批准了世界宗教研究所的建立，而任继愈先生亦成为筹办、建立世界宗教研究所、担任首任所长职位的不二人选。我们今天纪念任继愈先生，就是要坚持以马克思主义宗教观来引领我们宗教学的系统研究。纪念任继愈先生，就是要继承和发扬任先生所倡导的宗教研究之世界眼光。纪念任继愈先生，就是要继续发展任先生所鼓励的创新意识、学术胸襟。就是要全力保住我们研究所良好的发展态势，守住在国内外学术界的学术高位。任继愈先生的儿子、北京大学的任重先生与在场的学者们一起深切缅怀了任继愈先生，回忆了任先生在世界宗教研究所工作时的情形。

在座谈会中，与会学者回顾了与任继愈先生交往的点点滴滴，表达了对任继愈先生的缅怀之情，并高度赞扬了任继愈先生在学术研究与社会影响等方面做出的卓越贡献。吴云贵研究员追溯了任继愈先生与世界宗教研究所成立的过程，肯定了任先生以马克思主义科学的世界观和方法论来研究宗教问题的研究方法。金宜久研究员回顾了与任继愈先生的交往与日常。杨曾文研究员着重谈到了任先生对佛教研究的支持，特别是主持了《中华大藏经》的编辑、出版工作。张新鹰研究员回忆了在世界宗教研究所与任先生共事时的岁月，谈到了任先生在工作中对马克思主义宗教观的贯彻。李富华研究员追忆了在任继愈先生的带领下从事《马恩列斯论宗教》《宗教学通论》等书籍的编撰工作。韩秉方研究员谈到了任继愈先生对道教研究的支持，指出任先生对本土宗教研究的重视。黄陵渝研究员回忆起自己在科研处工作时与任继愈先生的交往，往事历历，如在目前。魏道儒研究员就建所后佛教研究室的发展，谈到了任先生对佛教研究事业的支持与帮助。王卡研究员着重谈到任继愈先生对研究中国本土宗教、中国宗教现状的重视。曾传辉主任谈到了中国马克思主义宗教观研究的发展历程，进一步肯定了任继愈先生突出的贡献。赵法生主任讲述了任继愈先生对儒教这一学科建立的贡献。唐晓峰主任与李林主任作为青年学者的代表分别谈了自己的感想。唐晓峰主任谈到了自己以及年轻学者们从任继愈先生身上学到的研究精神，如宗教研究的服务性、宗教研究应该坚持马克思主义宗教观、具有开阔的视野、扎实的工作基础等等。李林主任从传承、传统、传播三个方面谈到了作为青年学者对任继愈先生的理念与精神的继承。在自由发言的环节，学者们纷纷追溯、回忆。尕藏加研究员谈到了任继愈先生对藏传佛教研究的支持，黄奎副研究员回忆了与任先生的交往，以及从中受到的学术研究中的启迪。

最后，郑筱筠副所长进行了总结发言：大家的发言都非常让人感动。如果用一个字来概括的话，那就是“真”。真情的流露、真实的回顾、真切的期望。首先是真情的流露，无论是王伟光院长的致辞，还是在座各位专家学者发过言或是没发言的嘉宾，还是今天无法出席会议的人，都表达了对任先生的真情实感。其次是真实的回顾，这次座谈会真实地回顾了任先生的一生，回顾了他对世界宗教研究所的贡献，回顾了他对中国学术界的重要贡献。最后是真切的期望。大家希望中国学术界有更好的发展，能够建立起具有中国特色的宗教理论体系。我们会坚定不移地坚持任先生在创办世界宗教研究所时定下的办所方针，坚持宗教所的治学传统，“路漫漫其修远兮，吾将上下而求索”，作为世界宗教研究所的一名成员，我相信在大家的努力下，在老前辈的鼎力支持和勉励下，世界宗教研究所会不负任继愈先生等老一辈学者的殷切期望，争取取得更大的成就，为中国宗教学术界做出应有的贡献。

6. 2016 年 4 月 21 日，曹中建书记、郑筱筠副所长参加由中国社会科学院世界宗教研究所、四川大学老子研究院、海南玉蟾宫在海南省海口市联合主办的“首届中华敬天法祖信仰高峰论坛”。

7. 2016 年 5 月 3 日上午，中国社会科学院世界宗教研究所举办“学习贯彻习近平总书记在全国宗教工作会议上的讲话精神学术研讨会”。

此次研讨会的目的在于，充分认识深入学习贯彻习近平总书记在全国宗教工作会议讲话精神，更好地推进宗教工作和宗教研究的发展。中国社科院副院长、党组成员张江出席研讨会并作重要讲话。世界宗教研究所党委书记曹中建主持研讨会。全国人大常委、世界宗教研究所所长卓新平，国家宗教事务局研究中心张训谋主任，世界宗教研究所副所长郑筱筠，世界宗教研究所原副所长金泽，中央民族大学教授牟钟鉴，中国人民大学教授何虎生，中国社科院荣誉学部委员吴云贵研究员，中国社科院学部委员魏道儒研究员，中国社会科学院长城学者王卡研究员、基督教研究室主任唐晓峰研究员、马克思主义宗教观研究室主任曾传辉研究员，以及宗教所各研究室主任和研究员出席了此次研讨会并发言。

随后，与会学者围绕习近平总书记讲话精神展开了热烈的讨论，结合自身的研究专长发表了对讲话精神的理解。

8. 2016 年 5 月 31 日，中国社会科学院世界宗教研究所举办学习贯彻习近平总书记“5・17”重要讲话精神座谈会。卓新平所长、曹中建书记、郑筱筠副所长，荣誉学部委员吴云贵、金宜久、杨曾文，中央民族大学教授牟钟鉴，本所周燮藩、王卡、王美秀、曾传辉、纪华传、李建欣、汪桂平、董江阳、戈国龙、赵法生、李林、嘉木扬・凯朝、周伟驰、杨健、刘国鹏、李维建、白文飞、苏冠安、赵敏、王伟、袁朝晖等参加了这次座谈会。

座谈会由郑筱筠副所长主持，与会学者畅谈了各自的体会，都认为习总书记在哲学社会科学工作座谈会上的讲话深刻阐述哲学社会科学的历史地位和时代价值，突出强调坚持马克思主义在我国哲学社会科学领域的指导地位，深刻阐明事关哲学社会科学性质、方向和前途的一系列重大原则问题，对加快构建中国特色哲学社会科学做出重大部署。与会学者都深受鼓舞，纷纷表示要在自己的研究工作中坚持马克思主义的指导，以中国传统资源为根基，做好宗教学研究，为中国的宗教学事业的发展做出自己的贡献。

9. 习近平总书记在全国宗教工作会议上的讲话指出，“要高度重视互联网宗教问题，在互联网上大力宣传党的宗教理论和方针政策，传播正面声音”。互联网宗教问题是我国宗教工作面临的新情况新问题之一，也是宗教学界面临的新的研究课题。

为深入贯彻习近平总书记关于宗教工作的讲话，加强互联网宗教研究，中国社会科学院世界宗教研究所于 2016 年 6 月 17 日召开了“互联网宗教数据分析与统计方法”学术研讨会。来自中国社会科学院、国家宗教事务局、国务院发展研究中心、北京大学、江苏省民族宗教研究中心、上海市社会科学院宗教研究所、中国知网、北京拉布科技、《中国民族报》《中国社会科学报》等高校和科研院所的研究人员约 30 人参加了此次会议。

此次会议由中国社会科学院世界宗教研究所副所长郑筱筠研究员主持，主要议题是“互联网宗教数据分析与统计方法”，有以下分议题：互联网宗教信息分析、互联网宗教理论研究、互联网宗教数据统计与信息研究。在会议发言中，郑筱筠副所长首先对本次会议主题进行了概念解析，指出互联网宗教的概念和内涵、互联网和宗教的关系。郑所长回顾了互联网宗教的兴起和发展的历史，进一步分析了互联网时代的网络宗教特点。从管理层面来看，互联网时代的网络宗教传播对国家治理提出挑战，对此，郑所长从应对策略等方面提出了思路和对策。

第一场分议题发言中，中国社会科学院世界宗教研究所的研究人员分别围绕互联网时代的数据、信息等要素，从网络宗教的研究和实践等角度，对互联网宗教进行了深入分析和讨论。第二场分议题的发言中，与会学者针对互联网宗教理论展开了深入讨论，并以国际视野聚焦国外互联网宗教的网站、宗教传播等情况，探讨虚拟空间对宗教管理提出的挑战，在法律等层面展开讨论。第三场分议题主要基于互联网宗教数据统计对相关信息进行研究与探讨，与会学者就调研中掌握的数据与信息，结合互联网时代的新特点进行分析。

在会议发言中，与会学者就网络宗教的现状等相关问题展开了讨论，基于互联网数据和信息分析了互联网宗教的现状、问题，从理论和方法层面展开了讨论，在思想的交流和碰撞中展示真知灼见。此次会议推动了我国网络宗教研究的进一步发展，为我国规范网络宗教发展提供参考与借鉴。

10. 2016 年 6 月 21—22 日，由中国社会科学院世界宗教研究所与山西太原龙泉寺联合举办的“宗教社会学论坛（2016）”在太原龙泉寺顺利举行。

开幕式由中国社会科学院世界宗教研究所金泽研究员主持，中国社会科学院世界宗教研究所曹中建书记、太原市民族宗教事务局孙世文副局长、太原龙泉寺住持释义忍法师分别致辞。

在开幕式上，曹中建书记带领参会学者学习了习近平总书记在全国宗教工作会议上的讲话精神，并指出此届宗教社会学论坛的召开恰逢其时，是学习、贯彻习近平总书记讲话精神的积极举措。曹中建书记指出，习近平总书记在全国宗教工作会议上的讲话是指导我们做好新形势下宗教工作的纲领性文献，对于宗教学研究具有重要的指导意义。曹中建书记指出，在马克思主义的指导下，通过对宗教组织的研究，探讨西方宗教学理论的中国化、本土化，宗教社会学界可以为丰富和发展中国特色社会主义宗教理论做出应有的贡献。

在致辞中，曹中建书记介绍了宗教社会学论坛及《宗教社会学》辑刊。曹中建书记介绍说，《宗教社会学》辑刊已出版 3 辑，在学界产生了一定的影响。宗教社会学论坛和《宗教社会学》辑刊的立足点是中国宗教，不过，视野是全球的。论坛和刊物推崇的是，对中国宗教和世界宗教进行理论与经验相结合的“中层研究”，力求为丰富和发展中国特色社会主义宗教理论做出贡献。

曹中建书记对宗教社会学论坛及参会的专家学者提出了殷切的希望。曹中建书记希望论坛对宗教组织的研究能引发学术界对相关问题的思考，加深社会各界对中国宗教组织和宗教工作规律的认识。

在致辞中，孙世文副局长介绍了太原市贯彻落实习近平总书记全国宗教工作会议讲话的情况，介绍了太原市宗教团体和宗教场所建设的举措。在致辞中，孙世文副局长表示这次论坛的主题非常紧扣当前我国宗教团体、宗教组织的实际，对论坛的召开表示祝贺。孙世文副局长对与会的专家表示欢迎，并希望在以后的工作中得到与会专家更多的支持和帮助。

在致辞中，龙泉寺住持释义忍法师向出席开幕式的各位领导和专家学者表示热烈的欢迎。释义忍法师介绍了龙泉寺的历史，并介绍了龙泉寺用“愚公移山”的精神，彻底搬掉了四百多万方渣山，建寺安僧的历程。释义忍法师表示，愿意与专家学者一起，共同为宗教学术研究贡献智慧和力量。

此届论坛的主题是“宗教组织的社会学研究”。宗教组织是宗教四要素之一，对宗教组织的研究是宗教社会学的重要课题，也是中国特色社会主义宗教理论的重要组成部分。

开幕式之后围绕宗教组织的社会学研究，举行了六场专题研讨。分别为当代基督教与儒教、伊斯兰教组织与社会、宗教权威研究、本土宗教组织研究、基督教组织的现实与历史、宗教领袖的培养及研究。

论坛上，各位与会代表就以下问题进行了研讨：（1）宗教团体如何运转，组织架构是怎样的？（2）宗教权威（宗教领袖）的培养和成长的机制是什么？（3）宗教领袖与信徒关系模式是怎样的?（4）宗教团体的资金来源及资金管理模式等等。

此届论坛上，各位发言人围绕宗教组织进行探讨，是国内学术界首次集中对宗教组织进行研究的学术论坛，为宗教组织的研究和相关方面的学科建设做出了积极的探索。

在论坛的最后举行了学科建设座谈会与闭幕式。学科建设座谈会与闭幕式由中国社会科学院世界宗教研究所李华伟副研究员主持，由金泽研究员做会议总结发言。在闭幕式上，复旦大学中华文明国际研究中心安伦研究员，北京大学哲学系孙尚扬教授，香港亚太宗教文化交流中心张斌主任，中国社会科学院世界宗教研究所段琦研究员、王美秀研究员、唐晓峰研究员、赵法生副研究员、李维建副研究员、梁恒豪副研究员，郑州大学韩恒教授、上海社会科学院石丽博士、吉首大学陆群教授等，对论坛取得的成绩表示肯定，对论坛未来的组织形式提出了切实可行的建议。

此届论坛得到了来自中国社会科学院、北京大学、复旦大学、中山大学、上海社会科学院、郑州大学、南京师范大学、西藏大学、吉首大学、北京市社会科学院、四川省民族研究所、新疆师范大学、台州学院、广东省博物馆、山西省委党校等单位专家学者的支持和积极参与。

这是中国学界召开的第四届“宗教社会学论坛”，承接前三届宗教社会学论坛，意在加深对宗教组织的社会学研究，夯实学科基础，推进学科积累。本届论坛对宗教组织的研究引发了与会代表对相关问题的思考，加深了各界对中国宗教组织和宗教工作规律的认识。

此届论坛起到了凝聚力量、形成基本共识的作用，为宗教社会学的发展和学科建设、为丰富和发展中国特色社会主义宗教理论做出了积极的贡献。

11. 2016 年 6 月 23—24 日，由中国社会科学院世界宗教研究所主办，山西太原龙泉寺合办的“宗教心理学论坛（2016）”在太原龙泉寺召开。论坛开幕式由中国宗教学会常务副会长、中国社会科学院世界宗教研究所金泽研究员主持，中国社会科学院世界宗教研究所党委书记曹中建先生，国际应用心理协会秘书长、中国科学院心理研究所的韩布新研究员，太原龙泉寺住持释义忍法师分别致辞。

在致辞中，曹书记指出，在“健康中国”的理念呼之欲出之际，探讨宗教和心理健康的关系正逢其时。当前中国社会经济飞速发展，人民物质生活日益改善，与之相伴的是生活节奏的加快，压力倍增，人们的精神生活需求日益提升，明显地表现就是某些宗教的快速发展并成为人们精神生活的重要组成部分，这一现象已经引起了政界、学界和社会各界的普遍关注，值得我们大家来进行探究。在重温去年中央统战工作会议上，习近平总书记提出宗教工作“四个必须”的方针的基础上，曹书记提出“必须辩证看待宗教的社会作用”，在宗教和心理健康的关系问题上，要求我们辩证看待宗教对广大信众和人民群众的心理健康的影响，既要看到宗教劝人向善、抚慰人心的积极意义，又要看到某些宗教、派别对信众的精神控制，造成其信仰挣扎的消极层面。他在致辞中也提到“必须坚持中国化方向”，认为这是对宗教界的要求，也是对宗教学术界的要求。众所周知，由于中国宗教心理学的发展是比较晚的，探讨宗教和心理健康关系的研究也是比较少的。相比较而言，西方宗教心理学界的研究已经有 100 多年的历史，已经形成相对比较完善的学科体系，这对我们的学科建设具有一定的借鉴意义。其理论、方法和研究假设对于我们将来的研究都具有一定的参考价值。最后，曹书记传达了习近平总书记在全国宗教工作会议上的指示，要求我们“不断丰富和发展中国特色社会主义宗教理论”。作为在中国发展比较晚的交叉学科，宗教心理学一定要重视中国宗教文化的处境，关注中国各大宗教的现状，理论、实践相结合，逐步发展出具有中国特色的宗教心理学学科体系。

韩布新研究员在致辞中比较了国内宗教心理学研究的两条路径：从心理学的角度来研究宗教心理学和从宗教学的角度研究宗教心理学。他指出，虽然两条路径不一样，但宗教心理学是宗教学和心理学的交叉学科，这两条路径的合流是我们共同的心愿，这次论坛做到了这一点。他认为宗教与心理健康的主题非常好，每一个人都是一个有精神需求的存在。世界卫生组织在20年前就已经把道德作为健康的一个维度，伦理和精神层面的需求和超越存在的关系是每一个个体的人和认知的一个前提，民族和国家不能回避的现实，而这个现实反映在21世纪的中国，21世纪的世界，就尤其不可回避。他指出国内10多年宗教心理学的研究存在一些问题：自发的、散在的研究很多，有组织的系统研究少；瞄准现象的调查多，针对原理的探究少，思辨问卷研究多，试验性的研究很少。他希望与宗教界同仁一起携手从概念、理论、思想、方法来注意到干预多个层面全方位地协同起来，来为中国的现代化、中国的全球化、为中国人民的健康和福祉服务。

释义忍法师在致辞中指出，心理健康是非常重要的元素，健康的前提一定看看我们的心中的理想，理想的前提是能看到希望，有了希望才能有一切。我们的信仰是共产主义，在这个共同的信仰基础上，应该说是百花齐放，百家争鸣。外来宗教怎么样跟我们中华文明有机地结合起来，有机的去融合、融入，互助、互补地去传承，这是非常重要的。宗教心理学是非常大的、非常深的一门学科，我们既要有理论，也要有实践，要有行动，要有付出，要有收获，这样才行。我们在这里欢聚一堂，一起探讨宗教和心理学的关系，意义非常深远。

参加此次论坛的有中国社会科学院世界宗教研究所、中国科学院心理研究所、复旦大学、浙江大学、中国人民大学、北京师范大学、中央民族大学、北京市社会科学院、北京林业大学、上海宗教文化研究中心、南京师范大学、天津外国语大学、西南民族大学、江西佛学院、江西师范大学、太原医科大学、四川民研所、浙江师范大学、广州大学、浙江丽水学院、山西医科大学、曲阜师范大学、内蒙古师范大学、中国道教学院、苏州西园寺、广东省佛教协会等高校和科研院所的专家学者，共计50人。

在为期两天的论坛研讨中，学术报告的主题涉及宗教和心理健康的理论研究，传统文化和心理健康、佛教与心理健康，基督教与心理健康、精神性和心理健康、宗教与大学生的心理健康以及相关的比较研究，研究涉及的宗教包括佛教、道教、基督宗教、伊斯兰教、儒教和民间信仰等与心理健康相关的内容，研究方法有理论研究、问卷调查和实验研究等实证研究，还有以访谈为基础的个案研究，内容翔实，形式多样，交流深入。

论坛最后的闭幕式上，与会专家学者围绕宗教心理学学科建设和未来发展、《宗教心理学》辑刊建设和宗教心理学论坛相关的问题畅所欲言，提出了很多建设性的意见和建议。

总之，此次宗教心理学论坛汇聚了来自全国各地的专家学者，针对“宗教和心理健康”的主题凝聚了共识，为宗教心理学未来的发展和学科建设，为丰富和发展中国特色社会主义宗教理论做出了积极的贡献。

12. 2016年7月16日，“宗教与人类命运共同体”高层论坛暨2016年中国宗教学会年会在北京召开，论坛由中国宗教学会、中国社会科学院世界宗教研究所主办。此次论坛以“宗教与人类命运共同体”为主题，中国社会科学院院长、党组书记王伟光，全国政协文史和学习委员会副主任叶小文等出席开幕式。会议开幕式由中国社会科学院世界宗教研究所党委书记曹中建主持，中国宗教学会会长、世界宗教研究所所长卓新平，全国政协文史和学习委员会副主任叶小文先后致辞。

中国社会科学院世界宗教研究所副所长郑筱筠、中国社会科学院国家全球战略智库王灵桂研究员、北京大学哲学宗教学系教授张志刚、云南大理大学校长张桥贵、上海社会科学院宗教研究所所长晏可佳、山东大学犹太教与跨宗教研究中心主任傅有德、复旦大学宗教学系主任李天纲、复旦大学国际政治系主任徐以骅分别就中国宗教的现状，宗教对于中国社会的价值、中国特色宗教学的发展方向等问题做主旨发言。

论坛围绕宗教与人类命运共同体意识、宗教与文明对话、宗教对话与互鉴、宗教与中国特色社会主义、中华文明与传统宗教、宗教与“一带一路”建设等主题展开6场学术专题讨论。来自中央统战部、国家宗教事务局以及各省市民族宗教事务部门的有关领导，中国社会科学院、国务院发展研究中心、北京大学、复旦大学、中国人民大学、南京大学、武汉大学、山东大学、浙江大学、中央民族大学、四川大学、北京师范大学、兰州大学、上海师范大学、上海外国语大学、暨南大学、华侨大学、中国政法大学、首都师范大学、内蒙古师范大学、中共甘肃省委党校、江西师范大学、宁夏大学、大理大学、云南省社会科学院、河南大学、西南大学等研究机构和大学的专家学者，以及来自中国佛教协会、中国道教协会、中国伊斯兰教协会、中国基督教协会、中国天主教爱国会等教界人士近百人参加会议。

13. 2016年8月18日，由宁夏统一战线理论研究会、宁夏社会主义学院、中国社会科学院世界宗教研究所、中国宗教学会主办的“伊斯兰教中国化”论坛在银川开幕，全国宗教研究领域40余位知名专家学者将集中两天时间共同探讨伊斯兰教中国化的理论成果和实践路径。

自治区领导王儒贵、马力、田成江，中国社会科学院世界宗教研究所所长、中国宗教学会会长卓新平出席论坛。中央统战部、国家宗教事务局相关部门负责人到会祝贺。

自治区副主席马力在致辞时说，举办此次论坛旨在深入贯彻中央统战工作会议、全国宗教工作会议和习近平总书记关于做好宗教工作的系列重要讲话精神，探索伊斯兰教中国化的理论创新和实践路径。希望与会专家学者总结好伊斯兰教中国化取得的经验成绩，为我们解决现实问题拨开迷雾、理清脉络、提供参考；回答好伊斯兰教中国化进程中存在的现实问题，积极提出专业性、创新性、指导性、实践性强的理论思考和政策建议；把握好伊斯兰教中国化发展的前进方向，努力为中国特色社会主义宗教理论建设增添新内容、谱写新篇章。

开幕式上，还向卓新平等24名专家学者颁发宁夏统一战线智库特邀专家聘书。

14. 2016年8月26日—29日，由中国社会科学院世界宗教研究所、中国宗教学会与山东大学哲学与社会发展学院联合举办的第五届宗教哲学论坛——“苏菲与道宗教哲学论坛”和“康德宗教哲学研究”顺利举行。与会的专家学者来自中国社会科学院世界宗教研究所、中国社会科学院哲学研究所、北京大学、中国人民大学、山东大学、复旦大学、中央民族大学、香港中文大学、湖南大学、中国海洋大学等院校。

会议开幕式由世界宗教研究所赵广明研究员主持，中国宗教学会曹中建常务副会长，北京大学宗教文化研究院张志刚院长，山东大学哲学系主任傅永军教授分别致辞。

曹中建常务副会长在致辞中介绍了宗教哲学论坛的宗旨与定位，以及宗教哲学论坛在整合中国学术思想界探讨宗教哲学问题中的重要作用。在致辞中，曹中建介绍说，宗教哲学论坛的创办已有6年之久了，走过了6年的艰辛历程。2011年，为了更好地推进宗教哲学领域的学术研究与交流，由中国社会科学院世界宗教研究所牵头，整合所内资源，联合国内各著名高校的相关院系，发起创办宗教哲学论坛，并于当年8月在青岛成功召开第一届宗教哲学论坛。第二届、第三届、第四届宗教哲学论坛分别于2012年8月、2013年10月、2015年8月在山东威海、北京香山、山东青岛成功举办。在论坛的基础上正式出版《宗教与哲学》辑刊。宗教哲学论坛和《宗教与哲学》辑刊已经走过6年的历程，论坛到了第五届，辑刊马上出第六辑。

曹中建常务副会长充分肯定了《宗教与哲学》辑刊和宗教哲学论坛。曹中建指出，经过6年的努力，宗教哲学论坛和《宗教与哲学》辑刊已经成为国内宗教哲学界最具代表性和最有影响力的学术思想平台。曹中建指出，宗教哲学论坛定位小型、高端，立足宗教与哲学，致力于跨学科、跨文化的多元对话，参会论文要求原创首发，而且准入条件严格。

开幕式之后，举办了“苏菲与道宗教哲学论坛”和“康德宗教哲学研究”两个论坛，这两个论坛共同组成了今年的宗教哲学论坛。

在“苏菲与道宗教哲学论坛”上，共有四场发言，分别为“刘笑敢教授学术思想研讨”“道家思想研究”“伊斯兰哲学与宗教对话”“伊斯兰哲学研究”。

“康德宗教哲学”论坛共有三场：“主题发言”“傅永军教授《绝对视域中的康德宗教哲学》研讨”“康德宗教哲学”。山东大学傅永军教授作了题为《康德的宗教哲学及其神义论探赜》的主题发言，介绍了其专著《绝对视域中的康德宗教哲学》中的观点，并对之作了补充说明，主持人李秋零教授和评议人李明辉研究员对此发言作了点评。

此届宗教哲学论坛延续了以往四届论坛的特色，立足纯粹学术，坚持跨哲学、跨宗教的对话与交流，坚持学术原创性，坚持评议和对话的批判性，因此，会议各环节充盈着辩难与质疑、开放与对话，思想交锋无处不在。

此届论坛的参会论文是新鲜出炉的佳作，囊括了道家哲学、伊斯兰哲学和康德宗教哲学研究领域最新也是最权威的研究成果，而关于刘笑敢教授和傅永军教授的专题研讨，堪称道家思想研究和康德宗教哲学研究方面的大事，可喜可贺。无论是会议论文还是研讨都体现出极高的学术思想水准，是国内宗教哲学研究和学术交流的重要成果。

15. 2016年8月31日至9月1日，由中国社会科学院世界宗教研究所、中国宗教学会主办的中国社会科学论坛（2016·宗教学）在北京召开。此次论坛以文明对话与人类命运共同体为主题，来自国内外的60余位专家学者出席论坛，围绕文明对话与人类命运共同体这一主题展开了深入而热烈的讨论。

此次论坛开幕式由中国宗教学会常务副会长曹中建主持。开幕式上，全国人大常委、中国社会科学院世界宗教研究所所长卓新平，美国杨百翰大学杜克文教授致辞。中国社会科学院国际合作局副局长周云帆，国家宗教事务局中国宗教研究中心主任张训谋，以及来自中央统一战线工作部、北京市宗教事务局的领导干部出席了论坛开幕式。

开幕式之后，中国社会科学院世界宗教研究所所长卓新平、副所长郑筱筠，美国乔治敦大学教授凯瑟琳·马歇尔分别做了主旨发言。

8月31日下午至9月1日，论坛进行专题发言和讨论。主要围绕宗教与文明对话、宗教与人类命运共同体、G20与跨信仰对话、互联网宗教与全球治理等主题展开。来自中国社会科学院世界宗教研究所、哲学研究所、国务院发展研究中心民族发展研究所、北京大学、中国人民大学、北京师范大学、中央民族大学、上海社会科学院、华东师范大学、上海外国语大学、上海大学、山东大学、四川大学、西北大学、香港圣公会明华神学院、香港亚太宗教文化交流中心等单位的中方学者，以及美国杨百翰大学、乔治敦大学、宾夕法尼亚大学、印第安纳大学、欧洲教会联盟、加拿大温尼伯大学、德国马普研究院社会人类学研究所、以色列佩雷斯学术中心、澳大利亚墨尔本大学、皇家墨尔本理工大学、阿德莱德大学、意大利锡耶纳大学、新西兰惠灵顿维多利亚大学、印度阿米蒂高级法律研究所等国外大学及研究机构的专家学者近 70 人参与此次论坛讨论。

16. 由中国社会科学院世界宗教研究所、中国宗教学会、中国社会科学院道家与道教文化研究中心主办，中国道教协会、河南省道教协会、河南社科院历史与考古所协办，中岳庙、河南省嵩山管理委员会承办的“首届嵩山道教文化论坛”，于 2016 年 9 月 23 日—25 日在河南省登封市召开。

中国社科院世界宗教研究所所长卓新平研究员、中国宗教学会常务副会长曹中建先生、河南宗教局副局长郭国志先生、河南省委统战部李琳处长、登封市委常委、统战部长马宏伟先生、中国道教协会袁志鸿副会长、黄至杰副会长、中国道教协会周高德副秘书长以及来自中国社科院、北京大学、北京师范大学、四川大学、山东大学、厦门大学、郑州大学等百余位专家学者出席会议并进行了热烈探讨。

此次论坛议题涉及：中岳嵩山道教的历史渊源；从汉代到北魏时期的嵩山道教；北魏王朝与嵩山道教；寇谦之与嵩山道教；张道陵与嵩山道教；隋唐时期的嵩山道教；国家祭祀与中岳庙；中岳庙建筑、壁画、碑刻研究；中岳庙在中国道教史上的历史地位；轩辕黄帝与中岳庙；道教全真派与中岳庙；中岳庙发展的设想和建议。

17. 2016 年 10 月 10 日，由中国人民大学出版社、北京大学儒学院及中国社会科学院世界宗教研究所联合主办的“大众儒学经典”新书发布暨当前读经问题研讨会在北京大学举行。中国社会科学院、北京大学、清华大学、中国人民大学、首都师范大学、武汉大学等 30 余位学者参加了此次研讨。

中国社会科学院世界宗教研究所副所长郑筱筠对该丛书编著者所付出的心血给予肯定，特别肯定了以赵法生为代表的乡村儒学学者致力于探索乡村信仰和乡土文明建设的努力。大众儒学经典的发布适应时代需要，是我国乡村建设和中国文化体系建设过程中的文化积淀。弘扬传统文化的优秀精髓需要在责任与担当中不断实践。

据主办方介绍，在中国历史上，朝廷儒学、士大夫儒学和大众儒学既相互影响，又彼此有别，其中大众儒学尤其关心人伦日用和生活践履，在传统社会教化中发挥了重要作用。由于传统文化遭到严重破坏，人们对社会在市场化过程中的道德底线失守备感焦灼，越来越多的人开始关心传统精神价值，关注人伦日用之道。为适应大众对于儒学的迫切需求，中国人民大学出版社组织国内一批有丰富一线儒学弘扬实践经验的学者，精选合适的儒学典籍，加以诠释解读，编辑出版了“大众儒学经典”丛书。丛书共收录有《〈三字经〉读本》《〈朱子家训　朱子家礼〉读本》《〈孝经　曾子论孝〉读本》《〈论语〉读本》等，共 13 卷。

18. 2016 年 10 月 10 日，由中国社会科学院世界宗教研究所儒教研究中心、《光明日报》国学版主办的“乡村与社区祠堂祭礼研讨会”在北京召开。

中国社会科学院世界宗教研究所书记赵文洪研究员致辞，中国社科院世界宗教所儒教研究中心秘书长赵法生副研究员、中国社科院哲学所王正副研究员、云深书院孙兴建院长、中国艺术研究院音乐所项阳所长、中山大学黎红雷教授、安徽大学解光宇教授、《光明日报》国学版主编梁枢先生、腾讯网儒释道频道主编张顺平先生，以及来自尼山圣源书院、云深书院、明伦书院、邢台根源书院、齐齐哈尔安怀书院、烟台市毓璜顶文化研究会、江苏秀强玻璃股份有限公司的代表就乡村与社区祠堂祭礼的筹建及其意义进行了热烈讨论。

约五十名学者及各界人士参加了此次会议。各位嘉宾就社区祠堂的功能、祠堂祭礼的仪轨以及社区祠堂的建设方式进行了深入研讨。

19. 2016 年 11 月 5 日，由浙江大学、中国社会科学院世界宗教研究所、中国宗教学会主办，浙江大学汉藏佛教艺术研究中心、世界宗教研究所《世界宗教研究》编辑部、世界宗教研究所宗教文化与艺术研究室承办的“图像学与风格史：亚洲宗教美术研究方法论”学术研讨会在浙江杭州紫金港大酒店举行。

中国社会科学院世界宗教研究所赵文洪书记在开幕式上致辞，对中国宗教艺术的研究现状进行了梳理，对于本次会议召开的意义予以充分肯定。浙江大学人文学院副院长黄厚明代表主办方向与会的学者表示热情地欢迎，并介绍了近年来浙江大学在宗教美术研究领域展开的工作。来自浙江大学、中国社会科学院世界宗教研究所、中国社会科学院民族学与人类学研究所、北京大学、清华大学、中央美术学院、中国人民大学、复旦大学、四川大学、首都师范大学、南京师范大学、故宫博物院等高校、科研机构的 40 余名专家、学者参加了本次会议。在两天里，会议分为中国汉传佛教美术研究、中国道教及民间信仰美术作品研究、藏传佛教艺术研究、高丽及东亚佛教艺术研究与西域文史及图本研究几个主题，分组展开讨论，在宗教学界、考古学界、艺术学界之间进行思想的交流。

20. 2016 年 11 月 5 日，由中国社会科学院世界宗教研究所、中国宗教学会和中国社会科学院邪教问题研究中心主办的第五届“东南亚宗教研究高端论坛”在北京开幕，此次会议主题为“‘一带一路’与东南亚宗教”，来自海内外的专家学者围绕会议主题展开深入研讨。据主办方向记者介绍，随着“21 世纪海上丝绸之路”重大设想的深化与落实，构建和平稳定周边环境，拓展经济发展空间，促进沿线国家共同繁荣，成为东南亚宗教研究的重要时代背景。与此同时，东南亚作为海上丝绸之路的咽喉孔道，它的社会历史发展与海上丝绸之路的兴衰有着密切联系。为此，中国社科院世界宗教研究所特举办此次论坛，探讨如何发挥东南亚宗教区位优势，分享东南亚宗教研究成果，促进东南亚宗教研究，助力“21 世纪海上丝绸之路”建设。

开幕式由中国社会科学院世界宗教研究所副所长郑筱筠主持。中国宗教学会常务副会长曹中建、香港亚太宗教文化交流中心主任张斌先后致辞。曹中建在致辞中说道，东南亚地区由宗教引起的问题已渗透到该地区的社会、政治、经济等方面，而我国要顺利地实施“一带一路”的倡议，就必须要考虑到沿线国家的宗教文化特点。同时，他进一步表示，此次论坛有着重大的社会意义，不仅拓展了国内学术界的视野，为各位学者进一步加强联系和沟通搭建了一个良好平台，更为中国“一带一路”倡议的实施贡献宗教学界的力量。张斌在致辞中认为，东南亚是世界上宗教多样性非常突出的地区，在国际格局愈加复杂的今天，厘清东南亚宗教在社会发展中的发展与变迁，有利于我们更好地处理国内的宗教问题，亦对我国“一带一路”倡议有着重要的现实意义。

此次会议日程为期一天半，与会专家学者围绕“东南亚宗教文化交流与对话”“东南亚宗教热点问题”“跨境民族宗教研究”“海上丝绸之路与东南亚宗教文化”“东南亚宗教与国际关系研究”“宗教与东南亚社会发展”等分议题展开深入的学术研讨。

据介绍，中国社会科学院世界宗教研究所主办的“东南亚宗教研究高端论坛”创办于2012年，至今举办五届。第一届论坛2012年在北京举行，主题为“东南亚宗教与区域社会发展”。第二届论坛2013年在北京举行，主题为“东南亚宗教的复兴与改革”。第三届论坛2014年在北京举行，主题为“全球化时代背景下的东南亚宗教”。第四届论坛2015年在北京举行，主题为“东南亚宗教的转型与创新”。在中国社科院世界宗教研究所搭建的学术平台上，海内外学者加强了国际学术交流，拓展了学术视野，历届论坛取得了丰硕的学术成果。

21. 2016年11月20日上午，由中国宗教学会、中国社科院世界宗教研究所主办，中国社科院佛教文化新媒体调研基地、佛教在线承办的“首届佛教文化与新媒体高峰论坛”在中国社会科学院举行。全国人大常委、中国宗教学会会长、中国社科院世界宗教研究所所长卓新平，中国宗教学会常务副会长曹中建，国家宗教事务局办公室主任陈红星，《中国西藏》杂志社社长金志国，新华社新闻信息中心副主任徐军峰，中国社会科学出版社社长赵剑英，《中国宗教》杂志社社长刘金光，中国社科院世界宗教研究所副所长郑筱筠，中国社科院佛教研究中心主任魏道儒，《文明》杂志社社长娄晓琪，《法音》杂志社编辑部主任桑吉扎西，中国人民大学艺术学院院长丁方，中国传媒大学脑科学与智能媒体研究院院长曹立宏，北京福慧公益基金会理事长安迪，佛教在线总干事安虎生等有关方面的专家学者出席了此次论坛。

此次论坛以“机遇与挑战”为主题，与会专家学者围绕“中华优秀传统文化是中华民族的精神命脉，是涵养社会主义核心价值观的重要源泉，也是我们在世界文化激荡中站稳脚跟的坚实基础”为中心，通过主题演讲、专题发言和自由讨论，充分探讨如何在日趋激烈的国家文化竞争中不落后手，如何在建设文化强国的过程中，“能感国运之变化、立时代之潮头、发时代之先声，为亿万人民、为伟大祖国鼓与呼。”并在全球化竞合的时代，建立新平台，聚合新资源，弘扬正能量，发挥新作用，充分发挥中华文化的独特作用，实现“中华文明，全球共享”，为中华民族的伟大复兴，为世界和平做出积极贡献。

出席此次论坛的还有中央电视台、北京电视台、人民网、中国网、央视网、大公网、环球时报、环球网、中国报道、中国民族报、中国数字期刊协会、中央民族大学出版社、《佛教文化》杂志社、中国宗教学术网、中国文化网络传播研究会、九州音像等新闻领域的专业人员。

22. 2016年11月24日，由中国社会科学院世界宗教研究所、北京市基督教两会、中国宗教学会、中国社会科学院基督教研究中心主办的“基督教中国化与中华民族命运共同体的建设”高层论坛在北京召开。来自中国社会科学院、国家宗教事务局、中央统战部、上海社会科学院、北京大学、清华大学、中国人民大学、浙江大学、郑州大学、中南大学、燕京神学院、香港中文大学、芬兰赫尔辛基大学、澳大利亚墨尔本大学、北京市基督教两会、新加坡圣经公会等国内外学术机构及宗教团体、媒体的一百余人参加此次论坛。

论坛开幕式由中国社会科学院世界宗教研究所党委书记赵文洪研究员主持，全国人大常委、中国社会科学院学部委员、中国宗教学会会长、中国社会科学院世界宗教研究所所长卓新平研究员，国家宗教事务局陈宗荣副局长，北京市民宗局王海丰副局长，北京市基督教三自爱国运动委员会蔡葵主席发表致辞。卓新平所长指出，中国化的基督教、参与中华民族命运共同体建设的基督教必然是一种不断革新和创新的宗教，有着海纳百川、博采众长特色的中华文化完全可以涵容基督教文化精华及其思想智慧体系。陈宗荣副局长指出，坚持我国宗教中国化的关键是坚定文化自信，中国化既是我国基督教与中华民族命运共同体的经络和血脉，也是基督教融入中华民族命运共同体的必然结果。王海丰副局长强调了基督教的中国化对于构建中华民族命运共同体具有重要意义。蔡葵主席认为，落实基督教的中国化，必须要与两会的工作相结合。出席开幕式的还有中国社会科学院世界宗教研究所副所长郑筱筠研究员、中国宗教学会常务副会长曹中建、中国宗教学会赵学义、杨慧林副会长、北京市基督教协会吴巍会长。

主旨发言环节，中国人民大学文学院杨慧林教授、国家宗教事务局《中国宗教》杂志社刘金光社长、汕头大学、香港中文大学联合基督教研究中心主任卢龙光教授、文化更新研究中心院长梁燕城教授、中国社会科学院世界宗教研究所基督教研究室唐晓峰研究员对基督教中国化的路径、理论基础和现状进行了探析和解读。

24 日下午开始，论坛进入分场主题发言环节，主题分别为“理论探讨”“历史研究”“处境关怀”“人物研究”“文化比较”“信仰实践”“研究憧憬”，30 余位学者进行精彩发言。论坛于 26 日上午闭幕。

此次“基督教中国化与中华民族命运共同体的建设”高层论坛，旨在对基督教与中华民族命运共同体的形成进行历史回顾，探求如何让基督教更好地发挥积极作用，同时思考基督教在世界文明与中华文明对话及沟通中的意义及作用，将有力地推动国内关于基督教中国化问题的研究。

23. 2016 年 12 月 10 日，由中国社会科学院世界宗教研究所、中国宗教学会主办，由中国民俗学会中国地域民俗文化研究中心、牡丹江市民间文艺家学会、牡丹江海东青文化传播发展有限公司承办的“第二届民间信仰研究高端论坛暨宁安萨满文化学术考察活动”在黑龙江省牡丹江市召开。出席此届论坛的专家学者约 40 余人，涵盖宗教学、历史学、人类学、民俗学、社会学、哲学、民族学、建筑学、民间文学等学科，分别来自中国社会科学院、国家宗教事务局、复旦大学、华东师范大学、中央民族大学、大连民族大学、青海民族大学、西藏民族大学、吉林师范大学、牡丹江师范学院、牡丹江大学、河北大学、台湾东华大学、台湾“中研院”近代史研究所、台湾兰阳博物馆、台湾新北市文化基金会以及牡丹江市相关的社科人文机构。牡丹江市宁古塔部分满洲宗族的族人及萨满文化传承人也应邀与会。

中国社会科学院世界宗教研究所党委书记赵文洪在致辞中指出：第二届民间信仰研究高端论坛是对今年 12 月 5 日在福建泉州召开的“全国民间信仰工作座谈会”精神的最好的学术呼应，充分体现了中国社会科学院作为我国哲学社会科学研究的最高殿堂、党中央国务院重要的思想库和智囊团的积极作用。国家宗教事务局业务四司副调研员王勇在论坛上向与会的海峡两岸的专家学者简要地介绍了中国民间信仰工作的最新政策意见，以及“全国民间信仰工作座谈会”的有关精神。他强调，做好民间信仰工作，对于团结广大群众、促进社会和谐稳定，对于维护国家利益和社会公共利益，对于弘扬中华优秀传统文化、培养良好社会风尚，对于密切联系海外华侨华人、促进祖国统一等都具有重要意义。

此届高端论坛以“比较视野与跨界研究”为研讨主题，强调历时与共时研究相结合、定量与定性研究相结合，以期深入开展民间信仰事项的多向度、跨学科研究。与会论文议题涉及民间信仰的合法性、民间信仰与非物质文化遗产关系、丧葬习俗与日常生活、汉满藏民间信仰习俗、中国台湾地区的汉人民间信仰，以及日本和琉球的民间信仰习俗等内容，其中最大的特色是集中探讨了清代至当代的东北地区的萨满教文化的特点及其传承情况。论坛现场还集中展示了牡丹江市宁古塔地区的满汉双语族谱原件及各类萨满教祭祀文本。12 月 11 日，与会专家学者还将实地考察宁安县活态的萨满祭祖习俗。

民间信仰研究高端论坛是中国社会科学院世界宗教研究所打造的学术品牌之一，也是该所当代宗教研究室的创新工程项目——“当代宗教发展态势”的重要组成部分，并由叶涛、陈进国两位民间信仰研究专家来具体推动。首届民间信仰研究高端论坛于 2014 年 11 月在北京召开，以“中国民间信仰的当代处境与发展前瞻”为研讨主题，对于中国民间信仰的调查与研究曾经起到了很好的促进作用。

24. 2016 年 12 月 10—11 日，为期两天的“2016 义乌双林佛教文化论坛”在浙江省义乌市幸福湖国际会议中心举行。国内众多著名专家学者和高僧大德齐聚一堂，共同探讨义乌弥勒信仰的源流演变和现代意义。

此次论坛由中国社会科学院世界宗教研究所、中国宗教学会、中国社会科学院佛教研究中心和义乌市政协主办。全国人大常委、中国社会科学院学部委员、世界宗教研究所所长、中国宗教学会会长卓新平研究员，金华市委常委、义乌市委书记盛秋平，中国宗教学会常务副会长曹中建，中国社会科学院学部委员、佛教研究中心主任魏道儒研究员，浙江省佛教协会会长怡藏、副会长光泉出席了开幕式。

论坛开幕式由义乌市政协主席宋英豪主持。卓新平所长在开幕致辞中表示：义乌双林文化是中国佛教文化中特点鲜明的重要一脉，是中华传统文化的重要组成部分。直到今天，源远流长、内涵丰富的双林文化依然具有旺盛的生命力，持久的影响力和广泛的适应力。研究、开发和弘扬双林文化，历来受到义乌市的重视和支持，并且已经做出了许多卓有成效的工作，取得了令人瞩目的成就。在全面认识、深刻理解双林文化的基础上，开发双林文化的丰富内涵，弘扬双林文化的精华，促使双林文化成为密切人际关系，提高道德修养，推动社会、政治、经济和文化全面发展的精神动力，具有重要现实意义和重大社会价值。

在开幕式上，中国社会科学院学部委员魏道儒研究员代表中国社会科学院世界宗教研究所向义乌市政协捐赠《世界佛教通史》。

研讨会由魏道儒研究员主持并做主旨发言。来自中国社会科学院世界宗教研究所、清华大学、中央美术学院、浙江师范大学等院所的二十余名专家学者在会上做了精彩的发言。

研讨会闭幕式由中国社会科学院佛教研究室主任纪华传研究员主持。学部委员魏道儒对此次论坛作学术总结；中国宗教学会常务副会长曹中建致闭幕词；义乌市政协主席宋英豪致答谢辞。

期间，与会的专家学者除了在研讨会现场做主题演讲和交流发言外，还参观了佛堂古镇、清真寺等。

25. 2016 年 12 月 11—13 日，由中国社会科学院世界宗教研究所、爱德基金会、中华基督教两岸交流协会主办，粮惠世界、苏格兰教会、美国卫理公会、荷兰基督教发展合作社、江苏省基督教两会等单位支持协办的“宗教与可持续发展国际论坛”暨第二届两岸宗教公益论坛、第三届江苏省宗教公益慈善培训班，在江苏南京隆重举行。来自政界、学术界、宗教界人士200多人参加此次盛会。

开幕式上，中国社会科学院世界宗教研究所所长卓新平先生应邀作了题为“宗教服务于人类命运共同体的可持续发展”的主旨演讲。卓新平教授表示：宗教不仅是个体的灵性需求，更是人类社会共存的精神保障。谈论宗教与可持续发展，重点在于宗教与人类社团可持续发展的关系。历史上，宗教服务于社会可持续发展的典型范例就是社会慈善工作。社会服务既符合基督教的信仰传统，也是其中国化的必然途径与重要表现。宗教界应当把握时机、积极有为，完成好自身的现代化转型，真正实现和谐有益的中国化呈现。

大会为期两天，将大会主旨演讲与专门论坛分组研讨两种形式相结合，旨在促进各界人士间的相互学习了解。大会主旨演讲环节，邀请到中国社会科学院世界宗教研究所、粮惠世界、爱德基金会、德国技术合作公司、中华基督教两岸交流协会、亚洲基督教高等教育联合会、世界宗教与环境保护基金会等专业机构的学者专家，针对大会议题进行主旨演讲。

论坛分组研讨环节，来自海峡两岸、五大宗教的20位代表，应邀结合自身开展的社会慈善公益事工进行了交流分享。丰富多彩的交流内容，让与会的同工同道感受社会公益慈善事业勃勃生机的同时，也拓展了自身参与社会服务的视域，收获了宝贵的实操经验。

12月13日，会议期间恰逢南京大屠杀纪念日，大会特别举行了和平祈祷活动，江苏省佛教、道教、伊斯兰教、天主教、基督教及台湾教会的六位代表，上台共同为世界和平祈祷。与会人员全体起立为大屠杀死难者默哀一分钟。

26. 由中国社会科学院世界宗教研究所与中国宗教学会主办，《世界宗教研究》编辑部与英文季刊《中国宗教研究》（*Studies in Chinese Religions*）承办的首届“全球史视阈中的宗教研究”国际学术研讨会于2016年12月17—18日在京召开。

研讨会由中国社会科学院世界宗教研究所党委书记赵文洪研究员主持，全国人大常委、中国宗教学会会长、中国社会科学院世界宗教研究所所长卓新平研究员致开幕词，他指出：“自20世纪60年代以来，全球史逐渐在当代西方史学中异军突起，越来越引起世界各国学者的普遍关注与讨论，同时，全球史所提倡的‘全球史观’这一宏观视野，即主张用‘全球观点’来看待当代问题，也早已超出了史学的范围，近些年被广泛地运用到政治、军事、外交、气候、环境、移民、性别、宗教、物种传播、文化交流等研究领域。”

全球史著名学者杰里·本特利（Jerry H. Bentley）在其文章《世界历史上的文化交流》中把宗教视为前现代文化交流中的重要内容，“东半球的陆路和海路是出于商业目的和军事目的开通的，却成了宗教和文化传统传播的重要通道。佛教从其发源地印度传播到伊朗和中亚，后来传播到中国、朝鲜、日本和越南。基督教沿贸易路线，从巴基斯坦传播到地中海沿岸各地，向东则传播到美索不达米亚、伊朗、印度和中亚部分地区。不久，摩尼教也在大致相同的区域内传播。伊斯兰教的影响更是以惊人的方式，从其发源地阿拉伯半岛，扩展到东起印度尼西亚、西至摩洛哥、南达撒哈拉以南非洲部分地区的欧亚大陆的广阔地带。从7世纪到16世纪，所有这些宗教信仰不断地进行地理扩张，并且吸引了遥远地区的众多热情支持者。”

“全球史视阈中的宗教研究无疑会有力地破除欧洲中心论的一些成见，会给中国的宗教研究带来更重要的理论意义，将中国的宗教研究置于全球史观这一宏大的视阈中。”来自国内外30多个研究机构、高校的60多位有关专家学者参加了这次研讨会。其中有中国社会科学院世界宗教研究所前副所长金泽研究员、中国社会科学院学部委员、世界宗教研究所魏道儒研究员、文物出版社前总编辑葛承雍先生、中国人民大学艺术学院丁方院长、中国人民大学佛教与宗教理论研究所所长张风雷教授、中山大学历史系系主任吴义雄教授、中央民族大学哲学与宗教学院院长刘成有教授、陕西师范大学宗教研究中心主任吕建福教授、上海外国语大学丝路研究所所长马丽蓉教授、北京外国语大学全球史研究院院长李雪涛教授、上海大学全球学研究中心主任郭长刚教授、中国人民大学哲学院副院长王宇洁教授、清华大学沈卫荣教授、中国人民大学文学院雷立柏（Leopold Leeb）教授、芬兰赫尔辛基大学研究员黄保罗（Paulos Huang）、清华大学道德与宗教研究院副院长、哲学系副主任圣凯副教授、北京大学南亚学系系主任陈明教授、敦煌研究院杨富学研究员、南京大学哲学系杨维中教授、世界宗教研究所邱永辉研究员、张总研究员、赵法生副研究员、吉林社会科学院研究员、《社会科学战线》副主编尚永琪先生、中国社会科学院加拿大研究中心副主任姚朋博士、中山大学哲学系王丁教授、北京大学哲学系王颂教授、首都师范大学历史学院、全球史研究中心夏继果教授、王永平教授、浙江大学人文学院院长助理冯国栋教授、华东政法大学政治学研究院院长高奇琦教授、中国社会科学院哲学研究所刘一虹研究员、清华大学人文学院景教研究中心主任朱东华副教授、中国人民大学哲学院惟善副教授、北京师范大学哲学与社会学学院外国哲学与文化研究所瞿旭彤副教授、华侨大学海外华人宗教与闽台宗教研究中心副主任陈景熙副教授、中国社会科学院历史研究所聂静洁副研究员、中山大学张德伟博士、复旦大学张洪彬博士、世界宗教研究所梁恒豪副研究员、李华伟副研究员、陈粟裕博士、王皓月博士、山东大学犹太教与跨宗教研究中心李海涛副教授、东南大学张佳博士。

中国社会科学院世界宗教研究所郑筱筠副所长主持了研讨会闭幕式。正如《世界宗教研究》副主编、英文季刊《中国宗教研究》执行主编李建欣在学术总结中所指出的："这次研讨会具有多领域、多学科、多宗教、多主题的特点：与会者来自不同的研究领域和学科，主要是历史学、宗教学、艺术学、哲学、国际政治等；涉及佛教、基督宗教、三夷教（景教、袄教、摩尼教）、伊斯兰教、印度教、道教等；研讨的主题多样，主要有宗教传播、宗教艺术、宗教人物、经典、宗教运动、宗教史学、宗教学术史、宗教人名、宗教与政治、宗教心理等。既有宏观探讨，又有微观实证，既关注历史，又重视现实。"

他指出："在全球史的视阈中对宗教的观照，既可以是域外宗教，又可以是本土宗教，这一新的研究领域从一开始就不要厚此薄彼。从全球史的视阈对宗教研究进行观照，将是对我国'一带一路'倡议的强有力的学术声援和支持，是对'一带一路'文化建设的丰富与充实，具有极大的理论意义和现实意义。正如习近平主席在8月17日'一带一路'建设座谈会上所指出的，加强'一带一路'建设的学术研究、理论支撑、话语体系建设。"

卓新平所长在闭幕式上发表了热情洋溢的讲话，他认为全球史宗教的发展可以从三大时代，或者说三大发展时期来看。最早的第一个时期是公元前8到公元前3世纪，是人类思想活跃的时代，也是宗教开始兴起的时代；公元前3世纪这一时期结束的时候，就是希腊化时期，这时开始拥有了全球的视野，世界几大地区的宗教都比较活跃，古希腊有宗教神话的兴起；哲学也开始活跃，柏拉图提出神学的观点。中东地区，这时宗教也开始兴盛。除了希伯来人的犹太教以外，在古波斯出现了琐罗亚斯德教。

第二个时期，欧洲中世纪的千年，公元5世纪到15世纪之间。公元5世纪西罗马帝国衰亡，东罗马形成全球史的地域。在罗马帝国时期，全球的观念是比较固定的，因为围绕着地中海有欧洲，有亚洲，有非洲。但是中西文化分开了以后，这种观念就开始断裂，断裂以后就出现问题，伊斯兰教在公元7世纪开始崛起。这个事件带来很大的震动，伊斯兰教是革命，西进到了法国，到了西班牙。当时阿拉伯非常的强大，伊斯兰教作为一种精神支撑也是所向披靡。而欧洲自西罗马帝国衰亡以后，一直到文艺复兴，才开始重新崛起。全球史第三大高潮，应该是19世纪开始兴起，一直到现在还在延续。19世纪兴起的标志是鸦片战争，西方基督教，不论是天主教，还是新教，在全世界范围内传教。传教就跟不同的宗教、不同的文化进行碰撞，在这个过程中就出现宗教的嬗变。比如说基督教嬗变出太平天国。基督教作为一个宗教，它现在有所衰落；伊斯兰教在这一时期开始从它的传统中东、亚洲地区，扩散到世界各地，形成今天包括西方社会难民的状况。

我们学界有一种全球史的视阈，而不是单独地研究某一个宗教。结合世界宗教的发展来看，可能看得更透，我们举办首届“全球史视阈中的宗教研究”国际学术研讨会的基本的缘由也在于此，它是有强大的学术思想和精神支撑的，也是今天社会需要我们做的这样一件事情。我们找寻真理，发现这个社会发展的光明的前景，所以今天我们大家都是开拓者，我们也希望今后我们共同努力把全球史视阈的宗教研究做得更好。

27. 2016年12月24日，由中国社会科学院道家与道教文化研究中心、中国社会科学院世界宗教研究所、中国宗教学会主办的“首届中国本土宗教研究论坛”在北京市赵家楼饭店开幕。中国社会科学院世界宗教研究所党委书记赵文洪、中国社会科学院荣誉学部委员马西沙研究员、中南大学道学国际传播研究院教授吕锡琛、中国社会科学院道家与道教文化中心主任王卡、中国社会科学院世界宗教研究所研究员汪桂平等人分别在开幕式上做了致辞发言。此次论坛与会专家学者来自全国各地，会议着重探讨了中国本土宗教研究的新问题与新方法。论坛议程分为两个基本方面，分别为论文发表探讨阶段和中国本土宗教研究暨《中国本土宗教研究》创刊座谈会。

赵文洪书记指出，此次论坛提出的“中国本土宗教”这个概念，事实上，是力图将讨论的对象涵盖道教和民间宗教，包括民间信仰在内，以期从更宏观的范围内研究中国宗教的发展，寻求中国宗教发展的特点，回应西方宗教的理论挑战。“中国本土宗教”概念亦提醒我们，充分发挥道教及中国民间宗教、民间信仰在港台及海外的影响力，对构筑“文化中国”大有裨益。毕竟，时至今日，道教与民间信仰仍然是历史留给我们的文化资源和软实力。

儒、释、道是中国传统文化的精髓。在当代社会，要增强中华文明自觉，就必须正确对待中国宗教问题。长期以来，习近平总书记特别关心对中华优秀传统文化的挖掘和阐发，强调中华文明的自信和与世界文明的交往，他指出：“中华文明经历了5000多年的历史变迁，但始终一脉相承，积淀着中华民族最深层的精神追求，代表着中华民族独特的精神标识，为中华民族生生不息、发展壮大提供了丰厚滋养。中华文明是在中国大地上产生的文明，也是同其他文明不断交流互鉴而形成的文明。”

中国的现代化进程不应该只是简单的迎合外来意识形态，以消解自身的传统信仰为代价，而是应该在充分展示自身传统特性的前提下，吸取其他文明的长处而为己用，在竞争中保持以中华民族传统为本的宗教生态平衡。

马西沙研究员指出，西方注重制度问题，制度问题固然重要，但是文化也就是民族的精神亦十分重要，只要中华民族的根还在，中华民族必然会翻盘。陈垣先生在《南宋初河北新道教考》中说过，“用夏变夷，远而必复”，这是伟大的历史哲学，这是对中华文化、中华民族精神的强调，对中国本土宗教的探讨还应该将“本土化”宗教纳入其内，任何宗教进入中国这块土地必须中国化，否则就没有前途。宗教有其存在的生态环境，对中国本土宗教应该有全新的认识，不能武断地将本土宗教视为封建迷信。中国有如此伟大的文化是值得庆幸的事。

王卡研究员认为，中国宗教应该多元一体，应该树立开放的文化本位主义，既不拒绝外来的先进思想，同时，自己的文化主体性不能丢，以道教的真精神走儒家的旧途径。

吕锡琛教授认为，中国人应该关注自己精神世界的建构，要有自己的文化主体性，寻找属于自己的终极关怀。宗教是一个民族的精神支柱，作为中国本土的儒、道、民间宗教以及中国化的佛教，千百年来发挥着维系中国民族认同的重要作用，是中国民众安身立命的精神支柱。习近平总书记强调要弘扬传统文化，在这样的背景下，召开中国本土宗教论坛可谓恰逢其时，有助于凸显中国文化的主体性。同时，也应该放眼世界，中国的道教、道家思想已经受到西方学界的广泛重视，这些都对我们立足于本土，建构我们自己的精神家园大有裨益。

在论文探讨阶段，来自各地的学者分别对教派传承、道经问题、道教科仪、民间宗教和神仙信仰等多方面内容发表了最新研究成果。马西沙老师和陈静老师分别作为特别评论员，对参与论文探讨的学者文章做了特别点评。尹志华博士与强昱教授分别主持了两场论文探讨活动。

当日下午，在王卡研究员的主持下，与会嘉宾对《中国本土宗教研究》的创刊以及今后如何发展做了主题发言，并得到了学者们的一致赞同和支持。

此次“中国本土宗教研究论坛”在五四运动纪念地赵家楼饭店召开，也意蕴着中国本土宗教的思想和文化正面临着觉醒的好时机，是对中国本土文化的现代化发展和继承的好时机。

会后，与会学者继续进行了热烈讨论，并表达对本次论坛和本地宗教发展的期盼和期望。

三　其他学术活动

1. 2016 年 6 月 24 日，中国社会科学院在社科会堂举行了“中华魂——家国情深”纪念中国共产党成立 95 周年赛诗会。在世界宗教研究所工会主席郑筱筠副所长的组织领导下，世界宗教研究所职工积极排练节目参加比赛。

习近平总书记指出“中华民族伟大复兴需要以中华文化发展繁荣为条件”“中国共产党人始终是中国优秀传统文化的忠实继承者和弘扬者”。

为了响应习总书记的号召，为了在纪念中国共产党成立 95 周年之际体现我们的“中华魂”，为了积极传播优雅精深的中国文化，世界宗教研究所的参赛节目是诗歌朗诵《兰亭集序》，石衡潭老师朗诵，聂清老师现场挥毫书法，李锋、王鹰、林巧薇、陈粟裕、王皓月、王伟、王鹤琴、蒋淼等人积极参加演出。所长助理唐晓峰、办公室主任张丽蓉代表所领导现场加油助威。在此次全院的赛诗会上，我所同志展现出了世界宗教研究所的爱党情怀和文化底蕴，赢得了大家的一致好评，获得了优秀的成绩。

2. 2016 年 8 月 24 日，中国社会科学院党组成员、副院长，中国社会科学杂志社总编辑张江同志参加世界宗教研究所文博馆开馆仪式，并参观馆藏古籍、书画、雕塑等藏品。中国社会科学院人事教育局张冠梓局长、世界宗教研究所领导陪同参观。

中国社会科学院世界宗教研究所是中国唯一的国家级宗教学术研究专门机构。它的宗旨是：运用科学的立场、观点、方法并积极吸收和借鉴古今中外一切有关的学术成果，对宗教学基础理论和世界范围内包括中国本土各种宗教的教义、经典、历史、现状以及宗教与中国传统文化的关系进行多视角、多方位的研究，以增进对人类观念形态和社会文化发展的整体认识，加强对世界面貌和中国国情的全面了解，为国家现代化和社会精神文明建设服务。

近年以来，宗教学研究的新旨趣正方兴未艾，宗教研究已经拓宽了文献资料的范围，更加注重考古材料以及碑铭、器物、图像、音乐等田野材料，展现出关注并运用新的研究方法论的趋势。世界宗教研究所文博馆是中国社会科学院世界宗教研究所创办的包容不同信仰、融合各大宗教的展示平台，藏有珍贵的宗教典籍、宗教书画、宗教塑像、名人信札题跋等文物多种。文博馆力图透过文化、艺术与宗教间的对话，促进各宗教之间的相互尊重、包容及理解。

3. 2016 年 9 月 30 日下午，在北京师范大学会议室举办了“探讨当代著名学者余敦康先生的学术思想”的学术讲座。讲座由北京师范大学中国易学文化研究院邓瑞全教授主持。北京市社会科学院哲学所研究员洪汉鼎、湖南大学岳麓书院教授姜广辉、中国社科院历史所研究员王震中、北京师范大学中国易学文化研究院教授张涛、《光明日报》高级编辑梁枢出席讲座并发表演讲。此次《光明日报》国学版与北京师范大学中国易学文化研究院共同举办研讨会，研究余先生的学术理念和治学方法，探讨余先生的学术思想和取得的成就，学习余先生的学术品格和创新精神，有助于推动当下中国古代文化史、哲学史和思想史研究的进一步发展，特别是对青年学者，更有激励和示范作用。

（一）佛教研究

创新交流：

2016 年 1 月 14 日，由中国社会科学出版社主办的“《世界佛教通史》出版座谈会”在京举行，曹中建书记、学部委员魏道儒、纪华传研究员、周广荣研究员，以及部分参与《世界佛教通史》编撰工作的科研人员出席了会议。

2016 年 1 月 24 日，在东华禅寺宝墨园举行“中国社会科学院佛教研究中心禅宗文化调研基地挂牌仪式”，卓新平所长、曹中建书记、纪华传研究员、科研处处长白文飞，翁源县委副书记温毅麟、翁源县委常委、副县长蔡铁鹰，翁源县政协副主席、统战部部长余小英，翁源县民宗局局长张慧霞等县领导；亚太宗教文化交流中心理事长张斌、禅文化周刊主编周茂盛、清华大学教授田博、清华大学色彩研究所副所长袁野、中国佛教协会常务理事、中国宗教学会副秘书长、佛教在线总干事安虎生等各界嘉宾，与东华禅寺方丈万行法师及 200 多名法师和常住居士共同出席揭牌仪式。曹中建书记发表致辞，并与卓新平所长一同为调研基地揭牌。

2016 年 8 月 28 日上午，“文殊信仰的中国化表达”——2016 中国佛教讲经交流研讨会在佛国圣地五台山召开。此次研讨会共有 6 位大德法师、专家学者做主题发言，中国社会科学院学部委员、世界宗教研究所魏道儒教授做主题为《文殊信仰的内涵与价值》的发言。此次研讨会由中国佛教文化研究所主办、山西省佛教协会协办、五台山佛教协会承办。

2016年9月10日，适逢教师节，著名学者、中国社会科学院荣誉学部委员、世界宗教研究所教授、博士生指导教师杨曾文先生，中国社会科学院世界宗教研究所研究员、中国社会科学院研究生院教授纪华传先生应邀为大开元寺僧俗大众分别作了题为《苏东坡与佛教》《禅宗精神与人生智慧》的专题讲座。

2016年11月17日下午，“中国社会科学院佛教研究中心密宗文化研究基地”揭牌仪式在大兴善寺礼堂内隆重举行。大兴善寺方丈宽旭法师介绍了研究中心的基本情况并为研究中心揭牌。

2016年11月25—28日，由中国人民大学佛教与宗教理论研究所、萍乡学院、中央民族大学东亚佛教研究中心、萍乡市民族宗教事务局、上栗县人民政府主办的2016首届杨岐禅学思想学术研讨会在萍乡学院举行，我所荣誉学部委员杨曾文研究员参加会议并讲话。

2016年12月3日，元代北京汉藏佛教研究学术研讨会在北京什刹海书院隆重召开。元代佛教，是指元世祖即位至顺帝末年的百余年间（1260—1368）蒙古族在全中国范围内建立元王朝时期的佛教。元朝在文化和宗教上采取多元开放的政策，佛教得到新的发展。朝廷设置“帝师”，主掌“宣政院”，负责全国佛教和西藏军政事务；同时任用汉族高僧管理佛教事务，参与政制和文教建设。中日、中韩佛教文化交流得以进一步发展。北京是元朝的国都，称大都，既是政治、经济、文化中心，也是东亚佛教文化中心，许多著名汉藏佛教高僧和居士在这里活动。元代佛教界的著名人物，如八思巴、胆巴、万松行秀、海云印简、雪庭福裕、耶律楚材、刘秉忠等，或为朝廷所尊信，或居政府的要职，对于当时汉藏佛教文化的交流和发展，起到了重要的推动作用。元大都北京汉藏佛教的传播和交流为国家统一、民族融合与文化繁荣做出了重大贡献。

鉴于当前元代北京汉藏佛教的研究较为薄弱，为推动佛教学术的创新和发展，深入研讨元代汉藏佛教在北京的传播、交流情况和特色，代表人物及其事迹、撰述、贡献等，北京佛教文化研究所、北京雍和宫、清华大学道德与宗教研究院、《佛学研究》年刊社联合举办了此次研讨会，旨在为进一步促进首都文化的建设和繁荣贡献力量。

中国社会科学院世界宗教研究所原党委书记曹中建先生出席开幕式，中国社会科学院荣誉学部委员、世界宗教研究所杨曾文教授就《耶律楚才与佛教》进行了研究阐述。中国社会科学院世界宗教研究所研究员尕藏加就《元代帝师八思巴生平中一二事》做了概述。

2016年12月5日上午，由云南大学佛教与现代宗教理论研究所、云南大学公共管理学院哲学系、重庆市华岩文教基金会合办的第五届西南佛教文化学术研讨会，在云南大学翠湖校区科学馆举行。云南大学公共管理学院哲学系系主任蒋颖荣教授主持。

中国社会科学院世界宗教研究所纪华传教授参加研讨会，并和来自北京、上海、江苏、四川、贵州、重庆等省市的专家学者齐聚云南大学，一起研讨佛教文化的相关问题。

2016年12月3日，荣誉学部委员杨曾文研究员参加由北京佛教文化研究所、雍和宫、清华大学道德与宗教研究院、《佛学研究》年刊社举办的“元代北京汉藏佛教研究学术研讨会”，发表《耶律楚材与佛教》。

2016年12月18日，由中国佛教文化研究所主办、清华大学道德与宗教研究院协办、北京佛教文化研究所承办的“2016佛教思想建设研讨会”在北京什刹海书院举行。荣誉学部委员杨曾文研究员在研讨会上发言。

（二）宗教学理论研究

新书目：

2015年12月，由金泽研究员、梁恒豪博士主编的《宗教心理学》（第2辑）由社会科学文献出版社出版。

（三）道教与民间宗教研究

创新交流：

2016年5月14日，中国社科院世界宗教研究所道教与中国民间宗教研究室，以及中国社科院道家与道教文化研究中心、中国道教协会道教文化研究所、在白云观西侧中国道教协会大会议室举办第十期“道教学术研究沙龙”活动。

该活动属于世界宗教研究所创新工程项目“新时期的道教与中国民间宗教研究”子课题之一，也是中国社科院道家与道教文化研究中心的年度活动之一。“道教学术研究沙龙”是北京的道教学界同仁共同提议，由中国社科院世界宗教研究所道教与中国民间宗教研究室以及中国社科院道家与道教文化研究中心共同筹建的一个主要面向中青年研究者开放型的学术交流团体，广大同仁希望能借此相互砥砺，共同切磋，以推进道教与民间宗教研究的深入发展。

活动由中国社会科学院世界宗教研究所汪桂平研究员主持，中国社会科学院世界宗教研究所研究员王卡教授、中国道教协会道教文化研究所负责人尹志华教授分别就《中华道藏》的编纂出版过程、《中华续道藏》的编纂规划等问题进行了深入分析，提出了相关的意见和建议，并说明了编纂《中华续道藏》的重要意义。会议指出，《中华道藏》对道经进行标点、校注、重新排版、录入，并补入了一些原藏未收和最新考古发现的中国道书。《中华道藏》编纂出版的过程，为《中华续道藏》的出版可提供经验参考。与会人员就编纂规划、人才培养、收入原则、入藏标准、成果计划等都做了进一步的协商。与会人员建议，尊重道教信仰，让更多的道教界权威人士、高道大德参与其中，体现道教文化的价值观，维护道教界的合法权益。建议研究收录的方针和政策、制定相应的标准，对道教和民间道派、民间信仰的关系界定，经文道书的含金量把关以及道教文献资料的真伪考校。建议成立有关《中华续道藏》基金会，道教信仰者、慈善人士的功德捐赠等办法制定。建议编藏的宣传，借鉴《儒藏》《大正藏》《中华道藏》等编纂过程经验，区分道教藏和道家藏，以及校本、底本、校点选择，专业人士和软件的使用等。

2016年10月11日上午，中国社会科学院长城学者、中国社会科学院道家与道教文化研究中心主任、世界宗教研究所王卡研究员率团前往福建师范大学参加“首届福建地方道教与民间信仰田野调研研讨会”。世界宗教研究所道教与民间宗教研究室汪桂平、谭德贵、赵敏、李志鸿、林巧薇随行前往。会议由福建师范大学社会历史学院闽台文化研究所所长林国平教授主持。与会学人充分意识到福建地方道教与民间信仰关系的复杂性和文化资源的丰富性，以及开展系统深入田野调研的必要性和重要性。福州是著名历史文化名城、东南沿海重要城市，文化底蕴深厚，宗教资源丰富。福州城内有屏山、乌山、于山三山鼎立，别称“三山”。宗教所一行主要调研了位于乌山的吕祖观、道山观，距离乌山不远的三坊七巷和田都元帅庙、仓霞真人庙，观摩了九岸泰山府温康两都统巡游十三乡活动。

2016年10月11日，中国社会科学院长城学者、中国社会科学院道家与道教文化研究中心主任、世界宗教研究所王卡研究员应福建师范大学之邀，为广大师生做“道教与中国传统文化”报告。

2016年10月17日至18日，中国社会科学院长城学者、中国社会科学院道家与道教文化研究中心主任、世界宗教研究所王卡研究员率领考察团前往福建泉州考察道教民间宗教。世界宗教研究所道教与民间宗教研究室汪桂平、谭德贵、赵敏、李志鸿、林巧薇一同前往。考察组先后拜谒了清源山老君岩，参访了泉州元妙观、天后宫、涂门街关帝庙，并与泉州道教协会林舟会长等进行了座谈。

2016年10月19日下午，中国社会科学院长城学者、中国社会科学院道家与道教文化研究中心主任、世界宗教研究所王卡研究员在福建省柘荣县人民政府三楼报告厅做题为《生态伦理与宗教》的演讲。

2016年10月20日，中国社会科学院长城学者、中国社会科学院道家与道教文化研究中心主任、世界宗教研究所王卡研究员携同汪桂平研究员、谭德贵研究员、于光研究员、赵敏研究员、李志鸿副研究员、林巧薇助理研究员，厦门大学道学与传统文化研究中心主任黄永锋教授、福建师范大学社会历史学院陈文龙讲师、厦门大学哲学系博士后张永宏、博士阮福才等调研福鼎道教与民间信仰现状暨太姥山道教文化，受到了福鼎市统战民宗部门、福鼎市道教协会的热情接待。

太姥山道教文化源远流长，太姥娘娘信俗文化影响深远，时至今日仍然发挥重要作用，具有相当的社会价值和文化意义。王卡研究员一行还参加由福鼎市道教协会组织的座谈会。

2016年10月26日，首届“中华民族香文化学术研讨会”在云南民族大学举办。香文化是中华民族优秀传统文化的重要组成部分，对中华民族香文化的研究，一方面可促进传统香文化适应于现代中国的发展，以培养人们“自然、文明、健康、环保”的用香习惯，另一方面可加深对东西方文化交流史的了解，为国家“一带一路”的倡议提供文化支撑。中国社科院荣誉学部委员、世界宗教研究所马西沙研究员、中国社科院世界宗教研究所金泽教授出席此次会议。

11月4日至7日，戈国龙研究员赴西安出席在楼观印象酒店举办的“第二届昆仑高峰论坛暨老子道学文化研究会2016年年会”，并在大会上做主题发言：“道教内丹学及其现代诠释”。

2016年11月6日，中国社会科学院长城学者、中国社会科学院道家与道教文化研究中心主任王卡研究员率队对北京房山玉虚宫进行了考察调研。道教与民间宗教研究室主任汪桂平研究员以及赵敏研究员、林巧薇助理研究员及部分研究生一同前往。

玉虚宫位于北京市房山区周口店镇黄山店村宝金山，据现存碑刻记录，玉虚宫创建于清代乾隆、嘉庆年间，由全真龙门派道士李合仁师徒修建而成。至光绪五年（1879），全真霍山派弟子刘诚印（原为宫廷内官）出资重修扩建，遂成为一座规模可观的道教宫观，并成为宫中太监出宫养老的幽静之所。玉虚宫又因其环境清幽，建筑典雅，逐渐发展成为京西宝金山的一个著名景点。

王卡研究员一行考察了玉虚宫现存古建、古树、古碑等文物古迹，认为玉虚宫的文化遗存对于京西地区的道教文化以及清末太监道士这一特殊群体有着较高的研究价值。在与玉虚宫住持代信山道长的座谈中，王卡研究员充分肯定了玉虚宫在保护文物古迹、弘扬中华传统文化、服务地方社会等方面所做的努力。

2016 年 12 月 24 日，荣誉学部委员马西沙研究员应邀参加由中国社会科学院道家与道教文化研究中心、中国社会科学院世界宗教研究所、中国宗教学会主办的“首届中国本土宗教研究论坛”并发言。

（四）基督教研究

创新交流：

2016 年 1 月 7—8 日，卓新平所长赴内蒙古，参加由内蒙古师范大学主办的“宗教学学科共建大会”。

2016 年 1 月 13 日，卓新平所长在中央民族大学参加协同创新中心单位共建会议。

2016 年 1 月 14—15 日，卓新平所长在京参加全国宗教局局长会议。

2016 年 1 月 18 日，卓新平所长参加在京举行的“太湖世界文化论坛筹备会”。

2016 年 1 月 22 日，卓新平所长参加“在京全国人大代表情况通报会”。

2016 年 1 月 26 日，卓新平所长参加马列主义理论学科建设与理论研究工程 2016 年度会议。

2016 年 1 月 29 日，卓新平所长、郑筱筠副所长参加“国家宗教局在京特聘专家新春座谈会”。

2016 年 2 月 1 日，海峡两岸佛医会议在京举行发布会暨佛医药健康发展研讨会。会议代表围绕海峡两岸佛医会议如何举行并取得预期成果展开讨论，并探讨在国家“一带一路”倡议下，中国社会科学院台港澳研究中心在厦门建立研究基地。会议上同时探讨了由国行融投（北京）投资管理有限公司联合中国社科院台港澳研究中心、中国医学科学院、厦门市石室禅院等多家单位共同发起的“大健康生态产业发展计划”，该计划旨在弘扬中华传统文化，挖掘传统中草药原材料，推动道地原产地发展，打造传统 + 互联网相结合的中华佛医药传播基地。卓新平所长、曹中建书记出席会议。

2016 年 2 月 1 日，卓新平所长参加在京举行的中国社会科学杂志编委会年会。

2016 年 3 月 21 日，卓新平所长参加恒源祥集团“宗教是如何形成文化习惯”研讨会。

2016 年 3 月 29 日，卓新平所长参加我院社科书店新址开业典礼仪式。

2016 年 4 月 9 日，卓新平所长参加海峡两岸佛医研讨会。

2016 年 4 月 14 日，卓新平所长出席广东省安全厅举办的当代宗教问题座谈会。

2016 年 4 月 17 日，由凤凰佛教和终南山文化研究院联合主办的新媒体论坛《终南山论道：中国式信仰缺了什么?》在世界著名隐修圣地终南山举行。中国社科院学部委员，中国社会科学院世界宗教研究所所长卓新平教授出席论坛并就当代中国信仰问题阐述了自己的观点。

2016 年 4 月 20 日，中国社会科学院基督教研究中心福建神学院调研基地暨中国人民大学宗教学（福建神学院）教学基地成立大会在福建神学院举行。会议由福建省基督教三自爱国运动委员会秘书长、福建神学院副院长蒿志强主持。中国社会科学院世界宗教研究所卓新平所长、曹中建书记、办公室副主任李锋、唐晓峰研究员、董江阳研究员、刘国鹏副研究员、石衡潭副研究员、王梓博士；上海大学陶飞亚教授；中国人民大学张风雷教授；福建师范大学李巨轸教授；国家宗教局四司副司长赵忠海；福建省民族宗教厅黄进发厅长；以及福建神学院岳清华院长和全体师生，共200余人出席了会议。

卓新平所长在成立大会上发表致辞。他指出，中国社会科学院基督教研究中心与福建神学院的合作和研究应围绕三个关键词展开：一是“福音”，我们所进行的基督教研究应当是学术性的、具有中国特色的研究；二是“福气”，我们赶上了改革开放的好时光，积极健康的宗教研究和宗教发展离不开国家政策与社会环境的支持；三是“福地”，中国基督教的发展一定要接地气，因此基督教须与中国文化和中国社会相适应，大力推进基督教的中国化。

此外，福建神学院的岳清华院长、中国人民大学哲学院张风雷院长、国家宗教局四司赵忠海副司长、福建省民族宗教厅黄进发厅长也分别发言，对中国社会科学院基督教研究中心福建神学院调研基地和中国人民大学宗教学（福建神学院）教学基地的成立表示了衷心的祝贺，并期待通过政界、学界、教界的三界合力使福建神学院成为培养爱国宗教人士的重要基地。

世界宗教研究所曹中建书记等政、教、学三界人士为研究基地共同揭牌。之后，在福建神学院学术报告厅连续举行了三场学术讲座，由上海大学的陶飞亚教授以“从信仰到见之于行事：宗教与文化发展的关系”为题、中国社会科学院世界宗教研究所的刘国鹏副研究员以“中国天主教的本土化：历史视野和现实处境”为题、中国人民大学张风雷教授以“佛教的中国化”为题进行主题演讲。他们的讲座受到了福建神学院师生的热烈欢迎。

2016年5月8—12日，卓新平所长在德国参加“中德跨宗教对话会议”。

2016年5月14—15日，卓新平所长在清华大学参加“第三届全国宗教经典翻译研讨会”。

2016年5月17日，卓新平所长参加在人民大会堂召开的全国哲学社会科学工作座谈会。

2016年5月19日，卓新平所长参加在京西宾馆召开的“学习习近平总书记在全国哲学社会科学工作座谈会上的重要讲话精神”会议。

2016年5月20日，卓新平所长参加在中央社会主义学院召开的甘肃统一战线理论研讨会年会。

2016年6月1日，卓新平所长参加中国社会科学院组织的人大代表、政协委员赴云南调研。

2016年6月7日，卓新平所长参加在澳门举办的“太湖世界文化论坛”第四届年会。

2016年6月17日，卓新平所长赴上海参加全国基督教两会和金陵神学院座谈会，研究招收博士研究生事宜。

2016年6月22日，卓新平所长参加中国人民大学筹备古典学学院座谈会。

2016年6月22日，卓新平所长赴湖南参加全国人大“加大洞庭湖生态经济区水环境综合治理力度”专题调研活动。

2016年7月8日—11日，卓新平所长、郑筱筠副所长参加国际儒联举办的“亚洲文明交流互鉴”北京国际学术研讨会。

2016年7月11—15日，卓新平所长赴美参加加州大学圣地亚哥分校与复旦大学联合召开的“中国关于基督教政策的最新发展”研讨会。

2016年7月19—21日，曹中建书记、卓新平所长参加青海民族大学第二届宗喀巴学术研讨会，并分别致辞。

2016年8月5日，所长卓新平赴合肥市，参加安徽省“基督教中国化理论思考与实践探索”研讨会。

2016年8月9日下午，所长卓新平参加美国圣母大学卡瓦迪尼教授关于古代基督教思想的讲座。

2016年8月11日，所长卓新平赴广州，参加广东省基督教两会“基督教中国化”研讨会，并做主题报告。

2016年8月12日，所长卓新平、所长助理唐晓峰参加广东省基督教中心调研基地挂牌仪式。

2016年8月19日上午，所长卓新平与北京基督教两会负责人召开“基督教中国化与中华民族命运共同体的建设”国际会议筹备工作会。

2016年8月21—22日，所长卓新平参加北京四海孔子书院组织的“2016中德对话：通往自我之路——中国哲学与德国古典唯心主义论衡”。

2016年8月25—26日，所长卓新平赴湖南张家界市参加全国人大代表委员调研。

2016年9月19日，所长卓新平赴敦煌市参加兰州大学举办的敦煌丝绸之路文博会院长论坛。

2016年9月21日下午，所长卓新平参加北京市东城区民宗委密云培训班，并作学术报告。

2016年9月23日至24日，所长卓新平赴登封市参加河南嵩山道教文化论坛。

2016年9月26日至27日，所长卓新平和纪委书记、副所长郑筱筠参加国家宗教事务局举办的“坚持宗教中国化方向”学术研讨会。

2016年9月27日上午，所长卓新平赴西安参加陕西省基督教三自爱国委员会成立60周年学术研讨会。

2016年9月28日至29日，所长卓新平赴上海参加复旦大学哲学学院成立60周年系列学术讲座。

2016年10月10日上午，所长卓新平赴湖南张家界市参加慈利县委组织的理论学习暨“渔浦书院大讲堂”，并做“当今世界宗教现状及问题”学术报告。

2016年10月11日至12日，所长卓新平赴上海参加世界宗教研究所与恒源祥集团合作的“文化（习惯）从哪里来？——宗教是如何形成文化的？”研讨会。

2016年10月21日上午，所长卓新平和纪委书记、副所长郑筱筠参加中办调研室组织的“坚持我国宗教中国化的现状、问题及工作建议”座谈会。

2016年10月25日上午，所长卓新平在石家庄市参加河北省民宗委举办的《河北宗教史》丛书发布会。

首届“一带一路”沿线国家《心经》文化论坛于2016年10月27—28日在南京牛首山举行。来自“一带一路”沿线国家的高僧大德、专家学者、使馆官员以及留学生代表共240余人出席论坛。

论坛开幕式举行了“一带一路”沿线国家代表书写《心经》仪式，来自30个国家的与会者代表用本国文字共同书写了《心经》。国际佛光会会长星云大师为《心经》论坛开讲。随后进行的文化论坛学术研讨会，各国学者围绕着“一带一路”文化传播进行了深度探讨和交流。

据统计，“一带一路”沿线国家《心经》研究者、书写者达数千万之众。而在佛教的三藏十二部经典里，《心经》即《般若心经》是佛教经典的中心和宗要。《心经》版本众多，目前，收集到的世界各语种版本共184种。

全国人大常委、中国宗教学会会长卓新平出席论坛并发表演讲。

此次论坛由人民中国杂志社和江苏省佛教协会主办，南京牛首山文化旅游集团有限公司承办，南京市佛教协会与南京市佛教文化研究院协办。

2016年11月22日上午，由中国人民大学基督教文化研究所、香港原道交流学会和河北信德文化学会联合举办的第六届“基督教在当代中国的社会作用及其影响”研讨会在中国人民大学举行，海内外70余位政界、学界和教界人士围绕“‘一带一路’的宗教文化与公共外交”“宗教对话”“中梵关系展望与观察”等主题进行了研讨。所长卓新平参加研讨会并作演讲。

2016年11月27日，“河北宗教：过去、现在与未来”学术研讨会在河北师范大学举办。此次研讨会由河北师范大学、河北省哲学学会主办，河北师范大学宗教文化研究所、马克思主义学院、历史文化学院、法政与公共管理学院、河北省民族宗教研究基地承办，来自省内外宗教界专家、学者共计60余人参加了研讨会。中国社会科学院世界宗教研究所所长、博士生导师卓新平教授、中国社会科学院世界宗教研究所黄夏年研究员、刘国鹏副研究员，《河北宗教史》丛书主编鞠志强分别作了大会主题发言。

2016年11月29日，所长卓新平参加上海复旦大学与国家宗教局联合召开的“赵朴初先生，丁光训主教对外民间交流思想与实践研讨会”。

2016年11月30日上午，所长卓新平参加中国民族建筑研究会在京召开的“中国宗教建筑大观”研讨会。

2016年12月3日下午，所长卓新平参加北京大学2016中国宗教音乐雅集。

2016年12月5日下午，所长卓新平在北京参加太湖世界文化论坛研讨会。

2016年12月6日上午，所长卓新平参加北京外国语大学“比较文明与人文交流高等研究院成立暨中华文化走出去高层论坛”。

2016年12月9日至12月11日，“跨信仰对话：中国宗教准备好了吗?”学术研讨会在京举行，研讨会由中央民族大学宗教研究院、中央民族大学“比较经学与宗教间对话”创新引智基地、中央民族大学哲学与宗教学学院联合主办。宗教界代表与来自中央民族大学、北京大学、中国人民大学、中国社会科学院、荷兰赫尔辛基大学等机构的专家学者近30位，就跨信仰对话的相关议题进行了研讨交流。所长卓新平出席了学术研讨会。

2016年12月13日，段琦研究员应邀参加在南京由中国社科院世界宗教研究所与爱德基金会联合召开的“宗教与可持续发展国际论坛”，发表了论文“对调研中所见到教会公益慈善事业有感”。

2016年6月24日，中央国家机关工委在人民大会堂召开中央国家机关优秀共产党员、优秀党务工作者、优秀党务工作者标兵和先进基层党组织表彰大会。中央书记处书记、国务委员兼国务院秘书长、中央国家机关工委书记杨晶出席并讲话。

中央国家机关工委常务副书记李智勇主持表彰大会。中央国家机关工委副书记姚志平宣读表彰决定。

为了深入推进中央国家机关“两学一做”学习教育，弘扬正气、树立标杆，激励广大共产党员、党务工作者和基层党组织，以改革创新精神推进中央国家机关党的建设，中央国家机关工委决定，对 150 名共产党员、80 名党务工作者、10 名党务工作者标兵、150 个基层党组织予以表彰，分别授予“中央国家机关优秀共产党员”“中央国家机关优秀党务工作者”“中央国家机关优秀党务工作者标兵”“中央国家机关先进基层党组织”荣誉称号。

世界宗教研究所基督教研究室党支部荣获“中央国家机关先进基层党组织”荣誉称号，支部书记、所长助理、研究室主任唐晓峰研究员代表支部参加会议接受表彰。

中央国家机关工委在表彰决定中指出，受表彰的先进集体和个人，是新时期中央国家机关共产党员、党务工作者和基层党组织的优秀代表，是讲规矩守纪律的模范，是践行“三严三实”的典型。中央国家机关全体共产党员、党务工作者和各级党组织要以他们为榜样，见贤思齐，学习先进。学习优秀共产党员坚定理想信念，对党绝对忠诚，全心全意为人民服务，敢于担当、积极作为，模范遵守党纪国法，永葆共产党人的政治本色；学习优秀党务工作者忠诚党的事业，热爱党的工作，创新党建工作方法，不断提升机关党建工作科学化水平；学习先进基层党组织自觉围绕中心、服务大局，切实发挥协助和监督作用，创造性地贯彻落实党中央、国务院的各项工作部署，建设一流机关、打造一流队伍、培育一流作风、创造一流业绩。

（五）伊斯兰教研究

创新交流：

2016 年 10 月 8—9 日，周燮藩研究员参加了由浙江大学宗教学研究中心、浙江大学马克思主义学院宗教与和谐社会建设研究所、浙江大学全球化文明研究中心联合在杭州举办的“马克思主义与宗教的当代对话”国际学术研讨会，并做主题发言。

2016 年 11 月 19 日，我所荣誉学部委员吴云贵研究员应邀到中国社会科学院研究生院举办的研讨班讲课，题为“宗教极端主义：形态根源、危害与应对”。

2016 年 11 月 29 日上午，纪委书记、副所长郑筱筠作为所学术委员会副主任主持召开所学术委员会会议，评审 2016 年度创新工程绩效考核优秀专著，经评审，伊斯兰教研究室助理研究员王希的专著：《安萨里思想研究》评为优秀，并按规定进行公示。党委书记赵文洪参加评审会议。

（六）儒教研究

创新交流：

2016 年 10 月 10 日，由中国社会科学院世界宗教研究所儒教研究中心、《光明日报》国学版主办的“乡村与社区祠堂祭礼研讨会”在北京召开。党委书记赵文洪参加并致辞。

（七）宗教文化艺术研究

创新交流：

2016 年 4 月 5—10 日，张总研究员赴日本，参加在京都美术馆举办的《第十届湖都古都艺术展》，展出书法作品《丝路风光颂联》《佛教经咒》，丙烯画作品《须弥佛光》三幅，并获得“京都市长奖”。

2016 年 9 月 22 日，宗教文化研究院虚云讲座第三十五讲在北京大学举办，由张总研究员主讲“三阶教与北朝隋代佛教”。

（八）《世界宗教研究》编辑部

创新交流：

《世界宗教研究》编委会扩大会议于2016年1月19日在世界宗教研究所大会议室举行。世界宗教研究所卓新平所长、曹中建书记、郑筱筠副所长、荣誉学部委员吴云贵、学部委员魏道儒、《世界宗教研究》编委会委员周燮藩、邱永辉、唐晓峰、纪华传、曾传辉、赵法生、汪桂平研究员，尕藏加、周伟驰、戈国龙、叶涛、谭德贵、周广荣、刘国鹏等学者也参加了会议。

会议由郑筱筠研究员主持。会议首先由曹中建书记致辞，曹书记对2015年《世界宗教研究》的工作给予充分肯定，指出在全所同仁和编辑部各位编辑的共同努力下，《世界宗教研究》获得了由国家新闻出版广播电视总署组织评选的“百强报刊”称号，跻身中国社会科学院学术期刊10强，这对于目前还只是二级学科地位的宗教学来说是一个历史性突破，希望《世界宗教研究》在新的一年里再接再厉，取得新的辉煌。

《世界宗教研究》主编卓新平研究员接着致辞，他总结了《世界宗教研究》一年的工作，感谢编委会和编辑部同仁所付出的努力，希望戒骄戒躁，在新的一年里使《世界宗教研究》更上一层楼。

《世界宗教研究》编辑部主任李建欣在发言中对各位编委、学者一年来对《世界宗教研究》的支持和帮助表示衷心的感谢，希望在新的一年里一如既往地继续关心、爱护这一学术期刊，大家共同努力将《世界宗教研究》办得更好。

2016年7月3日，中国社会科学院世界宗教研究所党委书记曹中建，《世界宗教研究》编辑部主任李建欣研究员，哲学研究所东方哲学研究室主任成建华研究员一行参访龙泉寺。

2016年9月19日上午，纪念中国佛学院成立六十周年学术研讨会在中国佛学院祇园会议厅举行。中国社会科学院世界宗教研究所杨曾文研究员、黄夏年研究员参加了研讨会。

2016年10月17日，所长卓新平赴湖南永州参加湖南省江永县人民政府、中南大学中国村落文化研究中心和中国社会科学院世界宗教研究所主办的“湖南江永水龙祠壁画”学术研讨会，此次研讨会由《世界宗教研究》编辑部承办。

2016年10月30日上午，第二届东方山药师信仰高峰论坛在黄石磁湖山庄举行。此届论坛的主题为“药师信仰与大众健康”，世界宗教研究所教授黄夏年及来自海内外的专家学者、大德法师与省市各级领导100多人参加。

2016年11月4—6日，由浙江大学与中国社会科学院世界宗教研究所、中国宗教学会联合主办，浙江大学汉藏佛教艺术研究中心、亚洲研究中心与世界宗教研究所《世界宗教研究》杂志社、宗教文化与艺术研究室承办的“图像学与风格史：亚洲宗教美术研究方法论”学术研讨会，在浙江杭州举行。所党委书记赵文洪出席并致辞。一同出席的还有何劲松研究员、嘉木扬凯朝研究员、李建欣编审等学者。

2016年11月27日，“河北宗教：过去、现在与未来”学术研讨会在河北师范大学举办，我所黄夏年研究员作大会主题发言。

（九）《世界宗教文化》编辑部

创新交流：

2016年3月25日，郑筱筠副所长应邀参加国家宗教事务局的会议。

2016年4月14日，郑筱筠副所长应广东省邀请，讲授宗教与我国周边国家关系之现状及发展。

2016年5月14日，郑筱筠副所长参加在人民大学举办的当代中国文化变迁研讨会。

2016年5月27日，郑筱筠副所长赴上海参加“上海论坛”。

2016年6月2日，郑筱筠副所长就国务院新闻办公室发布的《新疆宗教白皮书》接受中央电视台“焦点访谈”栏目采访。

2016年6月3日，郑筱筠副所长在首都师范大学文学院做题为“佛教中国化历程”的讲座。

2016年6月22日，郑筱筠副所长应邀在国家宗教事务局做“‘一带一路’与东南亚宗教”讲座。

2016年6月23日，郑筱筠副所长应邀在北京第二外国语大学做“‘一带一路’战略与宗教”讲座。

2016年6月29日上午，郑筱筠副所长参加中央社会主义学院举办的“统一战线智库咨询会”。

2016年6月29日下午，郑筱筠副所长应邀参加国家宗教事务局《中国宗教》杂志社召开的“200期,《中国宗教》如何应对新媒体时代”座谈会。

2016年7月2日，郑筱筠副所长参加中国民族学会举办的“民族与宗教问题高层论坛”。

2016年7月8日—11日，卓新平所长、郑筱筠副所长参加国际儒联举办的“亚洲文明交流互鉴”北京国际学术研讨会。

2016年7月17—18日，郑筱筠副所长赴郑州参加我院基督教研究中心与河南安阳师范学院合办的中国天主教史研究专题论坛。

2016年7月20日，郑筱筠副所长参加中央社会主义学院统一战线高端智库工作启动会。

2016年9月23日至25日，纪委书记、副所长郑筱筠赴云南大理参加大理崇圣论坛，中央委员、国家宗教事务局局长王作安参加会议。

2016年9月26—27日，所长卓新平和纪委书记、副所长郑筱筠参加国家宗教事务局举办的“坚持宗教中国化方向”学术研讨会。

2016年10月17—19日，郑筱筠副所长在云南省普洱市参加云南大学、新加坡国立大学、普洱市委联合主办的第七届西南论坛暨澜湄合作智库论坛，并做主旨发言。

2016年10月21日上午，所长卓新平和纪委书记、副所长郑筱筠参加中办调研室组织的“坚持我国宗教中国化的现状、问题及工作建议”座谈会。

2016年10月24日下午，纪委书记、副所长郑筱筠参加中央统战部组织的座谈会。

2016年10月27—31日，纪委书记、副所长郑筱筠参加中央宣传部组织的“中国新疆文化交流团”赴哈萨克斯坦进行友好访问。

2016年11月18日上午，纪委书记、副所长郑筱筠在上海大学做题为“机遇与挑战：

当代中国宗教慈善发展”的讲座。

2016年11月18日下午，纪委书记、副所长郑筱筠在复旦大学做题为“‘一带一路’战略与宗教风险研究”的讲座。

2016年11月19日，纪委书记、副所长郑筱筠参加复旦大学主办的“一带一路背景下的宗教与中国周边外交”学术研讨会，并做主旨发言。

2016年11月25日，纪委书记、副所长郑筱筠赴广东省汕头市在汕头大学做题为“激情捐赠到内外兼修——当代中国宗教慈善的‘心路历程’”的讲座。

2016年11月28日上午，纪委书记、副所长郑筱筠参加院研究生院2016—2017年度第一学期系主任系秘书会议，并作为哲学教学学部主任发言。之后在院研究生院讲授“‘一带一路’战略与宗教因素之思考”课程。

2016年11月30日下午，纪委书记、副所长郑筱筠参加中央统战部的座谈。

《天府新论》编辑部、弘道书院与敦和基金会于2016年11月26—27日举办了主题为“儒学与社会重建：实践与义理”研讨会。其中，27日进行的是义理探讨。来自多所高校和研究机构的10位学者依从儒家义理，从不同角度探讨了社会重建的路径。中国社会科学院世界宗教研究所杨莉博士后通过对于东南亚基层组织的调查做出的报告为我们提供了视角。杨莉博士围绕她对东南亚基层组织形态的研究，分析了中国移民在东南亚基层组织的样态。首先用翔实的数据论证了在移民初期，由于中国移民间缺乏以血缘组织建设社会秩序的基础，会馆成为移民间联系的枢纽。作为生活的公共空间，具有包括供奉观音等职能，起到了调节乡里的作用，是共同体建构的核心。

2016年12月4—5日，纪委书记、副所长郑筱筠应邀赴福建省泉州市参加由国家宗教事务局主办的全国民间信仰工作座谈会。中央统战部、国务院侨办、港澳办、公安部等相关部门领导也参加了会议。

2016年12月19日下午，纪委书记、副所长郑筱筠应北京市民委、北京市西城区宗教事务局邀请，做“佛教中国化的历程及其发展特点”讲座。

2016年12月21—22日，纪委书记、副所长郑筱筠赴福建参加由福建省统战部、民族宗教事务局举办的福建佛教文化会议。

（十）当代宗教研究

1. 新书目：

2015年10月，陈进国研究员主编的《宗教人类学》（第6辑）由社会科学文献出版社出版。

2. 创新交流：

冯今源担任《宗教在首都和谐社会建设中的独特作用论文集》总编审，内有冯今源主要撰写的调研报告《构建社会主义和谐社会首善之区中的宗教问题》以及个人撰写的理论文章《关于宗教道德在构建和谐社会中作用的思考》。

2016年7月11日上午，冯今源研究员作为特邀专家应邀参加“《北京民族宗教史话》出版座谈会”，并在会上做了发言。

2016年7月23—24日，江苏省伊协、南京市伊协举办“中国伊斯兰教的继承与发展——先贤刘智及金陵学派思想研讨会”在南京净觉寺召开。冯今源、周燮藩研究员等应邀参加。冯今源在会上做了正式发言。

2016年9月27日，冯今源研究员应邀参加由北京市伊斯兰教协会主办的福德图书馆与北京伊斯兰教研究学术讨论会。并做了主题为“发挥图书馆作用，加强伊斯兰研究，推进‘一带一路’建设”的发言。

2016年10月12日至16日，当代宗教研究室邱永辉研究员参加在广州举办的广东宗教工作法治化会议及民间信仰调查。

2016年10月19日至22日，当代宗教研究室邱永辉研究员参加由中国社会科学院中国边疆研究中心、四川大学边疆研究中心在成都举办的第四届边疆学论坛。

2016年10月25日，河北省民宗委在石家庄主办“《河北宗教史》丛书出版座谈会”，冯今源研究员应邀出席会议并发言。

2016年10月26日，应湖南省伊协邀请，冯今源在其举办的“省伊协代表人士学习班”上做了题为“坚持中国化方向是中国伊斯兰教发展的必由之路”的学术讲座。

2016年10月29日至31日，当代宗教研究室室主任陈进国研究员和邱永辉研究员参加在福建厦门举办的“华人移民与宗教文化”国际学术会议。

2016年11月5日，由河南大学、中国回族学会、中国地理学会黄河分会主办，教育部人文社科重点研究基地河南大学黄河文明与可持续发展研究中心、黄河文明传承与现代文明建设河南省协同创新中心承办的第八届“黄河学”高层论坛暨“回族伊斯兰文化与黄河文明”学术研讨会在河南大学金明校区行政楼二楼报告厅举行，我所冯今源研究员应邀参加会议并做学术演讲。

2016年11月16日上午，山东德州陵城区冯老清真寺举行竣工庆典及座谈会，冯今源研究员应邀参加座谈会并发言。

（十一）中国宗教学会

创新交流：

2016年4月9日，由中国社科院台港澳中心与中国宗教学会等共同主办的“海峡两岸佛医会议暨佛医药健康产业发展研讨会”在厦门召开。

会议以“健康发展”为主题，邀请了中国社科院、北京大学及两岸学术界、宗教界、医药界专家学者齐聚一堂，共话中华医药学的传承和发展。

会议期间，与会学者围绕“弘扬传统文化、促进佛医药健康开发”展开讨论，旨在更好地促进祖国传统医药学事业的健康发展。

论坛闭幕式上，多家参会单位共同发起了“大健康生态发展计划”，希望让祖国的传统医药文化得到弘扬与传播，在创新、协调、绿色、开放、共享发展理念下建设更加健康美丽的祖国。

2016年7月16日，“宗教与人类命运共同体”高层论坛暨2016年中国宗教学会年会在北京召开，论坛由中国宗教学会、中国社会科学院世界宗教研究所主办。此次论坛以“宗教与人类命运共同体”为主题，中国社会科学院院长、党组书记王伟光，全国政协文史和学习委员会副主任叶小文等出席开幕式。会议开幕式由中国社会科学院世界宗教研究所党委书记曹中建主持，中国宗教学会会长、世界宗教研究所所长卓新平，全国政协文史和学习委员会副主任叶小文先后致辞。

随后，中国社会科学院世界宗教研究所副所长郑筱筠、中国社会科学院国家全球战略智库王灵桂研究员、北京大学哲学宗教学系教授张志刚、云南大理大学校长张桥贵、上海社会科学院宗教研究所所长晏可佳、山东大学犹太教与跨宗教研究中心主任傅有德、复旦大学宗教学系主任李天纲、复旦大学国际政治系主任徐以骅分别就中国宗教的现状、宗教对于中国社会的价值、中国特色宗教学的发展方向等问题做主旨发言。

学术论坛围绕宗教与人类命运共同体意识、宗教与文明对话、宗教对话与互鉴、宗教与中国特色社会主义、中华文明与传统宗教、宗教与“一带一路”建设等主题展开6场学术专题讨论。来自中央统战部、国家宗教事务局以及各省市民族宗教事务部门的有关领导，中国社会科学院、国务院发展研究中心、北京大学、复旦大学、中国人民大学、南京大学、武汉大学、山东大学、浙江大学、中央民族大学、四川大学、北京师范大学、兰州大学、上海师范大学、上海外国语大学、暨南大学、华侨大学、中国政法大学、首都师范大学、内蒙古师范大学、中共甘肃省委党校、江西师范大学、宁夏大学、大理大学、云南省社会科学院、河南大学、西南大学等研究机构和大学的专家学者，以及来自中国佛教协会、中国道教协会、中国伊斯兰教协会、中国基督教协会、中国天主教爱国会等教界人士近百人参加会议。

2016年11月9日，中国宗教学会常务副会长、中国社会科学院世界宗教研究所《中国宗教年鉴》主编曹中建先生，在北京大学百年讲堂举办的敦煌艺术传人杨东升先生创作成果展开幕式上，对展出成功表示热烈的祝贺。同时，他针对宗教文化艺术目前在社会生活中屡见不鲜，却又缺乏正确鉴别引导的现象，宣示在中国宗教学会领导下，由宗教经济学分会负责制定了《宗教文化艺术品认定规则》，将为推动宗教文化艺术健康发展做出努力。他指出，我们期望依照《规则》认证的过程能够反映出中国宗教文化艺术鉴赏的最高水准，能够发挥中国一流专家学者引领时尚潮流的正能量，能够促进宗教文化艺术的传承和发展以及宗教艺术理论的研究和创新。制定行业学术规范的目的，是为了鼓励和引导更多的艺术家在传承和发展祖国传统文化艺术方面做出积极贡献。

中国宗教学会是全国性的国家一级社团，在诸多方面取得过成就，在相关的学术领域为社会各界提供咨询服务，是国家赋予学会的一份社会责任。除了宗教基础理论的探讨之外，学会及其分会今后也将在宗教文化艺术的理论探讨和社会服务方面发挥更大的作用，正本清源，去伪存真。

对于此次展出的杨东升先生30年倾心创作的数十幅敦煌艺术精品大作，学会已经组织专家做了持续数月的评估鉴定，对他在继承和发展敦煌艺术方面取得的成就给予充分的肯定和认证。在今天的开幕式上，曹中建副会长、认证组组长何劲松教授和中国宗教学会顾问王志远教授一行向杨东升颁发了《规则》实施后的第一份认证证书。

据悉，学会今后将联系和团结全国著名专家学者加入“中国宗教文化艺术鉴赏认证专家库”，为全国的宗教文化艺术传承者和创作者提供更精准的服务。

2016年12月16—18日，由中国宗教学会、中国中东学会共同举办的“伊斯兰教与一带一路”暨第二届全国伊斯兰教学术研讨会在京举行。

会议开幕式由中国宗教学会副会长、中国社会科学院世界宗教研究所副所长郑筱筠主持，国家宗教事务局三司司长马劲，中国宗教学会常务副会长曹中建，中国中东学会副会长、上海国际问题研究院研究员李伟建等分别致辞。

参加此次会议的各界代表共有130余位，包括：中央统战部、外交部、国家宗教事务局、新华社、山东省文物局、河南省民宗委等部门相关领导与专家。来自中国社会科学院世界宗教研究所、中国社会科学院西亚非洲研究所、中国社会科学院边疆研究所、中国社会科学院民族学与人类学研究所、北京大学、中国人民大学、中央民族大学、北京外国语大学、中国国际问题研究所、中国现代国际关系研究院、上海国际问题研究院、上海外国语大学、南京理工大学、山东大学、西南大学、河南大学、陕西师范大学、兰州大学、甘肃省民族研究所、宁夏社会科学院、宁夏大学、北方民族大学以及新加坡国立大学、新加坡东南亚研究所、纽约大学、泰国玛希隆大学等国内外学术研究机构的百余位专家学者。还有来自中国伊斯兰教协会、中国伊斯兰教经学院、上海市伊斯兰教协会、天津市伊斯兰教协会、乌鲁木齐市伊斯兰教协会等宗教团体代表以及尼山世界文明论坛、陕西丝路创客协会、青海回族研究会、《中国日报》《中国民族报》等媒体与社会各界代表。

会议围绕伊斯兰教与“一带一路”、中国穆斯林与“一带一路”、中东局势与“一带一路”、丝绸之路上的伊斯兰教、中华文明与伊斯兰文明、“一带一路”沿线经济文化以及青年学者论坛七个主题和场次展开讨论。与会专家一致认为，伊斯兰教是“一带一路”建设中不容回避的重要因素，对其影响应有充分认识与考量，方能发挥优势，防范风险，促进区域共同发展，维护社会繁荣稳定。

闭幕式由中国宗教学会常务副会长曹中建主持，会议承办单位世界宗教研究所伊斯兰教研究室主任李林作会议总结，中国中东问题原特使吴思科，中国宗教学会会长、中国社会科学院世界宗教研究所所长卓新平，中国中东学会副会长、宁夏大学中国阿拉伯国家研究院院长李绍先，世界宗教研究所党委书记赵文洪等做闭幕式致辞。

（十二）科研管理

创新交流：

2016 年 1 月 14 日，曹中建书记与中国道教协会袁志鸿副会长座谈，商讨学术合作的有关事宜。

2016 年 3 月 8 日，世界宗教研究所妇工委主办召开“三八”节座谈会。参加会议的有世界宗教研究所党委书记曹中建、副所长郑筱筠以及全所三十余名女同胞。会议由世界宗教研究所妇工委主任苏冠安主持。

曹中建书记首先向世界宗教研究所女同志致以节日的问候，对大家在学术、工作上取得的成绩予以充分肯定。并祝大家过个开心的节日。郑筱筠副所长谈到了女学者在工作、生活中的不易，对大家能够平衡家庭与工作，积极为我国的宗教研究做出贡献予以高度赞扬。

随后，大家认真观看了两个关于“好家风”“从科学上研究男女性格差异”的纪录片。各个年龄层的女学者也纷纷畅谈自己的感受，以及自己在日常生活、工作中的种种趣事。

此次座谈会充分肯定了世界宗教研究所女学者的科研工作，并且将“好家风”的理念传播给大家，让女学者们更好地把握家庭与工作间的关系，促进和谐的工作、家庭环境，完善自己的生活。

2016 年 3 月 18 日，中国社会科学院世界宗教研究所党委书记、中国宗教学会副会长曹中建，中国社会科学院学部委员、佛教研究中心主任、世界宗教研究所研究员、博士生导师魏道儒，中国宗教学会副秘书长、佛教在线总干事安虎生一行赴西安大兴善寺进行调研。

在中国社会科学院佛教研究中心特邀研究员、中国宗教学会理事韩金科的陪同下，曹中建书记一行受到大兴善寺方丈宽旭法师的热情接待。宽旭法师对大兴善寺的情况作了翔实的介绍。双方就佛教文化研究与传播等事宜进行了友好交流。

2016 年 3 月 18 日，中国社会科学院世界宗教研究所党委书记、中国宗教学会副会长曹中建，中国社会科学院学部委员、佛教研究中心主任、世界宗教研究所研究员、博士生导师魏道儒，中国宗教学会副秘书长、佛教在线总干事安虎生、佛教在线副总干事陈子勤、佛教在线张晖等一行赴西安广仁寺进行交流调研。

2016 年 4 月 13 日下午，世界宗教研究所党委书记曹中建在宗教所会议室会见了东华禅寺万行方丈和佛教在线总干事安虎生先生。

万行方丈详细介绍了东华禅寺的历史、发展与现状，特别是东华禅寺坚守的“信教先爱国，学佛先做人，修道先发心”家风和遵从的“农禅并重，堂上坐禅，堂下禅做，一日不作，一日不食”祖训，东华禅寺兢兢业业致力于让禅文化在这个新时代重新焕发她的异彩和生命力。

曹中建书记盛赞了东华禅寺在弘扬普及禅宗文化方面的功绩和农禅并重的禅门传统。东华禅寺作为当代禅宗文化的积极探索者和实践者，其文化建设具有重要现实意义。

双方就中国社会科学院佛教研究中心在东华禅寺设立禅宗文化调研基地今后深化开展的合作研究与学术交流等事宜展开讨论，商谈了近期学术研究主题、调研项目、研讨会议等具体事宜。

会见期间，中国社会科学院佛教研究中心与佛教在线签订了合作协议，确定共同成立中国社会科学院佛教文化新媒体调研基地，以期发挥新媒体在佛教文化传播中的积极作用，为学术研究提供第一手素材和案例。

会后，曹中建书记引领万行方丈和安虎生总干事一行参观了世界宗教研究所各研究室、阅览室，并赠送《中国宗教研究年鉴》。

中国社会科学院学部委员魏道儒和佛教研究室主任纪华传、科研处处长白文飞、办公室副主任李锋等参加了本次会见。

2016 年 5 月 4—5 日，世界宗教研究所曹中建书记带队赴河南登封市中岳庙考察道教文化。世界宗教研究所道教与中国民间宗教研究室主任汪桂平研究员，以及李志鸿副研究员参与考察。河南省道教协会会长、中岳庙民主管理委员会主任黄至杰道长热情接待了考察团，并商讨了今后双方的合作意向。

2016 年 7 月 3 日，中国社会科学院世界宗教研究所党委书记曹中建，《世界宗教研究》编辑部主任李建欣研究员，哲学研究所东方哲学研究室主任成建华研究员一行参访龙泉寺。

2016 年 7 月 3 日下午，中国社会科学院世界宗教研究所党委书记曹中建、《世界宗教研究》编辑部主任李建欣研究员、世界宗教研究所宗教艺术研究室副主任嘉木扬·凯朝研究员、哲学研究所东方哲学研究室主任成建华研究员一行参访雍和宫，拜会中国佛教协会副会长、北京佛教协会会长、雍和宫主持胡雪峰大喇嘛。

2016 年 7 月 19—21 日，曹中建书记、卓新平所长参加青海民族大学第二届宗喀巴学术研讨会，并分别致辞。

2016 年 8 月 9 日上午，党委书记曹中建、所长卓新平与浙江义乌市政府有关负责人商谈宗教调研合作事宜。

2016 年 8 月 10 日，党委书记曹中建赴广州，参加广东省基督教两会“基督教中国化”研讨会开幕式。

2016年9月20日下午，党委书记赵文洪参加知止读书会，与学者一起听戈国龙研究员讲解《道德经》的学术报告。

2016年9月27日上午，党委书记赵文洪在京参加第二届太平洋岛国研究论坛开幕式并致辞。

2016年10月13日上午，党委书记赵文洪赴山东省聊城市聊城大学历史文化旅游学院讲课。

2016年10月25日上午，党委书记赵文洪召开基督教研究调研座谈会。

2016年11月1日上午，党委书记赵文洪在道教与民间宗教研究室调研座谈。

2016年11月4日至6日，由浙江大学与中国社会科学院世界宗教研究所、中国宗教学会联合主办，浙江大学汉藏佛教艺术研究中心、亚洲研究中心与世界宗教研究所《世界宗教研究》杂志社、宗教文化与艺术研究室承办的“图像学与风格史：亚洲宗教美术研究方法论”学术研讨会，在浙江杭州举行。所党委书记赵文洪书记出席并致辞。一同出席的还有何劲松研究员、嘉木扬·凯朝研究员、李建欣编审等学者。

2016年11月22日上午，党委书记赵文洪在所儒教研究室调研座谈。

2016年11月29日上午，党委书记赵文洪在所佛教研究室调研座谈。

2016年12月20日上午，党委书记赵文洪在所宗教文化艺术研究室调研座谈。

四 院及所内学术讲座

2016年4月19日上午，中国社会科学院世界宗教研究所举办了“当代宗教现状及宗教工作中的难点热点问题”学术讲座。主讲人为北京市政协民宗委特约委员、中国宗教学会理事、北京市宗教局原副局长、北京什刹海书院顾问季文渊先生。世界宗教研究所卓新平所长、曹中建书记以及相关研究室负责人、专家学者和宗教学专业研究生等出席了讲座。

季文渊先生曾任北京市宗教局副局长，在此岗位工作了二十多年，对当代宗教现状有着深入的认知，对宗教事务管理工作有着丰富的经验。他强调，宗教事务管理者首先要认识到宗教存在和发展的客观规律，要全面掌握党的宗教信仰政策和相关的法律法规；针对宗教事务管理工作中遇到的各种现实问题，要保持清醒的头脑分析具体问题；要经常深入基层宗教团体和信教群众中间调查研究，避免主观臆断造成党和信教群众之间产生误解和矛盾；鼓励宗教在促进社会发展方面的积极作用，引导宗教与社会相适应。

在当代宗教研究方面，世界宗教研究所作为为党和国家相关宗教法律政策提供实践与理论参考的国家级社会科学研究机构，与政府宗教事务管理部门有长期课题研究合作的传统。季文渊先生特别提到宗教研究所已故前辈学者戴康生先生说过的一句话：宗教学研究者应该“把脚落在地上”，这说明对宗教事务管理工作的了解认识，也是宗教学研究者在现状研究中不可或缺的组成部分，这种实践同样可以成为检验理论正确与否的一个标准。

季文渊先生从自己几十年的工作经验出发，分析了大量的案例特别是一些突出的典型事例，对如何在宗教工作实践中把握政策尺度、如何依法执政进行了讲解，同时也对宗教工作和宗教政策方面存在的不足与问题提出了中肯的意见和积极的建议，并站在一个资深宗教工作者的角度，对宗教学研究者提出了新的期待：继续发扬实事求是和脚踏实地的科研传统，成为党和国家的最强有力的智囊团。

卓新平所长高度评价了这次讲座并作了回应发言。他指出，我国是多元宗教文化并存的国家，宪法和宗教信仰自由政策是指导宗教工作的根本依据。因此，首先第一点，宗教工作者必须是“内行人”，必须掌握相关法律政策并了解宗教本身和信教群众；第二点，宗教工作是民心工作，必须团结广大信教群众，将他们的思想引导到社会主义建设事业上来；第三点，宗教工作是智慧工程，需要充分发挥包括宗教学者和政府宗教工作者在内的各方智慧，才能进一步促进宗教与社会主义社会相适应，为早日实现“中国梦”打下坚实的基础。

此次学术讲座受到与会专家、学者以及相关宗教学专业的博士、硕士研究生的热烈欢迎，大家普遍认为通过讲座更加直观地了解了政府宗教工作及其重要性，这些将对宗教研究有着积极的参考意义。

这次讲座由世界宗教研究所当代宗教研究室、马克思主义宗教观研究室、伊斯兰教研究室共同举办。

2016 年 11 月 7 日，由中国社会科学院世界宗教研究所、中国宗教学会、中国社会科学院邪教问题研究中心、《世界宗教文化》编辑部主办的“海上丝绸之路历史认知与当代启示”讲座在世界宗教研究所举行，主讲人为中国海洋大学文学与新闻传播学院教授、博士生导师、海洋文化研究所所长曲金良教授。曲金良教授的研究领域为民俗文化学、海洋文化学，主要著作有《中国民俗文化论》《后神话解读》《海洋文化概论》《中国海洋文化史长编》《中国海洋文化与社会》（韩国翻译出版）等。

世界宗教研究所副所长郑筱筠主持讲座，曲金良教授就妈祖信仰等海上丝绸之路的宗教传播历史进行了介绍，认为“一带一路”倡议实施过程之中应该重视文化先行。在讲座中，曲教授还讲解了海域分界的利弊，并认为海洋问题的重点包括渔业和盐业，以及洲际交往等。

2016 年 11 月 15 日，伊斯兰教研究室的“伊斯兰学术名家讲坛”邀请到上海市伊斯兰教协会会长，小桃园清真寺教长金宏伟先生在世界宗教研究所大会议室做了题为“践行之路、心中之光——上海伊斯兰教历史与现状”的专题讲座。

金宏伟会长为华东师范大学宗教文化专业本科学历，分别在埃及爱兹哈尔大学以及中国人民大学进修学习过。金宏伟会长著作并出版了《适合于时代的呼图白集》和《信仰笔记》，在《当代宗教研究》《中国穆斯林》《阿拉伯世界研究》等期刊发表多篇文章，还翻译了叙利亚著名学者穆罕默德·赛义德·赖麦丹·艾日布推编著的《主麻演讲精粹》以及沙特著名思想家、教法学家阿卜杜·拉哈曼·伊本·纳岁尔·苏尔德的《主麻演讲集》。

世界宗教研究所副所长郑筱筠研究员主持讲座。金宏伟会长在简要回顾了上海伊斯兰教传入的历史后，勾勒出 19 世纪下半叶以来上海回民社区的几个主要特征。对民国时期上海回民社区领全国风气之先的清真寺董事会管理模式，中国回教学会的创建和影响，出版机构的建立和《古兰经》翻译，回民教育等方面的贡献给予具体而生动的介绍，强调了新时代，特别是当前伊斯兰教中国化语境下上海穆斯林继承和发扬传统的重要意义。金宏伟会长还特别介绍了上海各大宗教和合共生，共同致力于社会和谐的经验。讲座后，金宏伟会长在回答听众提问时，特别对在上海建设“国际化卓越城市”过程中，伊斯兰教协会如何发挥自身桥梁作用，促进政府与国际和国内外来穆斯林群众沟通的经验做了生动的介绍。

2016年11月15日上午，马克思主义宗教观研究室举办“马克思与基督教和无神论”学术座谈，邀请中国人民大学安启念教授与所内部分学者座谈交流。所纪委书记、副所长郑筱筠出席并参加交流。

2016年11月15日中午，伊斯兰教研究室主办的讲座“践行之路、心中之光——上海伊斯兰教历史与现状”。所纪委书记、副所长郑筱筠出席并参加交流。

2016年11月15日下午，《世界宗教研究》编辑部主办的讲座“传入欧洲的第一部汉文大藏经”。所纪委书记、副所长郑筱筠出席并参加交流。

2016年12月6日，国家社科基金重大项目“‘一带一路’战略实施中的宗教风险研究”的系列讲座在中国社会科学院世界宗教研究所正式启动。“‘一带一路’战略实施中的宗教风险研究”项目是郑筱筠研究员及其研究团队在2015年度开始启动，2016年申请并正式立项，由中国社会科学院世界宗教研究所副所长郑筱筠研究员担任首席研究员。

该项目系列讲座的第一讲题目是“‘一带一路’战略中的宗教文化因素”，由中国社会科学院世界宗教研究所吴云贵研究员主讲，中国社会科学院世界宗教研究所党委书记赵文洪研究员主持。来自中国社会科学院、北京大学、中央民族大学、北京外国语大学、北京第二外国语大学、中国伊斯兰教经学院、北京师范大学等研究机构及大学的师生，以及社会各界人士近80人参加了讲座。

中国社会科学院世界宗教研究所副所长郑筱筠研究员首先对吴云贵研究员进行了介绍：吴云贵研究员长期致力于伊斯兰教理论、现状和历史研究，在当代伊斯兰教研究界是学问深厚的资深研究员。

在讲座中，吴云贵研究员指出，近年来随着对外开放新格局的形成，中国政府根据对外经贸交往的需要，适时提出了“一带一路”倡议，引起了国内外的广泛关注和热烈反响。新的发展战略倡议之所以称为“一带一路”，主要是为了用一千多年前开通的古丝绸之路及其后开通的“海上丝绸之路”来彰显历史与现实之间一脉相承、密不可分的必然联系。接着，吴云贵谈了深入了解域外宗教文化的必要性。吴老师强调，从推进“一带一路”建设角度思考，我们需要对域外文化，其中包括伊斯兰宗教文化形成某种总体的理解、认知和把握，至关重要之点是要深刻了解和正确认识伊斯兰文化的统一性和多样性以及伊斯兰文明的宗教性与民族性。最后，吴云贵对宗教文化与“一带一路”倡议的关系进行了评估。首先，关于伊斯兰文化的多样性。伊斯兰文化并非单质的文化，这一泛宗教文化不仅拉近了伊斯兰国家彼此间的距离，也展现了伊斯兰文化内部构成的不同的板块结构，各板块之间的差异性正是多种民族文化特性的体现。其次，关于宗教与国家政治生活的关系。当今的伊斯兰世界，政教关系大致可区分为三种类型。一是以沙特阿拉伯王国为代表的政教合一的国家。二是以土耳其为代表的政教分离的国家。三是实行事实上政教分离的国家，大部分伊斯兰国家属于这种类型。最后，关于宗教文化思潮的影响。吴老师指出，各种形态的伊斯兰文化思潮都可能以其特有的方式对众多的伊斯兰国家的内外政策产生某种影响，我们在推进“一带一路”建设规划时需要了解这方面的信息知识。

在讲座的讨论阶段，郑筱筠研究员指出，宗教本身不是风险，但在一定条件下，由于诸多外力作用，有可能出现宗教风险，甚至引发宗教的“蝴蝶效应”。“一带一路”倡议与宗教存在一定联系，沿线各国均为有宗教信仰的国度，且宗教作为一种变量，在某种程度上影响着该国的政治、经济、社会文化发展进程，尤其是在全球化时代，宗教开始作为一种战略资源被西方国家运用于国际秩序的建构之中。对“一带一路”沿线各国宗教进行全方位研究具有重大意义。此次讲座是该项目系列讲座的第一讲，今后将陆续邀请知名学者继续聚焦“一带一路”倡议实施中的宗教风险及其相关领域的研究。

五　外事活动及与港澳台的交流

（一）本所人员出访

2016 年 12 月 5 日至 11 日，邱永辉研究员赴印度新德里和孟买，参加中国社会科学院与印度外交部联合举办的“首届中印智库论坛”。

（二）外国研究机构人员来访

2016 年 1 月 18 日，卓新平所长、郑筱筠副所长在世界宗教研究所小会议室会见来访的美国杨伯翰大学杜克文教授一行。

（三）外方及港澳台学者讲座

2016 年 1 月 14 日，美国加州威斯蒙特学院教授 Raymond F. Paloutzian 在世界宗教研究所小会议室做题为《全球视野下的宗教心理学》的专题讲座，中国科学院心理研究所心理健康院重点实验室韩布新研究员参加讲座，并对教授的讲座内容进行了回应。曹中建书记参加并主持讲座，郑筱筠副所长、金泽研究员、段琦研究员、李华伟副研究员、梁恒豪博士、王皓月博士、张小燕、李文彬、我所部分博士后以及来自中央民族大学哲学与宗教学院和北京大学社会学系的部分学者聆听了讲座。

讲座内容：从现代意义上的心理学诞生至今已经 120 年了，宗教心理学在过去的 20 世纪里发展非常缓慢，但在过去的 20 年飞速发展，尤其是过去的 10 年，其发展速度是令人吃惊的。宗教的心理研究已经从仅有的一小块领域发展为普通心理学领域内具有广泛兴趣的学科主题，包括神经认知学、发展心理学、人格心理学和临床心理学以及社会—文化领域。与此同时，该学科已经逐渐快速国际化，现在已经扩展至很多地区和不同文化传统中。来自各个国家的一些有意思的研究非常具有创造性，其中的很多阐释超越了常受批判的英美传统的初级阶段。这一领域的研究是多层面、多维度的（从神经心理学领域到社会心理学）、跨学科的，并且不仅仅是知识性的，试图认知宗教的文化处境与个体变量之间的互动。讲者还阐释了如何推动跨越传统学科、国际化的和文化障碍的宗教心理学研究。

2016 年 3 月 1 日上午，由世界宗教研究所基督教研究室和宗教理论研究室联合主办的学术座谈在世界宗教研究所大会议室举行。此次座谈的嘉宾是德国慕尼黑大学社会学系赫勒（Horst J. Helle）教授，主题为“西美尔与韦伯宗教社会学思想比较”。赫勒教授简明扼要地梳理了韦伯和西美尔的宗教社会学思想，并对两者进行了精妙地比较。李华伟副研究员对赫勒教授的讲座做出了回应，他指出，赫勒教授对韦伯思想的描述非常清晰透彻，特别是他注意到了韦伯在分析加尔文主义与资本主义兴起的关系问题时对宗教组织结构之变化的讨论，而这一点常常被国内的宗教社会学界所忽视。稍后，其他与会学者也与赫勒教授就相关主题进行了热烈的讨论。基督教研究室、宗教理论研究室、佛教研究室以及来自社会学所和世界宗教研究所的部分科研人员和博士生出席了此次座谈。

2016 年 11 月 15 日下午，在世界宗教研究所小会议室，由哈佛大学宗教学博士、美国亚利桑那大学东亚系吴疆教授作了《传入欧洲的第一部汉文大藏经：1872 年日本岩仓使团出访英伦与英帝国印度事务局图书馆所藏〈黄檗藏〉探秘》。中国社会科学院世界宗教研究所副所长郑筱筠研究员主持了这次学术报告会，佛教研究室副主任杨健研究员、《世界宗教研究》编辑部李建欣编审、宗教艺术与文化研究室陈粟裕博士、《世界宗教文化》编辑部王皓月博士，以及所有内外其他对这一主题感兴趣的青年学子十几位参加了这次报告会。

吴疆教授详细而生动地讲述了传入欧洲的第一部汉文大藏经《黄檗藏》的过程及其影响，彰显了汉文佛教大藏经对于欧洲人最初认识佛教的重要性，从汉文佛教经典的传播这一特殊的侧面有力地证明了中国佛教在佛教传播与研究中的重要意义。

吴疆教授在学术报告会后还与各位学者进行了交流，就明清佛教研究、中日佛教关系、日本佛教状况进行了轻松愉快而富有启发性的互动。

2016 年 11 月 15 日，巴哈伊国际社团驻联合国首席代表巴尼·杜加尔（Ms Bani Dugal）女士，在巴哈伊亚洲顾问麦泰伦先生等人的陪同下，到访中国社会科学院世界宗教研究所，做了“巴哈伊驻联合国国际社团的工作”主题演讲。巴尼·杜加尔女士介绍了巴哈伊社团的工作理念和开展的各项活动，着重讲解了指导巴哈伊驻联合国国际社团工作的精神原则，作为联合国咨询机构的工作方式和积极作用。中国社会科学院世界宗教研究所邱永辉研究员主持了本次讲座与讨论，巴哈伊研究中心诸位同仁与会，并进行了相关问题的学术探讨。

2016 年 11 月 22 日下午，牛津大学印度学研究中心教授、梵文学者甘齐夫（Dr. Kenneth Valpey）博士在中国社会科学院世界宗教研究所做了题为“宗教文本翻译之挑战：以《薄伽梵往世书》为例”（The Challenges of Translating Religious Texts：The Case of the Bhagavata Purana）的学术报告，来自中国社会科学院外国文学研究所、语言研究所、世界宗教研究所、北京外国语大学、中国人民大学的学者，还有其他相关高校和研究机构的学者以及对这一领域感兴趣的相关人士约 30 多人聆听了这次报告，《世界宗教研究》编辑部主任李建欣编审主持了这次学术报告。

甘齐夫博士从自己的翻译实践讲起，强调了文本阅读的重要性，对于经典需要反复诵读，在一遍一遍地阅读当中方能有愈发深刻的理解和体悟。他认为宗教的认识有三个阶段，首先是理解，之后是寻求根源，最终达到超越的阶段。他以“太阳”为例说明在宗教文本的翻译过程中，目标语言使用者会倾向于用自己宗教或文化中的特有的词句去翻译源语言中的特殊表达。他指出，古代印度社会强调对梵语的学习和掌握，只有能够流利使用梵语的，才能感受其意境。

甘齐夫博士展示了五段《薄伽梵往世书》中的短诗。通过唱诵、重点词汇的翻译以及整体大意的把握，剖析了宗教文本翻译的方法。他指出，有的专有名词使用注释，有的专有名词略去不译。特有意象或者专有名词直译或不译不能一刀切，要充分考虑书籍的受众，若是普通的大众读物，适宜简单翻译，便于读者理解；若是学术著作，考虑到受众为南亚研究的专业人士，对于专业名词的掌握是必要的事，则不必翻译减少对文意的改变。甘齐夫博士把宗教文本翻译比作“骑自行车”和“走钢丝”，旨在强调语句优美和目标语言准确性之间需要保持平衡。

（五）与港澳台的交流

2016 年 5 月 26 日，中华华夏文化交流协会沈智慧理事长等一行访问中国社会科学院世界宗教研究所。世界宗教研究所所长卓新平、党委书记曹中建、副所长郑筱筠等与之会谈，并就双方合作事宜进行了亲切而友好的交流。双方一致认为，应积极推动中华文化在海外华人华侨中的传播和传承的研究，并对双方的学术合作方向、研究重心以及未来双方合作的中长期规划达成了诸多共识。

2016 年 6 月 28 日下午，曹中建书记、卓新平所长、郑筱筠副所长与台湾中华华夏文化交流会一行 6 人座谈，并签署合作协议。

2016 年 12 月 20 日下午，党委书记赵文洪会见来访的中华华夏文化交流协会的理事长沈智慧一行。双方就开展学术合作事宜进行了亲切而友好的交流。

（六）国外访问学者

2016 年 3 月 22 日，世界宗教研究所所长卓新平研究员在会议室会见了爱德基金会高级顾问 Thesesa Carino 女士。参加会见的有世界宗教研究所基督教研究室主任唐晓峰研究员、科研处副处长苏冠安等。Thesesa Carino 女士介绍了爱德基金会近期在宗教与文化方面开展的工作，并向卓新平所长赠送了最新出版的研究成果。与会双方就 2016 年 12 月中旬联合举办“宗教、价值、伦理与可持续发展国际学术研讨会”事宜展开讨论，商谈了会议的主题、分主题、会议地点、时间等细节，并对会议的安排、分工进行了协商。

第十二篇

附　录

主题索引

E

F

G

H

J

K

L

M

N

P

Q

R

S

T

W

Y

Z

人名索引

G

H

N

O

P

Q

R

S

X

Y

Z